CONSTRUCTIVISMO LÓGICO-SEMÂNTICO

Volume 3

CIP-BRASIL. CATALOGAÇÃO NA PUBLICAÇÃO
SINDICATO NACIONAL DOS EDITORES DE LIVROS, RJ

C775

Constructivismo lógico-semântico, volume III/ coordenação Paulo de Barros Carvalho; organização Aurora Tomazini de Carvalho. - 1. ed. - São Paulo : Noeses, 2020.

720 p.
ISBN 978-85-8310-146-8

1. Direito - Linguagem. 2. Hermenêutica (Direito). 3. Semântica (Direito). 4. Norma (Filosofia). I. Carvalho, Paulo de Barros. II. Carvalho, Aurora Tomazini de.

19-61129 CDU: 340.12

Vanessa Mafra Xavier Salgado - Bibliotecária CRB-7/6644

Coordenação
Paulo de Barros Carvalho
Organização
Aurora Tomazini de Carvalho

CONSTRUCTIVISMO LÓGICO-SEMÂNTICO

Volume 3

2020

editora e livraria
NOESES

Fundador e Editor-chefe: Paulo de Barros Carvalho
Gerente de Produção Editorial: Rosangela Santos
Arte e Diagramação: Renato Castro
Revisão: Ariene Nascimento
Designer de Capa: Aliá3 - Marcos Duarte

2020

editora e livraria
NOESES

Editora Noeses Ltda.
Tel/fax: 55 11 3666 6055
www.editoranoeses.com.br

APRESENTAÇÃO

A procura incessante da precisão dos termos, principalmente no discurso científico, tem sido a preocupação constante nos textos inspirados pelo Constructivismo Lógico-Semântico. Daí a difusão dessa doutrina, responsável pela coesão, consistência e firmeza das mensagens do Direito. E não é outra a razão pela qual vem à luz o terceiro volume do Constructivismo Lógico-Semântico.

Os objetivos da direção da Editora se circunscrevem à edição de livros jurídicos que expressem os anseios de seriedade no trato com o Direito, sem perder de vista o teor prático das obras, sempre observando a proposição afirmativa segundo a qual o jurista é o ponto de intersecção entre a teoria e a prática; entre a ciência e a experiência, como certamente repetiria o Professor Lourival Vilanova.

O Constructivismo III segue a linha editorial dos seus antecessores: escritos predominantemente de Direito Tributário, sem disposição sequencial entre as matérias, mas exibindo, texto por texto, a presença do método que é o pano de fundo do trabalho, considerado na sua integridade constitutiva.

O movimento vem crescendo, nutrido, naturalmente, pela expansão do IBET – Instituto Brasileiro de Estudos Tributários, que muito tem contribuído para a discussão crítica da proposta.

Que os leitores aproveitem os conteúdos do livro, e fiquem inteiramente à vontade para depositar suas dúvidas sobre os temas debatidos. Essa a expectativa da Editora, do Instituto e daqueles que professam, com crescente entusiasmo, os recursos metodológicos expostos.

São Paulo, 20 de novembro de 2019.

Paulo de Barros Carvalho

Professor Emérito e Titular da PUC/SP e da USP.
Membro da Academia Brasileira de Filosofia.

SUMÁRIO

CONSTRUCTIVISMO LÓGICO-SEMÂNTICO

Paulo de Barros Carvalho[1]

1. Premissas

O conhecimento se dá a partir de um ponto de vista fixado por premissas eleitas pelo sujeito cognoscente, que o capacitam a realizar incisões da realidade fenomênica e, assim, constituir seu objeto de estudos. O mesmo fenômeno pode ser estudado de diversas maneiras desde que seja escolhida a forma de realizar o corte metodológico, isto é, o método a ser utilizado pelo sujeito que, consequentemente, moldara os contornos que conformam o objeto.

Nas lições de Lourival Vilanova, o universo social é uma multiplicidade contínua e heterogênea. O sujeito, em exercício de pura abstração, seleciona partes desse contínuo, inter-relacionando elementos e criando uma multiplicidade homogênea,

---

1. Professor Emérito e Titular da PUC/SP e da USP. Membro da Academia Brasileira de Filosofia.

com o objetivo de construir o seu objeto de conhecimento. Tal objeto pode ser analisado e compreendido sob diversas ópticas: jusnaturalismo, realista, histórica, sociológica, sistêmica, institucional ou normativa, dentre tantas outras.

Há momentos em que reservamos para pensar sobre a utilidade desses caminhos em que é compreendido como o campo da epistemologia jurídica, que são estudadas as teorias gerais do conhecimento científico. Mas, reiteremos que em determinado momento temos que escolher uma posição e dizer: vou adotar "a", "b" ou "c"; do contrário, o trabalho não se inicia, o que não significa desprezo ou irrelevância de outras posições do discurso científico, tendo em vista que, de acordo com o Professor Lourival Vilanova, devemos respeitar todos os pontos de vista. Não há um juiz da verdade, um juiz da justiça, um tribunal que diga "esse é o caminho verdadeiro, esse é o caminho mais prático, mais objetivo, mais justo".

1.1 Linguagem, realidade e conhecimento

Trabalhamos com a premissa de que a realidade é constituída pela linguagem. Mas, que realidade?

Vilém Flusser, filósofo e poliglota nascido na Tchecoslováquia e erradicado no Brasil em virtude da perseguição aos judeus vivida na Segunda Guerra Mundial, escreveu "Língua e Realidade". Em sua obra, afirma que a língua forma, cria e propaga a realidade. Para o filósofo, cada idioma cria um mundo, um modo de vê-lo. Se uma história e contada em inglês, será diferente caso seja enunciada em espanhol ou em português. Com isso podemos demonstrar a impossibilidade de uma tradução perfeita, como por exemplo, a palavra "luar" que não existe na linguagem espanhola.

1.2 Direito e texto

Gadamer afirma que tudo aquilo que se pode interpretar é texto. Eis o céu como texto, corroborando a afirmação de

Heidegger de que a palavra é a morada do ser e a premissa eleita pelo Constructivismo Lógico-Semântico de que a realidade é constituída pela linguagem.

A constituição do direito como texto é logo muito fácil de averiguar. O Professor Gregorio Robles nos explica com sua didática exemplar o modo de apurar a assertiva. O direito é texto e a empírica reforça a didática, afinal, não encontramos lei, regulamento, acórdão ou qualquer outra manifestação jurídica sem texto, ou seja, não há fato jurídico sem linguagem.

Essas premissas nos levam à seguinte conclusão: se quisermos conhecer o direito temos que ingressar em sua linguagem. Daí a importância das ciências que nos auxiliam, que atuam de forma adjacente a essa proposta de conhecimento consistente em examinar e compreender o texto jurídico. A semiótica, por exemplo, pode analisar um texto em três instâncias: no plano sintático ou lógico, semântico ou das significações e pragmático ou dos usos.

A chamada Teoria Comunicacional do Direito estuda o direito como um fenômeno de comunicação. Portanto, todas as teorias que prestigiam o direito como texto perfilam o nosso caminho, a partir do suporte físico da linguagem escrita, isto é, da tinta que fere o papel conformando sua grafia é possível ler, compreender e interpretar o texto e que são compreendidos como os três passos da hermenêutica atual: ler e interpretar como processo de compreender o produto.

1.3 Teoria dos Objetos

A "Teoria dos Objetos" é proposta por Edmund Hesserl. O filósofo possui uma visão antropocêntrica, mas que não considera o ser humano o senhor de tudo, capaz de construir o conhecimento perfeito e absoluto, considera-o de acordo com a sua finitude, enleado às suas deficiências; ser carente, que vive a busca de aperfeiçoamento, de conquistas para poder se afirmar como humano.

A partir das características do conjunto de objetos podemos afirmar a partir dessas ideias, também utilizadas por Carlos Cossio, que há quatro subconjuntos de objeto, senão vejamos: (i) dos objetos naturais; (ii) dos objetos ideais; (iii) dos objetos culturais e (iv) dos objetos metafísicos.

Os ideais não se submetem a experiência, não são empiricamente realizáveis, isto é, seu conhecimento se dá pela intelecção e o sujeito cognoscente pode apenas demonstrá-los mas não comprová-los fisicamente. São aqueles que a mente humana cria, tais como os objetos geométricos, os números e a lógica. Nesses objetos apenas vamos encontrar os que são semelhantes aos triângulos, aos retângulos e aos círculos que se constituem como produto de intelecção humana.

Os objetos podem ser classificados em *metafísicos* que são compreendidos como aqueles que estão para além da física, apenas cremos em sua existência; falamos deles, mas não podemos comprová-los empiricamente. Para além dos objetos metafísicos, temos um espaço na "Teoria dos Objetos" que delimita a posição ocupada pelos entes naturais encontrados na experiência. E a natureza que nos envolve: as matas, os mares, os ares, os corpos celestes, dentre outros. O ato gnosiológico apropriado é a explicação, tendo em vista que teremos que explicar os fenômenos naturais criando teorias a seu respeito.

Há também a seção dos objetos *culturais*, aqueles que são produzidos pelo ser humano com o intuito de implantar valores, a garrafa a título de exemplo é entendida como um objeto cultural posto que foi produzida pelo ser humano que transformando a natureza circunstante, visou a implantar um valor.

O direito realiza por inteiro a definição de objeto cultural. E produzido pelo ser humano para implantar valores, tais como, justiça, igualdade, tutela de integridade física das pessoas, segurança jurídica e irretroatividade com o expediente da realidade intersubjetiva.

Portanto, os objetos culturais e metafísicos se submetem aos valores, isto é, podemos emitir juízo de valor sobre eles, o que não ocorre em relação aos objetos naturais e ideais, tendo em vista que um triângulo não é bom, nem afetivo. Um fruto, por exemplo, valoramos como saboroso e benéfico à saúde e o transportamos para o mundo dos objetos culturais. Quanto aos objetos metafísicos, reiteramos, não podem ser acessados pela via científica, não se faz ciência apenas escrevendo sobre um objeto, esse escrito tem que reunir certos caracteres de demarcação, de linguagem própria, de unidade, de regras de formação e de transformação.

1.4 As regiões óticas e a variedade de métodos

O Constructivismo Lógico-Semântico é um modo esquematizado pelo Professor Lourival Vilanova de se aproximar do direito que foi plantado. O método é o modo que elegemos para nos aproximar do objeto e pode ser composto por várias técnicas, é exatamente a aproximação do ser cognoscente que se encontra em posição de conhecer um objeto, ou seja, é a aplicação de categorias lógicas ao plano dos objetos.

Para os objetos naturais que são susceptíveis à experiência, necessitaremos de aparelhos que meçam a pressão, a temperatura, a umidade e a dilatação, são procedimentos que permitem explicar os fenômenos naturais e compõem o método empírico-indutivo, isto é, a partir dos protocolos são criadas teorias de generalização. Já para os ideais necessitamos de outros instrumentos, como compassos e réguas que nos aparelham para proceder com sua análise.

Devemos nos dar conta do âmbito do objeto cultural, isto é, onde se encontra localizado. Para os sociólogos, por exemplo, a estatística é fundamental, o que compreende a própria sociologia do direito. A partir da quantificação posso medir o grau de eficácia de uma norma e sua responsabilidade. Para a Dogmática do Direito, ou Ciência do Direito em sentido estrito, esses métodos estatísticos não se aplicam, se 99% ou 2% das pessoas cumprirem a norma, em nada afetara sua trajetória existencial. De todo modo, para compreender o direito, faz-se necessário atribuir sentido ao texto escrito, construindo significações que serão fundamentadas e justificadas no próprio plano da expressão, isto é, o ser cognoscente deverá apontar em qual texto se apoiou para criar sentido que entende como o mais apropriado, denominando-se como método empírico-dialético.

1.5 Teoria e Prática

Possuímos o campo teórico, ou simplesmente teoria e o conhecimento prático. Isoladamente, eles não são suficientes. Para conhecer o objeto eleito para investigação não é o bastante apenas estudá-lo, faz-se necessário ir ao plano da prática para melhor compreendê-lo.

Para aperfeiçoarmos o conhecimento se faz precisa a linguagem da experiência para que desta forma, ocorra um processo dialético em que a teoria alimenta a prática e vice-versa. No plano da teoria encontramos respostas para indagações formuladas a partir de nosso agir, quer dizer, confirmamos ou infirmamos os caminhos adotados, na solução dos problemas apresentados pela linguagem técnica, no caso de nosso campo de estudos, os problemas de nossa atuação no direito positivo.

Já na prática, em alguns momentos não compreendemos porque ela não funciona, deveria atuar de uma forma e não o faz e deverá se abastecer na teoria. Ha três corpos de linguagem: teoria, da prática e nesse entremeio a linguagem da experiência. Ninguém chega imediatamente com a teoria e resolve os problemas práticos, necessário que se cumpra com o trajeto da experiência.

Muitos possuem a linguagem da experiência e até escrevem sobre, sendo um testemunho de sua trajetória existencial em um determinado campo, a experiência se consubstancia na aplicação da teoria à prática. Consoante ao exposto, podemos citar a frase bonita de Pontes de Miranda, no seu estilo todo particular, o doutrinador diz: “não há diferença entre a teoria e a prática, o que existe é o conhecimento do objeto; ou se conhece o objeto ou não se conhece o objeto". Já o Professor Lourival Vilanova diz isso de outra forma, aplicando a linguagem da experiência ao direito "o jurista é o ponto de intersecção entre a teoria e a prática, entre a ciência e a experiência".

2. Origem do Constructivismo Lógico-Semântico

Definir e dar os fins, os confins e os limites, para tanto nós aplicamos a Semiótica. Dessa forma, dividimos um discurso qualquer no plano lógico, onde se estuda a relação dos signos com os signos e no plano semântico estudaremos a relação dos signos com os usos, com os utentes e com os usuários desses signos. No plano pragmático o Constructivismo Lógico-Semântico apresenta uma certa firmeza no discurso, tal firmeza é reconhecida até pelos engenheiros que notam desde o primeiro instante.

O Constructivismo Lógico-Semântico não é algo que se aprende de uma hora para outra, dependerá de uma vivência. Há modos, há maneiras de se distribuir bem a matéria no campo do discurso. O Professor Vilanova teve a grande preocupação de juntar aquela figura de um analista lógico e da Filosofia Lógica.

A Semiótica, por exemplo, traz inestimáveis contribuições ao Constructivismo Lógico-Semântico. A teoria dos fatos fala em que toda comunicação se inicia com os atos de fala, que não precisa ser necessariamente oral, pode ser um ato gestual ou até mesmo um ato de fala que inaugura a comunicação, a teoria linguística filosófica, da comunicação e a do ato da fala são sistemas teóricos adjacentes aos analíticos, conjugado ao culturalismo, no sentido do historicismo e a importância dos valores, o Professor Lourival Vilanova trabalhava muito este tema, que os tornam incompatíveis e desta forma, temos que juntar o que há de bom em um e outros e utilizar teorias adjacentes.

3. Linguagem

Nós temos a linguagem da teoria, da prática e a da experiência unindo a teoria com a prática. A Alemanha no período pós-guerra, a fim de reconstruir seu parque industrial com muito sacrifício e com muito empenho, um dia anuncia uma feira, uma exposição que tinha por objetivo exatamente mostrar ao mundo a reconstrução da Alemanha após aquele tortuoso período.

Os cientistas mostram as suas teorias e apresentam aos técnicos no qual a operacionalizam. Esse procedimento científico também encontra dificuldades e obstáculos. As teorias científicas claudicam em certos pontos e nós saímos a busca dos filósofos para saber porque esse modelo teórico não está funcionando e ao receber essa informação, tenta explicar e enunciar mediante complementações e o cientista que, por sua vez, vai passar ao técnico, que por seu turno irá passar ao conhecimento vulgar. Há um intercâmbio incessante de informações, do conhecimento vulgar ao técnico e ao mesmo tempo o conhecimento técnico abstendo o vulgar.

O conhecimento está ali e há momentos que estamos no plano do conhecimento vulgar e queremos saber como as coisas processam e quais são os caminhos, mas em um momento seguinte queremos conhecer a técnica. E o técnico, por sua vez, nos ensina a combinar artigo com outro artigo, com fundamento na Constituição, no artigo tal e ele sabe aquilo de cor, com rapidez e tem o seu mérito e o seu instante de satisfação fazendo com que brilhe principalmente em reuniões, nos salões sociais, principalmente aquela pessoa bem informada em termos jurídicos.

Nos dias atuais, podemos usar com tranquilidade argumentos de ordem econômica, política, religiosa, o que for, agora não para fundamentar o raciocínio jurídico, tendo em vista que para utilizar essa forma de raciocínio apenas utilizamos categorias e formas jurídicas, para ilustrar o discurso, para dar exemplos, descomprometidamente, utilizamos argumentos de ordem econômica. Os chamados "consequencialistas" entendem que hoje são abordadas tais matérias de maneira vaga e a solução passa pela apreciação das consequências que vão ocasionar no contexto social.

O professor Lourival Vilanova dizia o seguinte: "chega-se na TGD na medida em que colecionamos a parte geral dos vários segmentos da Ciência do Direito, ou seja, a parte geral do Direito Civil, do Direito Penal, do Direito Processual, do Direito Administrativo, Direito Constitucional etc., não a simples somatória, mas a conjugação harmônica dessas partes gerais que vai fazer com que cheguemos ao patamar da TGD".

A Filosofia está sempre conversando com a Ciência, o que faz que se converse com a técnica, que também conversará com o consumidor final. Vamos lidar com a linguagem do início ao fim, ninguém escapa da linguagem.

Passamos o dia inteiro com a linguagem, que por sua vez vai cumprindo funções, tais como a de transmitir notícias, informações e dados. A função da linguagem é diferente daquela de fazer perguntas que a pessoa utiliza quando está insegura.

Há também a função expressiva de situações subjetivas, como a poesia que é entendida como uma linguagem que exprime situações de nossa alma que queremos transmitir o que sentimos, transmitimos emoções e a linguagem e o modo de expressarmos.

Já a função da linguagem dos comandos é relacionada com a utilizada no direito positivo, concernente à linguagem que o pai usa com o filho, por outro lado há a linguagem na função fabuladora, dos mitos, das fábulas e das piadas, aquelas que nós ouvimos e que são utilizadas em tal função, e por fim, a linguagem fática que se presta para instalar, manter instalada ou desligar a comunicação.

Portanto, entendemos que a linguagem vai criando várias funções, o direito vai trabalhar com a linguagem e é muito importante que saibamos disso, já que lidamos com a linguagem do direito o tempo todo.

A linguagem é um conjunto de signos utilizados para a comunicação, levando isso como premissa, estudaremos qualquer linguagem em três instâncias: a primeira é o plano lógico ou sintático; o signo em relação com os signos, não interessam seus conteúdos de significação, apenas os seus modos de combinar, por exemplo, combinamos adjetivos com substantivos e a gramática da língua portuguesa que nos dá as regras.

A segunda instância é o nível semântico, das significações, aquelas que são representadas pelos dicionários, estuda-se o plano das significações, bem como, o que dizem os dicionários desse idioma onde estão depositadas as significações e seus vários usos.

Na terceira instância, o semiótico que estuda o plano pragmático, o que não quer dizer prático, pois é o estudo dos usos, como é que os usuários, os utentes dos signos os utilizam em determinadas situações, é um modo de dizer as coisas, entendido como o plano pragmático da comunicação humana e também há o plano da pragmática da comunicação jurídica. O direito é um sistema de linguagem como a língua portuguesa, a língua francesa etc. Por fim, utiliza-se o plano lógico ou sintático, como são formadas as normas jurídicas e que não será possível associar de qualquer maneira os fatos às condutas, pois existem regras de formação de normas, de transformação de normas, do direito, da lógica e do direito positivo e por fim, teremos o plano semântico da linguagem do direito representado pelos dicionários de linguagem jurídica.

A pragmática opera em função do contexto. Muda o contexto, muda a forma de dizer e de ouvir, ou seja, muda tudo. A semiótica pode nos ajudar e muito, tendo em vista que nos dá um sentido de operatividade, dá um sentido de produtividade a petição que estamos redigindo, motivo pelo qual vamos arrumar logicamente os argumentos e observar todas as conexões. Em um primeiro momento utilizamos o plano semântico e por fim, o plano pragmático.

A Semiótica é uma daquelas teorias adjacentes que tem um cabimento muito especial na análise do jurídico, pois temos o direito como um objeto cultural, o que significa dizer que há um suporte físico: o Diário Oficial.

O Professor Gregorio Robles fundou o direito como um fenômeno comunicacional e além daquelas técnicas tratadas, o direito tem aquelas regras deônticas obrigatórias ou normas segundo, sendo elas: obrigatório (O), permitido (P) e proibido (V). A pessoa está obrigada a cumprir esta conduta, tem a permissão de cumprir outra conduta ou está proibida de cumprir tal conduta. Os modais deônticos são somente três. E uma regra deontológica, não existe outro modal deôntico e o direito regula toda regra conduta humana em interferência intersubjetiva. Dividindo o mundo em lícito e ilícito, tomamos como exemplo um círculo cortado ao meio, o que está à esquerda é o ilícito e o que está à direita é o lícito e do lado há outro círculo que reparte em três regiões: faz uma pelo diâmetro e o da direita pelo raio. A que fica à esquerda do diâmetro são as condutas permitidas e as duas separadas pelo raio são as obrigatórias e as permitidas. O legislador não precisará de mais nada ao colher os fatos no tecido social, separa e insere no domínio lícito, ilícito, no campo do obrigatório ou do permitido, isto é, o legislador recorta um acontecimento da vida social e os coloca como lícito ou ilícito.

O direito como fenômeno comunicacional é possuir um emissor para determinada norma, isto é, alguém que a expede, tornamos como exemplo, o Congresso Nacional que expede uma lei com várias normas ao destinatário, a quem é dirigida, ou seja, o destinatário somos nós e o veículo é o meio por onde a mensagem deve ser transmitida que neste caso é o Diário Oficial. Para a mensagem ser transmitida tem que estar em um código comum ao emissor e ao destinatário, se caso somente um falar alemão e outro japonês a comunicação não será eficaz.

O ato da fala inaugura a comunicação, ao dizermos "ato de fala" a primeira ideia é que seja oral, mas não, o ato da fala pode ser escrito, gestual, pode ser tilintado com a linguagem do vestuário, da culinária, enfim, qualquer trípode da linguagem. O ato da fala e a manifestação de ordem psicofísica, em razão de envolver comandos cerebrais, a vontade, órgãos, funcionamento de órgãos de nervos, músculos etc. Quando falamos uma palavra parece uma coisa muito simples, mas vejam, há comandos cerebrais, há nervos, músculos, ossos, órgãos e as vibrações das cordas vocálicas. O ato da fala vem do emissor que a produz e com isso inaugura a comunicação e que caso não ocorra o ato da recepção pelo destinatário não haverá o processo da comunicação.

Ugo Volli, um grande especialista italiano em Semiótica, diz que em termos de comunicação o ato mais importante é o ato da recepção. A pessoa pode gritar, falar, mas se o outro não receber não houve comunicação. Portanto, temos a comunicação vista assim: um ato do receptor que produz o ato da fala por um canal onde transita a mensagem que é o conteúdo transmitido. Do lado do destinatário, há um ato de recepção que corresponde a um ato de fala e com isso haverá a comunicação desde que haja um código em comum, bem como uma conexão psicológica. Se um estiver pensando em outro assunto e o outro estiver falando, não haverá o processo de comunicação em razão de não haver a recepção entre destinatário e emissor.

No que concerne ao contexto, este e entendido como tudo aquilo que envolve o texto, sendo fundamental para o fenômeno da comunicação, senão vejamos: (i) o autor da mensagem, o emissor ou o editor; (ii) o destinatário; (iii) o receptor que produz um ato de fala é um canal por onde transita a mensagem e do lado de lá o receptor pratica o ato de recepção que recebe; (vi) eles têm um código em comum, todos falam a língua portuguesa e todos conhecem os termos jurídicos e falam a língua do direito; (v) há uma comunicação psicológica, isto é, os dois estão atentos naquela comunicação; (vi) e tudo se dá em um determinado contexto, tendo em vista que nada ocorre fora de um contexto. A pessoa relata os fatos, mostra o direito aplicável àquela situação e consequentemente dessa aplicação traz em seu reforço a jurisprudência, a opinião de doutores da Doutrina e por fim, faz o pedido. Quando decidimos algo, já adotamos um valor como preeminente e predominante.

Usamos as normas em dois sentidos: amplo e estrito. Não fazemos distinções, usamos até princípios, mas tudo vai se resumir ao direito como um corpo de enunciados, outorgando-lhe significações, devemos observar o contexto e perguntar em qual acepção está sendo usada.

A hermenêutica atual fala em três níveis, tais como a leitura, a interpretação e a compreensão. A hermenêutica moderna trata assim: leio e interpreto para compreender. Esse quadro é uma representação não muito criativa, mas digamos assim seja representada assim e vai embora, este processo é chamado como a inesgostabilidade do sentido, tendo em vista que por mais que percorramos esse caminho gerador de sentidos, nunca chegaremos ao final, pois é inesgotável. A interpretação é um processo, ou um percurso gerador de sentido, compreendido como um texto em sentido estrito. Os linguistas dizem que atribuir sentido a esse texto em sentido estrito faz aparecer, consequentemente, o texto em sentido amplo denominado como a manifestação.

Ninguém pode interpretar sem ler ou sem ouvir, como por exemplo a lei, a pessoa lê o texto em sentido estrito e começa a interpretar, levando um dia ou dois examinando livros, conversando com colegas etc., até que atinge o nível de compreensão de determinada matéria. Haverá a compreensão (Cl), e com isto o intérprete ficará satisfeito, mas lendo e estudando conjuntamente com a sua prática profissional chegará em outra compreensão (C2) e depois a (C3). O intérprete interpretara ininterruptamente e neste processo terá compreensões diferentes.

Portanto, haverá o texto em sentido estrito e o de sentido amplo, já que o percurso gerador de sentido são os horizontes da nossa cultura (H1 e H2). Tratamos por normas jurídicas em sentido estrito aquela composição organizada segundo juízo hipotético condicional: "se ocorrer o fato "f" deve ser a conduta "c" de S' para com S".

É um pressuposto para o momento em que eu monto um juízo hipotético condicional, compreendido como aquela situação em que nós temos uma hipótese e uma tese. A norma jurídica é toda norma que descreve um fato de possível ocorrência no contexto social e essa hipótese implica em um consequente. O consequente, por sua vez, irá regular uma conduta entre uma ou mais pessoas, chamado como o "dever ser" em que se triparte em sua própria linguagem e não abre mão dela. Não há fato jurídico sem linguagem, a diferença entre evento e fato e um dado importantíssimo para o Constructivismo Lógico-Semântico.

Quanto aos valores, estes são compreendidos por preferências de núcleos de significações, ou melhor, são centros significativos que expressam a preferência de lidar por certos conteúdos ou expectativas, segundo definição do Professor Tércio Sampaio Ferraz Junior. Ao tomar uma decisão eu adoto um valor tomando como uma coisa certa, os valores adotam uma preferência. São treze itens que dizem respeito aos valores.

O primeiro é quanto à bipolaridade, os valores serão sempre bipolares, teremos o bem em um lado e eu terei forçosamente o mal do outro, não há bem sem o mal, não há o sarcal sem o profano e não haverá o belo sem o feio, ou seja, será sempre uma estrutura bipolar e que faz parte da natureza dos valores, tendo em vista que os valores não são, mas valem. O modo de ser dos valores é o valer, não integram, mas se agregam aos valores do mundo, do mundo interior, exterior, físico, natural ou ideal. O valor denota uma preferência, sempre que alguém manifesta sobre algo, estará fundado em uma preferibilidade, que serão um dos itens sintáticos de composição de um valor qualquer. É uma estrutura que implica em outra e assim por diante, trata-se de uma bi-implicação.

O que existe não é o valor, mas sim o ato de valorar. As pessoas desfilam no museu perante um quadro de Picasso, algumas acharão a obra maravilhosa, outras nem tanto e deste modo, é feito o ato de valoração. Do maravilhoso ao horrível, não há um marco zero, portanto, teremos a bipolaridade e a implicação se agregando entre elas, ou seja, ficam justapostas.

Já a objetividade dos valores não quer dizer que tenham objetividade entre si, entretanto, são atos que expressam preferibilidade, mas essa objetividade significa necessariamente a presença de objetos aos quais eles se aderem, requer um dado objetivo, uma situação concreta ou não concreta, pode estar justaposta a outros objetos que possamos ver ou não ver. Portanto, a objetividade é muito parecida com aquela referibilidade, porém a objetividade possui uma conotação distinta.

A inexauribilidade trata sobre a inesgotabilidade dos valores, podemos usar determinado adjetivo várias vezes e ele nunca se esgotará, é inesgotável, os atributos que os valores têm são escondidos como atos de valoração e são extinguidos os valores de inexauribilidade.

Os valores também são incomensuráveis, ou seja, não podemos medi-los economicamente, caso o seja haverá um outro significado que não fará relação com o valor filosófico, considerando que o valor filosófico apareceu depois com influência de Lotze, um autor alemão da segunda metade do século XIX, quem falou pela primeira vez em valor em termos de filosofia e incomensurabilidade, que quer dizer que os valores não podem ser medidos, por exemplo, não haverá sentido atribuir pontuação ao nível de beleza de determinada coisa que estamos valorando.

Não há valores coordenados, não há como definir valores sem associação, teremos que fazer a escolha dos valores consoante ao princípio da preferibilidade, devemos colocá-los em uma escala.

A historicidade consiste na ideia de que os valores não caem do céu, são depositados na história, entendida como uma análise longitudinal da realidade, no momento em que olhamos a realidade e percebemos que aparecem em um determinado momento timidamente e depois vão ganhando corpo, em alguns momentos assumem uma posição de preeminência e por fim, cedem lugar a outros e assim é a história dos valores.

Tratamos princípio como valor, não há diferença e não há razão para se construir nenhuma teoria dos princípios a não ser na teoria dos valores, pois estes são a essência dos valores de sua natureza e de sua evolução histórica. Outro dado importante a ser citado é a atributividade que realizará o aspecto de que os valores são na verdade atos de valoração. Os valores são atos de valoração, no qual praticamos e são denominados de valores, não estão dependurados ou incrustados nos objetos de arte, nas pessoas ou nas paisagens, visto que somos todos nós quem atribuímos.

Quanto à indefinibilidade, esses são compreendidos como a impossibilidade dos valores serem definidos. Definição é dar os fins, os confins, os limites e a etimologia da palavra. Agora definir é demarcar, começa por aqui e termina por ali, sendo a diferença entre conceito e definição, a primeira é a ideia que idealizamos e a segunda é a demarcação que faço dessa ideia, a fim de separá-la de todas as ideias afins. Quando reconhecemos um valor, a nossa vontade é no sentido de que as pessoas aceitem como se fosse uma prescrição ou até uma norma.

Todos os traços lógicos dos valores são de suma importância, levandose em conta que ausente qualquer um dos citados não haverá valor. Os valores são acessados pela intuição emocional, uma vez que ninguém espera emitir atos de valoração, isto é, reconhecer valores a partir da chamada razão racional. A partir da intuição, não da racional, nem da intelectual e muito menos da sensível, mas sim da intuição emocional que nos dará acesso aos valores.

Por fim, o tema dos valores é de fundamental importância para o direito, tendo em vista que quando localizamos o direito no círculo das regiões ônticas, sejam objetos metafísicos, naturais, ideais e culturais, o direito está entre os objetos culturais e a característica básica do objeto da cultura é ser susceptível de valoração. Já para a epistemologia o caminho para se ter contato com os objetos é a compreensão, sendo um método empírico dialético, vamos dos fatos aos valores, dos valores ao fato e nessa dialética se resolve o método chamado empírico dialético que é o próprio dos objetos culturais.

O CONSTRUCTIVISMO LÓGICO-SEMÂNTICO APLICADO AO ESTUDO DO DIREITO

Aurora Tomazini de Carvalho[1]

Ana Carolina Bonome[2]

Introdução

Neste artigo apresentamos de forma condensada alguns conceitos com os quais conhecemos o direito na visão da Escola Jurídica do Constructivismo Lógico-Semântico.

---

1. Doutora em Filosofia do Direito pela PUC-SP. Professora da Universidade Estadual de Londrina-PR.

2. Especializanda em Direito Tributário pelo IBET. Advogada tributarista.

A ideia é demonstrar como nós manuseamos o Constructivismo Lógico-Semântico enquanto método aplicado no conhecimento do direito e os conceitos resultantes desta aplicação.

O objetivo é explicar em que consiste o Constructivismo Lógico-Semântico, seu modelo referencial e a técnica por trás do método, nos utilizando do próprio método para fixar alguns conceitos trabalhados pela Escola no conhecimento do direito.

O desenvolvimento do texto é resultado de estudos desenvolvidos no Projeto de Pesquisa Constructivismo Lógico-Semântico, por mim coordenado, junto à Universidade Estadual de Londrina (UEL).

Aproveito a oportunidade para agradecer a todos integrantes do projeto ao longo desses quatro anos de existência, em especial à minha assistente na disciplina de Direito Tributário, Ana Carolina Bonome, que assina o texto comigo e aos alunos Ana Carolina Castro, Luís Otávio Yazawa Gueretta e Leonardo Pimenta[3].

1. O que é o Constructivismo Lógico-Semântico?

Constructivismo Lógico-Semântico, antes de tudo, é uma expressão linguística que, como quase todas, apresenta o vício da ambiguidade (comporta mais de um significado). Isto significa que ela serve para designar duas realidades distintas: i) forma de conhecermos as coisas (método); ii) uma Escola do Pensamento Jurídico que se utiliza dessa forma de conhecimento para o estudo do direito.

1.1 O método

O Constructivismo Lógico-Semântico enquanto método é um modelo de conhecimento, é uma forma de nós humanos

3. Sobre o projeto vide: YOUTUBE. Canal Aurora Tomazini. Entrevista – Paulo de Barros Carvalho – Constructivismo Lógico-Semântico – 03.11.2015. Disponível em: <https://www.youtube.com/watch?v=ixnjmtHVJtw>. Acesso em: 28 jun. 2019.

conhecermos os objetos do mundo. Isso significa que ele pode ser aplicado para qualquer realidade do nosso conhecimento, inclusive o direito.

O estudo do método Constructivismo Lógico-Semântico faz parte da Teoria do Conhecimento, que estuda como nós conhecemos as coisas, como captamos a realidade que nos cerca como algo inteligível (que faz sentido para o intelecto humano).

As teorias sobre o conhecimento são especificidade da Filosofia do Conhecimento. Há três grandes divisões na Filosofia: i) Ontologia - estudo do ser; ii) Gnosciologia – estudo do conhecimento; iii) Axiologia – estudo dos valores. No campo do estudo do conhecimento (Gnosciologia - Filosofia do Conhecimento) há uma especificidade que é a Epistemologia. A Epistemologia é o estudo do conhecimento científico, ela tem como objeto identificar como se dá o conhecimento científico, o que é um discurso científico e como nós humanos produzimos uma linguagem e a creditamos como científica, ou seja, ela diz o que é a Ciência e o que faz a Ciência ser Ciência.

O discurso científico se caracteriza, dentre outros pressupostos, pela existência de um método e pela delimitação precisa de um objeto[4]. O método é uma forma lógico comportamental de aproximação do sujeito para com o objeto que ele pretende conhecer. É um modelo, utilizado por nosso intelecto, para conhecer determinado objeto. É uma forma de aproximação nossa para com uma dada realidade, como nós captamos uma coisa do mundo em nossa mente. Por isso, dizemos que o método é uma forma lógico-comportamental de conhecimento. É a forma de comportamento mediante a qual estruturamos uma realidade mentalmente para que possamos conhecê-la enquanto objeto.

O Constructivismo Lógico-Semântico é um método. É uma forma lógico-comportamental do sujeito perante seu

---

4. CARVALHO, Aurora Tomazini de. *Curso de teoria geral do direito (o Constructivismo lógico-Semântico)*. 6. ed. São Paulo: Noeses, 2019. p. 43.

objeto. É um modelo utilizado para o conhecimento de qualquer objeto.

Compreender, assim, o Construtivismo Lógico-Semântico, enquanto método, é uma análise Filosófica, cuja especificidade é a Filosofia do Conhecimento.

1.2 A Escola do Pensamento Jurídico

Já o Constructivismo Lógico-Semântico enquanto Escola Jurídica é uma concepção de análise do direito, muito bem demarcada que aplica o método do Constructivismo Lógico-Semântico no conhecimento do direito[5].

Tanto a Escola, quanto o método tem suas bases fundamentais nas lições de PAULO DE BARROS CARVALHO e LOURIVAL VILANOVA.

Com relação à Escola, havia um comprometimento com o estudo do direito, por parte destes dois juristas de se construir uma Ciência do Direito sólida. Em razão de um longo estudo sobre o Círculo de Viena e o Giro-Linguístico, tais juristas se preocuparam com a construção de um discurso científico de qualidade adotando como pressupostos a delimitação precisa de seu objeto e a fixação de um modelo de conhecimento.

Assim, muito além de juristas, PAULO DE BARROS CARVALHO e LOURIVAL VILANOVA foram Filósofos do Direito e antes disso, Filósofos do Conhecimento. Antes de conhecer o direito (e fazer Ciência do Direito) estes autores estudaram como conhecemos as coisas, estudaram Filosofia do Conhecimento, mesmo porque o objetivo era conhecer algo: o direito.

A Escola do Constructivismo Lógico-Semântico tem uma base filosófica muito forte: a Filosofia da Linguagem, uma das vertentes da Filosofia do Conhecimento, que enxerga o

5. Aqui temos que enfrentar outra ambiguidade da expressão "Constructivismo Lógico-Semântico" que pode fazer referência a Escola do Pensamento Jurídico em si ou a forma própria da Escola enxergar o direito.

conhecimento como linguagem. E, é sobre este referencial, que o direito foi pensado pela Escola e o método edificado.

2. Sobre o modelo filosófico: A Filosofia da Linguagem

O Constructivismo Lógico-Semântico, seja enquanto método, seja enquanto Escola do Pensamento Jurídico, tem seus pressupostos na Filosofia da Linguagem que é uma das vertentes da Filosofia do Conhecimento. Há dois grandes segmentos na Filosofia do Conhecimento, que explicam como nós humanos conhecemos as coisas: i) a Filosofia da Consciência; e ii) a Filosofia da Linguagem.

2.1 Filosofia da Consciência

Segundo a Filosofia da Consciência, o conhecimento é uma forma de consciência que aprisiona um objeto. Conhecer algo é uma relação do sujeito para com determinado objeto, que se dá mediante a apreensão do objeto sob uma forma de sua consciência. Segundo esse modelo, estamos aptos a conhecer as coisas como elas são. Nossa consciência capta a realidade e o conhecimento é capaz de revelar a verdadeira essência das coisas. O ser humano é capaz de apreender a coisa como ela é, em seu intelecto. Para essa concepção, a linguagem é um instrumento do conhecimento. Por meio dela representamos as coisas como elas se apresentam no mundo. A palavra se associa a coisa, de modo que, qualquer pessoa diante da palavra tem acesso ao mesmo conteúdo de consciência.

Sob este referencial, existe uma verdade a ser descoberta. Com o conhecimento (forma de consciência), o homem é capaz de reproduzir a realidade experimentável para dentro de si.

A veracidade do conhecimento, nesta concepção, é aferida pela correspondência da forma de consciência com o dado experimentável. Há uma relação de correspondência entre o conteúdo fixado na consciência humana (inteligível) e dado experimentado.

2.2 Filosofia da Linguagem

Segundo a Filosofia da Linguagem, o conhecimento é linguagem. É a linguagem que constitui o objeto. Conhecer algo é produzir uma proposição sobre algo. Conhecemos as coisas relacionando conceitos. Associando nomes a outros nomes.

O ser humano não é capaz de aprender as coisas como elas são no mundo. O que ele tem acesso é uma linguagem, que constitui a coisa como sua realidade inteligível. O cérebro não capta a coisa como ela é. Ele produz uma linguagem que a constitui como uma realidade inteligível para ele. O homem conhece as coisas mediante a atribuição de sentido aos dados de sua experiência e assim o faz por meio de uma linguagem, que as constitui para ele como uma realidade inteligível.

Sob esse referencial, não existe uma verdade absoluta a ser descoberta com o conhecimento. O homem não é capaz de reproduzir a realidade experimentável para dentro de si tal qual ela é. A linguagem constitui a realidade, de modo, que o ser humano não tem acesso à realidade senão por meio da linguagem. A verdade, assim, torna-se uma relação entre linguagens. Tudo depende do modelo (premissas) e dos referenciais. É a verdade por coerência, ou o Relativismo dependente do modelo, para fazer referência aos últimos estudos de STEPHEN HAWKING[6].

2.3 Constructivismo Lógico-Semântico e Filosofia da Linguagem

A Escola e o Método do Constructivismo Lógico-Semântico partem deste modelo filosófico: a Filosofia da Linguagem.

A adoção deste modelo geral algumas consequências:

i) Não há verdade absoluta no estudo do direito. O que o Cientista do Direito é capaz de nos dar é um ponto de vista sobre o objeto;

---

6. HAWKING, Stephen; MLODINOW, Leonard. *O grande projeto*. Rio de Janeiro: Editora Nova Fronteira, 2010. p. 126.

ii) Já que não há uma verdade absoluta e que a verdade se dá pela relação entre linguagens (premissas/conclusões) temos que aprender a construir um discurso amarrado estruturalmente e coerente de sentido.

Daí a adoção do método do Constructivismo Lógico-Semântico mediante o qual a Ciência constrói seu objeto por meio da amarração lógica-semântica de conceitos.

Com relação à análise do direito sabemos que toda Teoria constrói seu objeto (mesmo que em nome de uma descrição), como não há uma Teoria absoluta aprendemos a respeitar outros pontos de vista a respeito do direito.

Ao adotar um modelo que nega a verdade absoluta, não negamos a verdade. Não somos relativistas, como muitos pensam. Entendemos existir uma verdade, enquanto valor atribuído à proposição em razão de alguns critérios. A verdade, no entanto, não se afere pela correspondência entre o dado inteligível (dentro do ser) e o experimentado (fora do ser), mas sim pela relação entre dados inteligíveis (linguagens).

Isso nos dá maior leveza no estudo do direito. As Teorias Jurídicas existem para descrever o direito, mas em nome de uma descrição, o direito vai aparecendo de forma diferente em cada uma delas. Assim falamos que cada Teoria constitui seu objeto. Cada Teoria é um ponto de vista sobre o direito. E nós escolhemos a que melhor se enquadra aos nossos referenciais para constituí-lo como uma realidade inteligível para nós. A questão é estar consciente deste processo, o quanto antes. Não só com relação ao direito, mas com relação à vida.

Adotar o referencial da Filosofia da Linguagem para mim, foi como escolher a pílula azul no filme Matrix. É quase que um caminho sem volta. Quando compreendemos a dimensão da linguagem no nosso conhecimento do mundo, percebemos que a realidade existente dentro de nós é um reflexo de nossos referenciais e passamos a viver a dualidade daquilo que existe dentro de nós (como conteúdo de uma forma de conhecimento – linguagem) e daquilo que existe fora de nós (dado experimentável pela nossa condição humana).

Para a Filosofia da Consciência, a realidade de fora do ser projeta-se para dentro do ser com o conhecimento. Existe, assim, uma só realidade e uma só verdade, pois a que está dentro do ser (inteligível) é um reflexo da que está fora do ser (experimentada). Para a Filosofia da Linguagem, a realidade de dentro do ser (inteligível) cria a que está fora do ser (experimentada). Existem, assim, duas realidades, a que está dentro do ser (constituída em linguagem - conhecida) e a que está fora do ser, mas que a ele é inacessível.

Esse não é só um referencial para a análise do direito, mas é um referencial de vida. Uma forma de encarar o conhecimento e a existência das coisas no mundo. Por isso que o estudo do Constructivismo Lógico-Semântico enquanto método está mais para objeto de uma Teoria do Conhecimento (Filosofia) do que propriamente para as Ciências Jurídicas.

3. O Constructivismo Lógico-Semântico enquanto método

O Constructivismo Lógico-Semântico enquanto método é uma forma lógico-comportamental do homem perante seu objeto. Mais especificamente, podemos dizer que o Constructivismo é um modelo lógico-comportamental de conhecimento. Uma forma utilizada pelo nosso intelecto para produzir conhecimento.

Partindo dos pressupostos da Filosofia da Linguagem, toda Ciência constrói seu objeto em nome de uma descrição. O método do Constructivismo estabelece, assim, uma forma comportamental do intelecto humano na construção de objetos delimitados cientificamente, que consiste na amarração lógica-semântica de conceitos.

Já que não temos acesso aos dados do mundo, senão por meio da linguagem, o que conhecemos das coisas são seus conceitos, são as significações que atribuímos aos termos que utilizamos para defini-las. A linguagem se autorrefere e se autossustenta. Ela constrói seu objeto e o legitima como existente na nossa experiência.

3.1 Pressupostos do conhecimento científico

O discurso científico é uma linguagem artificialmente constituída e rigidamente elaborada. Esse rigidamente elaborada se caracteriza pela presença de três pressupostos: i) delimitação do objeto; ii) presença de um método; iii) identificação de três princípios: i.a) identidade (uma coisa é uma coisa e somente ela); i.b) terceiro excluído (uma proposição é verdadeira ou falsa, não existindo outra possibilidade); e i.c) não contradição (uma coisa não pode ser algo e não ser algo ao mesmo tempo). Esses pressupostos guardam influência do Ciclo de Viena e até hoje se constituem como caracterizadores do discurso científico.

Na concepção da Filosofia da Linguagem tais pressupostos devem ser adotados com certa ressalva, pois uma coisa é somente ela dentro de um modelo referencial, em outras condições conceituais a mesma coisa pode ser outra coisa[7].

Como uma coisa pode ser uma coisa dentro de um modelo e outra em outro modelo (exemplo da luz que se apresenta ora como onda ora como partícula – Física Quântica). O que nos garante a verdade de uma proposição é o referencial teórico, ou seja, outras proposições que lhe servem de base ou lhe dão fundamento.

O Constructivismo é uma forma de construção do objeto cientificamente e de legitimação do conhecimento científico.

---

7. Em texto de nossa autoria explicamos melhor essa problemática – CARVALHO, Aurora Tomazini de. Realidade, conhecimento e método científico. In: CARVALHO, Paulo de Barros (coord.). *Constructivismo lógico-semântico*. São Paulo: Noeses, 2018. v. II.

3.2 Sobre o processo de conhecimento

Nosso cérebro conhece as coisas mediante a produção de proposições (linguagem) e legitima o conhecimento por meio do processo de racionalização.

Então, basicamente o conhecimento humano se estrutura em três processos: i) atribuição de nomes, que nos garante a identificação do objeto; ii) definição, que nos permite a delimitação e conhecimento (em sentido estrito – proposicional) do objeto; e a iii) racionalização, que nos autoriza credenciar o conhecimento (proposição) como verdadeiro.

O nome (termo) reflete um conceito (ideia) do objeto. Com a definição, elegemos as características que o delimitam, associamos o nome a outros termos produzindo um juízo (proposição) acerca do objeto. E com a racionalização, legitimamos esta proposição relacionando-a com outras proposições na formação dos raciocínios (conhecimento racionalizado).

O Constructivismo Lógico-Semântico nos dá consciência deste processo. Adotar o método nos garante um conhecimento racionalizado e de difícil contra-argumentação. Pois, intuitivamente, é assim que funciona nossa compreensão do mundo. Ao tomarmos conhecimento do método, aprendemos como nosso cérebro se comporta no conhecimento das coisas. E ter o controle deste processo faz com que o conteúdo produzido seja muito mais rígido e convincente.

3.3 Em que consiste o método do Constructivismo?

Mas em que consiste o método do Constructivismo Lógico-Semântico? Consiste em definir conceitos e amarrar estruturalmente esses conceitos de modo que um legitime o outro.

A Ciência constrói seu objeto mediante a estruturação lógica e semântica de conceitos. Parece simples, mas é uma coisa que poucos se atentam, principalmente na doutrina jurídica. Um dos grandes problemas é a definição precisa de conceitos e a coerência lógica do discurso. As palavras são por natureza vagas e ambíguas. O discurso científico prega por conceitos unívocos. Não há precisão num discurso quando os termos não são delimitados e não há rigidez quando a estruturação não se prende as definições propostas.

O Constructivismo presa pela definição de conceitos e a estruturação lógica e semântica destes conceitos. Quando utilizamos uma expressão ou nome o definimos e seguimos com sua definição por todo o discurso, caso necessidade de utilizarmos a palavra ou expressão em outro sentido, de pronto o explicitamos. Isso garante uma coerência semântica ao discurso, além da estrutural.

Por vezes encontramos autores, por exemplo, dizendo que norma jurídica é uma significação estruturada na forma (H→C), mas logo em seguida utilizando-se da mesma expressão para fazer referência ao enunciado (prescritivo) declaratório "Brasília é a capital da República". Isso gera uma confusão de entendimento e uma dificuldade na construção do objeto. Mas norma jurídica é uma significação estruturada ou um enunciado? Sabemos que depende do referencial, a norma jurídica que incide no caso concreto é uma significação estruturada, a norma jurídica enquanto unidade do sistema jurídico pode ser um enunciado. Para evitar tal confusão é necessária uma definição precisa da expressão e também que sua utilização no discurso esteja alinhada estruturalmente e semanticamente a esta definição. Isso é garantido com a consciente utilização do método do Constructivismo Lógico-Semântico.

4. O Constructivismo Lógico-Semântico enquanto Escola do Pensamento Jurídico

Enquanto Escola Jurídica, o Constructivismo Lógico-Semântico caracteriza-se como uma forma de enxergar o direito. É uma tomada de posição perante o direito, um ponto de vista, um modo de entender e explicar o direito.

O pressuposto diferencial do Constructivismo Lógico-Semântico é trabalhar o direito como linguagem. O direito é texto. O direito é linguagem. Esta é a premissa de base da Escola. Ciente do processo de conhecimento e da legitimação do discurso científico, a Escola tem uma enorme preocupação com a delimitação do seu objeto e a demarcação do referencial em que seus conceitos são pensados e estruturados. Também se atenta para uma estruturação rígida e precisa do seu discurso, o que não vemos com tanta frequência nas Ciências Jurídicas.

4.1 Delimitação do direito enquanto objeto

O cindir é desde o início e a experiência é inesgotável. Esta é uma das frases clássicas nas aulas do Prof. PAULO DE BARROS CARVALHO ao se reportar às lições de PONTES DE MIRANDA. Isto quer dizer que para conhecermos determinado objeto, temos que primeiramente recortá-lo do resto do mundo, numa atividade mental denominada de abstração isoladora. Os recortes são metodológicos, não interferem no dado experimentável, mas o constituem enquanto objeto de uma Teoria. Isso justifica as várias visões do direito, constituídas por cada Teoria no intuito de explicá-lo. Necessariamente, não precisamos escolher uma, o importante é conhecer várias possibilidades interpretativas perante o direito para utilizar a que melhor se ajusta às nossas convicções ou aos interesses do caso concreto.

O Constructivismo nos dá essa noção, afasta o argumento de autoridade, os debates estéreos e a briga por verdades absolutas, tão utilizado na construção do discurso jurídico.

4.2 Que é o direito?

Diante das infinitas possibilidades de recortar o direito como objeto o Constructivismo escolhe enxergá-lo como linguagem. Para a escola, direito é o conjunto de normas jurídicas válidas num dado país. As normas jurídicas estabelecem prescrições às condutas intersubjetivas (entre sujeitos). Nesses termos, podemos dizer que a função do direito é direcionar/regular o comportamento humano em sociedade. Para regular condutas intersubjetivas, o legislador (aqui utilizado em acepção ampla, como todo aquele capaz de inserir normas no sistema) produz uma linguagem (texto). Assim, em última análise pode-se afirmar que o direito é texto. Ele se caracteriza por uma linguagem prescritiva, produzida por autoridade competente (determinada pelo próprio sistema) que se volta para a realidade social com a finalidade de regulá-la.

Trabalhar o direito como linguagem (texto) permite sua delimitação (física) precisa enquanto objeto. Conseguimos identificar empiricamente onde começa e onde termina o direito. O direito existe onde há linguagem jurídica. A linguagem prescritiva, produzida por autoridade competente é o seu dado físico existencial. Outras teorias, por exemplo, que o tratam como valor, não oferecem uma delimitação tão precisa, pois quem pode dizer onde começa e onde termina os valores? A dificuldade já se instaura desde o início, na delimitação do objeto. Como estudar o direito se não conseguimos nem dizer precisamente o que é o direito?

Ao fixar que há direito onde há linguagem jurídica, o Constructivismo adota uma definição precisa o que permite uma clara identificação do seu objeto no âmbito da experiência. Com isso, não há dificuldade em afastar do campo de investigação do cientista jurídico qualquer análise não jurídica (como as análises social, política, econômica e moral que quase sempre se misturam à análise do direito).

4.3 Consequências deste recorte metodológico

Dizer que o direito é texto e considerá-lo como linguagem importa uma tomada de posição que gera algumas consequências à sua análise, vejamos:

1) Separação entre realidade social, direito positivo e Ciência do Direito

Um dos principais pontos de diferenciação do Constructivismo Lógico-Semântico é a separação dos planos da realidade social, do direito positivo e da Ciência do Direito enquanto sistemas de linguagem, o que não acontece na maioria das Teorias sobre o direito, que misturam estes três planos, tratando-os como uma coisa só.

Para as teorias tradicionais, o direito é um fator de alteração da realidade social e a Ciência do Direito é a interpretação do direito positivo. Logo, não há uma diferenciação bem definida separando tais planos. Para a Escola do Constructivismo estas são realidades bem distintas. Uma coisa é a realidade social, outra o direito positivo e outra a Ciência do Direito.

A realidade social é uma linguagem, constituída pela relação entre sujeitos diferentes. Antes da linguagem da realidade social, existe a linguagem da individualidade, constituída pela relação do sujeito para com ele mesmo. Esta linguagem não interessa para o direito, que não incide sobre relações intrassubjetivas, aquelas que se passam na cabeça do sujeito (diferente, por exemplo, da moral), ele existe para regular relações entre sujeitos. Pois bem, o direito visa direcionar condutas intersubjetivas. Mas, o legislador não tem como atuar diretamente sobre as condutas humanas modificando-as fisicamente. Assim, ele cria uma linguagem prescritiva (jurídica), diferente da linguagem social, que tem por função regulá-la. A linguagem jurídica é construída tendo por base a linguagem da realidade social, incide sobre ela, mas com ela não se confunde. Um acontecimento de ordem social não produz efeitos no mundo jurídico, a menos que seja vertido em linguagem jurídica, da mesma forma a linguagem do direito não altera a realidade social a menos que outra linguagem social seja produzida.

O direito se caracteriza por esta linguagem prescritiva, produzida por autoridade competente, que se volta para a realidade social com a finalidade de modificar condutas intersubjetivas. Diante desta linguagem, o jurista (aqui entendido como aquele que lida com esta linguagem) a interpreta e lhe atribui um sentido. Este sentido, não se configura ainda como Ciência do Direito, mas como o conteúdo dos textos produzidos pelo legislador. A Ciência está um passo além. O direito não precisa dela para existir. Todos que lidam com a linguagem jurídica (textos produzidos por autoridades competentes) têm a necessidade de interpretá-la para ter acesso ao seu conteúdo, mas este conteúdo não é Ciência é o próprio direito (enquanto sentido). A Ciência aparece com a produção de outra linguagem, que se volta para a linguagem jurídica com a finalidade de explicá-la, de reduzir suas complexidades, para que nós, utentes, possamos operá-la com maior facilidade.

A Ciência do Direito caracteriza-se como uma linguagem empregada na função descritiva. Ela toma o direito como objeto e informa sobre ele. Logo, constitui-se como uma metalinguagem em relação à linguagem jurídica e com ela não se confunde. Os valores que regem sua existência são verdadeiro e falso, enquanto os da linguagem do direito são válido e inválido.

Esses três planos estão, assim, bem caracterizados quando da análise do direito enquanto linguagem.

2) A diferenciação entre enunciado prescritivo, proposição e norma jurídica

Consideramos que todo texto comporta um plano de expressão e um plano de conteúdo. Quando afirmamos que o direito é texto, estamos considerando que este se manifesta num suporte físico, produzido pelo legislador, mediante o qual o identificamos e o reconhecemos através dos nossos sentidos, mas este dado físico não contém o conteúdo. O conteúdo dos textos normativos é construído na mente daqueles que interpretam o dado físico produzido pelo legislador.

Assim, separamos enunciados prescritivos de proposições jurídicas. Os enunciados são as frases que compõem os textos de leis, decretos, portarias, atos administrativos, sentenças, dados materiais, mediante os quais] nossos sentidos entram em contato com o direito positivo. São seu suporte físico. As proposições são juízos que construímos em nosso intelecto a partir da intepretação dos enunciados. Proposição é o conteúdo do enunciado produzido na mente do intérprete. É um dado subjetivo, condicionado às condições culturais do interprete. O direito positivo aqui, passa de um dado material para um dado subjetivo encontra-se na mente do intérprete.

As proposições, como juízo dos enunciados, isoladamente, nem sempre constituem um sentido prescritivo completo. Para nosso intelecto construir uma mensagem prescritiva, isto é, capaz de modificar condutas, ele associa uma proposição-causa (hipótese) a uma proposição-efeito (consequente) mediante um vinculo implicacional, utilizando-se da seguinte estrutura lógica D(H→C). A norma jurídica é a significação que o intérprete constrói a partir da leitura do suporte físico do direito positivo, estruturada na forma Hipótese que implica uma Consequência H→C.

Com essa estrutura nosso intelecto consegue compreender a mensagem prescritiva, capaz de direcionar condutas intersubjetivas. É, por isso, que LOURIVAL VILANOVA conceitua norma jurídica como o mínimo irredutível de manifestação do deôntico.

Assim, separamos os enunciados, no plano físico, as proposições como o sentido dos enunciados e a norma jurídica como a significação estruturada na forma hipotética-condicional, construída a partir da interpretação dos enunciados prescritivos que compõem o direito positivo.

A compreensão dos textos jurídicos é um trabalho construtivo, resultado de um esforço intelectual[8]. Num primeiro momento, o intérprete entra em contato com um dado objetivo, a literalidade textual, um aglomerado de frases ordenadas que

---

8. A esse esforço intelectual, PAULO DE BARROS CARVALHO atribui o nome de percurso gerador de sentido, explicando que ele se concretiza em quatro planos, que são os planos de manifestação do direito positivo. CARVALHO, Paulo de Barros. *Curso de direito tributário*. 30. ed. São Paulo: Saraiva, 2019. p. 126-127.

formam o plano de expressão do direito positivo (S1 – representado na ilustração pela figura da CF e das Leis). Partindo deste plano, com a leitura dos enunciados prescritivos, o intérprete vai atribuindo sentido (valores) aos símbolos que os compõem e, assim, construindo em sua mente significações, que constituem o plano das proposições ainda não deônticamente estruturadas (S2 – representado na ilustração pelo primeiro balão de pensamento). Estas proposições isoladas, no entanto, ainda não contêm um sentido prescritivo completo, capaz de regulamentar condutas, é preciso, então, que o interprete as una na forma implicacional D(H→C). Assim, ele junta algumas das significações na posição sintática de hipótese (causa) e outras, no lugar de consequente (efeito), ingressando no plano das normas jurídicas em sentido estrito (S3 – representado na ilustração pelo segundo balão de pensamento).

Nota-se que o único dado material e objetivo, que é igual para todo mundo é o plano dos enunciados prescritivos. As proposições e as normas jurídicas se encontram na subjetividade, são construídas na mente do interprete em razão da interpretação e, por isso, sempre condicionadas aos referenciais do interprete e ao seu modelo (ideológico, político, pessoal). O direito, assim, apresenta essa dualidade. Os enunciados no plano físico e as proposições e as normas jurídicas no plano do conteúdo.

O que se aplica no caso concreto não é o suporte físico (enunciados). É seu o conteúdo, resultado de um ato de valoração do intérprete perante o dado material produzido pelo legislador.

3) Diferença entre norma jurídica em sentido amplo e norma jurídica em sentido estrito

Definimos o direito como o conjunto de normas jurídicas válidas num dado país. Isto significa que as normas jurídicas são seus elementos, suas unidades. No entanto, o direito positivo se apresenta sobre diferentes formas como vimos acima. Por isso, trabalhamos com a diferenciação: i) normas jurídicas em sentido amplo; e ii) norma jurídica em sentido estrito. Utilizamos norma jurídica em sentido amplo para nos referirmos às unidades do direito positivo. E, norma jurídica em sentido estrito para aquela que é aplicada no caso concreto.

No plano físico do direito positivo, encontramos os enunciados prescritivos, os textos de leis, os documentos normativos como suas unidades. No plano do seu conteúdo, encontramos as proposições isoladas e aquelas estruturadas na forma hipotética condicional como suas unidades. Todos estes são unidades do direito positivo, são elementos que compõem sua integridade existencial. No entanto, só uma destas unidades tem o condão de incidir no caso concreto. É a norma jurídica em sentido estrito, a significação, construída pelo intérprete a partir dos enunciados prescritivos, estruturada na forma $D(H \rightarrow C)$.

Assim temos: i) norma jurídica em sentido amplo, como unidades do sistema jurídico: um enunciado prescritivo, um texto de lei, um documento normativo, uma proposição isolada; e norma jurídica em sentido estrito, como aquela que é aplicada ao caso concreto: uma significação estruturada na forma $D(H \rightarrow C)$, construída na mente do intérprete mediante um processo de atribuição de sentido aos textos jurídicos.

É por isso que PAULO DE BARROS CARVALHO ao conceituar norma jurídica diz tratar-se de um juízo hipotético-condicional[9]. As normas jurídicas em sentido estrito, aquelas que são aplicadas no caso concreto, não se encontram no campo da objetividade dos textos normativos, mas sim na subjetividade da mente daqueles que os interpretam.

Norma jurídica em sentido amplo são as unidades que compõem o direito positivo. Os enunciados, os textos de lei, qualquer documento normativo faz parte do sistema do direito positivo. É linguagem jurídica. Mas para fazer incidir o direito no caso concreto, o intérprete constrói esta estrutura significativa em sua mente. E é ela que ele aplica ao caso concreto. Por isso, a atribuímos o qualificativo de norma jurídica

9. CARVALHO, Paulo de Barros. *Direito tributário:* fundamentos jurídicos da incidência. 6. ed. São Paulo: Saraiva, 2018. p. 71.

em sentido estrito. É ela que incide e, portanto, propaga efeitos jurídicos no caso concreto.

4) Sobre a incidência e aplicação da norma jurídica

Incidência significa a produção de efeitos da norma jurídica. Uma teoria da incidência diz como uma norma jurídica produz seus efeitos num caso concreto. Partindo da concepção, de que o direito é linguagem, a produção dos efeitos jurídicos não se dá imediatamente à verificação de ocorrência do acontecimento que se enquadra no conceito da hipótese de incidência (proposição causa) da norma. Ela se dá com a produção de uma linguagem jurídica que constitui o acontecimento para o mundo do direito e a ele atribui efeitos jurídicos.

Os efeitos jurídicos são atribuídos ao fato vertido em linguagem jurídica, não aos acontecimentos do mundo fenomênico. Aqui se destaca a diferença entre fato e evento trabalhada por PAULO DE BARROS CARVALHO[10]. Fato é um enunciado linguístico que relata um acontecimento. Evento é o acontecimento em si, como ele se apresenta no mundo. O evento se perde no momento da sua realização, o que temos deles são os fatos, versões linguísticas sobre o acontecimento. O direito incide sobre estas versões linguísticas.

O fato jurídico é aquele capaz de ensejar efeitos na ordem jurídica. É o relato em linguagem jurídica que se enquadra na hipótese de uma norma jurídica e que desencadeia o efeito prescrito em seu consequente. A todo fato jurídico é atrelado um efeito jurídico, isto que lhe atribui o qualificativo de jurídico. É um fato (dado linguístico) que instaura efeito na ordem jurídica.

O efeito jurídico é produzido nos moldes do consequente da norma aplicada e constitui-se sempre numa relação jurídica. Relação jurídica é um vínculo abstrato, que se instaura em decorrência da incidência normativa, entre sujeitos determinados, mediante o qual um tem o direito subjetivo ao cumprimento de uma prestação e outro o dever jurídico de

10. Idem, p. 90.

cumpri-la. É assim que o direito realiza sua função de prescrever condutas sociais. É por meio de atribuição de vínculos jurídicos entre pessoas que o direito vai se concretizando.

A incidência de uma norma jurídica se perfaz, assim, com a constituição de um fato jurídico e a imputação de uma relação jurídica a tal fato.

Nesta concepção, sobre a incidência, ela se dá com o ato de aplicação. É com a aplicação que a norma produz efeitos no caso concreto. É com a aplicação que os fatos jurídicos são constituídos para o direito, nos moldes da hipótese de incidência da norma e a eles são imputadas relações jurídicas, nos moldes do consequente. Aplicar uma norma é fazê-la incidir no caso concreto.

A aplicação é um ato humano, mediante o qual se realiza a incidência (produção dos efeitos de uma norma jurídica). Ele se perfaz com duas operações lógicas: i) de subsunção e de ii) implicação. Para fazer incidir a norma no caso concreto o operador do direito enquadra os fatos que tem acesso do mundo no conceito da hipótese normativa e a ele imputa os efeitos prescritos em seu consequente. Para concretização desta operação ele tem o trabalho de interpretar a linguagem dos fatos (fatos alegados e provas) e do direito (lei) para produzir uma norma individual e concreta (valida para as partes) constituindo o fato jurídico e a relação jurídica a ele imposta.

A norma não é aplicada sobre o evento (acontecimento), mas à versão linguística do acontecimento trazida para o direito (constituída em linguagem jurídica). O aplicador não tem acesso ao que aconteceu no mundo. Ele tem acesso a uma linguagem que relata o acontecimento (linguagem dos fatos alegados e provas). Por meio da interpretação desta linguagem ele constrói o fato jurídico, sobre o qual faz incidir a norma jurídica. A construção do fato jurídico, assim, também importa uma valoração. É pela presença desses elementos valorativos que um conjunto probatório pode ser convincente para um julgador, mas insuficiente para outro e que, diante das mesmas alegações e dos mesmos documentos probatórios, dois aplicadores (ex.: juiz e tribunal) possam construir fatos jurídicos diferentes. Além do mais, o papel aceita tudo, de modo que, muito embora o direito preze por uma verdade material, verificada pela correspondência entre a linguagem do fato jurídico constituído para o direito e acontecimento ao qual ela faz referência, esta correspondência não existe. A verdade jurídica é formal, ela é legitimada pelo procedimento. O fato jurídico se fundamenta nas provas que o atestam. E o que lhe dá legitimidade, de propagar os efeitos que lhe são próprios, é a legitimidade do processo de aplicação, isto é, ter sido este realizado por uma autoridade competente e de acordo com as regras procedimentais estabelecidas pelo direito.

O mesmo podemos dizer sobre a norma aplicada. Da mesma forma que interpreta a linguagem dos fatos, interpreta também a linguagem do direito. Na operacionalidade do direito, o legislador insere no sistema um texto bruto (suporte físico – conjunto de enunciados prescritivos), mas quem diz qual é a norma jurídica (conteúdo do texto) a ser aplicada no caso concreto é o aplicador. Assim, aplicar uma norma significa positivar uma das infinitas interpretações possíveis de serem atribuídas aos textos jurídicos.

Há infinitas possibilidades interpretativas com relação às palavras presentes nas leis, a combinação de enunciados e as relações deles com o acontecimento construído a partir da linguagem dos fatos. São atos de decisão e escolhas interpretativas do aplicador que determinam o sentido das palavras utilizadas pelo legislador no caso concreto, ele é que combina os enunciados, mediante atos de decisão e escolhas interpretativas, bem como estabelece a relação dos enunciados e sentidos escolhidos na subsunção do fato à norma.

Se considerarmos que é a linguagem do aplicador que diz qual a norma jurídica a ser aplicada, antes desta linguagem não há um sentido jurídico para o caso concreto. Há o suporte físico e a infinidade de significações possíveis de lhe serem atribuídas, não existe nada determinado. Mas, embora não exista um sentido determinado, há uma regra, imposta pela operatividade do sistema, de que toda construção seja pautada em enunciados (suporte físico) do direito positivo, como uma garantia das partes de que o "direito" foi aplicado. Há também uma garantia de que o fato sobre o qual incidirá o direito é aquele constituído sob o fundamento das provas lícitas integrantes do processo. Mas com relação ao conteúdo do fato e da norma a ser aplicada não há muitas garantias. Tudo depende dos referencias, ideologias e associações valorativas realizadas pelo aplicador ao interpretar a linguagem jurídica das provas e dos textos normativos.

Num primeiro momento, essa tomada de posição acerca da incidência pode gerar certo desconforto, tendo-se em conta as teorias mais tradicionais e a expectativa da segurança jurídica tão aclamada pelo sistema. Mas o direito é assim. Antigamente, quando não tínhamos tanto acesso às decisões até poderíamos conceber a ideia antiga de um conteúdo único, próprio do texto jurídico, que garantia a certeza de interpretações unívocas. Hoje, com a implementação da tecnologia e a publicidade abrangente das decisões e atos judiciais nos meios de comunicação vimos as variedades de interpretações e posicionamentos diante de um mesmo dispositivo legal e diante dos mesmos fatos pelos operadores do direito.

5) A diferença entre fato e evento

Evento é o acontecimento do mundo fenomênico, fato é a versão linguística do acontecimento e fato jurídico é a versão do evento constituída em linguagem jurídica. Evento, por exemplo, seria o nascimento com vida de uma criança, fato o relato deste acontecimento pelos pais para os familiares e fato jurídico o registro deste acontecimento em cartório (linguagem jurídica competente para fazer para constituir o fato do nascimento com vida para o direito e a ele imputar os efeitos da personalidade – incidência da norma).

Trabalhando com a diferenciação desses conceitos, percebemos que o direito não incide sobre acontecimentos, mas sobre sua versão linguística constituída juridicamente e que não há uma efetiva correspondência entre o acontecimento e a versão linguística deste trazida para o mundo jurídico.

Um exemplo muito simples mas elucidativo: A mata B, mas C (amante de A) confessa o crime. Os efeitos jurídicos recairão sobre C, não sobre A (que realizou o evento). Para o direito, o fato que existe é: C matou B. Independentemente do que aconteceu no mundo fenomênico. O direito cria suas realidades de modo paralelo, que é legitimada pelo procedimento de produção de sua linguagem, independentemente da correspondência com aquilo que realmente aconteceu na realidade social empírica.

As partes podem contar as maiores mentiras num processo, se conseguirem arquitetar a linguagem das provas para afirmar suas alegações, suas mentiras restarão confirmadas, para o direito, como a verdade correspondente aos fatos. Uma coisa que aprendi com a prática jurídica é que o papel aceita tudo: construção de plataformas de petróleo que nunca existiram fisicamente, mas que estão perfeitamente legitimadas juridicamente, empresas emissoras de notas que nunca prestaram qualquer serviço ou venderam qualquer mercadoria, mas que assim o fazem com perfeição para o direito. O que vale para o direito é aquilo que está no papel e é constituído e legitimado por sua linguagem. Por isso, faz muito sentido a afirmação de EURICO MARCOS DINIZ DE SANTI de que o direito é MATRIX. Sua linguagem cria uma realidade paralela aos acontecimentos sociais. E, é sobre essa linguagem que seus efeitos são produzidos.

O aplicador não tem acesso ao evento. Ele não é capaz de alcançar o que aconteceu. Tudo que ele tem para fazer incidir a norma no caso concreto, são versões sobre o acontecimento. E versões divergentes (fato alegado e o fato contestado). Diante dessas versões e das provas juntadas, que também nada mais são do que linguagem, é uma tarefa árdua dizer o que aconteceu no caso concreto. Posso dizer, com convicção (em razão de já ter atuado como julgadora no processo administrativo fiscal), que por muitas vezes este acaba sendo um trabalho intuitivo. A linguagem dos fatos alegados e das provas, não capturam o acontecimento e o trazem para dentro do processo. Elas criam linguisticamente um novo acontecimento.

Nesse contexto, é sempre importante lembrar o estudo das categorias da semiótica de objeto imediato e objeto dinâmico aplicado ao direito por PAULO DE BARROS CARVALHO[11]. A linguagem que relata um acontecimento para o mundo jurídico o cria linguisticamente. Assim considerando, a linguagem constitui um fato (objeto imediato) que se reporta a um acontecimento (objeto dinâmico). Não há identidade entre ambos, apesar do fato fazer referência ao evento eles são objetos distintos. O objeto imediato (fato) não captura a totalidade do objeto dinâmico (evento). Não o repete, pois o evento é único e irrepetível.

Na mesma toada, de grande importância é o estudo feito por FABIANA DEL PADRE TOMÉ[12] sobre o fato jurídico e as provas. A constituição do fato jurídico pelo aplicador do direito importa sempre um ato de valoração com relação aos fatos alegados e as provas apresentadas. Isto justifica a circunstância de diante dos mesmos fatos alegados e das mesmas provas um aplicador (juiz) constitua em fato jurídico e outro aplicador (tribunal) outro fato jurídico. Os fatos jurídicos são legitimados pelas provas e estas valoradas pelo aplicador.

6) Semiótica, Teoria dos Valores e a Lógica como técnicas de estudo do direito

Considerando o direito como linguagem, a Semiótica, a Teoria dos Valores e a Lógica se apresentam como potentes técnicas para implementação da análise jurídica.

---

11. CARVALHO, Paulo de Barros. *Direito tributário:* fundamentos jurídicos da incidência. 6. ed. São Paulo: Saraiva, 2018. p. 92.

12. TOMÉ, Fabiana Del Padre. *A prova no direito tributário.* 4. ed. São Paulo: Noeses, 2016.

Semiótica é a Ciência que estuda os signos. Toda linguagem é um conjunto estruturado de signos, e assim também é o direito, de modo que, podemos aplicar os conceitos da Semiótica para implementar sua análise. Signo é a relação que se estabelece entre um suporte físico e sua significação (conteúdo)[13]. A partir do momento que se considera o direito como linguagem entender essa relação é inevitável.

A Semiótica estabelece que toda linguagem comporta três ângulos de análise: sintático, semântico e pragmático. Aplicando esta técnica ao direito esgotamos sua análise quando atravessamos estes três planos. No plano sintático estudamos a estrutura da linguagem, a relação entre os signos que compõem o direito positivo. No plano semântico o conteúdo, a relação dos suportes físicos com os conteúdos que lhe são atribuídos. E, no plano pragmático a utilização da linguagem por seus utentes, a relação dos signos com aqueles que os manuseiam.

A Teoria dos Valores nos possibilita compreender melhor o conteúdo dos textos jurídicos. Toda construção de sentido importa um ato de valoração do intérprete, de modo que, os valores são parte integrante do direito, principalmente quando lidamos com o plano das significações. A análise do conteúdo dos textos jurídicos, assim, pressupõe um ingresso na Teoria dos Valores.

A Lógica é a Ciência que estuda a estrutura formal de uma linguagem, não no plano dos suportes físicos (cuja função é própria da Gramática), mas no plano das significações (conteúdo). Com o emprego da Lógica conhecemos as formas estruturais da linguagem jurídica. Ela é que nos dá a estrutura implicacional da norma jurídica $D(H \rightarrow C)$, que cuida das relações entre normas (subordinação e coordenação) na

13. Preferimos adotar a terminologia de signo enquanto relação diádica entre um suporte físico e seu conteúdo, seguindo os ensinamentos de FERDINAND SAUSSURE. Embora já tenhamos o considerado como uma relação triádica (EDMUND HUSSERL) sob influência do posicionamento de PAULO DE BARROS CARVALHO – *Curso de teoria geral do direito (o Constructivismo lógico-Semântico)*. 6. ed. São Paulo: Noeses, 2019. p. 179.

constituição do sistema jurídico e das relações internas às proposições normativas.

O direito é estruturado por uma Lógica própria: a Lógica Deôntica, específica das linguagens normativas (dever ser). O estudo da Lógica Deôntica nos dá acesso às estruturas do sistema jurídico.

Consideramos como técnicas as Ciências auxiliares que implementam a análise do direito. Tanto a Semiótica, quanto a Teoria dos Valores e a Lógica nos auxiliam e tornam-se indispensáveis ao estudo do direito quando o tomamos como linguagem.

5. Dez pontos que sintetizam a concepção do Constructivismo Lógico-Semântico

Fazendo uma síntese das ideias do Constructivismo Lógico-Semântico apresentadas em dez pontos, temos:

1) Toda Ciência constrói seu objeto em nome de uma descrição, mediante a estruturação lógica-semântica de conceitos.

2) A realidade é constituída pela linguagem.

3) A verdade é um valor – atribuída as conclusões de um discurso quando estas se encontram em coerência com o modelo de premissas utilizado para sua construção. Assim, não há teorias absolutas, tudo depende do sistema de referência adotado.

4) O direito é linguagem (texto).

5) O direito, enquanto objeto, pode ser recortado sob vários enfoques, o que nos interessa é o enfoque jurídico – direito positivo é o conjunto de normas jurídicas válidas num dado país – o enfoque jurídico toma como objeto normas jurídicas.

6) Normas jurídicas (em sentido estrito) são resultado da interpretação. Não se encontram no suporte físico

dos textos jurídicos (enunciados), são construídas na mente daqueles que o interpretam.

7) Concebendo o direito como linguagem, a Semiótica, a Lógica e a Teoria dos Valores funcionam como técnicas que implementam a análise jurídica.

8) Não há interpretações certas ou erradas no direito. Há interpretações válidas, aquelas vertidas em linguagem competente.

9) As normas jurídicas não incidem naturalmente. É necessário um ato de aplicação humano para que os fatos sejam juridicizados e desencadeiem os efeitos jurídicos que lhe são próprios.

10) Os fatos jurídicos são legitimados pelo procedimento e se legitimam em razão das provas apresentas e não em razão da correspondência com os acontecimentos aos quais fazem referência.

6. Apresentação dos principais pressupostos do Constructivismo Lógico-Semântico de forma condensada

Considerando de forma separada o Constructivismo Lógico-Semântico como método, a aplicação do método ao estudo do direito e a visão dos principais conceitos desenvolvidos pela Escola no estudo do direito temos:

1. Constructivismo Lógico-Semântico como Método

   - Modelo Filosófico: Filosofia da Linguagem.
   - A Ciência constrói seu objeto em nome de uma descrição, mediante a estruturação lógico-semântica de conceitos.
   - Não há teorias absolutas, tudo depende do sistema de referência adotado.

- A verdade é um valor – atribuída ao discurso em razão da sua coerência interna.

- A linguagem se autorrefere e se autossustenta.

- A legitimação do objeto se dá pela linguagem que o constrói.

- A Ciência é uma linguagem rigidamente elaborada, caracterizada pela delimitação do objeto, pelo método e pelos princípios da identidade, terceiro excluído e não contradição.

2. Constructivismo Lógico-Semântico aplicado ao estudo do direito

- O direito positivo, enquanto conjunto de normas jurídicas válidas num dado país, se manifesta na forma de textos. Assim, o direito é linguagem.

- O objeto da Ciência do Direito é o direito positivo, da sua análise se afastam as visões econômicas, políticas, sociais e morais.

- Diferenciam-se direito positivo, realidade social e Ciência do Direito como planos de linguagem distintos e suas diferenças se estabelecem por meios de critérios linguísticos.

- Os ramos do direito são recortes metodológicos que o cientista faz ao constituí-lo como objeto, trazem especificidade ao seu estudo, mas não se projetam sobre o objeto, que é uno e indecomponível.

- O conteúdo dos textos jurídicos é construído pelo intérprete e condicionado aos seus referenciais.

- A interpretação dos textos jurídicos é inesgotável e condicionada à intertextualidade (contexto) interna e externa do direito.

- Não há que se falar em interpretações jurídicas certas ou erradas, mas sim válidas e inválidas.
- Não há uma interpretação única e própria para cada texto jurídico, mas sim aquelas que se enquadram ou não a um modelo de referência.
- Enquanto linguagem o direito pode ser analisado com auxilio da Semiótica, Teoria dos Valores e Lógica.

3. Constructivismo Lógico-Semântico como Escola de Pensamento Jurídico

- O direito é o conjunto de normas jurídicas válidas num dado país.
- A expressão norma jurídica pode ser empregada em sentido amplo, unidade do sistema, ou em sentido estrito, aquela unidade capaz de ser aplicada no caso concreto.
- Distinguem-se: enunciados prescritivos, proposições jurídicas e normas jurídicas em sentido estrito.
- As normas jurídicas (em sentido estrito) são sintaticamente homogêneas, apresentando todas a mesma estrutura $D(H \rightarrow C)$ e heterogêneas semântica e pragmaticamente.
- A hipótese (H) contém critérios para identificação de fato apto a propagar efeitos jurídicos. É um conceito conotativo.
- O consequente (C) contém critérios para identificação da relação jurídica a ser instaurada com a verificação do fato jurídico. É também um conceito conotativo.

- Toda norma é jurídica porque a ela está atrelada outra que lhe atribui coercitividade (a garantia de seu cumprimento pelo Estado). Assim a estrutura completa da norma é bimembre (norma primária e norma secundária).

- Princípios são normas jurídicas em sentido amplo, podendo ora se apresentarem como valores, ora como limites objetivos que visam implementá-los.

- Incidência é a produção dos efeitos de uma norma jurídica, que se dá no momento de sua aplicação com a produção de uma norma jurídica individual e concreta.

- Entre a positivação da norma e o cumprimento da conduta por ela prescrita existe sempre um ato de vontade humano.

- A incidência/aplicação do direito tem efeitos constitutivos com relação ao fato jurídico e seus efeitos (relação jurídica) e declaratórios com relação ao evento.

- Diferenciam-se fato, evento, e fato jurídico. Fato como o relato linguístico de um acontecimento, evento como o acontecimento verificado empiricamente e fato jurídico como seu relato para o mundo jurídico.

- Fato jurídico é um enunciado protocolar, posto na posição sintática de antecedente de uma norma individual e concreta. É um conceito denotativo.

- O fato jurídico, enquanto dado linguístico não captura a integralidade do evento que é irrepetível e inatingível pela linguagem.

- A validade do fato jurídico se dá pela legitimidade do procedimento e não pela correspondência com o evento.

- Ao aplicar o direito o sujeito competente não só constrói a norma a ser aplicada, mas também o fato jurídico sobre o qual a faz incidir.

- A relação jurídica é o dado por excelência do direito, sempre irreflexivas e assimétricas.

- A relação jurídica (efeito) é um enunciado factual, posto na posição sintática de consequente de uma norma individual e concreta, instaurador de um vínculo abstrato entre sujeitos.

- As relações jurídicas têm efeito prospectivo no tempo, que se instauram a partir de sua constituição.

- Uma linguagem jurídica (efeitos jurídicos) só se desconstitui por meio da produção de outra linguagem jurídica.

- Ordenamento e sistema jurídico são tidos como sinônimos.

- Fontes do direito são fatos sociais capazes de inserir normas jurídicas no sistema. Consideramos assim, todo processo enunciativo de textos jurídicos (enunciação).

- As normas entram no sistema do direito positivo sempre aos pares: normas introdutoras (veículo introdutor) e normas introduzidas.

- São axiomas do sistema: hierarquia e validade.

- O sistema do direito positivo é completo, no sentido de que sempre haverá uma norma a ser aplicada ao caso concreto, de modo que lacunas e antinomias são problemas de interpretação.

- Validade é um valor atribuído em razão da relação de pertencialidade de uma norma jurídica para com o sistema do direito positivo.

- Vigência é uma característica da norma jurídica que está apta para incidir no caso concreto e produzir efeitos na ordem jurídica.

- Trabalhamos com três conceitos de eficácia: técnica, jurídica e social. Eficácia técnica é uma qualidade da norma jurídica que não encontra óbice no sistema para sua incidência. Eficácia jurídica é a qualidade do fato jurídico de desencadear efeitos na ordem jurídica. E eficácia social está relacionada ao cumprimento da norma por seus destinatários.

7. Conclusões

O Constructivismo Lógico-Semântico é um método/modelo de conhecimento. Este modelo aplicado ao direito cria uma forma própria de enxergá-lo, cujo principal pressuposto é considerá-lo como linguagem (texto).

Há direito onde houver linguagem jurídica. Essa tomada de posição acarreta uma série de consequências ao estudo do direito, as quais pontuamos de forma objetiva neste artigo (item 4).

Trabalhando com a utilização do método e considerando tais consequências, podemos falar na existência e uma Escola própria do Pensamento Jurídico, cujas principais ideias encontram-se pontualmente elencadas acima.

Buscando objetividade das informações científicas, reportamos, assim, nossas considerações conclusivas aos itens 5 e 6 deste artigo, onde restam sintetizados os principais pressupostos do Constructivismo Lógico-Semântico, tanto como método quando Escola Jurídica.

Referências

CARVALHO, Aurora Tomazini de. *Curso de teoria geral do direito (o constructivismo lógico-semântico)*. 6. ed. São Paulo: Noeses, 2019.

_____. Realidade, conhecimento e método científico. In: CARVALHO, Paulo de Barros (coord.). *Constructivismo lógico-semântico*. São Paulo: Noeses, 2018. vol. II.

CARVALHO, Paulo de Barros. *Curso de direito tributário*. 30. ed. São Paulo: Saraiva, 2019.

_____. *Direito tributário:* fundamentos jurídicos da incidência. 6 ed. São Paulo: Saraiva, 2018.

_____. *Direito tributário, linguagem e método*. 7. ed. São Paulo: Noeses, 2018.

HAWKING, Stephen; MLODINOW Leonard. *O grande projeto*. Rio de Janeiro: Editora Nova Fronteira, 2010.

SAUSSURE, Ferdinand de. *Curso de linguística geral*. Tradução Antônio Chelini, José Paulo Paes e Isidoro Blikstein. São Paulo: Cultrix, 1991.

TOMÉ, Fabiana Del Padre. *A prova no direito tributário*. 4. ed. São Paulo: Noeses, 2016.

VILANOVA, Lourival. *As estruturas lógicas e o sistema do direito positivo*. São Paulo: Max Limonad, 1997.

WITTGENSTEIN, Ludwig. *Tractatus logico-philosophicus*. São Paulo: Edusp, 1994.

YOUTUBE. Canal Aurora Tomazini. Entrevista – Paulo de Barros Carvalho – Constructivismo Lógico-Semântico – 03.11.2015. Disponível em: <https://www.youtube.com/watch?v=ixnjmtHVJtw>. Acesso em: 28 jun. 2019.

A TEORIA DA REGRA-MATRIZ DE INCIDÊNCIA COMO PARTE DO MÉTODO HERMENÊUTICO-FILOSÓFICO-CIENTÍFICO DENOMINADO CONSTRUCTIVISMO LÓGICO-SEMÂNTICO

Antônio Machado Guedes Alcoforado[1]

Sumário: 1. Introdução. 2. Importância do método e das premissas para iniciar qualquer investigação científica. 3. A utilização da Teoria Geral do Direito e da Filosofia para o aperfeiçoamento do estudo teórico de qualquer área jurídica. 4. A Escola do Constructivismo Lógico-Semântico. 5. A semiótica e o seu diálogo com o Direito. 6. A norma jurídica e sua relação com o Constructivismo Lógico-Semântico. 7. O método da regra-matriz de incidência. 8. A importância da teoria da regra-matriz de incidência como parte do método hermenêutico-filosófico-científico, denominado constructivismo lógico-semântico, para a compreensão do direito positivo e a produção da Ciência do Direito. Referências.

1. Introdução

O método é essencial em qualquer trabalho científico. É por meio dele que se visualiza o sistema de referência do sujeito

---

1. Doutor em Direito Tributário pela PUC-SP. Mestre em Direito Processual Civil pela Universidade Católica/PE. Pós-graduado em Direito Tributário pela Universidade Federal de Pernambuco - UFPE e pelo IBET. Pós-graduado em Auditoria Contábil pela UFPE e em Direito Processual pela University of Georgia, nos EUA. Professor de Direito Tributário nos Cursos de Pós-Graduação em Direito Tributário da Faculdade de Direito do Recife, IBET e em Planejamento Tributário na UFPE. Auditor e Ex-Superintendente Jurídico da Secretaria da Fazenda/PE.

do conhecimento e os valores culturais que o orientam, facilitando sua aproximação do objeto por ele mesmo delimitado.

Não é à toa que o signo "método" se encontra no título do livro *Direito Tributário, Linguagem e Método*[2] e a importância metodológica é constante nos pareceres jurídicos, artigos e livros que se confundem com o itinerário da vida acadêmica de Paulo de Barros Carvalho.

Esse jusfilósofo lembra que a doutrina do Direito Tributário ostentou, durante muitos anos, a confluência de métodos diversos, o que provocou a falência, enquanto conhecimento multidisciplinar, da velha ciência das finanças. Houve a tentativa vã de descrever o mesmo objeto sob todos os aspectos possíveis: econômico, histórico, antropológico, jurídico, ético etc.[3]

Essa descrição interdisciplinar, entretanto, quase sempre dificulta a aproximação do sujeito cognoscente com o seu objeto de estudo. Os operadores do Direito, por exemplo, têm o fim específico de verificar quais as normas em vigor que incidem sobre determinados fatos, sem que procurem as causas históricas, antropológicas ou sociológicas, que intervêm na criação das regras do Direito.[4]

Em benefício da comunidade científica, nos últimos 60 anos, inúmeros juristas brasileiros, principalmente por forte influência de Alfredo Augusto Becker, Geraldo Ataliba, José Souto Maior Borges, Lourival Vilanova e Paulo de Barros Carvalho, passaram a dar mais importância à linguagem e a utilizar a Filosofia e a Teoria Geral do Direito na produção

---

2. CARVALHO, Paulo de Barros. *Direito tributário, linguagem e método*. 5. ed. São Paulo: Noeses, 2013. p. XXVI. Nessa obra, o signo "método" aparece 50 (cinquenta) vezes e "metodologia" 14 (quatorze), o que dimensiona a importância do método na produção acadêmica de Paulo de Barros Carvalho.

3. CARVALHO, Paulo de Barros. *Direito tributário, linguagem e método*. 5. ed. São Paulo: Noeses, 2013. p. 156.

4. VILANOVA, Lourival. *As estruturas lógicas e o sistema do direito positivo*. 3. ed. São Paulo: Noeses, 2005. p. 62.

da Ciência do Direito Tributário, permitindo aperfeiçoamento teórico e aprofundamento crítico na análise do direito positivo.

Nesse contexto, surgiu o método hermenêutico-filosófico-científico, denominado Construtivismo Lógico-Semântico, que parte da premissa do Direito como linguagem e o analisa em sua inteireza por meio da visão da norma jurídica nos seus aspectos sintáticos, lógicos, semânticos e pragmáticos.

Compondo o método da Escola Constructivista, insere-se a teoria da regra-matriz de incidência – RMI[5] como técnica para a produção e interpretação de textos jurídicos em qualquer área do Direito, facilitando a visualização abstrata da mensagem deôntica (dever-ser) como unidade mínima e irredutível (pleonasmo), ou seja, o "mínimo irredutível de manifestação do deôntico", expressão utilizada por Lourival Vilanova, é o mínimo indispensável para levar a mensagem deôntica completa ao destinatário.

O objetivo deste artigo é destacar a importância da teoria da RMI como parte do método hermenêutico-filosófico-científico, denominado Constructivismo Lógico-Semântico, em detrimento de metodologias científicas tradicionais.

Tentaremos demonstrar que a adequada utilização dessa teoria, como método, aperfeiçoa a produção da Ciência do Direito, em face da redução de suas incoerências, vaguidades, ambiguidades e, por conseguinte, possibilita uma melhor compreensão do fenômeno jurídico em qualquer ramo do Direito.

---

5. Para evitar ambiguidade na expressão "regra-matriz de incidência", utilizamos três acepções: i) *teoria da regra-matriz* como núcleo lógico-estrutural sintático, instrumento metodológico que organiza o texto bruto do direto positivo em qualquer ramo jurídico; ii) *teoria da regra-matriz de incidência – RMI* como norma geral e abstrata preenchida pelo intérprete com os recursos da semântica e da pragmática para a construção da norma que incide em qualquer ramo do Direito; iii) *regra-matriz de incidência tributária – RMIT* como norma geral e abstrata preenchida pelo intérprete com os recursos da semântica e da pragmática para a construção da norma de incidência tributária.

2. Importância do método e das premissas para iniciar qualquer investigação científica

Antes de iniciar qualquer investigação científica, é necessário definir o modelo teórico adotado. Afinal, conforme apregoa Paulo de Barros Carvalho, "quando se afirma algo como verdadeiro, faz-se mister que indiquemos o modelo dentro do qual a proposição se aloja, visto que será diferente a resposta dada, em função das premissas que desencadeiam o raciocínio".[6]

O sistema de referência para estudar o direito positivo pode adotar diversas posições cognoscentes, como a Filosofia do Direito, Sociologia do Direito, História do Direito, análise econômica do Direito, dogmática ou Ciência do Direito.

Nesse contexto, o estudo interdisciplinar do Direito deve observar rigorosos limites e condições, sob pena de miscigenação dos sistemas e, consequentemente, o paradoxo da perda do foco na análise do fenômeno jurídico.[7]

Nas Ciências Jurídicas, por exemplo, se o objetivo é saber o motivo dos destinatários não cumprirem as normas para eles estabelecidas, a análise do objeto sob a perspectiva da psicologia e da sociologia terá mais eficácia em detrimento da análise normativa.

Segundo Lourival Vilanova:

> Não se nega a complementariedade dos outros pontos de vista para um saber integral do *ser* do direito positivo. Apenas, faz-se o corte metodológico, pondo-se entre parêntese fatores que são relevantes para outras ciências, mas não para o jurista ocupado para interpretar normas, em reconstruir conceitos e princípios do sistema de normas, em função de sua aplicabilidade aos fatos da vida real.

---

6. CARVALHO, Paulo de Barros. *Direito tributário*: fundamentos jurídicos da incidência. 8. ed. São Paulo: Saraiva, 2011. p. 3. Nesse mesmo sentido (ALEXY, Robert. *Teoria dos direitos fundamentais*. 2. ed. Tradução Virgílio Afonso da Silva. São Paulo: Malheiros, 2009. p. 52).

7. BARRETO, Paulo Ayres. *Planejamento tributário*: limites normativos. São Paulo: Noeses, 2016. p. 29-31.

Para o sucesso de alguma investigação científica é necessário o recorte analítico epistemológico do objeto e a perspectiva pela qual será estudado. O método delimita o objeto, indicando os limites da experiência, evitando sua propagação ao infinito.[8]

O discurso científico será tanto mais profundo quanto o autor mais se ativer à posição cognoscente, ao modelo filosófico, ao sistema de referência e ao método por ele eleito para parametrizar sua investigação.

Na identificação do sistema de referência, um dos maiores marcos no mundo jurídico para impor delimitação ao estudo do objeto, definindo a posição cognoscente, é a obra *Teoria Pura do Direito*[9], de Hans Kelsen, formulada com a intenção de purificar o objeto do direito das influências do direito natural, do jusnaturalismo, de ideologias, da política, da religião, da economia, de critérios de justiça e quaisquer influências axiológicas, buscando o resgate da cientificidade do Direito.

A teoria kelseniana contempla o estabelecimento de uma estrutura para o conhecimento do objeto jurídico, ou seja, um método, que permite a análise do Direito dentro de um sistema de referência de proposições prescritivas da dogmática jurídica.

Paulo de Barros Carvalho nutre convicção que a expansão do objeto do saber do exegeta do direito positivado será mais exequível por meio do método dogmático.[10]

Espera-se que o cientista do Direito, em um trabalho científico, escolha o método e as premissas, penetradas pelos valores ideológicos, mantendo-se fiel ao ponto de partida, para elaborar um sistema descritivo consistente e coerente na análise do objeto de estudo. Ou seja, deve partir das premissas

---

8. CARVALHO, Aurora Tomazini. Realidade, conhecimento e método científico. In: CARVALHO, Paulo de Barros et al. *Constructivismo lógico-semântico*. São Paulo: Noeses, 2018. v. II, p. 17-81, p. 70.

9. KELSEN, Hans. *Teoria pura do direito*. 4. ed. São Paulo: Martins Fontes, 1994. p. VIII; XXIX; 1; 2; 26; 409.

10. CARVALHO, Paulo de Barros. *Direito tributário, linguagem e método*. 5. ed. São Paulo: Noeses, 2013. p. 157.

e desenvolver seu raciocínio metodicamente para atingir conclusões lógicas e coerentes no subsistema demarcado.

Uma das premissas da Escola Constructivista é a demarcação do Direito, que na concepção de Paulo de Barros Carvalho é um objeto cultural que se manifesta mediante linguagem.

Conforme Vilém Flusser, nenhuma realidade existe senão pela linguagem.[11] O ato de consciência (noeses) de um fenômeno (evento) está na apreensão do objeto pela psicologia humana (ideias, raciocínio, lembranças etc.), a qual pode atribuir-lhes enunciados.

Em relação à teoria comunicacional, preconizada por Gregorio Robles, importa saber que o comportamento social é regulado por normas a partir de suas dimensões linguísticas: sintática, semântica e pragmática. Sob essa perspectiva, o Direto é visualizado em um contexto comunicacional. Sendo assim, diante do processo comunicacional, pelo qual o destinatário recebe a mensagem e nela reconhece o código e constrói a mensagem em forma de significação, o direito positivo sempre conduz o intérprete ao manejo de textos, daí a afirmação: o Direito como texto[12].

O Construtivismo[13] Lógico-Semântico parte do pressuposto do ser humano necessariamente produzir a linguagem (sintaxe) e, consequentemente, construir o sentido (semântica) de uma forma lógica a fim de atingir seus objetivos (pragmática). Nessa perspectiva, o cientista analisará o objeto a ser estudado de uma forma metodológica, orientando os termos

---

11. FLUSSER, Vilém. *Língua e realidade*. 2. ed. São Paulo: Annablume, 2004. p. 21.

12. Nesse sentido: ROBLES, Gregorio. *O direito como texto*: quatro estudos de teoria comunicacional do direito. São Paulo: Manole, 2005. p. 98.

13. Segundo Fabiana Tomé, o termo "constructivismo" "é empregado para denominar teorias que defendem a ideia de que há sempre intervenção do sujeito na formação do objeto." TOMÉ, Fabiana Del Padre. Vilém Flusser e o constructivismo lógico-semântico. In: HARET, Florence; CARNEIRO, Jerson (org.). *Vilém Flusser e juristas*: comemoração dos 25 anos do grupo de estudos Paulo de Barros Carvalho. São Paulo: Noeses, 2009. p. 323-327, p. 323.

do discurso do direito positivo e da Ciência do Direito nos seus aspectos sintáticos, lógicos, semânticos e pragmáticos.

Assim, o constructivista deve arrumar os termos jurídicos (sintaxe) de forma lógica e especificar seus significados (semântica) em face do referencial adotado. Para atingir a concretude da observação do fenômeno jurídico, o conhecimento da linguagem do Direito supõe indagar a maneira como os sujeitos a utilizam na comunidade em que vivem (pragmática).

Quando o evento (acontecimento do mundo fenomênico) é relatado em linguagem, denota uma situação já ocorrida, constituindo um fato, delimitado no tempo e no espaço. Entre o evento e o fato, portanto, é necessária a atuação construtivista do sujeito cognoscente.

Por conseguinte, o pré-requisito da necessidade da linguagem exarada por autoridade competente[14], para fins de incidência da norma, é um dos pressupostos do Constructivismo Lógico-Semântico.

Pontes de Miranda não percebeu de imediato essa necessidade, qualificando a incidência normativa como automática e infalível.[15]

Entretanto, o jurista reconheceu na sua vasta obra literária que existem normas que incidem, mas não se aplicam porque talvez nenhum interessado tenha conhecimento da incidência.[16]

Não se pode olvidar que no Constructivismo Lógico-Semântico o direito é compreendido como um processo comunicacional e, sendo linguagem, necessariamente deve ser

---

14. Se um veículo atravessar um sinal vermelho no trânsito, tal fenômeno só se transformará em fato jurídico e, consequentemente, incidirá a norma sancionatória, se o fenômeno for relatado em linguagem pela autoridade competente.

15. PONTES DE MIRANDA, F. Cavalcanti. *Tratado de direito privado*. Rio de Janeiro: Borsoi, 1954. t. I, p. 4.

16. PONTES DE MIRANDA, F. Cavalcanti. *Sistema de ciência positiva do direito*. Campinas: Bookseller, 2000. t. 4 p. 346.

produzido pelo homem, que carrega consigo seus valores ideológicos. Partindo dessa premissa, as normas jurídicas resultam da construção elaborada pelo intérprete (impregnada de valores), que atribui sentido (interpretação) ao enunciado prescritivo (expressão do direito).

Dessa forma, a norma jurídica está condicionada por um contexto, por referenciais axiológicos, motivo pelo qual os elementos sociais, históricos, econômicos, filosóficos e sociológicos influenciam na criação dos enunciados prescritivos em face da participação dos legisladores, bem como na interpretação efetuada pelo operador do direito.

Uma fonte situada historicamente, sociologicamente, antes do ordenamento, só é compreensível para o jurista no pressuposto de uma regra ou norma que confira a esse fato-origem o caráter de produtor de normas. Com isso, o fato-norma se insere no ordenamento.[17]

Por outro lado, para o estudo da fenomenologia jurídica importa ressaltar a diferença entre o direito positivo (linguagem da norma) e a Ciência do Direito (linguagem da doutrina). A falta de discernimento sobre as dessemelhanças dessas duas regiões do conhecimento, segundo Paulo de Barros Carvalho[18], explica a enorme confusão nas alusões a conceitos diversos. O direito positivo trata do complexo de normas válidas em um dado país. Ele aparece como um plexo de proposições que se destinam a regular a conduta das pessoas nas relações intersubjetivas. Cabe à Ciência do Direito (dogmática jurídica)[19] descrever esse enredo normativo, ordenando-o, declarando sua hierarquia, suas relações de coordenação e subor-

---

17. VILANOVA, Lourival. *As estruturas lógicas e o sistema do direito positivo*. 3. ed. São Paulo: Noeses, 2005. p. 62.

18. CARVALHO, Paulo de Barros. *Direito tributário, linguagem e método*. 5. ed. São Paulo: Noeses, 2013. p. 213.

19. Gregorio Robles afirma que a dogmática jurídica é descritiva, mas com caráter construtivo, pois constrói enunciados científicos (ROBLES, Gregorio. *As regras do direito e as regras dos jogos* – ensaio sobre a teoria analítica do direito. São Paulo: Noeses, 2011. p. 291).

dinação, dando conta de como são as normas e como regulam a conduta intersubjetiva.

Riccardo Guastini[20] adverte sobre a importância da diferença sintática entre enunciados indicativos e deônticos (imperativos). Nenhuma conclusão deôntica pode ser inferida a partir de uma indicação descritiva, por exemplo: "da premissa indicativa "chove" não segue a conclusão deôntica "deve-se abrir o guarda-chuva" (a menos que se adicione a ulterior premissa deôntica "quando chove, deve-se abrir o guarda-chuva")."

Portanto, diferentemente do que ocorre com a norma construída desde os textos do direito positivo, não se podem inferir prescrições a partir da descrição da Ciência do Direito, objetivo das obras doutrinárias.

Essas premissas, que fazem parte da Escola Constructivista, foram estabelecidas por meio de reflexões filosóficas e das proposições oriundas da Teoria Geral do Direito, as quais serão explicitadas adiante.

3. A utilização da Teoria Geral do Direito e da Filosofia para o aperfeiçoamento do estudo teórico de qualquer área jurídica

Paulo de Barros Carvalho ensina que o aprofundamento teórico de um trabalho dogmático analítico[21] poderá ser aperfeiçoado pelo domínio de parte significativa da Teoria Geral

---

20. GUASTINI, Riccardo. *Das fontes às normas*. Tradução Edson Bini. São Paulo: Quartier Latin, 2005. p. 49.

21. A acepção de dogmática, neste artigo, não se refere à doutrina de caráter indiscutível em função de supostamente ser uma verdade aceita por todos. Indiscutível, é apenas o ponto de partida – o direito positivado –, pois trabalha com as incertezas dos conflitos da vida social. Tércio Sampaio Ferraz Jr. ensina que o direito tributário é uma disciplina dogmática na medida em que certas premissas estabelecidas no direito positivo são inegáveis, como "o princípio da legalidade, inscrito na Constituição, que obriga o jurista a pensar os problemas comportamentais com base na lei, conforme a lei, para além da lei, mas nunca contra a lei." FERRAZ JUNIOR, Tércio Sampaio. *Introdução ao estudo do direito*: técnica, decisão, dominação. 8. ed. São Paulo: Atlas, 2015. p. 25-26.

do Direito, na qual se encontram os conceitos jurídicos fundamentais para o estudo de qualquer área jurídica, como norma e relação jurídica, além da reflexão filosófica[22], que dão suporte e cientificidade ao método jurídico.

No campo filosófico, importa destacar o movimento do giro linguístico, corrente de pensamento desenvolvida nas primeiras décadas do século XX, que modificou o paradigma filosófico da linguagem, deixando de ser um mero objeto de reflexão para ser o fundamento do ser humano. Daí a célebre frase de Ludwig Wittgenstein: "Os limites de minha linguagem significam os limites de meu mundo".[23]

O saudoso jusfilósofo Lourival Vilanova, estudioso do *dever ser*, preocupava-se com o relacionamento das estruturas lógicas com o direito positivo, que se revelam pela análise da linguagem do Direito.[24] O Mestre pernambucano utilizava a lógica jurídica e a teoria da linguagem para explicar um fato unicamente jurídico, em suas múltiplas relações dentro de um sistema global.

Paulo de Barros Carvalho, fortemente influenciado por Hans Kelsen, Carlos Cossio, Alfredo Augusto Becker, Norberto Bobbio, Lourival Vilanova e Geraldo Ataliba, escreveu sua tese de doutoramento sob o título *A estrutura lógica da norma jurídico-tributária*, defendida na PUC-SP, em 1973, depois publicada com o título *Teoria da norma tributária*.[25] Nessa obra, o filósofo do Direito se utilizou da hermenêutica analítica, da Lógica e da Teoria Geral do Direito para fundamentar seus

---

22. Sobre a utilização de conceitos filosóficos para evitar a ambiguidade e a vaguidade de textos jurídicos, permitindo sua consistência e legitimação. GAMA, Tácio Lacerda Sentido, consistência e legitimação. In: HARET, Florence; CARNEIRO, Jerson (org.). *Vilém Flusser e juristas*: comemoração dos 25 anos do grupo de estudos Paulo de Barros Carvalho. São Paulo: Noeses, 2009. p. 231.

23. APEL, Karl-Otto. *Transformação da filosofia II*: o *a priori* da comunidade de comunicação. Tradução Paulo Astor Soethe. São Paulo: Loyola, 2000.

24. VILANOVA, Lourival. *As estruturas lógicas e o sistema do direito positivo*. 3. ed. São Paulo: Noeses, 2005. p. XV-XVII.

25. CARVALHO, Paulo de Barros. *Teoria da norma tributária*. 5. ed. São Paulo: Quartier Latin, 2009.

escritos sobre Direito Tributário, concebendo, a nosso sentir, a teoria da regra-matriz de incidência – RMI, que chamamos de teoria porque tem a capacidade de estruturar a norma abstrata de incidência e, consequentemente, facilitar a explicação do fenômeno jurídico em qualquer ramo do direito.

Paulo de Barros Carvalho esquematizou um gráfico, representando o tributo em sua configuração estática:

> Na hipótese: conjunto de critérios para identificação de um fato lícito (que não um acordo de vontades). Na consequência: conjunto de critérios para identificação de uma relação jurídica, em que o sujeito ativo é, por via de regra, o Estado; o sujeito passivo, alguma pessoa física ou jurídica e o objeto, uma prestação de natureza pecuniária.[26]

Entre a defesa de Paulo de Barros Carvalho da sua tese de doutoramento sob o título *A estrutura lógica da norma jurídico-tributária*, em 1973, e a exposição da feição completa da regra-matriz de incidência tributária, que foi ofertada à comunidade científica, explicitamente, com o advento da publicação do livro Curso de Direito Tributário, em 1985, passaram-se 12 (doze) anos, período de formatação da escola constructivista.

A partir desse diagrama lógico-semântico, Paulo de Barros Carvalho inaugurou um estilo de investigação que, a pretexto de estudar o Direito Tributário, somado à influência da Filosofia, da Teoria Geral do Direito, da Lógica, da hermenêutica analítica e dos ensinamentos de Lourival Vilanova, terminou formulando uma Teoria Geral do Direito, denominada Constructivismo Lógico-Semântico.

4. A escola do Constructivismo Lógico-Semântico

Sob o ponto de vista histórico, esclarece Paulo de Barros Carvalho:

---

26. CARVALHO, Paulo de Barros. *Teoria da norma tributária*. 5. ed. São Paulo: Quartier Latin, 2009. p. 100.

> é possível considerar a proposta constructivista em três momentos distintos: o período de formatação (1973 a 1985), o intervalo de consolidação (1985 a 1997) e a fase de expansão (1997 aos nossos dias). Nos primeiros tempos a preocupação básica foi a teoria da norma, que veio a configurar-se em 1985, já com a inequívoca presença do pensamento de Lourival Vilanova[27].

A escola Constructivista prega que o autor pode enriquecer seu discurso descritivo com economia, ciência política, sociologia, história, antropologia etc., para ajudar no esclarecimento do assunto. O que não deve é utilizar tais matérias para fundamentar a norma que, afinal, regula condutas intersubjetivas.

O Constructivismo Lógico-Semântico não veda, por exemplo, a análise da influência dos aspectos econômicos. Esses são considerados pelos legisladores para escolher os fatos sociais que poderão sofrer a incidência normativa. Mas essa análise extrajurídica só ocorre antes da entrada da regra no ordenamento jurídico, ou seja, o aspecto econômico perde importância para o objeto de estudo: o direito positivado.

Paulo de Barros Carvalho lembra que "não existe fato puro, seja ele econômico, histórico, político, jurídico ou qualquer outra qualidade que se lhe pretenda atribuir."[28] A intertextualidade avança na direção de outros setores do conhecimento, buscando a indispensável complementaridade para delimitar acontecimentos economicamente apreciáveis, escolhidos pelo legislador para serem objeto de incidência.

Por outro lado, a análise da repercussão econômica de uma possível decisão jurídica – como o custo financeiro inerente a uma concessão de liminar em mandado de segurança para tratamento de saúde – não deve ser afeita ao seguidor do método constructivista. Um economista, por exemplo,

---

27. CARVALHO, Paulo de Barros. Constructivismo lógico-semântico. In: CARVALHO, Paulo de Barros et al. *Constructivismo lógico-semântico*. São Paulo: Noeses, 2018. v. II p. 1-15, p. 14.

28. *Direito tributário*: fundamentos jurídicos da incidência. 8. ed. São Paulo: Saraiva, 2011. p.136.

fatalmente teria mais condições científicas de aferir tais repercussões, que extrapolam o exame analítico normativo do Constructivismo Lógico-Semântico.

Não obstante a interdependência entre o sistema jurídico e outros subsistemas sociais, as normas econômicas, políticas, éticas etc., só devem adquirir validade jurídica após o "filtro" estabelecido no próprio ordenamento jurídico.[29]

A proposta metodológica da Escola do Constructivismo Lógico-Semântico, segundo Aurora Tomazini Carvalho, consiste em estudar o direito dentro de uma concepção epistemológica demarcada na Filosofia da Linguagem e, a partir desse referencial, amarrar lógica e semanticamente suas proposições. O cientista constrói mentalmente seu objeto, em nome de uma descrição, amparado em forte referencial metodológico que justifica e fundamenta suas proposições construídas a partir da ordenação lógico-semântica.

> Nesse sentido, a importância do Constructivismo como método. A estruturação lógica e semântica de conceitos e a possibilidade do regresso às bases premissiológicas que fundamentam tal construção garantem a coerência e a credibilidade do discurso constitutivo do objeto.[30]

Assim, não obstante o Constructivismo Lógico-Semântico ser considerado uma Teoria Geral do Direito, é, antes de tudo, uma metodologia, cujas estruturas lógicas estabelecem bases rigorosas de construção da linguagem, na qual se expressa o conhecimento jurídico.

Segundo Fabiana Del Padre Tomé, o Constructivismo Lógico-Semântico, nome atribuído por Lourival Vilanova,

---

29. TOMÉ, Fabiana Del Padre. O objeto do conhecimento científico e o paradoxo da interdisciplinaridade. In: CARVALHO, Paulo de Barros et al. *Constructivismo lógico-semântico*. São Paulo: Noeses, 2018. v. II p. 89-109, p. 102.

30. CARVALHO, Aurora Tomazini. O constructivismo lógico-semântico como método de trabalho na elaboração jurídica. In: CARVALHO, Paulo de Barros et al. *Constructivismo lógico-semântico* São Paulo: Noeses, 2014. v. I, p. 15-19.

> configura método de trabalho hermenêutico orientado a cercar os termos do discurso do direito positivo e da Ciência do Direito para outorgar-lhes firmeza, reduzindo as ambiguidades e vaguidades, tendo em vista a coerência e o rigor da mensagem comunicativa.[31]

Uma das formas de se atingir o apogeu da coerência e do rigor da linguagem é por meio da sua formalização.

Nas ciências exatas, principalmente na Física, a linguagem formalizada é muito utilizada. Lourival Vilanova, principalmente na sua obra *Estruturas Lógicas e o Sistema do Direito Positivo*[32], substituiu com frequência palavras e expressões da linguagem comum por signos convencionalmente estabelecidos (símbolos algébricos, normas sintáticas), abandonando conteúdos convencionais da linguagem de significação, com o desiderato de formalizar o discurso.[33]

Tácio Lacerda Gama explica que a formalização (arranjo de símbolos de forma lógica) da proposição jurídica, solução proposta por Lourival Vilanova, "possibilita elaborar um discurso científico completamente livre de ambiguidades e vaguidades, pela circunstância de que todas as expressões de uma fórmula são objeto de definição, de elucidação."[34]

Refletindo sobre o Constructivismo Lógico-Semântico, Paulo de Barros Carvalho salienta:

---

31. TOMÉ, Fabiana Del Padre. Vilém Flusser e o constructivismo lógico-semântico. In: HARET, Florence; CARNEIRO, Jerson (org.). *Vilém Flusser e juristas*: comemoração dos 25 anos do grupo de estudos Paulo de Barros Carvalho. São Paulo: Noeses, 2009. p. 323.

32. VILANOVA, Lourival. *As estruturas lógicas e o sistema do direito positivo*. 3. ed. São Paulo: Noeses, 2005.

33. Para quem não tem familiaridade com representações simbólicas, poderá optar pela escrita na linguagem comum em detrimento dos símbolos da Lógica Proposicional Alética. O Professor Paulo de Barros Carvalho admite que seja possível estudar "Lógica com os mesmo recursos da linguagem comum, como fez Aristóteles e o fizeram tantos outros." CARVALHO, Paulo de Barros. *Direito tributário, linguagem e método*. 5. ed. São Paulo: Noeses, 2013. p. 89.

34. GAMA, Tácio Lacerda. *Competência tributária*: fundamentos para uma teoria da nulidade. 2. ed. São Paulo: Noeses, 2011. p. 16.

> Se atinarmos para o rendimento que pode ser obtido pela utilização das categorias do projeto semiótico, mais precisamente para as dimensões lógico-semânticas do texto prescritivo; se pensarmos que toda a marcha do raciocínio se reporta a uma visão da norma jurídica, analisada com vigor na sua inteireza conceptual, como "unidade mínima e irredutível" da mensagem deôntica portadora de sentido completo; se não perdermos de vista a necessidade premente de o discurso teórico propiciar a compreensão, com boa dose de racionalidade, da concretude empírica do direito posto; estaremos diante daquilo que bem se pode chamar de "constructivismo jurídico", vertido sobre o subsistema das regras tributárias.[35]

Não é demasiado lembrar que a Escola Constructivista adota a concepção filosófica do Direito como norma manifestada pela linguagem, segundo a qual, em havendo direito, existirá norma jurídica exteriorizada pela linguagem (no direito brasileiro pela forma escrita). Como o ser humano formula a linguagem, haverá sempre a intervenção do sujeito construindo o sentido (semântica), não de forma indiscriminada, mas no plano lógico, partindo-se de premissas para atingir conclusões coerentes com o discurso.

Por outro lado, apesar de no Constructivismo Lógico-Semântico ser essencial o estudo analítico da norma, essa Escola da Teoria Geral do Direito não se afasta da referibilidade empírica.

Paulo de Barros Carvalho critica a linguagem científica construída em um paradigma linguístico empobrecido no plano pragmático, ainda que bastante rigoroso nos planos sintático e semântico. Segundo o autor, um enunciado que respeite a sintaxe e tenha sentido não lhe confere conteúdo de verdade:

> Desse modo, a frase "choveu na cidade de Olinda, no dia 03 de junho de 1980", além de ter sentido, pois está bem formada sintaticamente, pode ser verdadeira ou falsa, dependendo da cuidadosa certificação que fizermos. Se o fato for confirmado, mediante informações colhidas em fonte credenciada, aquele enunciado adquirirá o valor de verdade. Caso contrário, será falso. Note-se que é a verificabilidade o critério tomado para sabermos da

---

35. CARVALHO, Paulo de Barros. *Direito tributário, linguagem e método*. 5. ed. São Paulo: Noeses, 2013. p. 5.

> verdade ou falsidade dos enunciados descritivos de situações objetivas.[36]

Com tais registros, Paulo de Barros Carvalho expõe um importante traço da concepção neopositivista:

> Que não só exige a boa formação da sintaxe frásica, como também declara que os enunciados inverificáveis não poderão integrar o discurso científico. Este há de abranger, única e exclusivamente, enunciados verdadeiros assim considerados por serem passíveis de comprovação efetiva. Advém daí o postulado: um enunciado terá sentido semântico se puder ser empiricamente verificável.[37]

Portanto, a referibilidade empírica e a necessidade de uma postura realista na pesquisa científica das relações jurídicas, tal qual defendia Pontes de Miranda[38], encontra guarida no Constructivismo Lógico-Semântico.

Por livre arbítrio, Lourival Vilanova e Paulo de Barros Carvalho não inseriram o termo *pragmática* na denominação da Escola Constructivista, mas ambos consideram imprescindível esse aspecto semiótico, no qual se verifica a relação dos signos com seus intérpretes. Conforme leciona Fabiana Del Padre Tomé: "toda linguagem tem um plano pragmático, sendo impossível dissociá-lo dos planos sintático e semântico."[39]

Como a Escola do Constructivista adota os pressupostos da Semiótica, faremos uma rápida incursão teórica nos seus fundamentos.

---

36. CARVALHO, Paulo de Barros. *Direito tributário, linguagem e método*. 5. ed. São Paulo: Noeses, 2013. p. 28, 29.

37. CARVALHO, Paulo de Barros. *Direito tributário, linguagem e método*. 5. ed. São Paulo: Noeses, 2013. p. 29.

38. PONTES DE MIRANDA, F. Cavalcanti. *Sistema de ciência positiva do direito*. Campinas: Bookseller, 2000. t. 4, p.45.

39. TOMÉ, Fabiana Del Padre. *A prova no direito tributário*: de acordo com o Código de Processo Civil de 2015. 4. ed. São Paulo: Noeses, 2016.

5. A Semiótica e o seu diálogo com o Direito

A linguagem e a semiótica estão presentes no nosso cotidiano. A imagem de um quadro, por exemplo, apresenta algumas possibilidades de interpretação, uma vez que depende da leitura da representação que dela fazemos. A imagem é apenas um ícone[40] (signo) que representa algo, fruto da percepção da mente de quem vê.

O *olhar* da Semiótica enquanto teoria crítica de objetos culturais, em um enfoque lógico, permite-nos analisar uma obra de arte de forma a concluir que a ideia de realidade que vemos é apenas o reflexo da nossa percepção: "o homem utiliza-se de signos convencionados linguisticamente para dar sentido aos dados sensoriais que lhes são perceptíveis."[41]

Quando se fala em língua, linguagem e fala, remete-se a outro termo: signo, que na concepção de Edmund Husserl[42] é uma relação triádica entre um suporte físico, um significado e uma significação.

O suporte físico é a parte material do signo, ou seja, aquilo com o qual o homem tem contato físico (por exemplo, marcas de tinta no papel). A realidade individualizada do suporte físico é o seu significado e a interpretação do significado se constitui na significação.

O signo tem o poder de representar uma coisa diferente dele e a Semiótica estuda a lógica da linguagem, que representa um sistema de signos – daí o sistema semiótico – ícone para que outros sistemas de comunicação proliferem.

---

40. Na perspectiva semiótica, signo apresenta uma relação de semelhança ou analogia com o objeto que representa (como uma fotografia, uma estátua ou um desenho figurativo); p. ex., o desenho de uma faca e um garfo cruzados, que indicam a proximidade de um restaurante (Disponível em: <https://houaiss.uol.com.br/pub/apps/www/v3-0/html/index.htm#1>. Acesso em: 01 set. 2018).

41. CARVALHO, Aurora Tomazini de. *Curso de teoria geral do direito*: o constructivismo lógico-semântico. 5. ed. São Paulo: Noeses, 2016. p. 16.

42. HUSSERL, Edmund. Investigações lógicas – sexta investigação. *Elementos de uma elucidação fenomenológica do conhecimento*. São Paulo: Nova Cultural, 2005. p. 57.

Umberto Eco, em *Os limites da interpretação*[43], dialoga com uma das premissas da Escola Constructivista quando afirma que os textos necessitam a todo o momento da cooperação dos leitores. Desse modo, Umberto Eco ressalta o papel do intérprete na construção da interpretação, sujeitos da enunciação enunciada, que cooperam na interpretação preenchendo os sentidos do texto.

Clarice Von Oertzen de Araujo[44] propõe que o estudo do direito seja realizado sob a égide dos conceitos básicos de linguística e semiótica. A jurista parte da premissa de que o Direito é um sistema de linguagem artificialmente concebido, motivo pelo qual os fenômenos jurídicos podem ser estudados na condição de fenômenos semióticos.

Três são os tipos de linguagem, conforme o neopositivismo lógico, segundo Paulo de Barros Carvalho[45]: a) natural, ordinária ou vulgar (*doxa*) – espontaneamente desenvolvida, sem limitações rígidas, na comunicação entre pessoas; b) técnica – busca transmitir informações acerca da funcionalidade do objeto, utilizando palavras e expressões determinadas, pertencentes ao domínio científico, mas sem estrutura sistematizada (como exemplo, a linguagem das regras emanadas dos Poderes Legislativo e Judiciário, que prescrevem condutas e compõem o direito positivo); e c) científica – descreve outra linguagem, por exemplo, a linguagem técnica do direito positivo, depurando-a e sistematizando-a, de modo a substituir os signos vagos e imprecisos por termos, na medida do possível, unívocos, com o objetivo de descrever a realidade do objeto analisado.

A linguagem técnica interage com o direito positivo, que se projeta no campo social, disciplinando comportamentos intersubjetivos na direção dos valores perseguidos pela sociedade.

---

43. ECO, Umberto. *Os limites da interpretação*. 2. ed. Tradução Pérola de Carvalho. São Paulo: Perspectiva, 2016. p. XX, XXI, XXII, 1.

44. ARAUJO, Clarice Von Oertzen de. *Semiótica do direito*. São Paulo: Quartier Latin, 2005. p. 20.

45. CARVALHO, Paulo de Barros. *Direito tributário, linguagem e método*. 5. ed. São Paulo: Noeses, 2013. p. 55-57.

Conforme explicado anteriormente, o direito positivo (posto) é um extrato de linguagem, de cunho prescritivo (prescreve comportamentos), que pode ser válido ou não válido. Ao revés, a Ciência do Direito é um discurso descritivo (descreve normas jurídicas), cujas avaliações podem ser falsas ou verdadeiras.[46]

Portanto, para estudar os enunciados prescritivos do direito é necessário investigar os signos, que se apresentam nos três planos que formam a Semiótica, segundo Charles Morris[47] e Charles Sanders Peirce[48]: sintático, semântico e pragmático. O sintático relaciona os signos entre si. O semântico relaciona o signo com seu referente (objeto). Por fim, o pragmático trata das relações dos utentes com os signos.

É salutar estudar o direito positivo no plano sintático, uma vez que permite conhecer a lógica das relações estruturais do sistema e sua unidade (norma jurídica). No plano semântico, por meio do estudo dos significados positivados combate-se o problema da vagueza, da ambiguidade. E no pragmático é possível estudar a forma como os sujeitos utilizam a linguagem para implantar os valores perseguidos.

Referindo-se aos planos de linguagem, José Souto Maior Borges:

> Com base na moderna teoria da linguagem (*semiótica jurídica*), poder-se-á analisar as normas jurídicas sob três perspectivas diversas: a) *semântica jurídica,* o significado objetivo da norma, seu

46. Segundo Riccardo Guastini, entre os discursos prescritivos e descritivos parece haver uma diferença irredutível: enquanto os descritivos convergem os valores verdade ou falso; os enunciados do discurso prescritivo não são verdadeiros ou falsos, podem não ter semiótica alguma (GUASTINI, Riccardo. *Das fontes às normas*. Tradução Edson Bini. São Paulo: Quartier Latin, 2005.p, 56).

47. Segundo Umberto Eco, Charles William Morris foi o primeiro a delinear uma divisão da semiótica em sintática, semântica e pragmática, in *Foundations of a Theory of Singns*, obra publicada em 1938, na qual designou o termo pragmático como a ciência da relação dos signos com seus intérpretes. Apud ECO, Umberto. *Os limites da interpretação*. 2. ed. Tradução Pérola de Carvalho. São Paulo: Perspectiva, 2016. p. 219.

48. PEIRCE, Charles Sanders. *Semiótica*. Tradução José Teixeira Coelho Neto. São Paulo: Perspectiva, 1990.

> âmbito de validade em si mesmo considerado (validade material, pessoal, temporal e espacial); b) *sintaxe jurídica*, o inter-relacionamento que as normas e os seus componentes (hipótese/consequências) mantêm entre si, suas relações de coordenação, supra e subordinação; c) *pragmática jurídica*, o modo pelo qual os destinatários de normas recebem e interpretam os seus preceitos.[49]

Paulo de Barros Carvalho chama a atenção para o fato de não haver texto sem contexto, "pois a compreensão da mensagem pressupõe necessariamente uma série de associações que poderíamos referir como linguísticas e extralinguísticas", motivo pelo qual o jusfilósofo adverte sobre a possibilidade de diferentes pontos de vista sobre o texto.[50]

No sistema normativo do direito, o aspecto sintático se apresenta nas articulações das normas entre si, como, por exemplo: a relação entre a norma da Constituição e uma de menor hierarquia (lei ordinária); o vínculo que se estabelece entre a regra e o dever; além da estrutura intranormativa e, dentro dela, o laço condicional que une a hipótese ao consequente. Dessa forma, o aspecto sintático tem papel fundamental para os que definem a regra-matriz de incidência como método.

Por sua vez, o semântico, que relaciona o signo com a realidade, é o campo das significações do direito. No semântico, encontra-se a referência entre normas e fatos e comportamentos tipificados. Essa relação, segundo Paulo de Barros Carvalho, é a ponte que liga a linguagem normativa à conduta do mundo social que ela regula. O aspecto semântico nos leva ao tormentoso espaço das acepções dos vocábulos jurídicos, às vezes vagos, imprecisos e multissignificativos.[51]

---

49. BORGES, José Souto Maior. *Curso de direito comunitário*: instituições de direito comunitário comparado: União Europeia e Mercosul. São Paulo: Saraiva, 2005. p. 165.

50. CARVALHO, Paulo de Barros. *Direito tributário, linguagem e método*. 5. ed. São Paulo: Noeses, 2013. p. 190-191.

51. CARVALHO, Paulo de Barros. *Direito tributário*: fundamentos jurídicos da incidência. 8. ed. São Paulo: Saraiva, 2011. p. 215.

A dimensão pragmática é a que mais se aproxima da concretude do direito, porque trata das relações dos utentes com os signos. Sílvia Zomer explica que, depois de percorrer os planos lógico e semântico em busca do fundamento jurídico de validade para a incidência da norma geral e abstrata, o aplicador do direito introduzirá no sistema a norma individual e concreta, provocando efeitos jurídicos.[52]

Acrescente-se que, ao descrever o direito positivo, o construtivista observa-o em sua feição estática e dinâmica, que se perfaz no processo de positivação do direito até o último ato de aplicação, na norma individual de máxima completude. Portanto, a realidade/concretude é uma decorrência da incidência, motivo pelo qual é falso o argumento de que o Constructivismo Lógico-Semântico se afasta da realidade.[53]

Não se deve perder de vista que a finalidade do Direito é a de regular as condutas. Segundo Paulo de Barros Carvalho, a incidência pressupõe a linguagem do direito positivo projetando-se sobre o campo material das condutas intersubjetivas, para organizá-las deonticamente.[54]

Na incidência normativa, o sistema lógico será sempre: ocorrido um fato F no plano da realidade físico-social, descrito na hipótese de uma norma, fará nascer uma relação jurídica entre dois sujeitos de direito (S' R S"), modalizada com um dos operadores deônticos: proibindo, permitindo ou obrigando.

A subsunção do fato à norma é imprescindível para ocorrência da fenomenologia da incidência normativa. A

52. ZOMER, Sílvia Regina. *Análise da norma individual e concreta pela óptica do constructivismo lógico-semântico*. São Paulo: Intelecto, 2016. p. 49.

53. Lourival Vilanova, cuja obra serve de esteio para o Constructivismo Lógico-Semântico, asseverava que "o jurista, no sentido mais abrangente, é o ponto de interseção entre a teoria e a prática, da ciência e da experiência". VILANOVA, Lourival. *Escritos jurídicos e filosóficos*. São Paulo: IBET, 2003. v. 1, p. 414.

54. CARVALHO, Paulo de Barros. *Direito tributário:* fundamentos jurídicos da incidência. 7. ed. São Paulo: Saraiva, 2009. p. 9.

identificação da estrutura da regra-matriz de incidência, um dos pilares metodológicos do Constructivismo Lógico--Semântico, facilita a compreensão da norma jurídica, que regula comportamentos intersubjetivos, assunto a que daremos ênfase doravante.

6. A norma jurídica e sua relação com o Constructivismo Lógico-Semântico

Na primeira fase da Escola Constructivista, entre 1973 (defesa de Paulo de Barros Carvalho da tese de doutoramento sob o título *A estrutura lógica da norma jurídico-tributária*) e 1985 (publicação da feição completa da regra-matriz de incidência tributária, com a publicação do livro *Curso de Direito Tributário*), a preocupação fundamental foi o desenvolvimento da teoria da norma, sob a influência do pensamento de Lourival Vilanova.

As normas jurídicas, cujas estruturas foram muito bem delineadas por Lourival Vilanova,[55] funcionam como unidade mínima e irredutível do direito posto, ou seja, mínima indispensável para levar a mensagem deôntica completa ao destinatário. Apresenta-se, na estrutura implicacional[56] de hipótese associada à consequência, com aspectos construídos a partir dos enunciados do direito positivo, cujas variáveis (hipótese e consequência) são preenchidas pelo legislador por meio das significações prescritas no direito positivo.

Segundo Paulo de Barros Carvalho, a norma jurídica é construção do intérprete, "é a significação que colhemos da

55. VILANOVA, Lourival. *As estruturas lógicas e o sistema do direito positivo*. 3. ed. São Paulo: Noeses, 2005. p. 95.

56. A tese de que as normas jurídicas se compõem de juízos hipotéticos foi primeiramente defendida, segundo Hans Kelsen, por Ernst Zitelmann, que afirmava existir, tal como nas leis naturais, "uma ligação causal entre certos fatos e um dever-ser no sentido de um ser-obrigado de uma pessoa". ZITELMANN, Ernest. Irrtum und rechtsgeschaft, Leipzig, 1879, p. 200; 222-223 apud KELSEN, Hans. *Teoria pura do direito*. 4. ed. São Paulo: Martins Fontes, 1994. p. 410.

leitura dos textos do direito positivo",[57] por isso diferentes normas podem ser construídas a partir de uma única lei.

A mesma advertência ocorreu a Robert Alexy, quando explicou o conceito semântico de norma. O jurista alemão diferencia o enunciado normativo de norma e exemplifica:

> "Nenhum alemão pode ser extraditado" (art. 16, § 2º da Constituição alemã). Esse enunciado expressa a norma segundo a qual é proibida a extradição de um alemão. Que é proibido que um alemão seja extraditado é o que significa o enunciado "nenhum alemão pode ser extraditado". Uma norma é, portanto, o significado de um enunciado normativo.[58]

O Constructivismo Lógico-Semântico adota a posição normativista do direito, concebendo-o como conjunto de normas jurídicas válidas em um ordenamento de um país.

Existem as normas jurídicas em sentido estrito e amplo. Estas, saliente-se, compreendem os enunciados prescritivos enquanto conteúdos significativos de frases do direito. Já essas significações, com composição articulada, quando produzem mensagem com sentido deôntico-jurídico completo, são chamadas por Paulo de Barros Carvalho de normas em sentido estrito:

> Uma coisa são os enunciados prescritivos, isto é, usados na função pragmática de descrever condutas; outras, as normas jurídicas, com significações construídas a partir dos textos positivados e estruturados consoante a forma lógica dos juízos condicionais, compostos por duas ou mais proposições prescritivas.[59]

Ressalte-se que o direito positivo é um sistema comunicacional prescritivo com o fim de regular condutas

---

57. CARVALHO, Paulo de Barros. *Curso de direito tributário*. 26. ed. São Paulo: Saraiva, 2014. p. 40.

58. ALEXY, Robert. *Teoria dos direitos fundamentais*. 2. ed. Tradução Virgílio Afonso da Silva. São Paulo: Malheiros, 2009. p. 53, 54.

59. CARVALHO, Paulo de Barros. *Direito tributário*: fundamentos jurídicos da incidência. 8. ed. São Paulo: Saraiva, 2011. p.129.

intersubjetivas. No entanto, "as normas gerais e abstratas, dada sua generalidade e posta sua abstração, não têm condições efetivas de atuar num caso materialmente definido".[60] São necessárias normas individuais e concretas para que haja interferência na conduta humana.

Pari passu, dá-se o processo de positivação do direito, quando a pessoa competente interpreta o relato em linguagem de um fato social e o compara com a hipótese da regra-matriz de incidência, que nesse caso representa uma norma geral e abstrata. Se houver a subsunção do fato à norma, incidirá no caso particular, criando a norma individual e concreta, com força coercitiva por ser jurídica.

Já advertimos sobre o pré-requisito da linguagem exarada por autoridade competente[61] para fins de incidência da norma.

Como na Escola de Paulo de Barros Carvalho o direito é compreendido como um processo comunicacional, sendo linguagem, necessariamente deve ser produzido pelo homem, que carrega consigo sua ideologia, seus valores. Portanto, as normas jurídicas resultam da construção elaborada pelo intérprete (impregnada de valores), que atribui sentido (interpretação) ao enunciado prescritivo (expressão do direito).

João Maurício Adeodato também reconhece a necessidade de participação do ser humano para a incidência da norma, já que para o filósofo da Escola do Recife,[62] a decisão no

60. CARVALHO, Paulo de Barros. *Direito tributário, linguagem e método*. 5. ed. São Paulo: Noeses, 2013. p. 168.

61. Se um veículo atravessar um sinal vermelho, tal fenômeno só se transformará em fato jurídico e, consequentemente, incidirá a norma sancionatória, se o fenômeno for relatado em linguagem pela autoridade competente.

62. A denominada Escola do Recife, formada na Faculdade de Direito da capital pernambucana, teve como principal expoente "Tobias Barreto (1839-1889), figura geralmente ridicularizada por ter publicado em Escada, em pleno interior de Pernambuco, um jornal intitulado *Deutscher Kampfer*, inteiramente escrito em alemão. Mas essa *mania germânica*, como o próprio Tobias Barreto dizia, e que tem como influência o cristianismo de Kant e o evolucionismo de Darwin e Haeckel, é a sua maneira de restabelecer a reflexão isenta de propósitos não puramente filosóficos." ABRÃO, Bernadette Siqueira. *Os pensadores: história da filosofia*. São Paulo: Nova Cultural, 1999. p. 466.

plano da retórica material é fundamental para a realização da norma, sendo crucial para sua efetividade.[63]

Segundo Lourival Vilanova[64], na estrutura da norma há a primária e a secundária. Se houver descompasso entre o prescrito no consequente de uma norma individual e concreta (primeira norma) e a realidade social, o direito positivo prevê outra norma (secundária) que prescreve a possibilidade de o Estado intervir para exigir o cumprimento coativo da conduta intersubjetiva desrespeitada. Como não se pode falar de norma jurídica ser a respectiva sanção, as normas primárias e secundárias se completam.

Para facilitar o estudo dos institutos do Direito Tributário, Paulo de Barros Carvalho, analisando a norma jurídica em sentido estrito, que está baseada na estrutura lógico-sintática-implicacional entre a hipótese e o consequente, inovou na Teoria Geral do Direito ao criar uma norma padrão de incidência.

7. O método da regra-matriz de incidência

O esquema sintático da regra-matriz de incidência constitui-se recurso epistemológico eficiente para a compreensão do fenômeno jurídico em qualquer área do direito.

Paulo de Barros Carvalho, inspirado principalmente na teoria de Hans Kelsen[65], para quem determinada conduta é prescrita pela norma jurídica, representando um dever ser, e nos ensinamentos de Lourival Vilanova,[66] jurista pernambucano que desenvolveu a estrutura completa da norma jurídica,

---

63. ADEODATO, João Maurício. *Uma teoria retórica da norma jurídica e do direito subjetivo*. São Paulo: Noeses, 2011. p. 23.

64. VILANOVA, Lourival. *Causalidade e relação no direito*. 5. ed. São Paulo: RT, 2015. p. 124.

65. KELSEN, Hans. *Teoria pura do direito*. 8. ed. Trad. João Baptista Machado. São Paulo: Martins Fontes, 2009. p. 33.

66. VILANOVA, Lourival. *As estruturas lógicas e o sistema do direito positivo*. 3. ed. São Paulo: Noeses, 2005. p. 69.

estruturou a norma no sentido estrito, aquela que oferece a mensagem jurídica em sentido completo (se ocorrer o fato F, instalar-se-á a relação deôntica R entre os sujeitos S' e S").[67]. Mitigando sua complexidade, a norma jurídica, como unidade mínima, é irredutível de significação do deôntico[68] e pode ser representada na seguinte forma (H → C), segundo a qual:

> a hipótese alude a um fato e a consequência prescreve os efeitos jurídicos que o acontecimento irá propagar, razão pela qual se fala em *descritor e prescritor*, o primeiro para designar o antecedente normativo e o segundo para indicar o seu consequente.[69]

Na hipótese (descritor) há a informação mínima necessária para a identificação de um fato jurídico. A subsunção do fato à norma propagará como consequência (prescritor) o nascimento da relação jurídica. Essa fenomenologia da incidência aplica-se a qualquer ramo jurídico.

Paulo de Barros Carvalho inovou o modo de pensar a Ciência do Direito Tributário ao introduzir no meio acadêmico a regra-matriz de incidência tributária – RMIT, um método inovador com grande impacto na análise da norma de incidência de qualquer tributo.

A lucidez de Paulo de Barros Carvalho foi principalmente não se limitar à análise da hipótese, como se costumava fazer na época da sua concepção, na qual todas as atenções eram voltadas apenas para o *fato gerador*, sem que dessem importância aos outros aspectos do antecedente e as consequenciais do preenchimento da hipótese de incidência tributária.

A teoria da RMI foi muito além de explicitar o critério material da hipótese de incidência de um tributo. Paulo de Barros

---

67. CARVALHO, Paulo de Barros. *Direito tributário, linguagem e método*. 5. ed. São Paulo: Noeses, 2013. p. 129.

68. CARVALHO. Paulo de Barros. *Direito tributário:* fundamentos jurídicos da incidência. 7. ed. São Paulo: Saraiva, 2009. p. 41.

69. VILANOVA, Lourival. *As estruturas lógicas e o sistema do direito positivo*. 3. ed. São Paulo: Noeses, 2005.p. 242-243.

Carvalho realizou reflexões filosóficas ao analisar o fenômeno jurídico da incidência, utilizando-se da hermenêutica analítica, da lógica e da semiótica, sob a égide da Teoria Geral do Direito.

Além de analisar a manifestação do deôntico, no seu aspecto lógico, o jusfilósofo preocupou-se com a projeção semântica e pragmática, examinando a norma por dentro, em enfoque intranormativo, bem como por fora, ressaltando o surgimento da relação jurídica e seus efeitos.

Em linguagem formalizada, a RMIT seria:

- ✓ na hipótese tributária: **[Cm(v.c).Ce.Ct]**, onde: “Cm” é o critério material com “v” verbo e “c” complemento; “Ce” é o critério espacial; e “Ct” é o critério temporal.

A linguagem dos critérios da hipótese pela autoridade competente implica:

- ✓ o consequente normativo: **[Cp(Sa.Sp).Cq(al.bc)]**, onde: “Cp” é o critério pessoal composto pelo “Sa” sujeito ativo da obrigação tributária e “Sp” sujeito passivo; “Cq” é o critério quantitativo composto por “bc” base de cálculo e “al” alíquota.

Esse núcleo lógico estrutural da proposição normativa pode ser utilizado para analisar qualquer norma tributária. Se ausente um dos critérios na lei que instituir um tributo, não existirá o mínimo irredutível de manifestação do deôntico e, por conseguinte, não haverá possibilidade de exigir o crédito tributário.

Joseph Rudyard Kipling, escritor e poeta britânico, vencedor do prêmio Nobel de literatura em 1907, ao refletir sobre raciocínio lógico, defendia sua correlação com a capacidade humana de analisar. Para isso, utilizava perguntas simples para obter informações concretas. É dele a frase “tenho seis regras que me ensinaram tudo o que sei: O quê? Por quê? Quando? Como? Onde? Quem?”.[70]

---

70. KIPLING, Joseph Rudyard. *Just So Stories*, 1902. Disponível em: <http://www.citador.pt/frases/imagens/frases-tenho-seis-regras-que-me-ensinaram-tudo-o-que--sei-rudyard-kipling-3416.jpg>. Acesso em: 30 ago. 2018.

A teoria da regra-matriz de incidência reduz complexidade e responde às indagações do poeta britânico com incrível simplicidade, ajudando o intérprete a visualizar a estrutura da norma de incidência em sua integridade. Por exemplo, se houver a subsunção da linguagem dos fatos à prescrição da hipótese da norma abstrata da regra-matriz de incidência tributária – RMIT, consequentemente implicará o nascimento de uma relação jurídico-tributária:

- ✓ na hipótese de ocorrer um evento previsto no antecedente da regra matriz de incidência tributária, a partir da linguagem competente que o identifique *como* (critério material), *onde* (espacial) e *quando* (temporal) ocorreu,

- ✓ implicará o surgimento da relação jurídica com a obrigação tributária de *quem* (critério pessoal – quem deve pagar a quem) *o quê* (tributo na dimensão correta, calculado de acordo com a alíquota e a base de cálculo) e para quê (cumprir a finalidade, ou seja, recolher a prestação aos cofres públicos).

Portanto, se relatado em linguagem pela autoridade competente que ocorreu um evento como definido na lei, no espaço e no tempo, haverá sua jurisdicionalização por meio da subsunção do fato à norma, e isso implicará o surgimento do fato jurídico tributário e a correspondente relação jurídica com dois polos: de um lado, o sujeito ativo, com o direito subjetivo de receber e, de outro, o sujeito passivo, com o dever ou a responsabilidade de pagar o crédito tributário.

A teoria da regra-matriz de incidência – RMI pode ser utilizada em todas as áreas do Direito em face da sua estrutura sintática permanecer a mesma, sendo necessária pequena adaptação no critério quantitativo a depender do ramo jurídico objeto de apreciação. Por exemplo, a norma que institui o crime de homicídio poderá ter seu tipo penal qualificado a partir da análise da regra-matriz de incidência penal, mas desde que a pena seja quantificada sem os elementos da base de cálculo e alíquota, inerentes à obrigação tributária.

O uso metodológico (análise sintática) da RMI facilita o exame da norma abstrata por meio do inter-relacionamento dos seus componentes no esquema lógico (hipótese e consequência). Dessa forma, a RMI é um poderoso instrumento metodológico que favorece o exame analítico da prescrição normativa sob a perspectiva formal.

Mas a RMI não se constitui apenas em estrutura lógico-sintática. Tendo em vista a importância do ser humano para o Constructivismo Lógico-Semântico, na medida em que, por meio da linguagem, cria-se o sentido dentro do seu sistema de referência, o intérprete, impregnado com sua ideologia, vai preencher a estrutura sintática da RMI a partir da sua concepção da leitura dos textos positivados.

Nessa oportunidade, o intérprete se utiliza dos planos semânticos e pragmáticos para substituir as variáveis lógicas da estrutura sintática da RMI pelos conteúdos da linguagem do direito positivo.[71]

Impregnada com os juízos de valores do intérprete do direito positivo, a RMI, além de manter sua estrutura lógica, torna-se uma norma geral e abstrata, que prescreve comportamentos que podem acontecer no futuro. Por outro lado, a norma individual e concreta, diferentemente da RMI, advém de fato jurídico relatado (já ocorrido) em linguagem competente e, por isso, apto a produzir uma relação jurídica.

Reiteramos que para evitar ambiguidade na expressão "regra-matriz de incidência", utilizamos três acepções: [72]

✓ **teoria da regra-matriz,** como núcleo lógico-estrutural sintático, instrumento metodológico que organiza o texto bruto do direto positivo em qualquer ramo jurídico;

---

71. CARVALHO, Paulo de Barros. *Direito tributário, linguagem e método*. 5. ed. São Paulo: Noeses, 2013. p. 147.

72. Aurora Tomazini de Carvalho utiliza duas acepções para a expressão "regra-matriz": "(i) estrutura lógica e (ii) norma jurídica em sentido estrito." CARVALHO, Aurora Tomazini de. *Curso de teoria geral do direito*: o constructivismo lógico-semântico. 5. ed. São Paulo: Noeses, 2016. p. 382.

- ✓ **teoria da regra-matriz de incidência – RMI,** como norma geral e abstrata preenchida pelo intérprete com os recursos da semântica e da pragmática para a construção da norma que incide em qualquer ramo do Direito. Ex.: norma de incidência de responsabilidade tributária, norma de incidência de sanção penal.
- ✓ **Regra-matriz de incidência tributária – RMIT,** como norma geral e abstrata preenchida pelo intérprete com os recursos da semântica e pragmática para a construção da norma de incidência tributária. Ex.: leis que instituem o ICMS, IPTU, IR etc.

Nas duas primeiras hipóteses, utilizamos a expressão "teoria" antecedendo "regra-matriz" em face das respectivas aplicabilidades em qualquer ramo do Direito. A RMIT, entretanto, é responsável apenas pelo impacto da exação tributária.[73]

Diferente da análise sintática perquirida no núcleo lógico-estrutural por meio do método da *teoria da regra-matriz*, a semântica e a pragmática são os instrumentos semióticos essenciais para que a *RMIT* e a *RMI*, enquanto normas gerais e abstratas que se projetam para o futuro possam produzir normas individuais e concretas, que denotam o evento passado e não se confundem com as regras-matrizes de incidência.

8. A importância da teoria da regra-matriz de incidência como parte do método hermenêutico-filosófico-científico, denominado constructivismo lógico-semântico, para a compreensão do direito positivo e a produção da Ciência do Direito

A teoria da regra-matriz de incidência – RMI vem sendo utilizada em grande escala nos trabalhos jurídicos brasileiros com pretensão científica. Se excluído ou alterado seu critério

73. CARVALHO, Paulo de Barros. *Direito tributário, linguagem e método*. 5. ed. São Paulo: Noeses, 2013. p. 149.

quantitativo – utilizado especificamente na seara tributária para dimensionar o tributo – a RMI pode ser empregada em qualquer ramo do conhecimento jurídico porque auxilia o intérprete na visualização de qualquer norma e não apenas a de incidência tributária.

Por conseguinte, a teoria da regra-matriz de incidência pode ser utilizada como técnica de produção e de interpretação do Direito, facilitando a visualização abstrata da mensagem deôntica como unidade mínima e irredutível e, assim, a compreensão de textos do direito positivo e a estrutura do fenômeno jurídico.

Dessa forma, conforme explica Rosana Oleinik, compondo o método do Constructivismo insere-se a regra-matriz de incidência:

> que cumpre a função sintática de fornecer o mínimo estrutural de uma norma jurídica, cujo sentido será atribuído pelo intérprete, que preencherá esse modelo lógico ao movimentar os aspectos semântico e pragmático da linguagem jurídica, em atitude hermenêutica.[74]

O intérprete, portanto, ingressa no plano dos conteúdos e assim o faz na medida em que vai atribuindo valores aos símbolos positivados pelo legislador. Segundo Aurora Tomazini:

> Neste momento ele sai do plano da literalidade e o "direito" passa a existir não mais no papel (fisicamente), e sim na sua cabeça, na forma de juízos. Assim, aparecem as normas jurídicas, como significações estruturadas na forma hipotético-condicional (H—C), construídas na mente do intérprete, mediante a atribuição de valores aos enunciados prescritivos (suporte físico do direito positivo) e, portanto, sempre condicionadas a seus referenciais culturais.[75]

---

74. OLEINIK, Rosana. Teoria da norma jurídica e a regra-matriz de incidência como técnica de interpretação do direito. In: CARVALHO, Paulo de Barros et al. *Constructivismo lógico-semântico*. São Paulo: Noeses, 2014. v. I, p. 301-302.

75. CARVALHO. Aurora Tomazini. O constructivismo lógico-semântico como método de trabalho na elaboração jurídica. In: CARVALHO, Paulo de Barros et al. *Constructivismo lógico-semântico* São Paulo: Noeses, 2014. v. I, p. 15-19.

Relevante destacar a importância da regra-matriz de incidência como método facilitador da produção de textos da Ciência do Direito e da compreensão de normas jurídicas em sentido estrito, que, devido à sua homogeneidade sintática, podem ser construídas em qualquer nível hierárquico (normas constitucionais, legais nacionais, legais federais, legais estaduais etc.) ou função no sistema jurídico (norma geral e abstrata, individual e concreta etc.)

Assim, o operador do direito pode utilizar esse instrumento metodológico em vários níveis, como por exemplo, na análise:

- ✓ da norma de competência tributária, em relação à qual Roque Carrazza identificou a *RMIT possível*: "ainda que, por vezes, de modo implícito e com certa margem de liberdade para o legislador – a norma-padrão de incidência (o arquético, a regra-matriz) de cada exação;"[76]
- ✓ do texto do direto positivo em qualquer ramo jurídico, por meio do instrumento metodológico da *teoria da regra-matriz*, que organiza o texto bruto, possibilitando a compreensão da mensagem legislada num contexto comunicacional bem concebido e racionalmente estruturado;[77]
- ✓ do limite de incidência normativa em qualquer ramo do Direito, por meio da *teoria da regra-matriz de incidência – RMI*, que, como norma geral e abstrata preenchida pelo intérprete com os recursos semióticos da semântica e da pragmática, possibilita a verificação da ocorrência do fato jurídico, da relação jurídica e, ainda, podem ser examinados se todos os critérios da RMI foram adequadamente relatados em linguagem pela autoridade competente;

76. CARRAZZA. Roque Antonio. *Curso de direito constitucional tributário*. 30. ed. São Paulo: Malheiros, 2015. p. 606.

77. CARVALHO, Paulo de Barros. *Direito tributário, linguagem e método*. 5. ed. São Paulo: Noeses, 2013. p. 146.

- ✓ do limite de incidência da norma tributária, por meio da *regra-matriz de incidência tributária – RMIT*, que, como norma geral e abstrata preenchida pelo intérprete com os recursos semióticos da semântica e da pragmática, possibilita a verificação da ocorrência do fato jurídico tributário, da relação jurídico-tributária e, ainda, podem ser examinados se todos os critérios da RMIT foram adequadamente relatados em linguagem pela autoridade competente.
- ✓ de um tributo, exigido em consonância com a *RMIT*, enquanto norma geral e abstrata, estar-se-ia analisando semanticamente e pragmaticamente a obrigação tributária da norma individual e concreta;
- ✓ da *norma individual e concreta*, como no lançamento tributário, quando se analisa a norma de incidência efetivamente aplicada, inclusive a relação jurídica em consequência do preenchimento dos critérios da hipótese da RMIT.[78]

Ademais, com a utilização do método da regra matriz de incidência tributária- RMIT poder-se-ia, além de delimitar o âmbito de incidência normativa[79], examinar analiticamente: i) a inconstitucionalidade de norma geral e abstrata, instituidora do tributo, se ultrapassar os limites da *RMIT possível* (norma de competência); ii) a ilegalidade ou inconstitucionalidade da norma individual e concreta, se não estiver em consonância, respectivamente, com a *RMIT, enquanto norma geral e abstrata*, e com a *RMIT possível*, prevista na norma de competência.

Por outro lado, os critérios da RMIT poderiam ser verificados em qualquer projeto de lei[80] tendente a instituir tribu-

---

78. ZOMER, Sílvia Regina. *Análise da norma individual e concreta pela óptica do constructivismo lógico-semântico*. São Paulo: Intelecto, 2016.

79. LINS, Robson Maia. *Curso de direito tributário brasileiro*. São Paulo: Noeses, 2019. p. 398.

80. A rigor, é indevido o uso terminológico da expressão *regra*-matriz de incidência

tos. Se ausente um dos critérios da RMIT no referido projeto, não existiria o mínimo irredutível de manifestação do deôntico e, por conseguinte, não haveria possibilidade de exigir o crédito tributário. Por sua vez, seria inconstitucional o projeto de lei, mesmo existentes todos os critérios da RMIT, se ultrapassasse os limites da *RMIT possível* (norma de competência);

Portanto, é inegável a importância da RMIT como instrumento metodológico, inclusive como extraordinária ferramenta para quem lida com a elaboração de textos do direito positivo. Se o instrumento da RMIT fosse utilizado corretamente pelos legisladores, certamente seriam evitadas muitas lacunas, ambiguidades e atécnias no direito posto.

A partir da publicação da teoria da regra-matriz de incidência, importante segmento da doutrina tributária autodeterminou-se no sentido de expor os fundamentos de sua concepção jurídico-filosófica, deixando expresso seu sistema de referência e o método eleito para parametrizar o objeto da investigação, antes de desenvolver o assunto proposto com construção rigorosa do discurso, possibilitando a vigilância do autor e do leitor em relação ao conteúdo da matéria.

Atualmente, centenas de autores usam a RMI como método científico do Constructivismo Lógico-Semântico. Eis alguns exemplos:

I. Paulo de Barros Carvalho, evidentemente, vem utilizando o método da sua Escola Constructivista em toda sua vasta obra acadêmica[81], inclusive utilizou a

---

para analisar um projeto de lei, afinal, antes da publicação da referida lei ainda não há *regra* inserida no direito positivo. Apesar da relevância do rigor terminológico para o Constructivismo Lógico-Semântico, faremos, conscientemente, essa pequena digressão, considerando as inúmeras ambiguidades e vaguezas que poderiam ser evitadas se a ferramenta metodológica da RMI, com seu alto poder analítico, dissecasse os textos de lei no processo legislativo.

81. Segundo o criador do Constructivismo Lógico-Semântico, juntamente com Lourival Vilanova, a primeira aplicação do modelo constructivista foi na tese Direito Tributário – Fundamentos Jurídicos da Incidência, apresentada no concurso para titular de Direito Tributário na Faculdade de Direito do Largo de São Francisco.

RMIT na tese "A Regra-Matriz do ICM" para obter o título de Livre Docente na PUC-SP, em 1981.[82]

II. Tárek Moussalem[83] e Eurico de Santi[84] revolucionaram as temáticas, respectivamente, das Fontes do Direito Tributário e da Decadência e Prescrição no Direito Tributário, mesmo se tratando de assuntos extremamente debatidos há décadas, demonstrando que a aplicação rigorosa do método da Escola Constructivista desvenda mistérios do fenômeno jurídico que os métodos tradicionais não alcançam.

III. No *Curso de teoria geral do direito: o constructivismo lógico-semântico*, Aurora Tomazini Carvalho conseguiu expor brilhantemente, de forma pormenorizada, com linguagem acessível, a complexa proposta metodológica da Escola Constructivista.[85]

IV. Na consagrada obra *A prova no direito tributário: de acordo com o Código de Processo Civil de 2015*, Fabiana Del Padre Tomé, ao justificar a necessidade da prova, adverte para a necessidade do uso do método constructivista, na medida em que, para que o relato probatório ingresse no universo do direito, constituindo fato jurídico tributário – em todos os seus aspectos (conduta nuclear, tempo e espaço) – é preciso que ele seja enunciado em linguagem competente, consoante

---

CARVALHO, Paulo de Barros. Algo sobre o constructivismo lógico-semântico. In: CARVALHO, Paulo de Barros et al. *Constructivismo lógico-semântico*. São Paulo: Noeses, 2014. v. I, p. 9.

82. CARVALHO, Paulo de Barros. *A regra-matriz do ICM*. Tese defendia para obter o título de Livre Docente na PUC-SP, São Paulo, 1981 (inédita).

83. MOUSSALLEM, Tárek Moysés. *Fontes do direito tributário*. 2. ed. São Paulo: Noeses, 2006.

84. SANTI, Eurico Marcos Diniz. *Decadência e prescrição no direito tributário*. 2. ed. São Paulo: Max Limonad, 2001.

85. CARVALHO, Aurora Tomazini de. *Curso de teoria geral do direito*: o constructivismo lógico-semântico. 5. ed. São Paulo: Noeses, 2016.

as provas em direito admitidas. O mesmo se pode dizer do ilícito tributário: somente por meio de enunciados probatórios, configura-se o descumprimento de obrigação tributária ou de dever instrumental, desencadeando a relação jurídica sancionatória.[86]

V. Na tese *Regra-matriz de responsabilidade e regra-matriz de substituição tributária no ICMS*, que apresentei para obtenção do título de doutor na PUC-SP, em 2017, sob a orientação de Paulo de Barros Carvalho, utilizei amplamente a teoria da regra-matriz de incidência para demonstrar a possível coexistência de múltiplas pessoas na sujeição passiva, inerentes a distintas relações jurídicas, que modulam o comportamento do contribuinte e, eventualmente, do responsável e do substituto, obrigando-os a contribuir com o cumprimento da obrigação tributária. Como instrumento metodológico, utilizei os pressupostos da Escola Constructivista para construir os critérios da regra-matriz de incidência da responsabilidade patrimonial na desconsideração da personalidade jurídica e da regra-matriz de incidência de responsabilidade tributária atribuída: aos sucessores; aos grupos econômicos, seus sócios e administradores; e na substituição tributária.[87]

VI. Robson Maia Lins ressaltou a proximidade entre as decisões do Supremo Tribunal Federal e o Constructivismo Lógico-Semântico na declaração de inconstitucionalidade por arrestamento, na declaração de inconstitucionalidade parcial sem redução de texto e na interpretação conforme a Constituição, na qual não se declara inconstitucional o suporte fático a partir do

86. TOMÉ, Fabiana Del Padre. *A prova no direito tributário*: de acordo com o Código de Processo Civil de 2015. 4. ed. São Paulo: Noeses, 2016. p. XXXV, XXXVI.

87. ALCOFORADO, Antônio Machado Guedes. *Regra-matriz de responsabilidade e regra-matriz de substituição tributária no ICMS*. Tese apresentada para obtenção do título de Doutor na Pontifícia Universidade Católica de São Paulo – PUC-SP, São Paulo, 28.09.2017 (inédita).

qual se constrói a norma jurídica, mas a própria significação é declarada constitucional ou inconstitucional.[88]

VII. Tácio Lacerda Gama, sob a égide da Escola Constructivista, utilizou a Lógica Proposicional Alética para formalizar a norma de competência, examinando analiticamente sua estrutura. Por conseguinte, foram evidenciadas as hipóteses normativas, as relações jurídicas, o fato jurídico, a sujeição ativa e passiva, a modalização de condutas, entre muitos outros enunciados e conceitos advindos da norma de competência.[89]

VIII. Por meio do livro *O Lugar e o tributo: ensaio sobre competência e definição do critério espacial na regra-matriz de incidência tributária*, Lucas Galvão de Britto propôs um modelo interpretativo para o critério espacial da regra-matriz de incidência tributária, ou seja, uma reflexão sobre a referência ao espaço na tratativa do fenômeno da incidência tributária.[90]

IX. Charles McNaughton, por sua vez, examinou analiticamente a evasão e a elisão fiscal em cada critério da regra-matriz de incidência tributária na excelente obra *Elisão e norma antielisiva: completabilidade e sistema tributário*.[91]

Enfim, inúmeras foram as obras, nas quais foram utilizadas as premissas e o método da RMIT do Constructivismo Lógico-Semântico, inclusive em outras áreas do Direito, se

88. LINS, Robson Maia. O Supremo Tribunal Federal e a norma jurídica: aproximações com o constructivismo lógico-semântico. In: HARET, Florence; CARNEIRO, Jerson (org.). *Vilém Flusser e juristas*: comemoração dos 25 anos do grupo de estudos Paulo de Barros Carvalho. São Paulo: Noeses, 2009.

89. GAMA, Tácio Lacerda. *Competência tributária*: fundamentos para uma teoria da nulidade. 2. ed. São Paulo: Noeses, 2011. p. 97.

90. BRITTO, Lucas de Galvão. *O lugar e o tributo*. Ensaio sobre competência e definição do critério espacial na regra-matriz de incidência tributária. São Paulo: Noeses, 2014.

91. MACNAUGHTON, Charles William. *Elisão e norma antielisiva*: completabilidade e sistema tributário. São Paulo: Noeses, 2014.

for modificado ou excluído o critério quantitativo, como nos ramos Penal[92] e do Processual Civil.[93]

No Supremo Tribunal Federal, a expressão regra-matriz de incidência foi encontrada 416 (quatrocentas e dezesseis) vezes[94], entre acórdãos, decisões monocráticas, decisões da Presidência e informativos, demonstrando que a RMI também faz parte da cultura do Poder Judiciário brasileiro, inclusive na sua máxima instância.

Assim, resta demonstrada a importância da teoria da regra-matriz de incidência como parte do referencial metodológico hermenêutico-filosófico-científico, denominado Constructivismo Lógico-Semântico, como poderoso instrumental para a produção e interpretação do direito positivo e da Ciência do Direito, outorgando ao discurso jurídico maior coerência e rigor científico.

Devido à sua homogeneidade sintática, a regra-matriz de incidência, desde que adaptada ao respectivo ramo do Direito, tendo em vista o critério quantitativo dimensionar o tributo, pode ser utilizada em qualquer área do conhecimento jurídico, aperfeiçoando a produção do texto científico e auxiliando o intérprete na visualização de qualquer fenômeno jurídico.

Referências

ABRÃO, Bernadette Siqueira. *Os pensadores: história da filosofia*. São Paulo: Nova Cultural, 1999.

92. CARVALHO, Aurora Tomazini de. *Norma penal tributária*. 2005. Dissertação (Mestrado em Direito) – PUC-SP, São Paulo, 2005.

93. ROSA, Íris Vânia Santos. *A penhora na execução fiscal*: penhora on-line e o princípio da menor onerosidade. São Paulo: Noeses, 2014. Os quatro volumes do Processo Tributário Analítico, coordenados por Paulo César Conrado.

94. Disponível em: <http://www.stf.jus.br/portal/jurisprudencia/listarConsolidada.asp>. Acesso em 30.03.2019. Obs.: a pesquisa foi realizada com a ferramenta de busca do próprio *site* do STF, sendo contabilizadas apenas as publicações nas quais existiam simultaneamente as expressões: regra, matriz e incidência.

ADEODATO, João Maurício. *Uma teoria retórica da norma jurídica e do direito subjetivo*. São Paulo: Noeses, 2011.

ALCOFORADO, Antônio Machado Guedes. *Regra-matriz de responsabilidade e regra-matriz de substituição tributária no ICMS*. Tese apresentada para obtenção do título de Doutor na Pontifícia Universidade Católica de São Paulo – PUC-SP, São Paulo, 28.09.2017 (inédita).

ALEXY, Robert. *Teoria dos direitos fundamentais*. 2. ed. Tradução Virgílio Afonso da Silva. São Paulo: Malheiros, 2009.

ARAUJO, Clarice Von Oertzen de. *Semiótica do direito*. São Paulo: Quartier Latin, 2005.

APEL, Karl-Otto. *Transformação da filosofia II*: o *a priori* da comunidade de comunicação. Tradução Paulo Astor Soethe. São Paulo: Loyola, 2000.

BARRETO, Paulo Ayres. *Planejamento tributário*: limites normativos. São Paulo: Noeses, 2016.

BORGES, José Souto Maior. *Curso de direito comunitário*: instituições de direito comunitário comparado: União Europeia e Mercosul. São Paulo: Saraiva, 2005.

BRITTO, Lucas de Galvão. *O lugar e o tributo*. Ensaio sobre competência e definição do critério espacial na regra-matriz de incidência tributária. São Paulo: Noeses, 2014.

CARRAZZA. Roque Antonio. *Curso de direito constitucional tributário*. 30. ed. São Paulo: Malheiros, 2015.

CARVALHO, Aurora Tomazini. O constructivismo lógico-semântico como método de trabalho na elaboração jurídica. In: CARVALHO, Paulo de Barros et al. *Constructivismo lógico-semântico* São Paulo: Noeses, 2014. v. I.

______. *Curso de teoria geral do direito*: o constructivismo lógico-semântico. 5. ed. São Paulo: Noeses, 2016.

_____. *Norma penal tributária*. 2005. Dissertação (Mestrado em Direito) – PUC-SP, São Paulo, 2005.

_____. Realidade, conhecimento e método científico. In: CARVALHO, Paulo de Barros et al. *Constructivismo lógico-semântico*. São Paulo: Noeses, 2018. v. II.

CARVALHO, Paulo de Barros. Algo sobre o constructivismo lógico-semântico. In: CARVALHO, Paulo de Barros et al. *Constructivismo lógico-semântico*. São Paulo: Noeses, 2014. v. I.

_____. Constructivismo lógico-semântico. In: CARVALHO, Paulo de Barros et al. *Constructivismo lógico-semântico*. São Paulo: Noeses, 2018. v. II.

_____. *Curso de direito tributário*. 26. ed. São Paulo: Saraiva, 2014.

_____. *Direito tributário:* fundamentos jurídicos da incidência. 7. ed. São Paulo: Saraiva, 2009.

_____. *Direito tributário*: fundamentos jurídicos da incidência. 8. ed. São Paulo: Saraiva, 2011.

_____. *Direito tributário, linguagem e método*. 5. ed. São Paulo: Noeses, 2013.

_____. *A regra-matriz do ICM*. Tese defendia para obter o título de Livre Docente na PUC-SP, São Paulo, 1981 (inédita).

_____. *Teoria da norma tributária*. 5. ed. São Paulo: Quartier Latin, 2009.

FLUSSER, Vilém. *Língua e realidade*. 2. ed. São Paulo: Annablume, 2004.

GAMA, Tácio Lacerda. *Competência tributária*: fundamentos para uma teoria da nulidade. 2. ed. São Paulo: Noeses, 2011.

_____. Sentido, consistência e legitimação. In: HARET, Florence; CARNEIRO, Jerson (org.). *Vilém Flusser e juristas*:

comemoração dos 25 anos do grupo de estudos Paulo de Barros Carvalho. São Paulo: Noeses, 2009.

GUASTINI, Riccardo. *Das fontes às normas*. Tradução Edson Bini. São Paulo: Quartier Latin, 2005.

HUSSERL, Edmund. Investigações lógicas – sexta investigação. *Elementos de uma elucidação fenomenológica do conhecimento*. São Paulo: Nova Cultural, 2005.

KELSEN, Hans. *Teoria pura do direito*. 4. ed. São Paulo: Martins Fontes, 1994.

______. *Teoria pura do direito*. 8. ed. Tradução João Baptista Machado. São Paulo: Martins Fontes, 2009.

KIPLING, Joseph Rudyard. *Just So Stories*, 1902. Disponível em: <http://www.citador.pt/frases/imagens/frases-tenho-seis-regras-que-me-ensinaram-tudo-o-que-sei-rudyard-kipling-3416.jpg>. Acesso em: 30 ago. 2018.

LINS, Robson Maia. *Curso de direito tributário brasileiro*. São Paulo: Noeses, 2019.

______. O Supremo Tribunal Federal e a norma jurídica: aproximações com o constructivismo lógico-semântico. In: HARET, Florence; CARNEIRO, Jerson (org.). *Vilém Flusser e juristas*: comemoração dos 25 anos do grupo de estudos Paulo de Barros Carvalho. São Paulo: Noeses, 2009.

MACNAUGHTON, Charles William. *Elisão e norma antielisiva*: completabilidade e sistema tributário. São Paulo: Noeses, 2014.

MARTINS, Bruce Bastos. Introdução ao estudo do constructivismo lógico-semântico no direito e regra-matriz de incidência jurídica: breve passagem das reflexões epistemológicas de Descartes até Paulo de Barros Carvalho. *Revista de Direito Tributário Contemporâneo*, v. 13, p. 69-96, jul./ago. 2018.

MELO JR., João Alves. A enunciação como intervalo entre o ser e o existir: estudos à luz do constructivismo lógico-semântico.

In: CARVALHO, Paulo de Barros et al. *Constructivismo lógico-semântico*. São Paulo: Noeses, 2018. v. II.

MOUSSALLEM, Tárek Moysés. *Fontes do direito tributário*. 2. ed. São Paulo: Noeses, 2006.

OLEINIK, Rosana. Teoria da norma jurídica e a regra-matriz de incidência como técnica de interpretação do direito. In: CARVALHO, Paulo de Barros et al. *Constructivismo lógico-semântico*. São Paulo: Noeses, 2014. v. I.

PEIRCE, Charles Sanders. *Semiótica*. Tradução José Teixeira Coelho Neto. São Paulo: Perspectiva, 1990.

PONTES DE MIRANDA, F. Cavalcanti. *Sistema de ciência positiva do direito*. Campinas: Bookseller, 2000. t. 4.

______. *Tratado de direito privado*. Rio de Janeiro: Borsoi, 1954. t. I.

ROBLES, Gregorio. *O direito como texto*: quatro estudos de teoria comunicacional do direito. São Paulo: Manole, 2005.

______. *As regras do direito e as regras dos jogos* – ensaio sobre a teoria analítica do direito. São Paulo: Noeses, 2011.

ROSA, Íris Vânia Santos. *A penhora na execução fiscal*: penhora on-line e o princípio da menor onerosidade. São Paulo: Noeses, 2014.

SANTI, Eurico Marcos Diniz. *Decadência e prescrição no direito tributário*. 2. ed. São Paulo: Max Limonad, 2001.

TEÓFILO, Diógenes; PIRES. Cristiane. Ensaio sobre o constructivismo lógico-semântico e a retórica no direito. In: CARVALHO, Paulo de Barros et al. *Constructivismo lógico-semântico*. São Paulo: Noeses, 2018. v. II.

TOMÉ, Fabiana Del Padre. *A prova no direito tributário*: de acordo com o Código de Processo Civil de 2015. 4. ed. São Paulo: Noeses, 2016.

_____. Vilém Flusser e o constructivismo lógico-semântico. In: HARET, Florence; CARNEIRO, Jerson (org.). *Vilém Flusser e juristas*: comemoração dos 25 anos do grupo de estudos Paulo de Barros Carvalho. São Paulo: Noeses, 2009.

_____. O objeto do conhecimento científico e o paradoxo da interdisciplinaridade. In: CARVALHO, Paulo de Barros et al. *Constructivismo lógico-semântico*. São Paulo: Noeses, 2018. v. II.

VILANOVA, Lourival. *Causalidade e relação no direito*. 5. ed. São Paulo: RT, 2015.

_____. *Escritos jurídicos e filosóficos*. São Paulo: IBET, 2003. v. 1.

_____. *As estruturas lógicas e o sistema do direito positivo*. 3. ed. São Paulo: Noeses, 2005.

ZOMER, Sílvia Regina. *Análise da norma individual e concreta pela óptica do constructivismo lógico-semântico*. São Paulo: Intelecto, 2016.

ENTRE A ENUNCIAÇÃO-ENUNCIADA E O ENUNCIADO-ENUNCIADO: UMA QUESTÃO TEMPORAL

Argos Campos Ribeiro Simões[1]

Sumário: Introdução. 1. Do Construtivismo: noções preliminares. 2. Três Conceitos Fundamentais. 3. Das Fontes do Direito. 4. A Dinâmica Temporal dos Atos de Fala e o Direito. 5. Considerações Finais. Referências.

Introdução

Este trabalho apresenta visões breves sobre o relacionamento do tempo no direito, procurando identificar mais precisamente a diferença entre enunciação legislativa e os produtos por ela criados.

Após destacar a importância do construtivismo lógico-semântico como método de aproximação para as questões envolvendo tempo-direito, mergulha-se com pouco mais de

1. Juiz do Tribunal de Impostos e Taxas de São Paulo. Agente Fiscal de Rendas SP. Professor-palestrante (IBET, COGEAE-PUC, EPD, APET, FAAP, Faculdade de Direito de São Bernardo do Campo). Especialista em Direito Tributário (IBET e FAZESP). Especialista em Direito do Estado (Escola Superior da Procuradoria Geral do Estado de São Paulo). Mestre e Doutor em Direito Tributário (PUC-SP).

profundidade sobre os atos de fala da enunciação, da enunciação-enunciada e dos enunciados-enunciados.

A intenção é saber da relevância jurídica na distinção dos momentos de criação e de produção legislativas. A importância entre a diferenciação de tempos DO FATO e tempos NO FATO.

O estudo da dinâmica temporal por meio da linguagem, como pretendemos fazer neste breve ensaio, busca melhor compreensão a posteriores estudos sobre as categorias da decadência e da prescrição.

O grande objetivo é a simplificação dos mecanismos reguladores jurídicos na instrumentalização rítmica do tempo no Direito.

O convite à leitura e à reflexão está feito.

1. Do Construtivismo: noções preliminares

Como alicerce fundamental aos objetivos deste artigo, necessários alguns destaques conceituais sobre o papel da linguagem no procedimento de conhecimento como construção factual.

Conhecer os objetos não significa adquirir consciência de algo no mundo do ser (objeto real em toda sua universalidade de detalhes), mas emitir juízo em face de versão linguística padronizada e identificável; portanto, apreensível e redutora da heterogeneidade universal do objeto.

Assim, admitimos desconhecimento sobre as coisas do mundo em sua realidade intrínseca; não conseguimos apreender o mundo "real" em sua heterogênea diversificação material; apenas fazemos cortes linguísticos denominadores.

Com isso nosso mundo "social" é muito mais reduzido que o complexo mundo "real", nunca alcançável de forma absoluta.

Tácio Lacerda Gama[2] ensina-nos que relações cognitivas não se estabelecem com as coisas em si, mas, sim, com as sig-

2. GAMA, T. L., 2009b. p. 231.

nificações contextualizadas que as coisas representam para cada indivíduo; sempre restritas aos horizontes culturais de quem as interpreta e enuncia.

Firmamos, portanto, o entendimento de que o ato de conhecer não nos aproxima da essência dos objetos como dispostos no inalcançável mundo "real", mas nos permite enunciar construções linguísticas que formulam redutoras e particulares proposições sobre a representação linguística que fazemos do objeto percebido.

Nesse sentido destaca Paulo de Barros Carvalho que "[...] reduzir as complexidades do objeto da experiência é uma necessidade inafastável para se obter o próprio conhecimento"[3].

Apenas percebemos o que denominamos, e quando o fazemos reduzimos as características do objeto, já que nossa percepção sempre é culturalmente parcial.

Nessa trilha, reforça Aurora Tomazini de Carvalho: "Assim, não há uma correspondência entre a linguagem e o objeto, pois este é criado por ela. A linguagem, nesta concepção, passa a ser o pressuposto por excelência do conhecimento"[4].

Nessa linha de raciocínio, há intrínseca relação entre linguagem e conhecimento; entre linguagem e realidade do mundo "social". Realidade como Vilém Flusser a define: "[...] como aquilo que pode ser apreendido e compreendido."[5]

Paulo de Barros Carvalho destaca a importância do papel da linguagem no processo de busca do conhecimento:

> [...] diante de um objeto de arte, reparo traços e movimentos que não estão expostos ao olhar frio e neutro do espectador comum, e sobre eles emito um juízo de valor, expressivo de minhas preferências. Eis o conhecimento se apresentando, na forma superior do emocional, mas igualmente declarado por um juízo lógico.[6]

---

3. CARVALHO, P. B., 2015, p. 8.

4. CARVALHO, A. T., 2010, p. 14.

5. FLUSSER, V., 2007, p. 245.

6. Ibidem, p. 13.

O mundo circundante nunca é intrinsicamente conhecido; apenas denominações sobre ele são apreendidas; sendo tal apreensão condicionada pelos horizontes culturais do observador-enunciador.

Aurora Tomazini de Carvalho novamente arremata:

> Não existe mais um mundo "em si", independente da linguagem, que seja copiado por ela, nem uma essência nas coisas para ser descoberta. Só temos o mundo e as coisas na linguagem; nunca "em si". Assim, não há uma correspondência entre a linguagem e o objeto, pois este é criado por ela. A linguagem, nesta concepção, passa a ser o pressuposto por excelência do conhecimento[7].

Em suma, conhecimento é sempre socialmente mediato (e não imediato) em face do objeto pretendente ao conhecimento. É a intermediação da linguagem condicionada pelos horizontes culturais daquele que observa. É procedimento de construção linguística individual e singular a respeito de traços linguísticos também peculiares e convencionais percebidos e apreendidos pelo pretendente ao conhecimento. O resultado deste ato de conhecer (parcial porque cultural) é o que denominamos de *conhecimento*.

Sem linguagem não há mundo a ser percebido. Percepções sobre o desejado objeto tornam-se, para o observador, "*reais*" (linguisticamente) com a enunciação por meio de proposições, na emissão de juízos.

Nesse sentido, Ludwig Wittgenstein declara que "os limites da minha linguagem significa os limites do meu mundo"[8].

Inegável que existe mundo fora do ser; é evidente. Mas se não o percebo, porque não consigo denominá-lo, como atestar sua existência?

Destaca-se novamente: para o homem, a "realidade" do seu mundo é a que ele denomina, portanto, é o que percebe;

---

7. CARVALHO, A. T., 2010.

8. WITTGENSTEIN, L., 1995, p. 114.

o que ele não denomina não faz parte de sua "realidade" porque ele simplesmente não sabe que existe.

Assim, se a linguagem é representativa do *eu*, se é a expressão do *eu*, então, não é possível ultrapassar seus limites, pois não se pode conceber a ultrapassagem de si mesmo. Não tenho a possibilidade de ultrapassar os limites culturais da minha linguagem.

Com estes fundamentos, podemos entender que construtivismo lógico-semântico, numa faceta metodológica, pode ser entendido também como caminho construtor de fatos sociais por meio de linguagem. Constrói-se "mundo social" denominando o que nos cerca.

Nessa linha de pensamento, admite-se que só percebemos as "coisas do mundo" se as denominamos; se não as denominamos, "tais coisas" não existem para nós.

Assume-se, assim, que todo conhecimento depende de linguagem construtora (e não simples descritora) de "realidade" peculiar possível de percepção e, assim, de denominação, por parte do agente cognoscente.

Portanto, o mundo percebido e, consequentemente conhecido, é basicamente construção interpretativa. É linguagem construindo "realidade".

O Direito, como ficção linguística artificialmente criada, cujos únicos elementos são normas jurídicas (estruturas bimembres que associam deonticamente à descrição de situações abstratas ou concretas efeitos relacionais genéricos ou individualizados) também somente percebe o que fora preparado para denominar; aquilo que fora eleito como relevante por agente na função de legislador a lhe propiciar efeitos. O que o Direito não fora programado para reconhecer (não lhe atribuindo efeitos) não é considerado juridicamente relevante.

O Direito, como nós o admitimos na visão construtivista lógico-semântica, não possui a amplitude perceptiva passível de construção pelas pessoas em relação ao seu "mundo social"; o "mundo jurídico" é menor; ele é mais restrito na sua capacidade perceptiva; somente a ele sendo relevante (e relevância é pretender efeitos sempre relacionais) restrito repertório descritivo de fatos politicamente eleitos pelo legislador.

Pilastra do método construtivista também é a composição e decomposição do texto sob a ótica comunicacional, atendendo, assim, à tessitura relacional peculiar à intersubjetividade inerente ao Direito.

2. Três Conceitos Fundamentais

Ainda na busca de suporte conceitual às posteriores discussões e conclusões sobre o jogo temporal-linguístico destacado na nossa introdução, aprofundemos com cautela a questão dinâmica dos *atos de fala*, mais propriamente a distinção entre *enunciação, enunciação-enunciada* e *enunciado-enunciado.*

José Luiz Fiorin atribui à *enunciação* a significação de "[...] ato produtor do enunciado"[9]. É atividade linguística daquele que fala.

As marcas procedimentais e subjetivas da *enunciação* são conhecidas por meio de sua produção (produto da *enunciação* como ato de fala), denominada *enunciação-enunciada*. É texto objeto da *enunciação* e, nos termos de José Luiz Fiorin "[...] é o conjunto de marcas, identificáveis no texto, que remetem à instância de enunciação"[10]. É o conhecimento da fonte por meio de seu produto. A *enunciação* toma "estrutura física" por meio da *enunciação-enunciada.*

Por sua vez, o ato de fala enunciativo (a *enunciação*) apresenta outro produto: o *enunciado-enunciado* que seria "[...] a sequência enunciada desprovida de marcas de enunciação". Seria o objeto da *enunciação* sem as suas referências procedimentais, subjetivas ou espaço-temporais.

---

9. FIORIN, J. L., 2002, p. 31.

10. Ibidem, p. 36.

3. Das Fontes do Direito

Entendendo Direito como sistema constituído de normas jurídicas, assim válidas em determinado local e em destacado período, temos no jogo *enunciação, enunciação-enunciada e enunciado-enunciado* ferramental essencial ao entendimento da dinâmica processo-produto de criação normativa.

Paulo de Barros Carvalho conceitua as *fontes do direito* como "[...] focos ejetores de regras jurídicas, isto é, os órgãos habilitados pelo sistema para produzirem normas, numa organização escalonada, bem como a própria atividade desenvolvida por essas entidades, tendo em vista a criação de normas."[11]

Sobre as fontes, Lourival Vilanova lembra que

> As normas de organização (e de competência) e as normas do "processo legislativo", constitucionalmente postas, incidem em fatos e os fatos se tornam jurígenos. O que denominamos "fontes do direito" são fatos jurídicos criadores de normas: fatos sobre os quais incidem hipóteses fácticas, dando em resultado normas de certa hierarquia.[12]

Por sua vez, Tárek Moysés Moussallem preleciona que *fonte do direito* é "[...] o *fato-enunciação* que, apesar de não ser 'jurídico', é 'fato', uma vez que se trata de ação (criar normas) realizada mediante linguagem (função performativa – atos de fala)."[13]

Fontes do direito são atividades de produção normativa. São atos de fala ("fatos enunciação"[14]), cujos produtos são enunciados prescritivos insertos em veículos normativos de toda ordem.

Na sua dinâmica criadora, temos duas espécies de enunciados prescritivos como produtos das *fontes do direito:*

---

11. CARVALHO, P. B., 2015, p. 436.

12. VILANOVA, L., 2015. *p. 29.*

13. MOUSSALLEM, T. M., 2006. p. 220.

14. Ibidem, p. 139.

Por sua vez, os enunciados prescritivos criados pelas *fontes do direito*, como atos de fala, também apresentam suas duas produções características: a *enunciação-enunciada* e o *enunciado-enunciado*.

A *enunciação-enunciada* destaca a historicidade da enunciação criadora; as marcas da *enunciação* (*fonte do direito*): (i) os agentes enunciadores competentes; (ii) o rito procedimental previsto pelo ordenamento; (iii) o local em que ocorrera o procedimento enunciativo; e (iv) a imprescindível publicidade àqueles a quem interessa o conhecimento do produto enunciado.

A *enunciação-enunciada* é fato jurídico que carrega a lembrança da *enunciação*; suas marcas; as marcas da *fonte do direito*.

Assim, *enunciação-enunciada* é antecedente normativo concreto ligado deonticamente a consequente relacional dirigido de forma subjetiva ampla, prescrevendo a todos os interessados o seu dever de reconhecimento dos produtos normativos criados pela fonte de direito enunciativa: os *enunciados-enunciados*.

Essa norma geral (dirigida a todos os interessados) e concreta (formada pela *enunciação-enunciada* como fato), assim posta, é denominada "veículo introdutor normativo", contextualizando juridicamente a criação de outras normas denominadas *enunciados-enunciados* (indicando sua fonte enunciativa), fornecendo informações condicionantes da possibilidade de sua eficácia social.

Assim, o "veículo introdutor normativo" é *norma geral e concreta*, cuja *enunciação-enunciada* é seu fato jurídico na posição de antecedente.

O enunciado-enunciado, por sua vez, é constituído de norma(s) jurídica(s) também produto(s) da *enunciação*.

Se o *enunciado-enunciado* for conjunto de normas gerais e abstratas, seu suporte físico será constituído por artigos, incisos, alíneas e parágrafos enunciados.

Temos também *enunciados-enunciados* como normas individuais e concretas nas sentenças e acórdãos na seara administrativa e judiciária, como sua base textual.

4. A Dinâmica Temporal dos Atos de Fala e o Direito

Fixado está que os atos de fala da *enunciação* são atividades criadoras de normas jurídicas, juridicamente perceptíveis SOMENTE quando efetivamente enunciadas (fato da *enunciação-enunciada* introduzindo as prescrições normativas dos *enunciados-enunciados* introduzidos).

Neste tópico destacamos lapsos *temporais nos* fatos da *enunciação* em relação à *enunciação-enunciada* e ao *enunciado-enunciado.*

Se imprescindível publicidade para a existência/validade normativa (nossa premissa), então o momento do conhecimento *DA ENUNCIAÇÃO* é coincidente ao momento *DA ENUNCIAÇÃO-ENUNCIADA.* Evidente se a *enunciação-enunciada* tem seu "olhar" para o passado, por ser fato, temos *NA ENUNCIAÇÃO-ENUNCIADA* a historicidade, as marcas históricas do procedimento de *enunciação.*

A publicação em diário oficial (para prescrições gerais e abstratas, por exemplo) ou as singulares notificações e citações (para sentenças, decisões ou lavraturas de autos-de-infração, por exemplo) indicam as marcas *DA* atividade criadora normativa (como *fonte-enunciação*) ao mesmo tempo *DO* produto *enunciação-enunciada* (como *fato-registro* da própria *enunciação*).

Enunciação sem publicidade nada representa para o mundo do Direito; é evento do "mundo social" desconhecido no mundo jurídico; *enunciação* publicizada se perfaz como fato jurídico na *enunciação-enunciada*; é quando o "mundo jurídico" toma conhecimento da existência e dos detalhes procedimentais da *enunciação.*

Portanto, o tempo *NA ENUNCIAÇÃO,* logicamente pretérita como evento e inacessível ao "mundo do Direito", encontra-se juridicamente registrada no tempo *DA ENUNCIAÇÃO-ENUNCIADA*; destacando a impossibilidade do acesso direto à *enunciação* (como fato social, como evento); mas tendo conhecimento de suas características quando da criação de seu produto *enunciação-enunciada* (como fato jurídico).

Pelo processo de positivação normativa, temos que normas gerais e abstratas válidas, portanto, e vigentes são capazes, em face do procedimento de aplicação/incidência, de gerarem normas concretas, gerais ou individuais.

A coincidência linguística entre hipótese normativa abstrata (válida e vigente) e fato correlato qualifica-o como fato jurídico.

Fato jurídico é articulação linguística concreta que constrói histórias (ou estórias) sempre supostamente ocorridas. Os efeitos do fato jurídico são possíveis relações previstas de forma geral em norma, seu suporte de incidência.

Nossa temática agora nos leva a discutir a dinâmica temporal entre *enunciação-enunciada* e *enunciado-enunciado.* Dois momentos distintos, a que Paulo de Barros Carvalho denomina como *tempo DO fato* e *tempo NO fato.*

Para o nosso sempre mestre, o *tempo DO fato* é "[...] a unidade temporal em que o fato se configurou [...]"[15], considerando este como seu momento linguisticamente constitutivo.

Em termos de *fontes do direito*, temos que o *tempo DA enunciação-enunciada* como fato é o exato instante de sua constituição jurídico-linguística como marca histórica do ato procedimental pretérito de *enunciação*; este ato social é lógica e socialmente pretérito *(evento-enunciação).*

Normativamente afirmamos que o *tempo DA enunciação-enunciada,* é o tempo DA instituição do veículo introdutor normativo (cujo *fato-enunciação-enunciada* é seu antecedente

15. CARVALHO, P. B., 2009, p. 172.

formal) e é também concomitante ao *tempo DO enunciado--enunciado* por ele introduzido.

Temos dois tipos de *enunciados-enunciados*: (i) os *abstratos* (descrevendo hipóteses possíveis e futuras); e (ii) os *concretos* (descrevendo fatos; logicamente pretéritos).

Para ambos o *tempo DA ENUNCIAÇÃO-ENUNCIADA* é concomitante ao *tempo DO ENUNCIADO-ENUNCIADO*. A introdução no sistema normativo do "veículo introdutor" (cujo antecedente é a concretude factual da *enunciação-enunciada*) é simultânea à criação jurídica do *enunciado-enunciado* por ele introduzido, já que a publicidade lhes é comum.

Limitemos, neste breve ensaio, a discussão à situação dos interregnos envolvendo *enunciados-enunciados concretos* (com descrições factuais; com marcas de eventos pretéritos; portanto, supostamente ocorridos no passado).

Paulo de Barros Carvalho afirma que o *tempo NO FATO* "[...] é a ocasião a que alude o enunciado factual, dando conta da ocorrência concreta de um evento [...] é a marca de tempo a que se refere o enunciado fáctico."[16] É o momento da suposta realização de evento pretérito posteriormente enunciado. Destacamos a suposição de ocorrência dos eventos porque fatos são articulações linguísticas, cuja veracidade ou falsidade sociais são apenas possibilidades descritivas contingentes.

Vimos que o *tempo DA ENUNCIAÇÃO-ENUNCIADA* como fato seria o momento efetivo em que o ato procedimental da enunciação é conhecido juridicamente em face de sua publicidade. *Enunciação* sem publicidade não pode ser considerada fato jurídico. Portanto, como fato, a *enunciação* só existirá para o direito quando for *enunciada;* antes era somente fato social sem marca temporal definida juridicamente, se pensarmos na publicidade como derradeiro ato procedimental da enunciação.

16. Ibidem, loc. cit.

Tárek Moysés Moussallem assim preleciona: "Não é demais lembrar que o tempo da enunciação somente é acessível via enunciação-enunciada. Em termos mais rigorosos, dever-se-ia falar em tempo da enunciação-enunciada e não em tempo da enunciação."[17]

Por sua vez, o *tempo NOS ENUNCIADOS-ENUNCIADOS* com antecedente concreto serão os momentos em que os eventos pretéritos neles noticiados supostamente ocorreram. O tempo *DOS ENUNCIADOS-ENUNCIADOS* é o momento de seu ingresso no ordenamento jurídico (momento de validade) e será o mesmo momento do ingresso *DA ENUNCIAÇÃO-ENUNCIADA.*

O momento da publicidade da norma introdutora e das introduzidas é o mesmo. Suas validades são temporalmente simultâneas.

Eurico Marcos Diniz de Santi sobre *enunciação-enunciada* e o conceito de *validade* alerta que esta deve ser entendida como "[...] a pertinência de um documento normativo ao direito positivo, em função dos critérios instituídos por sua fonte de produção, identificáveis na enunciação enunciada do próprio documento normativo."

Portanto, temos que o *tempo DA ENUNCIAÇÃO-ENUNCIADA* é simultâneo ao *DA introdução dos ENUNCIADOS-ENUNCIADOS* por ela veiculados; porém é momento posterior ao tempo NOS ENUNCIADOS-ENUNCIADOS, cuja referência histórica factual é pretérita.

Nos termos de Eurico Marcos Diniz de Santi, "A enunciação, que é o próprio ato de fala, produz o enunciado, ou seja, aquilo que se fala [...] o processo é enunciação: o produto: enunciado"[18]. Processo e produto não devem ser confundidos e logicamente não podem ser simultâneos.

---

17. MOUSSALLEM, T. M., 2006, p. 86.

18. SANTI, 2000, p. 62-63.

Admitimos, assim, que sempre haverá interregno entre o instantâneo *momento DA ENUNCIAÇÃO-ENUNCIADA* introdutora normativa (marcas da *ENUNCIAÇÃO*) e *o momento NOS ENUNCIADOS-ENUNCIADOS concretos* por ela introduzidos. Esse é o jogo temporal que queríamos destacar.

Sua relevância encontramos ao admitirmos que interregno juridicamente extemporâneo entre *tempo DA ENUNCIAÇÃO-ENUNCIADA* e *tempo NOS ENUNCIADOS-ENUNCIADOS* pode ser obstativo ou extintivo de relações jurídicas efectuais em face das categorias normativas de decadência ou de prescrição.

Podemos chegar à redução conceitual de que fatos decadenciais ou prescricionais ocorrem quando o *tempo DA ENUNCIAÇÃO-ENUNCIADA* menos o *tempo NO ENUNCIADO-ENUNCIADO* for maior que o prazo estipulado em normas decadenciais ou prescricionais estipuladas (por exemplo, maior que cinco anos).

5. Considerações Finais

Estas considerações finais representam apenas algumas sínteses conclusivas parciais sobre o complexo estudo do tempo e do direito sob o enfoque do construtivismo jurídico. É ponto de partida para investigação futura mais aprofundada sobre a questão jurídico-temporal, especialmente nas questões relacionadas às categorias normativas da decadência e da prescrição.

Iniciamos nossa breve investigação na premissa de que o "mundo jurídico" é linguisticamente mais restrito que o "mundo social" e que o Direito, por não ser pessoa, mas sim artificial sistema de linguagem criado pelo legislador, somente reconhece situações para as quais fora preparado para receber as "coisas" do mundo.

O que juridicamente não possuir denominação convencionada e politicamente eleita como relevante pelo legislador passa ao largo do Direito e não produz efeitos jurídicos.

Destaca-se a importância do método construtivista de formação da "realidade" social e jurídica. Fatos são construtores de "realidades", nunca perfeitamente coincidentes ao denominado "mundo real". Este imerso na caótica universalidade heterogênea dos seus múltiplos eventos; os fatos, por sua vez, ordenados em face da sua homogeneidade semântica limitada aos horizontes de conhecimento de quem os enuncia.

Na sequência adentramos à dinâmica dos atos de fala por meio da conceituação de seus momentos de produção *(enunciação)*, de produto historiador que registra o procedimento de enunciação *(enunciação-enunciada)* e também de produto ausente de marcas de criação *(enunciado-enunciado)*.

O entendimento desta dinâmica facilitou a compreensão do que seriam as Fontes do Direito, pois desfaz equivocada confusão processo-produto, destacando que a *enunciação legislativa* é fonte do Direito, sendo somente reconhecida e identificada por meio das marcas de sua historicidade quando tornada pública pela *enunciação-enunciada*.

Somente quando a *enunciação é enunciada*, o "mundo do Direito" toma conhecimento de sua fonte criadora. *Enunciação* do Direito é fonte; um de seus produtos: a *enunciação-enunciada*.

Destaca-se, também, outro produto enunciado; aquele que não tem as marcas criadoras da enunciação: os enunciados-enunciados que são normas jurídicas, gerais e abstratas, individuais e concretas ou até individuais e abstratas.

Com este ferramental entramos na dinâmica temporal jurídica afirmando que o *tempo DA ENUNCIAÇÃO-ENUNCIADA* é o *tempo DOS ENUNCIADOS-ENUNCIADOS* produzidos pelo "veículo introdutor normativo" cuja *enunciação-enunciada* é seu fato antecedente.

Destacamos também que os eventos pretéritos nos *enunciados-enunciados (tempo NOS ENUNCIADOS-ENUNCIADOS)* são diversos dos *tempos* tanto *DA* correspondente *ENUNCIAÇÃO-ENUNCIADA*, como *DOS ENUNCIADOS-ENUNCIADOS*.

Concluímos pela relevância das distinções feitas concluindo que os fatos decadencial e prescricional podem ser observados somente observando os interregnos entre os *tempos DA ENUNCIAÇÃO-ENUNCIADA* e *NOS ENUNCIADOS-ENUNCIADOS* por ela introduzidos.

Referências

CARVALHO, A. T. *Curso de teoria geral do direito*. 2. ed. São Paulo: Noeses, 2010.

CARVALHO, P. B. *Curso de direito tributário*. 23. ed. São Paulo: Saraiva, 2011.

______. *Direito tributário*: fundamentos jurídicos da incidência. 7. ed. São Paulo: Saraiva, 2009.

______. *Direito tributário, linguagem e método*. 6. ed. São Paulo: Noeses, 2015.

FIORIN, J. L. *As astúcias da enunciação*: as categorias de pessoa, espaço e tempo. 2. ed. São Paulo: Ática, 2002.

FLUSSER, V. *Língua e realidade*. 2. ed. São Paulo: Annablume, 2004.

GAMA, T. L. *Competência tributária*: fundamentos para uma teoria da nulidade. São Paulo: Noeses, 2009a.

______. Sentido, consistência e legitimação. In: HARET, F.; CARNEIRO, J. (coord.). *Vilém Flusser e juristas*: Comemoração dos 25 anos do grupo de estudos de Paulo de Barros Carvalho. São Paulo: Noeses, 2009b.

MOUSSALLEM, T. M. *Fontes do direito tributário*. 2. ed. São Paulo: Noeses, 2006.

SANTI, E. M. D. As classificações no sistema tributário brasileiro. *Congresso Internacional de Direito Tributário*, 1. 1998,

Vitória, ES. *Justiça tributária*. São Paulo: Max Limonad, 1998. p. 123-147.

_____. *Decadência e prescrição no direito tributário*. São Paulo: Max Limonad, 2000.

_____. *Lançamento tributário*. São Paulo: Max Limonad, 1999.

VILANOVA, L. *Causalidade e relação no direito*. 15. ed. São Paulo: Noeses, 2015.

WITTGENSTEIN, L. *Tratado lógico-filosófico investigações filosóficas*. 2. ed. Lisboa: Serviço de Educação Fundação Calouste Gulbenkian, 1995.

PRESCRIÇAO E DA DECADÊNCIA NO LANÇAMENTO POR HOMOLOGAÇÃO: OS EVENTOS E OS FATOS. UMA ANÁLISE À LUZ DO CONSTRUCTIVISMO LÓGICO-SEMÂNTICO

Betina Treiger Grupenmacher[1]

Dayana de Carvalho Uhdre[2]

Barbara das Neves[3]

Sumário: 1. Introdução: esclarecendo a proposta metodológica e delimitando o objeto de estudo. 2. Um pouco de estática jurídica: sobre os planos percussores

---

1. Advogada. Doutora em Direito do Estado pela Universidade Federal do Paraná. Pós-Doutora pela Universidade de Lisboa. Professora de Direito Tributário da UFPR. *Visiting Scholar* pela Universidade de Miami.

2. Procuradora do Estado do Paraná. Graduada em Direito pela Universidade Federal do Paraná – UFPR. Pós-Graduada pelo Instituto Brasileiro de Estudos Tributários – IBET. Mestre em Direito do Estado pela Universidade Federal do Paraná – UFPR. Professora de Direito Tributário da Faculdade de Direito de Pinhais – FAPI. Professora convidada no curso de Pós-Graduação em Direito Tributário e Processual Tributário da Academia Brasileira de Direito Constitucional – Abdconst. Professora seminarista no Instituto Brasileiro de Estudos Tributários – IBET.

3. Advogada. Mestre em Direito do Estado (ênfase em Direito Tributário) pela Universidade Federal do Paraná – UFPR. Especialista em Direito Tributário pelo Instituto Brasileiro de Estudos Tributários - IBET. Graduada em Ciências Contábeis pela Universidade Federal do Paraná – UFPR e em Direito. Professora em cursos de especialização da Universidade Positivo, Academia Brasileira de Direito Constitucional – ABDCONST e FAE Business School.

de sentido. 3. Um pouco de dinâmica jurídica: sobre as distinções entre "evento", "fato" e "fato jurídico". 4. Lançamento por "homologação" e os prazos de decadência e prescrição. 4.1 Sobre as normas de decadência e prescrição do direito tributário. 4.2 Das normas de decadência e prescrição no lançamento por homologação. 5. Análise do caso e conclusões. Referências.

1. INTRODUÇÃO: ESCLARECENDO A PROPOSTA METODOLÓGICA E DELIMITANDO O OBJETO DE ESTUDO

O propósito de estudar cientificamente um dado objeto pressupõe um corte epistemológico. Vale dizer, escolhido o objeto a ser investigado, sua precisa demarcação, bem como a escolha da forma de aproximação a ele são condições próprias de um estudo que se pretenda científico.

O direito positivo, por ser cultural, apresenta elevado grau de complexidade, de modo que apreendê-lo em sua totalidade é impossível. Não apenas por sua extensão e diversidade, mas também porque o contato com essa realidade se dá por meio de "filtros". De fato, nossa percepção de mundo não é direta, mas mediada por uma *"estrutura interpretativa do cérebro humano"*.[4]

Nesse sentido, esclarece AURORA TOMAZINI DE CARVALHO que a realidade não passa de uma interpretação, um sentido atribuído aos dados brutos sensorialmente percebidos. É dizer, a realidade não é captada pelas experiências sensoriais (visão, tato, audição, paladar e olfato), mas sim construída ao se atribuir significado aos elementos sensoriais que se nos apresentam. Daí a afirmação segundo a qual a linguagem cria ou constrói a realidade.[5]

É nesse sentido que a linguagem deve ser vista: não como instrumento de expressão dos objetos, mas antes como próprio

---

4. HAWKING, Stephen, O grande projeto, p. 34 apud CARVALHO, Aurora Tomazini de. *Curso de teoria geral do direito*. São Paulo: Noeses, 2014. p. 29.

5. CARVALHO, Aurora Tomazini de. *Curso de teoria geral do direito* cit., p. 18.

pressuposto ao conhecimento deles. É dizer, o conhecimento é limitado à capacidade de formular proposições sobre ele. Não por outra razão, afirma LUDWIG WITTGENSTEIN que "os limites da minha linguagem significam o limite do meu mundo".[6] Trata-se de um paradigma do conhecimento construído sob o chamado giro linguístico. Contudo, não foi sempre este o entendimento.

Desde a Antiguidade, mais especificamente desde *Crátilo*, de PLATÃO (388 a.C.), a filosofia baseava-se na ideia de que o ato de conhecer se constituía a partir da relação entre sujeito e objeto, sendo a linguagem mero instrumento que nominava e ordenava os objetos apreendidos. Nesta concepção, existia uma correspondência entre as coisas e as ideias das coisas expressadas na (filosofia do ser) e pela linguagem (filosofia da consciência), pressupondo uma relação entre o sujeito e o mundo cognoscente anterior a qualquer formação linguística. A linguagem não passava, portanto, de uma cópia do mundo real, um instrumento de representação da realidade e o conhecimento de uma "reprodução intelectual do real, sendo a verdade resultado da correspondência entre tal reprodução e o objeto referido".[7]

Foi em meados do século XX que um novo paradigma na filosofia do conhecimento, denominado giro linguístico, foi erigido, tendo por marco a obra *Tratactus logico-filosoficus*, de LUDWIG WITTGENSTEIN. Consoante essa nova concepção, a linguagem deixa de ser apenas instrumento de comunicação de um conhecimento já construído e passa a ser a própria condição de possibilidade para a construção do conhecimento. A linguagem deixa de ser um meio e converte-se na própria criação, tanto do sujeito quanto da realidade.[8] En-

6. WITTGENSTEIN, Ludwig. *Tractatus Logico-Philosophics*. São Paulo: Edusp, 1994. p. 111.

7. CARVALHO, Aurora Tomazini de. *Curso de teoria geral do direito* cit., p. 14.

8. Ressalta Aurora Tomazini de Carvalho, que dizer que a realidade é constituída pela linguagem: "não significa afirmar a inexistência de dados físicos, independentes da linguagem". Porém, salienta a autora que "somente pela linguagem podemos

tende-se que não mais existe um mundo "em si", independente da linguagem, que seja copiado por ela ou uma essência nas coisas para ser descoberta. Só temos o mundo e as coisas na linguagem; nunca "em si".[9]

Sob essa ótica, conhecer deixa de ser visto como uma relação entre sujeito e objeto, mas sim como relação entre linguagens.[10] Da mesma forma, não existem mais verdades absolutas.[11] Conhecemos as

> coisas porque sabemos a significação das palavras tal como elas existem numa língua, e porque fazemos parte de uma cultura. Logo, o que conhecemos, na verdade, são construções linguísticas (interpretações) que se reportam a outras construções linguísticas (interpretações), todas elas condicionadas ao contexto sociocultural constituído por uma língua.[12]

LOURIVAL VILANOVA é enfático ao afirmar que "mediante a linguagem fixam-se as significações conceptuais e se comunica o conhecimento. O conhecimento ocorre num universo de linguagem e dentro de uma comunidade do discurso".[13] Nesse contexto, a hermenêutica não só adquire função

---

conhecê-los, identificá-los e transformá-los numa realidade objetiva para nosso intelecto". Em poucas palavras, antes da linguagem, o caos de sensações é desconhecimento. CARVALHO, Aurora Tomazini de. *Curso de teoria geral do direito* cit., p. 14.

9. Ibidem, p. 15. No mesmo sentido, Manfredo Araújo de Oliveira salienta que "não existe mundo que não seja exprimível em linguagem. A linguagem é o espaço de expressividade do mundo, a instância de articulação de sua inteligibilidade" (OLIVEIRA, Manfredo Araújo. *Reviravolta linguístico-pragmática na filosofia contemporânea*. São Paulo: Loyola, 1996. p. 13).

10. Apertada síntese, o conhecimento, a realidade e a verdade, consoante concepção do giro linguístico, são aspectos da língua, da mesma forma como ciência e filosofia são pesquisas da língua (FLUSSER, Vilém. *Direito e realidade*. 2. ed. São Paulo: Annablume, 2004. p. 24).

11. Nesse contexto, a verdade como correspondência entre formulação mental e essência do objeto significado linguisticamente (filosofia da consciência) perde o fundamento.

12. FLUSSER, Vilém. *Direito e realidade* cit., p. 16.

13. VILLANOVA, Lourival. *As estruturas lógicas e o sistema do direito positivo*. São Paulo: Max Limonad, 1997. p. 38.

decisiva, como passa a ser o modo por excelência para se compreender o mundo.[14]

Daí a importância do trabalho analítico-hermenêutico, desenvolvido em duas etapas: uma primeira, redutora de complexidades mediante decomposição analítica;[15] e uma segunda, em que se procede à retomada da visão integral do fenômeno jurídico.[16] Por óbvio que, dentro desse ambiente comunicacional, tal atividade do intérprete é ativa, sendo construtora de sentido.

Enfim, é compondo e decompondo, articulando e desarticulando, reunindo e separando, organizando e desorganizando que o intérprete avança para dominar o texto e compreender a comunicação.[17] E é precisamente esse o caminho percorrido pelo "Construtivismo Lógico-Semântico: enquadra-se nos parâmetros da hermenêutica atual, lendo e interpretando para compreender; todavia em todos os passos da sua trajetória está presente o tom da analiticidade".[18]

É, portanto, com suporte em tal método, que será enfrentado o tema da prescrição e decadência no lançamento por homologação. Mais especificamente, objetiva-se utilizar tal ferramental a fim de solucionar problema concreto, consubstanciado no Acórdão 3402-003.801 do Conselho Administrativo de Recursos Fiscais-CARF.

---

14. CARVALHO, Paulo de Barros. Algo sobre o constructivismo lógico-semântico. In: CARVALHO, Paulo de Barros (coord.). *Constructivismo lógico-semântico*. São Paulo: Noeses, 2014. v. 1. p. 7.

15. É o que Paulo de Barros Carvalho fez ao edificar a teoria da regra-matriz de incidência, ou quando estabeleceu os planos de linguagem para fins de construção da interpretação.

16. TOMÉ, Fabiana Del Padre. Teoria do fato jurídico e a importância das provas. In: CARVALHO, Paulo de Barros (coord.). *Constructivismo lógico-semântico*. São Paulo: Noeses, 2014. v. 1. p. 325-326.

17. CARVALHO, Paulo de Barros. Algo sobre o constructivismo lógico-semântico. In: CARVALHO, Paulo de Barros (coord.). *Constructivismo lógico-semântico*... cit., p. 7.

18. Idem.

Trata-se de julgamento de Recurso Voluntário interposto por um sujeito passivo em face ao Auto de Infração lavrado contra si, em que a fiscalização fazendária lhe exigia o imposto sobre produtos industrializados – IPI, respectivos juros de mora e multa de ofício. O tributo lançado decorria dos saldos devedores apurados na escrita contábil/fiscal, após a glosa de créditos decorrentes de aquisições de insumos. A discussão levada a efeito no caso proposto é aquela relativa à qual regra de decadência aplicável seria prevista no art. 150, § 4º, ou no art. 173, inciso I, ambas do Código Tributário Nacional – CTN.

O IPI é um imposto cujo regime jurídico-tributário se sujeita ao lançamento por homologação, modalidade em que se atribui ao sujeito passivo a responsabilidade pela "constituição do crédito" e pela antecipação de seu pagamento. Consoante disposto no art. 150, § 4º, do CTN, a Administração Fazendária tem 05 (cinco) anos, contados do evento jurídico,[19] para homologar a formalização do crédito tributário realizada pelo sujeito passivo e a antecipação do pagamento do tributo. Ao cabo desse prazo, caso inexistente expressa manifestação fazendária (homologando ou não o procedimento realizado pelo sujeito passivo), consolida-se o procedimento realizado pelo sujeito passivo e extingue-se o respectivo crédito tributário.

Caso a atividade do sujeito passivo seja eivada de dolo, fraude ou simulação (parte final do art. 150, § 4º, do CTN), aplica-se o disposto no art. 173, inciso I, do CTN. Por força de construção jurisprudencial,[20] estendeu-se tal exceção à hipó-

---

19. O CTN usa a nomenclatura fato gerador. Trata-se de expressão dúbia, uma vez que se refere a situações distintas. Optando, como o fazemos, pela doutrina do professor PAULO DE BARROS CARVALHO, devemos utilizar expressões unívocas para nominar fenômenos distintos (ou ao menos, esclarecer o sentido em que se utilizam-nas).

20. REsp 973.733/SC, rel. Min. Luiz Fux, Primeira Seção, julgado em 12.08.2009, *DJe* 18.09.2003 – recurso representativo de controvérsia. "TRIBUTÁRIO. DECADÊNCIA. TRIBUTOS SUJEITOS AO REGIME DO LANÇAMENTO POR HOMOLOGAÇÃO. Nos tributos sujeitos ao regime do lançamento por homologação, a decadência do direito de constituir o crédito tributário se rege pelo artigo 150, § 4º, do Código Tributário Nacional, isto é, o prazo para esse efeito será de cinco anos a contar da ocorrência do fato gerador; a incidência da regra supõe, evidentemente, hipótese típica de lançamento por homologação, aquela em que ocorre o pagamento antecipado do tributo.

tese em que a "constituição do crédito" pelo sujeito passivo não tenha sido acompanhada do pagamento do tributo.

A questão controversa que será objeto de nossas reflexões refere-se à hipótese em que o tributo, "constituído" pelo sujeito passivo, é extinto, não exatamente pelo efetivo pagamento, mas pelo encontro de contas, do débito declarado com os créditos escriturados. Indaga-se se, nesse caso, é possível equiparar essa compensação ao pagamento do tributo, por força do que dispõe o artigo 156, inciso II, do CTN.

Em se tratando de compensação, quais seriam as consequências em relação à decadência e à prescrição, caso os créditos utilizados pelo sujeito passivo para quitação dos débitos tributários, fossem glosados pela Administração Fazendária?

No referido Acórdão do CARF, restou decidido que, por se tratar de glosa de crédito tributário ilegítimo, não seria possível equiparar a compensação ao pagamento, motivo pelo qual se aplicaria ao caso o art. 173, inciso I, do CTN, para fins de cômputo do prazo decadencial para a realização do lançamento de ofício.

No entanto, a questão está longe de ser solucionada. No que se refere à decisão em questão não ter sido unânime há, nesse[21] e em outros julgados,[22] entendimentos distintos. Ainda, em circunstâncias análogas, o Superior Tribunal de Justiça ora aplica o art. 173, inciso I[23], do CTN, ora aplica o art. 150, § 4º,[24] do mesmo diploma legal. Por fim, em que pese

---

Se o pagamento do tributo não for antecipado, já não será o caso de lançamento por homologação, hipótese em que a constituição do crédito tributário deverá observar o disposto no artigo 173, I, do Código Tributário Nacional. Embargos de divergência acolhidos" (STJ, EREsp 101.407/DF, rel. Min. Ari Pargendler, julgamento 07.04.2000, S1 - PRIMEIRA SEÇÃO, *DJ* 08.05.2000, p. 53 *RDDT*, v. 58, p. 141).

21. Voto vencido do Conselheiro Carlos Augusto Daniel Neto.

22. Acórdão CSRF 9303003.299.

23. Ag Rg no AREsp 76.977/RS, rel. Min. Humberto Martins, Segunda Turma, julgado em 12.04.2012, *DJe* 14.04.2012.

24. Ag Rg nos EREsp 1.199.262/MG, rel. Min. Benedito Gonçalves, Primeira Seção,

aparentemente se tratar de prazo de constituição do crédito tributário por meio de lançamento, é de se perquirir se não se estaria diante de hipótese de prescrição tributária.

2. UM POUCO DE ESTÁTICA JURÍDICA: SOBRE OS PLANOS PERCUSSORES DE SENTIDO

Consoante premissa aqui adotada, o direito positivo, enquanto objeto de conhecimento jurídico, é o conjunto de enunciados jurídico-prescritivos válidos em um dado país e em um dado momento histórico.[25] Da mensagem legislada nos vários diplomas legislativos (suportes físicos), temos acesso, em um primeiro momento, a um aglomerado de palavras que, organizadas em frases, exprimem significados. A função dos operadores do direito é dar sentido a tais estruturas linguísticas, organizando-as em um juízo implicacional-deôntico, para a compreensão da(s) mensagem(ns) ou dos comandos transmitidos pelo legislador.

Consoante ensina PAULO DE BARROS CARVALHO,[26] para que compreendamos a mensagem legislada, perpassa-

---

julgado em 26.10.2011, *DJe* 07.11.2011. "TRIBUTÁRIO. AGRAVO REGIMENTAL NO RECURSO ESPECIAL. ICMS. LANÇAMENTO SUPLEMENTAR. CREDITAMENTO INDEVIDO. PAGAMENTO PARCIAL. DECADÊNCIA. TERMO INICIAL. FATO GERADOR. ART. 150, § 4º, DO CTN" (AgRg no REsp 1.318.020/RS, rel. Min. Benedito Gonçalves, Primeira Turma, julgado em 15.08.2013, *DJe* 27.08.2013).

25. Consoante bem lembrado por ARGOS CAMPOS RIBEIRO SIMÕES, com fundamento nas lições de PAULO DE BARROS CARVALHO, o "Direito Positivo é sistema de normas válidas em determinado local e momento, considerando-se jurídicas normas que atendam aos seguintes requisitos de criação: (i) enunciação por agente credenciado pelo sistema jurídico, (ii) confecção por meio de procedimento enunciativo normativamente previsto e (iii) publicidade restrita àqueles direcionados prescritivamente" (grifo no original) (SIMÕES, Argos Campos Ribeiro. Decadência: artigo 150, § 4º, X, artigo 173, I na aplicação a dois casos relevantes: creditamento indevido e ICMS – importação "por conta e ordem". In: CARVALHO, Paulo de Barros (coord.). *Racionalização do sistema tributário*. São Paulo: Noeses, 2017. p. 116.

26. Vide: CARVALHO, Paulo de Barros. *Fundamentos jurídicos da incidência*. 9. ed. São Paulo: Saraiva, 2012. p. 105; CARVALHO, Paulo de Barros. *Curso de direito tributário*. 26. ed. São Paulo: Saraiva, 2015. p. 117 e ss.; CARVALHO, Paulo de Barros. *Direito tributário*: linguagem e método. 4. ed. São Paulo: Noeses, 2011. p. 184 e ss.

mos por quatro planos, os quais conformam com a trajetória da interpretação. Em um primeiro momento, o exegeta entra em contato com o plano de expressão: um emaranhado de frases ordenadas, a literalidade textual, as fórmulas gráficas utilizadas pelo legislador[27] (plano S1). A partir desse primeiro plano, o intérprete atribui valores àqueles enunciados prescritivos, construindo, em sua mente, os conteúdos significativos dessas frases prescritivas (plano S2). Destaque-se que, nesse segundo momento, tais proposições[28] não estão deonticamente estruturadas. É no próximo plano (S3) que o intérprete articulará essas significações normativas em estruturas lógicas hipotético-condicionais (juízo implicacional) próprias das normas jurídicas. Por fim, ordena tais significações normativas, construídas, estruturadas no plano S3, em relações de coordenação e subordinação, momento em que ingressa no plano da sistematização jurídica (S4). Durante o processo gerador de sentido, o exegeta transita várias vezes por esses planos, avançando e voltando, até que se sinta satisfeito com o resultado.[29]

Interpretação é esse processo gerador de sentido. Destaque-se que, nesse processo, o intérprete constrói as significações, atribuindo valores aos signos postos pelo legislador. É dizer, o jurista não "extrai" o significado inerente aos enunciados prescritivos, como se fosse possível ao legislador "deixar impregnado algum sentido nas palavras que utiliza",[30] mas sim o constrói, sendo resultado de seu esforço intelectual.

Partindo de uma concepção culturalista do direito, a própria valorização, feita pelo intérprete, dos símbolos formadores dos enunciados prescritivos do direito posto, está condicionada ao seu horizonte cultural, resultado do contexto social em que está inserido. Assim, ainda que não haja grandes distorções entre as atribuições de sentido dadas pelo

---

27. CARVALHO, Paulo de Barros. *Curso de direito* tributário cit., p. 119.

28. Tomado o termo aqui como significados construídos na mente do intérprete.

29. CARVALHO, Aurora Tomazini de. *Decadência e prescrição em direito tributário*. São Paulo: APET, 2008. p. 40.

30. Idem.

intérprete e pelo legislador (quando da confecção da mensagem legislada), posto que ambos estão imersos em um mesmo contexto histórico-cultural, o fato é que inexiste um único sentido possível, ou aquele reputado mais correto para o texto normativo. Parte-se dos mesmos dados objetivos (enunciados jurídicos), no entanto, a sua construção de sentido é subjetiva, por incorporar juízos de valores do intérprete, o que redunda em inúmeras interpretações possíveis.

A interpretação, portanto, é inesgotável. Infinitos significados podem ser dados aos enunciados prescritivos, a depender da valorização que lhes é atribuída por seus intérpretes. Tal constatação explica as divergências doutrinárias existentes no mundo jurídico, inclusive sobre o sentido das normas regentes dos institutos da decadência e da prescrição em matéria tributária.

Frise-se, é a interpretação dos enunciados prescritivos que são inesgotáveis e não os enunciados. O direito positivo é algo finito em termos de disciplina da conduta. E, ainda que se admita a hipótese de se estruturar uma teoria em que todos os casos relevantes ao direito estivessem nela previstos, de maneira a se entender como não jurídico o que não está aventado nesse sistema, tal riqueza de "possibilidades quanto à prática, seria tão complexa que se tornaria pragmaticamente inútil".[31]

Daí o porquê se elegem os casos mais relevantes para se constituir as principais normas jurídicas que disciplinam a conduta humana. Fica-se "à espera da" ocorrência efetiva desses eventos (não vislumbrados inicialmente), para então se construir a(s) solução(ões) jurídica(s) específica(s).

Não por outra razão, afirma-se ser a prática "a parte da teoria que ainda não foi pensada".[32] Obviamente, no entanto, que a delimitação das consequências jurídicas desses eventos não referenciais ao sistema jurídico posto será erigida com

31. SANTI, Eurico Marcos Diniz de. *Decadência e prescrição*. São Paulo: Max Limonad, 2000. p. 174.

32. Idem.

supedâneo nas regras construídas com base nesse mesmo sistema jurídico – afinal, a interpretação é inesgotável.

Dessa forma, no plano pragmático, para se enfrentar eventuais discussões das aplicações dos enunciados prescritivos relativos aos institutos da decadência e da prescrição tributárias, é necessário o seu exame precedente. Mais especificamente, é imprescindível que se construam, naquele "ir e vir" inerente ao processo gerador de sentido (modelo de interpretação) – descrito de forma brilhante por PAULO DE BARROS CARVALHO –, as normas jurídicas aplicáveis ao caso, para que, em um último momento, seja possível analisá-las de forma sistemática, coordenando-as e/ou subordinando-as, a fim de aplicá-las ao caso proposto.

No entanto, antes que sejam analisados os enunciados prescritivos regentes dos institutos da prescrição e decadência do lançamento por homologação, é necessário distinguirem-se as categorias "evento", "fato", e "fato jurídico", a fim de se compreender a aplicação dessas normas. É a faceta dinâmica do fenômeno jurídico.

3. UM POUCO DE DINÂMICA JURÍDICA: SOBRE AS DISTINÇÕES ENTRE "EVENTO", "FATO" E "FATO JURÍDICO"

Faz-se, no âmbito da Filosofia do Direito,[33] distinção entre as figuras "evento" e "fato". Utilizamos "evento" para nos referir ao acontecimento do mundo fenomênico, despido de qualquer relato linguístico. Já "fato" é tomado como enunciado denotativo de situação delimitada no tempo e no espaço.

O "evento" pertence ao mundo natural, fenomênico. Conhecemos tal acontecimento apenas por seu relato em linguagem, quando se torna "fato". Nas palavras de TÉRCIO

33. Foi Tércio Sampaio Ferraz Jr. quem tratou do assunto, de modo pioneiro, no Brasil. Vide: FERRAZ JR., Tércio Sampaio. *Introdução ao estudo do direito*. São Paulo: Atlas, 1993. p. 253.

SAMAPIO FERRAZ JR., fato não é algo concreto, sensível, mas um elemento linguístico capaz de organizar uma situação existencial como realidade.[34] Embora inatingível, o evento é pressuposto do fato, ou, dito de outra forma, o fato é constituído em nome de relatar um evento supostamente ocorrido.

Aliás, um mesmo evento pode ser interpretado sob diferentes ângulos, dependendo da linguagem que o descreve (econômica, contábil, jurídica, entre outras). O evento se esvai no tempo e no espaço, só o conhecemos quando relatado pelo sujeito cognoscente, por meio da linguagem.

Para além de construído, o relato (ou relatos) do evento é redutor de complexidades. Ora, cada objeto concreto, ou acontecimento fenomênico, detém um número ilimitado de determinações, porque as notas de compreensão de um indivíduo são inesgotáveis. Daí ser o fato verdadeiro relato seletor e redutor da complexidade do evento.

Avançando no exame do fato, é importante perceber que o relato do evento dar-se-á, em um primeiro momento, no âmbito do sistema social, macrocosmo em que inserto o subsistema jurídico. Por isso, falar-se em fato social: relato do evento consoante as formas linguísticas afetas ao sistema social. Apenas quando vertido tal relato (fato social) em linguagem jurídica é que estaremos diante do fato jurídico. Portanto, é com a realidade social por meio da linguagem social, que a realidade jurídica se estrutura (e tem contato).

Nesse sentido, PAULO DE BARROS CARVALHO leciona que a realidade social é constituída pela linguagem social, sobre a qual incide a linguagem prescritiva do direito positivo, juridicizando fatos (sociais) e, por conseguinte, delineando o campo da facticidade jurídica.[35] Assim, os fatos da realidade social (fatos sociais), enquanto não forem constituídos mediante a linguagem jurídica competente, podem ser reputados eventos[36]

34. Idem.

35. CARVALHO, Paulo de Barros. *Fundamentos jurídicos da incidência* cit., p. 140 e ss.

36. Da mesma forma, os fatos econômicos, políticos, psicológicos, históricos etc.:

em relação ao mundo jurídico. Esclarecidas tais nuances, é de se questionar como são constituídos tais fatos jurídicos.

Pois bem, o exame do sistema de direito positivo nos permite verificar a existência de variadas espécies de normas jurídicas. Consoante o universo de destinatários a que a norma se refira, podemos catalogá-la como "geral" ou "individual". Geral, quando o comando normativo se destina a um número indeterminado de sujeitos. Individual, caso sejam identificados os sujeitos de direito para os quais a norma se volta. Ainda, consoante descrição contida no antecedente normativo, é possível identificar as normas como "abstratas" ou "concretas". Abstratas, quando o antecedente descreve critérios identificadores de fatos de possível ocorrência (daí falarmos em hipóteses normativas). Concretas, quando o antecedente traz a descrição de acontecimentos passados, eventos efetivamente ocorridos. Da combinação de tais caracteres, é possível identificarem-se: (i) normas gerais e abstratas; (ii) normas gerais e concretas; (iii) normas individuais e abstratas; e (iv) normas individuais e concretas.

Exemplo típico de normas gerais e abstratas são aquelas veiculadas em corpo de lei, caso das regras de prescrição e decadência contidas no CTN. Em razão de sua generalidade e abstração, são normas que não atingem diretamente condutas intersubjetivas. Para tanto, é necessário que se emitam outras normas jurídicas (individuais e concretas), mais próximas dos fatos e ações reguladas. Trata-se do chamado ciclo de positivação do direito: com base nas normas gerais e abstratas, constroem-se normas individuais e concretas em que se relatam fatos jurídicos e enunciam-se relações jurídicas oriundas desses fatos.

Tal densificação normativa pressupõe a existência de um aplicador[37] que, tomando ciência da ocorrência de evento (fato

enquanto não vertidos na "roupagem" jurídica (isto é, na linguagem própria do direito) são meros eventos relativamente ao mundo jurídico (TOMÉ, Fabiana Del Padre. Teoria do fato jurídico e a importância das provas... cit., p. 340).

37. É o que conhecemos pelo fenômeno da incidência normativa. Em outras palavras, para a devida instauração da relação jurídico-tributária em concreto, não basta apenas a existência de uma norma geral e abstrata, pois esta não possui força

social, econômico, etc.), previsto na norma geral e abstrata, produza a norma individual e concreta, em que se relata o fato jurídico que implica na relação jurídica. Mas, como bem destacado por FABIANA DEL PADRE TOMÉ, para que o relato ingresse no universo do direito, constituindo o fato jurídico, faz-se necessário que seja enunciado em linguagem competente, quer dizer seja descrito consoante as provas em direito admitidas.[38]

Esclarecido, ainda que de forma sucinta, o processo de interpretação dos enunciados prescritivos conformadores das normas jurídicas gerais e abstratas, bem como as categorias afetas à aplicação do direito ao caso concreto, passa-se à análise do tema central desse artigo.

4. LANÇAMENTO POR "HOMOLOGAÇÃO" E OS PRAZOS DE DECADÊNCIA E PRESCRIÇÃO

Conforme exposto, as normas jurídicas não são passíveis de incidência automática sobre os acontecimentos sociais. Faz-se necessária a atividade humana de aplicação do Direito, em que o acontecimento (evento) é relatado em linguagem jurídica competente, incidindo a norma sobre o evento. Logo, as determinações prescritivas hipoteticamente previstas no arcabouço normativo só incidem se verificado que os requisitos de "aplicação" restaram satisfeitos.

Portanto, para os objetivos propostos no presente artigo, faz-se necessário, em um primeiro momento, a construção de enunciados prescritivos regentes dos prazos de natureza

para atuar no plano fático, na medida em que não possui a linguagem competente para constituir o fato jurídico-tributário. É preciso, então, que exista a produção de uma norma individual e concreta, com caráter conotativo, ou seja, por meio do relato, na linguagem competente ao direito positivo, de um fato já ocorrido no mundo fenomênico. A norma individual e concreta é, portanto, a que realiza a permite a incidência tributária. (CARVALHO, Paulo de Barros. *Curso de direito tributário*. 26. ed. São Paulo: Saraiva, 2014. p. 254. ATALIBA, Geraldo. *Hipótese de incidência tributária*. 6. ed. São Paulo: Malheiros, 2000. p. 42).

38. TOMÉ, Fabiana Del Padre. Teoria do fato jurídico e a importância das provas... cit., p. 342.

decadencial e prescricional, previstos nos arts. 150, § 4º, 173, inciso I e 174, todos do CTN. Trata-se de conceitos jurídicos e requisitos fundamentais ao trato do Direito, necessários à análise do tema objeto do presente estudo.

Como qualquer outra espécie de relação jurídica, também as de natureza tributária não nascem para serem eternas, nascem predestinadas à extinção. A eternização das relações jurídicas imprimiria alto grau de insegurança ao sistema.

O lançamento atribui exigibilidade ao crédito e o pagamento é a principal causa de sua extinção,[39] compondo, ao lado de outras dez, entre elas a prescrição e a decadência, o rol das formas extintivas da obrigação tributária, arroladas no art. 156 do CTN.[40]

EURICO MARCOS DINIZ DE SANTI[41], ao interpretar as proposições prescritivas enunciadas no CTN sobre prescrição e decadência, pontuou que existe (i) a decadência do direito do sujeito ativo, (ii) a prescrição do direito do sujeito ativo, (iii) a decadência do direito do sujeito passivo; e (iv) a prescrição do direito do sujeito passivo.

A decadência do direito do sujeito ativo seria a perda de sua prerrogativa de constituir o crédito, em razão do transcurso de certo lapso temporal sem que a tenha exercitado. Já a prescrição seria a perda do direito do sujeito ativo em

---

39. "Art. 141. O crédito tributário regularmente constituído somente se modifica ou extingue, ou tem sua exigibilidade suspensa ou excluída, nos casos previstos nesta Lei, fora dos quais não podem ser dispensadas, sob pena de responsabilidade funcional na forma da lei, a sua efetivação ou as respectivas garantias."

40. "Art. 156. Extinguem o crédito tributário: I – o pagamento; II – a compensação; III – a transação; IV – a remissão; V – a prescrição e a decadência; VI – a conversão de depósito em renda; VII – o pagamento antecipado e a homologação do lançamento nos termos do disposto no art. 150 e seus §§ 1º e 4º; VIII – a consignação em pagamento, nos termos do disposto no § 2º do art. 164; IX – a decisão administrativa irreformável, assim entendida a definitiva na órbita administrativa, que não mais possa ser objeto de ação anulatória; X – a decisão judicial passada em julgado; XI – a dação em pagamento em bens imóveis, na forma e condições estabelecidas em lei. (Incluído pela LCP 104, de 10.01.2001)".

41. SANTI, Eurico Marcos Diniz de. *Decadência e* prescrição cit., p. 116 e ss.

ingressar com o processo de execução fiscal[42], em decorrência do decurso de determinado prazo sem que o tenha feito.

A decadência do direito do sujeito passivo seria a perda de sua legitimidade em repetir o indébito na esfera administrativa, pelo transcurso *in albis* de dado lapso temporal. E a prescrição do direito do sujeito passivo, a perda do seu direito em pleitear o seu indébito tributário na via judicial, em decorrência do decurso de certo período de tempo sem que o tenha exercitado.

Como leciona AURORA TOMAZINI DE CARVALHO, o direito é o conjunto de normas jurídicas válidas em um determinado país, em um dado momento. Tendo em conta que ambos os institutos (prescrição e decadência) têm por efeito a perda de um direito, pressupõem--se "a existência de uma norma que preceitua tal efeito em seu consequente (norma de decadência ou de prescrição), e de um fato que o faça existir no âmbito jurídico (fato decadencial ou prescricional)".[43]

Os conceitos de decadência e prescrição, portanto, podem ser apreciados sob três perspectivas: (i) normativa, enquanto normas jurídicas que compõem o sistema jurídico positivado; (ii) factual, como acontecimentos do mundo fenomênico relatados em linguagem competente (fato jurídico); e (iii) efectual, entendido como efeito jurídico daqueles acontecimentos.

É a perspectiva normativa, isto é, de normas jurídicas que descrevem o fato do não exercício de um direito dentro de dado lapso temporal e prescrevem a perda deste direito por seu titular, que será enfrentada no presente estudo. Ainda, apenas as normas relacionadas à decadência e à prescrição do sujeito ativo é que serão examinadas.

---

42. Entende de forma distinta RENATA ELAINE SILVA RICETTI MARQUES: para ela, a norma de prescrição "esgota o limite temporal para a cobrança (*administrativa* e judicial) do crédito tributário e não apenas o limite temporal da ação judicial de cobrança – Execução Fiscal" (MARQUES, Renata Elaine Silva Ricetti. *Curso de decadência e de prescrição no direito tributário*: regras do direito e segurança jurídica. 2. ed. São Paulo: Noeses, 2016. p. 73.)

43. CARVALHO, Aurora Tomazini de. *Decadência e prescrição em direito tributário*, p. 40.

4.1 Sobre as normas de decadência e prescrição do direito tributário

Consoante lições de EURICO MARCOS DINIZ DE SANTI,[44] as normas que regem a perda do direito do sujeito ativo de realizar o lançamento tributário são estruturadas conforme cinco critérios positivados no CTN: (i) atribuição legal ao sujeito passivo do dever de antecipar o pagamento, sem prévia análise da autoridade administrativa; (ii) ocorrência do pagamento antecipado; (iii) existência de dolo, fraude ou simulação; (iv) ocorrência de notificação preparatória; (v) anulação do lançamento anteriormente efetuado.

Pois bem, a partir de tais critérios, é possível obter cinco regras regentes da decadência extintiva da prerrogativa de o sujeito ativo constituir o crédito tributário. A primeira leva em conta a existência (ou não) da previsão de pagamento antecipado, o não pagamento antecipado (havendo previsão de), a inexistência de dolo, fraude ou simulação e a não ocorrência de notificação de qualquer medida preparatória, por parte da Administração Fazendária. Neste caso, aplica-se o quanto disposto no art. 173, inciso I, do CTN, o qual estabelece como *dies a quo* do prazo decadencial o primeiro dia do exercício seguinte àquele em que poderia ter sido realizado o lançamento tributário.[45]

A segunda toma em consideração a existência (ou não) da previsão de pagamento antecipado, o não pagamento antecipado (havendo previsão de), a inexistência de dolo, fraude ou simulação e a ocorrência de notificação preparatória do sujeito passivo. Diferencia-se da primeira regra apenas no que tange à existência de notificação de medida preparatória indispensável ao lançamento, no interregno entre o acontecimento do

44. SANTI, Eurico Marcos Diniz de. *Decadência e* prescrição cit., p. 161 e ss. Tal posicionamento é seguido, dentre outros por AURORA TOMAZINI DE CARVALHO, RENATA ELAINE SILVA RICETTI MARQUES (com pequenas divergências relativamente à regra aplicável quando se tem previsão de antecipação de pagamento, porém não o há).

45. Regra geral, em 1º de janeiro do exercício financeiro seguinte àquele em que ocorrido o evento jurídico-tributário.

evento tributário e o primeiro dia do exercício subsequente. Tal notificação tem o condão de antecipar o *dies a quo*, comparativamente à primeira regra, para a data em que foi efetivado (parágrafo único do art. 173 do CTN).

A terceira regra apresenta em sua hipótese a seguinte combinação de critérios: previsão de pagamento antecipado, ocorrência do pagamento antecipado, não ocorrência de dolo, fraude ou simulação, e não ocorrência da notificação preparatória. Neste caso, aplica-se o disposto no art. 150, § 4º, do CTN, de modo que a autoridade fazendária tem cinco anos, contados do evento tributário, para fiscalizar a atividade realizada pelo sujeito passivo, e/ou constituir o crédito tributário remanescente pelo lançamento de ofício. Tal hipótese será analisada no próximo tópico.

A quarta norma apresenta em sua hipótese a conjugação dos seguintes critérios: previsão de pagamento antecipado e sua efetiva ocorrência, existência de dolo, fraude ou simulação, e notificação do sujeito passivo. EURICO MARCOS DINIZ DE SANTI esclarece que a notificação seria o ato-norma administrativo que constitui, juridicamente, o ilícito tributário, e servirá de *dies a quo* de novo prazo decadencial de cinco anos (consoante art. 173, parágrafo único, do CTN). No entanto, essa notificação também se sujeita ao prazo decadencial de cinco anos, conforme disposto no art. 150, § 4º, do CTN.

A quinta regra toma por hipótese a existência de decisão, administrativa ou judicial, que anule, por vício formal, lançamento anteriormente realizado. Neste caso, conforme previsto no art. 173, inciso II, do CTN, da decisão[46] que decrete a anulação do lançamento anterior, inicia-se o prazo decadencial de cinco anos.

Em apertada síntese, essas são as regras que regem a decadência do direito de a Administração Fazendária realizar o lançamento do tributo.

46. Trata-se de causa interruptiva do prazo decadencial até então decorrido, relativo ao lançamento anteriormente realizado (e anulado) (CARVALHO, Paulo de Barros. *Curso de direito tributário* cit., p. 433).

Quanto às normas de prescrição, que regem o prazo para que o sujeito ativo execute o crédito tributário, são estruturadas consoante os seguintes critérios: (i) constituição do crédito pelo sujeito passivo sem pagamento antecipado; (ii) constituição do crédito mediante lançamento; (iii) suspensão da exigibilidade antes do vencimento do prazo para pagamento; e (iv) reinício do prazo de prescrição (despacho do juiz ordenando a citação, protesto judicial, ato judicial que constitua em mora o devedor, reconhecimento do débito pelo devedor).

A primeira regra de prescrição leva em conta, em seu antecedente, os seguintes critérios: constituição do crédito pelo sujeito passivo sem o pagamento antecipado; não constituição de crédito por meio de lançamento; não ocorrência de causas de suspensão da exigibilidade antes do vencimento o prazo para pagamento; e não ocorrência de reinício de prazo de prescrição para o sujeito ativo. O consequente dessa norma prevê a extinção do direito do sujeito ativo de executar o seu crédito, com o transcurso de 5 (cinco) anos da data de entrega do documento de formalização do crédito pelo sujeito passivo (arts. 174 e 150, §§ 1º e 4º, do CTN).

A segunda norma apresenta em sua hipótese a combinação dos seguintes critérios: constituição do crédito pelo sujeito passivo sem o pagamento antecipado; não constituição do crédito por meio de lançamento; ocorrência de causas suspensivas da exigibilidade antes do vencimento do prazo para pagamento; e não ocorrência de reinício do prazo de prescrição para o sujeito ativo efetuar a cobrança do crédito. Nesse caso, aplica-se o disposto nos arts. 174, 150 e 151, todos do CTN, de modo que o sujeito ativo tem 5 (cinco) anos, contados do término da suspensão da exigibilidade, para ajuizar a execução fiscal.

A terceira regra toma em consideração a constituição pelo lançamento tributário: a não verificação de causas de suspensão da exigibilidade antes do prazo para pagamento do crédito e a não ocorrência de reinício do prazo de prescrição. O consequente dessa regra prescreve estar extinto o direito de a fazenda pública executar o seu crédito, com o transcurso de 5 (cinco) anos da data em que o sujeito passivo foi devidamente noticiado do lançamento realizado (arts. 174, 142 e 145, todos do CTN).

A quarta tem em sua hipótese a conjugação dos seguintes critérios: constituição do crédito pelo lançamento; ocorrência de causa suspensiva da exigibilidade antes do vencimento do prazo para pagamento; não ocorrência do reinício do prazo prescricional para cobrança do crédito pelo sujeito ativo. Neste caso, o prazo prescricional se consolida com o decurso de 5 (cinco) anos, contados do fim da suspensão da exigibilidade do crédito (arts. 174 e 151 do CTN).

Por fim, a quinta norma toma por base, em seu antecedente, apenas o último critério: reinício do prazo de prescrição (despacho do juiz ordenando a citação, protesto judicial, ato judicial que constitua em mora o devedor, reconhecimento do débito pelo devedor). Neste caso, o sujeito ativo possui 5 (cinco) anos contados de qualquer uma das referidas hipóteses de reinício para propor a ação executória cabível (art. 174, parágrafo único, do CTN).

4.2 Das normas de decadência e prescrição no lançamento por homologação

Do quanto salientado no subtópico anterior, nota-se que os tributos sujeitos ao lançamento por homologação estão submetidos à disciplina específica,[47] relativamente à decadência do direito de lançar e à prescrição do direito de cobrar judicialmente o crédito. Trata-se de modalidade de "lançamento tributário", em que se atribui ao sujeito passivo a obrigação de "constituir" o crédito tributário, bem como de antecipar o seu pagamento. Nestes casos, à Administração Fazendária resta apenas realizar o ato administrativo de homologação da atividade e do pagamento antecipado realizados pelo sujeito passivo.

---

47. Um dos critérios utilizados na estruturação das normas de decadência e prescrição é justamente a previsão de realização do pagamento antecipado, e sua realização (ou não) pelo devedor (decadência), bem como a prévia constituição do crédito pelo inadimplente (prescrição).

Alguns esclarecimentos mostram-se necessários a fim de que se compreenda tal modalidade de "lançamento". Seria correto, com base no que está prescrito no art. 142 do CTN, falar-se em "lançamento" tributário? E, em sendo negativa a resposta, no que consistira, então, a atividade do sujeito passivo? E ainda, qual seria o papel da Administração Fazendária?

A compreensão dessas nuances relativas ao "lançamento por homologação" permitirá a análise das normas de decadência e de prescrição para fins de solução do caso proposto.

Consoante magistério de PAULO DE BARROS CARVALHO, a interpretação sistemática é o método interpretativo por excelência.[48] Assim, ante as questões formuladas, há de se analisar de maneira conjunta o disposto nos arts. 142, 149, incisos V, VI e VII, 150, *caput* e § 4º e art. 173, inciso I, todos do CTN.

O art. 142 do CTN[49] estabelece ser o lançamento ato privativo da autoridade administrativa. Por sua vez, no "lançamento por homologação", quem pratica todos os atos tendentes a tornar líquido o crédito para o fim do pagamento do tributo é o sujeito passivo. Não há qualquer participação da Administração Fazendária (art. 150, *caput*, do CTN[50]). A autoridade administra-

---

48. "O critério sistemático da interpretação envolve os três planos e é, por isso mesmo, exaustivo da linguagem do direito. [...]. E, assim, considerado o método por excelência. De qualquer modo, a exegese dos textos legais, para ser completa, tem de valer-se de incursões nos níveis sintático, semântico e pragmático da linguagem jurídica, única forma de chegar-se ao conteúdo intelectual, lembrando-nos sempre que a interpretação é um ato de vontade e um ato de conhecimento e que, como ato de conhecimento, não cabe à Ciência do Direito dizer qual é o sentido mais justo ou correto, mas simplesmente apontar as interpretações possíveis" (CARVALHO, Paulo de Barros. *Curso de direito* tributário cit., p. 111).

49. "Art. 142. Compete privativamente à autoridade administrativa constituir o crédito tributário pelo lançamento, assim entendido o procedimento administrativo tendente a verificar a ocorrência do fato gerador da obrigação correspondente, determinar a matéria tributável, calcular o montante do tributo devido, identificar o sujeito passivo e, sendo caso, propor a aplicação da penalidade cabível. Parágrafo único. A atividade administrativa de lançamento é vinculada e obrigatória, sob pena de responsabilidade funcional."

50. "Art. 150. *O lançamento por homologação*, que ocorre quanto aos tributos cuja legislação atribua ao sujeito passivo o dever de antecipar o pagamento sem prévio exame da autoridade administrativa, *opera-se pelo ato em que a referida autoridade*, tomando conhecimento da atividade assim exercida pelo obrigado, *expressamente a homologa*."

tiva apenas "homologa" os atos praticados pelo sujeito passivo. Daí que, no denominado "lançamento por homologação" não há, efetivamente, ato administrativo de lançamento, apenas ato administrativo de homologação dos atos constitutivos do crédito e do pagamento antecipado realizado pelo sujeito passivo.

Ao particular compete, portanto, "constituir" o crédito, calcular o montante do tributo devido e liquidá-lo, sem a prévia conferência da Administração Fazendária, que ficará responsável apenas por homologar os atos praticados pelo sujeito passivo, tendentes à liquidação do crédito e o seu pagamento antecipado.

Sob o viés dinâmico, verifica-se que o sujeito passivo, tendo realizado e/ou verificado a ocorrência do evento, e tendo-o relatado por intermédio da linguagem das provas (emissão de nota fiscal, por exemplo), constitui a norma individual e concreta ("autolançamento") que dá nascimento à relação jurídico-tributária. Assim, o crédito tributário eventualmente devido é traduzido no documento de declaração das informações pertinentes e recolhimento competente (GRU, GIA-ICMS etc.), o qual deverá ser liquidado pelos órgãos competentes ou seus delegatários (atualmente, pelas agências bancárias).

No chamado "lançamento por homologação", a autoridade administrativa fazendária não constitui o crédito tributário, apenas homologa os atos e o pagamento realizados pelo sujeito passivo,[51] extinguindo o crédito; quando não concorda, não o homologa, lançando-o de ofício,[52] conforme previsto nos incisos V, VI e VII do art. 149 do CTN.[53]

---

51. Art. 150 do CTN.

52. Com base, obviamente, nas provas inerentes à ocorrência do evento (fatos jurídicos em sentido amplo).

53. "Art. 149. O lançamento é efetuado e revisto de ofício pela autoridade administrativa nos seguintes casos: [...] V – quando se comprove omissão ou inexatidão, por parte da pessoa legalmente obrigada, no exercício da atividade a que se refere o artigo seguinte; VI – quando se comprove ação ou omissão do sujeito passivo, ou de terceiro legalmente obrigado, que dê lugar à aplicação de penalidade pecuniária; VII – quando se comprove que o sujeito passivo, ou terceiro em benefício daquele, agiu com dolo, fraude ou simulação; [...] Parágrafo único. A revisão do lançamento só pode ser iniciada enquanto não extinto o direito da Fazenda Pública."

Destaque-se que, inicialmente, o sujeito passivo realiza todos os atos tendentes à liquidação do tributo; em um segundo momento, efetua o pagamento e, estando de acordo com o pagamento realizado, a Autoridade Fazendária o homologa. Observe-se que os objetos da homologação são a atividade do particular e o pagamento antecipado.

Consoante disposto no art. 150 *caput* e § 4º do CTN, a homologação pela autoridade fazendária pode ocorrer de forma expressa ou tácita. No entanto, ao tempo em que se aperfeiçoar o transcurso do lapso temporal da homologação tácita (evento), considera-se esgotado o tempo para constituição do crédito (pelo lançamento de ofício). Trata-se, portanto, de prazo complexo, com efeito dúplice: prazo para homologação do crédito constituído (ato de constituição e pagamento pelo sujeito passivo) e prazo para constituir crédito ainda não constituído.[54] Respectivamente, correspondem ao prazo para homologar crédito constituído pela linguagem competente, fato jurídico, e ao prazo para, eventualmente, constituir o crédito ainda não constituído, o evento,[55] portanto.

No mesmo sentido, ARGOS CAMPOS RIBEIRO SIMÕES destaca que o art. 150, § 4º, do CTN se refere ao prazo do sujeito ativo para se pronunciar ou não, homologando ou não, "a atividade obrigatória de autolançamento efetuada pelo contribuinte".[56] Salienta ainda que, como ato contínuo e satisfeitas as condicionantes estabelecidas na regra veiculada pelo art. 150, § 4º – e caso não exercida a fiscalização por parte da Administração Fazendária –, resta igualmente extinta a

54. MARQUES, Renata Elaine Silva Ricetti. *Curso de decadência e de prescrição no direito tributário*... cit., p. 98.

55. Trata-se de evento que, uma vez relatado na linguagem competente, consubstanciará o fato jurídico (relato do fluir temporal) da norma de prescrição ou decadência.

56. SIMÕES, Argos Campos Ribeiro. Falso problema da discussão sobre a aplicação do art. 150, § 4º ou do art. 173, I, ambos do CTN, na contagem de prazo de natureza decadencial para a constituição de crédito tributário. In: CARVALHO, Paulo de Barros (coord.). *Direito tributário e os novos horizontes do processo*. São Paulo: Noeses, 2015. p. 133.

possibilidade de esta constituir o crédito tributário por meio do lançamento de ofício (art. 149, inciso V, do CTN).[57]

Como exposto no tópico antecedente, o sujeito ativo tem o prazo de 5 (cinco) anos, contados da ocorrência do evento tributário (cf. art. 150, § 4º, do CTN), para praticar o ato de homologação, o qual, uma vez transcorrido *in albis*, implica no reconhecimento de que os atos praticados pelo sujeito ativo e o pagamento antecipadamente realizado estão revestidos de retidão e nada mais há a ser pago ou cobrado, ou seja, a homologação tácita ou expressa extingue a relação jurídico-tributária.

Conforme disposto no art. 173, inciso I, do CTN, tal regra não se aplica em caso de dolo, fraude ou simulação. A jurisprudência, acompanhada de boa parte da doutrina, estendeu tal exceção ao caso de não antecipação do pagamento.

Entende de forma distinta RENATA ELAINE SILVA RICETTI MARQUES. Para ela, uma vez constituído o crédito pelo sujeito passivo, e independentemente do seu pagamento,[58] não seria mais aplicável a regra do art. 150, § 4º, do CTN. Referido dispositivo rege o prazo para que a Administração Fazendária fiscalize a atividade realizada pelo sujeito passivo e, eventualmente, constitua o crédito não "constituído" pelo sujeito passivo. Assim, uma vez constituído o crédito, passar-se-ia a falar apenas de exigibilidade e, portanto, de prazo prescricional. A única exceção disposta no texto positivado é o de cometimento de ilícito (dolo, fraude ou simulação), caso em que se aplica o disposto no art. 173, inciso I, do CTN. Estender

57. Ibidem, p. 139.

58. Entende no mesmo sentido ALBERTO XAVIER. Salienta o autor que, para fins de aplicação do art. 150 do CTN, o que é relevante saber é "se, em face da legislação, o contribuinte tem ou não o dever de antecipar o pagamento, *pouco importando se o dever de pagar foi ou não efetivamente cumprido*, no todo ou em parte" (grifou-se) (XAVIER, Alberto. Prazo de decadência: âmbito de aplicação dos arts. 150, § 4º, e 173, I do CTN. *Revista Tributária e de Finanças Públicas*, São Paulo. v. 55, mar. 2004).

tal regime mais gravoso à mera inadimplência é "antijurídica, uma vez que não encontra suporte no comando legislado".[59]

Esclarecida a divergência, volta-se à lógica da constituição do crédito pelo sujeito passivo. Em um primeiro momento, ocorre a construção, pelo sujeito passivo, de norma individual e concreta, cujo antecedente relata a ocorrência do evento tributário (o qual se torna, nesse ponto, fato jurídico), cuja implicação lógica, constituída no consequente, consiste na relação jurídica entre ele e o sujeito ativo.

A homologação que ocorre no segundo momento é que atribuirá à "constituição" do crédito realizado pelo sujeito passivo a nomenclatura de "lançamento por homologação". É dizer, não se pode falar em "lançamento por homologação" com a mera constituição do crédito pelo sujeito passivo, pois o "lançamento por homologação" só se aperfeiçoa com a homologação.

Em conclusão, só há possibilidade de se homologar a atividade em sua integralidade – "constituição" e pagamento – se for realizada pelo sujeito passivo. Havendo inadimplência total ou parcial, o débito é passível de inscrição em dívida ativa.[60] Este é o caso em que há execução de crédito, sem prévio lançamento tributário (atividade administrativa). Afinal, tendo sido o crédito "constituído" pelo sujeito passivo, há fato jurídico em sentido estrito, competindo ao sujeito ativo executar tais valores, submetido, portanto, ao prazo prescricional o qual se consolida, consoante dispõe o art. 174, *caput* do CTN, com o transcurso de mais de 5 (cinco) anos contados da constituição do crédito (inclusive pelo sujeito passivo).[61]

---

59. MARQUES, Renata Elaine Silva Ricetti. *Curso de decadência e de prescrição no direito tributário*... cit., p. 231.

60. Súmula 436/STJ: "A entrega de declaração pelo contribuinte, reconhecendo o débito fiscal constitui o crédito tributário, dispensada qualquer outra providência por parte do Fisco".

61. "PROCESSUAL CIVIL. RECURSO ESPECIAL REPRESENTATIVO DE CONTROVÉRSIA. ART. 543-C, DO CPC. TRIBUTÁRIO. EXECUÇÃO FISCAL. PRESCRIÇÃO DA PRETENSÃO DE O FISCO COBRAR JUDICIALMENTE O

5. ANÁLISE DO CASO E CONCLUSÕES

Consoante pontuado no início do presente artigo, o caso a ser analisado está relacionado à regra que disciplina a decadência[62] de o sujeito ativo lançar o crédito tributário, nos tributos sujeitos ao lançamento por homologação, quando a "antecipação do pagamento" pelo sujeito passivo ocorre por meio do encontro do débito declarado com os créditos escriturados e posteriormente glosados. Destaque-se que o que o sujeito ativo faz, no caso, é relatar eventual divergência entre o fato jurídico da norma individual e concreta construída pelo sujeito passivo e os fatos jurídicos em sentido amplo relatados por meio da linguagem das provas (escriturações fiscais, por exemplo).

Restou consignado no Acórdão do CARF que, por se tratar de glosa de crédito tributário ilegítimo, não seria possível equiparar a compensação então realizada ao pagamento, motivo pelo qual seria aplicável o disposto no art. 173, inciso I,

---

CRÉDITO TRIBUTÁRIO. TRIBUTO SUJEITO A LANÇAMENTO POR HOMOLOGAÇÃO. CRÉDITO TRIBUTÁRIO CONSTITUÍDO POR ATO DE FORMALIZAÇÃO PRATICADO PELO CONTRIBUINTE (IN CASU, DECLARAÇÃO DE RENDIMENTOS). PAGAMENTO DO TRIBUTO DECLARADO. INOCORRÊNCIA. TERMO INICIAL. VENCIMENTO DA OBRIGAÇÃO TRIBUTÁRIA DECLARADA. PECULIARIDADE: DECLARAÇÃO DE RENDIMENTOS QUE NÃO PREVÊ DATA POSTERIOR DE VENCIMENTO DA OBRIGAÇÃO PRINCIPAL, UMA VEZ JÁ DECORRIDO O PRAZO PARA PAGAMENTO. CONTAGEM DO PRAZO PRESCRICIONAL A PARTIR DA DATA DA ENTREGA DA DECLARAÇÃO. 1. O prazo prescricional quinquenal para o Fisco exercer a pretensão de cobrança judicial do crédito tributário conta-se da data estipulada como vencimento para o pagamento da obrigação tributária declarada (mediante DCTF, GIA, entre outros), nos casos de tributos sujeitos a lançamento por homologação, em que, não obstante cumprido o dever instrumental de declaração da exação devida, não restou adimplida a obrigação principal (pagamento antecipado), nem sobreveio quaisquer das causas suspensivas da exigibilidade do crédito ou interruptivas do prazo prescricional (Precedentes da Primeira Seção: EREsp 658.138/PR, Rel. Ministro José Delgado, Rel. p/ Acórdão Ministra Eliana Calmon, julgado em 14.10.2009, *DJe* 09.11.2009; REsp 850.423/SP, Rel. Ministro Castro Meira, julgado em 28.11.2007, *DJ* 07.02.2008; e AgRg nos EREsp 638.069/SC, Rel. Ministro Teori Albino Zavascki, julgado em 25.05.2005, *DJ* 13.06.2005). [...]". STJ, REsp 1.120.295/SP 2009/01139645, rel. Min. Luiz Fux, julgamento 12.05.2010, S1 – Primeira Seção, *DJe* 21.05.2010.

62. Referimo-nos apenas à decadência em razão de ser essa a premissa adotada pela decisão paradigma proposta.

do CTN, para fins de cômputo do prazo decadencial, para a realização do lançamento de ofício e imposição de penalidades. Destaque-se que tal decisão partiu da premissa de que os créditos glosados equipar-se-iam à ausência de pagamento e tomou por base o entendimento jurisprudencial que aplica, também nesse caso, a regra do art. 173, inciso I, do CTN.

No entanto, a decisão tomada pela Corte Administrativa não parece ser a mais coerente com as regras que disciplinam a decadência e a prescrição em matéria tributária.

Por se tratar do Imposto sobre Produtos Industrializados – IPI, que é sujeito ao "lançamento por homologação", é atribuição do sujeito passivo "constituir" o crédito, bem como antecipar o seu pagamento, atos esses sujeitos à fiscalização da Administração Fazendária. Se, no entanto, o sujeito ativo não exercer o seu dever-poder de fiscalizar o sujeito passivo em 5 (cinco) anos, contados do evento tributário,[63] perde aquele o direito de fazê-lo e, em consequência, a prerrogativa de se lançar de ofício, conforme disposto no art. 149, incisos V, VI e VII, do CTN). Noutro giro linguístico, opera-se a decadência de o sujeito ativo constituir definitivamente o crédito tributário com o lançamento de ofício.

Por outro lado, acaso constituído o crédito tributário pelo sujeito passivo, que declara o *quantum debeautur*, porém não efetua o seu pagamento, abre-se a possibilidade ao sujeito ativo para propor a competente execução fiscal a fim de exigi-lo,[64] cujo prazo prescricional é de 5 (cinco) anos, contados do vencimento do crédito.

No caso em análise, o crédito foi devidamente constituído pelo sujeito passivo, remanescendo a discussão unicamente em

63. Exceto se caracterizado dolo, fraude, ou simulação, ou ainda não pagamento integral (construção jurisprudencial), caso em que se aplica a regra do art. 173, I, do CTN: início do prazo em 1º de janeiro do exercício seguinte à ocorrência do evento.

64. Nesse caso, não há a necessidade de prévio "lançamento" pelo Fisco. Afinal, o crédito já fora constituído, em linguagem competente, pelo sujeito passivo, consoante autorização do sistema jurídico-tributário.

relação ao seu adimplemento, em razão da apropriação de créditos para compensação com o débito apurado no mesmo período.

Historicamente, verifica-se, no âmbito das administrações fazendárias, uma forte resistência a admitir a utilização da compensação com o propósito de extinção da relação jurídica. Como já tivemos oportunidade de registrar em estudo anterior,[65] trata-se de postura inadmissível em um Estado que se pretenda democrático e de direito. Se as partes envolvidas na relação jurídico-tributária forem reciprocamente credoras uma da outra, em homenagem ao princípio da moralidade, os débitos, seja qual fora a sua natureza, devem se compensar até onde se equivalerem. O que é certo é que "quem deve há de pagar". Tal premissa vale assim para o sujeito passivo como para o sujeito ativo. Trata-se de pressuposto que decorre não apenas do disposto no art. 37 da Constituição Federal, mas, sobretudo, da moral média da sociedade, a qual, aliás, orienta e orientou a edificação do sistema constitucional tributário. Os conceitos sobre o que é justo, ético e moral são estabelecidos no texto constitucional, razão pela qual, em observância aos referidos padrões, não se mostram admissíveis os óbices legais ou factuais impostos à compensação como forma extintiva da relação jurídica tributária.

Assim, nas situações em que o sujeito passivo é questionado quanto à compensação realizada por meio do "encontro de contas", existem ao menos três possibilidades para a contagem do prazo decadencial/prescricional.

A primeira envolve a hipótese em que não existem créditos passíveis de apropriação pelo sujeito passivo, quando há um erro evidente na declaração e ocorre a glosa integral dos valores declarados. Neste caso, ao contrário do que foi decidido pelo CARF, não há decadência, mas sim prescrição. É dizer, com a glosa integral dos créditos compensados, o que

65. GRUPENMACHER, Betina Treiger. Uso de precatórios para o pagamento de tributos. In: ROCHA, Valdir de Oliveira (org.). *Questões atuais do direito tributário*. São Paulo: Dialética, 2009. v. 13, p. 50-55.

remanesce pendente é o pagamento do débito e, sendo este exigível, o prazo é o de prescrição para ajuizamento da ação de execução fiscal, e não de decadência.

A segunda possibilidade ocorre quando o sujeito ativo não concorda com os valores declarados pelo sujeito passivo. É dizer, após fiscalizar o sujeito passivo, a Administração Fazendária se manifesta no sentido de que o fato jurídico constituído e o valor declarado como sendo devido pelo sujeito passivo não traduzem o(s) evento(s) tributário(s), em virtude da glosa parcial dos créditos apropriados. Neste caso, é necessária a realização do lançamento tributário – consoante disposto no art. 149, incisos V, VI e VII, do CTN –, sujeito ao prazo decadencial previsto no art. 150, § 4º, do CTN. Isso porque a glosa parcial dos créditos, que resulta na cobrança do débito remanescente, ainda pressupõe que o pagamento realizado pelo sujeito passivo seja homologado pelo sujeito ativo, ainda que parcialmente.[66]

É certo que o IPI é calculado mediante a apuração mensal, em que são informados os débitos e os créditos apropriados conforme as autorizações previstas pelo ordenamento jurídico. Após o encontro dos saldos credor e devedor, o sujeito passivo apura o montante devido e recolhe, caso existente, o saldo final (devedor) aos cofres públicos (sistemática similar é utilizada na

---

66. Nesse mesmo sentido, destacou o Superior Tribunal de Justiça quando do julgamento do AgRg no REsp 1.448.906/MG: "TRIBUTÁRIO. EXECUÇÃO FISCAL. TRIBUTO SUJEITO A LANÇAMENTO POR HOMOLOGAÇÃO. PRAZO DECADENCIAL. PAGAMENTO A MENOR. APLICAÇÃO DO ART. 150, § 4º, DO CTN. EXEGESE DO ENTENDIMENTO FIRMADO NO RESP PARADIGMA 973.733/SC. SÚMULA 83/STJ. [...] 2. 'Não importa, para efeitos da contagem da decadência, perquirir as circunstâncias apresentadas pelo contribuinte para justificar o pagamento a menor. A dedução aqui considerada (creditamento indevido) nada mais é do que um crédito utilizado pelo contribuinte decorrente da escrituração do tributo apurado em determinado período (princípio da não cumulatividade), que veio a ser recusada (glosada) pela administração', de modo que 'houve pagamento a menor de débito tributário em decorrência de creditamento indevido. Dessa forma, deve-se observar o disposto no art. 150, § 4º, do CTN' (AgRg nos EREsp 1.199.262/MG, rel. Ministro Benedito Gonçalves, Primeira Seção, julgado em 26.10.2011, *DJe* 7.11.2011). Agravo regimental improvido" (AgRg no REsp 1.448.906/MG, rel. Min. Humberto Martins, Segunda Turma, julgado em 17.12.2015, *DJe* 05.02.2016).

apuração do ICMS e do PIS e da COFINS). Trata-se da chamada apuração "em conta gráfica", de modo que existirá, ainda que parcialmente, um recolhimento relacionado à compensação dos créditos não glosados que atrairá, indubitavelmente, a regra de decadência prevista no art. 150, § 4º, do CTN.

Raciocínio semelhante se aplica a eventual imposição de penalizações e, neste caso, é preciso que a Administração Fazendária constitua a relação sancionatória, a qual se sujeita ao prazo decadencial.

Por fim, um terceiro cenário seria verificado na hipótese de o sujeito ativo aplicar penalidade apenas pela apropriação do crédito, cumulada com a exigência do estorno dos valores indevidamente apropriados, sem a cobrança de débitos remanescentes na apuração. Ou seja, trata-se da situação em que a Administração Fazendária não apura valores devidos após o expurgo dos créditos apropriados de maneira indevida. Apenas inexiste o direito ao crédito indicado pelo sujeito passivo em sua apuração.

Concordamos com ARGOS CAMPOS RIBEIRO SIMÕES que, nessa última circunstância, aplica-se a regra estipulada no art. 173, inciso I, do CTN, tendo em vista "a ausência de atividade do contribuinte de se colocar como sujeito passivo, como só ocorre na ação de creditamento indevido".[67]

Isso porque o art. 150, § 4º, do CTN é regra que trata do dever de o sujeito passivo apurar e antecipar o pagamento do tributo devido, não se aplicando aos casos em que a discussão se refere ao seu direito de crédito junto ao sujeito ativo.

Em outras palavras, nas discussões acerca da glosa de créditos, sem a exigência do pagamento do tributo, em que se exige apenas o estorno dos valores apropriados, o devedor se encontra na posição de sujeito ativo da norma, de modo que não há pagamento a ser homologado pela Autoridade Fazendária.

67. SIMÕES, Argos Campos Ribeiro. Decadência: artigo 150, § 4º, X, artigo 173, I na aplicação a dois casos relevantes: creditamento indevido e ICMS – importação "por conta e ordem" cit., p. 122.

Em suma, de todo o raciocínio desenvolvido ao longo do presente artigo, percebe-se que a glosa dos créditos escriturais, apropriados para pagamento do débito constituído pelo sujeito ativo, podem ou não afetar o crédito tributário. Isto é, a regra a ser observada, relativamente à cobrança do tributo devido, será a de decadência (art. 150, § 4º, e 173, inciso I, do CTN) ou a de prescrição (art. 174, inciso II, do CTN), a depender do tipo de penalidade e exigibilidade impostos (creditamento indevido ou ausência do pagamento do tributo) e o polo da relação jurídico- tributária em que figura o contribuinte (sujeito passivo ou credor em relação a não cumulatividade).

REFERÊNCIAS

AMARO, Luciano. *Direito tributário brasileiro*. 16. ed. São Paulo: Saraiva, 2010.

ATALIBA, Geraldo. *Hipótese de incidência tributária*. 6. ed. São Paulo: Malheiros, 2000.

CARVALHO, Aurora Tomazini de. *Curso de teoria geral do direito*. São Paulo: Noeses, 2014.

______. *Decadência e prescrição em direito tributário*. São Paulo: APET, 2008.

CARVALHO, Paulo de Barros. Algo sobre o constructivismo lógico-semântico. In: CARVALHO, Paulo de Barros (coord.). *Constructivismo lógico-semântico*. São Paulo: Noeses, 2014. v. 1.

______. *Curso de direito tributário*. 26. ed. São Paulo: Saraiva, 2014.

______. *Direito tributário*: linguagem e método. 4. ed. São Paulo: Noeses, 2011.

______. *Fundamentos jurídicos da incidência*. 9. ed. São Paulo: Saraiva, 2012.

FERRAZ JR., Tércio Sampaio. *Introdução ao estudo do direito*. São Paulo: Atlas, 1993.

FLUSSER, Vilém. *Direito e realidade*. 2. ed. São Paulo: Annablume, 2004.

GRUPENMACHER, Betina Treiger. Uso de precatórios para o pagamento de tributos. In: ROCHA, Valdir de Oliveira (org.). *Questões atuais do direito tributário*. São Paulo: Dialética, 2009. v. 13.

MARQUES, Renata Elaine Silva Ricetti. *Curso de decadência e de prescrição no direito tributário*: regras do direito e segurança jurídica. 2. ed. São Paulo: Noeses, 2016.

OLIVEIRA, Manfredo Araújo. *Reviravolta linguístico-pragmática na filosofia contemporânea*. São Paulo: Loyola, 1996.

SANTI, Eurico Marcos Diniz de. *Decadência e prescrição*. São Paulo: Max Limonad, 2000.

SIMÕES, Argos Campos Ribeiro. Decadência: artigo 150, § 4º, X, artigo 173, I na aplicação a dois casos relevantes: creditamento indevido e ICMS – importação "por conta e ordem". In: CARVALHO, Paulo de Barros (coord.). *Racionalização do sistema tributário*. São Paulo: Noeses, 2017.

______. Falso problema da discussão sobre a aplicação do art. 150, § 4º ou do art. 173, I, ambos do CTN, na contagem de prazo de natureza decadencial para a constituição de crédito tributário. In: CARVALHO, Paulo de Barros (coord.). *Direito tributário e os novos horizontes do processo*. São Paulo: Noeses, 2015.

TOMÉ, Fabiana Del Padre. Teoria do fato jurídico e a importância das provas. In: CARVALHO, Paulo de Barros (coord.). *Constructivismo lógico-semântico*. São Paulo: Noeses, 2014. v. 1.

VILLANOVA, Lourival. *As estruturas lógicas e o sistema do direito positivo*. São Paulo: Max Limonad, 1997.

WITTGENSTEIN, Ludwig. *Tractatus Logico-Philosophics*. São Paulo: Edusp, 1994.

XAVIER, Alberto. Prazo de decadência: âmbito de aplicação dos arts. 150, § 4º, e 173, I do CTN. *Revista Tributária e de Finanças Públicas*, São Paulo. v. 55, mar. 2004.

VOLUNTARISMO JUDICIAL EM MATÉRIA TRIBUTÁRIA: O PAPEL DO CONSTRUTIVISMO LÓGICO-SEMÂNTICO

Bianor Arruda Bezerra Neto[1]

Erick Macedo[2]

Sumário: 1. Introdução. 2. Discricionariedade e voluntarismo judicial. 3. Proteção do direito tributário contra o voluntarismo. 4. Algumas decisões relevantes do STF em matéria tributária nos últimos 30 anos. 5. As contribuições do construtivismo lógico-semântico. 6. Conclusões.

1. Introdução

Em vários textos publicados recentemente, tenho apresentado minha visão acerca da decisão judicial com foco na ideia de que sua elaboração[3] envolve *duas travessias*

---

1. Juiz Federal na 5ª Região. Diretor da Escola da Magistratura Federal – SJPB. Doutor pela PUC/SP.

2. Advogado tributarista. Mestre e Doutorando pela PUC/SP.

3. A base teórica mais relevante para essa visão da decisão judicial está no construtivismo lógico-semântico, cujos fundamentos podem ser consultados em: CARVALHO, Paulo de Barros. *Direito tributário, linguagem e método*. São Paulo: Noeses, 2018. CARVALHO, Aurora Tomazini de. *Curso de teoria geral do direito*: o

importantes: (i) a construção pelo juiz da narrativa do caso concreto, o que é feito a partir dos enunciados factuais constantes das narrativas apresentadas pelas partes, tanto através de suas petições, quanto através das provas; (ii) a construção da norma jurídica para o caso concreto, o que é feito a partir da tradução e construção de sentido para os enunciados normativos presentes no ordenamento jurídico.

Também tenho ressaltado que o ponto central nessas *duas travessias* está na identificação dos critérios utilizados para realizá-la, pois, do contrário, magistrados e tribunais facilmente se perderão em meio ao *voluntarismo judicial*, atitude tomada para superar o inexorável desafio posto pela necessidade que o julgador tem de agir *discricionariamente*.

Nos últimos 25 anos, o voluntarismo judicial erodiu consideravelmente a *segurança jurídica* no Brasil, esta entendida aqui como a *estabilidade* das relações jurídicas, a *previsibilidade* dos seus efeitos e a *manutenção das justas expectativas* por parte daqueles que a integram.

A razão dessa *erosão* está no fato de que o voluntarismo judicial elimina, de uma só vez, a *integridade*, a *coerência* e a *estabilidade* das decisões judiciais, já que as *travessias* necessárias para construí-las passam a ser dominadas pela *subjetiva vontade* de cada julgador, o que torna *completamente indefinido* o ordenamento jurídico brasileiro, na medida em que grande parte das normas que o integram é proveniente da *atividade jurisdicional* em todos os seus níveis.

Felizmente, as relações *jurídicas tributárias* foram as que menos sofreram com o voluntarismo judicial, porém dele não escaparam. De todo modo, se a *comunidade jurídica*, tanto a academia, quanto aqueles que atuam na prática forense, não reagirem, logo essa erosão provocada pelo subjetivismo exacerbado na construção da decisão judicial irá *avançar* sobre o

---

construtivismo lógico-semântico. São Paulo: Noeses, 2014. A teoria da decisão judicial é desenvolvida em: BEZERRA NETO, Bianor Arruda. *O que define um julgamento e quais os limites dos juízes*. São Paulo: Noeses, 2017.

Direito Tributário, minando o resto de segurança jurídica que ele ainda é capaz de oferecer aos contribuintes.

Nessa linha, o objetivo deste texto é: (i) definir *discricionariedade judicial* e *voluntarismo jurídico*, bem como sua origem no Brasil; (ii) apresentar uma hipótese sobre os motivos pelos quais o Direito Tributário foi o ramo do direito, até agora, *menos afetado* pelo voluntarismo judicial; (iii) fazer um apanhado de algumas decisões relevantes no âmbito tributário para demonstrar que o voluntarismo judicial está começando a se firmar no Direito Tributário; (iv) concluir sobre como o *Construtivismo Lógico-Semântico* pode contribuir para reduzir a prática do voluntarismo judicial.

2. Discriminariedade e voluntarismo judicial

A *discricionariedade judicial*[4] é a situação em que o magistrado se encontra quando, diante de uma questão controvertida a ser julgada, conclui que o *critério de julgamento* posto pelo direito é deficitário ou, simplesmente, rarefeito ou inexistente.

A discricionariedade judicial, portanto, é um estado, decorrente da constatação de que a *prova produzida*, que é o critério necessário para a construção da narrativa pelo magistrado, bem como os *enunciados normativos*, que são os critérios necessários para a construção da norma jurídica do caso concreto, postos à disposição do julgador para solucionar a controvérsia, são deficientes ou inexistentes para tanto.

Na esteira das lições de Ronald Dworkin[5], diz-se que há "*discricionariedade em sentido fraco*", quando é fornecido o critério

---

4. Acerca do tema, consultar: STRECK, Lenio Luiz. *Verdade e consenso*: constituição, hermenêutica e teorias discursivas. São Paulo: Saraiva, 2012. STRECK, Lenio Luiz. *Hermenêutica jurídica em crise*. Porto Alegre: Livraria do Advogado, 2009. ROSA, Alexandre Morais. O hiato entre a hermenêutica filosófica e a decisão judicial. In: STEIN, Ernildo; STRECK, Lenio (org.). *Hermenêutica e epistemologia*: 50 anos de verdade e método. Porto Alegre: Livraria do Advogado, 2011.

5. DWORKIN, Ronald. *Levando os direitos a sério*. Tradução Nelson Boeira. São Paulo: Martins Fontes, 2011.

de julgamento, mas este, em razão de alguma inconsistência, admite mais de uma compreensão. Em outras palavras, o critério é fornecido pelo ordenamento jurídico, porém é *deficitário*.

No caso dos enunciados normativos, para os positivistas, isso poderia ocorrer em razão da presença, por exemplo, de termos vagos, ambíguos e porosos[6].

Por outro lado, diz-se que há "*discricionariedade em sentido forte*" quando, segundo visão positivista do direito, não é fornecido critério algum de julgamento, sendo que ao próprio julgador é admitido que *faça a escolha de um*.

Essa situação de discricionariedade, necessariamente, convoca o julgador a *complementar* o critério deficitário, ou mesmo *criar* um, o que aumenta ainda mais a condição do magistrado de agente criador do direito e lhe põe um grande desafio: *como agir para suprir a deficiência do ordenamento jurídico*?

Aqui importa observar que a questão da 'discricionariedade judicial' é *externa* ao julgador, sendo dada pelas "*circunstâncias do jogo*". No caso do ordenamento jurídico, são os *enunciados normativos* que se apresentam deficitários. No caso da prova dos autos, são os *enunciados factuais*, sejam aqueles constantes das narrativas das partes ou das provas produzidas por elas que se mostram inconsistentes.

Dessa forma, a partir de visão positivista do direito, não é difícil inferir que *todo* "ordenamento jurídico", seja ele de um

6. "Deixando de lado os problemas de tradução e também os da linguagem comum, que confundem vagueza e ambiguidade e confundem significado e sentido, admite-se aqui que um significante é vago por imprecisões quanto a seus âmbitos de descrição ou alcance, denotação, referência, extensão; e é ambíguo por indeterminação quanto a seus âmbitos de significado ou sentido, conotação, conteúdo, intenção. Metonimicamente, porém, 'significado' pode ser usado como gênero, que compreende o sentido e o alcance. [...] A porosidade diz respeito à evolução da vagueza e da ambiguidade em relação com o tempo, ou seja, de que maneira as expressões linguísticas modificam seus próprios alcance e sentido ao longo da história, é como que a historicidade das palavras, a historicidade de suas vagueza e ambiguidade. Assim é que significantes podem permanecer inalterados diante de modificações em seus significados" (ADEODATO, João Maurício. *Uma teoria retórica da norma e do direito subjetivo*. São Paulo: Noeses, 2014, p. 288).

país de tradição românica ou anglo-saxônica, i.e., seja ele composto, preponderantemente, por um "direito escrito" ou um "direito comum" (consuetudinário), *sempre haverá inconsistências* de toda ordem a provocar a "discricionariedade judicial". Da mesma maneira, não é difícil imaginar que exista, nos processos judiciais, muita *inconsistência na narrativa fático-jurídica*.

Porém, *não* é esta a questão crucial a desafiar juízes e tribunais. Aqui se solicita a *maior atenção* do leitor. Em outras palavras, o desafio não está em saber se um específico caso, a ser julgado no âmbito de determinado "ordenamento jurídico" a partir de certa tradição, provocará, ou não, a discricionariedade judicial.

O que importa realmente é saber qual será a *atitude do magistrado* diante dela. E aqui entra a ideia de "*voluntarismo judicial*".

Por "voluntarismo judicial", entende-se a *atitude do magistrado* que, diante de situações de "discricionariedade judicial", fraca ou forte, *realiza* ou *finaliza* a construção de sentido dos "enunciados factuais" e dos "enunciados normativos" a partir de critérios de sua exclusiva escolha, ou seja, ditados por sua vontade.

São exemplos claros de voluntarismo judicial: (i) desconsiderar institutos jurídicos doutrinariamente amadurecidos e legalmente bem definidos, por ceder a apelos de argumentos fundados na razoabilidade, como ocorreu com algumas decisões alusivas à questão da pretensa existência de crédito presumido do IPI, nos casos de insumos não tributados, isentos ou sujeitos a alíquota zero; (ii) construir o sentido de normas do tipo princípio, como igualdade, dignidade da pessoa humana e capacidade contributiva, por exemplo, a partir de critérios ideológicos dissociados do texto constitucional; (iii) a pretexto de fazer justiça, que é um conceito ético-político amorfo, quando pensado fora do contexto do ordenamento jurídico e da tradição político-jurídica, o julgador constrói a narrativa ou a norma jurídica do caso concreto a partir de critérios que atendam a interesses particulares, seus ou de terceiros.

O *juiz voluntarista*, portanto, é aquele que não se vale de elementos objetivos presentes no "ordenamento jurídico" ou na tradição político-jurídica subjacente para lidar com os casos em que a "discricionariedade judicial" está presente.

3. Proteção do direito tributário contra o voluntarismo

A discricionariedade, portanto, é *ínsita* ao Direito, porque, simplesmente, os enunciados normativos, sejam aqueles provenientes dos *veículos introdutores* de normas postos pelo Poder Legislativo, sejam aqueles provenientes de *outras fontes*, como a jurisprudência e, especificamente, os precedentes, nem sempre são suficientes para dar conta dos detalhes, circunstâncias e variações de cada caso concreto a ser julgado.

Na visão das doutrinas do século XIX[7], como a jurisprudência analítica inglesa, a Escola da Exegese francesa e o pandectismo alemão, cujo conjunto comumente se tem denominado de "positivismo legalista", chegou a existir o sonho de que os enunciados normativos dariam conta de proporcionar critérios seguros para o julgamento de *toda e qualquer questão controvertida*.

Assim se pensava, porque não se fazia ainda a diferença entre *enunciado normativo e norma jurídica*[8], esta como produto da *construção interpretativa e argumentativa daquela*. Em outras palavras, não se tinha a clareza sobre a necessidade de se atravessar o *abismo gnosiológico*[9] que existe entre o *enunciado e*

7. BEZERRA NETO, Bianor Arruda. Construção e justificação da decisão judicial. In: CARVALHO, Paulo de Barros (coord.). *Construtivismo lógico-semântico*. São Paulo: Noeses, 2018. v. II.

8. Sobre a diferença entre enunciado normativo e norma jurídica, conferir: CARVALHO, Paulo de Barros. *Curso de direito tributário*. São Paulo: Saraiva, 2009, p. 8; CARVALHO, Paulo de Barros. *Direito tributário*: fundamentos jurídicos da incidência. São Paulo: Saraiva, 2014, p.42; CARVALHO, Paulo de Barros. *Teoria geral das normas*. São Paulo: Quartier Latin, 2009, p. 23; CARVALHO, Paulo de Barros. *Direito tributário, linguagem e método*. São Paulo: Noeses, 2013, p.180. TOMÉ, Fabian Del Padre. *A prova no direito tributário*. São Paulo: Noeses, 2005, p. 40. GRAU, Eros Roberto. *Por que tenho medo dos juízes*: a interpretação/aplicação do direito e os princípios. São Paulo: Malheiros, 2013.

9. ADEODATO, João Maurício. *Ética & retórica*: para uma teoria dogmática jurídica.

a proposição e que a construção desta, no caso concreto, pode, em alguma medida, assumir feições tão diferentes quantos sejam os diferentes intérpretes a construir-lhe o sentido.

Mais tarde, após a *virada linguística* trabalhada pelo Círculo de Viena e sua tentativa de expurgar da filosofia toda *metafísica*, com Kelsen foi aclarado que essa discricionariedade, que é ínsita ao Direito, decorre, principalmente, da *limitação da própria linguagem*, *matéria-prima* componente de todo enunciado jurídico, tanto os *normativos*, quanto os *factuais*.

Essa limitação se expressa nas três dimensões ou planos da linguagem, quais sejam, o *sintático*, o *semântico* e o *pragmático*, de modo que, na *travessia* entre e o enunciado e a proposição, ou seja, entre a lei e a norma jurídica do caso concreto ou entre a narrativa das partes e a narrativa do juiz, é possível que se constate a deficiência do *critério jurídico* ou da *prova* para a construção da decisão judicial.

É como se um investigador estivesse diante de três suspeitos fisicamente parecidos e, nas mãos, estivesse olhando para um "*retrato-falado*", desenhado por um perito a partir da descrição de uma testemunha. O retrato falado é como um *enunciado* para o investigador, e escolher um dentre os três suspeitos é a *questão controvertida* a ser resolvida. A deficiência da linguagem do enunciado é evidente, pois o investigador *não consegue construir nenhuma imagem do suspeito*, a partir do "retrato-falado", que lhe permita identificar, com a mínima precisão, o criminoso.

Ele pode pedir a outra testemunha para descrever suas impressões para o mesmo perito e solicitar que ele produza outro retrato-falado. Também pode tentar trabalhar com um perito diferente. Todavia, é possível que seu problema nunca possa ser resolvido com segurança.

Foi por isso que Kelsen afirmou que os magistrados dizem que aplicam a lei, mas que isso *somente em parte é verdadeiro*[10].

São Paulo: Saraiva, 2002, p. 288.

10. KELSEN, Hans. *Teoria pura do direito*. Tradução João Batista Machado. São

É que os enunciados legais, em razão da limitação da linguagem, nem sempre dão conta de fornecer um critério seguro e consistente de julgamento, mas apenas uma *moldura*, maior ou menor, dependendo da situação. E dentro dessa moldura, arremata Kelsen, é a *vontade do juiz* que dá o critério.

Assim, diante da *inevitável discricionariedade*, de forma mais ou menos acentuada, é a *vontade do juiz* o critério que está a resolver as demandas. Em outras palavras, no interior da moldura, toda demanda é resolvida pelo *voluntarismo judicial*.

No exemplo do investigador, permanecendo em dúvida, ele teria duas opções: escolher, de forma *voluntariosa*, aquele que, segundo sua intuição ou segundo seus interesses, lhe parecer o mais suspeito e prendê-lo. Alternativamente, pode decidir por liberar os três suspeitos, em razão da *falta de prova* que permita indiciar um deles e mantê-lo preso.

Especificamente no tocante ao Direito Tributário, este sempre esteve *protegido* dessa discricionariedade pelo "princípio normativo" da *estrita legalidade*, de onde derivou o "princípio não normativo" da *tipicidade fechada*[11], exigindo *obediência estrita* aos termos legais. Tudo em nome da *segurança jurídica*.

Essa característica do Direito Tributário, inclusive, está na base do desenvolvimento, no âmbito do Construtivismo Lógico-Semântico, da "*regra-matriz de incidência tributária*". Trata-se de *modelo teórico* edificado a partir da uma perspectiva científica analítica e geométrica da linguagem, mediante a consideração do seu *plano sintático* e do seu *plano semântico* em uma perspectiva estrita, de correspondência lógica entre o significante e o significado.

Aqui importante advertir que o CLS também considera o *plano semântico* em sua acepção mais ampla, na perspectiva do *abismo gnosiológico*[12] que existe entre os enunciados e as

---

Paulo: Martins Fontes, 2012.

11. CARVALHO, Paulo de Barros. *Direito tributário, linguagem e método*. São Paulo: Noeses, 2018.

12. ADEODATO, João Maurício. *Ética & retórica*: para uma teoria da dogmática jurídica. São Paulo: Saraiva, 2002.

proposições. Seria como se a perspectiva mais estrita correspondesse ao primeiro Wittgenstein, o do *Tractatus Logico-Philosophicus*, enquanto a perspectiva mais ampla correspondesse ao segundo Wittgenstein, o das *Investigações Filosóficas*.

Todavia, é inegavelmente no plano *sintático* e no plano *semântico* mais estrito que de se desenvolveu o modelo teórico da "regra-matriz de incidência", bem como grande parte da doutrina brasileira em torno do Direito Tributário, de modo a dar à sua aplicação a máxima segurança jurídica, a qual acabou criando-lhe uma muralha de proteção contra o voluntarismo jurídico.

Por outro lado, por mais que essa mentalidade tenha se entranhado na tradição do Direito Tributário e que, sem sobra de dúvidas, lhe coloca no plano do ramo do direito que, no Brasil, conta com o *mais bem elaborado* e consistente arcabouço teórico, a discricionariedade judicial nunca poderá ser dele removida totalmente, em razão da *inexorável* limitação da linguagem.

Para contornar essa dificuldade e manter operante a ideia da *estrita legalidade* e de seu consectário construído pela doutrina, qual seja, a *tipicidade fechada*, passou-se a produzir, no Direito Tributário, um volume *quase incomensurável* de *enunciados normativos infralegais*, de modo a tornar a *discricionariedade* quase impossível e, assim, evitar o *voluntarismo jurídico*, tanto o judicial, quanto o do Fisco. Nenhum ramo do Direito no Brasil se aproxima, minimamente, do Direito Tributário em volume de norma infralegais de *toda espécie* e de *todos os níveis*.

Todavia, com a promulgação da Constituição de 1988, prolixa e repleta de enunciados normativos contendo termos *vagos, ambíguos* e *porosos*, bem como diante da cultura do *neoconstitucionalismo*[13] que começou a se instalar a partir de meados dos anos 1990 e agora, em 2019, encontra-se em voga em toda comunidade jurídica brasileira, inclusive nos órgãos do Poder Judiciário, até mesmo o Direito Tributário está correndo o risco de sucumbir ao *voluntarismo jurídico*.

13. CARBONELL, Miguel. *Teoría del neoconstitucionalismo*. Madrid: Trotta, 2007.

Apesar de toda a cultura da *estrita legalidade*, consagrada no CTN e na própria Constituição, bem assim apesar de todo o arsenal de normas infralegais que compõe o arcabouço jurídico-tributário brasileiro, o voluntarismo judicial dá sinais de que pode avançar pelo Direito Tributário.

4. Algumas decisões relevantes do STF em matéria tributária nos últimos 30 anos

A seguir, para demonstrar esse avanço, escolhi cinco decisões relevantes, proferidas pelo STF em matéria tributária, nos últimos 30 anos, de modo a analisar se há razões, ou não, para preocupações.

A primeira delas é de 1992, tomada por ocasião do julgamento do RE 138.284, relator o Ministro Carlos Velloso. Na hipótese, a questão controvertida central foi a seguinte: saber se era constitucional a Contribuição Social sobre o Lucro Líquido, instituída pela MP 22, de 06 de dezembro de 1988, convertida na Lei 7.689/89.

Para demonstrar sua tese, no sentido da inconstitucionalidade, os contribuintes lançaram os seguintes argumentos: (i) *não é possível instituir tributos por meio de medida provisória*, uma vez que se constitui em instrumento normativo precário, posto que provisório, bem como contrário ao princípio democrático; (ii) *a CSLL tem a mesma base de cálculo do IRPJ*, de maneira que, em verdade, não passa de um Adicional de Imposto de Renda, sendo, portanto, um imposto de competência residual da União, que exige lei complementar; (iii) *se não se considerar a hipótese anterior, trata-se de fonte alternativa de custeio, nos termos do art. 195, § 4º, da CF/88*, que também exige lei complementar; (iv) os recursos provenientes de sua arrecadação *integram o orçamento da União, não da Seguridade Social*, provando que se trata de fonte alternativa de receita ou é imposto de competência residual; (v) *no caso, houve quebra do princípio da irretroatividade*: tendo a medida provisória sido publicada em 06 de dezembro de 1988, não pode incidir sobre fatos anteriores; (vi) além disso, houve *quebra do princípio da anterioridade*: tendo a medida provisória sido publicada em 06 de dezembro de 1988, não pode incidir no mesmo exercício financeiro, mas apenas no seguinte.

Na ocasião, o grande desafio hermenêutico do STF era, a partir de uma interpretação *estrita* do Direito Tributário, *(i)* respeitar as competências fixadas pela Constituição para cada ente político, *(ii)* observar os casos em que se admitia o exercício da *competência residual*, *(iii)* cumprir o *regime jurídico* fixado para cada tributo previsto na Constituição.

Além desse desafio, de contornos normativos mais bem definidos e, portanto, mais fácil de ser cumprido, havia outro mais difícil, posto que de contornos bem menos delineados, que era dar efetividade ao *princípio da igualdade*, conforme requerido pelo contribuinte, ou seja, como pressuposto para se atingir a ideia de *justiça fiscal*. Na ocasião, a Corte compreendeu bem que esse objetivo somente poderia ser cumprido se fosse definida, com toda segurança, cada uma das *espécies tributárias*, pois, do contrário, não se poderia encontrar, com *precisão*, o verdadeiro regime constitucional aplicável às contribuições sociais para a seguridade social, entre as quais se encontrava a CSLL.

Em outras palavras, a Corte teve *lucidez* suficiente para compreender que, no plano tributário, definir *igualdade e efetivar essa norma-princípio* não passaria pela aplicação de algum *critério subjetivo* e, portanto, *voluntarista de justiça*, mas, essencialmente, por trilhar pelo caminho fixado nitidamente pelo próprio legislador constitucional. Assim, apesar da classificação tripartida presente no art. 5º do CTN e insinuada no art. 145 da CF/88, a Corte soube fazer uma leitura global e harmônica das normas do novel *Sistema Constitucional Tributário* e foi buscar não somente nele, mas também na *tradição doutrinária* do Direito Tributário, subsídio para se dar exequibilidade às opções do legislador constituinte.

Hoje é muito fácil afirmar que a CSLL é tributo da espécie das contribuições sociais, integrando a subespécie daquelas destinadas ao financiamento da seguridade social. Temos aqui verdadeira taxonomia. Porém, àquela altura, não havia uniformidade sobre o tema, além disso, estávamos diante de nova Constituição.

A Corte, assim, teria que se *equilibrar* entre uma *visão formalista e analítica* do Direito Tributário e os *novos ventos constitucionais*, que exigia a efetivação de normas do tipo princípio.

Assim, se fosse excessivamente formalista, a Corte teria se *aferrado* ao art. 5º do CTN e não teria adotado a *classificação quinaria* das espécies tributárias. Essa postura teria *impedido* a aplicação do *princípio da igualdade* e, portanto, da *justiça fiscal constitucional*, pois a CSLL seria tratada como imposto, de modo que seria tida como inconstitucional, já que não instituída por lei complementar. Isso deixaria o Estado sem importante *fonte de receita* para cumprir sua missão constitucional de estruturação e financiamento da Seguridade Social.

Por outro lado, se fosse *excessivamente criativa* e quisesse, ela própria, ampliar a ideia de *igualdade*, teria caído no perigoso *voluntarismo judicial*. Nesse caso, provavelmente, teria acolhido, sem qualquer base legal, o argumento no sentido de que a CSLL, por ser arrecadada pela Receita Federal, em verdade, não se trataria de contribuição social, mas de imposto, que teria que ser instituído por lei complementar.

Nessa mesma linha, poder-se-ia pensar que o fato de ter a mesma *base material* que o IRPJ, a CSLL deveria ser tida como *fonte alternativa* de financiamento da seguridade social, posto que não prevista no art. 195, de modo que somente poderia ser instituída por lei complementar. Ocorre que, enquanto a CSLL incide sobre o *lucro*, o IRPJ incide sobre o *resultado do exercício*, grandezas diferentes.

Ao final, o STF, de forma segura e equilibrada, construiu um precedente que acabou por se tornar um norte seguro para as décadas seguintes de interpretação do Direito Tributário, tendo concluído que: *(i)* é possível instituir tributos por meio de *medidas provisórias*, pois não há restrição constitucional e essa espécie legislativa tem força de lei ordinária; *(ii)* a CSLL *não tem a mesma base de cálculo* do IRPJ, de maneira que não é imposto, não é adicional de imposto nem fonte alternativa para o financiamento da seguridade social, não se exigindo, portanto, lei complementar para sua instituição; *(iii)* o fato de ser arrecada pela Receita Federal constitui-se em mera *conveniência administrativa*, em razão do critério material da hipótese de incidência, sendo que o que importa mesmo é a destinação do produto; *(iv)* houve quebra do princípio da *irretroatividade*, pois, tendo a medida provisória sido publicada em 06 de dezembro de 1988, não pode incidir sobre fatos anteriores; *(v)* houve quebra do princípio da *anterioridade*, pois, tendo a medida provisória sido publicada em 06 de dezembro de 1988, não pode incidir no *mesmo exercício financeiro*, mas apenas no seguinte.

***

O segundo caso foi decidido no dia 20 de novembro de 1996. Trata-se do RE 153.771, relatado também pelo Ministro Carlos Velloso, que tinha o seguinte tema controvertido: saber se era constitucional a *tributação progressiva do IPTU* em função do *valor venal* e da *localização* do imóvel.

Segundo o Fisco, a progressividade do IPTU deveria ser admitida não apenas para fins *extrafiscais*, mas também para fins *meramente fiscais* e isso por uma necessidade de se efetivar o *princípio da igualdade*, pois, no Direito Tributário, a igualdade, que é pressuposto da ideia de *justiça fiscal*, entre outros, se expressa através do princípio da *capacidade contributiva*. Para o Fisco, a capacidade contributiva é um *corolário lógico* do princípio da igualdade e este deve ser sempre buscado e efetivado. Além disso, argumentou-se, *não havia qualquer restrição constitucional* em aplicar-se a progressividade no tocante aos impostos reais.

O Fisco chega a dizer que a realização da isonomia também é exigência do *princípio republicano* e do *regime democrático*, e que a progressividade é uma das *formas mais eficazes para pessoalizar* um tributo, qualquer que seja ele, em nome da regra constante do art. 145, § 1º, da CF/88.

Da mesma forma como ocorreu no caso anterior, a construção de sentido para o princípio da igualdade seria decisiva para o seu julgamento. A diferença é que não havia *balizas normativas* seguras para encaixá-lo, como no caso anterior. O caso, portanto, era ainda mais desafiador.

A Corte teria que se equilibrar entre a *tradição da doutrina* e da *legislação tributárias*, de modo a respeitar o *caráter real* do IPTU, que é um imposto que não tem sua base de cálculo definida, no caso concreto, em função das condições pessoais do contribuinte e, além disso, efetivar o princípio da igualdade. Para tanto, teria que decidir se um *imposto real* pode ser *progressivo* em função da *capacidade contributiva* ou apenas para cumprir a *função social da propriedade.*

Da mesma forma como ocorrido no caso anterior, se não encontrasse *balizas intersubjetivas* e seguras para construir o sentido da igualdade, a Corte, fatalmente, cairia no *voluntarismo judicial* que levaria à desconsideração da trava constitucional e permitiria a *progressividade* de cunho fiscal, a pretexto de efetivação do princípio da igualdade.

Tal como no caso anterior, a Corte teve lucidez e, sem descurar da igualdade, construiu seu sentido respeitando a *tradição doutrinária* e a *legislação infralegal* que tratam o IPTU como um imposto real, cuja alíquota não pode variar de acordo com o valor venal, sob pena de afronta ao princípio da capacidade contributiva. A tese do Fisco, portanto, foi devidamente *rechaçada.*

Para o STF, a *capacidade contributiva* somente autoriza a progressividade no que diz respeito aos *impostos pessoais*, como é o IR. Além disso, o próprio texto da Carta Magna somente autoriza a progressão com *finalidade extrafiscal.*

A Corte foi firme ao concluir que os impostos não são reais porque incidem sobre *coisas*, e não sobre *pessoas*, pois todo imposto sempre incide sempre sobre coisas ou grandezas materialmente mensuráveis. Os impostos são pessoais porque o consequente da hipótese de incidência permite que o valor do tributo *possa ser calibrado a partir de circunstâncias pessoais dos contribuintes*.

Assim, somente impostos que *comportem a identificação da situação pessoal* do contribuinte, podem ser pessoais, como é o caso do imposto de renda. No caso do IPTU, contudo, a Carta Magna, expressamente, somente autorizou a progressividade com fins extrafiscais, barrando a *progressividade com fins fiscais*, nos termos do seu art. 156, § 1º.

***

No terceiro caso, a tese do Fisco foi ainda mais *ousada* do que no anterior e foi decidido no dia 15.10.98, nos autos do RE 225.272, cujo relator, curiosamente, também foi o Ministro Carlos Velloso, um prudente, discreto e culto juiz federal de carreira, que teve a oportunidade de ser juiz do STF.

Nessa demanda, a questão controvertida era a seguinte: o saque em caderneta de poupança pode ser juridicamente qualificado como "*operação de crédito*" ou "*operação relativa a títulos ou valores mobiliários*" para fins de incidência do IOF? Em jogo, estava a interpretação do art. 153, V, da CR/88 e art. 1º, V, da Lei 8.033/90. Essa lei, para quem não lembra, foi a Lei do Plano Collor I, que instituiu o chamado "confisco das cadernetas de poupança". Ela, portanto, não apenas promoveu a mais heterodoxa de todas as medidas econômicas conhecidas na história de nossa República, mas também promoveu ainda outros atos de audácia jurídica, entre eles, a *hipótese de incidência tributária* discutida neste caso.

A tese da União era no sentido de que o saque de valores aplicados em caderneta de poupança não configuraria operação de crédito, mas configuraria "*operação relativa a valores mobiliários*", de modo que seria o caso de incidência do IOF. Não é difícil constatar que, em jogo, estava muito mais do que a interpretação do art. 153, V, da CR/88 e art. 1º, V, da Lei 8.033/90, mas a *higidez* do próprio Direito Tributário.

Dessa forma, o desafio hermenêutico do STF estava em, preservando a *estrita legalidade*, a *tipicidade fechada* e a *segurança jurídica*, manter a ideia de que o Direito Tributário é um direito de *superposição*[14], que incide sobre fatos jurídicos *bem definidos*: evento, fato, fato jurídico em sentido amplo e fato jurídico em sentido estrito. Em outras palavras, a Corte deveria respeitar o *conteúdo* e o *alcance* dos *institutos, conceitos* e *formas* advindos do direito privado, nos termos dos arts. 109 e 110 do CTN. Indo mais além, a Corte teria que respeitar os conceitos e categorias provenientes de outros ramos do conhecimento. Além disso, a Corte também não poderia deixar de dar efetividade ao *princípio da igualdade* que, no caso, exigia *o* respeito às *competências* entregues pela Constituição aos entes políticos e, portanto, ao regime jurídico fixado para cada uma das espécies tributárias.

Por outro lado, rondava o perigo do *voluntarismo judicial*, impregnado na tese do Fisco, que, no caso, levaria à *desconsideração* dos limites da competência constitucional entregue à União. Sobretudo, o voluntarismo conduziria à desconsideração das regras explícitas do CTN, além da negação de toda tradição doutrinário do Direito Tributário.

Felizmente, o STF, tal como nos casos anteriores, concluiu acertadamente: "o saque em caderneta, por não conter promessa de prestação futura e, ainda, por não se revestir de propriedade circulatória, nem, tampouco, configurando título destinado a assegurar a disponibilidade dos valores por ele representados, é fora de dúvida que não pode ser compreendido no conceito de *operação de crédito* nem no de *operação relativa a títulos ou valores mobiliários*, cuja emissão, transmissão, pagamento ou resgate possa configurar ato jurídico afeiçoado a qualquer das hipóteses de incidência do IOF".

---

14. BRITTO, Lucas Galvão. *O lugar e o tributo*. São Paulo: Noeses, 2014.

***

No quarto caso, temos uma das mais curiosas disputas judiciais, que foi aquela cuja questão controvertida estava em saber se os *insumos* (MP, ME e PI) NT, isentos, sujeitos à alíquota-zero, adquirida pela indústria e consumida no seu processo produtivo, poderiam, ou não, ser objeto de *creditamento* no sistema de *não cumulatividade* escritural do IPI. Esse caso é curioso porque, em sua essência, é bastante simples. Todavia, como ele exige que o juiz realize um raciocínio *contraintuitivo*, qual seja, que é compreender que nada há a ser creditado, mesmo no caso da etapa anterior a anterior envolver um pagamento.

Foi exatamente diante dessa controvérsia que Fisco e contribuintes se digladiaram: para a União, se a operação anterior não foi tributada, nada há a ser creditado. Porém, para os contribuintes, mesmo quando a operação anterior é não tributada, o contribuinte pode fazer o *aproveitamento do crédito*, quando há créditos não aproveitados e relacionados à operação *anterior a anterior*.

No caso, o desafio hermenêutico era exatamente este: preservar a *estrita legalidade* e *tipicidade fechada*, aplicando o raciocínio *contraintuitivo* acima mencionado, pois ele é o único que respeita o mecanismo da *não cumulatividade* da tributação indireta sobre o consumo.

Do contrário, se, em vez do raciocínio contraintuitivo, a Corte tivesse aplicado a *lógica do razoável*, e esse tipo de lógica sempre *apela para o que é intuitivo*, ou seja, sempre aponta para aquela resposta que, por ser a mais *evidente*, aparenta ser a correta, a Corte teria julgado de forma apenas *voluntarista*, desmontando o Direito Tributário, tanto em sua *tradição doutrinária*, quanto em seu *arcabouço normativo*.

No caso, esse tipo de raciocínio voluntarista conduziria à *reforma tributária* pelo *Poder Judiciário*, à quebra da *igualdade*, da *seletividade* e da *capacidade contributiva*, tudo em nome da existência de um suposto "*crédito presumido*", fundado no argumento da *razoabilidade* ou de *lógica do razoável*. Esse "crédito presumido", alega-se, proviria do seguinte raciocínio: a única consequência efetiva nos casos de insumos NT, isentos ou sujeitos à alíquota zero é o *diferimento* do pagamento do tributo para a saída do estabelecimento do produtor final, nos casos de *substituição para frente*, ou da *concentração* da tributação sobre o produtor final, nos demais casos, de modo que, seja em um caso, como em outro, o produtor final deve se creditar do IPI como se, sobre eles, tivesse havido tributação.

Inicialmente, a jurisprudência do STF, leia-se RE 212.484, entendeu devido o aproveitamento dos créditos nos casos de insumos isentos, tendo, no dia 18 de dezembro de 2003, consolidado esse entendimento e concluído pelo aproveitamento do crédito nos casos de insumos sujeitos à alíquota zero, bem como insumos não tributados: RE 350.446, RE 353.668 e RE 357.277.

Todavia, no dia *25 de junho de 2007*, nos autos do RE 370.682, relator o Ministro Ilmar Galvão, outro juiz federal de carreira, o STF *reviu seu posicionamento* quanto aos insumos não tributados e sujeitos à alíquota zero, posição que acabou se consolidando na Corte quando do julgamento do RE 566.819, relator o Ministro Marco Aurélio, julgado no dia 29 de setembro de 2010.

***

Por fim, o quinto e último é o *absurdo* caso da *exclusão do ICMS* da base de cálculo do PIS e da COFINS. Entre os cinco casos sob análise, este é o único que o STF julgou de forma *voluntariosa*, ou seja, desconsiderando, de uma só vez, toda a tradição do Direito Tributário, calcado na *estrita legalidade* e na *tipicidade fechada*, além dos arts. 109 e 110 do CTN e, pelo menos, *30 anos de jurisprudência* acerca do tema.

Esse tema controvertido começou a ser decidido pelo STF nos autos do RE 240.785, relator o Ministro Marco Aurélio, cujo julgamento se iniciou no dia 08 de setembro de 1999 e somente terminou no dia 08 de outubro de 2014. Esse entendimento, contudo, somente restou consolidado no dia 15 de março de 2017, com o julgamento do RE 574.706, relatora a Ministra Cármen Lúcia, ocasião em que a Corte, em um acórdão de 227 páginas, acolheu a tese dos contribuintes.

Este caso, da mesma forma como aquele do IPI, requer, para o seu julgamento adequado, um *raciocínio contraintuitivo*, qual seja: no conceito de receita bruta ou faturamento, necessariamente, inclui-se o valor de tributos indiretos sobre o consumo, como o ICMS e o ISS, porque estes, por sua vez, *compõem o valor*, respectivamente dos *produtos* e *serviços* sobre o qual incidem. As pessoas jurídicas, portanto, faturam, sim, impostos. Em suma: pela sistemática do Direito Tributário brasileiro, o valor do ICMS, e também do ISS, compõe a base de cálculo PIS e da COFINS.

Como dito quando se analisou o caso do IPI, argumentos que apelam para a *lógica do razoável*, têm força para enfraquecer raciocínios que operam com argumentos contraintuitivos, justamente porque sensibilizam o julgador para aquilo que, *intuitivamente*, parece ser o *correto*, o *comum*, o *razoável*, ou seja, aquilo que "qualquer pessoa justa e correta" costuma entender e concluir.

Infelizmente, ao contrário do que ocorreu no caso do IPI, neste caso, a Corte *cedeu* aos apelos da *lógica do razoável* e acabou por desconstruir 30 anos de *jurisprudência* do TRF e do STJ, representada pelos centenas de casos julgados e cristalizada na Súmula 258 do extinto TFR, de 14.06.88, na Súmula 68 do STJ, de 15.12.92 e na Súmula 94 do STJ, de 22.02.94 (tais súmulas do STJ, atualmente, estão canceladas).

O desafio hermenêutico, no caso, envolvia, em sua essência, quatro questões: a) saber se o conceito de "receita bruta" e o de "faturamento" são equivalentes; b) qual deve ser a *fonte* para se buscar tais conceitos: a lei, a jurisprudência ou a doutrina contábil; c) saber se a Lei 9.718/98, que ampliou o conceito de *faturamento* para a totalidade das receitas provenientes da atividade empresarial do contribuinte, seria constitucional;

d) saber se o montante do ICMS é um valor que compõe o *total das receitas auferidas* com a atividade empresarial, ou não.

Além de toda jurisprudência da Justiça Federal e do Superior Tribunal de Justiça, nos termos acima, vale lembrar ainda que o STF:

I. ao julgar o RE 150.755, definiu que receita bruta e faturamento são conceitos equivalentes e que significam a totalidade dos ingressos provenientes da venda de produtos, mercadorias e serviços.

II. por ocasião do julgamento da ADC 1, manteve a constitucionalidade da base de cálculo da COFINS, conforme prevista na LC 70/91.

III. no RE 346.084, entendeu que sim, qual seja, que a Lei 9.718/98, que ampliou o conceito de faturamento para a totalidade das receitas provenientes da atividade empresarial do contribuinte, é constitucional, porém somente após a publicação da EC 20/98, que acrescentou o termo "receita" ao art. 195, § 1º.

Havia ainda outro grande *desafio hermenêutico*, que a Corte aprendera desde o julgamento do RE 138.284: a *efetivação do princípio da igualdade* somente pode ocorrer mediante o *respeito às competências* entregues pela Constituição aos entes políticos, bem como mediante a observação do *regime jurídico* fixado para cada uma das espécies tributárias.

Nada disso foi suficiente e o STF, acolhendo argumentos de *razoabilidade*, de forma voluntarista, acolheu a tese dos contribuintes. O resultado é que, agora, há muitas teses filhotes, trazendo o caos para o Sistema Tributário Brasileiro. E o mais interessante: a carga tributária, certamente, *não vai diminuir*.

5. As contribuições do Constructivismo Lógico-Semântico

Nesta última parte do texto, apresento visão da decisão judicial desenvolvida por mim no livro "O que define um julgamento e quais são os limites do juiz". Trata-se de proposta construída à luz da *hermenêutica*, da *argumentação* e da *axiologia*, para que a *discricionariedade judicial* possa ser enfrentada por magistrados e tribunais sem recurso ao *voluntarismo judicial*.

Todo o modelo foi desenvolvido a partir do referencial teórico do *Construtivismo Lógico-Semântico*, ao qual se procurou agregar elementos técnicos desenvolvidos no âmbito de outros referenciais, especialmente no tocante à hermenêutica jurídica. Quanto a este último ponto, entendeu-se que a *hermenêutica filosófica*, de base "heideggeriana", tem muito a acrescentar à visão fundada na *linguística* e na *semiótica* presente no CLS, bem como, e de maneira toda especial, ao *processo gerador de sentido* desenvolvido com maestria por Paulo de Barros Carvalho.

Como dito, a construção da decisão judicial envolve, invariavelmente, um processo de *criação da realidade* pelo magistrado e que é composto de *duas passagens*: a) da narrativa apresentada pelas partes para a narrativa dos fatos inferida pelo juiz; b) da lei como critério geral de qualificação jurídica da narrativa para a norma jurídica, que é o critério específico da construção do fato jurídico em sentido estrito.

Essa criação da realidade somente é possível através da *atividade interpretativa* da linguagem das petições, das provas e das leis. Toda atividade interpretativa pressupõe *valoração*, porque interpretar é *atribuir sentido à linguagem*, o que envolve a tomada de decisões.

De acordo com a visão do fenômeno jurídico exposta neste texto, para construir a decisão judicial, o magistrado necessita de: (I) um *enunciado normativo* válido que funcionará como critério central de suas sucessivas e encadeadas conclusões; (II) um processo de construção interpretativo da norma jurídica válida; (III) um *processo de reconstrução* dos fatos a partir da narrativa constante dos autos; (IV) um procedimento *dialético* que assegure a participação das partes em conflito; (V) a *qualificação jurídica* dos fatos com base na norma jurídica construída e nos fatos tidos como provados; (VI) um *texto argumentativo* válido capaz de justificar todas as conclusões parciais condutoras da conclusão final da decisão judicial; (VII) a elaboração da *norma jurídica* de decisão.

No plano do construtivismo lógico-semântico, essa atividade é descrita como um *processo gerativo ou gerador de sentido*[15], no qual há a *semiose* do texto, a estruturação da linguagem através do *fato jurídico em sentido estrito* e a sua respectiva *contextualização*, culminando com a *explicitação* do resultado desse processo, que nada mais é do que o resultado da interpretação.

Fundamentar é construir o sentido da linguagem através da *atividade interpretativa*. A fundamentação da decisão judicial ocorre a partir do *processo valorativo* da interpretação da linguagem das *petições*, das *provas* e das *leis*, que é realizada com a finalidade da construção da narrativa juridicamente qualificada do juiz.

O juiz jamais terá contato com os eventos que lhe são apresentados como fatos pelas partes, através de petições e meios de prova, pois tudo que ele acessa é *pura linguagem*.

A linguagem das petições e das provas terá que ser compreendida e interpretada pelo juiz, que, através da atividade interpretativa, eminentemente *valorativa*, criará sua própria realidade através da linguagem, ou seja, o juiz criará sua própria narrativa acerca dos pontos e das questões controvertidas.

Os enunciados constantes dos textos legais envolvidos na demanda também constituem *linguagem* sobre a qual o juiz realiza o processo de *compreensão* e *interpretação*, eminentemente *valorativo*, através do qual dará sentido à linguagem objeto e criará a *proposição normativa*, que é a *norma jurídica*.

O *processo gerador de sentido* da norma jurídica deverá sempre ser contextualizado com a linguagem dos fatos integrantes

---

15. Acerca do tema, consultar: CARVALHO, Paulo de Barros. *Direito tributário, linguagem e método*. São Paulo: Noeses, 2018. CARVALHO, Aurora Tomazini de. *Curso de teoria geral do direito*: o construtivismo lógico-semântico. São Paulo: Noeses, 2014.

da causa, bem como de todas as normas jurídicas incidentes sobre o caso e, quando necessário, também com a linguagem da doutrina, dos costumes e dos princípios gerais do direito.

Ao construir suas narrativas, as partes e seus advogados tomam como ponto de partida *eventos* ou *fatos sociais* e, a partir deles, apresentam, através de suas petições e meios de prova, *fatos jurídicos em sentido amplo*. O magistrado, por sua vez, toma os fatos, sociais e jurídicos em sentido amplo, apresentados pelas partes e igualmente constrói sua narrativa, produzindo o *fato jurídico em sentido estrito*[16].

Assim, partindo dos *enunciados descritivos* que entender provados, dos *enunciados normativos* que considerar válidos, o magistrado decide, a partir da atribuição de sentido a cada termo deles e da consequente criação da realidade factual e jurídica do caso. A decisão representa o *fato jurídico em sentido estrito* e a definição da *relação jurídica*, com a determinação do consequente da norma.

A justificação da decisão judicial *não se confunde* com a fundamentação. A fundamentação da decisão judicial é relacionada à construção que o magistrado realiza, através da linguagem e a partir de determinado sistema de referência, do fato jurídico em sentido estrito, este composto pela narrativa dos fatos sociais e pela norma jurídica em sentido estrito, com seu antecedente e consequente. Nesse contexto, a construção da realidade jurídica, representada pelo *fato jurídico em sentido estrito*, somente é possível ser realizada através da atividade hermenêutica de compreensão e interpretação da linguagem constante da narrativa das partes e dos enunciados normativos.

A explicitação do resultado da atividade hermenêutica, ou seja, do quanto compreendido e interpretado, completa esse processo criativo do magistrado, que se materializa através da *linguagem descritiva*, no que diz respeito à narrativa

16. CARVALHO, Paulo de Barros. *Direito tributário, linguagem e método*. São Paulo: Noeses, 2018. CARVALHO, Aurora Tomazini de. *Curso de teoria geral do direito*: o construtivismo lógico-semântico. São Paulo: Noeses, 2014.

fática (verdadeiro/não verdadeiro), e da *linguagem prescritiva* (válido/inválido), no tocante à apresentação da norma jurídica em sentido estrito.

Esse *processo de construção da realidade* é complexo, porque envolve a atribuição de sentido à linguagem, atividade que, tanto do ponto de vista puramente *linguístico* (sintagmas e paradigmas), quanto do ponto de vista *semiótico* (sintático, semântico e pragmático), é marcado por um conjunto de *valorações* que precisam ser justificadas, a partir de sistemas de referência bem identificados, para que seja possível aferir acerca de sua correção e validade e, assim, tornar possível a apresentação de questionamentos, esclarecimentos e objeções.

Em tais termos, no âmbito da *construção da decisão judicial*, justificar é uma atividade que consiste em explicar, provando ou demonstrando, os *critérios* utilizados e respectivos sistemas de referência, utilizados pelo magistrado no processo de valoração que redunda na atribuição de sentido à linguagem e, portanto, na *criação da realidade jurídica que é a própria decisão*.

Justificar, assim, independentemente da concepção que se tenha a respeito do processo pelo qual o juiz chega aos fatos sociais juridicamente qualificados, significa apresentar proposições com o objetivo de *respaldar as conclusões* as quais chegou na sentença, ou seja, explicar como chegou a tal resultado, que métodos foram utilizados e que raciocínio empregou para aceitar determinados pontos da narrativa e rejeitar outros, para conferir ao enunciado normativo determinado sentido e rejeitar outro, assim como para entender que determinada norma jurídica é *válida*, enquanto outra, não.

Construir a decisão judicial é realizar *duas grandes travessias*, da narrativa dos fatos apresentada pelas partes para a narrativa do juiz, e do enunciado jurídico para a norma jurídica. Ambas são realizadas no plano da linguagem, de forma entrelaçada, a partir da *atividade hermenêutica*, que a compreende e que lhe confere sentido, bem como através da *atividade argumentativa*, que é capaz de justificar como e por que se chegou à compreensão e à interpretação explicitada.

Essas atividades não se realizam sem a subjacente valoração, simplesmente porque toda compreensão e atribuição de sentido coloca o intérprete diante de escolhas, que, para serem resolvidas no plano jurídico, requerem decisão, e estas somente podem ser levadas a termo mediante *critérios de qualificação* da opção a ser escolhida. É esta qualificação que justifica a escolha, que pode ser mais ou menos racional, mais ou menos sentimental, mais ou menos subjetiva, mais ou menos guiada pela lógica científica etc., redundando em qualificações que apontam para pares: verdadeiro/falso, válido/inválido, justo/injusto, lícito/ilícito, constitucional/inconstitucional, correto/incorreto, agradável/desagradável, conveniente/inconveniente, consequente/inconsequente etc.

Com relação à primeira travessia, a valoração predominante é em torno da verdade. Os fatos sociais são apresentados ponto a ponto e cada um deles, quando controvertidos ou objeto de divergência, transforma-se em questões, que comporão a causa. Da mesma forma ocorrerá com a travessia do enunciado normativo para a norma jurídica. Essa passagem, por sua vez, é presidida pela valoração em torno da validade.

Assim, para se concluir acerca da narrativa do juiz e de sua norma de decisão, são necessárias diversas *valorações*, que vão sendo realizadas de diferentes maneiras, conforme as categorias filosóficas e jurídicas presentes em cada sistema de referência com o qual opere o magistrado, ou seja, conforme: (I) realize valorações a partir de critérios *subjetivos, históricos, sociológicos* ou *fundamentalistas*; (II) seja sua concepção de *razão, verdade, ciência e justiça*; (III) apresente seu conceito de *norma jurídica, ordenamento e sistema jurídico*; (IV) compreenda a relação entre o direito e moral; (V) possua visão da *hermenêutica jurídica* como método ou como atividade existencial; (VI) adote uma postura em relação à *argumentação jurídica* como uma mera justificativa da atividade hermenêutica ou como uma atividade doadora de sentido e justificativa.

Para tentar identificar essas possibilidades de valoração e executá-las, é possível lançar mão de *instrumentos analíticos*, dentre eles: (I) a *linguística*, com ênfase na estrutura da linguagem escrita, com seus semas, sememas, lexemas, grafemas, palavras, expressões, sintagmas, orações, períodos, frases e discursos, bem como os planos da linguagem, quais sejam, sintático, semântico e pragmático; (II) a *lógica*, com seus postulados clássicos da identidade, da não contradição e do terceiro excluído, bem como com a sua capacidade de produzir a sua precisa linguagem formalizada; (III) a *semiótica*, a partir da noção de signo como unidade básica de significado construtor da linguagem e, portanto, da realidade. É da linguística que surge a importante noção de enunciado linguístico, mas é a partir da semiótica que brota a ideia de proposição, fundamento central da filosofia da linguagem e do construtivismo lógico-semântico.

Esses instrumentos analíticos podem ser combinados com a visão da *hermenêutica filosófica*[17] e suas ideias de *pré-compreensão, horizonte interpretativo* e *círculo hermenêutico*, porquanto a lógica formal é comprometida com a forma como os enunciados são estruturados, não com a sua fundamentação, e a semiótica ajuda a analisar e a racionalizar a atribuição de sentido deles, mas não dita nenhum sistema de referência e, portanto, valores específicos para essa tarefa.

Em tais termos, é na *construção da proposição*, descritiva ou normativa, ou seja, é na passagem de um nível de linguagem a outro que se realiza a valoração. A identificação do seu critério permite analisar a sua *fundamentação* e *justificação*, desnudando os parâmetros que conduziram o juiz ou o tribunal ao seu veredito, apresentado na forma do fato jurídico em sentido estrito e da relação jurídica dele advinda.

---

17. GADAMER, Hans Georg. *Verdade e método*. Tradução Enio Paulo Giachini. Petrópolis: Vozes, 2014. v. I. GADAMER, Hans Georg. *Verdade e método*. Tradução Enio Paulo Giachini. Petrópolis: Vozes, 2014. v. II.

Essa exposição das valorações permite a *identificação* segura das decisões judiciais, possibilitando que sejam avaliadas de forma mais precisa no tocante aos *limites das funções jurisdicionais*, à presença, ou não, da *discricionariedade judicial*, bem como no tocante a sua *coerência, integridade e uniformidade*, auxiliando, em um sistema judiciário que adote o sistema de *precedentes*, na formação de um corpo de *jurisprudência* coerente, íntegro e uniforme.

6. CONCLUSÕES

A tarefa de juízes e tribunais não é fácil. A construção da decisão judicial exige difícil *equilíbrio* entre, de um lado, o *excesso de formalismo* e, portanto, uma visão limitada do Direito, excessivamente localizada e aferrada a *dogmatismos*, e, de outro, o *voluntarismo judicial*, que é a visão do Direito descompromissada com a tradição doutrinária, com o arcabouço legislativo, com a jurisprudência e, sobretudo, com as escolhas políticas materializadas na Constituição Federal. Nesse último caso, aposta-se em *critérios puramente pessoais* do julgador, os quais, exatamente por isso, são meramente individualistas e, portanto, inegavelmente sem *legitimidade político-jurídico*, e mais, deletérios da segurança jurídica.

Assim, além da importância da identificação e diagnóstico dos casos de discricionariedade judicial, é igualmente relevante o desenvolvimento de mecanismos para que seja, se não eliminada, pelo menos minorada a atitude voluntarista do Poder Judiciário, em nome da *segurança jurídica* e da *higidez* do Direito Tributário.

INTRODUÇÃO AO ESTUDO DO CONSTRUCTIVISMO LÓGICO-SEMÂNTICO NO DIREITO E A REGRA-MATRIZ DE INCIDÊNCIA JURÍDICA: BREVE PASSAGEM DAS REFLEXÕES EPISTEMOLÓGICAS DE DESCARTES ATÉ PAULO DE BARROS CARVALHO

Bruce Bastos Martins[1]

1. Introdução

Este artigo debruça-se sobre o curso das reflexões epistemológicas da modernidade, de tal modo que propicie ao leitor tanto um exame mais aprofundado das origens do *constructivismo lógico-semântico* e da *regra-matriz de incidência jurídica*, quanto um entendimento mais acurado relativo às teorias

1. Mestre em Direito Tributário pela Pontifícia Universidade Católica de São Paulo (PUC-SP).

que residem por trás dessas correntes jusfilosóficas brasileiras, constituídas respectivamente pelos professores LOURIVAL VILANOVA e PAULO DE BARROS CARVALHO.

De DESCARTES até KELSEN, mostraremos como as reflexões epistemológicas, dos séculos que sucederam à renascença, culminaram na invasão do *giro-linguístico* dentro do campo do conhecimento, de tal sorte a revolucionar o *paradigma científico* da modernidade, inclusive os paradigimas da ciência do direito.

Portanto, em caráter sumário e sem pretensões exaustivas, doravante se apresentam as passagens filosóficas e os debates científicos na história ocidental, a começar pelo século XVII, até chegar ao substrato metodológico da ciência do direito, no século XX, que deu contornos às teorias do *constructivismo* de VILANOVA e da *regra-matriz* de PAULO DE BARROS CARBALHO, enquanto fundamentos metodológicos da incidência jurídica.

2. O método de René Descartes e Francis Bacon

Desde o berço das experiências racionais, o ser humano busca defender um conhecimento que se possa afirmar e confirmar como verdadeiro. Na Grécia antiga, matemáticos como PITÁGORAS e PLATÃO empenharam-se em desvelar a verdade (ou a ideia) por trás dos fenômenos, repudiando a inconsistência das opiniões (*doxa*) e da retórica sofista.

No século XV, com o abalo da ideologia escolástica – seja por conta (a) da reforma luterana e calvinista; (b) da inundação cultural na Europa renascentista, com a queda do império bizantino; ou, ainda, (c) do avanço da astronomia sobre a física aristotélico-tomista –, muitos pensadores se propuseram a retomar o curso das questões filosóficas acerca do conhecimento legítimo, servindo-se, para isso, de novos métodos, com vistas a destronar o reinado dos dogmas medievais, até então vigente. Segue o exemplo do filósofo francês RENÉ DESCARTES, no século XVII, cujas *meditações* acerca de uma possível base incontestável para o conhecimento fez-lhe concluir que, enquanto pensava e duvidava sobre essas questões, estava certo de que algo nesse processo existia, o *res cogito*. Daí o aforisma: *cogito, ergo sum*.

Nas palavras do autor:

> *Eu sou, eu existo*: isto é certo; mas por quanto tempo? Durante todo o tempo em que eu penso; pois talvez poderia acontecer que, se eu parasse de pensar, ao mesmo tempo pararia de ser ou de existir. Nada admito agora que não seja obrigatoriamente verdadeiro: nada sou, então, a não ser uma coisa que pensa, ou seja, um espírito, um entendimento ou uma razão, que são palavras cujo significado me era anteriormente desconhecido. Então, eu sou uma coisa verdadeira e verdadeiramente existente, mas que coisa? Já o disse: uma coisa que pensa.[2]

DESCARTES buscava estabelecer um método rigoroso para a construção do conhecimento, o qual consistia em, sistematicamente, duvidar das verdades mais fundamentais que se afiguravam em sua consciência: a dúvida hiperbólica. Levava até as últimas consequências o questionamento dessas representações, como meio de eliminar dedutivamente as ilusões, travestidas de objetividade.

Outro entusiasta da ciência que igualmente intentou construir um método ao arrepio dos dogmas escolásticos foi o inglês FRANCIS BACON. Seu método indutivo, diferentemente de um racionalismo exacerbado, apoiava-se sobretudo na experiência. Combatia ele o que denominava de *ídolos*[3], isto é, imagens que se enraízam no intelecto, de tal sorte que obstruem a passagem do conhecimento banal à ciência, à verdade. O seu método tinha início nas experiências concretas, formulando relações de causalidade dos fenômenos naturais, a partir de um movimento de ascese que ia do particular para o geral. Em um de seus aforismos, fica bem clara essa ideia. Vejamos:

> Resta-nos um único e simples método para alcançar os nossos intentos; levar os homens aos próprios fatos particulares e às

---

2. DESCARTES, René. *Discurso do método; As paixões da alma; Meditações*. São Paulo: Nova Cultural, 2004. p. 261.

3. BACON, Francis. *Novum organum ou verdadeiras indicações acerca da interpretação da natureza; Nova Atlântida*. São Paulo: Nova Cultural, 2005. p. 39.

> suas séries e ordens, a fim de que eles, por si mesmos, se sintam obrigados a renunciar às suas noções e comecem a habituar-se ao trato direto das coisas.[4]

Bacon, nesse sentido, influenciou fundamentalmente a ciência moderna. A verdadeira ciência, para ele, forjava-se na experiência concreta que se obtinha com a natureza, e seu método pautava-se na captura indutiva dos seus fenômenos, por meio de inferências causais, tendo a legítima meta de *dotar a vida humana de novos inventos e recursos*[5]. Percebe-se que esses dois filósofos notórios do século XVII, René Descartes e Francis Bacon, distinguiam-se quanto ao método empregado na perquirição do conhecimento legítimo; Descartes concedeu ênfase à ordem da razão, no que se identifica como um movimento racionalista, e Bacon privilegiou a experiência, em um giro de força empirista. Pode-se ilustrar, quanto ao método, da seguinte forma:

RACIONALISTAS EMPIRISTAS

Tal distinção inundará as reflexões epistemológicas ou, se preferir, da origem, etapas e limites do conhecimento legítimo, dos quais dois nomes contribuirão para acirrar ainda mais o debate, no século XVII: John Locke e Gottfried W. Leibniz.

---

4. Idem.

5. Ibidem, p. 64.

3. A epistemologia de John Locke e Gottfried W. Leibniz

A virada subjetiva inaugurada na modernidade, muito devedora da insurgência humanista da renascença, pôs o ser humano no centro das reflexões epistemológicas, cujos grandes nomes dessa perspectiva foram, no século XVII, dentre outros, o empirista inglês John Locke e o inatista alemão, Gottfried W. Leibniz. Esses pensadores investigaram a forma com que acessamos o conhecimento, ou seja, a maneira com que adquirimos as verdades sobre o mundo – se elas decorreriam das experiências ou das ideias inatas ao ser humano.

Na obra *Ensaio acerca do entendimento humano*, John Locke se ergue contra as supostas verdades inatas dos objetos que não são físicos ou não se encontram na natureza (*physis*). Combatia com veemência a perspectiva dos inatistas, pois esses defendem que o conhecimento verdadeiro (universal e necessário) localiza-se impresso na alma ou na mente do ser humano, sendo revelado pelo uso da razão, exemplo os teoremas aritméticos e os princípios da geometria euclidiana.

Nas palavras do autor inglês:

> 9. *É falso que a razão os descobre.* Como podem, todavia, estes homens pensar que o uso da razão é necessário para descobrir princípios que são supostos inatos, quando a razão (se podemos creditá-lo) nada mais é do que a faculdade de deduzir verdades desconhecidas de princípios ou proposições já conhecidos? Isto, certamente, nunca pode ser pensando inato, se necessitamos da razão para o descobrir, a menos que, como disse, consideremos inatas todas as verdades infalíveis que a razão nos ensina. Podemos igualmente pensar o uso da razão necessário para fazer nossos olhos descobrirem objeto visíveis, como deveria haver necessidade da razão, ou de seu exercício posterior, para fazer o entendimento ver o que está originalmente gravado nele, e não pode estar no entendimento antes de ter sido percebido. Deste modo, para fazer a razão descobrir estas verdades assim impressas, seria o mesmo que dizer que o uso da razão revela ao homem o que antes já conhecia; e se os homens têm estas verdades inatas impressas originalmente, e antes do uso da razão, permanecendo delas ignorantes até atingirem o uso da razão, consiste em afirmar que os homens, ao mesmo tem, as conhecem e não as conhecem.

> [...]
>
> 15. *Os passos pelos quais a mente alcança várias verdades.* Os sentidos inicialmente tratam com ideias *particulares*, preenchendo o gabinete ainda vazio, e a mente se familiariza gradativamente com algumas delas, depositando-as na memória e designando-as por nomes. Mais tarde, a mente, prosseguindo em sua marcha, as vai abstraindo, apreendendo gradualmente o uso dos nomes gerais. Por este meio, a mente vai se enriquecendo com ideias e linguagem, *materiais* com que exercita sua faculdade discursiva. E o uso da razão torna-se diariamente mais visível, ampliando-se em virtude do emprego desses materiais. Embora a posse de ideias gerais, o uso de palavras gerais e a razão geralmente cresçam juntos, não vejo como isto possa de algum modo prová-las inatas.[6]

O empirismo lockeano, portanto, sai em defesa do papel nevrálgico da experiência, cujos dados dos sentidos vão sendo inscritos e organizados no vazio da mente, a serviço da construção do conhecimento, por intermédio das ideias. Confira as palavras peremptórias do autor sobre esse assunto:

> Suponhamos, pois, que a mente é, como dissemos, um papel em branco, como dissemos, desprovida de todos os caracteres, sem nenhuma ideia; como ela será suprida? De onde lhe provém este vasto estoque, que a ativa e ilimitada fantasia do homem pintou nela com uma variedade quase infinita? De onde apreende todos os materiais da razão e do conhecimento? A isso respondo, numa palavra: da experiência.[7]

Por outro lado, na obra *novos ensaios sobre o entendimento humano*, patentemente em diálogo com o autor inglês, LEIBNIZ discorda da ideia de que somos *tábulas rasas*, dos quais os corpos são entes passivos ao recepcionamento do conhecimento adquirido através das experiências. Apoiado na aritmética[8] e na geometria euclidiana, o conhecimento universal

---

6. LOCKE, John. *Ensaio acerca do entendimento humano*. São Paulo: Nova Cultural, 2005. p. 39-41.

7. Ibidem, p. 57.

8. Recordemos que Gottfried W. Leibniz era um renomado matemático, o qual desenvolveu, simultaneamente com Isaac Newton, o *cálculo infinitesimal*.

e necessário é inato ao ser humano, pois absorto na alma, e, mediante a razão, suscetível de ser *revelado* (não tão distante da acepção agostiniana).

À vista disso, ao passo que denuncia o problema da indução do conhecimento empírico, na formulação de leis ou proposições gerais sobre os fenômenos naturais – o que será objeto de profunda análise, no século XVIII, por David Hume –, Leibniz reforça o alcance da apoditicidade dos conhecimentos inatos pelo emprego da razão. Segundo o autor alemão:

> Os sentidos, se bem que necessários para todos os nossos conhecimentos atuais, não são suficientes para dar-no-los todos, visto que eles só nos fornecem exemplos, ou seja, verdades particulares ou individuais. Ora, todos os exemplos que confirmam uma verdade de ordem geral, qualquer que seja o seu número, não são suficientes para estabelecer a necessidade universal desta mesma verdade, pois não segue que aquilo que aconteceu uma vez tornará a acontecer da mesma forma. Por exemplo, os gregos, os romanos e todos os outros povos da terra conhecida aos antigos sempre observaram que, antes do decurso de 24 horas, o dia se muda em noite, e a noite em dia. Entretanto, ter-se-iam enganado se tivessem pensado que a mesma regra se observa em toda parte, visto que mais tarde se verificou o contrário na estada em Nova Zembla. [...] Daqui parece dever-se concluir que as verdades necessárias, quais as encontramos na matemática pura e sobretudo na aritmética e na geometria, devem ter princípios cuja demonstração independe dos exemplos, e consequentemente também do testemunho dos sentidos, embora se deva admitir que sem os sentidos jamais teria vindo à mente pensar neles. E o que se deve distinguir bem é o que compreendeu tão bem Euclides, o qual demonstra muitas vezes pela razão o que se observa suficientemente pela experiência e pelas imagens sensíveis. Também a lógica, a metafísica e a moral, uma das quais forma a teologia e a outra a jurisprudência, todas as duas naturais, estão repletas de tais verdades necessárias, e por conseguinte a sua demonstração não pode provir senão de princípios internos que se denominam inatos.[9]

Da perspectiva epistemológica, o método racionalista leibniziano retoma o método maiêutico de ascese proposta por

9. LEIBNIZ, Gottfried Wilhelm Freiherr von. *Novos ensaios sobre o entendimento humano*. São Paulo: Nova Cultural, 2004. p. 23.

Sócrates, assim como, em devida medida, o mito da reminiscência de Platão, cujas ideias verdadeiras já foram conhecidas pela alma, bastando à razão a tarefa de recordá-las ou acessá-las. Nas palavras de Leibniz:

> Concordo quanto às ideias puras, que oponho às fantasias dos sentidos; concordo também com respeito às verdades necessárias ou de razão, que oponho às verdades de fato. Neste sentido deve-se dizer que toda a aritmética e toda a geometria são inatas, estando em nós de maneira virtual, de maneira que podemos encontrá-las em nós considerando atentamente e ordenando o que já temos no espírito, sem utilizar qualquer verdade aprendida por experiência ou pela tradição de outros, como demonstrou Platão em um diálogo, no qual introduz Sócrates conduzindo uma criança a verdades estranhas simplesmente através das perguntas, sem ensinar-lhe nada.[10]

Diante do impasse teórico entre empiristas e inatistas acerca de como se acessam as verdades sobre o mundo, o escocês David Hume, no século XVIII, veio oxigenar o debate com um ponto de vista empírico, no entanto, mitigado, no qual o conhecimento adquirido decorreria tanto dos dados adquiridos através da experiência quanto da relação causal impressa por operações mentais, atendendo à força da habitualidade[11].

4. O empirismo psicológico de David Hume

O escocês David Hume está entre os autores mais influentes da *filosofia da linguagem* e *filosofia da ciência*, desenvolvidas no século XX. Suas reflexões a respeito do conhecimento humano representam um dos grandes passos dados para conciliar o que até então parecia inconciliável: a perspectiva epistemológica *racional-inatista* da *empírico-sensitiva*.

Na obra *investigação acerca do entendimento humano*, David Hume inicia desenvolvendo duas espécies de origem das

10. Ibidem, p. 51.

11. A relação de ideas em Hume é dada pela semelhança, causalidade e contiguidade espaço-temporal.

percepções, conforme o grau de vivacidade com que se apresentam à mente: as *ideias* e as *impressões*. As *ideias*, menos vivas no espírito, correspondem, invariavelmente[12], às *impressões*, dirá HUME, donde estas, as *impressões*, a saber, nossas percepções mais vivas e fortes no espírito, originam-se das sensações[13]. Ou seja, colocando de forma bem simples: sensações provocam impressões no corpo, e das impressões originam ideias.

Em última análise, a sensação é ainda o campo privilegiado de aquisição do conhecimento. Todavia, a experiência sensitiva não encerra o processo de construção do conhecimento. É preciso, além disso, as operações da mente de *associação* das *ideias* percebidas, de forma a tornar inteligível as *impressões* sentidas. Pode-se ilustrar da seguinte forma:

EXPERIÊNCIA SENSITIVA (1º MOMENTO)

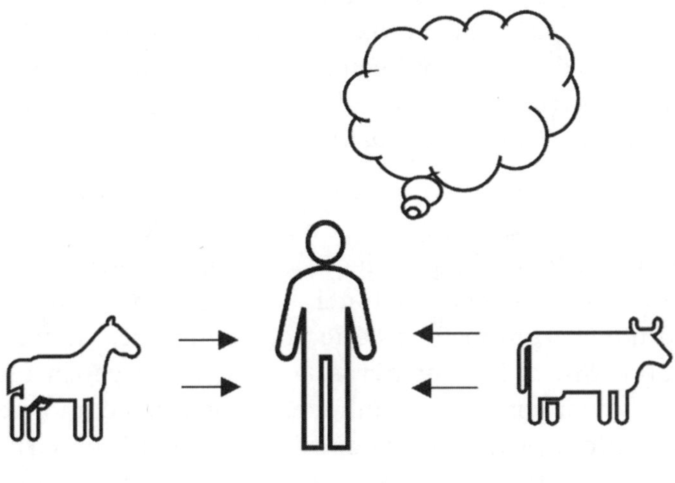

12. Hume aponta, nas suas investigações, uma exceção tão singular e isolada, cujas *ideias* não corresponderiam as *impressões*, que sequer julga necessário aprofundar-se. São as *ideias* produzidas para preenchimento dos matizes das cores no espírito.

13. HUME, David. *Investigação acerca do entendimento humano*. São Paulo: Nova cultural. p. 35-36.

ASSOCIAÇÃO DAS IDEIAS PERCEBIDAS (2º MOMENTO)

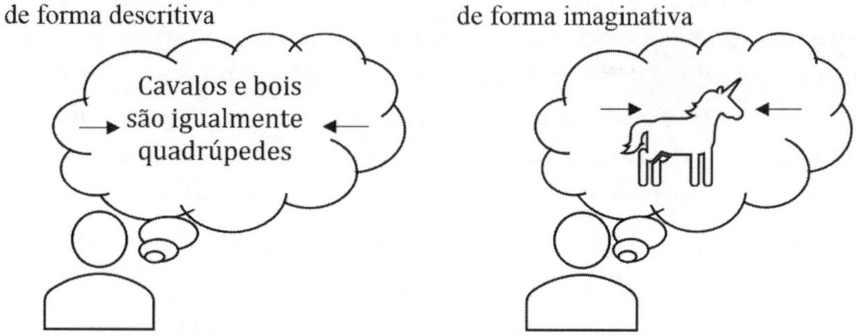

A *associação* de *ideias* – seja por *semelhança*, *causalidade* ou *contiguidade*[14] – é a dimensão racional do empirismo de HUME, na qual o conhecimento é subjetivamente encadeado, de tal sorte a imprimir uma forma ou lógica inteligível para a mente, nos limites das *impressões* sentidas. As relações factuais de *causalidade*, aliás, são produtos da natureza do espírito, e não somente da experiência, ainda que originada dela, desfazendo, de vez, a ideia de que o conhecimento é passivamente recepcionado, de maneira pronta ou acabada pelas sensações; sendo estas as raízes do *constructivismo* de KANT, como veremos adiante.

Não há na sensação nenhum dado que certifique a certeza de uma causalidade no mundo, devendo o espírito projetar a mais adequada associação causal, nos termos de suas necessidades e *crenças* existenciais – o que faz apontar para HUME um certo empirismo cético ou, também, um ceticismo moderado. Em outras palavras, a relação de causa e efeito com que se constroem os conhecimentos tidos como científicos, de modo a produzir leis gerais a partir das experiências singulares, é produzida (não originada) por *mecanismos psicológicos*, uma vez que não há, nos eventos caóticos do mundo, qualquer correspondência necessária de causalidade afora da mente. A causalidade que se acredita existir no mundo é uma ilusão derivada do hábito, cuja inscrição no espírito, por força

14. Ibidem, p. 40.

da memória, representam *relações de fatos* bem-sucedidas, promovidas de repetidas experiências. Nas palavras do autor:

> O contrário de um fato qualquer é sempre possível, pois, além de jamais implicar uma contradição, o espírito o concebe com a mesma facilidade e distinção como se ele estivesse em completo acordo com a realidade. *Que o sol não nascerá amanhã* é tão inteligível e não implica mais contradição do que a afirmação *que ele nascerá*. Podemos em vão, todavia, tentar demonstrar sua falsidade. Se ela fosse demonstrativamente falsa, implicaria uma contradição e o espírito nunca poderia concebê-la distintamente.
>
> [...] todo efeito é um evento distinto de sua causa. Portanto, não poderia ser descoberto na causa e deve ser inteiramente arbitrário concebê-lo ou imaginá-lo *a priori*. E mesmo depois que o efeito tenha sido sugerido, a conjunção do efeito com sua causa deve parecer igualmente arbitrária, visto que há sempre outros efeitos que para a razão devem parecer igualmente coerentes e naturais. Em vão, portanto, pretenderíamos determinar qualquer evento particular ou inferir alguma causa ou efeito sem a ajuda da observação e da experiência.
>
> [...] Concordar-se-á que o esforço máximo da razão humana consiste em reduzir à sua maior simplicidade os princípios que produzem os fenômenos naturais; e restringir os múltiplos efeitos particulares a um pequeno número de causas gerais, mediante raciocínios baseados na analogia, na experiência e na observação.[15]

Ao final, Hume explica os processos de inferir por força do hábito[16], concluindo que a *verdade* não se permite capturar em sua totalidade, precisamente em virtude do problema indutivo de sua gênese, a saber, a originalidade ou ineditismo de cada experiência sensitiva, da qual se operam novas impressões e, assim, a possibilidade sempre à espreita de novas ideias. Em poucas palavras é a distância instransponível que existe entre as experiências singulares da sensação e as

---

15. Ibidem, p. 48-52.

16. Interessante notar certa relação com o conceito de *habitus* do sociólogo francês Pierre Bourdieu, que, sucintamente, se refere a um saber prático incorporado pelo agente ante a uma orquestra sem maestro de valores associados às necessidades existenciais de um determinado campo social (*illusio*).

conclusões gerais do raciocínio, cuja ponte é construída em cima do costume e da crença de sua perpetuidade, e não da constatação pura e simples de uma *rotina da verdade*.

Confira a reflexão proposta por este pensador escocês:

> Temos dito que todos os argumentos referentes à existência se fundam na relação de causa e efeito; que nosso conhecimento daquela relação provém inteiramente da experiência; e que todas as nossas conclusões experimentais decorrem da suposição que o futuro estará em conformidade com o passado. Portanto, tentar provar a última conjetura, por argumentos prováveis, por argumentos referentes à existência, consiste, certamente, em girar num círculo e dar por admitido o que precisamente se problematiza.
>
> Em verdade, todos os argumentos derivados da experiência se fundam na semelhança que constatamos entre objetos naturais e que nos induz a esperar efeitos semelhantes àqueles que temos visto resultar de tais objetos. [...] Não há nada mais semelhante do que os ovos; todavia, ninguém espera, por causa desta aparente semelhança, idêntico gosto e sabor em todos os ovos. E é somente depois de uma longa série de experimentos uniformes, sobre qualquer gênero dado, que nos tornamos confiantes e seguros em relação a um evento particular.
>
> [...]
>
> Poder-se-ia dizer que, de certo número de experimentos uniformes, *inferimos* uma conexão entre as qualidades sensíveis e os poderes ocultos; o que, devo confessar, parece enunciar a mesma dificuldade, em termos diferentes. A questão reaparece: sobre qual processo de argumentação se funda esta *inferência*? Onde está o meio-termo, as ideias intermediárias que unem proposições tão distantes entre si?[17]

E conclui:

> Visto que todas as vezes que a repetição de um ato ou de uma determinada operação produz uma propensão a renovar o mesmo ato ou a mesma operação, sem ser impelida por nenhum raciocínio ou processo do entendimento, dizemos sempre que esta propensão é o efeito do costume. Utilizando este termo, não supomos

---

17. HUME, David. *Investigação acerca do entendimento humano*. São Paulo: Nova cultural. p. 56.

> ter dado a razão última de tal propensão. Indicamos apenas um princípio da natureza humana, que é universalmente reconhecido e bem conhecido por seus efeitos. Talvez não possamos levar nossas investigações mais longe e nem aspiramos dar a causa desta causa; porém, devemos conternar-nos com que o costume é o último princípio que podemos assinalar em todas as nossas conclusões derivadas da experiência. [...] Portanto, todas as inferências tiradas da experiência são efeitos do costume e não do raciocínio.[18]

Sendo assim, estava apresentado, já no século XVIII, o que se convencionou chamar de *problema da indução*, eis que toda relação causal desenvolvida para um conhecimento possível é redutora da complexidade e riqueza do *real*. A estrutura cognitiva do ser humano faz recortes dentro das experiências vividas, de tal sorte a tornar os dados turbulentos dos sentidos em informações inteligíveis e, portanto, acessíveis no tempo, donde o hábito de sua verificação e aplicação é o mais próximo que se chega de uma (falseável e paradigmática) verdade.

Vale destacar como esta constatação afetou diametralmente grandes pensadores do século XX. São exemplos os filósofos da ciência KARL POPPER e THOMAS KUHN, cujas ideias de *falseabilidade* e *paradigma* do conhecimento científico, respectivamente, são, incontestavelmente, tributárias do autor escocês em questão.

A partir de HUME, dos anos que sucederam o iluminismo europeu, outro filósofo era despertado de seu sono metafísico, para revolucionar a epistemologia moderna. Seu nome era IMMANUEL KANT, e sua grande obra nessa área se chama *crítica da razão pura*.

5. O constructivismo transcendental de Kant e o reducionismo fenomenológico de Husserl

O filósofo prussiano de Königsberg, IMMANUEL KANT, pensador iluminista do século XVIII, depois de despertado do seu

18. Ibidem p. 61-62.

sono dogmático ou metafísico, preocupou-se com os limites do conhecimento humano, bem como a função que a experiência sensitiva do corpo e as estruturas *transcendentais*[19] da mente possuíam na construção do mesmo.

Pretendeu, dessa forma, desenhar os limites da razão pura, e daquilo que se poderia conhecer, em um hercúleo movimento que aproximou empiristas e inatistas, no campo da epistemologia. Emergiam, do seu pensamento, as bases do *constructivismo*, ou seja, uma ação cognitiva de categorização transcendental, a contar da experiência caótica dos sentidos.

Não se tratava mais de acessar as verdades do mundo objetivo ou *em-si* (nôumeno), mas de uma construção lógica do mundo subjetivo ou *para-si* (fenômeno), naquilo que se denominou de *revolução copernicana* – *revolução*, pois se derrubava o paradigma, até então corrente, disputado entre empiristas e inatistas; e *copernicana*, pois Nicolau Copérnico, nos seus estudos sobre o movimento dos astros, deslocou seu campo de atenção da Terra para o Sol, concluindo que era aquele corpo celeste que se movia ao redor deste (heliocentrismo), e não o contrário (geocentrismo), tal como era até então afirmado pelo modelo (dos epiciclos) de Ptlomeu. Pode-se ilustrar a revolução cognitiva de Kant assim:

ANTES DA REVOLUÇÃO COPERNICANA

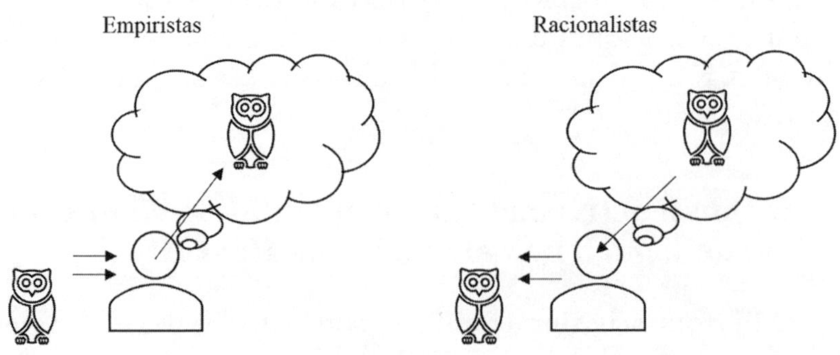

19. *Transcendental* significa condição de possibilidade do conhecimento.

DEPOIS DA REVOLUÇÃO COPERNICANA

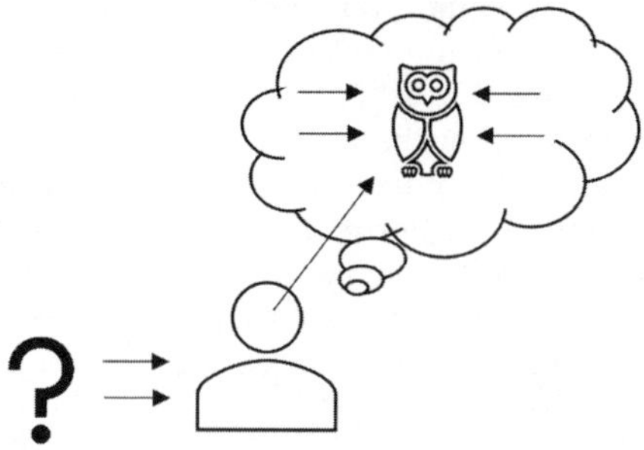

Na área da epistemologia, foi exatamente o que KANT fez, deslocando o seu campo de atenção do *objeto* para o *sujeito*, na regulação do conhecimento. Vejamos:

> Até agora se supôs que todo nosso conhecimento tinha que se regular pelos objetos; porém, todas as tentativas de mediante conceitos estabelecer algo *a priori* sobre os mesmos, através do que o nosso conhecimento seria ampliado, fracassaram sob esta pressuposição. Por isso tente-se ver uma vez se não progredimos melhor nas tarefas da Metafísica admitindo que os objetos têm que se regular pelo nosso conhecimento, o que assim já concorda melhor com a requerida possibilidade de um conhecimento *a priori* dos mesmos que deve estabelecer algo sobre os objetos antes de nos serem dados. O mesmo aconteceu com os primeiros pensamentos de Copérnico que, depois das coisas não quererem andar muito bem com a explicação dos movimentos celestes admitindo-se que todo o exército de astros girava em torno do espectador, tentou ver se não seria mais bem-sucedido se deixasse o expectador mover-se e, em contrapartida, os astros em repouso.[20]

Conforme o autor expõe, há uma estrutura transcendental ou *a priori*, o que significa inata à mente e anterior a qualquer experiência do corpo, na qual os dados obtidos pelos sentidos ou *a posteriori* são tornados inteligíveis, seja do ponto de vista estético, por uma dimensão espaço-temporal, seja do ponto de vista lógico, por uma dimensão conceitual. Nas palavras de KANT:

---

20. KANT, Immanuel. *1724-1804*. Crítica da razão pura. São Paulo: Abril Cultural, 1980. p. 39.

> Que todo o nosso conhecimento começa com a experiência, não há dúvida alguma, pois, do contrário, por meio do que a faculdade de conhecimento deveria ser despertada para o exercício senão através de objetos que tocam nossos sentidos e em parte produzem por si próprios representações, em parte põe em movimento a atividade do nosso entendimento para compará-las, conectá-las ou separá-las e, desse modo, assimilar a matéria bruta das impressões sensíveis a um conhecimento dos objetos que se chama experiência? *Segundo o tempo*, portanto, nenhum conhecimento em nós precede a experiência, e todo ele começa com ela.
>
> Mas embora todo o nosso conhecimento comece *com* a experiência, nem por isso todo ele se origina justamente *da* experiência. Pois poderia bem acontecer que mesmo o nosso conhecimento de experiência seja um composto daquilo que recebemos por impressões e daquilo que a nossa própria faculdade de conhecimento (apenas provocada por impressões sensíveis) fornece de si mesma, cujo aditamento não distinguimos daquela matéria-prima antes que um longo exercício nos tenha tornado atento a ele e nos tenha tornado aptos à sua abstração.
>
> Portanto, é pelo menos uma questão que requer uma investigação mais pormenorizada e que não pode ser logo despachada devido aos ares que ostenta, a saber se há um tal conhecimento independente da experiência e mesmo de todas as impressões dos sentidos. Tais *conhecimentos* denominam-se *a priori* e distinguem-se dos *empíricos*, que possuem suas fontes *a posteriori*, ou seja, na experiência.[21]

Apresentando de forma sintética, KANT destaca: (i) o conhecimento *a priori* ou puro, independentes da experiência, portanto, necessário e universal, e (ii) o conhecimento *a posteriori* ou empírico, dependente das sensações, logo, contingente e singular. Voltando-se para a estrutura *a priori* ou formal do conhecimento, o filósofo de Königsberg ainda apresenta o seguinte arquétipo *constructivista*: (i) a *estética transcendental* de apreensão das dimensões espaço-temporal, intuídas pela sensibilidade; e (ii) a *lógica (analítica e dialética) transcendental* de construção conceitual, pensados através de categorias do entendimento.

Aqui se abre um rápido parênteses sobre a *estética transcendental*. Ela traz consigo a noção de espaço e tempo, visto

21. Ibidem, p. 53.

que são formas *a priori* da sensibilidade (intuição pura), ganhando conteúdo ou matéria a partir da experiência fenomênica. Destaca-se, pois, quando se analisa a estrutura da *regra-matriz de incidência jurídica* – o que veremos adiante –, os critérios do espaço e do tempo estão contidos na lógica jurídica, sendo igualmente formas *a priori* de conhecimento do objeto jurídico, pela *intencionalidade* (dos agentes competentes) do direito. O espaço e o tempo jurídico, a propósito, adquirem conteúdo a partir dos fenômenos jurídicos (diplomas legais ou fatos jurídicos), ou seja, *significantes/suporte físico* com que se edifica a linguagem jurídica.

De tudo aqui exposto, o *constructivismo* ou a *constituição subjetiva* em KANT é, em última análise, a ideia de contermos, de forma inata, uma estrutura transcendental ou *a priori* com a qual se constrói o conhecimento dos objetos fenomênicos. Nas palavras do autor:

> A filosofia de Leibniz e Wolff indicou, por conseguinte, um ponto de vista inteiramente incorreto sobre a natureza e a origem dos nossos conhecimentos na medida em que considerou meramente lógica a diferença entre a sensibilidade e o intelecto. Esta é, na verdade, transcendental e se refere não apenas à forma da clareza ou obscuridade, mas à origem e ao conteúdo dos conhecimentos, assim que por meio da sensibilidade não conhecemos apenas confusamente a natureza das coisas em si mesmas, mas nem sequer a conhecemos e, tão logo eliminemos a nossa constituição subjetiva, em parte alguma se encontrará nem se poderá encontrar o objeto representado com as propriedades que a intuição sensível lhe atribuía na medida em que justamente esta constituição subjetiva determina a forma de tal objeto como fenômeno.[22]

Com a ideia *constructivista* do conhecimento, lançaram-se outros movimentos que caracterizariam a epistemologia do século XIX, tais como a dialética especulativa de HEGEL, dirigindo-se ao absoluto do *nôumeno*, e o positivismo messiânico de AUGUSTE COMTE, particularmente interessado no *fenômeno*; sem deixar de lado, claro, outras correntes de

22. Ibidem, p. 84.

magnânima importância, a lembrar da *vontade de potência* de NIETZSCHE, o existencialismo de KIERKEGAARD e o materialismo histórico de MARX e ENGELS.

A partir do início do século XX, com os limites do conhecimento traçados por KANT sobre a ideia de *fenômeno*[23], entra em cena um novo movimento metodológico da epistemologia liderado sobretudo por EDMUND HUSSERL: a fenomenologia. Na sua obra *investigações lógicas*, retomando o mesmo projeto empreendido por DESCARTES, HUSSERL combate o *naturalismo* (em particular, o *psicologismo*), distinguindo-o enquanto conhecimento empírico ou *a posteriori* dos conhecimentos puros ou *a priori*, este último responsável pelo alcance de uma apoditicidade necessária e universal das essências (ciência eidética). A consciência transcendental ou pura, na qual reside a razão analítica (lógica), é o campo apriorístico em que gravitam as significações constituídas das *ontologias regionais*[24], naquilo que se denominou como processos de *noesis* e *noema* da ação *intencional*.

Desta forma, a fenomenologia é um método de conhecimento das essências, como já dito, eis que percorre as estruturas do processo *noético-noemático* de formação das significações *intencionadas* da consciência. Ser consciente é ser consciente de alguma coisa [interna ou externa ao Eu (puro)], sendo esta coisa portadora de uma essência[25] (*eidos*), transcendentalmente apreensível.

O *reducionismo fenomenológico* propõe, deste modo, um recorte epistemológico no qual o mundo exterior é suspenso (*epoquê*) na formação de ontologias regionais (região ôntica dos objetos ideais, naturais, metafísicos e culturais), conforme

---

23. "O objeto indeterminado de uma intuição empírica denomina-se *fenômeno*" (KANT, Immanuel. 1724-1804. Crítica da razão pura. São Paulo: Abril Cultural, 1980. p. 71).

24. Regiões ônticas dos objetos naturais, culturais, ideais e metafísicos.

25. A fenomenologia de Husserl combateu frontalmente, enquanto ciência das essências, não apenas o psicologismo, mas sobretudo as ideias nominalistas, desenvolvidas por autores como Guilherme de Ockham e Thomas Hobbes.

a significação *intencionada* pela consciência, dirigindo-se às essências. Ilustrativamente:

REGIÕES ONTOLÓGICAS

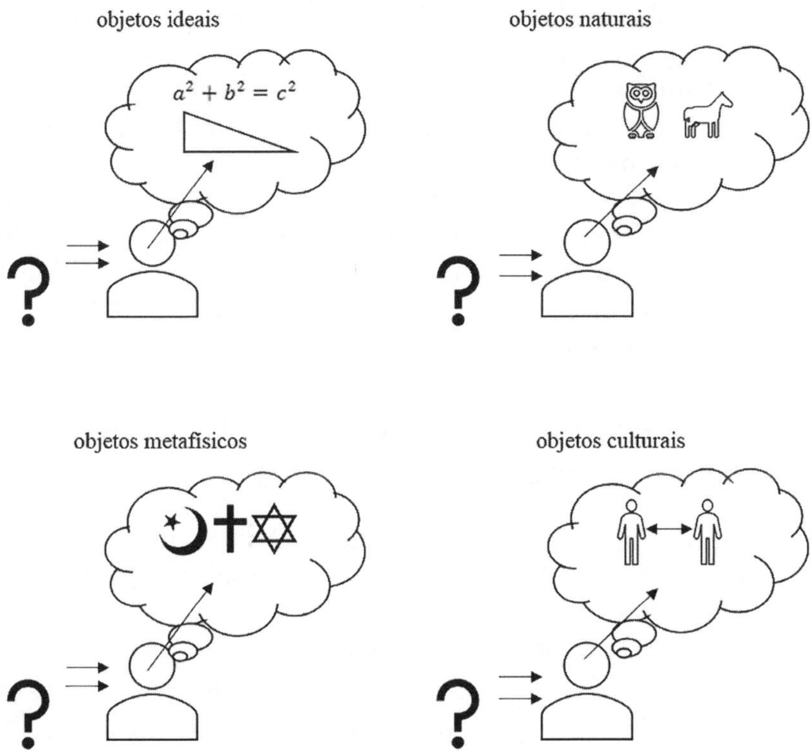

Em seus prolegômenos acerca da fenomenologia, HUSSERL explica:

> Todo pensar, e sobretudo todo pensar e conhecer teóricos, perfaz-se em certos "atos" que surgem em conexão com a fala em que se exprimem. Nesses atos está a fonte das unidades de validade, que estão perante aquele que pensa, como objetos do pensamento e do conhecimento, como suas leis e princípios explicativos, ou como teorias e ciências que lhe dizem respeito. Portanto, é também nesses atos que está a fonte das respectivas ideias gerais e puras, cujas conexões regidas por leis ideais a lógica pura quer explicitar, e cuja elucidação a crítica do conhecimento

> pretende levar a cabo. Evidentemente, muito já se ganhou para o trabalho da elucidação do conhecimento com a determinação da peculiaridade fenomenológica dos atos, como tais, dessa tão discutida e tão desconhecida classe de vivências. A inclusão das vivências lógicas nessa classe foi um importante passo inicial para a delimitação da compreensão analítica da esfera lógica e dos conceitos epistemológicos fundamentais.[26]

Portanto, se *a significação das expressões está na essência intencional dos atos correspondentes*[27], então é possível conceber a importância da linguagem na formação do conhecimento, eis que a ação intencional germinará para o sujeito cognoscente os símbolos possíveis de construção do mundo. A propósito, o próprio signo *mundo* é a prova dessa relação entre linguagem e conhecimento, pois o que se conhece do mundo é o que se pode dizer logicamente sobre ele[28].

6. A filosofia da linguagem de Schlick e o sistema de referência linguístico de Carnap

Em Viena, na metade do século XX, desenvolvia-se um movimento de grande preocupação epistemológica, sobretudo quanto a metodologia empregada nas ciências, o qual operou um *giro-linguístico* por aqueles conhecidos como membros do Círculo de Viena. São eles os positivistas lógicos ou neopositivistas.

Toda a ideia estava circunscrita na possibilidade de formação do conhecimento, com pretensões científicas, a começar de bases lógicas. Para isso, reconhecia-se a necessidade de uma linguagem rigorosa na construção das experiências observadas ou sentidas. Em outras palavras, a lógica, no seu sentido apriorístico, por guardar relações de universalidade e necessidade, conduz a passos firmes o sujeito cognoscente na construção de

---

26. HUSSERL, Edmund. *Investigações logicas:* sexta investigação: (elementos de uma elucidação fenomenológica do conhecimento). São Paulo: Nova Cultural, 2005. p. 25.

27. Ibidem, p. 26.

28. WITTGENSTEIN, Ludwig. *Tractatus logico-philosophicus*. São Paulo: Ed. da Universidade de São Paulo, 1968. p. 129.

suas proposições sobre o mundo, com vistas à comunicação e ao convencimento de uma realidade social intersubjetiva possível, em virtude das bases apodíticas empregadas.

Dentre os autores que se destacaram como filósofos da linguagem estão MORITZ SCHLICK e RUDOLF CARNAP. Representantes do positivismo lógico, ambos reconheciam o papel essencial das proposições – descrição de um estado de coisas possíveis no mundo – para a formulação da estrutura e conhecimento científicos. Nas palavras de SCHLICK:

> Uma vez que os atos psíquicos de julgamento só se apresentam como aptos a servir para fundamentar o conhecimento intersubjetivamente válido, se forem traduzidos em uma expressão oral ou escrita, isto é, em um sistema psíquico de sinais, chegou-se a considerar como "proposições fatuais" certas proposições faladas, escritas ou impressas, ou seja, certos conjuntos de sinais constantes de sons e tinta, os quais, se os transpusermos das abreviações usuais para o modo completo de falar, significariam aproximadamente o seguinte: "o Sr. N. N. observou isto neste tempo e neste lugar concretos".
>
> Na verdade, se refizermos o itinerário pelo qual na realidade chegamos a tudo o que sabemos, deparamos sempre com estas mesmas fontes: frases impressas em livros, palavras saídas da boca do mestre, observações próprias.
>
> Segundo esta tese, os enunciados fatuais constituiriam acontecimentos reais no mundo, devendo preceder temporalmente aos outros processos reais nos quais consiste a "estrutura da ciência" ou também a formulação do conhecimento de um indivíduo.
>
> Não sei até que ponto a distinção aqui feita entre a prioridade lógica e a prioridade temporal das proposições fatuais corresponde à distinção expressa nas opiniões efetivamente defendidas por determinados autores – porém isto carece totalmente de relevância.
>
> Com efeito, não nos interessa distinguir quem está certo, mas o *que* está certo. Para isto prestará bons serviços a referida distinção dos dois pontos de vista.
>
> Na verdade, as duas concepções são compagináveis, porquanto as frases que registram meros dados de observação e estão temporalmente no início, poderiam ao mesmo tempo ser as que, graças à sua estrutura, devem constituir o ponto de partida lógico da ciência.[29]

29. SCHLICK, Moritz; CARNAP, Rudolf. *Coletânea de textos*. São Paulo: Abril Cultural, 1980. p. 67.

O encadeamento sintático das proposições, portanto, representado pela disposição lógica dos signos entre si, confere um critério (ou método) de *veracidade* para a construção de um conhecimento que se pretenda científico. A ciência, porquanto busque representar a representação *verdadeira* dos fatos, encontrará o critério da verdade na concordância das proposições entre si, emitidas sobre um fenômeno. Ainda nas palavras de SCHLICK:

> Que critério nos resta então para discernir a verdade?
>
> Uma vez que não pode ocorrer que todas as afirmações da ciência devam orientar-se segundo enunciados fatuais bem determinados, mas antes deve ser assim que todas as proposições devem orientar-se segundo todas – sendo que cada uma delas é considerada em princípio como reformável –segue-se que a verdade só pode consistir *na concordância das proposições entre si*.[30]

Tal qual em FRANCIS BACON, a experiência continua sendo o ponto de largada para o conhecimento científico – não é sem razão que *neopositivistas* também são conhecidos como *empiristas lógico*. No entanto, como vimos em KANT e HUSSERL, por força de estruturas *a priori* na intencionalidade da consciência, opera-se um *recorte epistemológico* ou *reducionismo fenomenológico*, cujos dados das sensações são selecionados e contornados conceitualmente, de forma a permitir a emissão de proposições a respeito de um possível objeto ou entidade sob exame; donde se conclui que os objetos ou entidades sob o exame da ciência são construídos pela linguagem, cuja clareza e *objetividade* são, em grande medida, dependentes da rigorosidade sintática aplicada às proposições formuladas.

Então, em poucas palavras, o objeto é construído pela linguagem, enquanto fenômeno, no entanto, nunca efetivamente o tocando, o objeto "em-si" mesmo enquanto nôumeno – graficamente representado por uma curva assintótica (fenômeno),

30. Ibidem, p. 69.

cuja linha jamais encosta nos eixos das abcissas e ordenadas (nôumeno). Veja-se:

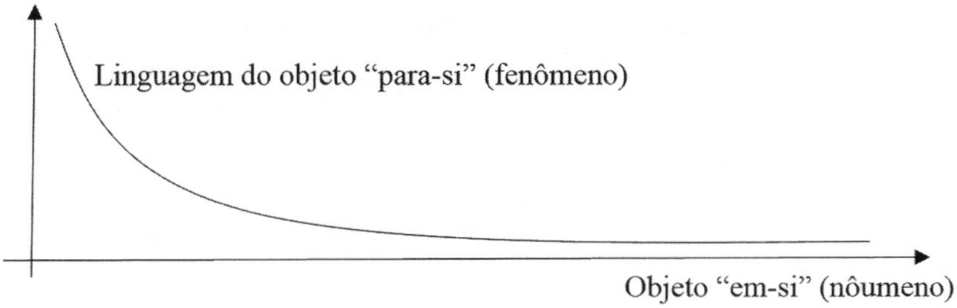

A linguagem, por seu turno, corresponde invariavelmente a um *sistema de referência linguístico*, conforme explicará Rudolf Carnap, na qual as *entidades* (objetos "para-si") da realidade *aparecem* à consciência. Veja-se:

> Se alguém deseja falar em sua linguagem acerca de um novo tipo de entidade, deve introduzir um sistema de novas maneiras de falar, sujeito a novas regras; chamaremos a esse procedimento de construção de um *sistema de referência* linguístico para as novas entidades em questão. E agora devemos distinguir dois tipos de questões de existência: em primeiro lugar, as questões da existência de certas entidades do novo tipo *no interior do sistema de entidades* representado pelo sistema linguístico de referência; chamamo-las de *questões internas*; e, em segundo lugar, as questões concernentes à existência ou à realidade *do sistema de entidade como um todo*, chamadas de *questões externas*. Formulam-se as questões internas e suas possíveis respostas com a ajuda das novas formas de expressões. Pode-se encontrar as respostas ou através de métodos puramente lógicos ou através de métodos empíricos, dependendo de o sistema de referência ser lógico ou fatual.[31]

Carnap, então, relaciona a realidade com a linguagem; esta, por sua vez, ao seu respectivo *sistema de referência linguístico*, de tal sorte que, antes de falarmos do que seja a *realidade*, é preciso compreender dentro de qual sistema de linguagem ela e

31. Ibidem, p. 114.

suas correspondentes *entidades* são construídas pelo sujeito cognoscente. É possível ilustrar da seguinte forma:

SISTEMAS DE REFERÊNCIA LINGUÍSTICO

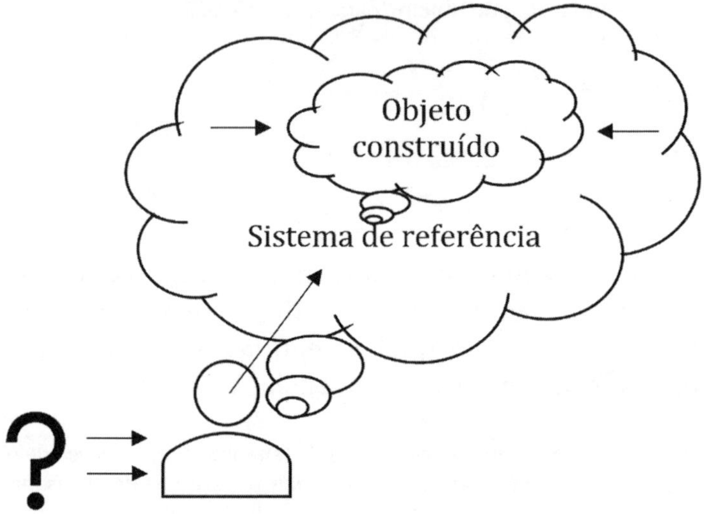

Nas palavras do autor:

> Reconhecer alguma coisa como uma coisa ou evento real significa ter sucesso em incorporá-la no sistema das coisas em uma posição espaço-temporal particular de tal forma que ela se acomode às outras coisas reconhecidas como reais, segundo as regras do sistema de referência.
>
> Aqueles que levantaram a questão da realidade do próprio mundo das coisas talvez não tivessem em mente uma questão teórica como sua formulação parece sugerir, mas, ao contrário, uma questão prática, uma questão de decisão prática concernente à estrutura de nossa linguagem. Devemos fazer a escolha de aceitar e usar ou não as formas de expressão do sistema de referência em questão.[32]

Se a linguagem cria as entidades de uma potencial realidade, então é possível falarmos de uma *linguagem jurídica* que

32. Ibidem, p. 115.

cria as entidades do direito? Ou, colocando de outra forma, qual o *sistema de referência linguístico* do direito, que permite a criação dos *objetos jurídicos*? O jurista e filósofo austríaco, HANS KELSEN, que também participou do Círculo de Viena, estabelece, em seu *opus magnum*, uma teoria pura ou *a priori* do direito, concernida com os limites transcendentais para o conhecimento do objeto jurídico – tema do tópico seguinte.

7. A (meta)linguagem jurídica de Kelsen

A *pureza* da teoria kelseniana reside no estabelecimento de uma estrutura *a priori* para o conhecimento do objeto jurídico. Em uma palavra: metodologia. À vista disso, a *norma hipotética fundamental* tem o papel formal de estabelecer um pressuposto lógico-transcendental (princípio epistemológico), que condiciona a possibilidade de conhecimento do direito, formulando-o dentro de um *sistema de referência* de proposições prescritivas. Em duas palavras: dogmática jurídica ou, se preferir, direito positivo. Pode-se ilustrar da seguinte forma:

SISTEMAS DE REFERÊNCIA DO DIREITO POSITIVO

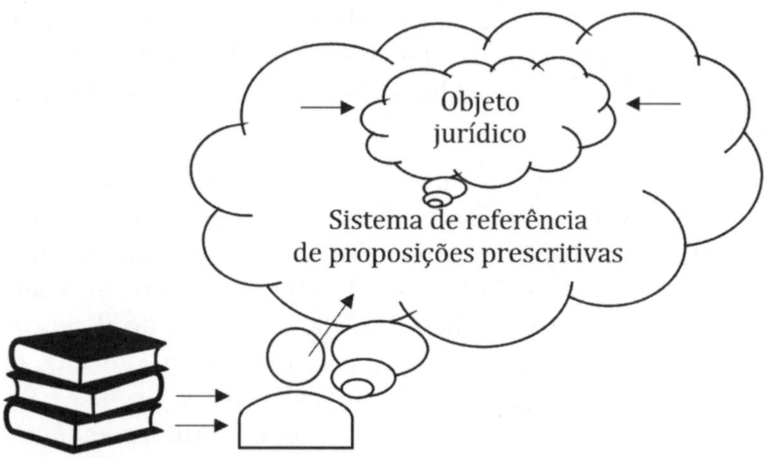

Confira as palavras do autor:

> Assim como Kant pergunta: como é possível uma interpretação, alheia a toda metafísica, dos fatos dados aos nossos sentidos nas leis naturais formuladas pela ciência da natureza, a Teoria Pura do Direito pergunta: como é possível uma interpretação, não reconduzível a autoridades metajurídicas, como Deus ou a natureza, do sentido subjetivo de certos fatos como um sistema de normas jurídicas objetivamente válidas descritíveis em proposições jurídicas? A resposta epistemológica (teorético-gnoseológica) da Teoria Pura do Direito é: sob a condição de pressupormos a norma fundamental: devemos conduzir-nos como a Constituição prescreve, quer dizer, de harmonia com o sentido subjetivo do ato de vontade constituinte, de harmonia com as prescrições do autor da Constituição. A função desta norma fundamental é: fundamentar a validade objetiva de uma ordem jurídica positiva, isto é, das normas, postas através de atos de vontade humanos, de uma ordem coerciva globalmente eficaz, quer dizer: interpretar o sentido subjetivo destes atos como seu sentido objetivo.[33]

As proposições formuladas dentro do referido sistema dogmático possuem, em sua base sintática ou lógica, o sentido de imputação ou, se preferir, são modalizados deônticamente, em que, *se A, então deve-ser B* ou *D* (*h*→*c*), respectivamente. Concerne ao *princípio da homogeneidade sintática* da norma, em que, a despeito da diversidade do seu sentido material, conforme o *princípio da heterogeneidade semântica*, toda linguagem normativa se edifica sobre uma mesma estrutura formal ou apriorística.

Diante disso, é importante esclarecer a separação que KELSEN faz da Ciência do Direito, empreendida pelo cientista, do próprio Direito, produzido pelas autoridades jurídicas. As proposições formuladas pelo cientista do direito são descritivas do objeto jurídico (ato de descrição do direito), cuja base sintática é dada pela lógica alética ou apofântica (*Sein*), enquanto as proposições formuladas pelos órgãos e autoridades do direito são prescritivas de condutas sociais (ato de

---

33. KELSEN, Hans. *Teoria pura do direito*. 7. ed. São Paulo: M. Fontes, 2006. p. 225-226.

produção do direito), cuja base sintática, como dito acima, é dada pela lógica deôntica (*Sollen*). De acordo com KELSEN:

> Na medida, porém, em que as normas jurídicas são expressas em linguagem, isto é, em palavras e proposições, podem elas aparecer sob a forma de enunciados do mesmo tipo daqueles através dos quais se constatam fatos. [...] Do que se trata, porém, não é da forma verbal, mas do sentido do ato produtor de Direito, do ato que põe a norma. E o sentido deste ato é diferente do sentido da proposição jurídica que descreve o Direito. Na distinção entre proposição jurídica e norma jurídica ganha expressão a distinção que existe entre a função do conhecimento jurídico e a função, completamente distinta daquela, da autoridade jurídica, que é representada pelos órgãos da comunidade jurídica. A ciência jurídica tem por missão conhecer – de fora, por assim dizer – o Direito e descrevê-lo com base no seu conhecimento. Os órgãos jurídicos têm – como autoridade jurídica – antes de tudo por missão produzir o Direito para que ele possa então ser conhecido e descrito pela ciência jurídica.[34]

Existem, pois, proposições descritivas e proposições prescritivas do direito. Atendo-se as estas últimas, o direito, enquanto expressão linguística, constrói-se, no sentido *constructivista* de Kant, sobre uma plataforma lógico-transcendental deôntica, na qual se enlaçam proposições-pressuposto e proposições-consequente, por força de atos de vontade de uma autoridade competente, dando origem as normas *stricto sensu*[35]. Confira as palavras do autor:

> Na proposição jurídica não se diz, como na lei natural, que, quando A é, B é, mas que, quando A é, B deve ser, mesmo quando B, porventura, efetivamente
>
> não seja. O ser o significado da cópula ou ligação dos elementos na proposição jurídica diferente do da ligação dos elementos na lei natural resulta da circunstância de a ligação na proposição jurídica ser produzida através de uma norma estabelecida pela autoridade jurídica – através de um ato de vontade, portanto

34. Ibidem, p. 81.

35. Linguagem jurídica endereçada aos "sujeitos-de-direito" de forma a comunicar a mensagem reguladora de suas condutas.

> – enquanto que a ligação de causa e efeito, que na lei natural se afirma, é independente de qualquer intervenção dessa espécie.
>
> [...] Quando a proposição jurídica é aqui formulada com o sentido de que, sob determinados pressupostos, deve realizar-se uma determinada consequência, isto é, quando a ligação, produzida por uma norma jurídica, dos fatos estabelecidos como pressuposto e consequência e expressa na proposição jurídica pela cópula "deve (-ser)" (Sollen), esta palavra não é empregada no seu sentido usual – como já notamos acima e deve uma vez mais ser bem acentuado. Com "dever-ser" exprime-se usualmente a ideia do ser- prescrito, não a do ser-competente (ser-autorizado) ou a do ser-permitido. O dever-ser jurídico, isto é, a cópula que na proposição jurídica liga pressuposto e consequência, abrange as três significações: a de um ser-prescrito, a de um ser-competente (ser-autorizado) e a de um ser(positivamente)-permitido das consequências. Quer isto dizer: com o "dever-ser" (Sollen) que a proposição jurídica afirma são designadas as três funções normativas. Este "dever-ser" apenas exprime o específico sentido com que entre si são ligados ambos os fatos através de uma norma jurídica, ou seja, numa norma jurídica.[36]

Então, se tanto a ciência do direito quanto o direito são construídos na esteira do encadeamento, mais ou menos precisos, de proposições, conclui-se daí que níveis de linguagens jurídicas são produzidos, onde haverá: (i) a linguagem-objeto do direito positivo; (ii) a metalinguagem material da ciência do direito; e (iii) a metalinguagem formal da lógica (deôntica) do direito.

Colocando de forma simples, sobre o direito é possível enunciá-lo: (i) prescrevendo-o (linguagem-objeto); (ii) descrevendo-o substancialmente (metalinguagem material); ou (iii) descrevendo-o estruturalmente (metalinguagem formal). O direito, assim, consegue se expressar em linguagens e metalinguagens jurídicas, tudo a depender da consciência e dos *modos de relacionar os dados da experiência* (ser ou dever-ser)[37]. Nas palavras do filósofo e jurista pernambucano, Lourival Vilanova:

---

36. KELSEN, Hans. *Teoria pura do direito*. 7. ed. São Paulo: M. Fontes, 2006. p. 87.

37. VILANOVA, Lourival. *Escritos jurídicos e filosóficos*. São Paulo: Axis Mundi: Ibet, 2003. v. II, p. 103.

> [...] se a linguagem do direito positivo é *linguagem-objeto L*, então a linguagem da ciência que fala sobre essa linguagem primeira é *metalinguagem, M (L)*. É possível linguagem lógica, que relativamente a *M (L)*, é *M (M(L))*. Ou seja, uma metametalinguagem. A linguagem da ciência jurídica é *metalinguagem material*. *Metalinguagem formal* somente o é a lógica.[38]

Procedendo dessa experiência fenomenológica da linguagem jurídica, na qual símbolos jurídicos – portadores de dimensões sintáticas, semânticas e pragmáticas – são constituídos pela *intencionalidade* da consciência (proposições jurídicas), revela-se o *constructivismo lógico-semântico*, desenvolvida por LOURIVAL VILANOVA, um instrumento precioso de análise e construção do conhecimento do direito.

8. O constructivismo lógico-semântico de Lourival Vilanova e a regra-matriz de incidência de Paulo de Barros Carvalho

O *constructivismo lógico-semântico* é, antes de tudo, uma metodologia, cujas estruturas lógico-transcendentais ou *a priori* estabelecem bases rigorosas de construção da linguagem (e, assim, da realidade), em que se expressará o conhecimento jurídico. Na expressão de LOURIVAL VILANOVA, *se a metodologia é lógica aplicada a cada setor do conhecimento científico, cabe uma lógica jurídica como metodologia do conhecimento jurídico*[39].

Por isso, a começar de uma base sintática necessária e universal às proposições jurídicas (alética ou deôntica), o método fenomenológico de prosseguir no processo *constructivista* de significação dos símbolos jurídicos, apreendidos pela *intuição eidética*, dão o tom *lógico-semântico* de rigorosidade necessária para: (i) produzir a linguagem-objeto do direito; (ii) construir a metalinguagem material ou científica do direito; e (iii) verificar a apoditicidade da metalinguagem formal do direito.

38. Ibidem, p. 32.

39. Ibidem, p. 16.

Importante reforçar que, como vimos em Husserl e Kelsen, a figura da consciência e dos atos de vontades estarão sempre presentes, sobretudo no nível comunicacional ou intersubjetivo da norma, quando se tratar de linguagem jurídica. Em palavras finais, não há direito ou realidade jurídica onde não há consciência e atos de vontade.

As estruturas lógicas, na formação de proposições (pressuposto e consequente) e, portanto, normas jurídicas, conferem o eixo sintático necessário para a edificação do sistema dogmático. Lourival Vilanova, sob forte influência daqueles referidos autores austríacos, lançou-se para um profundo exame dessa relação entre a estrutura transcendental e o sistema de referência linguístico do direito, do qual o resultado é encontrado na obra *as estruturas lógicas e o sistema de direito positivo*. Não é por outra razão que o filósofo pernambucano reforça, na abertura de seu livro, a ideia segundo a qual *a experiência da linguagem é o ponto de partida para a experiência das estruturas lógicas*[40].

A estrutura da norma, como vimos em Kelsen, é composta por uma proposição-pressuposto e uma proposição-consequente, enlaçadas por um functor deôntico neutro, donde aquela descreve (*descritor*) uma situação possível de ocorrência factual, enquanto esta prescreve (*prescritor*) uma conduta intersubjetiva[41], submetida aos valores modais *obrigatório*, *proibitivo* ou *permissivo* – não se olvidando, aqui, da *interdefinibilidade dos modais deônticos*[42]. Nas palavras de Lourival:

> Se simbolizarmos a proposição-hipótese por *p* e a proposição-tese por *q*, e a relação implicacional por "→", a fórmula do primeiro membro da proposição jurídica seria "D (p→q)", onde *D* é

---

40. Ibidem p. 3.

41. Princípio da bidimensionalidade ontológica norma, haja vista que a norma constituída, ao tempo que declara um fato (efeito declaratório) igualmente constitui uma obrigação (efeito constitutivo).

42. Em linguagem simbólica: V(p) ≡ O (-p) ≡ P(p).

> o functor (o sincategorema que indica a operação deôntica) incidente sobre a *relação interproposicional.*[43]

Ou seja, o *constructivismo lógico-semântico* reverbera a seriedade que deve ser dada ao exame da dimensão formal da linguagem jurídica, bem como aos processos fenomenológicos de construção dos símbolos jurídicos e respectivas manifestação proposicionais do deôntico, cujo mínimo irredutível é assim estruturado: *D(p→q)*.

Diante disso, a *regra-matriz de incidência* representa o maior desenvolvimento teórico do *constructivismo lógico-semântico*. Nas palavras do próprio autor, PAULO DE BARROS CARVALHO, *o esquema da regra-matriz é um desdobramento aplicativo do "constructivismo lógico-semântico" sugerido com tanta precisão na obra e no pensamento de Lourival Vilanova*[44].

Enquanto método de construção da norma jurídica em sentido estrito, a *regra-matriz* apresenta os parâmetros formais que compõe a estrutura normativa *D(p→q)*, de tal modo que o processo de conhecimento das proposições jurídicas organiza-se ao abrigo de minuciosas bases analíticas, potencializando tanto a experiência fenomenológica quanto a compreensão da linguagem jurídica. Conforme o autor da obra *Direito tributário – linguagem e método*:

> A construção da regra-matriz de incidência, como instrumento metódico que organiza o texto bruto do direito positivo, propondo a compreensão da mensagem legislada num contexto comunicacional bem concebido e racionalmente estruturado, é um subproduto da teoria da norma jurídica, o que significa reconhecer tratar-se de contribuição efetiva da Teoria Geral e da Filosofia do Direito, expandindo as fronteiras do território científico.[45]

---

43. VILANOVA, Lourival. *Escritos jurídicos e filosóficos*. São Paulo: Axis Mundi: Ibet, 2003. v. II, p. 3.

44. CARVALHO, Paulo de Barros. *Direito tributário* – linguagem e método. 6. ed. São Paulo: Noeses, 2015. p. 153.

45. Idem.

Com isso, dada uma mesma estrutura para todas as normas, a lembrar, *D(p→q)*, em que *p* refere-se a uma proposição-pressuposto, identificada como um fato possível, e *q* uma proposição-consequente, referente a prescrição de uma conduta, Paulo de Barros Carvalho identifica os critérios necessários para, formalmente, constituir *p* e *q*, a saber: (i) critérios material, espacial e temporal constituem *p* (proposição-pressuposto); (ii) critérios pessoal e prestacional constituem *q* (proposição-consequente).

Na norma jurídico-tributária, esses critérios suscitados tomam a seguinte forma lógica: *D{[cm(v.c).ce.ct]→[cp(sa.sp).cq(bc.al)]}*; em que *D* é o *dever-ser* neutro; *cm* é o critério material, integrado de um verbo mais um complemento (*v.c*); *ce* é o critério espacial; *ct* é o critério temporal; . e → são, respectivamente, o *conectivo conjuntor* e *conectivo condicional*; *cp* é o critério pessoal, fundado de sujeitos-de-direito; *cq* é o critério quantitativo ou, ainda, dimensional da obrigação jurídica, representado nas relações tributárias por uma base de cálculo (*bc*) e uma alíquota (*al*). Veja-se a seguinte ilustração:

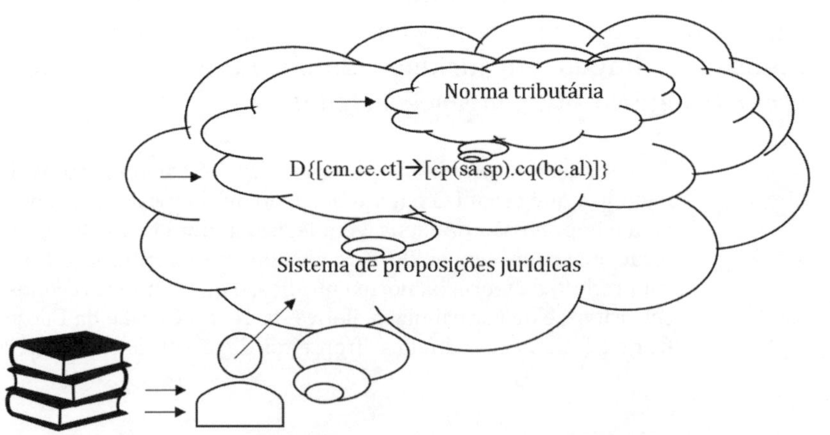

Tal qual em Kant, em que a estrutura *a priori* do conhecimento arquiteta a possibilidade de experiência das dimensões espaciais e temporais, ou seja, a *estética transcendental*, a *regra-matriz de incidência*, por sua vez, também apresenta, pode-se afirmar, uma *estética transcendental jurídica*, que possibilita a experiência das dimensões espaciais e temporais jurídicas, dentro do *sistema de referência linguístico* do direito positivo. Mas não somente, porquanto a *regra-matriz* traz, nos seus demais critérios, as condições transcendentais das quais se possibilita a formação de obrigações jurídicas, de tal sorte a alterar, por meio de atos de vontades, a realidade social. Nas palavras de LOURIVAL VILANOVA:

> Altera-se o mundo físico mediante o trabalho e a tecnologia, que o potencia em resultados. E altera-se o mundo social mediante a linguagem das normas, uma classe da qual é a linguagem das normas do Direito.[46]

Conclui-se, nesses termos, que a *regra-matriz de incidência* é a estrutura lógico-transcendental sem a qual resta impossibilitada a experiência da linguagem jurídica. No que lhe concerne, a linguagem jurídica deriva da experiência fenomenológica dos símbolos jurídicos, estes constantes dos *sistemas de referência* do direito positivo, nos quais a consciência lança-se para a construção da norma, no seu mínimo irredutível de manifestação deôntica, mais ou menos concatenada, a depender da rigorosidade *lógico-semântica* empregada pelo sujeito cognoscente.

9. Conclusão

De DESCARTES até PAULO DE BARROS CARVALHO, retratou-se, em passagens demasiadamente gerais, apenas a título de introdução ao estudo do construtivismo lógico-semântico, as reflexões epistemológicas, bem verdade, metodológicas, pode-se dizer, empreendidas ao longo de cinco séculos (de XVII até XXI), por colossais pensadores da filosofia.

Com DESCARTES e FRANCIS BACON, no século XVII, constatou-se métodos distintos – aquele racionalista e este empirista

46. VILANOVA, Lourival. *As estruturas lógicas e o sistema do direito positivo.* São Paulo, Noeses, 2005. p. 42.

– na formação da ciência moderna. Depois foi a vez das reflexões epistemológicas de LOCKE e LEIBNIZ acirrarem, ainda mais, a disputa pelo domínio da origem do conhecimento legítimo. No século XVIII, DAVID HUME propõe um empirismo mitigado – talvez, um ceticismo moderado –, no qual a participação da experiência, não obstante um papel fundamental para a aquisição do conhecimento, apresenta-se insuficiente, quando não operada pela mente no engendramento de causalidades factuais, orquestradas segundo um hábito.

Porém, ainda no mesmo século, IMMANUEL KANT é quem impôs os limites do conhecimento ou, se preferir, o que se é possível conhecer, restringido o mesmo aos *fenômenos* construídos por intermédio de uma estrutura cognitiva transcendental. As perspectivas epistemológicas racionalista e empirista viram-se, logo, enlaçadas por um método de *constituição subjetiva* ou *constructivista* de produção do conhecimento, naquilo que KANT chamou de *giro-copernicano*, em que a supremacia do entendimento deixou de advir do objeto, e passou a decorrer do sujeito.

No fim do século XIX, sucede-se tanto a fenomenologia de EDMUND HUSSERL quanto a filosofia da linguagem empreendida por aqueles do chamado Círculo de Viena, como SCHLICK e CARNAP, cuja preocupação, na abertura do século XX, no campo das reflexões epistemológicas, estava sobremaneira na rigorosidade do método para a construção do conhecimento científico. A bem da verdade, respeitadas os particulares de ambos movimentos, adquiriu-se notável posição de destaque as considerações feitas sobre *proposições* e correspondentes *significações*, haja vista que a realidade, assim experimentada e apreendida pela *intencionalidade* da consciência, é construída em cima de suportes (ou *sistemas de referências*) linguísticos. Assim sendo, a realidade ou, em termos fenomenológicos, regiões ontológicas, é construída mediante a linguagem, pois, como dirá MARTIN HEIDEGGER, *a linguagem é a morada do ser*.

Com isso, o estudo das dimensões sintática, semântica e pragmática da linguagem se representam fundamentais na formação desse paradigma científico, cujos contornos não se limitaram às ciências naturais, mas avançaram para o campo das ciências jurídicas. Sendo assim, mostrará HANS KELSEN, substitui-se a estrutura alética, em que *quando A é, então B é*, para uma estrutura deôntica, em que *quando A é, então B deve-ser*, sempre que, por intermédio dos *atos objetivantes*[47], as proposições construídas sejam prescritivas, atendendo a estrutura formal $D(p \rightarrow q)$, conforme o *princípio da homogeneidade sintática* de toda norma.

Então, do ponto de vista da fenomenologia jurídica, conquanto a lógica alética aplica-se como metodologia para o domínio dos objetos naturais, a lógica deôntica aplica-se como metodologia para o domínio dos objetos normativos, em que, distintamente da inexorabilidade causal daqueles fenômenos, a condução da ação humana é um enunciado a ser considerado. O construtivismo lógico-semântico de LOURIVAL VILANOVA, bem como a regra-matriz de incidência de PAULO DE BARROS CARVALHO surgem como o resultado de uma profunda reflexão metodológica para a construção de uma ciência do direito, debruçando-se, principalmente, sobre as estruturas lógico-semânticas da linguagem jurídica. Com isso, na operação cognitiva do sujeito que é defrontado com o suporte físico do direito tributário – área jurídica de consagração do jurista e filósofo PAULO DE BARROS CARVALHO –, a forma lógica $D(p \rightarrow q)$ desdobra-se na seguinte regra-matriz de incidência: $D\{[cm(v.c).ce.ct] \rightarrow [cp(sa.sp).cq(bc.al)]\}$.

Sem a regra-matriz de incidência, destitui-se as condições sintáticas de condição de possibilidade da linguagem (ou realidade) jurídica. O seu estudo, por isso, atende ao propósito científico de estabelecimento da necessária rigorosidade lógico-semântica na apreensão das *significações* que constituem o sistema jurídico, auxiliando tanto a prescrição quanto a descrição deste fenômeno linguístico, executadas, respectivamente, pelo operador e cientista do direito.

Referências

BACON, Francis. *Novum organum ou verdadeiras indicações acerca da interpretação da natureza; Nova Atlântida*. São Paulo: Nova Cultural, 2005.

---

47. VILANOVA, Lourival. *Escritos jurídicos e filosóficos*. São Paulo: Axis Mundi; Ibet, 2003. v. II, p. 23.

CARVALHO, Paulo de Barros. *Direito tributário* – linguagem e método. 6. ed. São Paulo: Noeses, 2015.

DESCARTES, René. *Discurso do método; As paixões da alma; Meditações*. São Paulo: Nova Cultural, 2004.

KELSEN, Hans. *Teoria pura do direito*. 7. ed. São Paulo: M. Fontes, 2006.

HUME, David. *Investigação acerca do entendimento humano*. São Paulo: Nova cultural.

HUSSERL, Edmund. *Investigações logicas:* sexta investigação: (elementos de uma elucidação fenomenológica do conhecimento). São Paulo: Nova Cultural, 2005.

LEIBNIZ, Gottfried Wilhelm Freiherr von. *Novos ensaios sobre o entendimento humano*. São Paulo: Nova Cultural, 2004.

LOCKE, John. *Ensaio acerca do entendimento humano*. São Paulo: Nova Cultural, 2005.

LUHMANN, Niklas. *Introdução à teoria dos sistemas*. Tradução Ana Cristina Arantes Nasser. Petrópolis: Vozes, 2009.

SCHLICK, Moritz; CARNAP, Rudolf. *Coletânea de textos*. São Paulo: Abril Cultural, 1980.

VILANOVA, Lourival. *As estruturas lógicas e o sistema do direito positivo*. São Paulo, Noeses, 2005.

______. *Escritos jurídicos e filosóficos*. São Paulo: Axis Mundi: Ibet, 2003. v. II.

WITTGENSTEIN, Ludwig. *Tractatus logico-philosophicus*. São Paulo: Ed. da Universidade de São Paulo, 1968.

O CONSTRUCTIVISMO LÓGICO-SEMÂNTICO E OS PRECEDENTES JUDICIAIS

Carla de Lourdes Gonçalves[1]

Sumário: 1. Considerações iniciais. 2. Do Processo de Interpretação do Julgador diante do Precedente. 2.1. A interpretação perante o *Civil Law*. 2.2. Interpretação perante o *Common Law*. 3. Conclusões. Referências.

1. Considerações iniciais

O constructivismo lógico-semântico traduz-se em um dos pilares do estudo do Direito. Sua interdisciplinariedade e aplicabilidade são capazes de conduzir ao estudo aprofundado de temas jurídicos, propiciando o apontamento de caminhos para o deslinde de controvérsias sob uma proposta epistemológica sólida.

Paulo de Barros Carvalho[2] destaca que as bases do constructivismo lógico-semântico estão assentadas na hermenêutica, na interpretação, na comunicação. Assim, os atos de fala e a

---

1. Mestre e Doutora em Direito Tributário pela Pontifícia Universidade Católica de São Paulo – PUC/SP. Professora nos Cursos de Especialização em Direito Tributário do Instituto Brasileiro de Estudos Tributários (IBET) e da Pontifícia Universidade Católica de São Paulo – PUC/SP. Advogada em São Paulo.

2. CARVALHO, Paulo de Barros. Constructivismo lógico-semântico. In: CARVALHO, Paulo de Barros et al. *Constructivismo lógico-semântico* São Paulo: Ed. Noeses, 2018. v. II, p. 01 e ss.

interpretação sistemática são essenciais para a completude do processo comunicacional. Como bem registra Priscila de Souza[3]

> O direito nada mais é do que a conjugação de inúmeros processos comunicativos, tendo início com a elaboração das normas gerais e abstratas pelo legislador, que, submetendo-se às regras do sistema para criação de normas, inicia o processo com um ato de fala, produzido na enunciação.

Vê-se, assim, que a linguagem, aliada ao processo interpretativo, exerce papel de fundamental relevo para constructivismo lógico-semântico. Aplicando-se essa premissa ao tema que se propõe analisar neste breve estudo, conclui-se que tais elementos são essenciais na edificação das decisões judiciais. Registrem-se, sob esse prisma, as lições de Aurora Tomazini de Carvalho[4] ao consignar que "vislumbra-se na linguagem da norma individual e concreta resultante da incidência, a existência de atos decisórios, em virtude dos valores positivados pelo aplicador".

Conclui-se, assim, que a decisão judicial é fruto da interpretação, que restará impregnada da carga axiológica do aplicador do direito. Resta-nos, assim, aprofundar o método interpretativo que possibilita a construção da norma individual e concreta da decisão judicial.

2. Do processo de interpretação do julgador diante do precedente

A interpretação exerce papel fundamental na prolação de decisões, quer seja naquelas nas quais o julgador, livremente, diante dos fatos a ele apresentados, forma seu livre convencimento motivado mediante a interpretação do ordenamento

3. SOUZA, Priscila. Notas sobre a linguagem normativa entre o direito positivo e a Ciência do Direito. In: CARVALHO, Paulo de Barros et al. *Constructivismo lógico--semântico* São Paulo: Ed. Noeses, 2018. v. II, p. 134.

4. CARVALHO, Aurora Tomazini. *Curso de teoria geral do direito*. 5. ed. São Paulo: Ed. Noeses, 2016. p. 530.

jurídico, bem como quando o julgador está jungido à aplicação do precedente.

Note-se que onde há texto, há interpretação. Mesmo diante da mais simplista proposição ou enunciado prescritivo, haverá interpretação por parte do aplicador do direito. Sempre se verificará a introdução de normas concretas no ordenamento, denominadas decisões, cravadas das convicções e valores do julgador.

Bianor Arruda Bezerra Neto[5], a partir das categorias do constructivismo lógico-semântico estabelece os requisitos para a "construção" de uma decisão judicial, a saber:

> (i) um enunciado normativo válido que funcionará como o critério maior de suas conclusões; (ii) um processo de construção interpretativo da norma jurídica válida a partir do enunciado mencionado no item anterior; (iii) um processo de reconstrução dos fatos a partir das provas constantes dos autos; (iv) um procedimento dialético que assegure a participação das partes em conflito; (v) a qualificação jurídica dos fatos com base na norma jurídica construída e nos fatos tidos como provados; (vi) a elaboração da norma jurídica de decisão; (vii) um texto argumentativo válido capaz de justificar todas as conclusões parciais condutoras da conclusão final da decisão judicial.

Como bem assevera Paulo de Barros Carvalho[6], para se iniciar a interpretação é preciso travar contato com a literalidade do texto jurídico e iniciar o denominado "percurso gerativo de sentido" com os seus 4 planos: S1 (plano dos enunciados), no qual o intérprete analisará o suporte físico do texto jurídico e identificará os seus enunciados; S2 (plano das proposições) no qual o aplicador interpretará os enunciados para a formação de significados mediante a construção de proposições; S3 (plano das normas jurídicas), no qual o intérprete estruturará as proposições visando a prescrição de condutas

5. BEZERRA NETO, Bianor Arruda. Construção e justificação da decisão judicial – roteiro e contribuições do constructivismo lógico-semântico. In: CARVALHO, Paulo de Barros et al. *Constructivismo lógico-semântico* São Paulo: Ed. Noeses, 2018. v. II p. 398.

6. CARVALHO, Paulo de Barros. *Direito tributário, linguagem e método*. 6. ed. São Paulo: Noeses, 2015. p. 476.

e, por fim, o S4 (plano sistemático) no qual o intérprete relacionará a norma jurídica edificada mediante a interpretação com as demais normas jurídicas.

Extrai-se, das lições do ilustre mestre que a interpretação parte da literalidade do texto jurídico e ganha contornos cada vez mais impregnados da carga axiológica do intérprete. Ao atingir o nível S3 – no qual ocorrem as escolhas dos enunciados prescritivos componentes da norma – os valores que formaram convicção do intérprete afloram de forma mais contundente, finalizando-se no nível s4, ao inter-relacionar a norma edificada com as demais normas componentes do sistema.

Transpondo-se tal preceito interpretativo para o campo das decisões, o julgador, empreende o percurso gerativo de sentido para prolação de decisão, que se traduz na norma jurídica edificada que se relacionará com as demais normas do sistema.

Registre-se que esse processo interpretativo ocorre de modo distinto quando não há a imposição de observância dos precedentes (em linhas gerais, no *Civil Law)* em relação ao *Common Law* ou em ordenamentos que prestigiam a vinculabilidade dos precedentes, mas que não podem ser caracterizados estritamente como *common law*, como é o caso do Brasil. Como bem assevera Bianor Arruda[7],

> Construir a decisão judicial é realizar duas grandes travessias, da narrativa dos fatos apresentados pelas partes para a narrativa do juiz, e do enunciado jurídico para a norma jurídica. Ambas são realizadas no plano da linguagem, de forma entrelaçada, a partir da atividade hermenêutica, que a compreende e que lhe confere sentido, bem como através de atividade argumentativa, que é capaz de justificar como e porque se chegou à compreensão e interpretação explicitada. Essas atividades não se realizam sem a subjacente valoração, simplesmente porque toda compreensão e atribuição de sentido coloca o intérprete diante de escolhas, as quais, para serem resolvidas no plano jurídico, requerem decisão, e essas somente podem ser levadas a termo mediante critérios de qualificação da opção a ser escolhida.

7. BEZERRA NETO, Bianor Arruda. *O que define um julgamento e quais são os limites do juiz*? Ed. Noeses, São Paulo, 2018. p. 333.

2.1 A interpretação perante o *Civil Law*

A interpretação é parte indissociável do processo decisório. Contudo, deve-se considerar que a mesma ocorre de forma distinta dentro do sistema do *civil law* e do *common law*.

Por *civil law* entende-se, em linhas gerais, o sistema no qual os textos legais são suficientes para solucionar todos os conflitos e que guiam o julgador para proferir suas decisões. Portanto, somente as leis e demais diplomas normativos se constituem na base para que o julgador possa exercer sua função jurisdicional. Como bem assevera Olsen A. Ghirardi[8], no *civil law*, o ponto de partida é a lei, o código, a norma abstrata que deve se aplicar ao caso concreto. E, por consequência, o raciocínio aplicável é dedutivo.

Nesse contexto, o princípio do livre convencimento motivado do juiz é aplicado em sua plenitude. E, para que este livre convencimento motivado possa ocorrer de forma cabal, a interpretação dos textos legais é decisiva.

Em outras palavras: o julgador, para exercer sua função na solução de conflitos, interpretará o plexo normativo existente em cada ordenamento, passando pelo percurso gerativo de sentido em sua plenitude. É o que poderíamos classificar como "o grau mais elevado da interpretação".

Isso porque não há qualquer limitador para que a interpretação do plexo normativo de cada sistema seja exercida. Não há a moldura dos precedentes como conformadora das decisões a serem tomadas. No *civil law*, as decisões anteriormente proferidas em outros casos podem servir de fundamentação na interpretação do julgador em cada caso concreto, mas não estipula limites objetivos à interpretação normativa. É dizer, não há precedentes vinculativos. Os precedentes são meramente exemplificativos e reforçam as razões de decidir do julgador, mas não coloca limites objetivos a essas decisões.

---

8. GHIRARDI, Olsen A. *Common Law & Civil Law*. Córdoba: Advocatus, 2007. p. 117.

Portanto, nesta hipótese, o julgador parte do texto legal posto e inicia o percurso gerativo de sentido até que a norma individual e concreta por ele exarada (decisão) seja proferida em consonância com o sistema normativo, observando seus preceitos e princípios. E, nesse caso, como já salientado, a interpretação atinge seu grau máximo tendo apenas o sistema normativo como seu limitador, mas sem a moldura limitativa dos precedentes. Como assevera Gregorio Robles[9]

> quando falamos de decisão jurídica incluímos nesta denominação os dois aspectos, o ato volitivo (se é que é possível falar disso) e o que foi decidido ou desejado como produto que se plasmou no texto. Não há se falar, assim, em outros elementos limitares da interpretação realizada pelo julgador".

2.2 Interpretação perante o *Common Law*

Em uma visão bastante simplista, o *common law* se baseia no sistema de controle legal e constitucional no qual os precedentes são a sua principal razão de decidir. Possuem força vinculativa e sua aplicabilidade é de necessária observância. Como assevera Frederick Schauer[10], os precedentes consistem na obrigação do julgador em aplicar a mesma decisão que já foi proferida em ocasião distinta sobre a mesma ou similar matéria. Ainda segundo Georges Abboud[11], no sistema do *common law* as decisões se tornam precedentes porque são reiteradamente aplicadas. Assim, em sua visão, o *common law* se estruturou com base na prática cotidiana do Direito e não a partir de doutrina ou de ciência do Direito como ocorreu com o civil. Trata-se, portanto, de prática judiciária.

---

9. ROBLES, Gregorio. *O direito como texto*. São Paulo: Manole, 2005. p. 35.

10. SCHAUER, Frederick. *Precedent*. Disponível em: <http://ssrn.com/abstract=1836384>. Acesso em: 17 out. 2015. O texto original em ingles preceitua: "Precedent is centrally about the (not necessarily conclusive) obligation of a decision maker to make the same decision that has been made on a previous occasion about the same or similar matters."

11. ABBOUD, Georges. Precedente judicial *versus* jurisprudência dotada de efeito vinculante. In: ARRUDA ALVIM WAMBIER, Teresa (org.). *Direito jurisprudencial*. São Paulo: Ed. RT, 2012. p. 511.

No *common law* podemos identificar duas espécies distintas de decisões e a carga interpretativa que cada uma carrega consigo: aquelas que se constituem na formação do precedente e aquelas proferidas posteriormente, que observam os precedentes previamente formados.

O julgador, nas decisões formadoras dos precedentes, adotará as mesmas premissas de interpretação inerentes ao *civil law*. Em outras palavras, iniciará o percurso gerativo de sentido interpretativo a partir dos textos legalmente postos, construindo seu conteúdo de significação e exarando decisão que não está vinculada à precedente previamente formado. Desta forma, caminham, conjuntamente, a interpretação sistêmica e o livre convencimento motivado do juiz. Afirma-se, assim, que a interpretação, na formação do precedente, atinge seu grau máximo de aplicabilidade. No entanto, na formação do precedente, deve o julgador identificar todos os argumentos e fundamentos possíveis para que tal decisão seja a mais abrangente possível, visando a açambarcar todos os casos que possam vir a se subsumir ao paradigma produzido.

O sistema jurídico brasileiro, após as reformas ocorridas desde 2004, tentou aproximar-se dos ditames do *common law*[12]. Contudo, repita-se que aqui os precedentes não são formados em virtude da reiteração das decisões baseadas umas nas outras, mas sim há uma decisão proferida em sede de recurso repetitivo, repercussão geral, ações diretas de inconstitucionalidade ou constitucionalidade, súmulas vinculantes ou, ainda, incidente de resolução de demandas repetitivas[13].

---

12. Sobre o tema, vide ABBOUD, Georges. Precedente judicial *versus* jurisprudência dotada de efeito vinculante. In: ARRUDA ALVIM WAMBIER, Teresa (org.). *Direito jurisprudencial*. São Paulo: Ed. RT, 2012. p. 493.

13. Preceitua o art. 928 do CPC/2015:
"Art. 928. Para os fins deste Código, considera-se julgamento de casos repetitivos a decisão proferida em:
I – incidente de resolução de demandas repetitivas;
II – recursos especial e extraordinário repetitivos.
Parágrafo único. O julgamento de casos repetitivos tem por objeto questão de direito material ou processual."

Essas decisões serão vinculativas das demais proferidas acerca da mesma matéria, nos casos subsequentes. Destaque-se que o CPC de 2015 estabeleceu como missão, em seu art. 926, que "os tribunais devem uniformizar sua jurisprudência e mantê-la estável, íntegra e coerente".

Contudo, no direito brasileiro, atualmente, a formação do precedente não nasce da prática judiciária em decorrência da reiterada aplicação das decisões. Ao contrário. O precedente nasce, em regra, de julgamento único, promovido por órgão considerado competente pelo sistema brasileiro para tanto. Assim ocorre com as decisões em sede de repercussão geral, recurso repetitivo, ações declaratórias de inconstitucionalidade e de constitucionalidade, bem como as súmulas vinculantes – em pleno vigor diante de nosso ordenamento – bem como ocorrerá com o incidente de resolução de demandas repetitivas, introduzido pelo Código de Processo Civil de 2015. O que muda, em cada um desses institutos, é órgão competente para exarar a decisão em caráter vinculativo: se o STF, o STJ ou os Tribunais de Justiça e os Tribunais Regionais Federais. Frise-se que todas as decisões proferidas sob os ritos anteriormente identificados podem ser denominadas de precedentes.

Nota-se, nesse contexto, a distorção do sistema brasileiro em relação ao *common law*: o nosso precedente decorre de um único julgamento, ao passo que no *common law* nasce da reiteração de posicionamentos.

Observa-se, com o advento do novo Código de Processo Civil, que desde a primeira instância, os precedentes devem ser obrigatoriamente observados[14]. Desta forma, cabe a se-

---

14. Estabelece o art. 927 do CPC/2015:
"Art. 927. Os juízes e os tribunais observarão:
I – as decisões do Supremo Tribunal Federal em controle concentrado de constitucionalidade;
II – os enunciados de súmula vinculante;
III – os acórdãos em incidente de assunção de competência ou de resolução de demandas repetitivas e em julgamento de recursos extraordinário e especial repetitivos;
IV – os enunciados das súmulas do Supremo Tribunal Federal em matéria constitu-

guinte indagação: qual o papel exercido pelo julgador diante dos precedentes? Trata-se de mera aplicação? Ou se estará diante de verdadeira interpretação no que diz respeito ao precedente em questão? São questões a serem resolvidas.

O julgador, nesta hipótese, estará adstrito às decisões proferidas em consonância com os ritos anteriormente identificados[15]. No entanto, não se pode dizer, nesse caso, que não há interpretação por parte do aplicador do direito. Tal interpretação pode não atingir seu grau máximo de aplicabilidade como ocorre no *civil law* e na formação dos precedentes do *common law*, mas ela existirá e poderá se manifestar de formas distintas.

Quando o julgador iniciar a análise do caso concreto – os fatos narrados e a pretensão resistida – observará se tal hipótese subsome-se à precedentes existentes no ordenamento jurídico. Em havendo precedente análogo ao caso julgado, haverá sua aplicação. Como preleciona Robert Alexy[16] "quando os casos são suficientemente iguais, regras de decisão dessa espécie são reiteradamente aplicadas". O julgador, neste caso, promoveu a interpretação do precedente e sua aplicabilidade ao caso concreto. Seu livre convencimento motivado restou mitigado, mas a interpretação assumiu papel de relevo na aplicabilidade do precedente. Como asseveram Summers e Eng[17] "a decisão precedente deve ser apropriadamente semelhante ao caso subsequente. Em última instância, o precedente e o caso a ser decidido devem trazer à tona as mesmas questões jurídicas, e o caso precedente deve já ter resolvido a questão". Portanto, podemos dizer que a interpretação atingiu apenas

---

cional e do Superior Tribunal de Justiça em matéria infraconstitucional;
V – a orientação do plenário ou do órgão especial aos quais estiverem vinculados."

15. A vinculação, de acordo com o CPC/2015, ocorre desde a primeira instância judicial.

16. ALEXY, Robert. *Teoria dos direitos fundamentais*. 2. ed. Tradução Virgílio Afonso da Silva. São Paulo: Malheiros Editores, 2011. p. 557.

17. SUMMERS, Robert; ENG, Svein. Departures from precedent. In: MACCORMICK, Neil; SUMMERS, Robert (org.). *Interpreting Precedents – A Comparative Study*. Ashgate: Aldershot, 1997. p. 521. Tradução livre.

um grau mínimo, cingindo-se aos limites da moldura imposta pelo precedente já formado.

No entanto, poderão haver casos nos quais os precedentes não se amoldam de forma adequada à determinados fatos e o direito que lhes suporta. E tal percepção somente advirá da atividade interpretativa do aplicador do direito ao fazer a subsunção do precedente ao caso concreto. Poderá o julgador identificar que a lide não encontra plena fundamentação na moldura estabelecida pelo precedente. Diz-se que nessa hipótese há interpretação de grau médio, onde se imporá o não enquadramento ou o desenquadramento do precedente suscitado.

Em se tratando de precedente que permanece válido no ordenamento jurídico (não superado por precedentes posteriores ou exarados por tribunal de superior hierarquia), referido desenquadramento dar-se-á em consonância com a técnica do *distinguish*. O *distinguish* difere-se do *overrulling*, pois no primeiro se terá o afastamento do precedente apenas no caso concreto, ao passo que no segundo se verifica a ab-rogação do precedente.

O *distinguish* pode se manifestar de dois modos distintos: como uma exceção direta ou uma exceção indireta. Segundo os precisos ensinamentos de Thomas da Rosa de Bustamante[18]:

> a técnica do *distinguish* deve ser definida como um tipo de afastamento do precedente judicial no qual a regra da qual o tribunal se afasta permanece válida mas não é aplicada com fundamento em um discurso de aplicação em que, das duas, uma: (1) ou se estabelece uma exceção anteriormente não reconhecida – na hipótese de se concluir que o fato *sub judice* pode ser subsumido na moldura do precedente judicial citado; ou (2) se utiliza o argumento a contrario para fixar uma interpretação restritiva da *ratio decidendi* do precedente invocado na hipótese de se concluir que o fato *sub judice* não pode ser subsumido no precedente. No primeiro caso (redução teleológica) opera-se a exclusão de determinado universo de casos antes compreendidos no âmbito de incidência da norma apontada como paradigma; no segundo caso (argumento a contrario) a norma jurisprudencial

18. BUSTAMANTE, Thomas da Rosa de. *Teoria do precedente judicial*. A justificação e a aplicação das regras jurisprudenciais. São Paulo: Ed. Noeses, 2012. p. 473.

> permanece intacta, mas se conclui que suas consequências não podem ser aplicadas aos fatos que não estejam compreendidos em sua hipótese de incidência.

Desta forma, nos sistemas do *common law* ou seus equivalentes (como o sistema brasileiro que estabeleceu a vinculabilidade aos precedentes) o julgador, diante de situação que não se enquadra na moldura estabelecida pelo precedente judicial, deverá promover o seu desenquadramento em virtude da ausência de similaridade das hipóteses ou fundamentos veiculados na lide concreta. Tal desenquadramento não significa a derrogação do paradigma, mas apenas a impossibilidade de sua aplicabilidade a um ou mais casos concretos.

Sobre a técnica do *distinguishing*, destacamos as palavras de Juliana Furtado Costa Araújo em artigo publicado em coautoria com Vanessa Domene[19]:

> Por conseguinte, entra a importância do desempenho dos juízes e desembargadores na aplicação desses precedentes aos casos concretos. Para tanto, os juízes devem: (i) apresentar as questões fáticas e jurídicas do caso concreto, (ii) fazer a comparação com a *ratio decidendi* do precedente, nos seus elementos fáticos e jurídicos, (iii) identificar se há particularidades no caso concreto, para só então, (iv) concluir pelas semelhanças entre eles. A partir deste método de confronto, denominado *distinguishing*, é que se constata a necessidade de vinculação ou não do precedente.

O atual sistema normativo brasileiro constante do CPC/2015 estabelece a possibilidade de desenquadramento do paradigma ao admitir a possibilidade de interposição de agravo em recurso especial ou extraordinário[20] quando a decisão de inadmissão dos recursos excepcionais se basear em decisões de recurso repetitivo ou repercussão geral (es-

---

19. ARAÚJO, Juliana Furtado Costa; DOMENE, Vanessa. Precedente judicial – desafio da Subsunção ao caso concreto. Disponível em: <https://www.jota.info/opiniao-e-analise/colunas/pauta-fiscal/precedente-judicial-o-desafio-da-subsuncao-ao-caso-concreto-08032019>. Acesso em: 09.02.2018.

20. Art. 1.042 do CPC/2015 (Lei 13.105/2015).

pécies de paradigmas), mas a hipótese versada nos autos não guardar similaridade com o precedente no qual houve o enquadramento. Também visando a preservar tal possibilidade de desenquadramento é permitida a reclamação para preservação da competência dos tribunais, garantir a autoridade de suas decisões, a observância das decisões do STF, bem como os enunciados de súmulas vinculantes e os precedentes proferidos em julgamento de casos repetitivos[21].

Destaque-se também – como ocorre no STF[22] – a aplicação do *distinguishing* no âmbito do Superior Tribunal de Justiça:

> [...] 5. Assim, necessário se faz a técnica hermenêutica do distinguishing para concluir pela inaplicabilidade do precedente consubstanciado no recurso especial 1.159.189/RS, pois os fundamentos fáticos ali destacados, que foram reconhecidos pelo Tribunal a quo, não estão presentes no acórdão ora recorrido. 6. Agravo regimental não provido. (STJ, AARESP 201202262460, rel. Min. Mauro Campbell Marques, Segunda Turma, *DJE* 13.05.2013)

Assim, na mesma proporção que o enquadramento nas hipóteses descritas em precedente é imperioso, o desenquadramento é imperativo nas situações em que não há aderência à moldura.

Ressalte-se que quando se verificar o desenquadramento do precedente e, não sendo possível a subsunção a outro precedente existente, poderá o julgador, mediante seu livre convencimento motivado, julgar o feito em questão, em consonância com os ditames do ordenamento jurídico e adotando o percurso gerativo de sentido. Também poderá assim proceder o

---

21. "Art. 988. Caberá reclamação da parte interessada ou do Ministério Público para:
I – preservar a competência do tribunal;
II – garantir a autoridade das decisões do tribunal;
III – garantir a observância de enunciado de súmula vinculante e de decisão do Supremo Tribunal Federal em controle concentrado de constitucionalidade;
IV – garantir a observância de acórdão proferido em julgamento de incidente de resolução de demandas repetitivas ou de incidente de assunção de competência."

22. Sobre a aplicação do *distinguishing* no STF, vide ADIn 5.062, rel. Ministro Luiz Fux e Ag. Reg. na Reclamação 24.632, rel. Ministro Edson Fachin.

julgador dentro do sistema *common law* caso não se verifique a existência de paradigmas para o caso concreto em julgamento.

Cabe, assim, ao julgador, além da descrição das hipóteses fáticas que permeiam o caso concreto, fundamentar a aplicação do paradigma mediante a subsunção da hipótese concreta ao precedente, elencando as similaridades entre o caso concreto julgado e o citado precedente. Isso significa dizer que ao julgador cabe a efetivação do cotejo entre ambas as situações (caso concreto x precedente), mediante a descrição analítica de tudo o que torna os casos similares e, portanto, passíveis de serem julgados na mesma conformidade. Como bem salientou o Ministro Teori Zavascki, "a fundamentação prevista no Código é condição de possibilidade da democracia: juiz deve priorizar fundamentação em vez da celeridade".[23]

Em suma, a interpretação é de suma relevância para a formação das decisões e, sobretudo, para os precedentes. Assim, nota-se o papel de fundamental que exerce o constructivismo lógico-semântico na edificação da decisões, quer sejam elas no âmbito de sistemas de *civil law* quanto de *common law*.

3. Conclusões

1. A linguagem, aliada ao processo interpretativo, exerce papel de fundamental relevo para constructivismo lógico-semântico. A decisão judicial é fruto da interpretação, que restará impregnada da carga axiológica do aplicador do Direito.

2. A interpretação ocorre de forma distinta dentro do sistema do *civil law* e do *common law*. No *civil law*, o julgador parte do texto legal posto e inicia o percurso gerativo de sentido até que a norma individual e concreta por ele exarada (decisão) seja proferida em consonância com o sistema normativo, observando seus preceitos e princípios. E, neste caso,

23. STRECK, Lenio Luiz. *O que fazer quando juízes dizem que o novo CPC não deve ser obedecido?* Disponível em: <http://www.conjur.com.br/2015-jul-02/senso-incomum-quando-juizes-dizem-ncpc-nao-obedecido>. Acesso em: 21 out. 2015.

a interpretação atinge seu grau máximo tendo apenas o sistema normativo como seu limitador, mas sem a moldura limitativa dos precedentes. Já no *common law* podemos identificar duas espécies distintas de decisões e a carga interpretativa que cada uma carrega consigo: aquelas que se constituem na formação do precedente e aquelas proferidas posteriormente, que observam os precedentes previamente formados. O julgador, nas decisões formadoras dos precedentes, adotará as mesmas premissas de interpretação inerentes ao *civil law*. No entanto, quando já há precedentes formados, o julgador estará adstrito às decisões proferidas anteriormente (precedentes). No entanto, não se pode dizer, neste caso, que não há interpretação por parte do aplicador do direito. Tal interpretação pode não atingir seu grau máximo de aplicabilidade como ocorre no *civil law* e na formação dos precedentes do *common law*, mas ela existirá e poderá tanto observar o precedente – se os fatos e o direito puderem ser a ele subsumido ou promover o seu desenquadramento.

3. Dessa forma, nos sistemas do *common law* ou seus equivalentes (como o sistema brasileiro que estabeleceu a vinculabilidade aos precedentes) o julgador, diante de situação que não se enquadra na moldura estabelecida pelo precedente judicial, deverá promover o seu desenquadramento em virtude da ausência de similaridade das hipóteses ou fundamentos veiculados na lide concreta. Tal desenquadramento não significa a derrogação do paradigma, mas apenas a impossibilidade de sua aplicabilidade a um ou mais casos concretos. Quando se verificar o desenquadramento do precedente e, não sendo possível a subsunção a outro precedente existente, poderá o julgador, mediante seu livre convencimento motivado, julgar o feito em questão, em consonância com os ditames do ordenamento jurídico e adotando o percurso gerativo de sentido. Também poderá assim proceder o julgador dentro do sistema *common law* caso não se verifique a existência de paradigmas para o caso concreto em julgamento. Cabe ao julgador, além da descrição das hipóteses fáticas que permeiam o caso concreto, fundamentar a aplicação do paradigma mediante a subsunção

da hipótese concreta ao precedente, elencando as similaridades entre o caso concreto julgado e o citado precedente.

Referências

ABBOUD, Georges. Precedente judicial *versus* jurisprudência dotada de efeito vinculante. In: ARRUDA ALVIM WAMBIER, Teresa (org.). *Direito jurisprudencial.* São Paulo: Ed. RT, 2012.

ALEXY, Robert. *Teoria dos direitos fundamentais*. 2. ed. Tradução Virgílio Afonso da Silva. São Paulo: Malheiros Editores, 2011.

ARAÚJO, Juliana Furtado Costa; DOMENE, Vanessa. Precedente judicial – desafio da subsunção ao caso concreto. Disponível em: <https://www.jota.info/opiniao-e-analise/colunas/pauta-fiscal/precedente-judicial-o-desafio-da-subsuncao-ao-caso-concreto-08032019>. Acesso em: 09.02.2018.

BEZERRA NETO, Bianor Arruda. Construção e justificação da decisão judicial – roteiro e contribuições do constructivismo lógico-semântico. In: CARVALHO, Paulo de Barros et al. *Constructivismo lógico-semântico* São Paulo: Ed. Noeses, 2018. v. II.

_____. *O que define um julgamento e quais são os limites do juiz?* Ed. Noeses, São Paulo, 2018.

BUSTAMANTE, Thomas da Rosa de. *Teoria do precedente judicial.* A justificação e a aplicação das regras jurisprudenciais. São Paulo: Ed. Noeses, 2012.

CARVALHO, Aurora Tomazini. *Curso de teoria geral do direito.* 5. ed. São Paulo: Ed. Noeses, 2016.

CARVALHO, Paulo de Barros. *Direito tributário, linguagem e método*. 6. ed. São Paulo: Noeses, 2015.

_____. Constructivismo lógico-semântico. In: CARVALHO, Paulo de Barros et al. *Constructivismo lógico-semântico* São Paulo: Ed. Noeses, 2018. v. II.

GHIRARDI, Olsen A. *Common Law & Civil Law*. Córdoba: Advocatus, 2007.

ROBLES, Gregorio. *O direito como texto*. São Paulo: Manole, 2005.

SCHAUER, Frederick. *Precedent*. Disponível em: <http://ssrn.com/abstract=1836384>. Acesso em: 17 out. 2015.

SOUZA, Priscila. Notas sobre a linguagem normativa entre o direito positivo e a Ciência do Direito. In: CARVALHO, Paulo de Barros et al. *Constructivismo lógico-semântico* São Paulo: Ed. Noeses, 2018. v. II.

STRECK, Lenio Luiz. *O que fazer quando juízes dizem que o novo CPC não deve ser obedecido?* Disponível em: <http://www.conjur.com.br/2015-jul-02/senso-incomum-quando-juizes-dizem-ncpc-nao-obedecido>. Acesso em: 21 out. 2015.

SUMMERS, Robert; ENG, Svein. Departures from precedent. In: MACCORMICK, Neil; SUMMERS, Robert (org.). *Interpreting Precedents – A Comparative Study*. Ashgate: Aldershot, 1997.

VALORES E CONSTRUCTIVISMO LÓGICO-SEMÂNTICO

Charles W. McNaughton[1]

Sumário: 1. Palavras iniciais. 2. Valores e suas características. 3. Valores e normas jurídicas. 4. A contribuição que o constructivismo pode oferecer.

1. Palavras iniciais

O constructivismo lógico-semântico supera uma visão estritamente analítica do Direito: convida a um corte metodológico em que o dado jurídico é visto, também, a partir do mundo dos valores.

Identifico a relevância da axiologia para o constructivismo a partir de um diálogo próprio do ato de aplicação: o aplicador leva em conta seus próprios valores na construção do sentido da norma; mas também busca identificar aquilo que atribui como valores subjacentes ao texto interpretado, como mecanismo retórico de legitimar sua própria interpretação.

---

1. Mestre e Doutor em direito pela PUC-SP. Professor do IBET. Advogado.

Se direito é objeto cultural, no processo de geração da norma há uma valoração. A tal valoração se tem acesso na "interpretação e aplicação do direito"[2].

Esse dado de valor que o intérprete identifica como objetivado pela linguagem prescritiva do direito é complementado por aquele ínsito ao aplicador, anteriormente mencionado. Efetivamente, no ato de aplicação do direito, haja vista as múltiplas possibilidades de construção de sentido das normas, o operador jurídico assume certas escolhas, de acordo com suas próprias preferências.

Nessa tensão axiológica, o valor confere sentido às normas jurídicas e ao próprio direito positivo: o que é o jurídico senão meio de se atingir certos fins?

Nesse contexto, o objetivo do presente artigo é tratar, um pouco, sobre os valores a partir da análise do constructivismo lógico-semântico e, em especial, a partir da teoria do Professor Paulo de Barros Carvalho.

Nosso plano de trabalho é iniciar tratando de valores e suas características; em seguida examinaremos os valores nas normas jurídicas e falaremos um pouco sobre os princípios e os problemas que surgiram no discurso jurídico sobre tais expedientes. Finalmente, indicaremos como acreditamos que o constructivismo pode contribuir para um discurso sobre valores.

2. Valores e suas características

Há três instâncias que são consideradas "conceitos supremos": o ser, o existir e o valer. Conceitos de tal ordem não admitem definições, mas quando muito clarificações[3], ou associações.

---

2. VILANOVA, Lourival. *Relação e causalidade no direito*. 4. ed. São Paulo: Editora Revista dos Tribunais, 2000. p. 301.

3. HESSEN, Johannes. *Filosofia dos valores*. Tradução Cabral L. Moncabra. Coim-

De fato, quando lidamos com questões como "que é o ser?", "que é o existir?", "que é o valer?" há dificuldade de se atribuir delimitações desses conceitos, porque são noções de base das quais se derivam todas as outras. Por outro lado, são conceitos tão intuitivos, tão autoevidentes, que a comunicação evolui, mesmo sem um esforço de definição precisa de sua natureza.

Mas, tal evolução só é possível porque os referidos conceitos podem ser associados com ideias, com características e com outros conceitos. Ainda que não se possa definir o "ser", "o existir" e o "valer" é viável indicar noções relacionadas a cada uma dessas ideias, como, por exemplo, enunciar que o "valor é hierarquizável", que "o existir não depende de uma consciência" – ou depende, conforme a corrente filosófica adotada – "que o ser, enquanto tal, não é objeto da intuição empírica" e assim por diante.

É justamente, por isso que, nas palavras de Paulo de Barros Carvalho, categorias como o valor permitem associações mentais, razão pela qual se diz que possuem a característica da "associatividade"[4]. É esse esforço que buscaremos empreender no presente item.

Para Johannes Hessen, há três dimensões em que se manifesta a dinâmica do valor: a vivência, a ideia e a qualidade.

É na vivência que o valor se identifica como objeto de uma experiência. Travamos contato com o valor e ele age sobre nós, desperta emoções, provoca nossa intuição emocional para que tomemos contato com o mundo axiológico.

Em nosso cotidiano, vivenciamos o valor a todo o momento, conforme nossas percepções se direcionem a objetos que nos despertam reações emotivas. Noto uma obra de arte e aprecio seu valor estético; examino um estudo jurídico e noto

---

bra: Almedina, 2001. p. 43.

4. CARVALHO, Paulo de Barros. *Direito tributário, linguagem e método*. 5. ed. São Paulo: Noeses, 2013. p. 179.

sua utilidade; admiro a honra de determinada pessoa que atuou com heroísmo e assim por diante.

No Direito, o valor é vivenciado quando observamos condutas dos diversos sujeitos de direitos, quando examinamos decisões judiciais ou administrativas, enunciados legislativos e qualquer dado do sistema jurídico que despertam nossas posições, de forma mais ou menos intensa, conforme nossa pauta de valores.

Agora, a partir da vivência com o valor, percebe-se uma noção que é a da imediaticidade[5]. Os valores são apreendidos, diretamente, a partir de uma cognição intuitiva e emocional.

Posso não ter uma noção abstrata do que significa "ser justo" e enfrentar grande dificuldade ao ser instigado em definir o conceito de "justiça". Mas, pela intuição emocional a percepção da injustiça provoca repulsa fulminante em nosso espírito, ainda que sem inferências cognoscitivas mais elaboradas. E tal se dá com qualquer valor: com o Professor Paulo de Barros Carvalho podemos enunciar que "o ingresso pelo mundo dos valores acontece pelas vias da emoção"[6].

Mas, o valor não se esgota na vivência. Se a injustiça é emotivamente percebida, nas experiências próprias do mundo jurídico, há outra dimensão que é a de tomar a ideia do "justo" enquanto tal. Trata-se de esfera abstrata e intelectual que não se exaure em nossas experiências, o que indica a inexauribilidade dos valores[7], bem como sua transcendentabilidade, já que o valor "supera suas realizações históricas particulares"[8].

Se hoje observo uma decisão judicial e a tenho como justa, a justiça continuará, ali, como entidade apta a ser aplicada

---

5. HESSEN, Johannes. *Filosofia dos valores*. Tradução Cabral L. Moncabra. Coimbra: Almedina, 2001. p. 113.

6. CARVALHO, Paulo de Barros. *Direito tributário, linguagem e método*. 5. ed. São Paulo: Noeses, 2013. p. 180.

7. Ibidem, p. 177.

8. REALE, Miguel. Direito e cultura. *Horizontes do direito e da história*. 2. ed. São Paulo: Saraiva, 1977. p. 95.

nas mais diversas situações. Enquanto valor, não se esgota no caso concreto.

Há, ainda, uma síntese entre o caráter emotivo e intelectual no ato dinâmico de valorar, de imprimir valores aos determinados objetos, conforme efetivamos em toda nossa atividade cultural. Aqui, toma-se valor enquanto qualidade a que atribuímos aos objetos de nossa consciência. Gnoseologiacamente, o ato de valorar é, preponderantemente, emotivo, mas "penetrado por elementos cognitivos", vez que provido da intencionalidade própria de todo ato de consciência.[9] O valor, portanto, é dotado de atributividade.

Quando se atribui qualidade a objetos, desenvolve-se um expediente que depende do sujeito[10]. O valor não está na "coisa", na "existência", mas sempre se firma "em relação a um sujeito". "Valor é sempre valor para alguém", diz Johannes Hessen. É inerente à consciência humana.

É o juiz que atribui que certa situação não é isonômica para fins tributários; que a segurança jurídica foi, ou não concretizada em certa situação; que o princípio tal ou qual foi satisfeito, ou não. Sem a interpretação do sujeito, o valor não se realiza, nem se vivencia. A vida depende do sujeito.

Por outro lado, se o valor depende de alguém, o ato de valor pressupõe um objeto valorado. Daí por que os valores são providos de referibilidade, pois pressupõem sempre uma tomada da posição do homem a algo. Por essa razão, tem-se que o valor requer objetos da experiência para "neles assumir objetividade"[11].

No campo do Direito, não há que se falar em "isonomia", sem pelo menos dois sujeitos, regulados por normas jurídicas; não há que se falar em segurança, sem uma situação concreta a ser considerada; não há que se falar em justiça, sem uma situação jurídica.

---

9. Ibidem, p. 119.

10. Ibidem, p. 49.

11. Ibidem, p. 178.

Nessa toada, à medida que valoramos poderemos caminhar ao positivo e ao negativo. Não há indiferença frente ao objeto. Daí que se percebe que os valores são "entidades vetoriais, apontando para uma direção determinada."[12]

No campo jurídico, um comportamento humano será lícito ou ilícito, conforme axiologicamente valioso, ou não. Não há ato "alícito": a esgotabilidade da dicotomia "lícito/ilícito" não é apenas um caráter sintático da linguagem jurídico, mas um corolário do caráter vetorial dos valores.

Se o valor implica o desvalor, há de se reconhecer uma bipolaridade ínsita a essa categoria. Como ensina Paulo de Barros Carvalho, "onde houver valor, haverá como contraponto o desvalor".[13]

A bipolaridade revela como o valor se difere dos objetos que existem e que são. No campo da lógica apofântica, "p" e "-p" se excluem mutuamente. Se p existe, -p não existe. É justamente o oposto da relação entre valor e desvalor: um implica o outro mutuamente, nessa característica denomina "implicação recíproca".[14] Essa estrutura polar do valor que implica seu desvalor não se sucede com objetos existenciais, demonstrando a autonomia do valor, perante os objetos que são e os objetos que existem[15], e também perante objetos meramente ideais[16].

Assim, a segurança e a insegurança são ambas possibilidades, assim como a justiça ou a injustiça, o igual e o desigual, o não confiscatório e o confiscatório. É justamente pelo valor implicar um contravalor que o próprio direito é uma necessidade e possibilidade humana: se houvesse apenas um polo

---

12. CARVALHO, Paulo de Barros. *Direito tributário, linguagem e método*. 5. ed. São Paulo: Noeses, 2013. p. 177.

13. Idem.

14. Ibidem, p. 177.

15. HESSEN, Johannes. *Filosofia dos valores*. Tradução Cabral L. Moncabra. Coimbra: Almedina, 2001. p. 58.

16. REALE, Miguel. *Teoria tridimensional do direito*. 5. ed., 7. Tir. São Paulo: Saraiva, 2005. p. 94.

positivo de valores, em nossas vivências, direito não seria útil, pois tudo seria como deve ser, independentemente de qualquer aparato normativo social; mas, se experimentássemos apenas contravalor, o direito seria impossível, pois valores (positivos) seriam irrealizáveis.

Ao mesmo tempo, é justamente por lidar com valores que o direito prescreve, em suas normas, a prática de condutas de possível ocorrência. Se o valor só faz sentido enquanto passível de ser realizável, não cabe ao direito regular condutas impossíveis ou condutas necessárias.

A regulação das primeiras representaria apenas uma quimera jurídica, sem a efetiva possibilidade de se realizar. A regulação das segundas implicaria sem sentido deôntico, pois não se exige o que é necessário.

Convém acrescentar, ainda, que os valores são providos de estrutura hierárquica. Nesse ponto, cabe esclarecer que, embora os valores sejam incomensuráveis, por que não suscetíveis de serem medidos numericamente[17], eles admitem graus.

Uma ficção jurídica, no campo do direito tributário, revela uma injustiça de alto grau, pois determina a tributação de situação que não se verifica no âmbito da materialidade de determinado gravame; a presunção absoluta indica certa injustiça, pois apesar de o direito colher uma situação apenas provável, para atribuir-lhe o grau de certeza, ao menos não se trata de situação sabidamente inventada; a presunção relativa parece predicar uma injustiça tolerável, pois pode apenar contribuintes que, por uma dificuldade de prova, não conseguem desfazer presunções falsas, mas ao menos permite, em mais variados

17. CARVALHO, Paulo de Barros. *Direito tributário, linguagem e método*. 5. ed. São Paulo: Noeses, 2013. p. 177. Sobre a incomensurabilidade do valor, Johannes Hessen atesta que certas determinações do ser que não axiológicas podem ser medidas, ao contrário do que se sucede no valor. Assim, ao contrário do ato de valorar "[...] determinações do mesmo ser como: a do seu tamanho e sua grandeza, da sua forma, da sua matéria, da sua cor etc. [...] conseguem determinar-se por observação e medição. Não assim na determinação do valor" (HESSEN, Johannes. *Filosofia dos valores*. Tradução Cabral L. Moncabra. Coimbra: Almedina, 2001. p. 48).

casos, que situações indevidas sejam desfeitas, ao mesmo tempo em que pune o sujeito passivo que, maliciosamente, oculta situações do Fisco; e a decisão pautada em uma prova robusta, no caso concreto, é certamente a situação mais justa.

Nas quatro hipóteses acima há uma hierarquia na identificação da justiça que embora não seja passível de ser medida, numericamente, ao menos é apta a ser escalonada.

Como diz Johannes Hessen, os valores "são suscetíveis de mais ou menos" e "admitem vários graus de realização"[18]. Essa é uma das formas de manifestação da estrutura hierárquica dos valores. Mas, não a única.

Os valores também são hierarquizáveis quando comparados uns com os outros. Segundo Johannes Hessen, os valores espirituais estão em grau mais alto do que os valores sensíveis. E, dentre os espirituais, os éticos são mais relevantes do que os estéticos[19].

No campo do direito, alguns apreciarão mais a justiça e igualdade, outros mais a segurança e certeza. Tudo dependerá de característica do aplicador do direito, sua ideologia, seu modo de ver a vida.

Essa natureza de ser hierarquizável indicaria, para Johannes Hessen, mais uma distinção entre os valores e o mundo do ser. Um ser não é mais do que outro ser.

Além de serem hierarquizáveis, os valores são caracterizados pela atributividade[20]. A atributividade é inerente ao caráter de preferência que é intrínseco aos valores, justamente por conta daquela direcionalidade positiva/negativa a que me referi. Daí por que o valor importa a atribuição de uma qualidade a um objeto, importa um "não ser indiferente", revelando mais uma distinção entre os valores e os objetos ideais.

---

18. Ibidem, p. 58.

19. Ibidem, p. 59.

20. CARVALHO, Paulo de Barros. *Direito tributário, linguagem e método*. 5. ed. São Paulo: Noeses, 2013. p. 178.

Outra característica de relevo dos valores é a historicidade, que lhes confere o timbre de um verdadeiro tesouro depositado em nossa cultura. Sem uma continuidade histórica, não se criam, nem se solidificam bens culturais. Muito menos, os valores. Nas palavras de Miguel Reale

> Um povo não acumula cultura, não cria e ordena bens culturais, desde os mais insignificantes aos mais valiosos, em razão das quais as nações se distinguem e se glorificam, sem continuidade histórica, sem um certo sentido de coerência no sistema de valores já realizados e a realizar.[21]

A historicidade indica a estreita relação entre valor e cultura. Cultura importa uma constante objetivação de valores que são aplicados em um percurso unitário de sentido que caracteriza a historicidade própria dos valores. Se pensarmos, ainda, em um conceito de dialogismo, em que os textos conversam entre si, de forma expressa ou implícita, logo concluiremos que quando atribuímos valor a um objeto estamos em conversação com toda a história que envolve o núcleo do valor em referência e estamos dando curso a um fluxo intermitente denominado "cultura".

O último ponto que gostaria de exprimir sobre os valores é sua normatividade[22] o que pressupõe, de um lado, a distinção fundamental entre o valor, que "deve ser" e o "ser que é". De outro lado, a normatividade indica um impulso para que os valores se realizem. Trata-se de um "ser para a ação"[23], nas palavras de Miguel Reale, que marca a diferença fulminante entre valores e objetos ideais.

---

21. REALE, Miguel. Direito e cultura. *Horizontes do direito e da história*. 2. ed. São Paulo: Saraiva, 1977. p. 265.

22. CARVALHO, Paulo de Barros. *Direito tributário, linguagem e método*. 5. ed. São Paulo: Noeses, 2013. p. 178.

23. REALE, Miguel. *Teoria tridimensional do direito*. 5. ed., 7. Tir. São Paulo: Saraiva, 2005. p. 93.

Johannes Hessen descreve que os valores impelem o homem à sua realização, embora haja um limite inatingível, mas, aproximável.

Esse fator revelaria o momento trágico dos valores, porque ao descer de sua idealidade rumo à realização, há uma deformação, uma dissociação inevitável entre o que deve ser e o que é, revelando a imperfeição trágica da realidade. Mas, essa tragédia é o que compele o homem a se superar, transcendendo suas próprias limitações[24].

3. Valores e normas jurídicas

Por conta da hierarquia dos valores, e dos diferentes graus de valor que são atribuíveis aos objetos, um sujeito cognoscente pode, na sua atividade interpretativa do direito, identificar diversos níveis de valores, por ele tidos como subjacentes a um texto jurídico.

Os enunciados prescritivos dotados da mais elevada carga axiológica, de cunho histórico significativo, são designados princípios. Como valor é aprendido pela intuição emotiva, os princípios, em sentido estrito, não são dotados de determinação precisa.

Trata-se de entidades cuja aplicabilidade depende de uma apreciação valorativa do intérprete mas, que por outro lado, influenciam nos mais variados casos do ordenamento jurídico. Segundo o Professor Paulo de Barros Carvalho,

> [...] os princípios aparecem como linhas diretivas que iluminam a compreensão de setores normativos, imprimindo-lhes caráter de unidade relativa e servindo de fator de agregação num dado feixe de normas. Exercem eles uma reação centrípeta, atraindo em torno de si regras jurídicas que caem sob seu raio de influência e manifestam a força de sua presença.[25]

---

24. HESSEN, Johannes. *Filosofia dos valores*. Tradução Cabral L. Moncabra. Coimbra: Almedina, 2001. p. 197.

25. CARVALHO, Paulo de Barros. *Direito tributário, linguagem e método*. 5. ed. São

Os princípios fundantes do sistema jurídico e os de grau hierárquico mais alto são designados de "sobreprincípios". Os sobreprincípios fundamentam, axiologicamente, outros primados. Assim, por exemplo, é em razão do sobreprincípio "justiça" que o princípio "isonomia" tem sua razão de ser ou em razão do primado da segurança que a legalidade vale.

Abaixo dos sobreprincípios, na escala hierárquica da manifestação dos valores no direito, é possível pensar nos princípios em sentido estrito. Trata-se de entidades também dotadas de cunho histórico significativo e de importância considerável no sistema jurídico, mas de campo de aplicação mais especializado.

A justiça, por exemplo, não se esgota, apenas, na isonomia. Se o Fisco tributa todos de forma ilegal, há injustiça, mas não quebra de isonomia. Mas, certamente, sem isonomia, jamais haverá justiça.

Assim, a justiça é sobreprincípio, mas a isonomia é um princípio dela derivada e que lhe permite maior grau de concretude.

O princípio do devido processo legal não esgota a segurança jurídica ou certeza do direito. O "due processo of law" é a manifestação procedimental da segurança jurídica. Mas, há, ainda, uma feição material da segurança que não se esgota no devido processo legal. O legislador utiliza um termo vago que gera dúvidas sobre sua aplicabilidade. O contribuinte é autuado, defende-se, exerce a ampla defesa, invoca o Poder Judiciário, tem todas as suas prerrogativas respeitadas, em todo o processo de positivação. Nem assim, a segurança jurídica foi plenamente satisfeita, haja vista que a imprecisão semântica do termo gerou uma indeterminação que causa insegurança.

Uma terceira escala seria aquela que o Professor Paulo de Barros Carvalho designa de "limite objetivo". Trata-se de mandamentos, também dotados de importância jurídica considerável, mas que podem ser aplicados com menor dissenso.

Paulo: Noeses, 2013. p. 276.

O caso da irretroatividade tributária, por exemplo, bastaria comparar o tempo do fato e da vigência da norma e logo se verá, objetivamente, se foi cumprido, ou não.

O Professor Paulo de Barros Carvalho adverte que

> Apesar da aparente simplicidade, o critério que anima essa classificação procura transmitir uma objetividade que os valores não têm nem podem ter. A natureza eminentemente subjetiva desses núcleos significativos jamais poderá ser aprisionada, como se fora mero fato cosmológico insularmente levado à análise.[26]

De fato, embora princípios como legalidade, anterioridade ou irretroatividade pareçam de aplicabilidade simples, sempre haverá a possibilidade de disputas interpretativas sobre seu alcance, à medida que o direito avance no campo de intersubjetividade das condutas humanas.

Ainda assim, há princípios ainda mais vagos e mais subjetivos, como, por exemplo, o primado do não confisco, que ainda não experimentou determinação objetiva para sua aplicação.

Descendo-se mais um degrau na escala hierárquica, há normas que não chegam a ostentar a natureza de princípios, mesmo que no grau de limites objetivos.

Embora sejam influxos de valores, como não poderiam deixar de ser, não ostentam o grau de importância e de amplitude significativa dos princípios, na escalada hierarquia axiológica.

Uma norma que determine a data de pagamento de um tributo, as espécies de lançamentos tributários, os modos de extinção do crédito tributário, todas elas revelam valor e, mais do que isso, exprimem concretização dos princípios nos ordenamentos jurídicos. Mas não chegam, por si mesmas, a ostentar o grau de princípios.

Mesmo assim, como vimos insistindo, não deixam de carregar valores, reconstruídos pelo intérprete no ato de aplicação.

---

26. Ibidem, p. 278.

Lembremos que a norma jurídica stricto sensu é dotada de uma hipótese de incidência que implica deônticamente um consequente.

A hipótese é descritiva de uma situação objetiva recortada pelo legislador. Tanto na escolha como no recorte há uma clara manifestação de valor.

Por exemplo, ao recortar fatos signos presuntivos de riqueza para que sejam tributados a título de impostos, há claro valor, animado pelo princípio da justiça social: quem tem, deve pagar.

Já o consequente jurídico prescreve uma relação jurídica, entre dois sujeitos, em que certo sujeito deve efetivar prestação jurídica em prol de outrem. Nesse viés a escolha do sujeito ativo e passivo, o delineamento da prestação que deve ser adimplida, todos elementos são signos de valores.

Em toda relação jurídica há um modal deôntico que determina que certa conduta seja afetada por uma proibição, obrigação e permissão. Trata-se do "dever-se modalizado", isto é, apresentando-se por uma das três formas acima indicadas.

Ao "modalizar" certa conduta, imputando-lhe como obrigatória, permitida ou proibida, há manifestação de valor por excelência, implicando clara preferência do legislador por determinado comportamento de certo sujeito de direitos.

O valor também se manifesta, segundo pensamos, no dever-ser neutro interproposicional que liga a hipótese à consequência. De fato, ao determinar que certo fato esteja isento a título de tributos, outro imune e outro submetido à determinada carga tributária, o direito realiza valores vinculados ao campo da tributação.

De toda sorte, há graduação axiológica entre normas, limites objetivos, princípios e sobreprincípios, entidades que revelam, como já explicamos, diferentes índices do valorar.

É claro que a classificação importa considerável grau de subjetividade de modo que aquilo que é princípio para alguns pode não ser para outros. Por exemplo, quando juristas divergem se a não-cumulatividade é um princípio ou uma técnica de arrecadação, tais disputas nada mais refletem do que uma característica dos valores – e da consequente classificação entre o que é princípio ou não é princípio –, que é a de envolver a intuição emocional.

Ainda que haja tais espécies de divergências, princípios são caracterizados por sua historicidade, seu mais alto grau de relevância. Não é a qualquer norma jurídica que se pode atribuir tal qualificação. Por isso, é preciso meditar com cuidado sobre o fenômeno da "proliferação dos princípios", circunstância em que a normas são atribuídas o caráter de princípio, ainda que sejam recentes ou que não tenham abrangência mais significativa do sistema. Trata-se de recurso retórico para se chamar atenção a determinado argumento, na exata medida de que princípios são instâncias de alta importância no sistema jurídico.

O fenômeno da proliferação dos princípios gera um efeito colateral na medida em que o argumento principiológico perde sua importância retórica, tamanho desgaste de seu uso.

Um dos efeitos colaterais da proliferação dos princípios é uma depreciação dos princípios e valores, enquanto entidades que devem ser realizadas ou que informam o modo de se interpretar outras normas jurídicas. Nesse sentido, falar em nome da justiça, ou da isonomia ou da segurança pode acarretar um enfraquecimento da força retórica do discurso.

Um segundo efeito colateral é do esvaziamento dos princípios, mediante a relativização de sua aplicação. Na medida em que a dita proliferação introduz valores e contravalores como absorvidos no ordenamento jurídico, o aplicador fica na contingência de relativizar um em detrimento do outro, surgindo certa imprevisibilidade no sistema jurídico.

O risco que tais efeitos colaterais acarretam é de o sistema jurídico perder institutos que lhe conferem uma unidade vetorial, que lhe outorgam uma direção.

Como interpretar normas tributárias, se o primado da segurança, tão desgastado por sua invocação acrítica, se valores como igualdade, certeza jurídica, justiça e outros forem depreciados como nortes interpretativos? O que será do direito sem a atuação efetiva de valores?

Ao mesmo tempo, não vislumbro que os princípios tributários possam ser tidos como "mandamento de otimização", para utilizar a expressão de Alexy, isto é, prescrições que ordenam fins que podem ser realizadas em maior ou menor grau, e sopesadas com outros princípios.

Tenho para mim que esse conceito de "mandamento de otimização" é aplicável para os chamados sobreprincípios – segurança jurídica, justiça – mas não para o segundo escalão a que me referi, isto é, os princípios, e tampouco para os limites objetivos.

De fato, pode ser que seja impossível realizar, em toda sua extensão, a segurança jurídica e a justiça de modo concomitante. Daí a ideia de hierarquia de valores para que o intérprete dê preferência a um desses sobreprincípios para uma decisão no caso concreto.

Mas, naquele segundo e terceiro escalão já há densidade normativa apta a ser observada no caso concreto, revelando inconstitucionalidade qualquer situação jurídica em que tais primados são violados.

Assim, por exemplo, descabe um tratamento desigual entre contribuintes na mesma situação econômica, ou descabe a cobrança de tributo sem base em lei ou a exigência de tributo em caráter de confisco.

Mas, como funciona essa aplicação em casos de eventuais choques?

Em nossa visão, há uma sintaxe dos princípios que permitirá sua aplicação de modo adequada, que aliás é a sintaxe que envolve todo o ordenamento jurídico: o devido processo legal, na expressão mais ampla do termo.

Busquei desenvolver essa sintaxe da comunicação do direito no livro "Hierarquia e Sistema Tributário" e, embora não trate diretamente dos princípios, tenho que os fundamentos ali estampados são perfeitamente aplicáveis aos princípios. Explico.

Em tal livro busquei demonstrar que, se direito é comunicação, é preciso compreender a função de cada norma jurídica que é dotada da tríade: *para quem, o que e como.*

De fato, em cada norma jurídica é preciso identificar *para quem* ela se volta diretamente e *para quem se* volta mediatamente, *o que* a norma pode exprimir e *como* pode ser exprimida. Para os princípios, que também são normas, o mesmo se dá.

Por exemplo, princípio da isonomia se volta diretamente para o legislador que institui tributos, determinando que crie exações sem a instituição de diferenças específicas sem fundamento jurídico adequado. É o "*para quem*" que determina o "*o que*" normativo das prescrições que instituem tributos.

Portanto, o primado da isonomia é voltado, diretamente, para o legislador.

Como o princípio da isonomia pode influenciar a prática do aplicador da lei? Tal influência é de modo mediato: ao aplicar a lei, a autoridade competente deve interpretá-la de modo a conferir eficácia possível ao primado da isonomia, isto é, sempre que existir dúvidas hermenêuticas, deve-se prestigiar aquela que possibilita a isonomia.

Se tal interpretação não possibilitar isonomia satisfatória haverá antinomia normativa entre uma norma – a lei – e o princípio. Nesse caso, caberá ao Poder Judiciário eliminar tal antinomia, declarando a inconstitucionalidade do tratamento não isonômico, a partir do desprezo do elemento de discrímen da regra-matriz de incidência tributária, ou de incentivo fiscal etc. que viole a isonomia.

Se a tríade do quem, para quem e como for observada, bastará ao intérprete efetivar a adequada hierarquização de valores e as condições sintáticas adequadas para aplicação dos princípios estará satisfeita.

Assim, entendemos que não há que se falar em "relativização de princípios" como expediente arbitrário de se escolher um ou outro sem prévio procedimento. O que existe é a sintaxe dos princípios, uma gramática que ainda deve ser mais bem estudada pela comunidade jurídica.

4. A contribuição que o constructivismo pode oferecer

Na situação acima de insegurança e desprestígio dos valores que mencionamos acima, ilustrei rapidamente uma proposta de solução de modo bastante sintético. Independentemente dessa alternativa – particular do meu pensamento e não propriamente adotada de modo abrangente pelos autores do constructivismo – creio que essa corrente do pensamento jurídico oferece certos conceitos e posturas mais amplamente divulgados entre seus autores que podem colaborar com valiosa contribuição para a temática jurídica dos valores.

Efetivamente. Esse modo de aproximação do direito positivo convida a um discurso rigoroso e compromissado, de quem toma o dado jurídico com dignidade elevada.

Se o constructivismo não observa o direito apenas por seu lado sintático, a tomada de posição que conjuga o rigor da sintaxe e a clareza da semântica, por um lado, e o mundo dos valores, por outro, é capaz de oferecer soluções consistentes, proporcionando aprofundamento no diálogo jurídico.

Eis o chamado método hermenêutico-analítico, que o constructivismo pressupõe, examinando os aspectos sintáticos do campo jurídico, mas também ingressando no campo dos valores, outorgando visão abrangente do sistema jurídico.

A título de exemplo, ao apontar características dos valores como bipolaridade, historicidade, hierarquia, preferibilidade, entre outros que mencionamos em item anterior, aquele que examina um princípio pode inferir significativas conclusões, de modo que o discurso deixa de ser um mero "invocar princípios".

Nesse sentido, ao indicar premissas propedêuticas claras; ao "amarrar conceitos", por meio de definições; ao lidar com um conceito poderoso do sistema que é a norma jurídica; ao se predispor a uma coerência rigorosa, o constructivista se propõe a um discurso que dista de ser "solto", que dista de utilizar a retórica rasa que a utilização indiscriminada de princípios acarretou no discurso jurídico.

Nesse sentido, a ideia de sintaxe para aplicação dos valores, que sugeri acima, é apenas um modo de enxergar que se não está *no constructivismo* – isto é consolidado em tal escola e amplamente divulgado – ao menos parte *do constructivismo* – ou seja, é inspirado pelo constructivismo. E este método de aplicação do direito confere ferramentas que permitem ao jurista buscar meios consistente de aproximação do direito.

Tratar de valores, com firmeza e consistência: eis valiosa contribuição do constructivista ao mundo do discurso jurídico.

A LINGUAGEM COMPETENTE: ASSERTIVIDADE GARANTIDA NA APLICAÇÃO DO DIREITO

Clarice von Oertzen de Araújo[1]

Fernando Gomes Favacho[2]

SUMÁRIO: 1. As características do *Constructivismo Lógico-Semântico*. 1.1. Linguagem e realidade. 1.2. Linguagem objeto e metalinguagem. 1.3. Conceitos jurídicos e subsunção. 1.4. A distinção entre evento e fato jurídico. 2. As características do *Pragmatismo*. 2.1. William James, Charles Sanders Peirce e os efeitos concebíveis. 2.2. John Dewey e a lógica da investigação. 3. O Constructivismo Lógico-Semântico em direção ao Pragmatismo. 3.1. Assertividade garantida e linguagem competente. 4. Considerações finais. Referências.

Neste artigo o que se busca é a prospecção de correlações a serem desenvolvidas entre a doutrina do *Constructivismo Lógico-semântico* e o *Pragmatismo*. O desenho desta aproximação será delineado a partir de certos pontos de comparação que foram estabelecidos entre ambos os métodos de investigação do fenômeno jurídico, quais sejam:

---

1. Mestra em Direito Tributário pela PUC/SP. Doutora em Filosofia do Direito pela PUC/SP. Livre Docente em Filosofia do Direito pela FDUSP. Professora do Programa de Estudos Pós-Graduados em Direito da PUC/SP e do Curso de Especialização em Direito Tributário do IBET.

2. Mestre e Doutor em Direito Tributário pela PUC/SP. Coordenador do Instituto Brasileiro de Estudos Tributários - IBET em Belém/PA. Professor da FACI Wyden.

a) qual é o aspecto "constructivista" no Constructivismo Lógico-Semântico;

b) quais características do constructivismo podem se relacionar com a lógica da investigação e a assertividade garantida propostas por John Dewey em sua versão do pragmatismo.

1. As características do *Constructivismo Lógico-Semântico*

Este tópico pretende apresentar as características do Constructivismo Lógico-Semântico como um método de construção de rigoroso conhecimento científico acerca do Direito Positivo. Não se esgota a descrição do constructivismo. O que se pretende é ressaltar as características da doutrina que proporcionaram aos autores a formulação da hipótese que associa a linguagem competente para a constituição dos fatos jurídicos com a assertividade científica que se encontra na lógica da investigação formulada por John Dewey, de forma a tornar compreensível a associação que se propõe entre a definição constructivista de fato jurídico e o conceito de asserção garantida elaborada no pragmatismo deweyano.

1.1 Linguagem e realidade

O constructivismo, originalmente representado pelos mais ilustres membros do Círculo de Viena, propôs, sobretudo, métodos rigorosos de construção de linguagens que pudessem garantir o rigor do discurso científico e matemático, a fim de estabelecer uma demarcação precisa entre ciência e metafísica. A adoção de métodos rigorosos para a emissão de proposições estabelecia a consistência da atribuição de sentido aos enunciados, evitando o vazio significativo que contaminava os enunciados próprios da metafísica. A construção de estruturas sintáticas precisas e sistemáticas de linguagens formais (lógicas) caracterizou o desenvolvimento da semântica lógica, a fim de formular mais acuradamente a doutrina do empirismo. Podemos verificar este reflexo no avanço desenvolvido pelo Constructivismo Lógico-Semântico, uma vez que a proposta, adotando um padrão eminentemente analítico de linguagem, isola o fenômeno jurídico em sua dimensão linguística[3]. O método do constructivismo preconiza o exame da extensão semântica dos vocábulos, bem como a sua classificação e função no interior do ordenamento jurídico.

Os avanços alcançados pela evolução da lógica, da linguística e da semiótica tornaram pacífica a conclusão de que a linguagem é o mais importante sistema de signos (sistema semiótico), pois é a partir dele que outros sistemas de comunicação se constroem. A linguagem verbal é a única que comporta a possibilidade de seu uso para falar de outros sistemas de signos. Neste sentido, "linguagens mais ou menos formalizadas empregadas como construtos artificiais para vários propósitos científicos ou técnicos podem receber a denominação de transformadas da linguagem natural".[4]

Benveniste afirma que a "linguagem é a expressão simbólica por excelência e todos os outros sistemas de comunicação são dela derivados e a supõem"[5]. Os signos verbais antecedem todas as demais atividades semióticas, mas qualquer comunicação humana de mensagens não verbais pressupõe um circuito de mensagens verbais, sem implicação inversa. No mesmo sentido a afirmação de Jakobson, para quem "a linguagem é de fato o próprio fundamento da cultura. Em relação à linguagem, todos os outros sistemas de símbolos são acessórios ou derivados"[6].

Assumindo essa premissa, o Constructivismo Lógico-Semântico analisa o Direito como um sistema de linguagem

---

3. CARVALHO, Paulo de Barros. O *princípio da segurança jurídica em matéria tributária*. Disponível em: <https://www.revistas.usp.br/rfdusp/article/download/67584/70194/>. Acesso em: 23 fev. 2019. No mesmo sentido: VILANOVA, Lourival. Lógica, ciência do direito e direito. *Revista de Informação Legislativa*, v. 9, n. 36, p. 335-356, out./dez. 1972.

4. JAKOBSON, Roman. *Linguística. Poética. Cinema*. São Paulo: Pespectiva, 1970. p. 16.

5. Ibidem, p. 20.

6. Ibidem, p. 18.

artificialmente elaborado[7], procurando demonstrar como o fenômeno jurídico pode ser estudado na condição de fenômeno semiótico. Em seu diálogo com a *Teoria Comunicacional do Direito*, o Constructivismo Lógico-Semântico enxerga a dinâmica social como uma rede intrincada de permuta de mensagens que refletem entendimentos parciais ou perfeitos entre os agentes, em graus diferenciados de complexidade, a depender do repertório e dos valores assumidos por cada agente da comunicação legal.

Nesta altura, cumpre ressaltar que, considerando a posição hermenêutica do intérprete, o Constructivismo Lógico-Semântico assume uma posição relativista em relação aos temas da verdade e da justiça[8]. Explica Paulo de Barros Carvalho:

> A relatividade do saber não admite definições terminativas, fortes o suficiente para conduzir o intérprete por espaços seguros e inequívocos. Os valores que ingressam na apreciação dos fenômenos, especialmente os sociais, impedem o saber definitivo e o conhecimento absoluto. [...] No plano do conhecimento do mundo, contudo, em que o ser humano é protagonista único, as coisas são bem diferentes. Tratando-se de um ser carente, cheio de imperfeições, prisioneiro da matéria de que é constituído, vigora o relativismo dos conceitos e oscilação dos correspondentes valores. Sua história é a luta pelas conquistas, pelos avanços, pela realização de ideais, sempre mutantes, em razão das necessidades materiais, espirituais e sociais por que passa. Inexistem aqui as verdades absolutas, as conquistas definitivas, e as soluções imutáveis. Aliás, as ciências evoluem precisamente porque não

---

7. Eco trata a linguagem jurídica como um *léxico especializado* ou convenção linguística particular. Leia-se: "Será preferível indicar como os objetivos da pesquisa semiológica se especificam em direção aos léxicos e subcódigos: dos estereótipos da linguagem a todo o sistema retórico, a que já dedicamos alguns capítulos deste livro, e pouco a pouco até as convenções linguísticas particulares – léxicos especializados (políticos, *jurídicos* – todo um setor de grande importância para o estudo das comunicações de massa) e mesmo até o estudo de léxicos de grupo (pregões de mascates, línguas secretas e jargões, linguagem coloquial)". ECO, Umberto. *A estrutura ausente*. 7. ed. São Paulo: Perspectiva, 1997. p. 402 (destaques nossos).

8. Afirmação de Paulo de Barros Carvalho, colhida em entrevista concedida aos alunos do curso de Direito da Universidade Estadual de Londrina em 03.11.2015 e veiculada no Youtube em 21.11.2015. Disponível em: <https://www.youtube.com/watch?v=ixnjmtHVJtw>. Acesso em: 25 fev. 2019.

> são perfeitas, irremediavelmente vinculadas às ingentes limitações do homem. Este, por sua vez, tem a missão de resistir às dificuldades da experiência, transformando-a em objetos culturais, segundo os valores que sua filosofia lhe propõe[9].

Segundo o relativismo, "os aspectos inerentes aos sujeitos que supostamente determinam o que é a verdade 'para eles' podem incluir o contexto histórico, cultural, social, linguístico, psicológico ou ainda a própria constituição sensorial"[10]. A configuração psicológica dos indivíduos é modelada por inúmeras forças, dentre as quais as mais relevantes seriam as forças políticas, econômicas, sociais e culturais. Para o relativismo, as contingências que envolvem o sujeito afetam a sua relação com as crenças que sustenta.

Efetivamente, a premissa constructivista assegura que o intercurso verbal permeia todos os sistemas de comunicação. A asserção encontra amparo no direito positivo brasileiro, em enunciado constitucional. As manifestações oficiais do direito positivo são a criação e a revogação das leis, caracterizando a evolução do ordenamento jurídico. A produção de leis como textos prescritivos é uma forma de comunicação de massa[11]. Para assegurar a eficácia do ordenamento, o direito positivo estabelece a língua oficial, na qual deve o legislador se pronunciar, a fim de assegurar a eficácia do intercurso de mensagens prescritivas. É o que determina o enunciado a seguir

---

9. CARVALHO, Paulo de Barros. Constructivismo lógico-semântico. In: CARVALHO, Paulo de Barros (org.). *Constructivismo lógico-semântico*. São Paulo: Noeses, 2018. v. 2, p. 3-4. No mesmo sentido, Lourival Vilanova: "Sendo a experiência sempre limitada e relativa, o relativismo é caráter essencial do conhecimento". VILANOVA, Lourival. *Escritos jurídicos e filosóficos*. São Paulo: Axis Mundi: IBET, 2003. v. 1, p. 16.

10. BLACKBURN, Simon. *Dicionário Oxford de filosofia*. Trad. Desidério Murcho et al. Rio de Janeiro: Zahar, 1997. p. 342.

11. SILVA, José Afonso da. *Comentário contextual à Constituição*. 2. ed. São Paulo: Malheiros Editores, 2006. p. 209. Não se ignora que o texto constitucional reconhece a língua dos povos indígenas em seu art. 231. Entretanto, embora a língua e a cultura indígenas sejam valores reconhecidos e sua preservação venha recomendada pelo dispositivo constitucional, não se revelam como cultura de massa. O que o art. 231 manifesta é o reconhecimento e a conservação da identidade étnica dos índios.

transcrito: "Art. 13. A língua portuguesa é o idioma oficial da República Federativa do Brasil".

Na sequência da positivação, tem-se a Lei Complementar 95/98, que dispõe sobre a técnica legislativa, evidenciando a forma linguística de manifestação do Direito Positivo e destacando aspectos da redação que devem ser observados pelo legislador, conforme se depreende da leitura do seguinte dispositivo:

> Art. 11. As disposições normativas serão redigidas com clareza, precisão e ordem lógica, observadas, para esse propósito, as seguintes normas:
>
> I – para a obtenção de clareza:
>
> a) usar as palavras e as expressões em seu sentido comum, salvo quando a norma versar sobre assunto técnico, hipótese em que se empregará a nomenclatura própria da área em que se esteja legislando;
>
> b) usar frases curtas e concisas;
>
> c) construir as orações na ordem direta, evitando preciosismo, neologismo e adjetivações dispensáveis;
>
> d) buscar a uniformidade do tempo verbal em todo o texto das normas legais, dando preferência ao tempo presente ou ao futuro simples do presente;
>
> e) usar os recursos de pontuação de forma judiciosa, evitando os abusos de caráter estilístico.

Com as comprovações empíricas acima apresentadas, nada se opõe à concepção do Direito como fenômeno linguístico – de natureza prescritiva – que comunica aos seus destinatários/usuários padrões de conduta social. Tais pautas de comportamento utilizam a linguagem escrita de uma forma hegemônica. No Direito, diversos procedimentos orais, como depoimentos pessoais ou de testemunhas, são reduzidos a termos escritos. A evolução das tecnologias torna cada vez mais escassas as manifestações meramente orais, tais como contratos verbais. Não foi outra a conclusão de Alfredo Augusto Becker:

> O mundo jurídico é um mundo mesquinho. Ele substitui o mundo dos fatos reais por um universo de palavras. Onde há uma floresta amazônica, o legislador determina que deva existir uma flor de papel. Tudo se converte em papel e em signos gráficos no papel: as palavras. Os próprios juristas passam a vida a investigar palavras, a escrever palavras a propósito de palavras[12].

Trabalhando com a linguagem escrita, não implica grande dificuldade considerar o direito como um código artificial, pois assim são qualificados os códigos que se utilizam de uma língua natural como seu meio de constituição. As linguagens formalizadas são consideradas códigos artificiais pela teoria da comunicação. Um estudo comparativo entre as linguagens naturais e as formalizadas evidencia semelhanças e divergências, aproximando os estudiosos dos sistemas de comunicação da Lógica, como um ramo da ciência estreitamente vinculado à linguística e muito valorizado pelas investigações constructivistas. Chomsky afirma que as linguagens artificiais formalizadas alcançam crescente grau de liberdade ou desvinculação do contexto. De modo inverso, a permeabilidade contextual da linguagem natural é o que a diferencia substancialmente da modalidade formalizada de expressão[13]. Para Jakobson, "as linguagens formalizadas, que servem para distintas finalidades científicas e técnicas, constituem transformações artificiais da linguagem natural e, em particular, de sua variedade escrita"[14].

Com efeito, a comprovação da hegemonia da linguagem natural é um consenso entre todos aqueles que estudam as ciências da comunicação. Para Lauro Frederico Barbosa da Silveira:

> O vernáculo acompanha as atividades sociais e sua quase onipresença nas relações semióticas das pessoas, com o seu meio e consigo mesmas, forma a própria personalidade muito antes que da linguagem e da personalidade tenha se formado a consciência. Suficientemente flexível diante das convenções sociais, o

12. BECKER, Alfredo Augusto. *Carnaval tributário*. 2. ed. São Paulo: Lejus, 1999. p. 51.

13. JAKOBSON, Roman. *Linguística. Poética. Cinema*. São Paulo: Pespectiva, 1970. p. 17.

14. JAKOBSON, Roman. *Obras selectas*. Madrid, Editorial Gredos, 1988. p. 309 (traduzimos).

> vernáculo continua, mais do que qualquer outra semiose, a plasmar o mundo com seus significados e valores. Vaga de um lado, mas conferindo alto grau de certeza ao que com ele se assevera, a linguagem natural, especialmente como vernáculo, torna-se palco privilegiado da representação dos interesses da sociedade e dos conflitos que os dividem. [15]

Nesse sentido, o Direito pode ser considerado como um código artificial, na medida em que comunica padrões de comportamento lhes atribuindo valores: os comportamentos desejados são qualificados pelo direito como *obrigatórios* ou *permitidos* – comportamentos legais. Os indesejáveis são qualificados de *proibidos* – comportamentos ilegais – e a sua prática sujeita os infratores à aplicação de sanções. Essa valoração que qualifica as condutas como legais ou ilegais consubstanciará o *bit*[16] mais importante e também mais comum no direito: legalidade/ilegalidade, licitude/ilicitude.

A construção sistemática do direito tributário e do sistema constitucional tributário também é recomendada pelo Constructivismo Lógico-Semântico, mediante a demonstração das relações de derivação e de positivação entre princípios constitucionais tributários e as demais normas tributárias, escalonadas em patamares inferiores ao nível constitucional do ordenamento jurídico.

Outro aspecto que o Constructivismo Lógico-Semântico traz da herança do Círculo de Viena, além da concepção do Direito Positivo como construção do ser humano, é

15. SILVEIRA, Lauro F. B. da. Semiose: diálogos e linguagem. *Galáxia: revista transdisciplinar de comunicação, semiótica, cultura* (Programa Pós-Graduado em Comunicação e Semiótica da PUC-SP), São Paulo: EDUC, n. 1, 2001, p. 101.

16. "Bit. Na teoria da comunicação, o bit é a unidade de medida da quantidade de informação. O termo 'bit' (diz-se também 'binit') é uma abreviação da expressão inglesa 'binary digit'. Os dados, nos sistemas de informação mecânica e eletrônica, como o computador, são representados somente por dois estados possíveis; é, portanto, uma notação binária que se emprega para ilustrar essas indicações. [...] Se se considera um código, ou sistema de signos, suscetível de servir de base à transmissão de uma mensagem, esse código, comportando dois sinais possíveis, ambos igualmente prováveis, (0 e 1, p. ex.), tem uma capacidade de 1 bit cada vez que é utilizado [...]".DUBOIS Jean e outros. *Dicionário de linguística.* São Paulo: Cultrix, 1998.

o entendimento da função reconstrutiva do saber jurídico, expresso em enunciados descritivos da Ciência do Direito[17]. Para o constructivismo "a ciência é uma construção conceptual, um conjunto de conceitos dispostos segundo certas conexões ideais, estruturados segundo princípios ordenadores que os subordinam a uma unidade sistemática"[18].

Segundo a doutrina, a verdade, como atributo de proposições, é um predicado que não se atribui às normas jurídicas, expressas em enunciados prescritivos. A construção de condições para a definição da verdade e sua verificação são procedimentos atribuídos ao discurso descritivo do ordenamento jurídico, característico da Ciência do Direito[19]. Assim, a comprovação de proposições verdadeiras demanda o recurso à experiência, à verificação empírica, que trará o resultado da confirmação[20]. Neste sentido, a qualificação da norma jurídica independe da experiência. Por exemplo: pode haver uma prescrição municipal que determine ser proibido pisar a grama de um parque. Trata-se de norma válida. Entretanto, não será relevante se os destinatários, frequentadores do parque, pisam ou não a grama. A norma continuará válida e só deixará

---

17. CARVALHO, Paulo de Barros. *O princípio da segurança jurídica em matéria tributária*. Disponível em: <https://www.revistas.usp.br/rfdusp/article/download /67584/70194/>. Acesso em: 23 fev. 2019.

18. VILANOVA, Lourival. *Escritos jurídicos e filosóficos*. São Paulo: Axis Mundi; IBET, 2003. v. 1, p. 4.

19. Com efeito, o constructivismo lógico semântico revela, em sua essência, a tradição da filosofia construtiva, conforme explica Simon Blackburn: "O interesse central do Círculo de Viena era a unidade da ciência e o delineamento correto do método científico. A ideia era que isso acabaria por funcionar como uma solução final das disputas dos metafísicos. A tarefa da filosofia construtiva tornou-se a análise da estrutura das teorias e da linguagem científica." BLACKBURN, Simon. *Dicionário Oxford de filosofia*. Trad. Desidério Murcho et al. Rio de Janeiro: Zahar, 1997 p. 305.

20. Nesse sentido, o recurso aos fatores extralinguísticos decorrentes do princípio do empirismo implica em classificar a confirmação da verdade dos enunciados descritivos da Ciência do Direito na categoria dos enunciados sintéticos, adotando-se a nomenclatura proposta por Rudolf Carnap. Vide HUISMAN, Denis. *Dicionário dos filósofos*. São Paulo: Martins Fontes, 2001. p. 192. Segundo Lourival Vilanova, as proposições normativas do Direito são sintéticas. VILANOVA, Lourival. Lógica, ciência do direito e direito. *Revista de Informação Legislativa*, v. 9, n. 36, p. 335-356, out./dez. 1972.

de o ser quando outra norma posterior revogar a primeira[21]. Portanto, há diferença entre a validade das normas jurídicas e a verdade das proposições descritivas jurídicas.

Ainda tratando da teoria da norma jurídica elaborada pelo constructivismo, a concepção da Regra Matriz de Incidência Tributária, com as inúmeras aplicações práticas, levadas a cabo tanto pela literatura jurídica como pela jurisprudência, evidenciaram a enorme influência que este recurso lógico e diagramático[22] exerceu. Assim a define o seu autor, Paulo de Barros Carvalho:

> Acontece que a estrutura da regra matriz já é uma construção lógica, com a hipótese ou antecedente e o mandamento ou consequente expressos nas variáveis representadas por signos formais unidos por constantes[23].

Podemos afirmar, com base em Charles Morris, que o emprego da Regra-Matriz de Incidência Tributária ilustra o emprego de uma "regra semântica" (*semantical rule*[24]) capaz de determinar a natureza jurídica de um tributo. Ao aplicar a regra matriz no exame uma lei tributária que institua ou majore um tributo, o intérprete será capaz de estabelecer em quais situações pode adotar os termos 'imposto', 'taxa' e

---

21. Exemplo colhido em reunião do Grupo de Estudos de Paulo de Barros Carvalho veiculado no Youtube em 10.11.2017. Disponível em: <https://www.youtube.com/watch?v=hKez0vaLdtY>. Acesso em: 23 fev. 2019.

22. "A photograph, a star chart, a model, *a chemical diagram are icons*, while the word 'photograph', the names of the stars and of chemical elements are symbols". MORRIS, Charles. *Writings on the General Theory of Signs*. Paris: Mouton The Hague, 1971, p. 37.

23. CARVALHO, Paulo de Barros. Constructivismo lógico-semântico. In: CARVALHO, Paulo de Barros (org.). *Constructivismo lógico-semântico*. São Paulo: Noeses, 2018. v. 2, p. 12.

24. "Unlike the formation and transformation rules, which deal with certain sign combination and their relations, 'semantical rule' designates within semiotic a rule which determines under which conditions a sign is applicable to an object or situation; such rules correlate signs and situations denotable by the signs". MORRIS, Charles. *Writings on the General Theory of Signs*. Paris: Mouton The Hague, 1971. p. 36

'contribuição' para se referir às imposições tributárias[25]. A investigação empreendida com o recurso à regra matriz será descritiva ou prescritiva, a depender da linguagem de que o intérprete seja titular. A investigação pode sem empreendida em texto científico, crítico de uma inovação legislativa. Mas pode ocorrer também de ser uma aplicação em linguagem prescritiva, levada a efeito por um órgão competente, dotado de competência administrativa ou judicial.

1.2 Linguagem objeto e metalinguagem

A diferenciação entre linguagem-objeto e metalinguagem como camadas de linguagem que se referem ao ordenamento jurídico e ao sistema construído pela Ciência do Direito, respectivamente, caracteriza outra aplicação da semântica lógica ao fenômeno jurídico. Na expressão de Paulo de Barros Carvalho:

> De um lado, como linguagem objeto, temos determinada ordem jurídico-normativa, operando num ponto do tempo histórico e sobre dado espaço territorial; de outro, como metalinguagem descritiva, a Ciência do Direito em sentido estrito ou Dogmática Jurídica, voltada somente a compreender e relatar sua linguagem-objeto[26].

Uma vez que "metalinguística" e "metalinguagem" não são expressões sinônimas para a Lógica Simbólica[27], cumpre elucidar que a concepção lógica (Tarski) dos conceitos de linguagem-objeto e metalinguagem não é a que está em foco no interior dos ordenamentos jurídicos, uma vez que (i) os sistemas de Direito Positivo não se subordinam ao critério de não

---

25. CARVALHO, Paulo de Barros. *Curso de direito tributário*. 24. ed. São Paulo: Saraiva, 2012. p. 419.

26. CARVALHO, Paulo de Barros. O *princípio da segurança jurídica em matéria tributária*. Disponível em: <https://www.revistas.usp.br/rfdusp/article/download /67584/70194/>. Acesso em: 23 fev. 2019.

27. A ressalva é de JAKOBSON, Roman *Linguística e comunicação*. 10. ed. Tradução Izidoro Blikstein e José Paulo Paes. São Paulo: Ed. Cultrix, 1991. p. 20.

contradição e terceiro excluso[28]; (ii) as proposições prescritivas não se sujeitam à valência verdade/falsidade, mas sim aos valores de validade/invalidade; e (iii) a linguagem do Direito Positivo é semanticamente aberta[29].

Ainda que demonstrada a existência desses dois substratos linguísticos diversos, caracterizados pela sobreposição de dois sistemas, quais sejam, o sistema de Direito Positivo e o sistema da Ciência do Direito, refletindo a relação linguagem-objeto/metalinguagem como um fenômeno intersistêmico, é importante ressaltar que ocorre outro tipo de relacionamento entre linguagem-objeto e metalinguagem, desta vez na forma intrassistêmica, no interior do sistema do Direito Positivo, que trabalha com a derivação ou organização hierárquica dos preceitos normativos e com critérios de interpretação para a solução e/ou eliminação de contradições no interior da linguagem prescritiva[30].

---

28. Vide Lourival Vilanova. *As estruturas lógicas e o sistema do direito positivo.* São Paulo: Max Limonad, 1997. p. 308.

29. CARVALHO. Paulo de Barros. *Direito tributário:* fundamentos jurídicos da incidência. 6. ed. São Paulo: Saraiva, 1998. p. 119.

30. Colin Cherry, referindo-se aos fenômenos comunicativos e às suas descrições, trabalha com o par conceitual linguagem-objeto/metalinguagem. Estabelece uma diferenciação entre "objetividade" e "subjetividade" no estudo da comunicação, diferenciando duas espécies de observador. Leia-se: "Assim, o observador tipo (a) é exterior ao fenômeno observado; pode observar e informar acerca de sinais e comportamento manifesto – mas não pode fazer observações sobre pensamentos que não sejam os seus próprios. Embora o observador seja ele próprio um ser humano, pode-se facilmente cuidar de que seu próprio comportamento não se reflita no canal-objeto, perturbando. Mas se um dos comunicantes for também um observador como em (b), e fizer um relato do fenômeno de que ele próprio faz parte integrante, com seus pensamentos e crenças, então a situação será muito diferente". [...] "Ambos observadores informam em *Metalinguagem*". CHERRY, Colin. *A comunicação humana.* Tradução José Paulo Paes. São Paulo: Ed. Cultrix, 1971. p. 373 e 462, respectivamente. Ou seja, a metalinguagem e as operações metalinguísticas podem partir também dos comunicadores envolvidos no próprio fenômeno da comunicação, embora esta não seja a concepção utilizada pela lógica na referência aos conceitos de linguagem-objeto e metalinguagem (hierarquia de linguagens). Para Samira Chalhub (*A metalinguagem.* 4. ed. São Paulo: Ed. Ática, 1998. p. 8) "a extensão do conceito de metalinguagem liga-se, portanto, à ideia de leitura relacional, equação, referências recíprocas de um sistema de signos, de linguagem".

O exemplo é fornecido por Lourival Vilanova:

> Dir-se-ia que uma proposição jurídica que dispõe sobre outra proposição jurídica (regras jurídicas de reenvio, regras de processo de construção de outras normas, regras jurídicas que normam o espaço e o tempo de incidência de outras normas – retrotraimento ou protraimento de incidência, proposições normativas que estatuem o sentido ou o uso de nomes no interior do sistema jurídico, ou que prescrevem como se deve encontrar o significado de um nome ou de uma proposição no contexto de significação do sistema) seja uma meta-proposição relativamente às proposições normativas ou proposições-objeto. É possível praticar a metalinguagem acerca de uma linguagem dada fazendo uso do mesmo sistema de linguagem[31].
>
> [...]
>
> Sintaticamente, as regras que estatuem sobre a composição ou formação de proposições são de nível metalinguístico. No sistema de direito, todavia, elas estão no mesmo nível das proposições a formar. São, é certo, normas-de-normas, mas situam-se no interior do sistema do direito: são direito positivo[32].

As operações metalinguísticas estão na essência dos fenômenos semióticos, uma vez que o interpretante é concebido como um signo melhor desenvolvido em relação àquele outro ao qual se refere. Com efeito, vem no mesmo sentido o comentário de Umberto Eco sobre a existência de uma linguagem crítica capaz de legitimar ou não as boas interpretações de um texto:

> Digo que a noção de interpretação requer que um segmento de linguagem possa ser usado como interpretante de um outro segmento da mesma linguagem. No fundo, esse é o princípio peirciano de interpretância e de semiose ilimitada.
>
> [...]
>
> Uma metalinguagem crítica não é uma linguagem diferente de sua linguagem-objeto. É uma porção da mesma

31. VILANOVA, Lourival. Lógica, ciência do direito e direito. In: CARVALHO, Paulo de Barros (coord.). *Lógica e direito*. São Paulo: Editora Noeses, 2016. p. 143.

32. Ibidem, p. 161.

> linguagem-objeto, e nesse sentido é uma função que toda e qualquer linguagem desenvolve ao falar de si mesma.[33]

A possibilidade de produção metalinguística no interior da ordem normativa compreende assim a concepção da positivação normativa como um fluxo contínuo, em grau crescente de concretude, na busca da finalidade essencial do Direito. Tal função está na essência da própria possibilidade de organização hierárquica das normas e são essas operações que possibilitam a geração de novos signos normativos, viabilizando a incidência e a aplicação.

Um profícuo exemplo da função metalinguística dentro do próprio sistema do Direito Positivo Brasileiro é o princípio do devido processo legal, prescrito no art. 5º, inciso LIV, da CF/88. Destinado à tutela dos direitos e garantias individuais[34], o citado princípio, tomando-os como linguagem-objeto, atua na condição metalinguística.

De forma geral também os princípios possuem uma operacionalidade metalinguística, na medida em que orientam a criação e a aplicação de normas jurídicas de inferior hierarquia. Atuando na condição de supracritério, exercem uma função metalinguística.

Em outro exemplo: um processo judicial, seguindo todas as etapas recursais permitidas pelo sistema de Direito Positivo, ilustra fielmente o desenvolvimento da relação linguagem-objeto/metalinguagem no interior do ordenamento jurídico. Uma sentença, ao decidir em primeira instância sobre a procedência ou improcedência do pedido formulado na ação proposta, toma a petição inicial e a contestação, assim como toda a argumentação expendida pelas partes processuais, como

---

33. ECO, Umberto. *Os limites da interpretação.* Tradução Pérola de Carvalho. São Paulo: Perspectiva, 1995. p. 16.

34. Cf. NERY JUNIOR, Nelson. *Princípios do processo civil na Constituição Federal.* São Paulo: Editora Revista dos Tribunais, 1995. p. 27 e ss. Miguel Reale, tratando das fontes do Direito, atribui às garantias fundamentais a qualidade de *invariantes jurídico-axiológicas.* Vide *Fontes e modelos do direito.* São Paulo: Saraiva, 2017. p. 13.

linguagem-objeto. Na sequência, ao ser formulado o recurso interposto pela parte vencida em primeiro grau, esta tomará a sentença monocrática como linguagem-objeto. O acórdão que decide sobre o cabimento e o mérito do recurso o toma como sua linguagem-objeto e tem, em relação ao recurso interposto, um caráter metalinguístico. E assim, sucessivamente, os exames jurisdicionais da cadeia de recursos cuja interposição for permitida pelo processo civil pátrio constituirão, sucessivamente, novos pares relacionais de linguagem-objeto/metalinguagem.

Pelo processo da metalinguagem a doutrina e a jurisprudência constroem uma linguagem paralela àquela do desempenho do Poder Legislativo, procurando descrever o funcionamento do sistema, eliminando os seus ruídos, harmonizando ou decidindo os conflitos normativos e sociais. É justamente a absorção do ruído que produz no aspecto semântico da informação uma programação para ações futuras.

1.3 Conceitos jurídicos e subsunção

Outro aspecto relevante para o tratamento neste artigo é a forma segundo a qual o Constructivismo Lógico- Semântico lida com a formulação e aplicação dos conceitos jurídicos. Como se verá mais adiante, o tratamento conferido aos conceitos é uma característica marcante do pragmatismo, o que justifica a exploração da questão sob a perspectiva constructivista. Importa verificar quais são os pressupostos filosóficos[35] que são adotados para a definição dos conceitos.

O método do Constructivismo Lógico herda de Husserl a intuição como forma de pensamento que "ascende ao plano do substrato ideal que o real implica"[36]. Ao discorrer sobre o conceito de direito, Lourival Vilanova explica que um conceito fundamental demarca logicamente um setor definido da

35. VILANOVA, Lourival. *Escritos jurídicos e filosóficos.* São Paulo: Axis Mundi; IBET, 2003. v. 1, p. 1.

36. Ibidem, p. 75.

objetividade, se caracteriza como forma de enquadramento de cada região ontológica.

Ao assumir a fenomenologia e o logicismo de Husserl, o Constructivismo procede a um retorno às formas clássicas, assumindo a interpretação do conceito em Aristóteles[37]. Os conceitos são idênticos às essências[38]. Neste sentido, por exemplo, o conceito de direito seria logicamente independente da experiência, ele seria a condição de possibilidade da experiência jurídica[39].

O conceito fundamental se constitui como pressuposto *a priori*, sobre o qual repousa toda a construção de uma ciência, uma vez que limita logicamente uma região ôntica ou um setor definido de objetividade. O método de obtenção do conceito seria a apreensão intuitiva[40]. Essa "aprioridade" do conceito fundamental decorre das condições transcendentais do conhecimento que foram estabelecidas pela filosofia kantiana. Para que um conceito fundamental realize a sua função unificadora é necessário que possua validez universal, e deve ter uma órbita de validade ou aplicação que permita que todos os objetos que apresentem aquele complexo de notas que o definem possam ser a ele subsumidos. Nesse sentido, o conceito se relaciona mais ao aspecto conotativo que ao denotativo das definições. Os conceitos retêm somente os elementos comuns, notas universais e necessárias ou essências que se encontram na multiplicidade de objetos e fatos singulares que caracterizam os dados da experiência.

O que ocorre quando se dá a operação de subsunção ou de incidência de uma norma jurídica? Para que uma norma incida, deve ocorrer o fato descrito em sua hipótese. Quando este fato

---

37. ABBAGNANO, Nicola. *Dicionário de filosofia*. 2. ed. Tradução Alfredo Bosi. São Paulo: Matins Fontes, 1998. p. 166.

38. VILANOVA, Lourival. *Escritos jurídicos e filosóficos*. São Paulo: Axis Mundi; IBET, 2003. v. 1, p. 73.

39. Ibidem, p. 69.

40. Ibidem, p. 6.

ocorre, sendo ele ainda de natureza social, se estiver representado em linguagem (igualmente social), uma norma incide, por se verificar a similitude entre as características do fato ocorrido e os predicados selecionados pelo legislador ao elaborar a hipótese normativa. Desde que a lei que prescreve a norma já esteja em vigor, e verificando-se esta concorrência entre os aspectos do fato e da descrição hipotética, ocorre a subsunção. Neste sentido concorda Celso Ribeiro Bastos, ao tratar da hermenêutica e interpretação constitucional. Afirma o autor:

> Como parte inicial do processo interpretativo tem-se a *seleção da norma aplicável à hipótese de que se cogita*. Assim, frente a determinado caso concreto, ter-se-á de procurar, na vastidão do ordenamento jurídico, a norma aplicável, que regula a espécie submetida à apreciação. Poder-se-ia denominar este processo de subsunção da norma, porquanto é na verdade mais voltado para o caso concreto[41].

Lourival Vilanova também se refere ao *caráter seletivo do descritor* de uma norma jurídica. Leia-se:

> Vê-se, no descritor da norma não se acha proposição empírica, relatando ou narrando o comportamento efetivo ou descrevendo um fato. Certo, há alguma similitude entre proposição cognoscente do real e proposição tipificadora de uma classe ou conjunto de fatos condicionantes da realização de certas consequências. Ambas são seletivas. Quer nas ciências reais-naturais, quer nas ciências reais-sociais, como demonstrou H. Rickert.
>
> Diremos: os conceitos, quer normativos, quer empírico-naturais ou empírico-sociais, *são seletores de propriedades*. Nem tudo do real tem acolhida no universo das proposições. No campo do direito, especialmente, a hipótese apesar de sua descritividade, *é qualificadora normativa do fáctico"*.
>
> [...] Então concluímos: a hipótese, que é proposição descritiva de situação objetiva possível, é construção valorativamente tecida,

41. BASTOS, Celso Ribeiro. *Hermenêutica e interpretação constitucional.* São Paulo: Celso Bastos Editor; Instituto Brasileiro de Direito Constitucional, 1997. p. 33 (os destaques são nossos).

> com dados-de-fato, *incidente* na realidade e não coincidente com a realidade[42].

Demarcada a forma de tratamento que o constructivismo dispensa à elaboração e aplicação dos conceitos, passaremos a examinar a distinção estabelecida pela doutrina entre os eventos e os fatos. Fatos são concebidos como construções linguísticas elaboradas mediante a intersecção de substratos de linguagens que (i) ocorrem no cotidiano, como é o caso da linguagem social e (ii) possuem uma natureza técnica, como é o caso da linguagem do Direito Positivo. Esse cruzamento dos substratos linguísticos constrói os fatos jurídicos, que caracterizam um terceiro substrato de linguagem: a facticidade jurídica[43].

1.4 A distinção entre evento e fato jurídico

O método constructivista adota a distinção desenvolvida pela filosofia da linguagem entre o *evento* e o *fato linguístico*.

Tércio Sampaio Ferraz Jr. afirma que "'fato' não é pois *algo* concreto, sensível, mas um elemento linguístico capaz de organizar uma situação existencial como realidade. A possibilidade de se usar o elemento 'é fato que' depende, porém, de regras estruturais. Pode ser usado para o passado e presente, mas não para o futuro"[44]. Para este autor, portanto, a afirmação de um determinado fato implica a utilização competente da língua.

Por sua vez, adverte Paulo de Barros Carvalho que "com o mero evento, sem que adquira expressão em linguagem competente, transformando-se em fato, não há que se falar em fenômeno da incidência jurídica. A percussão da norma

---

42. VILANOVA, Lourival. *As estruturas lógicas e o sistema do direito positivo*. São Paulo: Max Limonad, 1997. p. 88-90.

43. CARVALHO. Paulo de Barros. *Direito tributário:* fundamentos jurídicos da incidência. 6. ed. São Paulo: Saraiva, 1998. p. 14.

44. FERRAZ JUNIOR, Tércio Sampaio. *Introdução ao estudo do direito* – técnica, decisão, dominação. 3. ed. São Paulo: Atlas, 2001. p. 274.

pressupõe relato em linguagem própria: *é a linguagem do direito constituindo a realidade jurídica*"[45].

Assim, podemos entender porque o Constructivismo Lógico-Semântico não trata dos fatos como entidades "reais", mas os concebe na condição de articulações linguísticas acerca da realidade. Segundo Habermas[46], os fatos constituem aquilo que objetivamente podemos afirmar. Os objetos da experiência são aquilo acerca do que fazemos afirmações.

A transformação das relações sociais em relações jurídicas surge como o efeito, a consequência produzida pela aplicação do direito. É esclarecedor a este respeito o pensamento de Lourival Vilanova, quando afirma:

> Em rigor, direitos, facultamentos, poderes, pretensões, autorizações e seus correspectivos contrários, encontram-se no momento *efectual*, quer dizer: depois da *incidência* da parte da norma que qualifica o dado-de-fato como *fato jurídico* vem o efeito, justamente a relação S'RS" , a relação jurídica em sentido técnico. E se se encontram compondo o fato jurídico, como pressupostos constituintes dele, operam como 'causa' de efectual relação jurídica. Assim, a relação jurídica mesma pode aqui figurar no tópico de antecedente, ali no tópico de consequente[47].

Por isso o Constructivismo Lógico-Semântico propõe para a aplicação a coexistência de três substratos de linguagem: Um primeiro, composto por linguagem social, que represente o evento real, traduzindo-o em fato; um segundo que é o das próprias normas gerais e abstratas, a linguagem do Direito Positivo, portadora de enunciados conotativos[48] que se refe-

---

45. CARVALHO, Paulo de Barros. *Direito tributário:* fundamentos jurídicos da incidência. 6. ed. São Paulo: Saraiva, 1998. p. 12 (destaques do original).

46. HABERMAS, Jurgen. *Teoría da la acción comunicativa:* complementos y estudios previos. Madrid: Ediciones Cátedra, 1997. p. 117.

47. VILANOVA, Lourival. Analítica do dever-ser. In: LAFER, Celso; FERRAZ JR., Tércio Sampaio (coord.). *Direito política filosofia poesia:* estudos em homenagem ao Professor Miguel Reale, em seu octogésimo aniversário. São Paulo: Saraiva, 1992. p. 592.

48. Entre os linguistas, há uma polêmica sobre o emprego da oposição entre

rem aos arquétipos de fatos sociais (*fattispecie*), permitindo a sua identificação e tipificação legal; e finalmente um terceiro, produto da intersecção dos dois primeiros, traduzindo o fato social em *fato jurídico*.

O constructivismo propõe que a realidade jurídica é uma construção linguística que resulta do emprego da linguagem do direito posto sobre o tecido dos fatos e relações sociais. A articulação competente desse substrato de linguagem é o processo de aplicação no direito, requerendo a presença humana, uma vez que as normas não incidem por força própria. A manipulação adequada e a sobreposição das linguagens é manifestação inequívoca do princípio da intertextualidade no percurso da aplicação normativa.

2. As características do *Pragmatismo*

O pragmatismo não se define exatamente como um movimento filosófico. Ele seria mais bem caracterizado como um conjunto de correntes filosóficas desenvolvidas nos Estados Unidos e na Inglaterra, com desdobramentos que assumiram diferentes nomes em outros países. Nesse contexto é possível afirmar que houve um pragmatismo italiano do qual participaram Mario Calderoni (1879-1914), Giovanni Papini (1881-1956) e Giovani Vailati (1863-1909). Entretanto, vamos destacar neste artigo somente a doutrina proposta por seus mais notáveis fundadores americanos, durante o fim do século XIX e início do século XX, para, na sequência, ressaltarmos a proposta de John Dewey, com sua formulação de uma lógica da

---

conotação e *denotação*, a qual vem da lógica escolástica. A questão gira em torno do caráter vago do conceito de conotação. Uma breve síntese sobre o tema pode ser encontrada em DUBOIS Jean et al. *Dicionário de linguística*. São Paulo: Cultrix, 1998. p. 142; LALANDE, André. *Vocabulário técnico e crítico da filosofia*. 3. ed. Tradução Fátima Sá Correia; Maria Emília V. Aguiar; José Eduardo Torres; Maria Gorete de Souza. São Paulo: Martins Fontes, 1999. p. 194. O emprego que fazemos de *conotação*, nesta obra, é o mesmo que lhe atribui Stuart Mill para quem conotar exprime "o modo pelo qual um nome concreto geral serve para designar os atributos que estão implícitos no seu significado".

investigação, a fim de estabelecermos as relações entre a formulação de 'assertividade garantida', concebida por Dewey, e a constituição dos fatos jurídicos em linguagem competente, formulada pelo Constructivismo Lógico-Semântico.

2.1 William James, Charles Sanders Peirce e os efeitos concebíveis

Segundo um de seus fundadores, William James,[49] o pragmatismo não é uma novidade: pensadores como Sócrates, Aristóteles, Locke, Berkeley e Hume flertavam com a ideia de que a realidade é aquilo que sabemos dela. O combate às razões *a priori*, à abstração, aos princípios firmados e aos sistemas fechados foi o prelúdio do que seria o método pragmático.

O termo "pragmático" foi usado em várias acepções na história, mas desde seus primeiros empregos esporádicos aparecem dois sentidos fundamentais: de conhecimento útil e de conhecimento real. Sobre sua origem, R. Berthelot[50] diz que a expressão é atribuída geralmente ao historiador grego Políbio, no sentido de história instrutiva, destinada a dirigir a conduta. Nicola Abbagnano[51] registra que o adjetivo, para Políbio, distinguia a história pragmática, que cuida dos fatos, da história que fala da genealogia das famílias e da fundação das cidades. A história pragmática, para o grego, tinha utilidade maior para *ensinar como o homem deve proceder na vida social.*

Modernamente, o pragmatismo, como filosofia, foi desenvolvido a partir do final do século XIX. As duas principais correntes do pragmatismo surgiram de um grupo de pensadores

49. JAMES, William. *Pragmatismo*. Tradução Jorge Caetano da Silva. São Paulo: Martin Claret, 2006. p. 46-47.

50. LALANDE, André. *Vocabulário técnico e crítico da filosofia*. 3. ed. Tradução Fátima Sá Correia; Maria Emília V. Aguiar; José Eduardo Torres; Maria Gorete de Souza. São Paulo: Martins Fontes, 1999. p. 1284. O termo em grego pode ser traduzido livremente como "ação real".

51. ABBAGNANO, Nicola. *Dicionário de filosofia*. 2. ed. Tradução Alfredo Bosi. São Paulo: Matins Fontes, 1998. p. 919.

americanos que ironicamente se denominou "Clube da Metafísica". Dois de seus maiores pensadores, Charles Sanders Peirce e William James, eram homens religiosos e acreditavam no pragmatismo como uma forma de combate ao racionalismo e ao empirismo vulgar.

Todos determinavam a verdade de uma proposição por suas consequências práticas.[52] Contudo, divergiam em pontos fundamentais: Peirce pregava um pragmatismo de vertente realista; James, de caráter nominalista. Retomaram, assim, o debate que permeou toda a Idade Média – a chamada "querela dos universais", em que se buscava saber qual espécie de realidade se deve atribuir às ideias gerais: se são reais (realismo) ou meras palavras (nominalismo).[53] O nominalismo afirma que conceitos genéricos, como a beleza, o bem, o animal, o homem etc., são nada mais do que nomes (*nomina*) ou meras palavras (*flatus vocis*)[54]. Já o realismo assevera a existência dos universais antes da coisa (*ante rem*). Nele os conceitos gerais existem em si mesmos, a modo das ideias de Platão.[55] Como veremos adiante, Peirce era realista, dada sua visão de crença e realidade.[56]

A vertente jamesiana corresponde à maior parte do que se entende por pragmatismo. E, aqui, nos deteremos mais longamente nela, porque as críticas costumam ser feitas ao pragmatismo jamesiano e não ao de Peirce. Ao tratar do assunto em *Tipos Psicológicos*, C. G. Jung,[57] em nenhum momento, cita Peirce, mas deixa vastos comentários sobre James e Schiller.

---

52. WAAL, Cornelis de. *Sobre pragmatismo*. Tradução Cassiano Terra Rodrigues. São Paulo: Loyola, 2005. p. 51-79.

53. COMTE-SPONVILLE, André. *Dicionário filosófico*. Tradução Eduardo Brandão. São Paulo: Martins Fontes, 2003. p. 610.

54. "Sopros de voz", em tradução livre.

55. Cf. JUNG, C. G. *Tipos psicológicos*. 3. ed. Petrópolis: Vozes, 2003. p. 40.

56. PEIRCE, Charles Sanders. (org.). *Antologia filosófica*. Prefácio, seleção tradução e notas de António Machuco Rosa. Lisboa: Imprensa Nacional, 1998. p. 146. Nesse texto, Peirce se declara um realista.

57. Ibidem, p. 312-343.

Gérard Durozoi e André Roussel[58] citam James como o filósofo pragmático americano mais importante. Quando Johannes Hessen[59] faz crítica aos ceticistas, inclui o pragmatismo nesta categoria e sequer cita Peirce. Expõe que James é considerado o verdadeiro fundador do pragmatismo (inclusive do nome) e que o pragmatismo equipara os conceitos "verdadeiro" e "útil", ainda que, para isso, trate como verdadeira uma *suposição sabidamente falsa*. Dito isso, "o erro fundamental do pragmatismo consiste em não enxergar a esfera lógica".

Para os europeus, como Bertrand Russel, faltaria "evolução" para um pragmatista, no sentido de que a filosofia servia "justamente para o pensador deixar de ser um [pragmatista]". Críticos do pragmatismo o acusam de saber se um filme era bom ou não pela sua bilheteria.[60] Estudos do pragmatismo costumam lembrar da verdade "pela utilidade" nietzscheniana,[61] quando se diz que o verdadeiro é o que é vantajoso para nosso pensamento. O francês André Comte-Sponville[62] utiliza seu tom ácido para dizer que, conforme critérios pragmáticos, o nazismo seria verdadeiro se Hitler tivesse ganhado a guerra. Irônico, continua: "Mas também podemos, como Charles Sanders Peirce e William James, considerá-lo uma filosofia da ciência e da democracia. O fato de se tratar de dois filósofos americanos não deveria servir de refutação". A verdade como êxito, em um empirismo radical, é, sem dúvida, jamesiana.

---

58. DUROZOI, Gérard; ROUSSEL, André. *Dicionário de filosofia*. Tradução Marina Appenzeller. Campinas: Papirus, 1993. p. 376-377.

59. HESSEN, Johannes. *Teoria do conhecimento*. 2. ed. Tradução João Vergílio Gallerani Cuter. São Paulo: Martins Fontes, 2003. p. 40-42.

60. WAAL, Cornelis de. *Sobre pragmatismo*. Tradução Cassiano Terra Rodrigues. São Paulo: Loyola, 2005. p. 20.

61. SHOOK, John R. *Os pioneiros do pragmatismo americano*. Tradução Fabio M. Said. Rio de Janeiro: DP&A, 2002. p. 8; WAAL, Cornelis de. *Sobre pragmatismo*. Tradução Cassiano Terra Rodrigues. São Paulo: Loyola, 2005. p. 23; POGREBINSCHI, Thamy. *Pragmatismo:* teoria social e política. Rio de Janeiro: Relume Dumará, 2005. p. 13.

62. COMTE-SPONVILLE, André. *Dicionário filosófico*. Tradução Eduardo Brandão. São Paulo: Martins Fontes, 2003. p. 466.

As bases do pragmatismo listadas por Eisenberg e Pogrebischi[63] também remetem mais a James do que a Peirce (contextualismo, consequencialismo, antifundacionalismo). Ser pragmatista *contextualista* implica que toda e qualquer proposição seja julgada a partir de sua conformidade com as necessidades humanas e sociais. Por sua vez, o *consequencialismo* requer que toda e qualquer proposição seja testada por meio da antecipação de suas consequências e resultados possíveis. E, por fim, o *antifundacionalismo* consiste na rejeição de quaisquer espécies de entidades metafísicas, conceitos abstratos, categorias apriorísticas, princípios perpétuos, instâncias últimas, entes transcendentais e dogmas, entre outros tipos de fundações possíveis ao pensamento.

Charles Sanders Peirce expôs as ideias basilares do pragmatismo no texto "Como tornar nossas ideias claras", em 1878, embora nele não tenha empregado o termo. William James o mencionou pela primeira vez em "Philosophical Conceptions and Practical Results", em 1898. No texto "O que é o pragmatismo", de 1905, Peirce renuncia ao nome original e utiliza o termo "pragmaticismo". Peirce pode ter criado o pragmatismo com James (e Oliver Wendell Holmes,[64] entre outros, no Clube da Metafísica), mas não é certo afirmar tê-lo criado *depois*. O fato de James ter adotado ("patenteado") a palavra antes fez com que Peirce adotasse outro nome, pragmaticismo, mas isso não retira a sua originalidade na formulação da ideia.

William James[65] sustenta que uma ideia é verdadeira na medida em que acreditar nela é proveitoso para nossas vidas. Giovanni Papini,[66] contemporâneo de James, também

---

63. EISENBERG, José; POGREBINSCHI, Thamy. Pragmatismo, direito e política. *Novos Estudos*, São Paulo: Ed. Brasileira de Ciências, n. 62, 2002.

64. Oliver Wendell Holmes foi membro da Suprema Corte estadunidense.

65. EISENBERG, José; POGREBINSCHI, Thamy. Pragmatismo, direito e política. *Novos Estudos*, São Paulo: Ed. Brasileira de Ciências, n. 62, 2002. passim.

66. Vide na sua autobiografia "Um homem acabado", em especial no Capítulo XXVII. PAPINI, Giovani. *Um uomo finito*. Florença: Libreria dela voce, 1913. Disponível em: <http://archive.org/stream/unuomofinito 00papiuoft/unuomofinito00 pa-

escreveu que a vontade de acreditar cria a verdade, e o verdadeiro é o útil. A subversão ou subjugação da verdade não faz parte da concepção de Peirce.[67]

Peirce não se valia de suposições sabidamente falsas, pois sua preocupação era justamente eliminar a metafísica e suas premissas insustentáveis. Se ser pragmatista significasse ser utilitarista, Peirce teria que abandonar a ideia de verdade e justiça que tanto perseguia[68]. Afirmar que Peirce não enxerga a esfera lógica é uma crítica facilmente refutável, uma vez que escolheu o termo *Semiótica* para denominar sua *Lógica*, sendo esta a paixão que o animou durante toda a vida[69].

Outra prova da influência maior de James é que o pragmatismo jurídico o tem como sua base filosófica. O pragmatismo hoje é associado a Richard Rorty e sua filosofia antirrealista.[70] O pragmatismo jurídico desenvolvido por Oliver Wendell Holmes, Roscoe Pound e Benjamin Cardozo não buscava precisamente a verdade, mas uma crença justificada pela necessidade social.[71] O poder do legislador (em sentido estrito) passa ao juiz criador, que considera o contexto, e procura a melhor decisão sem estar preso em uma moldura kelseniana. No seu livro *Para além do Direito*, Richard Posner[72] inicia um capítulo

---

piuoft_djvu.txt>. Acesso em: 07 mar. 2019.

67. Mussolini jamais poderia ser associado a Peirce. Já James e Papini foram a base intelectual do ditador. Vide WAAL, Cornelis de. *Sobre pragmatismo*. Tradução Cassiano Terra Rodrigues. São Paulo: Loyola, 2005. p. 110-111.

68. Para Peirce, o fim último da ciência era a verdade, mas o fim último da verdade era o admirável. Na busca da verdade, sustentada pela Ética ou autocontrole e autocorreção, a meta da ciência é corporificar, dar razoabilidade concreta ao admirável. Cf. SANTAELLA, Lucia. *A assinatura das coisas*: Peirce e a literatura. Rio de Janeiro: Imago Ed., 1992. p. 114.

69. SANTAELLA, Lucia. *O que é semiótica*. São Paulo: Ed. Brasiliense, 2006. p. 17.

70. EISENBERG, José; POGREBINSCHI, Thamy. Pragmatismo, direito e política. *Novos Estudos*, São Paulo: Ed. Brasileira de Ciências, n. 62, 2002. p. 107.

71. Ibidem, p. 108 e 110-111.

72. POSNER, Richard. *Para além do direito*. Tradução Evandro Ferreira e Silva. São Paulo: Editora WMF Martins Fontes, 2009. p. 422.

dizendo: "Afinal, o que o pragmatismo tem a oferecer ao direito?", mostrando sua postura pragmatista inclusive ao fazer doutrina. É firme ao dizer que o juiz pragmatista usa o direito como instrumento para fins sociais. O foco está em perguntar sempre qual das resoluções possíveis tem as melhores consequências sociais, no sentido de custos e benefícios.

James é marcado pelo lado psicológico e individual. Sua vertente do pragmatismo, o "praticalismo", acabou sendo a principal. Peirce aperfeiçoou a máxima pragmática com sua semiótica, dizendo que tudo o que se pode pensar sobre algo é parte do conceito desse algo racionalmente. Mantinha assim sua posição realista, adversa à de James.[73] Conforme Maria de Lourdes Bacha,[74] o pragmatismo peirceano não é utilitarismo porque a ação não é a meta da vida. Peirce refuta a ideia de vivermos simplesmente da ação como ação, uma vez que esta postura implica negar o propósito racional da ação e o aperfeiçoamento, ao longo do tempo, do pensamento que determina a conduta.

George Browne Rego[75] comenta a crítica de Popper aos enunciados categóricos do historicismo: tais enunciados são insusceptíveis de refutação. Os efeitos concebíveis ou consequências práticas ficam longe do utilitarismo e perto de uma investigação de desdobramentos experimentais, resultantes de ações deliberadamente controladas sobre o objeto. A aceitação da imprevisão não submete o pesquisador a um saber fragilizado, porém o obriga a tomar certas atitudes diante de seus objetos de estudo e conceituações, tais como a estipulação e a redefinição.

---

73. WAAL, Cornelis de. *Sobre pragmatismo*. Tradução Cassiano Terra Rodrigues. São Paulo: Loyola, 2005. p. 131.

74. BACHA, Maria de Lourdes. *A teoria da investigação de C. S. Peirce*. São Paulo: Cena Um, 1998. p. 37-38.

75. REGO, George Browne. Reflexos políticos e jurídicos da falseabilidade de Karl Popper e do falibilismo de Charles Sanders Peirce no método do direito. *Revista Duc In Altum, Caderno de Direito*, v. 4, n. 6, jul.-dez. 2012, p. 268-269. Rego defende que o falibilismo peirceano, forte influenciador da categoria da falseabilidade de Popper, pode ser aplicado aos conceitos jurídicos.

Segundo Shook,[76] apesar das inúmeras diferenças entre os autores basilares, havia alguns pontos centrais em que todos concordavam: o conhecimento era oriundo da experiência (característica do *empirismo*), a mente transforma a experiência em objeto de conhecimento; e a crença, obtida a partir da experiência, nos possibilita prever e controlar nosso ambiente. Também concordam que a realidade é muito mais ampla do que a totalidade de objetos de conhecimento reais e possíveis, o que nos dá margem a prever o imprevisto. E o mais importante: o significado de um juízo é uma função de suas consequências práticas concebíveis. As consequências, portanto, definem o objeto e não o contrário. Se não há diferença prática, não há diferença. Discussões como a "transubstancialidade" tornam-se inúteis, posto o objeto ser a concepção de seus efeitos. "Peso" é simplesmente a força que faz os corpos caírem. *Como dizer que não sabemos o que é o peso, mas conhecemos todos os seus efeitos?*

2.2 John Dewey e a lógica da investigação

Formulando a crítica ao racionalismo, o pragmatismo estabeleceu, com a evolução das concepções de comunicação, linguagem, pensamento e discurso, uma ponte entre essência e existência. Os significados, sob o nome de formas e essências, tinham sido estabelecidos, muitas vezes, além e acima da existência espacial e temporal, invulneráveis às vicissitudes.

Para Dewey, a força reguladora dos significados jurídicos oferece uma ilustração conveniente:

> Um policial de trânsito levanta a mão ou apita. Seus atos funcionam como um sinal para direcionar os movimentos. Mas são mais do que estímulos episódicos. O gesto incorpora uma regra de ação social. Seu significado próximo são suas consequências próximas na coordenação de movimentos de pessoas e veículos; seu significado ulterior e permanente – sua essência – é sua consequência

---

76. SHOOK, John R. *Os pioneiros do pragmatismo americano*. Tradução Fabio M. Said. Rio de Janeiro: DP&A, 2002. p. 12 e 19.

> na direção da segurança dos movimentos sociais. Não observar os sinais do policial submete um indivíduo às penas de prisão ou multa. A essência incorporada no apito do policial não é uma realidade oculta, sobreposta a um fluxo físico ou sensual que lhe confere forma; não se trata de uma misteriosa subsistência de algum modo abrigada dentro de um evento psíquico. Sua essência é a regra, abrangente e persistente, o hábito padronizado de interação social para o qual o apito é usado. O padrão, arquétipo, que constitui a essência do apito como um ruído particular, é um arranjo ordenado dos movimentos de pessoas e veículos estabelecidos pelo acordo social como sua consequência. Esse significado é independente da paisagem psíquica, das sensações e imagens, tanto do policial como dos outros interessados. Mas nem por isso se trata de um fantasma espiritual atemporal, ou de uma subsistência lógica pálida que se divorcia dos acontecimentos[77].

Ao discorrer sobre a lógica, em sua obra "Reconstrução da Filosofia", Dewey afirma ser a lógica um tema de profunda importância em razão de seus fundamentos empíricos e aplicações experimentais. Os problemas lógicos se relacionam com as possibilidades de desenvolvimento e emprego de métodos inteligentes, em investigações que guardem uma relação com a reconstrução deliberada da experiência. Para Dewey, a investigação consiste em uma transformação controlada ou dirigida de uma situação indeterminada em outra que seja tão determinada em suas notas distintivas e relações constitutivas que converta a situação original em um todo unificado. Assim, o pressuposto da investigação seria a indeterminação, a incerteza a desordem e a perturbação de uma dada situação, de forma a convertê-la em uma dúvida. O resultado da investigação seria a determinação da situação. Para o filósofo a investigação e o raciocínio lógico e científico possuem caráter instrumental. Dewey define o *instrumentalismo* da forma seguinte:

> Uma tentativa de estabelecer uma teoria lógica precisa dos conceitos, dos juízos e das inferências em suas diversas formas,

77. DEWEY, John. Nature, communication and meaning. *The essencial Dewey. Ethics, Logic, Psychology*. Edited by Larry A. Hickman and Thomas M. Alexander, Indiana University Press, 1998. v. 2, p. 59 (tradução nossa).

> considerando primeiramente como o pensamento funciona na determinação experimental de suas consequências futuras [78].

Ele via as ideias, os pensamentos, os sistemas e teorias como instrumentos a serviço de uma reorganização ativa dos ambientes que eram o objeto de interesse das investigações. A concepção de Dewey propunha as ideias como "planos de ação", como juízos do que deveria ser feito para resolver um problema relacionado a uma situação específica. Portanto, se a ação fosse executada e o problema resolvido, a ideia ou hipótese seria considerada bem sucedida, por ter sido verificada e reputada verdadeira. A "verdade" a esse respeito seria determinada situacionalmente, em aparente desacordo com a visão de Peirce, que propunha a verdade como ideal regulativo, apto a inspirar uma comunidade de cientistas num processo contínuo de investigação. Para os parâmetros de Dewey, se as pesquisas nos conduzem a nossos propósitos, são verdadeiras. Se nos desviam deles, são falsas. Entretanto, considerar a verdade como satisfação das necessidades e das condições sob as quais nascem as ideias e os métodos não se reduz a um caráter emocional ou subjetivo, revelando um bem-estar privado. A satisfação deve obedecer a critérios públicos e coletivos. Porque a experiência, para Dewey, não é concebida em sentido subjetivo, mas como interação entre um organismo e seu ambiente[79].

Para Dewey o conhecimento se revela não somente como um conjunto sistematizado de ideias, informações e fundamentos, mas implica a formulação de soluções práticas de situações problemáticas, mediante a elaboração de investigações controladas. As soluções práticas são obtidas pelo uso do método científico. Método este que tem caráter essencialmente lógico e experimental.

---

78. DEWEY, John. O desenvolvimento do pragmatismo americano. *Scientiae Studia,* São Paulo, v. 5, n. 2, p. 227-243, 2007.

79. HEBRARD, A.; MERCAU, H.; BADENES, A. La teoría lógica de Dewey y la lógica formal [En línea]. *VII Jornadas de Investigación en Filosofía*, 10-12 de noviembre de 2008, La Plata. Disponível em: <http://www.fuentesmemoria.fahce.unlp.edu.ar/trab_eventos/ev.429/ev.429.pdf>. Acesso em: 08 mar. 2019.

Ao se referir à lógica formal, que caracterizadamente adota o raciocínio dedutivo, Dewey a chama de 'Lógica dos Antecedentes'[80], uma lógica que tradicionalmente exerceu manifesta influência nas investigações acerca do raciocínio jurídico e, notadamente, judicial. Mas o que Dewey salienta, ao formular a sua própria concepção de lógica instrumental, de lógica da investigação é o seguinte:

> Do ponto de vista geral, a atitude pragmática consiste em desviar o olhar das primeiras coisas, princípios, "categorias", supostas necessidades e olhar para as últimas coisas, frutos, consequências, fatos[81].

Aos olhos de Dewey, a racionalidade não se acha vinculada a quaisquer princípios ou modelos intelectuais independentes da investigação. Não há premissas definitivas, princípios a priori ou axiomas evidentes por si mesmos, aos quais uma pesquisa esteja subordinada, desde antes do seu início. A utilidade das operações lógicas reside em suas consequências para investigações que virão a seguir, no futuro. A expressão "*a priori*" apenas pode ser adotada operativamente, quando se adota a sua possível utilidade futura.

Explica Caio Costa Cabral:

> Dewey não admite a ideia segundo a qual as formas lógicas existiriam a priori. Tais formas, segundo o filósofo, são intrinsecamente postulados gerados a partir dos métodos de inquirição postos em prática, e estão à disposição do investigador, servindo como seus instrumentos[82].

---

80. DEWEY, John. Lógical method and law. *The Philosophical Review*, v. 33, n. 6, nov. 1924.

81. No original: "From a general point of view, the pragmatic attitude consists in 'looking away from first things, principles, "categories", supposed necessities; and looking towards last things, fruits, consequences, facts'". DEWEY, John. *The essential Dewey.* Pragmatism, Education, Democracy. Edited by Larry A. Hickman and Thomas M. Alexander. Indiana University Press, Blooming and Indianapolis, 1998. v. 1, p. 7.

82. CABRAL, Caio Cesar. A teoria da investigação de John Dewey: lógica e conhecimento. In Cognitio-Estudos. *Revista Eletrônica de Filosofia*, v. 11, n. 2, jul./dez. 2014. p. 167-176.

A lógica da investigação, portanto, possui um caráter evolutivo, o que leva a que seus postulados estejam sujeitos a mudanças e revisões que acompanham o progresso da ciência e do conhecimento.

Expostas as características gerais do constructivismo e do pragmatismo, relevantes para a demonstração das correlações propostas neste artigo, trataremos agora de procurar estabelecer uma rota de correlações entre estes métodos para a exploração do fenômeno jurídico.

3. O Constructivismo Lógico-Semântico em direção ao Pragmatismo

O Constructivismo Lógico-Semântico considera que a natureza prescritiva da linguagem do direito manifesta a sua dimensão pragmática[83]. Por esta razão, elegemos o processo de aplicação das normas jurídicas como o ponto de intersecção e diálogo entre os métodos de investigação do fenômeno jurídico concebidos pelo Constructivismo Lógico-Semântico e o Pragmatismo proposto por John Dewey, com a sua lógica da investigação que propõe os conceitos de assertividade garantida e de asserção garantida. Passaremos a apresentar razões que justificam esta escolha.

Explorar o conceito de aplicação da lei implica manejar o ordenamento jurídico como fenômeno intersubjetivo. Desde já é muito importante, ao tratarmos dos processos de positivação, de interpretação e de aplicação do Direito, afastarmos uma premissa filosófica denominada de "solipsismo metodológico". Porque a adoção deste pressuposto se revela incompatível com a investigação do fenômeno jurídico segundo os métodos do constructivismo ou do pragmatismo. Ambos os métodos trabalham o direito posto como manifestação cultural e semiótica.

---

83. CARVALHO, Paulo de Barros. *Direito tributário:* fundamentos jurídicos da incidência. 6. ed. São Paulo: Saraiva, 1998. p. 9.

O solipsismo metodológico adota uma perspectiva segundo a qual os processos cognitivos devem ser abstraídos do ambiente em que o sujeito se encontra[84]. Trata-se de uma doutrina segundo a qual efetivamente só existem o eu e suas sensações. Os outros entes – tais como seres humanos e objetos – comparecem apenas como participantes da única mente pensante. Refletem meras impressões, sem existência própria, embora sejam, frequentemente, considerados uma possibilidade intelectual[85]. Dewey, ao tratar da linguagem, negou a possibilidade de uma "linguagem privada" e, portanto, a possibilidade de significado em um mundo solipsista. Ele apontou que a falha do pensamento moderno foi desconhecer que o mundo de experiência interior é dependente da linguagem – que é um produto social e operacional – e este fator provocou a tensão subjetivista, solipsista e egoísta na filosofia moderna[86].

O filósofo discutiu os processos comunicacionais considerando-os inseridos em contextos de interações sociais. Os significados foram compreendidos pelo uso compartilhado da linguagem, como forma de ação, o que caracterizou sua crítica às abordagens mentalistas e solipsistas. No mesmo sentido, Charles Sanders Peirce também refutava o solipsismo, ao negar que qualquer teste de certeza pudesse ser obtido de uma consciência individual:

> O mesmo formalismo aparece no critério cartesiano, que equivale a isto: "É verdade o que quer que seja de que eu esteja claramente convencido". Se eu estivesse realmente convencido teria terminado o raciocínio e não requereria qualquer teste de certeza. *Mas, então, fazer dos indivíduos singulares juízes absolutos da verdade é muito pernicioso.* O resultado é que os metafísicos concordarão que a metafísica atingiu um grau de certeza muito para

84. BLACKBURN, Simon. *Dicionário Oxford de filosofia*. Tradução Desidério Murcho et al. Rio de Janeiro: Zahar, 1997. p. 367.

85. HOUAISS, Antonio; VILLAR, Mauro de Salles. *Dicionário Houaiss da língua portuguesa*. Rio de Janeiro: Objetiva, 2001.

86. DEWEY, John. Nature, communication and meaning. *The essencial Dewey. Ethics, Logic, Psychology*. Edited by Larry A. Hickman and Thomas M. Alexander, Indiana University Press, 1998. v. 2, p. 53.

> lá do das ciências físicas – só que não conseguem concordar em nada mais. Nas ciências nas quais os homens chegam a acordo, quando se avança com uma teoria ela é considerada como estando à experiência, até que esse acordo seja alcançado. Depois de ser alcançado, a questão da certeza torna-se uma questão ociosa, porque ninguém ficou com dúvidas sobre ela. Nós, individualmente, não podemos, com razoabilidade, esperar atingir a filosofia última que perseguimos. Apenas a podemos procurar, portanto, para a *comunidade* dos filósofos. Consequentemente, se mentes disciplinadas e sinceras examinarem uma teoria e se recusarem a aceitá-la, isso deveria criar dúvidas na mente do próprio autor da teoria"[87].

Ao tomarmos o direito positivo como uma forma de manifestação da linguagem técnica, como fizemos na primeira seção, assumimos a intersubjetividade como pressuposto do funcionamento de todas as atividades semióticas. Não é possível que um indivíduo, sozinho, interprete um fenômeno semiótico[88]. Se pensarmos que os enunciados legais são de natureza linguística, a premissa se torna ainda mais evidente. A língua tem a natureza de um código, trata-se de uma convenção social. Um falante é falante justamente porque *pertence a uma comunidade linguística*. Um ato de fala significa uma apropriação e articulação individual da língua, revelando seu uso. Para que se materialize e tenha sentido, o ato de fala deve respeitar o pacto lexical. As línguas não são atualizadas em seus respectivos repertórios lexicais em função de atos de fala individualmente considerados, mas em razão de usos inovadores e frequentes de determinadas expressões, aptos a revelar que novos sentidos são reiteradamente atribuídos aos vocábulos[89].

---

87. Tradução colhida em MURPHY, John. *O pragmatismo. De Peirce a Davidson*. Tradutor Jorge Costa. Coimbra: Edições ASA, 1993. p. 21 (destaques nossos).

88. Charles Morris nos fornece este fundamento ao afirmar: "Uma linguagem no sentido semiótico pleno do termo é qualquer conjunto intersubjetivo de veículos do signo cujo uso é determinado por regras sintáticas, semânticas e pragmáticas". MORRIS, Charles. *Fundamentos da teoria dos signos*. Tradução Paulo Alcoforado e Milton José Pinto. São Paulo: Ed. da Universidade de São Paulo, 1976. p. 58.

89. Peirce já sustentava esta natureza geral dos símbolos ao afirmar: "Os símbolos crescem. Retiram seu ser do desenvolvimento de outros signos, especialmente dos ícones, ou de signos misturados que compartilham da natureza dos ícones e

Quando se pensa na atividade dos legisladores como atividade de enunciação, observando a concepção de fontes do direito proposta pelo Constructivismo Lógico-Semântico, não se pode pensar numa criação individual, que desconsidere a natureza convencional da língua. O citado art. 11 da Lei Complementar 95/98 também comprova que o uso do sentido comum das palavras é tido em alta conta para a finalidade de obtenção de clareza na redação das leis – clareza com a qual o legislador deve se dirigir a todos os destinatários das mensagens legais, sejam eles indivíduos ou instituições. O próprio Charles Sanders Peirce salienta a importância da comunidade de investigadores e do caráter coletivo da ciência, ao afirmar que "o progresso da ciência não pode ir muito longe a não ser que conte com colaboração ou, em termos mais precisos, nenhuma mente pode dar um passo sem a ajuda de outras mentes"[90]. Nada nos autoriza a supor que seria diferente a evolução da ciência do direito ou da filosofia do direito. Direito é fenômeno social, intersubjetivo.

---

símbolos. Só pensamos com signos. [...] Um símbolo, uma vez existindo, espalha-se entre as pessoas. No uso e na prática, seu significado cresce. Palavras como *força, riqueza, casamento* veiculam-nos significados bem distintos dos veiculados para nossos antepassados bárbaros. O símbolo pode, como a esfinge de Emerson, dizer ao homem: De teu olho sou um olhar". PEIRCE, Charles Sanders. *Semiótica*. 3. ed. Tradução José Teixeira Coelho Neto. São Paulo: Perspectiva, 1999. p. 75. No mesmo sentido Charles Morris afirma: "A interpretação torna-se especialmente complexa e os resultados individuais e sociais especialmente importantes, no caso dos signos linguísticos. Em termos de pragmática, um signo linguístico é usado em combinações com outros signos mediante as respostas de uma comunidade a outra e a seu meio ambiente. Compreender uma língua é empregar apenas aquelas combinações e transformações de signos não proibidas pelos usos do grupo social em questão, denotar objetos e situações como fazem os membros desse grupo, ter as expectativas que os outros têm quando certos veículos do signo são empregados, e exprimir as expressões próprias de alguém como fazem os outros: em resumo, compreender uma língua ou usá-la corretamente é seguir as regras de uso (sintáticas, semânticas e pragmáticas) corrente na comunidade social dada". MORRIS, Charles. *Fundamentos da teoria dos signos*. Tradução Paulo Alcoforado e Milton José Pinto. São Paulo: Ed. da Universidade de São Paulo, 1976. p. 58.

90. PEIRCE, Charles Sanders. *Semiótica*. 3. ed. Tradução José Teixeira Coelho Neto. São Paulo: Perspectiva, 1999. p. 39.

Com a intersubjetividade e com a generalidade do direito concorda Lourival Vilanova, que afirma:

> O meu querer individual, o meu fim pessoal, os motivos pessoalíssimos sem os quais não ajo, que se vertem copiosamente no ato moral, na prece, na criação artística, no afeto paternal ou filial, na amizade e no amor, não entram assim prodigamente no direito. Ingressa meu ato dentro de formas típicas, pré-moldadas, ou antepostas à minha subjetividade interior[91].

Estabelecida a premissa da intersubjetividade, passamos a examinar como o Constructivismo Lógico-Semântico trabalha com a aplicação das normas jurídicas. Salientando a inadequação da distinção entre a incidência jurídica e a atividade de aplicação, Paulo de Barros Carvalho se manifesta nos termos seguintes:

> Agora, é importante dizer que não se dará a incidência se não houver um ser humano fazendo a subsunção e promovendo a implicação que o preceito determina. As normas não incidem por força própria[92].
>
> Aplicação é o ato mediante o qual alguém interpreta a amplitude do preceito legal, fazendo-o incidir no caso particular e sacando, assim, a norma individual[93].

A partir dessa definição, pretendemos estabelecer a aproximação com a proposta de pragmatismo formulada por John Dewey e sua teoria lógica da investigação. A atividade de investigação é definida por Dewey como "uma transformação controlada e dirigida de uma situação indeterminada a outra que é tão determinada em suas distinções e relações

---

91. VILANOVA, Lourival. *Escritos jurídicos e filosóficos.* São Paulo: Axis Mundi: IBET, 2003. v. 1, p. 362.

92. CARVALHO, Paulo de Barros. *Direito tributário:* fundamentos jurídicos da incidência. 6. ed. São Paulo: Saraiva, 1998. p. 11.

93. Ibidem, p. 255.

constitutivas que converte os elementos da situação original em um todo unificado"[94].

Adotando a premissa constructivista segundo a qual as normas não incidem por força própria, a aplicação do direito, como seu processo de concretização, traz uma semelhança estrutural com o processo de investigação concebido por Dewey. A realidade social se apresenta como uma malha de relações em curso. Em decorrência dos regramentos jurídicos determinadas porções dessa realidade serão segmentadas, a fim de ingressarem na composição de uma "realidade jurídica" que possui uma sintaxe específica e prescritiva. Estes recortes serão feitos pelos operadores do direito, quer sejam eles cidadãos, relatando em linguagem competente o cumprimento de seus deveres jurídicos, ou praticando a celebração de contratos que manifestam a confluência de seus interesses, ou serão os agentes públicos produzindo atos administrativos para regular as relações com o Poder Público, ou ainda serão magistrados, prolatando decisões judiciais que procuram decidir conflitos intersubjetivos.

Quanto mais longo for o curso da positivação, mais a situação caminha partindo da situação social combinada com os textos legais, em direção a uma definição concreta, refletida na produção de normas individuais. Para Dewey, a aplicação da lei diz respeito aos métodos pelos quais a lei pode se tornar efetiva[95]. O filósofo pragmatista também possui uma definição para a aplicação do direito:

> A segunda parte da afirmação envolve a conclusão de que aquilo que é chamado de *aplicação* não é algo que acontece *após* uma regra ou lei, ou estatuto ser estabelecido, mas é uma parte necessária deles; de fato, é uma parte tão necessária que, em casos dados, só podemos julgar o que a lei *é,* na verdade, dizendo como ela opera e quais são seus efeitos nas e sobre as atividades humanas que estão em andamento. Para propósitos especiais, o

94. DEWEY, John. *Logica.* Teoría de la investigación. Prólogo y versión española de Eugenio Imaz. México/Buenos Aires: Fondo de Cultura Económica, 1950. p. 123.

95. DEWEY, Jonh. Minha filosofia do direito. In: MORRIS, Clarence (org.). MORRIS, Clarence (org.). *Os grandes filósofos do direito.* Tradução Reinaldo Guarany. São Paulo: Martins Fontes, 2002. p. 515.

> significado de 'aplicabilidade' pode ser restringido de maneira muito mais técnica. Mas do ponto de vista que pode ser chamado de filosófico, a aplicação deve ser considerada amplamente. Um dado ajuste legal *é* aquilo que ele *faz,* e aquilo que faz reside no campo de modificar e/ou manter as atividades humanas enquanto interesses em andamento. Sem aplicação, há pedaços de papel ou vozes no ar, mas nada que possa ser chamado de lei[96].

Considerando a definição de Dewey para a aplicação da lei e respondendo à pergunta por ele formulada, mediante a adoção do método proposto pelo Constructivismo Lógico-Semântico, procuraremos responder. O que a aplicação *faz*? Ora, ela produz fatos e relações jurídicas, manifesta o processo de concretização do direito e suas consequências. A aplicação parte dos fatos sociais. Sobre eles se projeta. Ao se lançar sobre a realidade social, a aplicação da lei, promovida por agentes humanos no desempenho de suas atividades, extrai dos eventos, mediante o efeito seletivo dos conceitos jurídicos, a parcela que passará a constituir os fatos jurídicos. Assim, o Constructivismo Lógico-Semântico descreve a formação dos fatos jurídicos como uma *construção,* obtida em razão da manipulação bem sucedida da linguagem técnica do direito positivo.

O constructivismo considera os fenômenos culturais como eminentemente semióticos. A utilização da semiótica como método de pesquisa adotado pelo Constructivismo Lógico-Semântico equipara o fenômeno da incidência das leis ao processo de aplicação jurídica. Para descrever a aplicação, o constructivismo desenvolveu a diferença entre os conceitos de linguagem social e linguagem do Direito Positivo, definindo os fatos jurídicos como consequências do uso bem sucedido da "linguagem competente".

Para Dewey a juridicidade também decorre da aplicação, como seu efeito ou consequência. São palavras do filósofo:

> Quando os homens se envolvem uns com os outros, eles não estão cientes, no início, das responsabilidades envolvidas no

96. Ibidem, p. 517.

> negócio; as leis, no sentido jurídico, são declarações explícitas do que antes estava apenas implícito nos costumes, ou seja, são o reconhecimento formal dos direitos e deveres que estavam praticamente implícitos na aceitação dos costumes[97].
>
> Os materiais dos regulamentos legais são transações que ocorrem nas atividades ordinárias de seres humanos e grupos de seres humanos; transações de um determinado tipo que são estabelecidas à parte da lei. Quando certos aspectos e fases dessas transações são legalmente formalizados, surgem conceitos como contravenções, crimes, danos, contratos e assim por diante. Esses conceitos formais surgem de transações atuais; eles não são impressos a partir de cima ou de uma fonte externa *a priori*. Mas uma vez formados, eles também são *formativos*; regulam o comportamento adequado nas atividades das quais surgiram.
>
> Todos esses conceitos legais formais são operacionais por natureza. Formulam e definem formas de operar para aqueles envolvidos em transações nas quais entram como 'partes' certo número de pessoas ou grupos, e os modos de operação seguidos por aqueles com jurisdição para decidir se as formas estabelecidas foram cumpridas, juntamente com as consequências existenciais da falta de observância. As formas em questão não são fixas e eternas. Mudam, embora em geral muito lentamente, com a mudança das transações usuais em que indivíduos e grupos estão envolvidos e com a mudança que ocorre nas consequências dessas transações[98].

Ou seja, segundo o pragmatismo de Dewey, os conceitos jurídicos possuem natureza formativa, de modo a que não existem e nem produzem efeitos *a priori*, mas são formas que se revelam após a aplicação das leis. Para Dewey também é imprescindível a atividade da aplicação, a fim de que os conceitos jurídicos produzam os seus efeitos típicos, revelados pelo uso reiterado. Conceitos jurídicos são formas cujos efeitos são a conformação do material social em fatos e relações jurídicas. O efeito destas formas se manifesta *a posteriori*, em suas consequências. O material social não possuía a forma jurídica antes da aplicação. A aplicação dos conceitos legais, portanto, proporciona uma forma jurídica para o que antes compunha um

97. DEWEY, John. *Logica*. Teoría de la investigación. Prólogo y versión española de Eugenio Imaz. México/Buenos Aires: Fondo de Cultura Económica, 1950. p. 30-31.

98. Ibidem, p. 119-120.

contínuo social, homogêneo. A forma jurídica serve à finalidade específica de regular as relações sociais e evitar os conflitos intersubjetivos. Para Dewey, as formas legais e estéticas possuem um caráter exemplar para a justificação de sua lógica como teoria da investigação[99]. Os exemplos propõem uma lógica relativa às consequências, e não aos antecedentes, uma lógica de previsão de probabilidades, em vez de dedução de certezas. Para os propósitos de uma lógica de investigação que aponta consequências prováveis, os princípios gerais podem ser apenas ferramentas, justificadas pelo trabalho que realizam.

Ao criticar a aplicação como um procedimento de raciocínio silogístico, Dewey ressalta que nenhum advogado pensa em solucionar o problema legal trazido pelo cliente mediante a adoção de um silogismo. Tendo em mãos o caso trazido, o advogado começa a antecipar em sua mente algumas conclusões vagas, ainda em formas alternativas. Depois então ele começa a traçar cursos possíveis de raciocínio legal, na procura pelos princípios e dados que poderiam suportar as conclusões possíveis, sopesando qual delas estaria mais bem fundamentada pela combinação de normas e fatos. Um advogado busca então *construir* a sua premissa menor, que será dada pelos fatos jurídicos[100].

3.1 Assertividade garantida e linguagem competente

Em sua lógica da investigação Dewey adota uma diferença entre o que se denomina uma afirmação e aquilo que se entende por uma asserção. Em verdade, essa diferença não surge em Dewey, ela remonta a Peirce, o fundador do pragmatismo, que assim definiu a asserção:

> Um ato de asserção pressupõe que, formulando-se uma proposição, uma pessoa realize um ato que a torna passível de sofrer as

99. Ibidem, p. 412.

100. DEWEY, John. Logical Method and Law. *The essential Dewey*. Pragmatism, Education, Democracy. Edited by Larry A. Hickman and Thomas M. Alexander. Indiana University Press, Blooming and Indianapolis, 1998. v. 1, p. 359.

> penalidades da lei social (ou, de qualquer forma, as da lei moral) no caso desse ato não ser verdadeiro, a menos que essa pessoa tenha uma justificativa definida e suficiente; e um ato de assentimento é um ato da mente através do qual a pessoa se esforça por imprimir sobre sua disposição os significados da proposição, de modo que ela governe sua conduta, incluindo o pensamento subjacente à conduta, sendo que este hábito está sempre em disponibilidade para ser rompido caso surjam razões para que assim se faça[101].

A diferença entre afirmação e asserção empregada na epistemologia de Dewey é bem semelhante:

> Segundo as ideias expostas no último capítulo, podemos considerar o juízo como o resultado estabelecido da investigação. Ele se relaciona com os objetos finais que emergem da investigação em seu caráter conclusivo. O juízo nesse sentido é diferente das *proposições*. O conteúdo destas últimas é intermediário e representativo e é transmitido por símbolos; enquanto o juízo, a que se chega finalmente, tem uma significação existencial direta. Os termos *afirmação* e *asserção* são empregados no discurso atual de forma intercambiável. Mas há uma diferença, que deveria ter reconhecimento linguístico, entre o status lógico de materiais intermediários que são empregados para uso em conexão com o que eles podem levar como meios, dos materiais que foram preparados para serem finais. Empregarei o termo *asserção* para designar a última condição e *afirmação* para a primeira[102].

A construção linguística do fato jurídico como o recorte do tecido social relatado em linguagem competente guarda afinidade com o que Dewey denomina "asserção garantida" (*warranted assertion*). O filósofo substituiu os termos "crença" e "conhecimento" por "asserção garantida" (*warrant assertion*) ou "assertividade garantida". Para ele "conhecimento" e "crença" são expressões que padecem de ambiguidade. 'Crença' poderia se referir ao objeto ou ao estado da crença,

101. PEIRCE, Charles Sanders. *Semiótica*. 3. ed. Tradução José Teixeira Coelho Neto. São Paulo: Perspectiva, 1999. p. 80.

102. DEWEY, John. *The essencial Dewey. Ethics, Logic, Psychology*. Edited by Larry A. Hickman and Thomas M. Alexander, Indiana University Press, 1998. v. 2, p. 194.

que poderia ser subjetivo; subjetividade que se procurar evitar no emprego do método científico. Quanto a "conhecimento", a confusão poderia se instalar entre o resultado de uma investigação satisfatória levada a bom termo ou à finalidade ou objeto da investigação. Quando o conhecimento é tomado como um termo abstrato geral, relacionado à investigação, significa "assertividade garantida"[103].

Porque um fato jurídico constituído segundo os critérios de teoria das provas pode ser considerado uma asserção garantida? A razão é que a observância do ônus da prova para sua construção retira da condição do fato jurídico qualquer laivo de subjetividade. O fato jurídico será válido para todas as suas finalidades, a quem quer que seja exibido. A sua condição de asserção garantida resguarda sua utilidade para todas as eventualidades futuras.

Portanto, a assertividade garantida representa o que o Construtivismo denomina de efeitos produzidos pela linguagem competente. Em seara legal, para tratarmos da linguagem competente, a comprovação de cada fato jurídico, decorrente da aplicação, depende dos respectivos meios de prova estabelecidos pelo próprio ordenamento jurídico. Quando os meios de prova são observados, diz-se então que o fato está *comprovado*. Comparando o processo da aplicação jurídica com a lógica da investigação de Dewey, um fato jurídico devidamente comprovado tem o *status* de uma asserção garantida. Todas essas correlações fazem imenso sentido se levarmos em conta que as distinções estabelecidas por Dewey levaram em conta justamente os procedimentos jurídicos![104]

Dewey não chegou a equiparar os processos de raciocínio legal e de aplicação do direito com as investigações

---

103. Ibidem, p. 161.

104. WAAL, Cornelis de. *Sobre pragmatismo*. Tradução Cassiano Terra Rodrigues. São Paulo: Loyola, 2005. p. 170. Vide especialmente DEWEY, John. *Logica*. Teoría de la investigación. Prólogo y versión española de Eugenio Imaz. México/Buenos Aires: Fondo de Cultura Económica, 1950. p. 254 e ss.

conduzidas pelo método científico. Ele os considerava muito comprometidos com o estabelecimento de conclusões particulares e parciais. O que fez foi ilustrar, apesar dessas diferenças, um aspecto específico: o pensamento, na verdade, parte de uma situação mais ou menos confusa, que é vaga e ambígua em relação à conclusão que indica, e a formação de premissas maiores e menores ocorre de forma precária e experimental, no curso da análise do problema, e tendo em vista regras conhecidas e anteriormente estabelecidas.

4. Considerações finais

O Constructivismo Lógico-Semântico é "constructivista" no sentido de construir uma linguagem científica rigorosa para a Ciência do Direito. Mediante a adoção de processos de elucidação, os termos adotados pelo intérprete são definidos de forma a estabelecer um discurso preciso e unívoco. O constructivismo também assume a premissa de que o Direito é um fenômeno linguístico, concebido a partir de cadeias de enunciações que, com observância do processo legislativo, estabelecem o Direito Positivo como um conjunto de textos prescritivos.

Ao estabelecer suas premissas linguísticas, o constructivismo reconhece o encadeamento de camadas de linguagem organizadas na forma de linguagem-objeto e metalinguagem. A metalinguagem é a forma de linguagem adotada pela Ciência do Direto, em caráter descritivo, a fim de descrever o Direito Positivo. Mas também se verifica a relação entre linguagem objeto e metalinguagem no interior do ordenamento jurídico, ao nos depararmos com as normas que falam sobre outras normas, como é o caso das regras de reenvio, das "normas-de-normas", ou das regras que determinam o retrotraimento e o protraimento de outras regras.

No que diz respeito ao tratamento dos conceitos, quer nos parecer que o Constructivismo Lógico-Semântico adota o ponto de vista das formas lógicas. Os conceitos são entendidos como formas lógicas a priori, eles reúnem de forma conotativa as propriedades essenciais dos objetos que podem ser classificados como pertencentes à classe de objetos definida pelo conceito.

Por sua vez, o pragmatismo enquanto teoria do conhecimento trata do teor dos conceitos como conteúdos produzidos *a posteriori* pela experiência, pela prática da investigação. Para o pragmatista John Dewey, os conceitos são significados que se revelam após a aplicação. Nesse compasso, os conceitos jurídicos são formativos. Conceitos jurídicos têm suas leis reveladas por seu uso reiterado.

Segundo Dewey, todas as formas lógicas (com suas propriedades características) surgem dentro das operações de investigação e são voltadas ao seu controle, de modo que esta possa produzir asserções garantidas. A concepção de Dewey implica mais do que revelar as formas lógicas a partir da prática do método científico. Porque além de revelar as formas lógicas, os processos de investigação também as produzem. Assim, para Dewey, a sistematização lógica, tendo em vista a maior generalidade e consistência das proposições, caracteriza uma instrumentalidade apta a promover e facilitar a clareza da investigação. Mas não constitui finalidade em si mesma.

John Dewey também tratou dos procedimentos legais e do raciocínio jurídico em alguns trechos de sua extensa obra. Por isso a aproximação entre o Constructivismo Lógico-Semântico e o pragmatismo de John Dewey se deu a partir de uma correlação entre os processos de investigação da ciência e o processo de aplicação do direito. A preocupação de Dewey acerca da aplicação é com os seus efeitos. Ao se responder a indagação sobre os efeitos da aplicação, adotando-se o método constructivista, conclui-se que o efeito da aplicação do direito é a produção dos fatos jurídicos.

Entretanto, a aplicação do direito e a decorrente formação dos fatos jurídicos produzidos não se dão de modo informal. Para que os fatos jurídicos sejam produzidos a sua construção se dá em linguagem competente, ou seja, na linguagem exigida pelo Direito Positivo, de acordo com a teoria das provas. Este conceito de linguagem competente autorizou outra correlação com a obra de John Dewey, quando o filósofo trata das asserções garantidas, produzidas de acordo com certos cânones da investigação, selecionados pelo intérprete para a formulação de uma hipótese de solução do problema que ocasionou a investigação.

Assim como a "assertividade garantida" assegura a consistência das soluções de pesquisa e proporciona a sua utilidade em futuras investigações, a linguagem competente prescrita pelo ordenamento jurídico é a condicionante para o reconhecimento dos fatos jurídicos produzidos nos processos de aplicação do Direito Positivo, assegurando a sua utilidade para todos os efeitos que deverão produzir.

Referências

ABBAGNANO, Nicola. *Dicionário de filosofia*. 2. ed. Tradução Alfredo Bosi. São Paulo: Martins Fontes, 1998.

ARAÚJO, Clarice von Oertzen de. *Semiótica do direito*. São Paulo: Quartier Latin, 2005.

BACHA, Maria de Lourdes. *A teoria da investigação de C. S. Peirce*. São Paulo: Cena Um, 1998.

BASTOS, Celso Ribeiro. *Hermenêutica e interpretação constitucional*. São Paulo: Celso Bastos Editor; Instituto Brasileiro de Direito Constitucional, 1997.

BECKER, Alfredo Augusto. *Carnaval tributário*. 2. ed. São Paulo: Lejus, 1999.

BLACKBURN, Simon. *Dicionário Oxford de filosofia*. Trad. Desidério Murcho et al. Rio de Janeiro: Zahar, 1997.

CABRAL, Caio Cesar. A teoria da investigação de John Dewey: lógica e conhecimento. *Cognitio-Estudos. Revista Eletrônica de Filosofia*, v. 11, n. 2, jul./dez. 2014.

CARVALHO, Paulo de Barros. O *princípio da segurança jurídica em matéria tributária*. Disponível em: <https://www.revistas.usp.br/rfdusp/article/download /67584/70194/>. Acesso em: 23 fev. 2019.

_____. Constructivismo lógico-semântico. In: CARVALHO, Paulo de Barros (org.). *Constructivismo lógico-semântico*. São Paulo: Noeses, 2018. v. 2.

_____. *Curso de direito tributário*. 24. ed. São Paulo: Saraiva, 2012.

_____. *Direito tributário:* fundamentos jurídicos da incidência. 6. ed. São Paulo: Saraiva, 1998.

CHALHUB, Samira. *A metalinguagem*. 4. ed. São Paulo: Ed. Ática, 1998.

CHERRY, Colin. *A comunicação humana*. Tradução José Paulo Paes. São Paulo: Ed. Cultrix, 1971.

COMTE-SPONVILLE, André. *Dicionário filosófico*. Tradução Eduardo Brandão. São Paulo: Martins Fontes, 2003.

DEWEY, John. O desenvolvimento do pragmatismo americano. *Scientiae Studia,* São Paulo, v. 5, n. 2, p. 227-243, 2007.

_____. *Logica*. Teoría de la investigación. Prólogo y versión española de Eugenio Imaz. México/Buenos Aires: Fondo de Cultura Económica, 1950.

_____. Lógical method and law. *The Philosophical Review*, v. 33, n. 6, nov. 1924.

_____. *The essential Dewey*. Pragmatism, Education, Democracy. Edited by Larry A. Hickman and Thomas M. Alexander. Indiana University Press, Blooming and Indianapolis, 1998. v. 1.

_____. *The essencial Dewey. Ethics, Logic, Psychology*. Edited by Larry A. Hickman and Thomas M. Alexander, Indiana University Press, 1998. v. 2.

DUBOIS Jean et al. *Dicionário de linguística*. São Paulo: Cultrix, 1998.

DUROZOI, Gérard; ROUSSEL, André. *Dicionário de filosofia*. Tradução Marina Appenzeller. Campinas: Papirus, 1993.

ECO, Umberto. *A estrutura ausente*. 7. ed. São Paulo: Perspectiva, 1997.

______. *Os limites da interpretação*. Tradução Pérola de Carvalho. São Paulo: Perspectiva, 1995.

EISENBERG, José; POGREBINSCHI, Thamy. Pragmatismo, direito e política. *Novos Estudos*, São Paulo: Ed. Brasileira de Ciências, n. 62, 2002.

FERRAZ JUNIOR, Tércio Sampaio. *Introdução ao estudo do direito* – técnica, decisão, dominação. 3. ed. São Paulo: Atlas, 2001.

HABERMAS, Jurgen. *Teoría da la acción comunicativa:* complementos y estudios previos. Madrid: Ediciones Cátedra, 1997.

HEBRARD, A.; MERCAU, H.; BADENES, A. La teoría lógica de Dewey y la lógica formal [En línea]. *VII Jornadas de Investigación en Filosofía*, 10-12 de noviembre de 2008, La Plata. Disponível em: <http://www.fuentesmemoria.fahce.unlp.edu.ar/trab_eventos/ev.429/ev.429.pdf>. Acesso em: 08 mar. 2019.

HESSEN, Johannes. *Teoria do conhecimento*. 2. ed. Tradução João Vergílio Gallerani Cuter. São Paulo: Martins Fontes, 2003.

HOUAISS, Antonio; VILLAR, Mauro de Salles. *Dicionário Houaiss da língua portuguesa*. Rio de Janeiro: Objetiva, 2001.

HUISMAN, Denis. *Dicionário dos filósofos*. São Paulo: Martins Fontes, 2001.

JAKOBSON, Roman *Linguística. Poética. Cinema*. São Paulo: Pespectiva, 1970.

______. *Linguística e comunicação.* 10. ed. Tradução Izidoro Blikstein e José Paulo Paes. São Paulo: Ed. Cultrix, 1991.

______. *Obras selectas.* Madrid, Editorial Gredos, 1988.

JAMES, William. *Pragmatismo.* Tradução Jorge Caetano da Silva. São Paulo: Martin Claret, 2006.

JUNG, C. G. *Tipos psicológicos.* 3. ed. Petrópolis: Vozes, 2003.

LALANDE, André. *Vocabulário técnico e crítico da filosofia.* 3. ed. Tradução Fátima Sá Correia; Maria Emília V. Aguiar; José Eduardo Torres; Maria Gorete de Souza. São Paulo: Martins Fontes, 1999.

MORRIS, Charles. *Fundamentos da teoria dos signos.* Tradução Paulo Alcoforado e Milton José Pinto. São Paulo: Ed. da Universidade de São Paulo, 1976.

______. *Writings on the General Theory of Signs.* Paris: Mouton The Hague, 1971.

MORRIS, Clarence (org.). *Os grandes filósofos do direito.* Tradução Reinaldo Guarany. São Paulo: Martins Fontes, 2002.

MURPHY, John. *O pragmatismo. De Peirce a Davidson.* Tradutor Jorge Costa. Coimbra: Edições ASA, 1993.

NERY JUNIOR, Nelson. *Princípios do processo civil na Constituição Federal.* São Paulo: Editora Revista dos Tribunais, 1995.

PAPINI, Giovani. *Um uomo finito.* Florença: Libreria dela voce, 1913. Disponível em: <http://archive.org/stream/unuomofinito00papiuoft/unuomofinito00papiuoft_djvu.txt>. Acesso em: 07 mar. 2019.

PEIRCE, Charles Sanders. *Antologia filosófica.* Prefácio, seleção tradução e notas de António Machuco Rosa. Lisboa: Imprensa Nacional, 1998.

_____. *Semiótica*. 3. ed. Tradução José Teixeira Coelho Neto. São Paulo: Perspectiva, 1999.

POGREBINSCHI, Thamy. *Pragmatismo:* teoria social e política. Rio de Janeiro: Relume Dumará, 2005.

POSNER, Richard. *Para além do direito*. Tradução Evandro Ferreira e Silva. São Paulo: Editora WMF Martins Fontes, 2009.

REALE, Miguel. *Fontes e modelos do direito*. São Paulo: Saraiva, 2017.

REGO, George Browne. Reflexos políticos e jurídicos da falseabilidade de Karl Popper e do falibilismo de Charles Sanders Peirce no método do direito. *Revista Duc In Altum, Caderno de Direito*, v. 4, n. 6, jul.-dez. 2012.

SANTAELLA, Lucia. *A assinatura das coisas*: Peirce e a literatura. Rio de Janeiro: Imago Ed., 1992.

_____. *O que é semiótica*. São Paulo: Ed. Brasiliense, 2006.

SHOOK, John R. *Os pioneiros do pragmatismo americano*. Tradução Fabio M. Said. Rio de Janeiro: DP&A, 2002.

SILVA, José Afonso da. *Comentário contextual à Constituição*. 2. ed. São Paulo: Malheiros Editores, 2006.

SILVEIRA, Lauro F. B. da. Semiose: diálogos e linguagem. *Galáxia: revista transdisciplinar de comunicação, semiótica, cultura* (Programa Pós-Graduado em Comunicação e Semiótica da PUC-SP), São Paulo: EDUC, n. 1, 2001.

VILANOVA, Lourival. Analítica do dever-ser. In: LAFER, Celso; FERRAZ JR., Tércio Sampaio (coord.). *Direito política filosofia poesia:* estudos em homenagem ao Professor Miguel Reale, em seu octogésimo aniversário. São Paulo: Saraiva, 1992.

_____. *Escritos jurídicos e filosóficos*. São Paulo: Axis Mundi; IBET, 2003. v. 1.

______. *As estruturas lógicas e o sistema do direito positivo.* São Paulo: Max Limonad, 1997.

______. Lógica, ciência do direito e direito. In: CARVALHO, Paulo de Barros (coord.). *Lógica e direito.* São Paulo: Editora Noeses, 2016.

______. Lógica, ciência do direito e direito. *Revista de Informação Legislativa,* v. 9, n. 36, p. 335-356, out./dez. 1972.

WAAL, Cornelis de. *Sobre pragmatismo.* Tradução Cassiano Terra Rodrigues. São Paulo: Loyola, 2005.

RELAÇÕES JURÍDICAS TRIBUTÁRIAS NO ÂMAGO DO CONSTRUCTIVISMO LÓGICO-SEMÂNTICO

Daniela Braghetta[1]

Sumário: 1. Noções introdutórias. 2. Fato e relação jurídica tributária. 2.1 Apanhado terminológico. 2.2 Necessário posicionamento diante de Fatos. 2.3 Conteúdos de significação. 2.4 Competência tributária. 3. Relações Jurídicas Tributárias. 4. Norma e Relação – estruturas edificantes. 5. Estrutura de Relações. 6. Síntese conclusiva.

1. Noções introdutórias

O Direito se faz – e se altera – diante da realidade que lhe é posta, diante do dinamismo social que carrega, na incessante tomada de posição e contínuas alterações trazidas pelas condutas humanas.

Então, diante disso, percebemos que as inúmeras acepções atribuídas a termos objeto dos primórdios da Teoria Geral do Direito trazem em si a angústia latente e a dúvida em se saber se a escolha por este ou aquele caminho foi a correta, ou a que objetivamente trouxe mais resultados[2].

---

1. Mestre e Doutora em Direito Tributário pela PUC/SP. Advogada e Professora de Direito Tributário.

2. Soluções empiricamente verificáveis, à prova de análises e argumentos de retórica.

Investigação e esforço são constantes, em nada facilitados por aquela situação fática, mas sim o contrário. Mesma indagação, aliás, vem apresentada por Tércio Sampaio Ferraz Jr.[3] quando apresenta sua proposta de análise, sob o enfoque pragmático, da norma jurídica, pela diversidade de contextos possíveis a ela referíveis. Mesmo caso ao nos debruçarmos sobre a Relação Jurídica Tributária, muitas vezes pendendo para a análise de situações processuais.

Aqui e ali, então, são necessárias as construções edificantes no processo de linguagem, com o adequado entendimento trazido pelo Constructivismo Lógico-Semântico capitaneado por Paulo de Barros Carvalho e capaz de precisar o processo comunicacional tal como idealizado e empenhadamente buscado.

2. Fato e relação jurídica tributária

Devemos ter em mente serem as formas de consciência os objetos formais, com a percepção, observação, sentimento, pensamento, como as várias formas de consciência operando sobre o mesmo conteúdo, que é o Direito.

A soma dos efeitos é a eficácia. Podemos arguir que um suporte sem eficácia não é fato jurídico, delimitado, delineado ao longo de todo o percurso explanatório.

De início tomemos os eventos, potencialmente fatos, já que basta a colocação em linguagem própria – jurídica – para que a transmutação ocorra. Desta maneira, é imperioso afirmar que fatos ingressam no sistema por meio de normas.

Nos dizeres de Paulo de Barros Carvalho[4], constrói-se um fato jurídico compondo uma frase normativa capaz de trazer

---

3. FERRAZ JR., Tércio Sampaio. *Teoria da norma jurídica*. 4. ed. Rio de Janeiro: Forense, 2006. p. 33.

4. CARVALHO, Paulo de Barros. O absurdo da interpretação econômica do "fato gerador" – Direito e sua autonomia – o paradoxo da interdisciplinaridade. In: DIDIER JR., Fredie; EHRHARDT JR., Marcos. *Revisitando teoria do fato jurídico – Homenagem a Marcos Bernardes de Mello*. São Paulo: Saraiva. 2012. p. 482.

norma individual e concreta – antecedente – dentro das regras sintáticas e de acordo com os limites trazidos pela norma geral e abstrata.

O direito subjetivo e deveres correlatos estão na relação jurídica pressupondo, necessariamente, a norma jurídica individual e concreta. Não há, então, a situação se diante de normas gerais e abstratas.

Para alcançar a coerência lógica necessária ao percurso, devemos pressupor a uma situação em que exista o ponto de partida, um FATO inaugural, que com respaldo na teoria kelseniana se denomina Norma Hipotética Fundamental[5].

Fatos não juridicizados são os eventos. Incapazes de trazer a linguagem necessária ao Direto, dão origem e sustentáculo àquilo que eventualmente portará as características relevantes ao mundo jurídico.

Fontes são sempre enunciação, aqui entendida, por Tárek Moysés Moussallem[6] como ato de produção normativa.

Mais. Todas as normas do sistema fundamental, como o é, por exemplo, a Constituição Federal de 1988 estão na Norma Hipotética Fundamental.

Teremos, ainda, que perceber as diferenças no percurso entre a relação causa e efeito da relação meio-fim, lembrando a necessidade de percorrer as denominações utilizadas, por intermédio do pensamento argumentativo de Luis Alberto Warat[7] e a transmutação dos entimemas[8]. As colocações são

---

5. Proveniente da obra de Adolf Merkel, com a estrutura piramidal e com ponto final na norma hipotética fundamental, assumida por Hans Kelsen em toda sua obra, especialmente Teoria Pura do Direito.

6. MOUSSALLEM, Tárek Moysés. *Fontes do direito tributário*. São Paulo: Max Limonad, 2001. p. 80.

7. WARAT, Luis Alberto. *O discurso e sua linguagem*. 2. ed. Porto Alegre: Sergio Antonio Fabris, 1995. p. 87.

8. Silogismo fundamentado na verossimilhança.

trazidas e usualmente colocadas à prova, para a demonstração ou não – de sua adequação ao Direito estudado.

Ainda, a objetivação de significados normativos equivale à linguagem normativa. Todos os fatos são de origem inter-humana.

Ao Direito, aos fatos, pertence a nomenclatura capaz de permitir percorrer caminhos e alinhavar aquilo que relevante para a Relação Jurídica e, depois, à Tributária.

2.1 Apanhado terminológico

Tracemos, pois, o percurso, inerente ao estudo do Direito. A visão de Lourival Vilanova pretende ser bidimensional. Diferentemente, a corrente unidimensional é a retórica, que dá a linguagem como autorreferente. Não há negação ao mundo exterior, mas sim sua proposital desconsideração.

Para a linguagem, o suporte físico é um dado material, que não pode jamais ser ignorado. As percepções necessárias, já que os conceitos, pode-se dizer, são incapazes de existir isoladamente.

Em Niklas Luhmann o ordenamento só adquire feição sistemática quando adotado pela ciência, esmiuçado adiante nas possibilidades de linguagem colhidas e contextualizadas.

O ser humano é quem expede todas as normas individuais e concretas, em todas as situações, inclusive de espaço e de tempo. A decadência, desse modo, deve ser formalmente vertida em linguagem competente. E a homologação tácita, pergunta-se. Temos, pois, que, como fato jurídico que efetivamente é, deve assumir a forma expressa.

Dado o fato jurídico, deve ser o seu efeito. Preciso, portanto, das nomenclaturas pertinentes para, com isso, objetivar aquilo que o universo jurídico considerou como relevante ao contexto social em que inserido, sendo capaz de produzir consequências.

As situações são colocadas, dentro do Direito, da forma considerada relevante ao intérprete. Há, pois, estudos em que os valores dentro das normas são analisados, mas não destacados, como ocorre na obra de Carlos Cossio[9].

Há um fato-espécie na norma, fato usado também na norma geral e abstrata (não é necessário aqui "dado fato, deve-ser"). Refere- se aqui ao fato típico, não a um fato jurídico.

Mesmo nas ações de mera conduta haverá sempre uma mínima causalidade. O entendimento é necessário se percebemos as minúcias trazidas em todo o procedimento jurídico.

Pois bem, analisada a carga terminológica contida na omissão, não há, em sua hipótese, uma relação de causalidade. Quando nãose tratar de fato jurídico, a condição pode ser evento da hipótese fática.

As objetivações de linguagem jurídica são colocadas no ordenamento de forma pontual, de maneira que suas fontes são levadas em consideração para sermos capazes de objetivar as postulações normativas. Assim:

Fontes → Intrassistêmica – juiz quando expede norma
Fontes → Extrassistêmica – poder constituinte

Na teoria de Lourival Vilanova, podemos afirmar ser norma jurídica estrutura lógico-sintática de significação, levando em conta que a estrutura lógica é universal. Posta em determinada sintaxe, obedece a leis lógicas e leis sintáticas de significação.

Devemos, ainda, ter em mente, nos ensinamentos de Paulo de Barros Carvalho, que de todo fato jurídico nasce a relação jurídica, diferentemente do entendimento de que aqueles

9. COSSIO, Carlos. *La teoria egologica del derecho y el concepto jurídico de libertad.* 2. ed. Buenos Aires: Abeledo-Perrot, 1964. passim.

podem estar inseridos na capacidade de produzir normas, relações jurídicas ou situações assemelhadas.

O conceito – qualquer que seja – pode muitas vezes se misturar, como verificamos em Marcos Bernardes de Mello[10]:

> Porque dentre as diversas espécies de fatos jurídicos lícitos, a vontade somente constitui elemento nuclear do suporte fático dos atos jurídicos *latu sensu* (= atos jurídicos *strictu sensu* e negócios jurídicos) apenas esses passam pelo plano da validade.
>
> Com efeito, não é possível ter como inválido um fato jurídico *stricto sensu*, porque seria absolutamente sem sentido dizer-se que um fato da natureza é nulo ou anulável. A natureza é infensa à vontade humana. O fato natural existe, é, por si mesmo, independentemente das qualificações que o homem lhe atribua. Jamais se poderia dizer nulo um nascimento, ou uma morte, por exemplo, precisamente porque ocorrem no mundo das realidades naturais e, por isso mesmo, não podem ser desconsiderados sem que se contrarie a própria natureza das coisas. A presença física do fato no mundo não pode ser negada, simplesmente.

À medida que se percebe certa confusão entre os conceitos, também devemos ser capazes de administrar cada um dos léxicos ofertados, trazendo o necessário para, na construção das premissas, chegar aos resultados adequados. Entendimentos serão tão vigorosos quanto forem as premissas sobre as quais se fundem.

Considerar-se-ia, na qualidade de fato, todo e qualquer enunciado de linguagem, trazendo verbo no passado e com delimitações de espaço e de tempo.

Nos dizeres de Lourival Vilanova[11] "o direito é um fato cultural, um de cujos componentes é a linguagem". Alinha, ainda, ao raciocínio a assertiva de ser a linguagem jurídica suporte material das formas.

---

10. MELLO, Marcos Bernardes. *Teoria da fato jurídico*. Plano da validade. 14. ed. São Paulo: Saraiva, 2014. p. 17.

11. VILANOVA, Lourival. *As estruturas lógicas e o sistema de direito positivo*. São Paulo: Max Limonad, 1997. p. 65.

Necessário, pois, equiparar o conceito de ato jurídico, como forma de dar valia às condições trazidas para a relação jurídica tributária. Para tanto, deslinda Paulo de Barros Carvalho[12]:

> O ato jurídico administrativo é ponente de u'a norma individual e concreta no sistema do direito positivo, funcionando como veículo introdutor. O conteúdo do ato é a própria norma, que por sua vez, tem também seu conteúdo, consistente em indicar o fato jurídico tributário, cujas notas se subsumem aos critérios da regra-matriz de incidência, bem como instituir a obrigação tributária, tomada, neste passo, como equivalente nominal de relação jurídica de caráter patrimonial.

Objetivamente devemos ter em conta a necessidade de traçar todas as possibilidades existentes em torno de um conceito, estabelecendo a fenomenologia capaz de envolver o objeto estudado.

2.2 Necessário posicionamento diante de Fatos

Construído o Fato, constrói-se a realidade jurídica que será posta à prova tão logo seja necessário diante das inquietações inerentes ao ser humano. Todo fato juridicamente relevante, no entender de Lourival Vilanova[13] tem como pressuposto a capacidade de estar na posição de sujeito de direito – ativo ou passivo – nas relações jurídicas. Esse aspecto pessoal deve estar sempre presente.

No entender de Manuel A. Domingues de Andrade[14], posso definir negócio jurídico como "fato" voluntário lícito, tendo por núcleo declarações de vontade privada, pretendendo a produção de efeitos práticos predominantemente de natureza econômica.

---

12. CARVALHO, Paulo de Barros. *Direito tributário*. Fundamentos jurídicos da incidência. 10. ed. São Paulo: Saraiva, 2015. p. 276.

13. VILANOVA, Lourival. *Causalidade e relação no direito*. 4. ed. São Paulo: RT, 2000. p. 171.

14. ANDRADE, Manuel A. Domingues de. *Teoria geral da relação jurídica*. Coimbra: Almedina, 2003. v. II, p. 25.

Pela análise da doutrina de Pontes de Miranda temos o movimento tendencioso de acreditar que, em momentos cronologicamente distintos, a norma faz nascer o fato e, posteriormente, o advento da relação jurídica. Entendemos, contrariamente, que a norma faz nascer o fato e a relação jurídica, concomitantemente.

Nem toda norma geral e abstrata tem norma individual e concreta. A reflexão é válida para que sejam percebidas todas as realidades jurídicas postas, com capacidade de trazer ensaios.

No entendimento de João Maurício Adeodato[15]:

> A dúvida saudável é a premissa inicial do ceticismo, a convicção de que os atos humanos e os eventos percebidos processam-se casualmente, ou seja, sempre podem ocorrer de modo diferente e vão admitir interpretações diversas. Da perspectiva do conhecimento, sempre são possíveis enunciados opostos sobre um mesmo evento e não há critério que possa distinguir os corretos dos incorretos: argumentos contrários podem apresentar "igual força", a dúvida trazida pela *isostenia*[16].

Tendo origem no Direito Romano, deve ser observada a impossibilidade do "non liquet", mesmo que às avessas, deixando patente a necessidade de uma tomada de posição. Expliquemos.

Muitas vezes os Fatos e consequentemente as relações jurídicas são postas a prova, para que o Judiciário se manifeste em situações concretas. Para não dizer que se omitiu,

---

15. ADEODATO, João Maurício. *Uma teoria retórica da norma jurídica e do direito subjetivo*. São Paulo: Noeses, 2011. p. 71.

16. "*Isostenia* - Parola greca (ἰσοσθένεια), significante in generale 'equivalenza di forza' ed entrata nella terminologia filosofica principalmente per opera degli scettici. 'Isostenia, equipollenza degli argomenti' (ἰσοσθένεια τῶν λόγων) chiamavano essi infatti la condizione per la quale non era dato accogliere, di ciascun problema filosofico, piuttosto l'una che l'altra delle due antitetiche soluzioni possibili, entrambe risultando sostenute da argomenti di pari valore. Sull'isostenia si basava quindi quella 'sospensione dell'assenso', cioè quel rifiuto di uscire, con un'asserzione qualsiasi, dalla sistematica posizione di dubbio, a cui secondo essi doveva ridursi ogni sapienza e saggezza" (disponível em: <http://www.treccani.it/enciclopedia/isostenia_(Enciclopedia-Italiana)>).

sustenta seu posicionamento em questões oblíquas, sem dar azo àquilo que realmente seria o ponto fulcral, como teremos oportunidade de perceber nas questões relativas à observância das situações pontuais envolvendo, v.g., guerra fiscal.

Inquestionável a possibilidade e, muitas vezes, efetiva necessidade de mudanças no posicionamento, tão cara aos operadores do Direito ao construir o sistema. Inadmissível é a utilização de subterfúgios para não exercer pontualmente o que lhe é exigido.

Aliás, o art. 140 do CPC/2015 determina ao julgador o dever – *müssen* – de decidir, não podendo alegar lacuna, sequer obscuridade no ordenamento, constituindo, pois, a percepção do direito processual que consegue destacar o resultado do processo como execução de garantia do direito material, conforme conclui José dos Santos Bedaque[17].

Tomemos, pois, por base, a decisão proferida noSupremo Tribunal Federal, quando do julgamento do alardeado caso sobre a incidência tributária nas controladas e coligadas no exterior, em que restou percebida a repercussão geral:

> TRIBUTÁRIO. IMPOSTO SOBRE A RENDA E PROVENTOS DE QUALQUER NATUREZA. CONTRIBUIÇÃO SOCIAL SOBRE O LUCRO LÍQUIDO. PARTICIPAÇÃO NOS LUCROS DEVIDOS POR EMPRESAS ESTRANGEIRAS ÀS PESSOAS JURÍDICAS SEDIADAS NO BRASIL. CONTROLADAS E COLIGADAS. MOMENTO EM QUE SE APERFEIÇOA O FATO JURÍDICO TRIBUTÁRIO. CONCEITO CONSTITUCIONAL DE RENDA. CONCEITOS DE DISPONIBILIDADE JURÍDICA E DE DISPONIBILIDADE ECONÔMICA DA RENDA. MÉTODO DA EQUIVALÊNCIA PATRIMONIAL (MEP). ART. 43 DO CTN. MP 2.158-34/2001 (MP 2.135-35/2001). ART. 248, II DA LEI 6.404/76. ARTS. 145, § 1º, 150, III, A e 153, III DA CONSTITUIÇÃO. Proposta pelo reconhecimento da repercussão geral da discussão sobre a constitucionalidade do art. 74, e parágrafo único, da MP 2.158-35/2001, que estabelece que os lucros auferidos por controlada ou coligada no exterior serão considerados

17. BEDAQUE, José Roberto dos Santos. *Direito e processo* – Influência do direito material sobre o processo. 2. ed. São Paulo: Malheiros, 2011. p. 78.

> disponibilizados para a controladora ou coligada no Brasil na data do balanço no qual tiverem sido apurados, na forma do regulamento, bem como que os lucros apurados por controlada ou coligada no exterior até 31 de dezembro de 2001 serão considerados disponibilizados em 31 de dezembro de 2002, salvo se ocorrida, antes desta data, qualquer das hipóteses de disponibilização previstas na legislação em vigor. (RE 611.586 RG/PR, Rel. Min. Joaquim Barbosa, Pleno, j. 05.04.2012)

Discute-se a situação que prevê a incidência do Imposto sobre a Renda e da Contribuição Social sobre o Lucro Líquido (CSLL) sobre os resultados de empresas controladas ou coligadas no exterior, na data do balanço no qual tiverem sido apurados. A decisão resultou na aplicação, às controladas situadas em países considerados "paraísos fiscais"[18], mas não no caso de coligadas localizadas em países sem tributação favorecida, ou que não são condicionantes de "paraísos fiscais".

Do voto proferido pelo Ministro Relator, temos concretamente o cuidado em que seja percebido e demonstrado o fato, especialmente cercado da necessária motivação[19]:

> Se a empresa estrangeira não estiver sediada em um "paraíso fiscal", a autoridade tributária deve argumentar e provar a evasão fiscal, isto é, a ocultação do fato jurídico tributário ou da obrigação tributária. Essa argumentação e essa prova fazem parte da motivação do ato de constituição do crédito tributário, que deve ser plenamente vinculado.

---

18. Dispositivo nominalmente listado e atualizado em procedimento infralegal da Secretaria da Receita Federal do Brasil denominada Instrução Normativa, com periodicidade ajustada às mudanças factuais.

19. Como forma de fundamentação justificada, sendo nos dizeres de Celso Antônio Bandeira de Melo, "em algumas hipóteses de atos vinculados, isto é, naqueles que há aplicação quase automática da lei, por não existir campo para interferência de juízos subjetivos do administrador, a simples menção do fato e da regra de Direito aplicada pode ser suficiente, por estar implícita a motivação. Todavia, em que existe discricionariedade administrativa ou em que a prática do ato vinculado depende de atirada apreciação e sopesamento dos fatos e das regras jurídicas em causa, é imprescindível motivação detalhada" (MELLO, Celso Antônio Bandeira de. *Curso de direito administrativo*. 33. ed. São Paulo: Malheiros, 2016. p. 102).

Mais. Novamente o Supremo Tribunal Federal, alinhando situações de competência tributária constitucionalmente estabelecidas com possíveis admissões, pelo reconhecimento no Poder Judiciário, de fatos jurídicos tributários:

> AGRAVO REGIMENTAL NO RECURSO EXTRAORDINÁRIO. CONSTITUCIONAL. TRIBUTÁRIO. ENERGIA ELÉTRICA. NÃO INCIDÊNCIA DE IMPOSTO SOBRE SERVIÇO DE QUALQUER NATUREZA - ISSQN. PRINCÍPIO DA EXCLUSIVIDADE TRIBUTÁRIA. AGRAVO REGIMENTAL A QUE SE NEGA PROVIMENTO. I – À luz do disposto no art. 155, § 3º, da Constituição Federal, à exceção dos impostos de que trata os arts. 155, *caput*, II, e art. 153, I e II, da Constituição Federal, "nenhum outro imposto poderá incidir sobre operações relativas a energia elétrica, serviços de telecomunicações, derivados de petróleo, combustíveis e minerais do País". II – A norma constitucional é restritiva e incisiva quanto às hipóteses de incidência tributária permitidas nas referidas operações, não se admitindo interpretação extensiva para alcançar fatos jurídicos tributários nela não contemplados. (RE 631.225 RG/PR, Rel. Min. Ricardo Lewandowski, 2ª T., j. 05.08.2014)

A análise aqui leva em conta a exclusividade que a Constituição oferta ao ICMS para questões tributárias relativas à energia elétrica – dentre outras. O argumento utilizado na decisão é de que se analisadas as relações de implicação do tributo em questão, não há espaço para denominados serviços-meio, contidos na hipótese de incidência do ISS.

Lembrou-nos, aliás, Geraldo Ataliba e Aires Barreto[20] estar na Constituição as normatizações capazes de encaminhar conflitos de competência tributária, tanto em relação a hipóteses de incidência distintas como também para discordâncias levando em conta um único tributo, *in casu*, o ISS.

Pois bem. Havendo fato, deve haver a correspondente prova, sem a qual a aplicação de convicções diante de situações concretas não se mantém. É imperiosa a necessidade de

---

20. ATALIBA, Geraldo; BARRETO, Aires Fernandino. ISS – Conflitos de competência e tributação de serviços. *Revista de Direito Tributário*, n. 6, São Paulo: RT, out./dez. 1978, p. 56.

que as razões para que determinado posicionamento se sustente diante de sua efetiva comprovação.

Demonstração pertinente, ainda, está presente na enunciação de Celso Antônio Bandeira de Mello[21]:

> Suspeita não é prova. Nem mesmo se pode supor que o simples indício autorize a concluir pela má fé. Indício não é prova; é elemento de suspeita. Prova é fator de *convencimento*. Corresponde ao fato ou concurso de fatos cuja existência ou relacionamento conduzem a uma convicção. O indício faz irromper uma dúvida e leva à suspeita. A prova dirime a dúvida e confirma a suspeita, por que desemboca na demonstração, que gera o convencimento.

Fica a convicção de que o fato só consegue se manter, quando posto a questionamento, diante de elementos capazes de patentear conteúdo de significação – as provas.

2.3 Conteúdos de significação

Sigamos, pois, evidenciando situações que tragam capacidade de fortalecer aquilo que o fato jurídico tributário pressupõe, ajustando as imposições e trazendo minúcias que de uma ou outra maneira contribuem no fortalecimento do conceito.

Se nosso subsistema constitucional tributário é tão rico em estipulações, normatizando sobremaneira aquilo que entende como necessário, nada mais lógico que dali sorver tudo o que for possível para emitir um determinado juízo, ainda que sequer seja necessário trazer de outros campos normativos suportes que porventura possam aparecer.

Podemos permanecer no texto constitucional pátrio, que muitas vezes é apenas replicado nos regramentos infraconstitucionais, dizendo sempre o direito de maneira exaustiva, buscando abranger um conteúdo maior que nos outros

21. MELLO, Celso Antônio Bandeira de. Procedimento tributário. *Revista de Direito Tributário,* São Paulo: RT, n. 7-8, jan./jun. 1979, p. 67.

países, estes despreocupados com o esgotamento da matéria atingindo aqui a peculiaridade de um conteúdo diferenciado.

Para Kelsen, se estamos diante de um conflito de normas (Deus existe/Deus não existe) e, o que seria, para a maioria dos juristas visto como incompatibilidade lógica, não carrega a simplicidade que parece. Dizer que se aplicam os primados lógicos da não contradição e regras deinferência[22] às relações de normas dentro do direito positivo[23] seria equivocado, quer direta ou indiretamente.

Várias são as situações em que a lógica será aplicada, vale dizer. Será aplicada à Ciência do Direito, mas não ao direito positivo. Ademais, um juiz aplica norma geral válida a um fato que, certamente, não será igual ao fato determinado *in abstrato* na norma geral, mas coincide essencialmente com o fato definido na norma jurídica aplicada.

Em diálogo relacionado à teoria posta, Ulrich Klug[24] afirma que a lógica não tem a ver com verdade ou falsidade e, analisadas sob esses termos, não se pode concluir nada sobre a aplicabilidade da lógica às normas. A lógica, resumidamente, é regra de inferência, teoria da consequência. Ainda, inferências corretas podem ainda surgir com relação a proposições falsas.

Nas palavras de João Maurício Adeodato[25], toda linguagem precisa produzir vagueza e ambiguidade e assim mais ainda com a linguagem científica. Preenche funções por meio de paradigmas, exemplos, dados empíricos, não apela à noção de verdade nem dispõe de critérios racionalmente necessários ao intelecto, além da linguagem.

---

22. Processo de pensamento que, partindo de um ou mais juízos, termina em outro juízo cuja verdade está contida nos juízos anteriores.

23. KELSEN, Hans; KLUG Ulrich. *Normas juridicas y analisis logico*. Madri: Benzal, 1988. p. 114.

24. KELSEN, Hans; KLUG Ulrich. *Normas juridicas y analisis logico*. Madri: Benzal, 1988, p. 123.

25. ADEODATO, João Maurício. *Uma teoria retórica da norma jurídica e do direito subjetivo*. São Paulo: Noeses, 2011. p. 99.

Nos dizeres de João Maurício Adeodato[26]:

> O significante cristaliza significados, é como que um portador deles, provoca a necessidade de interpretação do signo. O evento é um dado único, irrepetível e inapreensível, incognoscível. O signo é um substrato físico.

Significante e significado são, pois, conceitos correlatos, mas sem o mesmo conteúdo retórico[27], embora busquemos de todas as formas uma aproximação entre ambos, na forma de metodologia de estudo.

Não sem razão João Maurício Adeodato[28] enfatiza que, se estamos observando relações intersubjetivas, temos por fulcral aquelas que trazem conflitos, seres humanos divergindo sobre "significados de seus relatos sobre os eventos do mundo". Assim:

> Este "mundo", que a ciência se esforça por compreender, explicar e controlar, não "é" uma grandeza ou realidade independente do conhecimento humano, como uma ontologia prévia dada, que se coloca diante do "sujeito" como "objeto". O mundo é literalmente construído pela comunicação humana.

Sempre é preciso ter presente que as situações postas não encontram identidade, há sempre a semelhança, mas não analogia. Em termos lógicos, estamos tratando da relação de identidade.

Ocorre que, no direito, passadas as normas para o papel, nunca teremos a mesma impressão, igual quantidade de tinta, dentre outras situações perceptíveis. Sempre podemos vislumbrar, mesmo que muitas vezes quase imperceptível, distinções efetivamente existentes.

---

26. ADEODATO, João Maurício. *Uma teoria retórica da norma jurídica e do direito subjetivo*. São Paulo: Noeses, 2011. p. 137.

27. ADEODATO, João Maurício. *Uma teoria retórica da norma jurídica e do direito subjetivo*. São Paulo: Noeses, 2011. p. 142.

28. ADEODATO, João Maurício. *Uma teoria retórica da norma jurídica e do direito subjetivo*. São Paulo: Noeses, 2011. p. 137.

Marcos Bernardes de Mello[29] explica:

> A vida social se compõe, essencialmente, de relações, porque depende, em caráter de necessidade, da interação entre seres humanos: o homem diante de outro homem, ou da comunidade, em interferência intersubjetiva. Dentre as relações inter-humanas que integram o universo social há aquelas que resultam direitos deveres, pretensões obrigações, ações situações de acionado, exceções situações de excetuado, enquanto outras não produzem consequência jurídica alguma.

Há que se ter em conta a assertiva de Misabel Abreu Machado Derzi[30], no seguinte sentido:

> Quando a Constituição usa um conceito, um instituto ou forma do Direito Privado, o nome empregado *denota* certo objeto, segundo a *conotação* que ele tem na ciência jurídica particular, da qual se origina. A conotação completa que advém da ciência do Direito Privado é condição prévia de inteligibilidade e univocidade do discurso constitucional. E se a Constituição se utiliza desse sentido, extraído de certo ramo jurídico, para assegurar a discriminação e delimitação de competência, enfim o pacto federativo, não é dado ao legislador infraconstitucional alterá-lo. Permitir ao intérprete ou ao legislador ordinário que alterasse o sentido e alcance desses institutos e conceitos constitucionalmente empregados seria permitir que firmasse sem licença da Constituição, novo pacto federativo, nova discriminação de competência. Sendo assim, o art. 110 do CTN determina a cristalização da denotação e da conotação jurídica daqueles institutos, conceitos e formas, vedando- se ao legislador tributário a alteração de sentido que é própria do Direito Privado.

A Constituição traz a necessidade, adequada à sua capacidade, de perceber os conceitos oriundos do direito privado e respeitá-los na percepção original que carregam. Temos presente, novamente, a competência tributária impositiva e

---

29. MELLO, Marcos Bernardes. *Teoria do fato jurídico*. Plano da eficácia. 1ª Parte. 3. ed. São Paulo: Saraiva, 2007. p. 170.

30. BALEEIRO, Aliomar. *Direito tributário brasileiro*. 11. ed. Notas de atualização de Misabel Abreu Machado Derzi. Rio de Janeiro: Forense, 1999. p. 492.

a possibilidade de que denominações – com as características originais que carregam – sejam preservadas.

Outra percepção importante é trazida pela teoria comunicacional do direito. Seu precursor, Gregorio Robles[31] cuida das questões relevantes e trabalha o procedimento

> no es otra cosa que una *regla* o *norma* que establece lo que un sujeto *tiene que* [*müssen*] hacer para realizar una acción (en su sentido estático). Dicho de otra forma: todo procedimiento se expresa verbalmente (comunicativamente) por medio de una regla o norma que establece los requisitos necesarios del hacer en que consiste una determinada acción.

Pois bem. Evolui Gregorio Robles[32] afirmando que

> la regla de procedimiento establece la acción genérica, el modelo o estereotipo de acción, del que la acción concreta no constituye sino la actuación de un sujeto determinado en una situación determinada de dicha acción genérica. Esta se manifiesta verbalmente en un procedimiento genérico que es el que establece la regla.

Pode-se concluir ter cada ação seu próprio procedimento, sendo este, utilizando o exemplo dado anteriormente, formado pelos atos de realizar operação de importação de mercadoria, com desembaraço aduaneiro em local do território vantajoso para a empresa, ali devidamente constituída, com respaldo em benefício fiscal, oriundo de deliberação no Confaz, a título de exemplo.

Inexiste fato social sem norma, que não precisa ser, necessariamente, a norma jurídica.

Necessitamos mais e mais nominar, alinhar, dizer o direito, com as anotações de João Maurício Adeodato[33]:

---

31. ROBLES, Gregorio. *Teoria del Derecho*. Fundamentos de Teoria Comunicacional del Derecho. Madrid: Civitas, 1998. v. I, p. 234.

32. ROBLES, Gregorio. *Teoria del Derecho*. Fundamentos de Teoria Comunicacional del Derecho. Madrid: Civitas, 1998. v. I, p. 235.

33. ADEODATO, João Maurício. *Uma teoria retórica da norma jurídica e do direito*

> A *Stufenbau* de Adolf Merkel, estrutura piramidal adotada por Hans Kelsen, constitui uma metáfora adequada para essa necessidade de um centro produtor de normas, a pretensão de monopólio da *juris dictio*, uma instância final que não apenas 'resolva' todo e qualquer problema juridicamente relevante como também elimine do âmbito jurídico o irrelevante. Ou seja: o Leviatã decide sempre e decide tudo, nada se lhe escapa.

Roberto José Vernengo[34], entretanto, refuta a ideia de que toda relação jurídica é uma relação real entre seres humanos, dizendo tratar-se de relação normativa, já que as ações ou omissões dos seres humanos que foram selecionadas, foram feitas por meio de normas.

2.4 Competência tributária

Por competência tributária se entende a concessão, presente no Texto Constitucional, para que as pessoas políticas ali contidas, quais sejam União, Estados-membros, Distrito Federal e Municípios da prerrogativa de instituir, por meio de regras jurídicas, os tributos.

Paulo Ayres Barreto[35] traz a definição seguinte para o tema competência:

> A repartição das competências tributárias, laborada pelo constituinte de 1988, deu-se mediante um conjunto de regras que, fazendo uso de conceitos determinados, delimitou a atuação legislativa dos entes políticos para a criação de tributos. O conteúdo semântico desses conceitos determinados haverá de ser identificado em decorrência de esforço interpretativo que concluirá (a) por sua recepção, em face da novel ordem estabelecida, com base em sua acepção jurídica preexistente, ou (b) por sua transformação (positivação de conceito autônomo), que haverá de ser

---

subjetivo. São Paulo: Noeses, 2011. p. 53.

34. VERNENGO, Roberto José. *Curso de Teoria General del Derecho*. 2. ed., 4. reimp. Buenos Aires: Depalma, 1995. p. 243.

35. BARRETO, Paulo Ayres. Conceitos constitucionais e competência tributária. *Temas de direito tributário* – estudos em homenagem a Eduardo Bottallo. São Paulo: Saraiva, 2013. p. 343.

demonstrada a partir dos comandos normativos insertos nessa nova ordem constitucional instalada.

Insta ressaltar as lições de Charles McNaughton[36] afirmando existir, no caso das competências tributárias, "enunciadores" Congresso Nacional e Presidente da República para expedir procedimento cabível, qual seja, ato de vontade para a produção de norma. A conclusão a que se chega é a de que existe hierarquia de normas, que é garantida pela repartição de competências, já que, se inexistente, haveria anarquia, com qualquer pessoa dispondo sobre assuntos variados.

Mais uma vez devemos pontuar o entendimento da Corte Máxima do País, levando em conta, quando da análise do tema competência tributária, a sua íntima conexão com o Pacto Federativo, vejamos:

> DIREITO TRIBUTÁRIO. AGRAVO REGIMENTAL EM AÇÃO CIVIL ORIGINÁRIA. COMPETÊNCIA DO STF PARA O JULGAMENTO DE LIDE ENTRE A ECT E O DISTRITO FEDERAL. EXISTÊNCIA DE CONFLITO FEDERATIVO. IMUNIDADE RECÍPROCA. ISSQN.
>
> Ainda que a lide diga respeito a tributo inserido na competência típica dos municípios (ISSQN), não envolve ente desta esfera da Federação, e sim o Distrito Federal, expressamente acolhido no art. 102, I, f, da Constituição. Ademais, cuida-se da aplicação ou extensão da imunidade recíproca à ECT, a configurar conflito federativo denso o suficiente para atrair a incidência da regra constitucional de competência. A competência tributária, os limites ao poder de tributar e a divisão das receitas daí advindas são temas sensíveis ao equilíbrio do Pacto Federativo, pois afetam diretamente a autonomia dos entes federativos ao atingirem as receitas de que dispõem para a consecução de seus objetivos. 2. A jurisprudência da Casa assentou o entendimento de que a imunidade recíproca prevista no art. 150, VI, "a", e §§ 2º e 3º, da Constituição Federal é extensível à ECT, prestadora de serviços públicos essenciais, obrigatórios e exclusivos do Estado, quais sejam, o serviço postal e o correio aéreo nacional (art. art. 21, X, da CF/88). 3. Nos termos do entendimento majoritário desta Suprema Corte, a imunidade da ECT constitui consequência imediata de sua natureza de empresa estatal prestadora de serviço público essencial, e subsiste em relação a todas as suas atividades, incluídos os serviços

36. MCNAUGHTON, Charles William. *Hierarquia e sistema tributário*. São Paulo: Quartier Latin, 2011. p. 95.

não exclusivos, dispensados em regime concorrencial, os quais se prestam, via subsídio cruzado, ao financiamento do serviço postal deficitário. 4. Agravo regimental conhecido e não provido. (ACO 811/DF, 1ª T., Rel. Min. Rosa Weber, j. 21.06.2016)

Aqui presente o dever de salientar que o texto constitucional[37] organiza, separa, amolda as atribuições efetivas de cada um dos entes que compõem a Federação. Busca, já no diploma legal, a solução para eventuais controvérsias, dizendo quem recebe o quê.

A busca incessante pela preservação do pacto federativo leva em conta não só a preocupação existente em preservar desigualdades, como ocorre com os municípios se levada em conta sua projeção diante dos outros entes e também em relação aos próprios integrantes de uma pessoa política, como são os Estados-membros.

Ora, aqui registramos o momento de nascimento da relação jurídica tributária: se exercida a competência, instauram-se os termos necessários para que o fato seja observado. A consequência imediata para a percepção de que o ente federativo expediu norma jurídica necessária à existência do tributo à de que deu azo é produzindo relação entre dois ou mais sujeitos, por meio de condutas, vinculados que são a uma obrigação de natureza patrimonial.

3. Relações Jurídicas Tributárias

A assertiva de que o sistema[38] jurídico pátrio, tal qual ocorre em grande parte dos países europeus, é codificado, facilita sobremaneira a identificação das relações.

---

37. Dispõe o Texto Constitucional, arts. 1º, *caput* e 60, § 4º, respectivamente:
"Art. 1º A República Federativa do Brasil, formada pela união indissolúvel dos Estados e Municípios e do Distrito Federal, constitui-se em Estado Democrático de Direito e tem como fundamentos."
"Art. 60. A Constituição poderá ser emendada mediante proposta: [...]
§ 4º Não será objeto de deliberação a proposta de emenda tendente aabolir:
I – a forma federativa de Estado."

38. Entendido aqui como um todo unitário com diversos elementos compostos ordenada e harmonicamente.

Não significa tal consideração admitir a mera aceitação de enunciados prescritivos, sem análise minuciosa do conteúdo descritivo das mensagens. A linguagem estabelecida no texto codificado apenas abre as portas para que se consiga vislumbrar relações nele intrínsecas. Mas apenas como um facilitador.

De um lado, as regras criam fatos e criam efeitos, que são relações. De outro lado se tem a relação jurídica.

Devemos ter um caminho para articular o discurso. Onde está "posse" no direito? No Código Civil[39]. A consequência da relação é o direito da pessoa em relação a todos.

Nas proposições de sentido, temos por condição necessária a definição de conteúdo para norma, fato e relação. Pela composição apresentada por Lourival Vilanova[40], faz-se necessário partir dos conceitos para expor, de forma pormenorizada, o direito. Passo a atingir tudo que é importante na produção de conhecimento, para ser capaz de alcançar a necessária redução de complexidades.

Assim a relação jurídica ganha sentidos definidos, prestacional, processual, sendo, desta sorte, diferente em termos lógicos: angular com um conjunto de relações. Com isso fica assegurada a impossibilidade de existir direito sem que haja relação jurídica. Vem explicada no capítulo da lógica denominado Teoria das Relações.

Os predicados são *monádicos* quando necessitam de um argumento apenas[41], v.g. a folha é branca ou *poliádicos*, pressupondo-se aqui dois argumentos[42], podendo, neste último

39. "Art. 1.197. A posse direta, de pessoa que tem a coisa em seu poder, temporariamente, em virtude de direito pessoal, ou real, não anula a indireta, de quem aquela foi havida, podendo o possuidor direto defender a sua posse contra o indireto."

40. VILANOVA, Lourival. *Causalidade e relação no direito*. 4. ed. São Paulo: RT, 2000. p. 217.

41. Apresenta verbo intransitivo.

42. Traz verbo transitivo.

caso ser diádicos (necessitando dois nomes), triádicos (subentendendo três nomes) e daí por diante.

Por vezes é utilizado apenas um predicado para dar sentido à oração, como ocorre quando dito "maior do que"; vezes outras são exigidos dois ou mais termos, sendo, pois, predicado poliádico. Assim, a relação é um predicado poliádico.

Tem por representação $x\ R\ y$, sendo que x é predecessor e y, sucessor. A relação R (originária) é diferente da relação conversa (quando se promove a comutatividade):

$$y \text{ Rc } x$$

Podemos adiantar que o estudo das relações deve se iniciar por suas propriedades e, por conseguinte, as ponderações sobre reflexividade, transitividade e simetria.

Relação reflexiva ocorre quando o antecessor é igual ao sucessor. O direito não aceita as relações reflexivas. As relações morais, religiosas, podem ser reflexivas. Temos, em uma relação de vizinhança, uma simetria perfeita.

Na relação transitiva percebemos três elementos com uma necessária composição entre eles: x tem a relação com y; y tem relação com w, então x tem relação com w. O relacional "ser maior do que" é sempre transitivo, bem como percepções que levem em conta um antepassado.

Por outro lado, em relação à transitividade, o direito não toma uma posição extremada. Transitividade quer dizer, a título exemplificativo, que se x é credor de y, e este é credor de z, nem por isso x é credor de z.

Ressalte-se, pois, que dos efeitos de uma sentença determinando a falência é estabelecer a transitividade. Também no concurso de credores, concordata etc.

Mais uma particularidade das relações: podem ser simétricas, quando a relação de x com y implica a relação de y com x, sem que haja igualdade entre as partes, mas sim isometria de situações, como ocorre numa relação de irmãos; ou assimétrica, qual seja relação prestacional.

Relação jurídica por ser dita como uma entidade lógica, do mundo ideal. A ideia, por mais forte que seja, não modifica o mundo ideal. Ninguém tem nome, identidade, se não estiver *em relação*. Então o direito pressupõe relação.

A relação presume, no mínimo, dois termos: termo referente e termo relato. Na relação processual não há um vínculo direto entre autor e réu. Não é porque o direito não quer e assim constrói uma relação angular.

A conclusão exaltada por Ricardo Guibourg, de grande valia é ade que, adotada uma decisão constitutiva sobre um determinado direito, não apenas determina o direito aplicável ao caso: também julga o conteúdo de normas processuais e sobre sua própria competência[43].

Agora bem. Tudo no direito está como relação ou obtido no cálculo das relações. Além disso, todo conhecimento, se levado às últimas consequências, descansa na lógica.

As relações se dão da seguinte maneira: um nome no predecessor e um nome no sucessor, dois nomes no predecessor e um nome no sucessor, um nome no predecessor e vários no sucessor e, por fim vários nomes no predecessor e vários nomes no sucessor. E só. O direito não poderia conhecer outra possibilidade. Ele nasce assim, com essas limitações mentais.

As limitações qualificam o ser humano como um ser diferenciado. Toda relação jurídica é entre pessoas, todo vínculo jurídico é entre pessoas.

A obra de Lourival Vilanova propõe uma visão geral do direito. E o direito existe com a finalidade de canalizar as condutas intersubjetivas. Ressalte-se, pois, que não há

---

43. GUIBOURG, Ricardo. *Derecho, Sistema y Realidad*. Buenos Aires: Astrea, 1986. p. 59.

qualificação jurídica, quando o direito identifica objetos o faz tendo em conta as condutas intersubjetivas.

O deôntico pressupõe sempre um vínculo de aliorrelatividade, ou seja, será aliorrelativo quando nenhum termo encontra relação consigo mesmo, como ocorre em *irmão, pai, marido*.

Ora, o direito manipula a realidade por meio da linguagem e desta forma consegue se desprender do real. Por intermédio da linguagem e articulando os elementos com os quais trabalha, afirma-se que o direito cria a sua própria realidade.

Tudo pode ser considerado norma: a Constituição Federal em si, o artigo 1º, um inciso, parágrafo, tudo. Nessa linha, quando o objeto se perfaz em unidade textual desforme, fica difícil interpretar.

De acordo com Lourival Vilanova o direito não é lógica: é muito mais que isto. A lei, a norma, a portaria, é linguagem que fala da realidade e deve, em razão disso, ser interpretada. Aqui, então, percebemos uma estrutura no direito. Pelas leis criam-se nexos e, por consequência, são estabelecidos vínculos continuamente.

Pois bem. A partir do texto começamos a construir proposições, significações que têm estrutura lógica determinada. O objeto nada mais é senão uma conduta modalizada, derivando o "functor relacional" da relação. Assim, mister afirmar que, para a norma funcionar como norma, faz-se necessária uma estrutura condicional.

O direito sempre busca a realidade sem jamais encontrá-la. E o fato jurídico é a porção fáctica jurisdicizada pelo direito. Não há, pois, direito sem norma e sem fato.

Relação jurídica surge com a relação entre dois sujeitos, sendo esta existente no mundo fático. Deve ser descrita pelo direito. Assim, tudo o que pertence ao direito é relação jurídica.

Pela definição de Lourival Vilanova temos as relações jurídicas em sentido amplo (gênero) e relação em sentido estrito, envolvendo pessoas. Aliás, pode o objeto ser indeterminado no direito civil, no direito comercial etc., mas nunca no direito tributário.

Em termos metodológicos, de lógica material, lógica maior, não há possibilidade de reflexibilidade. Como tivemos oportunidade de tratar, dentro dos chamados enunciados procedimentais existem aqueles que estabelecem os modais, com o dever-ser deôntico reduzido tão somente a três possibilidades, a saber obrigatório, proibido e permitido.

Quando usada a expressão dever-ser, ocorre uma das três possibilidades a seguir:

1. Hipótese

Nj ↓ DSn (é um dever-ser neutro, denominado por Hans Kelsen imputação)

Consequente

A lei jurídica não é descoberta empiricamente, advém de um ato de vontade. Com isso, traz em si imputabilidade: se ocorrer um fato R, então deve-ser.

Percebe-se, então, a relação construída, ou seja, tudo aquilo que o homem produz, modificando de certa maneira a natureza, como é o direito. O fim – finalidade – pode ser sustentado como um valor, tomado como razão de ser da conduta.

2. Hipótese – F

Nj ↓ DSn (interproposicional (entre a hipótese e a tese)

Consequente S' Rd S''

DSm (O/P/V) (intraproposicional)

Aqui o dever-ser é modalizado, das três formas possíveis relativas ao enunciado procedimental. Aparece embutido no consequente.

3. Mencionado

Dever-ser

Usado DSn DSm

Vem a ser o uso que o cientista do direito faz ligado à teoria do uso e menção. Quando se fala: de acordo com o sistema F, menciona-se o direito positivo.

Se *p*, então *q* deve-ser. Em verdade não temos, na obra de Hans Kelsen, o dever-ser modalizado posto em relevo. A lógica pode formalizar tanto a linguagem do direito positivo como a linguagem do direito material.

Hans Kelsen[44] costumava afirmar não haver lógica no direito. Entretanto, suas pontuações trazem alinhadas conclusões que dão azo à intrínseca causalidade inerente àquele estudo, como na assertiva de que a relação jurídica não existe entre dois indivíduos, mas sim para a condutas dos sujeitos, determinada por normas jurídicas.

A arrumação lógica da expressão é condição do sentido semântico, tão caro para nós como sustentáculo da teoria abordada. O estudioso do direito, formalizando a linguagem do direito positivo, o faz regido pela lógica clássica ou pela lógica deôntico-jurídica.

Tivemos a oportunidade de abordar, chamando a linguagem do antecedente de descritor e a do consequente de prescritor, temos, sim, uma necessária atenção à forma.

A linguagem deôntica teve por função a prescrição da conduta. Lembramos, pois, ter a linguagem performativa cumprido uma ação.

No direito podemos perceber uma série de situações em que não ocorre o fato previsto no prescritor, como podemos perceber no estado de beligerância, previsto na Constituição, imposto extraordinário, previsto para o caso de guerra.

---

44. KELSEN, Hans. *Teoria pura do direito*. 6. ed. Coimbra: Armênio Amado, 1984. p. 234.

Afirma-se que, intrínseca à norma jurídica percebemos uma proposição como válida[45] aos fatos. Com a assertiva, dentro daproposição descritiva precisamos ir ao campo empírico para saber se é verdadeira ou não.

Buscando a linguagem da norma, necessário se faz, ao intérprete, ir à experiência da linguagem. Toda norma jurídica é articulada pelo condicional, que tem sempre a hipótese (fato predicativo) e o consequente, independente do nome a eles dado.

Se, em nossas premissas, presente a assertiva de que o direito coincide com a realidade, não teria a propriedade de buscar alterá-la. Por isso que se diz que ele incide na realidade.

Presente, pois, ainda que num primeiro momento, ao cuidarmos de norma jurídica, a necessidade de pensarmos na norma completa: norma primária e secundária. Uma fica atrelada à outra pelo disjuntor includente e o dever-ser neutro expressa o poder político de quem exare a norma. Ele remonta a um ato de vontade.

O direito nasce tendo em vista uma construção do ser humano. Os acontecimentos que não merecerem ser levados em conta são irrelevantes. Tanto na escolha do antecedente, como do consequente, pode ser percebido um juízo de valor. Assim como na linguagem do artista, naquilo que foi pinçado para ser transformado, construído e levado à exteriorização.

Os valores penetram totalmente em normas jurídicas, da mesma maneira que quando estamos no estudo da arte. Isto já é sabido por que as duas – normas e arte – são construções do ser humano. A norma jurídica e um objeto de arte *latu sensu* não têm apenas um esqueleto formal, são saturados por um conteúdo de significação.

---

45. Na assertiva de Hans Kelsen: "quando se diz: 'uma norma vale', admite-se essa norma como existente" (cf. KELSEN, Hans. *Teoria geral das normas*. Porto Alegre: Sergio Antonio Fabris, 1986. p 3.)

4. Norma e Relação – estruturas edificantes

Qualquer norma tem que ter estrutura. É o mínimo que o legislador tem que fazer para emitir uma mensagem com conteúdo deôntico completo. Assim, diga-se, um fragmento de norma é também norma. Cabe ao intérprete traçar percursos capazes de levar à compreensão do mundo normativo, analisando cada fragmento de norma com as possibilidades linguísticas que contempla para demonstrar – ou não – suas pretensões.

Tanto no descritor como no prescritor, dizemos que o legislador liga o acontecimento de um fato, regulando as condutas. Assim, podemos afirmar que a relação jurídica é um fato que acontece em determinado instante.

Retira-se, então, a assertiva de que um crime ou também uma conduta do sujeito passivo, nascem para o direito a partir do momento em que o fato é vertido em linguagem competente.

Podemos afirmar, sem dúvida, que o direito é um fato de cultura, o que seria de igual maneira perceptível no mundo das artes.

Necessário afirmar, pois, que para que o direito chegue às condutas intersubjetivas, ele enfrenta um processo de positivação. Os sistemas normativos têm os meios para *coativar* a sanção. Dessa maneira, uma norma geral e abstrata atribui a alguém o dever de cumpri-la. Nos dizeres de Hans Kelsen[46]:

> Sob uma sanção estatuída numa ordem normativa entende-se uma certa conduta face a um indivíduo, a qual é geralmente vista como um mal, o qual - conforme uma norma da ordem - ou também um outro que com ele esteja numa determinada relação social - não se conduziu de uma forma correspondente à ordem.

Em norma, resta assentado aquilo que tem estrutura. Mas há uma diferença grande entre norma jurídica em sentido lato e norma jurídica em sentido estrito, pois esta é uma articulação de sentido com estrutura.

---

46. KELSEN, Hans. *Teoria geral das normas.* Porto Alegre: Sergio Antonio Fabris, 1986., p 171 e s.

A validade se prepõe aos fatos, ao contrário da verdade, que se pospõe. Em termos lógicos, somos capazes de afirmar que o disjuntor includente admite duas possibilidades: que uma ou ambas as preposições sejam verdadeiras. Desta sorte, não entraria o disjuntor excludente porque uma preposição teria o condão de excluir a outra.

5. Estrutura de Relações

Conta, então, o sistema do direito positivo com mecanismos para introduzir ou expulsar as normas. Diferentemente, os enunciados existem isoladamente e nem todo enunciado vem com determinada estrutura.

Pode existir enunciado à espera de outros enunciados, como, por exemplo, quando dizemos "Brasília é a capital da República".

Por seu turno, analisando relação jurídica, com sua estrutura no âmbito do direito tributário podemos dizer que estamos reduzindo complexidades por intermédio do conhecimento.

Lembre-se, pois, que se com o direito se procura alcançar a juridicidade de uma norma, sua obtenção ocorre tão somente por meio de outra norma, de cunho processual.

Devemos ter em conta a terminologia necessária ao corte proposto, lembrando Lourival Vilanova[47] "o ato jurídico ou é relação ou tem eficácia de relação jurídica. Nos extremos da relação, perfazendo sua *estrutura, acham-se os termos* que se denominam tecnicamente sujeitos-de-direito". Necessário, ainda, dizer que ao direito é absolutamente imprescindível, sujeitos, atos jurídicos e relações jurídicas.

Tratada a questão no âmago do "*cálculo de relações*" podemos afirmar que haverá "*relação de identidade*" entre o caso paradigma –, em cuja decisão foi produzida – e deverá ser replicada aos demais casos pendentes.

---

47. VILANOVA, Lourival. *Causalidade e relação no direito*. 4. ed. São Paulo: RT, 2000. p. 251.

Questiona-se a possibilidade de trabalhar este cálculo de relações, considerando: (i) a norma abstrata e geral-paradigma e (ii) a aplicação aos casos semelhantes (pendentes).

Pois bem. A premissa aduzida não nos parece a ideal. Pelo princípio da identidade uma coisa é igual a si mesma. Utilizado, então, no caso do Paradigma, em si considerado.

Se devo – *müssen* – aplicar a NGA paradigma, porque assim determina o sistema jurídico, vou ter a Proposição Categórica-Afirmativa – de que o termo jurídico "relação jurídica" surge com a teoria pandectística, de origem alemã buscando criar uma suposta realidade jurídica abarcando, para tanto, as situações que o direito busca em fatos do passado e no presente levando em conta modelos que tragam de maneira rigorosa, extensa generalidade e de abstração, para assim oferecer respostas prévias àquilo que ainda está por vir.

Numa relação jurídica, a norma aponta para um fazer, um "não-fazer" ou um ato de vontade, presentes nos modais O, P e V. Como já tivemos a oportunidade de dizer, a base da relação jurídica é a norma.

A norma não se limita a identificar uma relação social[48].

Cria a relação que, por advir da norma, é uma relação jurídica.

O direito tem por função reconhecer os fatos sociais relevantes, coloca-os em normas fazendo nascer, para determinados sujeitos de direito, a relação jurídica.

Esses sujeitos de direito são assim chamados por conta da necessidade intrínseca à posição que ocupam de serem suscetíveis a direitos e deveres, as chamadas sujeições – ativa ou passiva.

---

48. Esclarece Gregorio Robles que podemos falar em ação social sempre que tivermos sob análise a ação dos indivíduos ou grupos dentro do contexto social, aqui entendido *latu sensu*. Normas jurídicas são, para o autor, normas sociais com capacidade de imposição, dentro do que denominamos Estado ou das relações entre Estados (Cf. ROBLES, Gregorio. *Os direitos fundamentais e a ética na sociedade atual*. Barueri: Manole, 2005. passim).

Como é a norma quem dá origem à relação jurídica, os sujeitos de direito usufruem de personalidade jurídica, até porque só estão nessa posição porque o Direito entendeu como necessário.

Exige-se, pois, do Direito uma nova postura, nova base capaz de interpretações que levem em conta atualidades em fenômenos sociais, com poder de conceber aquilo que o momento exige. Permanecer inflexível diante de percepções de mundo tira do Direito a possibilidade de agir como sistema, dentro da falsa percepção de finitude que pode existir.

Se ciências como a matemática[49], biologia[50] ou física[51] buscam incessantemente a atualização de suas teorias, adequando-as à realidade, assim deve ser o entendimento do

---

49. Edward Lorentz, criador da Teoria do Caos, com a célebre indagação: "Predicabilidade: o bater de asas de uma borboleta no Brasil provoca um tornado no Texas?". A proposta tem origem em situações alteradas, que seriam insignificantes num primeiro momento, poderiam trazer conclusões lógicas absolutamente distintas em longo prazo. A Teoria do Caos é a teoria capaz de explicar o porquê de alguns eventos serem absolutamente imprevisíveis em longo prazo, não importando quantas variáveis existam ou se conheça sobre o sistema. Algumas equações trazem resultado matemático, exato, lógico, com imprevisibilidade. Mesmo sendo frustrante, é algo inevitável e independe da quantidade de mutações conhecida, sendo justamente com todas as variáveis colocadas que a equação em longo prazo se espalha, sendo capaz de desmembrar-se em várias partes.

50. Francisco Varela e Humberto Maturana criaram a autopoiesis, do grego "próprio" + "criação", atribuindo a condição dos seres vivos de gerarem a si próprios. Demonstra a teoria ser o ser vivo é um sistema autopoiético, definido como uma rede fechada com capacidade para produzir criações moleculares por meio de processos em que as moléculas produzidas geram com suas interações a mesma rede de moléculas que as produziu. A conservação da autopoiese e da adaptação de um ser vivo ao seu meio são condições sistêmicas para a vida. Explana que um sistema vivo, como sistema autônomo está constantemente se autorregulando e autoproduzindo mas também mantendo interações com o meio, este com o papel de apenas desencadear no ser vivo mudanças pontuais em sua própria estrutura, e não por um agente externo. De origem biológica, o termo passou a ser usado em outras áreas, como neurobiologia, sociologia, filosofia e na arquitetura.

51. Max Born foi laureado com o Nobel de Física de 1954, por seu trabalho sobre a teoria quântica (com Walther Bothe). Trabalhou aspecto probabilístico da posição da partícula (nível de probabilidade) e interpretou os objetos quânticos como ondas de possibilidades. Introduziu a palavra mecânica quântica e a nova mecânica, já que a física newtoniana não era capaz de explicar.

Direito, possibilitando aos sujeitos a percepção de ajustes às condições facticas germinadas.

Devemos enaltecer o propósito de Roman Jakobson[52] ao construir a Linguística Matemática, efetivamente buscando suprir as carências das duas áreas.

Por estar intrínseca no trabalho do cientista do direito, no estudo do seu objeto, a construção hermenêutica, é por meio dela que devemos partir, com cortes produzidos no Direito para, então chegar a determinadas conclusões.

Depende, claro, toda e qualquer construção hermenêutica, dos horizontes de cultura do cientista, já que são os parâmetros desde o ponto de partida até o desfecho alcançado.

Esclarece José Juan Ferreiro Lapatza[53] que as normas tributárias têm como objetivo fulcral a obtenção de receitas para o Estado. Disso, nasce, de acordo com o autor, a relação jurídica segundo a qual "a lei conecta à realização de certos fatos a obrigação que determinadas pessoas têm de pagar como tributo ao Estado uma importância em dinheiro".

Relação, tanto em norma geral e abstrata como em norma individual e concreta existe *sempre*. Já alertava J. L. Austin[54] para a existência de proposições que, depois de passado certo tempo de sua divulgação e aceitação, sem hesitação, eram novamente repensadas por filósofos e gramáticos, nesse outro momento com uma dose maior de zelo.

Lembremos, pois, da necessidade de se falar em relação, conforme *Enciclopédia de Termos Lógico-filosóficos*:

---

52. JAKOBSON, Roman. *Relação entre a ciência da linguagem e outras ciências*. São Paulo: Martins Fontes, 1974.

53. LAPATZA, José Juan Ferreiro. *Direito tributário* – Teoria geral do tributo. Barueri: Manole; Madri: Marcial Pons, 2007. p. 185.

54. AUSTIN, John Langshaw. *How to do Things with Words*. 2. ed., 18. reimp. Cambridge: Harvard University Press, 2001. p. 2.

> Do ponto de vista da teoria dos conjuntos, uma relação R é simplesmente um tipo particular de conjunto cujos elementos são *pares ordenados* de objetos (naturalmente, esses objetos podem por sua vez ser conjunto de objetos). Por poucas palavras, R é uma relação se, e somente se, R é um conjunto de pares ordenados [...].
>
> Do ponto de vista filosófico – e em particular na disciplina filosófica em que as relações são objetos de estudo, a metafísica –, a noção relevante de relação é tal que, apesar de ser ainda uma noção extencional no sentido em que qualquer relação é tomada como sendo um conjunto de ênuplas ordenadas de objetos, nem todo conjunto de ênuplas ordenadas é visto como constituindo uma relação[55].

Mas se busco nas ciências, especialmente filosofia e lógica seu conteúdo, sentido e alcance, não posso ignorar as situações existentes e, em matéria jurídico-tributária, simplesmente afirmar que tudo o que o sujeito ativo afirma ser relação-jurídica efetivamente o é.

Trabalhando o conceito de argumentação, vem Manuel Atienza[56] explanar:

> Desde el punto de vista de la lógica, un argumento es un encadenamiento de proposiciones, puestas de tal manera que de unas de ellas (las premisas) se sigue(n) otra(s) (la conclusión). El ejemplo tradicional y bien conocido es el silogismo que tiene a Sócrates como protagonista: Todos los hombres son mortales; Sócrates es un hombre; luego, Sócrates es mortal. Quien acepta la verdad de las primeras proposiciones (la mortalidad de los hombres y la humanidad de Sócrates) viene obligado a aceptar también la última, la conclusión de que Sócrates es mortal. También a propósito de la sentencia sobre los GRAPO podríamos decir que el tribunal en algún momento efectúa -explícita o, cuando menos, implícitamente- una inferencia de este tipo. Lo que el Tribunal Constitucional establece en dicha sentencia podríamos ponerlo, en efecto, en forma silogística o deductiva: [La Administración tiene la obligación de velar por la vida de los presos, incluso cuando estos, voluntariamente, la ponen en peligro; con su huelga de hambre, los presos del GRAPO están poniendo en peligro sus vidas; por lo tanto,

---

55. ECO, Umberto. *Tratado geral de semiótica.* 4. ed. São Paulo: Perspectiva, 2005. *Enciclopédia de termos lógicos-filosóficos.* São Paulo: Martins Fontes, 2006. p. 678.

56. ATIENZA, Manuel. Las razones del derecho. Sobre la justificación de las decisiones judiciales. *Isonomia: Revista de Teoría y Filosofía del Derecho*, n. 1, octubre 1994

> la Administración tiene la obligación de velar por la vida de estos presos]. Alguien podría decir que esa no es aún la conclusión a que llega el tribunal, pero una objeción semejante puede ser fácilmente contestada mediante otro silogismo u otra deducción: la obligación de la Administración de velar por la vida de los presos implica que cuando su salud corra grave riesgo como consecuencia de una huelga de hambre, debe alimentarles por la fuerza; la huelga de hambre de los presos del GRAPO les sitúa, en efecto, en una situación de riesgo grave para su salud; por lo tanto, la Administración debe alimentarles por la fuerza.

A conceituação traz o entendimento necessário ao estudo das terminologias caras ao trabalho, tendo em conta todo o processo comunicacional envolvido.

6. Síntese conclusiva

Todo o processo comunicacional do Direito requer toda a preparação necessária ao uso semântico, necessário à adequação do discurso ao objetivo almejado e, ainda, à construção do sentido.

Assim, constrói-se um fato jurídico pela composição de uma frase normativa capaz de trazer norma individual e concreta – antecedente dentro das regras sintáticas e de acordo com os limites trazidos pela norma geral e abstrata.

Intrínseco ao Direito, aos fatos, pertence a nomenclatura capaz de consentir e percorrer caminhos, alinhavar aquilo que relevante para a Relação Jurídica e consequentemente à Tributária.

Determina-se o momento de nascimento da relação jurídica tributária: se exercida a competência, instauram-se os termos necessários para que o fato seja observado. A consequência imediata para a percepção de o ente federativo expediu norma jurídica necessária à existência do tributo é de que deu azo à relação entre dois ou mais sujeitos, por meio de condutas, vinculados que são a uma obrigação de natureza patrimonial.

Ainda, pode se concluir que valores penetram totalmente em normas jurídicas, da mesma maneira que quando estamos no estudo da arte. Isto já é sabido por que as duas – normas e arte – são construções do ser humano. A norma jurídica e um objeto de arte *latu sensu* não têm apenas um esqueleto formal, são saturados por um conteúdo de significação.

Ao Direito resta exigida uma nova postura, nova base capaz de interpretações que levem em conta atualidades em fenômenos sociais, com poder de conceber aquilo que o momento exige. Permanecer inflexível diante de percepções de mundo tiram da Ciência Jurídica a possibilidade de agir como sistema, dentro da falsa percepção de finitude que pode existir.

CONSTRUCTIVISMO LÓGICO-SEMÂTICO: O MÉTODO DE APROXIMAÇÃO DO CONCEITO DE RECEITAS DE EXPORTAÇÃO E A REGRA DE INCIDÊNCIA DO IOF-CÂMBIO

Flávia Holanda Gaeta[1]

Sumário: 1. O método: constructivismo lógico-semântico. 2. Da regra-matriz de incidência do IOF-câmbio: alíquota zero para as operações com receitas de exportação. 3. Da solução de Consulta Cosit 246/2018 e o ingresso no país de receitas de exportação – incidência de IOF-câmbio.

1. O MÉTODO: CONSTRUCTIVISMO LÓGICO-SEMÂNTICO

Iniciar os estudos de direito tributário exige a eleição de um método de aproximação, capaz de definir o objeto, os limites invocados, os fundamentos e concepções filosóficas que deverão ser aplicadas com o intuito de estabelecer um diálogo claro entre a teoria e a prática, sem submergir o agente em um labirinto de perspectivas que podem impedi-lo de alcançar seu objetivo.

Definir um instrumento de trabalho, é antes de tudo orientar o pensamento na construção de um discurso científico

---

1. Doutora e Mestre em Direito pela Pontifícia Universidade Católica de São Paulo (PUC-SP); Professora Conferencista do Instituto Brasileiro de Estudos Tributários (IBET) e da COGEAE/PUC-SP; Advogada.

comprometido com a linguagem, firmando-se em preceitos que se amoldam aos elementos da lógica jurídica, atribuindo à mensagem o rigor e a consistência necessários à recepção e compreensão.[2]

O constructivismo lógico-semântico, destarte, persegue os parâmetros da hermenêutica atual com o fito de dominar o texto, interpretando e compreendendo a comunicação pela construção de sentido, tomando como pressuposto epistemológico categorias lógicas e filosóficas.

É também neste percurso metodológico que o ser humano opera como aplicador do direito, partindo do texto bruto do direito positivo (suporte físico) para interpretar, construir e atribuir sentidos às normas, subsumindo e aplicando o direito, enquanto elemento intercalar (antropocêntrico).

As normas jurídicas, nesta medida, não têm aptidão para incidirem por força própria, razão pela qual exigem necessariamente o esforço do intérprete, que capta a realidade (facticidade social), identifica os critérios normativos e, pelo processo constructivista de positivação, subsome os fatos à norma.

Para alinhar os eixos do método ao objetivo que se pretende ver alcançado neste artigo, qual seja, interpretar e compreender o conceito das receitas de exportação no campo de incidência de Imposto sobre Operações Financeiras (IOF), é preciso separar os enunciados constitucionais, legais e infralegais (instrumentos primários e secundários introdutores de normas) pela hierarquia fundamental que se estabelece entre eles.

Por conseguinte, deve-se construir a regra-matriz de incidência do IOF (instrumento lógico), para identificar os critérios mínimos necessários para estabelecer o vínculo jurídico entre o antecedente e o consequente da norma, com a intenção de formalizar o fenômeno da incidência (subsunção

2. "A proposta metodológica da Escola do Constructivismo Lógico-Semântico é estudar o direito dentro de uma concepção epistemológica bem demarcada, a Filosofia da Linguagem (uma das vertentes da Filosofia do Conhecimento) e a partir deste referencial, amarrar lógica e semanticamente suas proposições para a construção do seu objeto (que se constitui em umas das infinitas possibilidades de se enxergar o direito)." CARVALHO, Aurora Tomazini de. *Curso de teoria geral do direito*: constructivismo lógico-semântico. 5. ed. São Paulo: Noeses, 2016. p. 96.

e imputação), e, com isso, indicar no plano geral e abstrato a sua adequada aplicação, ladeada de enunciados prescritivos vigentes e de uma coerência lógica indissociáveis.

O caso prático no qual nos debruçamos permeia o conteúdo da Solução de Consulta COSIT 246/2018, na qual a Receita Federal estabeleceu uma interpretação acerca da incidência do IOF-câmbio quando das remessas para o Brasil de receitas de exportação mantidas em conta corrente do exportador no exterior. A distorção da regra de incidência do imposto é o ponto crucial desta abordagem.

2. DA REGRA-MATRIZ DE INCIDÊNCIA DO IOF-CÂMBIO: ALÍQUOTA ZERO PARA AS OPERAÇÕES COM RECEITAS DE EXPORTAÇÃO

> CF/88
>
> Art. 153. Compete à União instituir impostos sobre: [...]
>
> V – operações de crédito, *câmbio* e seguro, ou relativas a títulos ou valores mobiliários; [...]
>
> § 1º É facultado ao Poder Executivo, atendidas as condições e os limites estabelecidos em lei, *alterar as alíquotas dos impostos* enumerados nos incisos I, II, IV e V. (destaques acrescidos)

Primeiramente, a partir da leitura dos enunciados constitucionais, é possível aferir que se trata de imposto de competência da União Federal, com características predominantemente extrafiscais, na medida em que fica autorizada a alteração pelo Poder Executivo tão somente da alíquota do imposto nos termos e limites da lei.[3]

Ter natureza extrafiscal significa que os impostos devem ser instrumento de intervenção na economia, de modo a garantir sua efetividade diante dos anseios e necessidades da política monetária nacional, permitindo aumento da

3. Criado em substituição ao imposto do selo pela Emenda Constitucional 18/65, surgiu o atualmente denominado Imposto sobre Operações Financeiras.

competitividade da indústria, o desenvolvimento de novos mercados, prevenindo evasões fiscais e outras condutas que se configurem como passíveis de serem desestimuladas.

O Código Tributário Nacional, por sua vez, cumprindo a tarefa outorgada pela Constituição Federal,[4] estipula quanto ao IOF-câmbio no seguinte sentido:

> Art. 63. O imposto, de competência da União, sobre operações de crédito, câmbio e seguro, e sobre operações relativas a títulos e valores mobiliários *tem como fato gerador*:
>
> [...]
>
> II – quanto às *operações de câmbio*, a sua efetivação pela entrega de moeda nacional ou estrangeira, ou de documento que a represente, ou sua colocação à disposição do interessado em montante equivalente à moeda estrangeira ou nacional entregue ou posta à disposição por este; (destaques acrescidos)

---

4. CF/88: "Art. 146. Cabe à lei complementar:
I – dispor sobre conflitos de competência, em matéria tributária, entre a União, os Estados, o Distrito Federal e os Municípios;
II – regular as limitações constitucionais ao poder de tributar;
III – estabelecer normas gerais em matéria de legislação tributária, especialmente sobre:
a) definição de tributos e de suas espécies, bem como, em relação aos impostos discriminados nesta Constituição, a dos respectivos fatos geradores, bases de cálculo e contribuintes;
b) obrigação, lançamento, crédito, prescrição e decadência tributários;
c) adequado tratamento tributário ao ato cooperativo praticado pelas sociedades cooperativas.
d) definição de tratamento diferenciado e favorecido para as microempresas e para as empresas de pequeno porte, inclusive regimes especiais ou simplificados no caso do imposto previsto no art. 155, II, das contribuições previstas no art. 195, I e §§ 12 e 13, e da contribuição a que se refere o art. 239. (Incluído pela Emenda Constitucional 42, de 19.12.2003)
Parágrafo único. A lei complementar de que trata o inciso III, d, também poderá instituir um regime único de arrecadação dos impostos e contribuições da União, dos Estados, do Distrito Federal e dos Municípios, observado que: (Incluído pela Emenda Constitucional 42, de 19.12.2003)
I – será opcional para o contribuinte; (Incluído pela Emenda Constitucional 42, de 19.12.2003)
II – poderão ser estabelecidas condições de enquadramento diferenciadas por Estado; (Incluído pela Emenda Constitucional 42, de 19.12.2003)
III – o recolhimento será unificado e centralizado e a distribuição da parcela de recursos pertencentes aos respectivos entes federados será imediata, vedada qualquer retenção ou condicionamento; (Incluído pela Emenda Constitucional 42, de 19.12.2003)
IV – a arrecadação, a fiscalização e a cobrança poderão ser compartilhadas pelos entes federados, adotado cadastro nacional único de contribuintes. (Incluído pela Emenda Constitucional 42, de 19.12.2003)"

No esteio do referido dispositivo, observa-se que o fato jurídico tributário atinge as operações realizadas no sistema financeiro, mediante a celebração de contratos (incidência documental), que pressupõem a troca de moedas entre mercados soberanos distintos, no caso específico das operações de câmbio.

Ainda sobre a materialidade do imposto, é possível definir o a operação tributável como o ato de receber, entregar ou colocar à disposição moeda nacional ou estrangeira (verbo + complemento). A referida incidência tem natureza documental, na medida em que deve ser realizado o fato jurídico tributário no instante do aperfeiçoamento da operação pela efetiva troca de moeda, ou seja, no ato de liquidação da operação de câmbio.[5]

Através da celebração de um contrato de câmbio, ficam estabelecidas as normas entre as partes, instituição financeira e contribuinte, a natureza da remessa de recursos, o valor da operação mediante a indicação da taxa de conversibilidade da moeda (de dólares americanos para reais, por exemplo, USD1,00 = R$ 3,832) e a alíquota aplicável. Liquidado o câmbio ingressa moeda nacional no país, na conta corrente do contribuinte contratante da operação.

No que se refere ao consequente da norma tributária, é possível encontrar guarida nos art. 64 a 66 do CTN, bem como no Decreto 6.306/2007 – Regulamento do IOF, em seus arts. 11 a 17, *in verbis*:

> CTN
>
> Art. 64. A base de cálculo do imposto é:
>
> [...]
>
> II – quanto às operações de câmbio, o *respectivo montante em moeda nacional*, recebido, entregue ou posto à disposição; (destaques acrescidos)
>
> Decreto 6.306/2007.

---

5. Decreto 6.306/2007: "Art. 17. O IOF será cobrado na data da liquidação da operação de câmbio."

> Art. 15. A alíquota máxima do IOF é de vinte e cinco por cento (Lei 8.894, de 1994, art. 5º).
>
> CTN
>
> Art. 65. O Poder Executivo pode, nas condições e nos limites estabelecidos em lei, alterar as alíquotas ~~ou as bases de cálculo~~[6] do imposto, a fim de ajustá-lo aos objetivos da política monetária. (destaques acrescidos)
>
> Art. 66. Contribuinte do imposto é qualquer das partes na operação tributada, como dispuser a lei.
>
> Decreto 6.306/2007.
>
> Art. 13. São responsáveis pela cobrança do IOF e pelo seu recolhimento ao Tesouro Nacional as instituições autorizadas a operar em câmbio (Lei 8.894, de 1994, art. 6º, parágrafo único).

Tem-se, pelos enunciados acima transcritos, que o critério pessoal do consequente da norma será composto pela União Federal no sujeito ativo (aquele que tem o direito subjetivo de receber a quantia) e na posição de sujeito passivo (aquele que tem o dever jurídico de pagar) o contribuinte – sujeito contratante da operação financeira de câmbio.

É certo que por uma questão de controle e fiscalização das operações, quem assume a posição de responsável tributário pela cobrança do IOF e recolhimento ao Tesouro Nacional são as instituições autorizadas pelo Banco Central do Brasil a operar câmbio, através do instituto da retenção do imposto.

No critério quantitativo, é possível identificar a base de cálculo a partir de sua relação direita com o complemento do verbo que compõe o critério material da norma tributária, qual seja, o valor da operação com moeda nacional ou estrangeira recebida, trocada, entregue ou colocada à disposição.

Por fim, tem-se para o imposto a definição da alíquota máxima de 25% (vinte e cinco por cento). Para as operações

---

6. Observado o teor do § 1º do art. 153 da CF/88, é possível afirmar que parte do art. 65 do CTN foi tacitamente revogada, detidamente quando trata da possibilidade de o Poder Executivo alterar a base de cálculo do imposto. Ou seja, é defesa a alteração das bases de cálculo, restando autorizada apenas a alteração das alíquotas nas condições e limites estabelecidos em lei.

de ingresso no País de receitas de exportação, no entanto, a alíquota definida pelo art. 15-B do Decreto 6.306/2007 é ZERO, nos termos a seguir transcritos:

> Decreto 6.306/2007
>
> Art. 15-B. A *alíquota do IOF* fica reduzida para trinta e oito centésimos por cento, observadas as seguintes exceções: (Incluído pelo Decreto 8.325, de 2014)
>
> I – *nas operações de câmbio relativas ao ingresso no País de receitas de exportação de bens e serviços: zero*; (Incluído pelo Decreto 8.325, de 2014) [...] (destaques acrescidos)

Dessa forma, a regra-matriz de incidência tributária do IOF-câmbio pode ser sistematizada da seguinte forma:

> *ANTECEDENTE NORMATIVO:*
>
> Critério Material: RECEBER, ENTREGAR ou COLOCAR À DISPOSIÇÃO MOEDA NACIONAL OU ESTRANGEIRA (verbo + complemento)
>
> Critério Temporal: Ato de liquidação da operação de câmbio
>
> Critério Espacial: Território Nacional
>
> *CONSEQUENTE NORMATIVO:*
>
> Critério Pessoal: Sujeito Ativo: União Federal; Sujeito Passivo: Contribuinte que contrata a operação de câmbio; Responsável: Instituição Financeira.
>
> Critério Quantitativo: Base de Cálculo: montante em moeda nacional, recebido, entregue ou posto à disposição, correspondente ao valor, em moeda estrangeira, da operação de câmbio; Alíquota: ZERO (ingresso de receitas de exportação).

3. DA SOLUÇÃO DE CONSULTA COSIT 246/2018 E O INGRESSO NO PAÍS DE RECEITAS DE EXPORTAÇÃO – INCIDÊNCIA DE IOF-CÂMBIO

O Decreto 6.306/2007, em seu art. 15-B, inciso I, prescreve que a alíquota do IOF deverá ser zero sempre que diante de operações de câmbio relativas ao ingresso no País de receitas de exportação de bens e serviços, sem qualquer ressalva ou limitação temporal do conceito estabelecido.

As receitas de exportação, por sua vez, são aquelas decorrentes de processos comerciais de exportação de bens ou serviços, em regra lastreadas em negócio jurídico firmado por fornecedor sediado no Brasil com outra sediada no exterior e que tem por objeto a entrega de bens ou serviços para o cliente no exterior. Com efeito, as receitas decorrentes destes contratos são necessariamente receitas de exportação, ainda que a forma de liquidação de pagamento do preço seja antecipada ou a prazo, com remessa direta para o País ou crédito em conta corrente do exportador no exterior.

É prerrogativa do exportador manter suas receitas de exportação no exterior nos termos e limites autorizados em lei. A decisão do exportador de manter recursos no exterior pode decorrer de interesses e estratégias comerciais que lhe são peculiares, vem como para otimizar a gestão das obrigações financeiras perante os fornecedores estrangeiros, garantir a proteção cambial[7] etc., na forma da lei.

---

7. Abrindo parênteses. Ainda que a manutenção de recursos no exterior atribua alguma variação cambial positiva às receitas de exportação, tais receitas, igualmente, não podem ser tributadas por via das contribuições sociais como já pacificado pelo Supremo Tribunal Federal em 2013. Noutras palavras, ainda que a estratégia do exportador de manter recursos em contas no exterior tragam algum incremento da receita de exportação, este deverá ser tratado com a mesma natureza jurídica da receita originária, afastada, portanto, a incidência tributária. Fechando parênteses.
"Quinta-feira, 23 de maio de 2013
Receita de variação cambial de exportação é imune a PIS e Cofins, diz STF
O Supremo Tribunal Federal (STF), em julgamento de recurso extraordinário com repercussão geral reconhecida pelo Plenário Virtual, *entendeu que as receitas de exportação decorrentes da variação cambial não devem ser tributadas pelo Programa de Integração Social (PIS) e Contribuição para o Financiamento da Seguridade Social (Cofins)*. A decisão, tomada por unanimidade, negou provimento ao Recurso Extraordinário (RE) 627815, no qual a União questionava acórdão do Tribunal Regional Federal da 4ª Região (TRF-4) favorável a uma indústria paranaense do ramo ceramista.
A União alegava que as referidas receitas obtidas por meio da variação cambial são de natureza financeira, portanto tributáveis, não se confundindo com aquelas decorrentes da exportação. Para o contribuinte, a imunidade tributária assegurada pela Constituição Federal alcançaria as receitas decorrentes direta e indiretamente das exportações, sendo este último o caso das receitas oriundas variação cambial" (destaques acrescidos) (disponível em: <http://www.stf.jus.br/portal/cms/verNoti-

Corroborando com tal assertiva, a Lei 11.371/2006, em seu art. 1º,[8] autoriza a manutenção de recursos de pessoas jurídicas exportadoras em conta corrente de instituições financeiras no exterior, sendo de sua livre escolha o momento de ingressar com os recursos no Brasil, obedecidos os limites do Conselho Monetário Nacional.

No mesmo sentido, a IN RFB 1.801/2018, com o fito de regulamentar a disposição legal supra e para estabelecer as respectivas obrigações acessórias a serem cumpridas pelo exportador, prescreveu:

> Art. 1º *Os recursos em moeda estrangeira relativos aos recebimentos de exportações brasileiras de mercadorias e de serviços para o exterior, realizadas por pessoas físicas ou jurídicas, poderão ser mantidos em instituição financeira no exterior*, observados os limites fixados pelo Conselho Monetário Nacional (CMN).
>
> [...]
>
> § 1º *Os recursos mantidos no exterior na forma deste artigo somente poderão ser utilizados para a realização de investimento, aplicação financeira ou pagamento de obrigação, próprios do exportador*, vedada a realização de empréstimo ou mútuo de qualquer natureza.
>
> § 2º *A pessoa jurídica que mantiver recursos no exterior fica obrigada a manter escrituração contábil nos termos da legislação comercial, para evidenciar, destacadamente, os respectivos saldos e suas movimentações, independentemente do regime de apuração* do imposto de renda adotado.
>
> § 3º A manutenção dos recursos no exterior implica a autorização para o fornecimento à Secretaria da Receita Federal do Brasil (RFB), pela instituição financeira ou qualquer outro interveniente, residente, domiciliado ou com sede no exterior, das informações sobre a utilização de tais recursos. (destaques acrescidos)

---

ciaDetalhe.asp?idConteudo=239309&tip=UN>).

8. "Art. 1º *Os recursos em moeda estrangeira relativos aos recebimentos de exportações brasileiras de mercadorias e de serviços para o exterior, realizadas por pessoas físicas ou jurídicas, poderão ser mantidos em instituição financeira no exterior*, observados os limites fixados pelo Conselho Monetário Nacional" (destaques acrescidos).

> [...]
>
> Art. 4º *As pessoas físicas e jurídicas residentes ou domiciliadas no Brasil que mantiverem recursos em moeda estrangeira no exterior*, na forma prevista no art. 1º, ficam obrigadas a prestar à RFB informações:
>
> I – *relativas a recebimentos de recursos oriundos de exportações não ingressados no Brasil*;
>
> [...]
>
> § 3º *As pessoas jurídicas* não sujeitas ao Simples Nacional *deverão prestar as informações* a que se referem os incisos I a III do caput *em bloco específico da Escrituração Contábil Fiscal (ECF)* instituída pela Instrução Normativa RFB 1.422, de 19 de dezembro de 2013, no mesmo prazo fixado para a entrega da ECF.

É evidente que as regras federais estabelecidas nos instrumentos introdutores de normas acima transcritos deixam clara a possibilidade de manutenção das receitas de exportação no exterior pelo exportador com a devida prestação de informações para fins de controle e fiscalização da Receita Federal em Escrituração Contábil Fiscal (ECF).

As receitas de exportação, portanto, ainda que mantidas temporariamente no exterior, mantêm sua natureza jurídica para todos os efeitos legais e fiscais, não sendo válido qualquer ato do Poder Executivo que venha a alterar o conteúdo semântico do termo "receitas de exportação" para fins de incidência do imposto.

Em que pese aos argumentos arrolados anteriormente, em 24 de dezembro de 2018 foi publicada a Solução de Consulta COSIT 246, na qual restou absolutamente distorcida a natureza jurídica das receitas de exportação mantidas no exterior e remetidas para o País após o encerramento do ciclo de exportação do bem ou serviços, vejamos:

> ASSUNTO: Imposto sobre Operações de Crédito, Câmbio e Seguros ou relativas a Títulos ou Valores Mobiliários – IOF
>
> EMENTA: RECURSOS PROVENIENTES DE EXPORTAÇÕES. MANUTENÇÃO NO EXTERIOR. INOCORRÊNCIA DO FATO GERADOR.

> Não incide IOF quando da manutenção de recursos em moeda estrangeira em instituição financeira fora do país, relativos aos recebimentos de exportações brasileiras de mercadorias e de serviços para o exterior, realizadas por pessoas físicas ou jurídicas. Nesta situação, não há liquidação de contrato de câmbio e, portanto, não se verifica a ocorrência do fato gerador do imposto conforme definido no art. 63, II, do Código Tributário Nacional (CTN) e no art. 11 do Decreto 6.306, de 2007.
>
> *No entanto, se os recursos inicialmente mantidos em conta no exterior forem, em data posterior à conclusão do processo de exportação, remetidos ao Brasil, haverá incidência de IOF à alíquota de 0,38%, conforme determina o caput do art. 15-B do Decreto 6.306, de 2007.*
>
> OPERAÇÕES DE CÂMBIO RELATIVAS AO INGRESSO NO PAÍS DE RECEITAS DE EXPORTAÇÃO DE BENS E SERVIÇOS. ALÍQUOTA ZERO.
>
> No caso de operações de câmbio relativas ao ingresso no país de receitas de exportação de bens e serviços, há a incidência do IOF na operação de câmbio à alíquota zero, conforme expressa previsão no art. 15-B do Decreto 6.306, de 2007.
>
> DISPOSITIVOS LEGAIS: Lei 5.172, de 25 de outubro de 1966 (Código Tributário Nacional - CTN); Lei 8.894, de 21 de junho de 1994; e Lei 11.371, de 28 de novembro de 2006; Decreto 6.306, de 14 de dezembro de 2007. (destaques acrescidos)

Ora, as receitas de exportação se vinculam a processos de exportação praticados pelo contribuinte, e podem ou não ser mantidas em contas no exterior por conveniência do exportador. É certo que para comprovar que as remessas de valores para o Brasil decorrem de receitas de exportação, fica o interessado obrigado a apresentar documentos que comprovam a natureza da operação de exportação e, por sua vez, autoriza a aplicação da alíquota zero do imposto, tais como: contratos de fornecimento de bens e mercadorias para o exterior, invoices de pagamento, notas fiscais de exportação, registros de exportação (DU-e) etc.

Ocorre que, contrariando a expressa disposição legal (art. 15-B, inciso I, Decreto 6.306/2007), a Receita Federal do Brasil trouxe nova interpretação que passou a delimitar o conceito de receitas de exportação no tempo, de modo que a decisão de manter no exterior dos recursos provenientes de operações de exportação impactaria diretamente na alíquota de IOF-câmbio, a despeito de todas as disposições legais vigentes.

Em outras palavras, a posição do fisco federal reside no simples fato sempre que se mantidos os recursos no exterior após a exportação do bem restaria alterada a natureza jurídica da receita de exportação para fins de incidência da alíquota zero de IOF, devendo ser aplicada a regra geral do *caput* do art. 15-B do Decreto 6.306/2007, não mais o seu inciso I.

O erro de interpretação reside na afirmação de que se encerrará o ciclo de exportação na data do recebimento dos recursos no exterior, de modo que, se em data posterior ao depósito, o exportador decidir remeter os recursos para o Brasil, estes recursos não teriam vínculo com o processo de exportação, vejamos este entendimento expresso na Solução de Consulta COSIT 246/2018:

> 12. Todavia, deve-se ter em consideração que *após o recebimento dos recursos em conta mantida no exterior encerra-se o ciclo da exportação*. Consequentemente, se em data posterior ao depósito o exportador decide remeter os recursos ao Brasil, este envio de moeda não fará parte de um processo de exportação e estará sujeito à alíquota de 0,38%, conforme o Decreto 6.306, art. 15-B, *caput*. (destaques acrescidos)

Note-se que o entendimento é absolutamente equivocado e fere princípios constitucionais como o da segurança jurídica, da legalidade, da moralidade administrativa, da previsibilidade do direito, da estabilidade das relações jurídicas tributárias, além de ofender a extrafiscalidade do imposto, criando um ambiente de absoluta descrença nas normas e no ordenamento jurídico pátrio, ao passar a tributar as operações de câmbio envolvendo receitas de exportação para as quais a lei define a alíquota como zero.

É como se a Receita Federal passasse a exigir que todas as receitas de exportação fossem remetidas para o Brasil até o ato formal de exportação, pois, uma vez ultrapassada a data da exportação as receitas recebidas passariam a ser tributadas.

Com isso, cria-se um cenário de desigualdade entre aqueles exportadores que, por exemplo, têm obrigações vincendas com fornecedores no exterior, mesmo depois de recebidos os recursos da exportação realizada na conta corrente. Pois, da forma estabelecida na norma interpretativa federal, se o exportador resolver manter os recursos, deverá ser tributado no momento da remessa do recurso para o País por via do IOF-câmbio.

Ainda que se alegue que o ciclo de exportação se encerra com o recebimento do preço, a referida data comercial não poderia ter o condão de alterar o animus da transação comercial e/ou do negócio jurídico praticado pelo exportador. Afinal, para todos os efeitos legais e fiscais, as operações de câmbio envolvendo receitas de exportação são tributadas à alíquota zero por expressa determinação legal (art. 15-B, I, do Decreto 6.306/2007).

Se revisitado o art. 111 do CTN[9] tão defendido pela autoridade fiscal, fica ainda mais claro que sequer a disposição expressa da alíquota aplicável à operação foi respeitada.

É de se notar que os efeitos desta Solução de Consulta Cosit são desastrosos, afinal, nos termos no art. 9º da IN RFB 1.396/2013,[10] tanto a autoridade administrativa quanto os contribuintes, ainda que não figurem como consulentes, ficam inteiramente vinculados à norma interpretativa a partir de sua publicação.

Restou comprovado que a autoridade fiscal federal deixou de atentar para um método de aproximação consistente,

---

9. "Art. 111. *Interpreta-se literalmente a legislação tributária que disponha sobre*:
I – suspensão ou exclusão do crédito tributário;
II – outorga de isenção;
III – dispensa do cumprimento de obrigações tributárias acessórias" (destaques acrescidos).

10. "Art. 9º *A Solução de Consulta Cosit e a Solução de Divergência, a partir da data de sua publicação, têm efeito vinculante no âmbito da RFB, respaldam o sujeito passivo que as aplicar, independentemente de ser o consulente, desde que se enquadre na hipótese por elas abrangida*, sem prejuízo de que a autoridade fiscal, em procedimento de fiscalização, verifique seu efetivo enquadramento" (destaques acrescidos).

faltando coerência na construção e interpretação do direito positivo. Não há qualquer lacuna na legislação capaz de atribuir ao Poder Executivo competência para alterar a natureza jurídica das receitas de exportação para fins de incidência do IOF-câmbio, provocando um desacerto a ser corrigido através de tutela jurisdicional.[11]

11. Com efeito, a matéria em epígrafe já vem sendo julgada pelas varas das seções judiciárias da Justiça Federal, com a concessão de liminares favoráveis aos contribuintes, tal como se pode observar nos autos dos processos: 5010315-38.2019.4.04.7000/PR, 5001951-88.2019.4.03.6100/SP, 1001989-41.2019.4.01.3800/MG, dentre outros.

NATUREZA SANCIONATÓRIA DO IR-FONTE DE 35% SOBRE PAGAMENTOS SEM CAUSA COMPROVADA OU A BENEFICIÁRIOS NÃO IDENTIFICADOS. UMA ANÁLISE A PARTIR DO CONSTRUCTIVISMO LÓGICO-SEMÂNTICO

Francisco Leocádio Ribeiro Coutinho Neto[1]

Sumário: 1. Introito. 2. Distinção entre Tributo e Sanção. 3. Imposto de Renda Retido na Fonte 35% – art. 61 da Lei 8.981/95. 4. Conclusão. 5. Referências.

1. Introito

O constructivismo lógico-semântico tem um modo peculiar de conhecer o objeto e no exame do dado jurídico ele se mostra de grande valia.

A expressão cunhada pelo professor pernambucano Lourival Vilanova reúne os principais predicados deste método que visa a agregar firmeza e coerência ao discurso do direito positivo e da Ciência do Direito reduzindo a ambiguidade e a vaguidade dos termos utilizados.

---

1. Doutorando e Mestre em Direito Tributário pela PUC/SP. Professor e Coordenador do IBET. Advogado em São Paulo.

Amplamente difundido e desenvolvido pelo emérito professor Paulo de Barros Carvalho, o Constructivismo Lógico-Semântico foi diretamente influenciado pelas ideias da corrente de pensamento denominada Neopositivismo Lógico, também conhecida como Filosofia Analítica ou Empirismo Lógico, que surgiu na segunda década do século XX, em Viena.

Um conjunto heterogêneo de estudiosos, das mais variadas áreas, reunia-se constantemente para debater temas voltados aos fundamentos da ciência.

No veio de uma temática tão relevante estes homens pensavam sobre as bases da ciência, em uma verdadeira Epistemologia Geral. Ou seja, era uma Teoria Geral do Conhecimento ou Gnosiologia, mas o foco de análise não era o saber comum, o objeto de estudo era mais restrito: o saber qualificado como científico. A preocupação era de se construir uma linguagem rígida e precisa, ideal para a ciência.

Os variados filósofos, juristas, sociólogos, reduziram ainda a Epistemologia à Semiótica, compreendida como Teoria Geral dos Signos. Ao se observar a redução da Filosofia à Epistemologia e desta à Semiótica, vislumbra-se a importância que os membros desse movimento atribuem à linguagem como instrumento por excelência do saber científico.

É nessa senda que surgem proposições como: "ali onde não houver precisão linguística não poderá haver ciência". Nesse sentido, como fruto dos acalorados debates concluiu-se que para haver ciência, seja ela de qualquer área de conhecimento, necessário se faz uma boa dose de precisão linguística. Os componentes do chamado Círculo de Viena perceberam que a linguagem comum é defeituosa e ambígua, e jamais traduziria os anseios do conhecimento humano.

Assim, dentre as propostas elaboradas está: (i) a necessidade de criação de novos vocábulos que agregassem precisão às ideias, ou (ii) os termos deveriam se submeter ao que Rudolf Carnap chamou de "processo de elucidação", numa verdadeira purificação da linguagem.

Os neopositivistas lógicos apontaram as regras do jogo científico, e um dos seus pressupostos era o de que as proposições científicas devem ser pacíficas de comprovação empírica, ou legitimadas pelos termos que as compõem, quando nada afirmam sobre a realidade (no caso das tautologias)[2]. Isso explica porque o movimento também é chamado de Empirismo Lógico.

Essa nova concepção dá origem à filosofia da linguagem ordinária, provocou aquilo que veio a chamar-se giro-linguístico. Paulo de Barros Carvalho[3] explica a nova postura que essa corrente tomou em relação à linguagem, onde as obras de Wittgenstein serviram de marco para a grande virada linguística.

Fabiana Del Padre Tomé[4] expõe a inovação trazida pelo movimento conhecido como giro linguístico, oriundo da filosofia da linguagem de Wittgenstein. Passou-se a considerar a linguagem como algo independente do mundo da experiência, deixando de ser apenas um meio para o conhecimento para se tornar capaz de criar tanto o ser cognoscente como a realidade. Aparecendo o conhecimento não como relação entre o sujeito e o objeto, mas como relação entre linguagens, entre significações.

Na teoria da linguagem o mundo é uma construção de significações, um enunciado só se explica por outro enunciado e assim sucessivamente.

É dai que Tárek Moysés Moussallem[5] constata que o mundo circundante é constituído pela linguagem porque esta se encontra inevitavelmente atrelada ao conhecimento.

---

2. CARVALHO, Aurora Tomazini. *Curso de teoria geral do direito (o constructivismo lógico-semântico).* São Paulo: Noeses, 2010. p. 38.

3. CARVALHO, Paulo de Barros. *Direito tributário, linguagem e método.* 4. ed. São Paulo: Noeses, 2011. p. 26.

4. TOMÉ, Fabiana Del Padre. *A prova no direito tributário.* 2. ed. São Paulo: Noeses, 2008.

5. MOUSSALLEM, Tárek Moysés. *Fontes do direito tributário.* 2. ed. São Paulo: Noeses, 2006.

De modo atilado e conclusivo, Paulo de Barros Carvalho exprime:

> Conheço determinado objeto na medida em que posso expedir enunciados sobre ele, de tal arte que o conhecimento se apresenta pela linguagem, mediante proposições descritivas ou indicativas.[6]

E ainda:

> Todo conhecimento é redutor de dificuldades, reduzir as complexidades do objeto da experiência é uma necessidade inafastável para se obter o próprio conhecimento[7].

O conhecimento, portanto, não depende da relação com os objetos, mas apenas da relação com outras palavras, já que a linguagem é autorreferente as proposições descritivas se relacionam com outros enunciados.

O constructivismo lógico-semântico adota postura analítica, ela vem para decompor, seccionar o objeto e melhor compreendê-lo, através da hermenêutica investiga o fenômeno jurídico com visão cultural. Munido desse poderoso instrumental a investigação segue por caminho iluminado, nesse sentido, Paulo de Barros Carvalho exprime:

> De primeiro, por sair amarrando e costurando os conceitos fundamentais, estipulando o conteúdo semântico dos termos e expressões de que se servem os especialistas, de segundo porque projeta os elementos especulativos, preparando-os para outra sorte de indagações, agora de cunho culturalista; e, por fim, munidos desse poderoso instrumental, aplica-lo ao direito tributário dos nossos dias.[8]

---

6. CARVALHO, Paulo de Barros. *Direito tributário:* fundamentos jurídicos da incidência. 8. ed. São Paulo: Saraiva, 2010.

7. CARVALHO, Paulo de Barros. *Direito tributário, linguagem e método.* 4. ed. São Paulo: Noeses, 2011. p. 8.

8. CARVALHO, Paulo de Barros. *Direito tributário:* fundamentos jurídicos da incidência. 8. ed. São Paulo: Saraiva, 2010. p. XXVII.

O nome – "constructivismo lógico-semântico" – atribuído ao movimento expressa a importância da postura constructivista – ressaltando intervenção do sujeito na formação do objeto – e agrega o adjetivo composto lógico-semântico para realçar a importância da análise de todos os aspectos da linguagem. Enquanto a organização lógica das proposições permite filtrar as imperfeições encontradas nos enunciados prescritivos, a análise semântica verifica a correspondência entre a palavra e os objetos significados, de modo a analisar a verdade do discurso.

A escola do Professor Paulo de Barros Carvalho deixa sua marca a cada dia com a publicação de trabalhos com um rigor metodológico e investigativo exemplar.

É nessa toada que o presente trabalho busca elucidar os conceitos de tributo e sanção para analisar a incidência do IR-Fonte de 35% sobre pagamentos sem causa comprovada ou a beneficiários não identificados e apontar a natureza jurídica desta exação.

2. Distinção entre Tributo e Sanção

O Direito na tradição positivista é definido a partir do conceito de sanção, esta é sua pedra angular. Esta concepção é hegemônica nomeadamente na teoria do Direito ocidental do século XX.

A sanção é o elemento central na ordenação da sociedade.

Kelsen ao explicar a reação da ordem normativa com atos de coação contra condutas indesejáveis, ressalta a importância da sanção:

> Uma ordem social pode – e é este o caso da norma jurídica – prescrever uma determinada conduta precisamente pelo fato de ligar à conduta oposta uma desvantagem, como a privação dos bens acima referidos, ou seja, uma pena no sentido mais amplo da palavra. *Desta forma, uma determinada conduta apenas pode ser considerada, no sentido desta ordem social, como prescrita – ou seja, na hipótese de uma ordem jurídica, como juridicamente prescrita –, na medida em que a conduta oposta é pressupondo de uma sanção (no sentido estrito).* Quando uma ordem social, tal

> como a ordem jurídica, prescreve uma conduta pelo fato de estatuir como devida (devendo ser) uma sanção para a hipótese da conduta oposta, podemos descrever esta situação dizendo que, no caso de se verificar uma determinada conduta, se deve seguir determinada sanção. Com isto já se afirma que a conduta condicionante da sanção é proibida e a conduta oposta é prescrita. O ser-devida da sanção inclui em si o ser-proibida da conduta que é o seu pressuposto específico e o ser-prescrita da conduta oposta. Devemos a propósito notar que com o ser-"prescrita" ou o ser-"proibida" de uma determinada conduta se significa, não o ser-devida desta conduta ou da conduta oposta, mas o ser-devida da consequência desta conduta, isto é, da sanção. A conduta prescrita não é a conduta devida; devida é a sanção. O ser-prescrita uma conduta significa que o contrário desta conduta é pressuposto do ser devida da sanção. A execução da sanção é prescrita, é conteúdo de um dever jurídico, se a sua omissão é tomada como pressuposto de uma sanção.[9]

Aurora Tomazini[10], sobre o assunto pontua: o ser jurídico da norma significa ter coercitividade. A coercitividade é a previsão, pelo próprio sistema, de mecanismos para exigir o cumprimento das condutas prescritas nas normas. É o que definimos como "sanção". A coercitividade existe em razão de uma norma, que se agrega a outra norma para tornar exigível a conduta nela prescrita. É a denominada "norma secundária", sem a qual a "norma primária" não se caracteriza como jurídica. Assim, podemos dizer que não existe norma sem sanção.

Geraldo Ataliba também destaca:

> A sanção não é sempre e necessariamente um castigo. É mera consequência jurídica que se desencadeia (incide) no caso de ser desobedecido o mandamento principal de uma norma. E um preconceito que precisa ser dissipado – por flagrantemente anticientífico – a afirmação vulgar, infelizmente repetida por alguns juristas, no sentido de que a sanção é castigo. Pode ser, algumas vezes. Não o é muitas vezes. Castigo, pena, penalidade é espécie

---

9. KELSEN, Hans. *Teoria pura do direito*. 6. ed. Coimbra: Armênio Amado Edit., 1984. p. 49-50, Citado por: PACHECO, Angela Maria da Motta. *Sanções tributárias e sanções penais tributárias*. São Paulo: Max Limonad, 1997. p. 52-53.

10. CARVALHO, Aurora Tomazini. *Direito penal tributário (uma análise lógica, semântica e jurisprudencial)*. São Paulo: Quartier Latin, 2009. p. 328.

> do gênero sanção jurídica. Nem toda sanção é castigo, embora todo castigo (espécie) seja sanção.[11.]

Nesse sentido, Geraldo Ataliba aponta explanação de Augustin Gordillo[12]:

> As sanções nem sempre são penas (privação de liberdade, vida ou propriedade, a título não de reparação mas de castigo), posto que podem consistir no estabelecimento de uma relação jurídica nova, a extinção de uma relação jurídica preexistente, ou a execução coativa do dever jurídico violado. Querendo-se, em todos os casos há um *aliquid* de castigo, mas deve-se notar que salvo no caso do direito penal, o mais importante na sanção – ou "específica reação do direito ante a violação de um dever jurídico" – não é o castigo, mas a aplicação forçada do objeto do direito, vale dizer, o cumprimento ou execução coativa do dever não cumprido.

Paulo de Barros Carvalho traz outras acepções em que o termo sanção é utilizado:

> "Sanção" pode experimentar mutações semânticas que variam conforme o momento da sequência prescritiva (direito posto) ou expositiva (Ciência do Direito). Tanto é "sanção" a penalidade aplicada ao infrator quanto a relação jurídica que a veicula, tratando-se de norma individual e concreta. Também é "sanção" o consequente da norma geral e abstrata, como a própria norma que tem como antecedente a tipificação do ilícito. E participa do mesmo nome, ainda, o ato jurídico-administrativo que encerra o processo de elaboração de certas leis. Sobremais, recebe o nome de sanção também a percentagem a ser aplicada na base de cálculo da multa. Exemplo: "A sanção será de 20% sobre o valor do imposto devido"[13].

Diante dessa constatação, Paulo de Barros preceitua:

---

11. ATALIBA, Geraldo. *Hipótese de incidência tributária*. São Paulo: Malheiros, 2008.

12. GORDILLO, Augustin. *Introducción al Derecho Administrativo*. 2. ed. Buenos Aires: Abeledo-Perrot, 1966. p. 69-70: Citado por: ATALIBA, Geraldo. *Hipótese de Incidência Tributária*. São Paulo: Malheiros, 2008.

13. CARVALHO, Paulo de Barros. *Direito tributário, linguagem e método*. 4. ed. São Paulo: Noeses, 2011. p. 846.

> Creio que a acepção de base do termo, nos domínios do jurídico, está na providência que o Estado-jurisdição aplica coativamente, a pedido do titular de direito violado, tendo em vista a conduta do sujeito infrator. A "sanção", por esse modo, estaria contida no consequente de norma individual e concreta, como traço identificador do próprio direito.[14]

A palavra sanção engloba uma vasta gama de significados frequentemente utilizados coloquialmente e também em nível científico. Nesse sentido, o vocábulo sanção pode ser empregado para denotar os mais variados tipos de providências negativas infligidas ao sujeito que descumpre determinado dever. A sanção nesse sentido mais abrangente corresponde a uma punição, uma penalidade, um castigo, um corretivo, uma repreensão ou uma represália. Enfim, é a resposta à desobediência.

Em sentido estrito, a sanção é a norma secundária: onde seu núcleo prevê a relação triádica composta pelo Estado-Juiz, responsável por fazer cumprir as normas de seu ordenamento jurídico. A coercitividade, por sua vez, é a característica, o predicado essencial da norma secundária. A coercitividade, enquanto qualidade da norma secundária é responsável pelo cumprimento espontâneo do Direito, ela age no plano psicológico de modo a conferir eficácia social aos comandos normativos.

Por fim, a coação é resultado da realização material da força, ela está ligada à concreção. A coação experimentada no plano do ser é a força.

A chamada composição dúplice da norma jurídica completa pelo entrelaçamento da norma primária e da norma secundária visa simplificar o intrincado corpo normativo que se nos apresenta.

Eurico de Santi explica que a separação entre norma primária e norma secundária é produto de um corte simplificado e abstrato sobre a intrincada série de normas, que possibilita a redução da complexidade do dado normativo:

---

14. Idem.

> O critério que preside esta classificação, informado pela Teoria Pura do Direito, é a figuração ou não no prescritor normativo da sanção, i.é, da possibilidade do uso da coação organizada, mediante órgão jurisdicional, para fazer valer a efetivação do dever constituído pela eficácia jurídica de outras normas. Se estiver presente este direito subjetivo, temos norma secundária, caso contrário, norma primária. Norma de direito substantivo, esta; norma de direito adjetivo, aquela.[15]

Com efeito, dentre as normas primárias separam-se ainda as dispositivas das sancionadoras. A distinção acatada pelo professor Lourival Vilanova foi elaborada por Paulo de Barros Carvalho:

> A norma primária sancionadora, como a norma secundária, tem por pressuposto o não cumprimento de deveres ou obrigações; carece, entretanto, da eficácia coercitiva daquela. Nas normas primárias situam-se as relações jurídicas de direito material (substantivo), nas normas secundárias, as relações jurídicas de direito formal (adjetivo ou processual) em que o direito subjetivo é o de ação (em sentido processual). [...] Têm-se, portanto, normas primárias estabelecedoras de relações jurídicas de direito material, decorrentes de (i) ato ou fato lícito e (ii) de ato ou fato ilícito. A que tem pressuposto antijurídico, denominamos norma primária sancionadora, pois veicula uma sanção no sentido de obrigação advinda do não cumprimento de um dever jurídico, enquanto que a outra, por não apresentar aspecto sancionatório, convencionamos chamar norma primária dispositiva.[16]

Nesse sentido, no campo do Direito Tributário, a regra-matriz dos tributos constitui exemplo de norma primária dispositiva, enquanto as multas são casos de normas primárias sancionadoras, já a possibilidade de exercer o direito de exigir coativamente é hipótese de norma secundária, como, por exemplo, a previsão do art. 5º, inciso XXXIV, *a*, da CF/88, ou ainda a do inciso LXIX, do mesmo dispositivo constitucional.

Assim, em um Auto de Infração teríamos apenas norma primária, esta podendo ainda ser seccionada na porção que

---

15. DE SANTI, Eurico Marcos Diniz. *Lançamento tributário*. 3. ed. São Paulo: Saraiva, 2010. p. 37-38.

16. Ibidem p. 38.

retrata a norma primária dispositiva (tributo) e a parte que dispõe sobre a norma primária sancionadora (multa).

Delineado o conceito de sanção, nota-se que o ponto fulcral de distinção entre esta e o tributo é o fato descrito na hipótese normativa, seu antecedente descreve fato ilícito qualificado pelo descumprimento de um dever estipulado no consequente da regra-matriz de incidência, essa conduta recebe o nome de "ilícito" ou "infração tributária".

Tributo, por outro lado, consoante definição do art. 3º do CTN:

> É toda prestação pecuniária compulsória, em moeda ou cujo valor nela se possa exprimir, *que não constitua sanção de ato ilícito,* instituída em lei e cobrada mediante atividade administrativa plenamente vinculada.

Cumpre destacar que estamos diante de uma definição estipulativa, ou seja, no art. 3º do CTN o legislador, a pretexto de definir, estabelece que uma exação com as mencionadas características deverá submeter-se ao sistema tributário, e obedecer, por exemplo, ao princípio da legalidade, anterioridade, não confisco etc.

Feitas essas considerações, analisaremos norma prevista no art. 61 da Lei 8.981/95, para identificação de sua natureza jurídica.

3. Imposto de Renda Retido na Fonte 35% – art. 61 da Lei 8.981/95

São cada vez mais frequentes as autuações que tomam por base o art. 61 da Lei 8.981/95, reproduzido no art. 674 do Regulamento do Imposto de Renda – RIR/99, bem como, no atual art. 730 do Decreto 9.580, de 22 de novembro de 2018 – RIR/2018[17], cuja redação está transcrita abaixo:

---

17. "Art. 730. Fica sujeito à incidência do imposto sobre a renda exclusivamente na fonte, à alíquota de trinta e cinco por cento, todo pagamento efetuado pelas pessoas jurídicas a beneficiário não identificado, ressalvado o disposto em normas especiais (Lei 8.981, de 1995, art. 61, *caput*).

> *Art. 61.* Fica sujeito à incidência do Imposto de Renda exclusivamente na fonte, à alíquota de *trinta e cinco por cento*, todo *pagamento* efetuado pelas pessoas jurídicas a *beneficiário não identificado*, ressalvado o disposto em normas especiais.
>
> § 1º A incidência prevista no *caput* aplica-se, também, aos pagamentos efetuados ou aos recursos entregues a terceiros ou sócios, acionistas ou titular, contabilizados ou não, *quando não for comprovada a operação ou a sua causa* bem como à hipótese de que trata o § 2º, do art. 74 da Lei 8.383, de 1991.
>
> § 2º Considera-se *vencido o Imposto de Renda na fonte no dia do pagamento* da referida importância.
>
> § 3º O rendimento de que trata este artigo será considerado líquido, cabendo o *reajustamento* do respectivo rendimento bruto sobre o qual recairá o imposto. (grifamos)

Esse preceito estabelece que os pagamentos feitos por pessoa jurídica a beneficiário não identificado, bem como os pagamentos desprovidos de causa, estão sujeitos ao IRRF apurado à alíquota de 35%. Ou seja, em síntese, *os pagamentos sem causa ou a beneficiários não identificados estão sujeitos ao IRRF à alíquota de 35%,* incidente sobre uma base reajustada.

O valor do pagamento é considerado "líquido", isto é, toma-se por base o valor encontrado após a dedução do próprio IRRF. Assim, o valor do pagamento é considerado como sendo 65% da base de cálculo (100 - 35 = 65%), de modo que, para o IRRF incidir sobre uma base bruta de 100%, é necessário dividir o valor do pagamento líquido por 65%. Por exemplo, para um pagamento de R$ 100,00, a base do IRRF será de R$ 153,84 (R$ 100,00/65%).

---

§ 1º A incidência de que trata o *caput* aplica-se, também, aos pagamentos efetuados ou aos recursos entregues a terceiros ou sócios, acionistas ou titulares, contabilizados ou não, quando não for comprovada a operação ou a sua causa (Lei 8.981, de 1995, art. 61, § 1º).
§ 2º Considera-se vencido o imposto sobre a renda na fonte no dia do pagamento da referida importância (Lei 8.981, de 1995, art. 61, § 2º).
§ 3º O rendimento será considerado líquido e caberá o reajustamento do rendimento bruto sobre o qual recairá o imposto sobre a renda (Lei 8.981, de 1995, art. 61, § 3º)".

Ora, de plano se percebe que a referida incidência de 53,84% destoa completamente do sistema jurídico tributário. É quase impossível encontrar no ordenamento alíquota de imposto tão gravosa.

Os pagamentos sem causa foram primeiramente tipificados como fatos geradores do IRRF pela Lei 3.470/58, art. 2º:

> Art. 2º *Não são dedutíveis*, para os efeitos do impôsto de renda da pessoa jurídica, as importâncias que forem declaradas como pagas ou creditadas a título de comissões, bonificações, gratificações ou semelhantes, quando *não fôr indicada a operação ou a causa que deu origem ao rendimento e quando o comprovante do pagamento não individualizar o beneficiário do rendimento.*
>
> § 1º Desde que não atendida a condição estabelecida neste artigo, os rendimentos declarados como pagos ou creditados por sociedades anônimas serão tributados na fonte à razão de 28%.
>
> § 2º No caso das demais sociedades ou de firma individual, consideram-se os mesmos rendimentos como lucros pagos aos seus sócios ou titulares. (grifamos)

Tal disposição trata da indedutibilidade de pagamentos denominados *"comissões, bonificações, gratificações ou semelhantes"* quando não for indicada a operação ou causa do pagamento, ou seja, o pagamento, para ser dedutível, deve contar também com uma causa jurídica, bem como, que o beneficiário seja identificado.

Esta regra pretende coibir o esvaziamento patrimonial da empresa e a distribuição disfarçada de lucros.

A aplicação e legalidade do art. 61 da Lei 8.981/95 é muito questionada, são diversos os aspectos debatidos, tais como:

- ✓ sua revogação diante da atual ausência de tributação de dividendos e a possibilidade de pagamento de dividendos a beneficiários não identificados;
- ✓ necessidade de prova do pagamento pelo fisco;
- ✓ necessidade de não identificação da causa;

- ✓ necessidade de não identificação do beneficiário[18];
- ✓ impossibilidade de incidência com a glosa de despesas por ausência de comprovação;
- ✓ trata-se de presunção fiscal de que a importância paga a terceiro não será submetida à tributação;
- ✓ a prova da efetividade desse pagamento é ônus do Fisco;
- ✓ entre outros.

Apesar da relevância dos argumentos acima apontados, a presente análise se limita ao exame da natureza jurídica dessa exação e à verificação das consequências da sua classificação como tributo ou como sanção.

Como sabido, a materialidade da norma é composta pelo verbo e seu complemento. No caso do art. 61 da Lei 8.981/95, temos: *"Pagar" a "beneficiário não identificado"* e/ou *"pagar" e "não comprovar a operação ou a sua causa"*.

Ora, o imposto sobre a renda da pessoa jurídica – IRPJ possui previsão específica. O art. 43 do CTN, sobre o Imposto de Renda, dispõe:

> Art. 43. O imposto, de competência da União, *sobre a renda e proventos de qualquer natureza* tem como fato gerador a aquisição da disponibilidade econômica ou jurídica:
>
> I – *de renda*, assim entendido o produto do capital, do trabalho ou da combinação de ambos;
>
> II – *de proventos* de qualquer natureza, assim entendidos os acréscimos patrimoniais não compreendidos no inciso anterior.

---

18. "IMPOSTO DE RENDA RETIDO NA FONTE PAGAMENTO A BENEFICIÁRIO NÃO IDENTIFICADO
Não está sujeito à incidência do imposto na fonte, à alíquota de trinta e cinco por cento, o pagamento efetuado pela pessoa jurídica a beneficiário identificado" (CARF, Primeira Seção de Julgamento, Processo 11020.001382/201057, Recurso Voluntário, Acórdão 1401001.224 – 4ª Câmara, 1ª Turma Ordinária, Sessão de 29 de julho de 2014).

Auferir renda não se confunde com pagamento de valores.

Seria então uma hipótese de retenção? Mas as hipóteses de retenção na fonte também estão previstas na legislação de regência, por exemplo, no pagamento de funcionários, etc.

Se não se trata de auferir renda e nem há, de plano, uma nova hipótese de retenção na fonte, então o que justifica a incidência do art. 61 da Lei 8.981/95?

Primeiramente, imprescindível que tenha havido pagamento. No entanto, esta conduta faz parte do cotidiano de toda entidade empresarial. O que torna tal previsão peculiar é o fato do pagamento se dar a beneficiário não identificado e/ou sem que haja comprovação da operação ou a sua causa.

Ora, essas condutas que dilapidam o patrimônio da empresa são contrárias à lei, contrato social e estatutos.

É dizer, sua hipótese de incidência não é a retenção na fonte do imposto de renda devido por terceiro. Tanto que o Imposto de Renda das pessoas jurídicas, em regra, não supera 25% (15% mais adicional de 10%) e o Imposto de Renda das Pessoas Físicas limita-se à alíquota progressiva de 27,5%. Então o que justifica uma tributação que após o *gross up* (inclusão do tributo na própria base) atinge o patamar de 53,84%?

A natureza de sanção! É nítido que a norma visa punir condutas como o esvaziamento patrimonial da empresa, a distribuição disfarçada de lucros e a não indicação de quem recebeu rendimentos. O seu pressuposto fático é sempre uma conduta ilícita!

Se o pagamento foi sem causa, estamos diante de um enriquecimento sem causa. Conduta ilícita! O art. 884 do CC/2002 dispõe: "Art. 884. Aquele que, *sem justa causa*, se enriquecer à custa de outrem, será obrigado a restituir o indevidamente auferido, feita a atualização dos valores monetários."

No entanto, conforme anteriormente explicitado, é preciso lembrar que tributo não presta a sancionar condutas ilícitas.

Diante de práticas evasivas pelos destinatários dos recursos, estes é que devem responder pelo ilícito e pelo tributo. A pessoa jurídica em muitos casos pode ter sido lesada e caberia a ela, inclusive, pleitear o ressarcimento dos valores indevidamente pagos. Imagine-se a situação daquele que detém participação societária na empresa e não contribuiu com o ato ilícito. Ele é prejudicado duplamente, o patrimônio da empresa foi dilapidado e ela ainda responde diretamente pelo IR-Fonte e multa.

Pela análise da materialidade da cobrança conclui-se que o art. 61 instituiu verdadeira sanção com o nome de IR-Fonte, em afronta ao disposto no art. 3º do CTN.

E o que é pior, o fisco simultaneamente cobra IRPJ, CSLL, após glosa e revisão da base de cálculo, bem como o IR-Fonte. Além disso, sobre estes valores aplica multa de ofício ou qualificada. *Nestes casos a conduta ilícita está sendo sancionada duplamente. Em verdade, trata-se de aplicação de penalidade sobre penalidade (multa sobre o IR-Fonte de 53,84%).*

No que tange especificamente à glosa da despesa e à cobrança simultânea do IRRF o CARF em diversas oportunidades já rechaçou tal medida:

> IRRF. CONSTITUIÇÃO DO CRÉDITO DE IRPJ. *NE BIS IN IDEM*. INCIDÊNCIA ÚNICA DE TRIBUTO SOBRE A MESMA BASE DE CÁLCULO.
>
> Desde a edição da Lei 9.249/96, em critério legislativo alternativo, busca-se privilegiar, sempre que possível, a incidência do tributo ou em face da pessoa jurídica, ou perante a pessoa física (os sócios). *Dessa maneira, impossível conceber o lançamento de IRRF em consideração, espeque em "pagamentos sem causa", acaso estes já tenham ensejado glosas de deduções em face do lucro real, com a consequente formalização do IRPJ sonegado.* (CARF, 1ª Seção, 1ª Câmara, 1ª Turma Ordinária, Acordão 1101-000.767, Processo 16095.000.724/2007-66, Relator Conselheiro Benedicto Celso Benício Júnior, julgamento em 05.06.2012)

O Código Tributário Nacional – CTN, em seu art. 3º, ao definir tributo expressamente retira deste espectro os fatos que configuram sanção de ato ilícito.

Conforme apontado anteriormente, a estrutura lógica da norma primária e da norma secundária são semelhantes. No entanto, na norma sancionatória há em seu antecedente a previsão de conduta ilícita. Paulo de Barros Carvalho esclarece: "Essa conduta é tida como antijurídica, por transgredir o mandamento prescrito e recebe o nome de ilícito ou infração tributária. Anote-se: "ilícito" ou "infração tributária" são categorias relativas ao mundo fáctico." [19]

O IR-Fonte previsto no art. 61 é norma primária sancionadora.

Por outro lado, é importante destacar que não se trata de substituição tributária. Não se está pagando o tributo devido por outrem. Esta norma só é aplicável uma vez constatado o ato ilícito! Afinal, se não se sabe quem são os beneficiários, como saber quem se está substituindo?

É dado ao contribuinte aplicar de ofício o art. 61 da Lei 8.981/95? Não! Esta exação só incide diante da constatação de conduta ilícita pelo fisco. Que além do IR-Fonte cobra multa qualificada de 150%.

Ora, os beneficiários dos pagamentos é que devem ser tributados pelo Imposto de Renda, nos termos do acórdão CARF, Acórdão 1302-002.367, julgado em 19.09.2017.

Como fica a situação em que o destinatário dos recursos recolheu os tributos? Há substituição tributária sem a correspondente desoneração do substituído?

A autoridade fiscal deve buscar as empresas e pessoas que de fato auferiram renda e não simplesmente aplicar a regra do art. 61 da Lei 8.981/95.

A natureza sancionatória do referido dispositivo macula a sua legalidade, uma vez que o vínculo obrigacional é instaurado diante da prática de infrações. Caso pretenda tutelar e

19. CARVALHO, Paulo de Barros. *Direito tributário, linguagem e método*. 4. ed. São Paulo: Noeses, 2011. p. 852.

proteger a informação dos pagamentos o legislador deve prever expressamente uma multa pela ocultação da informação e não um imposto!

Não resta dúvidas, pois, que se trata de cobrança inconstitucional por ofensa ao próprio conceito de tributo.[20]

Além disso, conforme exposto, essa cobrança, em regra, vem acompanhada da simultânea aplicação da multa de ofício ou da multa qualificada, o que significa sancionar duplamente a mesma conduta, pior, aplicando sanção sobre sanção! Assim, sobre todos os enfoques, esta tributação padece de legitimidade constitucional.

4. Conclusão

O "constructivismo lógico-semântico" é o método que visa a agregar firmeza e coerência ao discurso do direito positivo e da Ciência do Direito reduzindo a ambiguidade e a vaguidade dos termos utilizados.

Seu nome expressa a importância da postura constructivista – ressaltando a intervenção do sujeito na formação do objeto – e agrega o adjetivo composto lógico-semântico para realçar a importância da análise de todos os aspectos da linguagem. Enquanto a organização lógica das proposições permite filtrar as imperfeições encontradas nos enunciados prescritivos, a análise semântica verifica a correspondência entre a palavra e os objetos significados, de modo a analisar a verdade do discurso.

A escola, capitaneada pelo emérito professor Paulo de Barros Carvalho deixa sua marca a cada dia com a publicação de trabalhos com um rigor metodológico e investigativo exemplar.

É nessa toada que no presente trabalho se buscou elucidar os conceitos de tributo e sanção para analisar a incidência do IR-Fonte de 35% sobre pagamentos sem causa comprovada

---

20. BIANCO, João Francisco (coord.). *Regulamento do imposto de renda 1999*: anotado e comentado. 18. ed. São Paulo: FISCOSoft Editora, 2015. v. II, p. 150.

ou a beneficiários não identificados e apontar a natureza jurídica desta exação.

Nesse sentido, identificou-se que no campo do Direito Tributário, a regra-matriz dos tributos constitui exemplo de norma primária dispositiva, enquanto as multas são casos de normas primárias sancionadoras, já a possibilidade de exercer o direito de exigir coativamente é hipótese de norma secundária.

Assim, a norma primária tributária pode ser seccionada na porção que retrata a norma primária dispositiva (tributo) e a parte que dispõe sobre a norma primária sancionadora (multa).

Delineado o conceito de sanção, nota-se que o ponto fulcral de distinção entre esta e o tributo é o fato descrito na hipótese normativa, uma vez que seu antecedente descreve fato ilícito qualificado pelo descumprimento de um dever estipulado no consequente da regra-matriz de incidência, essa conduta recebe o nome de "ilícito" ou "infração tributária".

Tributo, por outro lado, consoante definição do art. 3º do CTN: "é toda prestação pecuniária compulsória, em moeda ou cujo valor nela se possa exprimir, que não constitua sanção de ato ilícito, instituída em lei e cobrada mediante atividade administrativa plenamente vinculada."

Estabelecidas as premissas, ao dirigir o olhar para a norma prevista no art. 61 da Lei 8.981/95 em busca da identificação de sua natureza jurídica, constatou-se que sua materialidade é composta verbo "pagar" e pelos complementos a "beneficiário não identificado" e/ou "pagar" e "não comprovar a operação ou a sua causa". Ora, estes complementos relatam condutas ilícitas que, em regra, denotam práticas de esvaziamento patrimonial, de distribuição disfarçada de lucro, entre outras.

Nessa linha, conclui-se que o art. 61 da Lei 8.981/95 instituiu verdadeira sanção com o nome de IR-Fonte, em afronta ao disposto no art. 3º do CTN.

E o que é pior, as autoridades fiscais geralmente cobram simultaneamente o IRPJ e a CSLL, após a glosa da despesa e a revisão da base de cálculo, bem como o IR-Fonte que atinge 53,84% do montante pago após reajuste da base de cálculo. Além disso, sobre esses valores aplica multa de ofício ou qualificada.

Conforme restou demonstrado, a conduta ilícita está sendo sancionada duplamente. Em verdade, trata-se de aplicação de penalidade sobre penalidade.

Com efeito, além dos outros vários aspectos controvertidos mencionados, só pela característica de norma jurídica sancionatória conclui-se que a exação prevista no art. 61 da Lei 8.981/95, reproduzida no atual art. 730 do Decreto 9.580, de 22 de novembro de 2018 – RIR/2018, não encontra consonância com o sistema tributário e está eivada de inconstitucionalidade.

5. Referências

ATALIBA, Geraldo. *Hipótese de incidência tributária*. São Paulo: Malheiros, 2008.

BIANCO, João Francisco (coord.). *Regulamento do imposto de renda 1999*: anotado e comentado. 18. ed. São Paulo: FISCO-Soft Editora, 2015. v. II.

CARVALHO, Aurora Tomazini. *Curso de teoria geral do direito (o constructivismo lógico-semântico)*. São Paulo: Noeses, 2010.

______. *Direito penal tributário (uma análise lógica, semântica e jurisprudencial)*. São Paulo: Quartier Latin, 2009.

CARVALHO, Paulo de Barros. *Direito tributário:* fundamentos jurídicos da incidência. 8. ed. São Paulo: Saraiva,2010.

______. *Direito tributário, linguagem e método*. 4. ed. São Paulo: Noeses, 2011.

DE SANTI, Eurico Marcos Diniz. *Lançamento tributário*. 3. ed. São Paulo: Saraiva, 2010.

GORDILLO, Augustin. *Introducción al Derecho Administrativo*. 2. ed. Buenos Aires: Abeledo-Perrot, 1966.

KELSEN, Hans. *Teoria pura do direito*. 6. ed. Coimbra: Armênio Amado Edit., 1984.

MOUSSALLEM, Tárek Moysés. *Fontes do direito tributário*. 2. ed. São Paulo: Noeses, 2006.

PACHECO, Angela Maria da Motta. *Sanções tributárias e sanções penais tributárias*. São Paulo: Max Limonad, 1997.

TOMÉ, Fabiana Del Padre. *A prova no direito tributário*. 2. ed. São Paulo: Noeses, 2008.

APORTES SOBRE O CONTROLE DA VALIDADE DA PRODUÇÃO NORMATIVA SOB A PERSPECTIVA DO CONSTRUTIVISMO LÓGICO-SEMÂNTICO

Gabriel Ivo[1]

"Parece que não vês que as palavras são rótulos que se pegam às cousas, não são as cousas, nunca saberás como são as cousas, nem sequer que nomes são na realidade os seus, porque os nomes que lhes deste não são mais do que isso, os nomes que lhes deste."

Jose Saramago, As intermitências da morte.

Sumário: 1. Questões gerais. 2. Normas de produção normativa e validade. 3. Infringência das normas de produção normativa. 4. Objeto do controle da validade. 5. A enunciação enunciada e o enunciado enunciado como índices de controle. 5.1. Indicial pela via da enunciação enunciada. 5.2. Indicial pela via do enunciado enunciado. 5.3. Indicial pelo cotejo de normas. 6. Perda da validade por meio da inconstitucionalidade e da revogação. 7. Síntese das categorias apresentadas e palavras finais. Referências.

1. Questões Gerais

Escrevemos sobre o Direito e a sua linguagem,[2] pilar do Construtivismo Lógico-Semântico,[3] para tentar entender

---

1. Mestre e Doutor em Direito pela Pontifícia Universidade Católica de São Paulo. Professor Associado da Universidade Federal de Alagoas. Procurador de Estado de Alagoas.

2. IVO, Gabriel. O Direito e a inevitabilidade do cerco da linguagem. In: CARVALHO, Paulo de Barros (coord.); CARVALHO, Aurora Tomazini de (org.). *Construtivismo lógico-semântico.* São Paulo: Editora Noeses, 2014. v. 1, p. 65-92.

3. Para o estudo do tema, ver CARVALHO, Aurora Tomazini de. *Curso de teoria*

como o Direito se estrutura a fim de cumprir a sua função precípua, que é a regulação da conduta humana,[4] inclusive a conduta contida nos procedimentos de produção normativa.[5] Desse modo, a escrita de um artigo visa suprir nossa inexorável necessidade de aprender. Escrevemos, o que não significa a reprodução do objeto,[6] para entender o complexo processo de regulação das condutas, em busca de um resultado valioso historicamente, assim como o seu controle. A produção jurídica pressupõe controle, porquanto sem possibilidade de controle não há Direito. É por isso que o critério de identificação possibilita a noção de validade; ele comporta tanto as normas de admissão ao sistema quanto às de eliminação.[7]

O presente trabalho aborda o controle da validade do processo legislativo e do seu produto, ou seja, da produção normativa. O processo legislativo, melhor dizendo, consiste

---

geral do direito – o construtivismo lógico-semântico. 5. ed. São Paulo: Editora Noeses, 2016. Segundo PAULO DE BARROS CARVALHO, "o Constructivismo lógico-semântico é, antes de tudo, um instrumento de trabalho, modelo para ajustar a precisão da forma à pureza e à nitidez do pensamento; meio e processo para a construção rigorosa do discurso, no que atende, em certa medida, a um dos requisitos do saber científico tradicional". Constructivismo lógico-semântico. CARVALHO, Paulo de Barros. Constructivismo lógico-semântico. In: CARVALHO, Paulo de Barros (coord.); CARVALHO, Aurora Tomazini de (org.). *Construtivismo lógico-semântico*. São Paulo: Editora Noeses, 2018. v. 2, p. 6-7.

4. "El derecho es una técnica de regulación de la conducta humana. Existen otras técnicas que proceden a dicha regulación, como por ejemplo, la religión y la moral". GÓMEZ, Astrid; BRUERA, Olga María. *Analisis del Lenguaje Juridico*. Buenos Aires: Editorial Belgrano, 1998. p. 79.

5. "In ogni ordinamento, accanto alle norme di condotta, vi è un altro tipo di norme, che si sogliono chiamare norme di struttura o di competenza. Sono quelle norme le quali non prescrivono la condotta che si deve tenere o non tenere, ma prescrivono le condizioni e i procedimenti attraverso i quali vengono emanate di condotta valide". BOBBIO, Norberto. *Teoria Generale del Diritto*. Torino: G. Giappichelli Editore, 1993. p. 171.

6. "A investigação científica incide e não coincide com a realidade. Nenhuma teoria reproduz inteiramente a realidade que descreve. Consequentemente, toda investigação científica, sob esse aspecto, tem como característica decisiva o construir, ela própria, o seu objeto". BORGES, José Souto Maior. *Ciência feliz* – sobre o mundo jurídico e outros mundos. Recife: Fundação Cultura Cidade do Recife, 1994. p. 105.

7. "Las reglas de admisión y las de rechazo definen, conjuntamente, la noción de enunciado válido". ALCHOURRON, Carlos E.; BULYGIN, Eugenio. *Introducción a la Metodologia de las Ciencias Jurídicas y Sociales*. 2. reimp. Buenos Aires: Editorial Astrea, 1993. p. 119.

numa produção de textos,[8] de enunciados prescritivos, pois a produção normativa, de normas em sentido estrito, ocorre em momento posterior. É por isso que, embora com ele não se confunda, as normas dependem dos textos, dos enunciados prescritivos. A ausência de textos impede a construção de normas, sejam elas constitucionais, legais ou quaisquer outras. Textos esses positivados democraticamente, com respeito às regras postas antecipadamente. Conforme lição de NORBERTO BOBBIO,

> [...] quando se fala de democracia, entendida como contraposta a todas as formas de governo autocrático, é o de considerá-la caracterizada por um conjunto de regras (primárias ou fundamentais) que estabelecem *quem* está autorizado a tomar as decisões coletivas e com quais *procedimentos*.[9]

Para enfrentar o tema proposto, é importante destacar que a lição de PAULO DE BARROS CARVALHO[10] nos mostra que o Direito se organiza por meio de quatro planos de linguagem, que não podem ser apreendidos mediante uma visão literal dos textos. A própria formulação dos quatro planos, já possibilita o controle. Para o autor, os quatro planos são: a) o sistema da literalidade dos textos – plano da expressão (S1); b) o conjunto dos conteúdos de significação dos enunciados prescritivos – plano das significações (S2); c) o conjunto articulado das significações normativas – plano das normas jurídicas (S3); e d) a organização das normas construídas no terceiro nível, ou seja, os vínculos de coordenação e de subordinação que se estabelecem entre as regras jurídicas (S4). A

---

8. "Quando o Poder Constituinte promulga a Constituição Federal, produz um texto, quando o legislador edita uma Lei produz texto [...]". CARVALHO, Aurora Tomazini de. O constructivismo lógico-semântico como método de trabalho na elaboração jurídica. In: CARVALHO, Paulo de Barros (coord.); CARVALHO, Aurora Tomazini de (org.). *Construtivismo lógico-semântico*. São Paulo: Editora Noeses, 2018. v. 2, p. 24-25.

9. BOBBIO, Norberto. *O futuro da democracia* – uma defesa das regras do jogo. 5. ed. Tradução Marco Aurélio Nogueira. São Paulo: Editora Paz e Terra, 1992. p. 18.

10. CARVALHO, Paulo de Barros. *Direito tributário* – fundamentos jurídicos da incidência. 4. ed. São Paulo: Editora Saraiva, 2006. p. 61 e ss.

compreensão dos planos mostrados permite um percurso coerente para o estudo do Direito e para a solução de problemas que se encontram na experiência, evitando, assim, falsos dilemas muito comuns no campo jurídico.

O primeiro contato que o intérprete tem quando se aproxima do Direito, como bem esclarece GREGORIO ROBLES,[11] é com o plano da expressão. A literalidade textual. O contato com o sistema normativo conduz ao manuseio de textos na sua expressão literal. É no plano da expressão que se encontram depositados os documentos normativos, comprováveis por todos de uma mesma maneira. No olhar de EURICO MARCOS DINIZ DE SANTI, "estes são os veículos que manifestam graficamente a mensagem expedida pelo sujeito produtor do direito".[12] O conjunto desses textos, dado à mostra por meio dos instrumentos introdutores produzidos e publicados na forma que o próprio Direito estabelece, forma um grande sistema. Toda manifestação jurídica resulta em texto. Na concepção de PAULO DE BARROS CARVALHO, "os textos jurídico-positivos, nessa dimensão de análise, vão constituir conjuntos finitos de enunciados prescritivos, racionalmente organizados na forma de sistema".[13]

O segundo plano apontado pelo Professor paulista marca o momento da entrada do intérprete no plano do conteúdo. Como ensina PAULO DE BARROS CARVALHO,

---

11. Como afirma GREGORIO ROBLES, "El ordenamiento jurídico no es sino un gran texto formado por los textos concretos de la constitución, las leyes, los tratados internacionales, las normas dictadas por la administración, las sentencias de los jueces, los convenios colectivos, las condiciones generales de contratación (que suelen recogerse en la 'letra pequeña' de los contratos), los negocios jurídicos productores de normas (parte de los convenios colectivos entre trabajadores y sindicatos, son negocios de este tipo y los testamentos)". ROBLES, Gregorio. *Teoria Del Derecho (fundamentos de teoria comunicacional del derecho).* 3. ed. Espanha: Editorial Civitas/Thomson Reuters, 2010. v. I, p. 69.

12. SANTI, Eurico Marcos Diniz de. *Decadência e prescrição no direito tributário.* 4. ed. São Paulo: Editora Saraiva, 2011. p. 37.

13. CARVALHO, Paulo de Barros. *Direito tributário* – fundamentos jurídicos da incidência. 4. ed. São Paulo: Editora Saraiva, 2006. p. 68.

> Tendo o intérprete isolado a base física do texto que pretende compreender, estabelecendo, por esse modo, o primeiro contacto com o sistema objetivado das literalidades, avança agora disposto a atribuir valores unitários aos vários signos que encontrou justapostos, selecionando significações e compondo segmentos portadores de sentido. Claro está que os enunciados haverão de ser compreendidos isoladamente, no primeiro ímpeto, para depois serem confrontados com outros enunciados, de superior e do mesmo *status*, buscando o exegeta sua integração na totalidade do conjunto.[14]

É preciso enfatizar que antes do contato do sujeito, os textos estavam em estado de dicionário.[15] Isolados. Em silêncio.[16] Aguardando o sentido. Nesse segundo momento, o intérprete começa a oferecer sentido para as palavras.[17] No plano anterior havia apenas marcas gráficas em determinado suporte físico, oferecidas para que o intérprete construísse o sentido. Aqui, no plano das significações, vão-se juntando as palavras que estão dispostas nos documentos normativos, para que dessa junção seja possível a construção do sentido. Não qualquer sentido, pois há um ponto de partida, o plano da expressão, embora saibamos que não existe classe natural das coisas. Sem uma disposição para estabelecer o ponto de partida, todo e qualquer

---

14. Ibidem, p. 70.

15. "Quando um rio corta, corta-se de vez/ o discurso-rio de água que ele fazia/ cortado, a água se quebra em pedaços,/ em poços de água paralítica./ Em situação de poço, a água equivale/ a uma palavra em situação dicionária:/ isolada, estanque no poço dela mesma,/ e porque assim estanque, estancada;/ e mais: porque assim estancada, muda,/ e muda porque com nenhuma comunica,/ porque cortou-se a sintaxe desse rio,/ o fio de água por que ele discorria". MELO NETO, João Cabral de. *Rios sem discurso.* Antologia poética. Rio de Janeiro: José Olympio Editora, 1991. p. 23.

16. "No princípio, tudo está em repouso, em silêncio, quieto, carente de som e fúria". IANNI, Octávio. *Língua e sociedade, aulas de português*. organizado por André Valente, Petrópolis: Editora Vozes, 1999. p. 14.

17. "Penetra surdamente no reino das palavras./ Lá estão os poemas que esperam ser escritos./ Estão paralisados, mas não há desespero,/ há calma e frescura na superfície intata./ Ei-los sós e mudos, em estado de dicionário." [...] "Chega mais perto e contempla as palavras./ Cada uma tem mil faces secretas sob a face neutra/ e te pergunta, sem interesse pela resposta,/ pobre ou terrível que lhe deres:/ Trouxeste a chave?". Versos do poema "Procura da Poesia", do livro *A Rosa do Povo*, de CARLOS DRUMMOND DE ANDRADE, *Poesia e prosa*, Rio de Janeiro: Editora Nova Aguilar, 1988. p. 95 e ss.

sentido seria possível, o que tornaria frágeis as fronteiras do Direito, permitindo interpretações arbitrárias.[18] Por isso a importância do plano da expressão, aquele onde se encontram depositados os enunciados prescritivos, postos por autoridade competente, conforme as normas de estrutura. O procedimento democrático, juridicamente organizado, consubstanciado nas regras de estrutura, legitima o Direito. O plano da expressão é um dique que impede e controla os voluntarismos jurídicos e as interpretações arbitrárias.

O terceiro plano é o lugar da construção das normas jurídicas. A partir dos enunciados, plano da expressão, o sujeito constrói as normas jurídicas. O percurso do texto até a configuração completa do seu sentido é o que podemos chamar de transformações dos textos em normas jurídicas. O raciocínio do intérprete transforma os textos em normas jurídicas, que são produto da interpretação. PAULO DE BARROS CARVALHO enfatiza que "nunca é demais repetir que as normas jurídicas são as significações que a leitura do texto desperta em nosso espírito e, nem sempre, coincidem com os artigos em que o legislador distribui a matéria, no corpo escrito da lei".[19] O texto consiste num conjunto de palavras que formam os enunciados prescritivos; já a norma jurídica é o produto da sua interpretação.[20] Concluída a interpretação, surge a norma jurídica, com uma estrutura lógica apta a regular a conduta e

---

18. "Dizer que a interpretação (enquanto característica básica da semiótica) é potencialmente ilimitada não significa que a interpretação não tenha objeto e que corra por conta própria." ECO, Umberto. *Interpretação e superinterpretação*. São Paulo: Editora Martins Fontes, 1993. p. 28.

19. CARVALHO, Paulo de Barros. *Curso de direito tributário*. 28. ed. São Paulo: Editora Saraiva, 2017. p. 252.

20. "deve distinguir-se entre enunciado (formulação, disposição) da norma e norma. A *formulação da norma* é qualquer enunciado que faz parte de um texto normativo (de uma fonte de direito). *Norma* é o sentido ou significado adscrito a qualquer disposição (ou a um fragmento de disposição, combinação de disposições, combinações de fragmentos de disposições). *Disposição* é parte de um texto ainda a interpretar; norma é a parte de um texto interpretado". GOMES CANOTILHO, J. J. *Direito constitucional e teoria da Constituição*. 7. ed. 20. reimp. Coimbra: Livraria Almedina, 2018. p. 1201-1202.

permitir a subsunção. A subsunção sempre estará presente na solução das demandas,[21] mesmo nas situações em que no processo de solução se levem em consideração os polissêmicos princípios jurídicos. Sendo assim, é impossível se pensar em norma sem prévia atividade interpretativa.

Todos os que lidam com o Direito, inevitavelmente, o interpretam. Uns, no entanto, os "intérpretes autênticos", vão além da interpretação como produção de normas jurídicas, para, da própria interpretação, construir as normas de decisão do caso. É indispensável esclarecer, entretanto, que a construção da norma jurídica não ocorre apenas no processo de aplicação a um caso concreto. O aplicador, com base na disposição normativa – plano da expressão –, está vinculado a um sentido geral. A partir desse primeiro sentido constrói a norma do caso. Segundo MARCELO NEVES, "se afirmamos que a produção da norma só ocorre no processo concretizador, persistirá a questão de se os juízes e órgãos competentes para a concretização normativa não estariam subordinados a normas antes de cada solução de caso".[22] Esse sentido geral poderia ser designado de primeira norma, ou mesmo, a própria moldura tratada por HANS KELSEN.[23] O cuidado deve ser redobrado, sob pena de corrermos o risco de ingressar num realismo decisionista.[24] As normas jurídicas, repetimos, só podem ser construídas com base em disposições fixadas e do conhecimento prévio de todos (plano da expressão). O Direito positivado alberga os valores, não os seus aplicadores.

---

21. A relação das normas com os fatos, que exige duas linguagens, não é automática. É dependente da presença humana realizando a implicação decorrente do dispositivo normativo. Não pode ser considerada como um processo autômato.

22. NEVES, Marcelo. *Entre Hidra e Hércules* – princípios e regras constitucionais. São Paulo, Editora Martins Fontes, 2013. p. 8-9.

23. KELSEN, Hans. *Teoría Pura del Derecho*. 8. ed. Tradução Roberto J. Vernengo. México: Editorial Porrúa, 1995. p. 351.

24. NEVES, Marcelo. *Entre Hidra e Hércules* – princípios e regras constitucionais. São Paulo, Editora Martins Fontes, 2013. p. 9.

Por isso a suposta "melhoria" da lei por meio dos seus aplicadores corrompe o próprio Direito.[25]

O quarto plano consiste em "estrato mais elevado, que organiza as normas numa estrutura escalonada, presentes os laços de coordenação e de subordinação entre as unidades construídas".[26] Embora o plano S4 esteja situado no mesmo código, convivendo na mesma sequência contextual de S3, cumpre função metalinguística. Ou seja, metalinguagem, mas no interior do discurso, dentro dos seus lindes. Por isso PAULO DE BARROS CARVALHO anota que em linguagem de razões e proporções, S4 está para S3, assim como S3 está para S2. O plano S4 fala do plano S3 em sentido diverso daquele em que estão presentes as circunstâncias de linguagem-objeto e metalinguagem. Dentro do mesmo discurso o plano S4 volta-se para o plano S3, para numa função metalinguística, organizá-lo conforme as relações que se estabelecem entre seus elementos. Ainda segundo PAULO DE BARROS CARVALHO "enquanto, em S3 as significações se agrupam no esquema de juízos implicacionais (normas jurídicas), em S4 teremos o arranjo final que dá *status* de conjunto montado na ordem superior de sistema".[27] As unidades produzidas em S3, no plano S4, são organizadas na forma de sistema jurídico-normativo.

Em suma, no plano S1 temos os enunciados prescritivos no nível da expressão, imersos na literalidade textual. Em estado de dicionário, conforme dito linhas acima. No plano S2 os textos que estavam na sua expressão literal ganham sentido em face da sua relação com outros enunciados. O que

---

25. "[...] o que não poderá acontecer é que cada juiz, por suas convicções pessoais (argumentos morais, teleológicos etc., ou até o seu gosto pessoal pelo colarinho do chope), atribua, para cada caso, o sentido que lhe convier, a partir de um uso pragmático dos sentidos, como se o caso concreto estabelecesse a possibilidade de um 'grau zero de sentido'". STRECK, Lenio Luiz. *Jurisdição constitucional e decisão jurídica*. 4. ed. São Paulo: Editora Revista dos Tribunais, 2014. p. 729.

26. CARVALHO, Paulo de Barros. *Curso de direito tributário*. 28. ed. São Paulo: Editora Saraiva, 2017. p. 139.

27. Idem.

estava parado, estancado, é colorido de sentido, por meio de ato humano. No plano S3 são construídas as normas jurídicas, ajustadas no esquema sintático de juízos implicacionais (antecedente e consequente). No plano S4 as normas jurídicas construídas são agrupadas nas relações mútuas de subordinação e coordenação, na forma superior de sistema.

Repisando a distinção entre texto e norma, RICCARDO GUASTINI afirma que “La disposizione è um enunciato che costituisce l’oggeto dell’interpretazione. La norma è um enunciato che costituisce il prodotto, o risultato, dell’interpretazione. In tal senso, le norme sono – per definizione – variabili dipendenti dell’interpretazione”.[28] Como se pode perceber, a norma jurídica não é algo pronto dado pelo ordenamento jurídico, mas o resultado de um labor ingente de criação, no sentido já exposto, promovido pelo intérprete. Mas um aspecto é fundamental: a atividade constitutiva da norma não significa a desconstrução do texto. Embora haja espaço para a construção do sentido em qualquer interpretação, ela não corre autonomamente, solta, ao acaso, como se um intérprete recebesse um texto nu, com zero grau de sentido. O intérprete produz a norma, mas é preciso que fique evidente que não é uma criação *ex nihilo*, a partir do nada. A função do intérprete do Direito é, contextualmente, construir o sentido do objeto ou da obra; o direito positivo.

Tal atitude não significa uma redução à pretensa *intentio auctoris*. Não. Absolutamente. A intenção do legislador ou do autor é pré-textual. É momento metajurídico; político e psicológico. A *intentio operis,* o sentido contextual, funciona como uma fonte de significados que se põe entre o legislador e o intérprete, impondo uma restrição à liberdade da *intentio lectoris*. Ou seja, o intérprete constrói um sentido do texto, não o texto. A construção do texto (plano da expressão) é função legislativa por meio do processo previsto no próprio Direito.

28. GUASTINI, Riccardo. *Dalle Fonti Alle Norme*. Torino: G. Giappichelli Editore, 1992. p. 18-19.

Sem o texto produzido pelo Poder Legislativo, o intérprete, autêntico ou não (HANS KELSEN),[29] seria também, ele próprio, legislador, o que desembocaria em arbítrio e deformação do princípio constitucional da separação dos poderes. No Brasil, a Constituição Federal prescreve a presença de um legislador[30] (separação de poderes), que é o competente para criar os textos (S1); estes possibilitam a mediação dos valores, e inibem, conforme dito acima, os voluntarismos.

2. Normas de Produção Normativa e Validade

A produção de enunciados prescritivos, oriunda do plano da expressão, é regulada pelo próprio Direito. Só assim, promovendo essa autorregulação, o Direito se torna um sistema dinâmico. A criação de enunciados prescritivos promove mudanças no sistema jurídico. O sistema jurídico do tempo **t2**, que experimentou mudanças, não é exatamente o mesmo do tempo **t1**. É por isso que alguns autores dizem que a cada alteração normativa surge um novo sistema jurídico, e que a sucessão de sistemas jurídicos é que consiste no ordenamento jurídico.[31] A relação da norma jurídica seria com o sistema jurídico vigente em determinado momento histórico; já a relação dos diversos sistemas com o passar inexorável do tempo seria com o ordenamento jurídico. Embora aceitemos certa mudança em cada alteração no sistema jurídico, não seguimos essa linha teórica. Tomamos sistema jurídico como sinônimo de ordenamento ju-

29. KELSEN, Hans. *Teoría Pura del Derecho*. 8. ed. Tradução Roberto J. Vernengo. México: Editorial Porrúa, 1995. p. 349.

30. "Art. 44. O Poder Legislativo é exercido pelo Congresso Nacional, que se compõe da Câmara dos Deputados e do Senado Federal."

31. "por sistema jurídico entenderé un conjunto de normas válidas en un cierto momento conforme a algunos criterios de pertenencia, mientras que la expresión 'orden jurídico' será siempre usada para referirse a una secuencia de sistemas jurídicos. De esta manera el orden jurídico no es un conjunto de normas, sino una familia de tales conjuntos: todos los sistemas momentáneos dentro de un cierto intervalo de tiempo pertenecen al orden". BULYGIN, Eugenio. *Tempo y Validez, Análisis Lógico y Derecho*. Madrid: Centro de Estúdios Constitucionales, 1991. p. 197.

rídico. Mera opção metodológica. É que a quantidade de sistemas momentâneos, sempre que houvesse acréscimo ou diminuição de um enunciado prescritivo, seria infinita, tendo em vista a descentralização estática que ocorre quanto aos órgãos competentes para produzir enunciados prescritivos, especialmente num Estado organizado sob a forma federal, onde há uma descentralização dinâmica,[32] como é o Brasil.

A produção normativa que se desenvolve numa atividade enunciativa propicia o acréscimo de novos enunciados prescritivos e, por conseguinte, das normas jurídicas que serão construídas a partir da interpretação dos textos. Mas o plano da expressão é pressuposto dos outros. Daí o controle da produção dos enunciados prescritivos, que também consiste numa atividade de enunciação (processo de controle), ser de enorme importância. As normas de produção normativa que regulam a criação dos enunciados prescritivos promovem, quando atendidas, a validade destes. Assim, relacionar normas de produção como agentes promotores da validade é tema de grande relevância jurídica. Validade, como tudo no Direito, dista de ser uma noção abraçada pela unanimidade. Como diz o Professor PAULO DE BARROS CARVALHO, "os conceitos fundantes são sempre de difícil delimitação e a validade experimenta forte instabilidade significativa entre os vários modelos conhecidos".[33]

O sistema jurídico é composto pelo conjunto das normas jurídicas válidas. Assim já percebemos a importância do conceito de validade, porquanto esta significa a porta de entrada das normas para o mundo jurídico. Uma norma só se torna jurídica após haver ingressado no sistema prescritivo. Como se pode perceber, é comum, durante a redação do presente texto, utilizarmos norma jurídica com um sentido, digamos,

---

32. "Quando as normas são produzidas por uma pluralidade de órgãos, estamos diante de uma descentralização dinâmica." IVO, Gabriel. *Competência para a elaboração do estado-membro*. São Paulo: Editora Max Limonad, 1997. p. 79.

33. CARVALHO, Paulo de Barros. *Direito tributário* – fundamentos jurídicos da incidência. 4. ed. São Paulo: Editora Saraiva, 2006. p 49.

amplo, abrangendo o documento normativo e os enunciados prescritivos. Quando a distinção for imprescindível para a compreensão, faremos a devida separação entre os termos enunciados prescritivos, documentos normativos e normas. Afora essas situações, a força da linguagem torna quase inevitável que em certas passagens se fale de norma para englobar os vocábulos mencionados. Mas o contexto em que aparecem permite situá-los em seus devidos campos significativos. Por isso DANIEL MENDONCA esclarece que "es importante tener presente que el significado de las expresiones se encuentra en función del contexto lingüístico en que aparecen y que esse mismo contexto, en la generalidade de los casos, disipa toda posible confusión".[34]

A validade situa-se no plano da expressão, no plano do sentido, no plano das normas jurídicas e no plano organizado, conforme relações de coordenação e subordinação, das normas jurídicas. Ressalta a importância do plano da expressão. Por isso, a validade no plano da expressão, dos enunciados prescritivos, abarca as três últimas, já que a pertinência do texto ao sistema do direito positivo é pressuposto inarredável para a construção do sentido e, por fim, das normas jurídicas. Sem texto não há sentido, como também não há normas jurídicas. Por isso a interpretação não pode ir além do texto, desconstruindo.

Assim:

D → N; D, D... → N; D → N, N...; D, D... → N, N...

E não, assim:

? → N.

Validade, portanto, consiste na relação de pertinencialidade de um documento normativo com um determinado sistema jurídico.[35] Como o sistema jurídico é composto por

---

34. MENDONCA, Daniel. *Interpretación y aplicación del derecho*. Almería: Universidad de Almería, 1997. p. 20.

35. Como diz EURICO MARCOS DINIZ DE SANTI, com essa atitude "[...] não se

normas jurídicas que são construídas a partir dos enunciados prescritivos, perfazendo o entrelaçamento dos quatro sistemas, essa relação de pertinencialidade é estabelecida por meio de outra norma: uma norma de hierarquia superior. Afinal de contas, os enunciados prescritivos não se encontram uns ao lado dos outros, senão dispostos de maneira escalonada, na qual os inferiores retiram seu fundamento de validade dos superiores. É a dinamicidade própria do sistema jurídico.[36]

Pode-se dizer, portanto, que a validade não se constitui num atributo que possamos deduzir intrinsecamente. Os enunciados prescritivos não são válidos em si. Validade consiste numa relação de pertinencialidade de um enunciado prescritivo com um sistema jurídico determinado, conforme certo critério de identificação. A lição de MARTÍN DIEGO FARREL elucida:

> Las normas juridicas se consideran válidas cuando concuerdan com el criterio de validez adoptado por el jurista. Puede decirse, entonces, que la validez no es una propiedad de las normas, sino una relación entre la norma y el criterio elegido: cuando la norma se ajusta al criterio se la considera válida.[37]

No entanto, é preciso que o critério eleito seja suportado pelo sistema jurídico situado no plano do objeto: prescritivo. Validade, segundo lição de TÉRCIO SAMPAIO FERRAZ

---

pretende reduzir o direito à literalidade dos documentos normativos, o que seria uma imperdoável regressão ao universo da chamada 'interpretação literal'. Mas é preciso partir do plano da literalidade do direito para construir normas válidas, mediante a interpretação e a organização do sentido dos enunciados prescritivos". SANTI, Eurico Marcos Diniz de. *Decadência e prescrição no direito tributário*. 4. ed. São Paulo: Editora Saraiva, 2011. p. 53.

36. "El análisis del derecho, que revela el carácter dinámico de este sistema normativo, así como la función de la norma fundamental, revela otra peculiaridad del mismo derecho: éste regula su propia creación en cuanto una norma jurídica determina la forma en que otra es creada, así como, en cierta medida, el contenido de la misma". KELSEN, Hans. *Teoría General del Derecho y del Estado*. Tradução Eduardo Garcia Máynez. México: Universidad Nacional Autónoma del México, 1988. p. 146.

37. FARREL, Martín Diego. *Hacia un criterio empírico de validez*. Buenos Aires: Editorial Astrea, 1972. p. 23-24.

JUNIOR,[38] depende do ordenamento no qual está inserida. Por isso, um documento normativo que proclamar em seu texto a sua própria validade de nada adiantará. Apenas será válido se o fato jurídico de sua criação (enunciação) for suficiente. Validade, portanto, consiste numa relação existente entre o enunciado prescritivo e o sistema jurídico a que pertence. A correção ou não da relação é outorgada pelo fato jurídico (enunciação) quando confrontado com as normas de produção normativa;[39] tal confronto é possível em face da denominada enunciação enunciada, que são as marcas da enunciação (processo) que permitem o retorno a ele e, assim, sindicar sobre a sua correção. É por isso que verificamos que normas regulam a criação de outras normas. O Direito autorregula-se. A criação jurídica, caso olvide as regras de admissão[40] postas pelo próprio sistema, importa em inconstitucionalidade.

Da aplicação da norma jurídica de estrutura surge um documento normativo pertencente a um tipo de instrumento introdutor que veicula enunciados prescritivos como seu produto. O surgimento de um documento normativo, contudo, pode ocorrer regularmente ou não. PONTES DE MIRANDA

---

38. FERRAZ JUNIOR, Tércio Sampaio. *Introdução ao estudo do direito*. 9. ed. São Paulo: Editora Atlas, 2016. p. 158.

39. A lição de IGNACIO DE OTTO esclarece: "La posición de una norma jurídica en el ordenamiento, e incluso su próprio carácter de norma, no puede lógicamente tener su fundamento en ella misma. Una proposición normativa pertenece al ordenamiento jurídico – y no es sólo norma moral o simple imperativo sin fuerza de obligar formulado por un individuo cualquiera – si se sujeta a las normas que el ordenamiento establece para regular la creación de derecho y que son, por tanto, superiores lógicamente". OTTO, Ignacio de. *Derecho Constitucional* – sistema de fuentes. Barcelona: Editorial Ariel, 1991. p. 89. Mas essa relação de pertinencialidade do enunciado prescritivo com o sistema jurídico, repetimos, é conferida por fato jurídico suficiente, resultante da incidência da norma de produção normativa ou norma de estrutura.

40. "Los criterios de identificación comprenden dos clases de reglas: a) *reglas de admisión*, que estipulan las condiciones bajo las cuales un enunciado es válido, y b) *reglas de rechazo*, que establecen cuándo un enunciado de derecho válido, de acuerdo con las reglas de admisión, deja de serlo". ALCHOURRON, Carlos E.; BULYGIN, Eugenio. *Introducción a la Metodologia de las Ciencias Jurídicas y Sociales*. 2. reimp. Buenos Aires: Editorial Astrea, 1993. p. 119.

faz a distinção entre a existência, a validade e a eficácia dos enunciados prescritivos. Para que um enunciado prescritivo exista, basta que ingresse no mundo jurídico, o que poderá ocorrer de forma regular ou irregular. Uma norma jurídica, em sentido amplo, que ingressa no mundo jurídico irregularmente possui existência sem validade. Esta só ocorre quando a produção é realizada de forma regular pelos órgãos do sistema. Segundo PONTES DE MIRANDA, são três planos inconfundíveis: "o plano da existência, em que o fato jurídico, inclusive a regra jurídica como fato é, ou não é; o da validade, em que o fato jurídico vale, ou não vale (= é nulo ou anulável); e o da eficácia, que é o da irradiação do fato jurídico".[41] A explicação da existência e da validade de um determinado documento normativo fica facilitada pela distinção entre suporte fático suficiente e suporte fático deficiente.

O suporte fático suficiente implica a existência do documento normativo;[42] ocorreram as manifestações de vontade. Ao sofrer a incidência da norma jurídica, a parte relevante do suporte fático, já como fato jurídico, é transportada ao mundo jurídico, ingressando no plano da existência. Neste plano entram todos os fatos jurídicos, não se cogitando, portanto, de invalidade ou de eficácia; o que importa é a existência, a qual decorre do suporte fático suficiente.[43] Tendo em mente apenas a eficácia legal, percebemos que esta ocorre quando se verifica suporte fático suficiente, possibilitando assim o surgimento do fato jurídico. A insuficiência do suporte fático implica a não configuração do fato jurídico.

O suporte fático eficiente implica a validade do documento normativo, em face do atendimento de todos os pressupostos previstos na norma de estrutura. A eficiência, segundo

---

41. MIRANDA, Pontes de. *Comentários à Constituição de 1967, com a emenda 1 de 1969*. 3. ed. Rio de Janeiro: Editora Forense, 1987. t. III, p. 620.

42. Sem documento normativo não há enunciados prescritivos e, na ausência destes, não há normas jurídicas. Por isso, a importância do plano da expressão.

43. MELLO, Marcos Bernardes de. *Teoria do fato jurídico* – plano da existência. 12. ed. São Paulo: Editora Saraiva, 2003. p. 78.

PONTES DE MIRANDA,[44] significa a afirmação de que o suporte fático não foi deficiente, satisfez todos os critérios previstos pelo próprio Direito. No plano da validade o Direito fará a triagem entre o que é perfeito (que não tem nenhum vício invalidante) e o que está eivado de defeito invalidante, uma espécie de controle de qualidade.

Numa representação imaginária dos dois momentos, o da eficácia legal e o da eficácia jurídica, podemos dizer que a incidência[45] apenas ocorre quando há suporte fático suficiente. A insuficiência impede a incidência. A incidência, contudo, pode ocorrer em duas situações distintas: 1) diante de suporte fático suficiente e deficiente, e 2) diante de suporte fático suficiente e eficiente. Conforme o primeiro, o documento normativo existirá invalidamente; em face do segundo, o documento terá existência com validade. Vale assinalar que do suporte fático insuficiente não decorre documento no sentido jurídico, pois a gravidade do defeito impede o surgimento do fato jurídico. A enunciação aqui ocorrerá à revelia das normas de produção, não podendo, portanto, ser considerada jurídica. A distinção é importante porquanto afasta a aplicação, no caso da insuficiência, das regras do processo de controle de constitucionalidade, como o art. 97 da CF/88.

Assim como outros autores, RICCARDO GUASTINI também distingue existência de um documento normativo da sua validade. Uma norma adquire existência jurídica quando é criada de conformidade com, ao menos, algumas das normas de produção jurídica. A conformidade com algumas normas é suficiente para que uma norma tenha existência jurídica. A adequação com todas as normas sobre produção jurídica, no entanto, é condição necessária de validade. Por isso, afirma o

---

44. MIRANDA, Pontes de. *Tratado de direito privado*. 4. ed. São Paulo: Editora Revista dos Tribunais, 1983. t. 4, p. 3.

45. Ver o sentido de incidência no artigo: IVO, Gabriel. Teorias sobre a incidência: a incidência como operação linguística. In: CARVALHO, Paulo de Barros (coord.); CARVALHO, Aurora Tomazini de (org.). *Construtivismo lógico-semântico*. São Paulo: Editora Noeses, 2018. v. 2, p. 241-284.

autor: "Existencia y validez deben ser cuidadosamente distinguidas. Una norma es válida si es conforme con todas las normas secundarias que regulan su creación y predeterminan su contenido normativo".[46]

No entanto, o próprio autor afirma que não é fácil isolar com precisão quais são as condições suficientes para ensejar a existência dos documentos normativos. Daí ser igualmente importante a distinção entre invalidade e inexistência.[47] Em princípio, poderia ser eleita como condição mínima de existência de um documento normativo a observância da norma que estabelece a competência. A opção da competência permite maior certeza que deixar a condição para a norma que prescreve o procedimento. O procedimento é composto de vários atos, que comportam várias normas, e seria vago e aberto designar quantas e quais normas do procedimento deveriam ser observadas para dar lugar à existência do documento normativo. Entretanto, com relação às normas que delimitam o âmbito da matéria em face da competência e da norma que determina o conteúdo, entende o autor que são condição necessária de validade, não de existência.[48]

Como se pode perceber, o atendimento da norma de competência, para o autor italiano, configura o suporte fático suficiente (enunciação) para a existência do documento normativo. A observância das demais normas de produção jurídica,

---

46. GUASTINI, Riccardo. *Distinguiendo* – estudios de teoría y metateoría del derecho. Barcelona: editorial Gedisa, 1999. p. 311.

47. "Se llama 'inexistente' a una norma, disposición, o fuente que no responde ni tan siquiera a los requisitos mínimos para ser reconocida como norma, disposición, o fuente perteneciente al ordenamiento. No obstante, hay que decir que no se puede trazar una línea reta de demarcación entre invalidez e inexistencia: los dos conceptos se matizan entre si. Ello depende del hecho que no es posible decir con precisión cuáles y cuántas normas sobre la producción jurídica tiene que cumplir una norma para superar el límite de la inexistencia, sin todavía alcanzar la plena validez". GUASTINI, Riccardo. *La Sintaxis del Derecho*. Traducción Álvaro Núñez Vaquero, Madrid: Marcial Pons, 2016. p. 231.

48. GUASTINI, Riccardo. *Distinguiendo* – estudios de teoría y metateoría del derecho. Barcelona: Editorial Gedisa, 1999. p. 312.

procedimento e matéria possibilita a configuração do suporte fático eficiente, em que se plasma a validade. É evidente que toda essa configuração da enunciação (fato jurídico) deve estar relatada em linguagem competente para o Direito. O relato do fato jurídico entra para o mundo jurídico por meio da enunciação enunciada, revestida de linguagem aceita pelo Direito.

Para autores que não separam o plano da existência do plano da validade, um documento normativo será válido quando mantiver relação de pertinencialidade com o sistema "S", ou que nele foi posto por órgão legitimado a produzi-lo, mediante procedimento estabelecido para esse fim. Conforme explica LOURIVAL VILANOVA, "do ponto de vista formal-jurídico, que todas tenham validade, isto é, relação de pertinencialidade. A pertinencialidade é um conjunto de condições de forma e de conteúdo, ou de forma somente, para uma proposição jurídica existir, isto é, ser válida – pertencer a um sistema jurídico 'S'".[49] Podemos inferir que, para essa outra linha de pensamento, validade significa o mesmo que existência,[50] conforme salienta HANS KELSEN:

> Con el término 'validez' designamos la existencia específica de una norma. Cuando describimos el sentido, o el significado, de un acto que instituye una norma, décimos que, con el acto en cuestión, cierto comportamiento humano es ordenado,

---

49. VILANOVA, Lourival. *As estruturas lógicas e o sistema do direito positivo*. 3. ed. São Paulo: Editora Noeses, 2005. p. 295.

50. É bem verdade que o termo validade não tem um sentido único na obra de HANS KELSEN. É possível encontrar pelo menos *quatro* sentidos de validade. Validade no sentido de existência específica de uma norma. Validade para significar a pertinência de uma norma a um ordenamento jurídico. Validade como criação pelo modo previsto no ordenamento. Uma norma é válida quando produzida em conformidade à norma de superior hierarquia, que é o seu fundamento de validade. E, por último, validade no sentido de obrigatoriedade. Os vários significados podem ser lidos conjuntamente. Uma norma existe porque pertence a um ordenamento jurídico, em face de ter sido produzida na forma prevista numa norma superior e, em face disso, torna-se obrigatória. HANS KELSEN, portanto, identifica os conceitos de validade, existência e regularidade das normas. São válidas as normas produzidas regularmente, por isso existem.

> mandado, prescripto, preceptuado, prohibido; o bien, admitido, permitido, autorizado.[51]

PAULO DE BARROS CARVALHO[52] é enfático ao afirmar que a validade se confunde com a existência, de sorte que declarar que uma norma existe implica reconhecer a sua validade, ou seja, sua relação de pertinencialidade em face de determinado sistema jurídico. O sentido da existência de um documento normativo, portanto, consiste na validade que recebe de suporte fático suficiente em face da incidência de outra norma hierarquicamente superior. Afirmar ser válido um enunciado prescritivo significa o mesmo que pronunciar que foi criado consoante normas de produção normativa do sistema no qual ele se insere. A validade de um documento normativo, portanto, consiste num conceito que é a relação[53] de subordinação existente entre ele e uma norma de produção normativa. Validade é a existência específica de um instrumento introdutor de normas, o que resulta da sua postura em conformidade com a prescrição de normas de estrutura.

Existência e validade, conforme o modelo adotado, têm o mesmo sentido. Vale aqui a advertência feita por GREGORIO ROBLES:

> Es muy distinto el alcance de la palabra existir cuando falamos de la existencia del oso pardo en el Pirineo, de la existencia del número 5 o del círculo, y de la existencia de la regla del ajedrez que establece cómo há de moverse la torre. Una consideración meramente intuitiva nos hace ver cómo el término existencia tiene connotaciones de significado distintas, en directa dependencia de la especie de ser del que se predique.[54]

---

51. KELSEN, Hans. *Teoría Pura del Derecho*. 8. ed. Tradução Roberto J. Vernengo. México: Editorial Porrúa, 1995. p. 23.

52. CARVALHO, Paulo de Barros. *Curso de direito tributário*. 28. ed. São Paulo: Editora Saraiva, 2017. p. 104.

53. Relação significa "o modo de ser ou de comportar-se dos objetos entre si". ABBAGNANO, Nicola. Dicionário de filosofia. 2. ed. Tradução Alfredo Bosi, São Paulo: Editora Mestre Jou, 1982. p. 809.

54. ROBLES, Gregorio. *El Derecho como Texto (cuatro estúdios de teoria cumunica-*

Como podemos perceber, separar a existência da validade do ponto de vista jurídico consiste em não se perceber que existir ocorre em vários sentidos. Não há um existir absoluto, aplicável a qualquer campo objetal (aos objetos ideais, naturais, culturais ou metafísicos).[55] Há um existir da realidade física. Há um existir do mundo psíquico. Há um existir matemático. O existir do mundo jurídico é a validade dos seus elementos. Valer é o modo especial de existência do enunciado prescritivo. Existir sem validade desemboca na indistinção dos planos do ser e do dever-ser. A lógica deôntica não comporta o valor existir. É lei lógica do terceiro excluído.[56] A norma existe, logo vale.[57] Pode ser invalidada, mas isso é assunto para depois,[58] porquanto a inconstitucionalidade consiste num tipo específico de invalidade.

---

cional del derecho). Madrid: Editorial Civitas, 1998. p. 166-167.

55. "Teniendo en cuenta el pensamiento de HUSSERL, COSSIO distingue cuatro familias de objetos o ontologías regionales – de ontos, ente y logos, teoría – y puntualiza a la vez, junto com los caracteres peculiares de cada una dellas, la índole del método que exigen, así como la naturaleza gnoseológica del acto de su conocimiento". AFTALION, Enrique R.; OLANO, Fernando Garcia; VILANOVA, José. *Introducción al Derecho*, 12. ed. Buenos Aires, Abeledo-Perrot, 1983. p. 17.

56. "Uma norma de direito é válida ou não válida (de acordo com os critérios do sistema jurídico positivo): são propriedades análogas aos valores veritativos das proposições descritivas". VILANOVA, Lourival. *Lógica jurídica.* São Paulo: José Bushatsk Editor, 1976. p. 126-127.

57. "Para valer, uma norma precisa ser estabelecida. Se ela não é estabelecida, não vale; e somente se ela é estabelecida, é que vale; se ela não vale, o estabelecido não é norma. Pois validade de uma norma é – como já observado – sua específica existência. Não a existência de um fato do ser, mas a existência, *i. e.*, a existência de um sentido (ou do conteúdo do sentido), do sentido de um fato, do real ato de estabelecimento. A existência de um sentido constitui uma existência 'ideal', e não 'real'. Que uma norma que prescreve uma certa conduta vale, significa que uma tal norma existe. Uma norma 'entra em validade', quer dizer: entra em sua específica existência, começa a valer. Uma norma 'sai de validade', quer dizer: sai de existência, deixa de valer". KELSEN, Hans. *Teoria geral das normas*. Tradução José Florentino Duarte. Porto Alegre: Sergio Antonio Fabris Editor, 1986. p. 215-216.

58. "A norma pertinente inválida permanecerá no sistema enquanto não seja expulsa por invalidade através de ato normativo específico de órgão do sistema, ou não ocorra a sua revogação". NEVES, Marcelo. *Teoria da inconstitucionalidade das leis.* São Paulo: Editora Saraiva, 1988. p. 44.

Cumpre ainda dizer que a validade de um documento normativo independe do ato de vontade. Sem este, o documento normativo não pode ser criado; no entanto, a validade, qualidade específica sua, é decorrente da relação que ele tem no interior do sistema jurídico: a validade não depende de querer subjetivo.[59]

3. Infringência das Normas de Produção Normativa

É um dado básico no Direito que todos os enunciados prescritivos devem conter certas características para pertencerem ao sistema jurídico. O enunciado prescritivo **Ep** só se converte em enunciado prescritivo jurídico se forem satisfeitas certas condições que são traçadas previamente pelo próprio Direito, ou seja, desde que haja sido criado por meio de atos adequados previstos nas normas de produção jurídica. Embora não se confunda com eles, o enunciado prescritivo **Ep** é criado por atos de vontade que são previstos em normas que decorrem da interpretação de outros enunciados prescritivos. Em face da existência dessas regras de produção jurídica é que podemos dizer que o Direito, no plano do objeto, é temporal e histórico. Permanece certo tempo, porquanto as normas de estrutura permitem que o sistema normativo seja alterado com o desenrolar do tempo. A presença das normas de produção normativa, que faz o direito temporal, marca também a sua positividade. Sem as regras de produção o Direito não se tornaria positivo.

A validade jurídica é o resultado da produção normativa em conformidade com as regras de formação jurídica. Assim,

59. "*quanto à gênese* ou processo efetivo de formação, a norma depende do ato empírico de vontade; *quanto à validade*, independe [...]. O sentido objetivo de valer procede, porém, do sistema, cujas partes são normas válidas. E a validade do sistema? Advém de uma proposição que não se prova ou fundamenta *no interior* do sistema, para dizê-lo com a *axiomática dos sistemas*: advém da norma fundamental, como *norma-limite* de um processo *cognitivo*". VILANOVA, Lourival. Teoria da norma fundamental - comentários à margem de Kelsen. *Estudos em homenagem a Miguel Reale*. São Paulo: Editora Revista dos Tribunais, 1977. p. 33.

o processo de criação de um enunciado prescritivo não opera por inferência. Para que surja um documento normativo, de determinado tipo de instrumento introdutor, como os previstos no art. 59 da Constituição Federal, não basta a existência de normas de produção normativa ou de estrutura; é necessário que os atos de criação (enunciação) nelas previstos ocorram. O Direito não funciona como um autômato, porquanto necessita de atos humanos de aplicação.

Desse modo, uma lei constitucional ou inconstitucional mostra uma relação de conformidade ou inconformidade com as normas de produção normativa.[60] Quando ocorre uma desconformidade temos um vício, que consiste no efeito da inobservância das normas sobre a produção jurídica. O vício que se instala em face da violação das normas de produção normativa é a causa da invalidade dos documentos normativos. Assim, o vício pode ser o efeito do não atendimento a uma norma de estrutura, como também o vício consiste na causa da invalidade. A violação das normas de produção normativa causa um vício no documento produzido; o vício, por sua vez, é a causa da invalidade a ser promovida na forma estabelecida pelo sistema jurídico. É uma questão, como se pode perceber, que ocorre dentro do sistema normativo, em face do relacionamento dos seus elementos. Como diz MARCELO NEVES, "[...] a inconstitucionalidade não é um problema que surge a partir de critérios extrassistemáticos (não é um problema de justiça ou legitimidade política da lei), mas sim uma questão avaliada por critérios intrassistemáticos".[61] Critérios extrassistemáticos conduzem as avaliações para o caminho do direito natural, sempre imerso em forte carga ideológica. Por

60. "Pues bien, a cada tipo de norma sobre la legislación corresponde un posible vicio de la ley, esto es, una posible causa o razón de invalidez (en particular: de inconstitucionalidad) de la misma". GUASTINI, Riccardo. *Distinguiendo* – estudios de teoría y metateoría del derecho. Barcelona: editorial Gedisa, 1999. p. 331.

61. NEVES, Marcelo. *Teoria da inconstitucionalidade das leis*. São Paulo: Editora Saraiva, 1988. p. 106.

isso é impossível a inconstitucionalidade de normas constitucionais originárias.[62]

Nesse sentido, a observação de RICCARDO GUASTINI é de suma importância: "las normas de la (primera) constitución no son válidas y, por outra parte, tampouco inválidas. Son normas 'existentes', ni válidas ni inválidas".[63] Em outra passagem, assim se pronuncia o mencionado autor:

> Para que una pueda calificarse como válida ou inválida, es necesario que haya normas formalmente superiores a ella (que disciplinen su creación), y normas materialmente superiores a ella (que limiten su posible contenido). Pero en ningún ordenamiento hay normas que regulen la creación de la constitución y/o normas que estén supraordenadas a la constitución. Ello se deriva del próprio concepto de constitución.[64]

Uma Constituição não pode prever no seu texto o exercício do Poder Constituinte. Se houver previsão, tornar-se-á

---

62. "EMENTA: – Ação direta de inconstitucionalidade. Parágrafos 1º e 2º do art. 45 da Constituição Federal.
– A tese de que há hierarquia entre normas constitucionais originárias dando azo à declaração de inconstitucionalidade de umas em face de outras e incompossível com o sistema de Constituição rígida – a atual Carta Magna 'compete ao Supremo Tribunal Federal, precipuamente, a guarda da Constituição' (art. 102, *caput*), o que implica dizer que essa jurisdição lhe é atribuída para impedir que se desrespeite a Constituição como um todo, e não para, com relação a ela, exercer o papel de fiscal do Poder Constituinte originário, a fim de verificar se este teria, ou não, violado os princípios de direito suprapositivo que ele próprio havia incluído no texto da mesma Constituição. – Por outro lado, as cláusulas pétreas não podem ser invocadas para sustentação da tese da inconstitucionalidade de normas constitucionais inferiores em face de normas constitucionais superiores, porquanto a Constituição as prevê apenas como limites ao Poder Constituinte derivado ao rever ou ao emendar a Constituição elaborada pelo Poder Constituinte originário, e não como abarcando normas cuja observância se impôs ao próprio Poder Constituinte originário com relação as outras que não sejam consideradas como cláusulas pétreas, e, portanto, possam ser emendadas. Ação não conhecida por impossibilidade jurídica do pedido." Ação Direta de Inconstitucionalidade 815-3, rel. Min. Moreira Alves, 28.03.1996.

63. GUASTINI, Riccardo. *Distinguiendo* – estudios de teoría y metateoría del derecho. Barcelona: editorial Gedisa, 1999. 380.

64. GUASTINI, Riccardo. *La Sintaxis del Derecho*. Traducción Álvaro Núñez Vaquero, Madrid: Marcial Pons, 2016. p. 223.

inócua. Um sem-sentido deôntico.[65] Consoante LOURIVAL VILANOVA[66], um ordenamento ao qual se retira a eficácia através do processo revolucionário perde a sua validade integralmente. A norma que previsse a juridicidade do Poder Constituinte não estaria a salvo da destruição de sua validade, pois a eficacidade atinge o todo do ordenamento jurídico. E uma norma isolada não tem validade se não tem validade o todo do ordenamento. Ser válida é pertencer a um ordenamento válido e eficaz. Não há norma fora do ordenamento jurídico. Não há norma sem fundamento de validade.

4. Objeto do Controle da Validade

O material normativo, que se encontra disperso nos quatro sistemas em que se apresenta o Direito, mostrado no início do trabalho, pode ser distinguido, conceptualmente, entre instrumento introdutor de normas, documento normativo, enunciados prescritivos (enunciação enunciada e enunciado enunciado) e normas jurídicas. Revelar qual dos elementos mostrados é o objeto de controle torna-se essencial para o estudo do controle da produção normativa. Cada vício verificado em face das normas de estrutura tem um objeto determinado.

A distinção mostrada acima não significa que os elementos que conceptualmente distinguimos têm existência independente um do outro. Não há norma jurídica sem enunciado prescritivo. Para que um enunciado prescritivo ingresse no sistema normativo é imprescindível um veículo que o transporte: o documento normativo. Um documento normativo para poder fazer ingressar no ordenamento jurídico determinado

65. "Relacionamento importante é o que se mantém entre os modais deônticos (proibido, obrigatório e permitido) e os modos, digamos, ontológicos: o que as normas prescrevem, requerem o contexto das possibilidades fáticas". VILANOVA, Lourival. *As estruturas lógicas e o sistema do direito positivo*. 3. ed. São Paulo: Editora Noeses, 2005. p. 72. Ver também NEVES, Marcelo. *Teoria da inconstitucionalidade das leis*. São Paulo: Editora Saraiva, 1988. p. 61.

66. VILANOVA, Lourival. Teoria jurídica da revolução (anotações à margem de Kelsen). *Escritos jurídicos e filosóficos*. São Paulo: Axis Mvndi/IBET, 2003. v. 1, p. 265.

enunciado deve pertencer a um específico tipo de instrumento introdutor de normas previsto na Constituição Federal (art. 59), no caso dos denominados instrumentos primários, que são os vocacionados à realização do estabelecido no art. 5º, II, da CF/88 ("ninguém será obrigado a fazer ou deixar de fazer alguma coisa senão em virtude de lei"). Não é qualquer documento normativo que pode introduzir no sistema normativo qualquer enunciado. Assim, a norma jurídica, produto final da interpretação, depende do enunciado prescritivo, que é dependente do documento normativo. Tudo regido pelas normas de formação normativa. Mas a inter-relação não empana a distinção. Pelo contrário, a distinção é fundamental para a compreensão do objeto de controle em face de cada vício cometido. A distinção entre norma e enunciado prescritivo não é biunívoca. Nem sempre a cada disposição corresponde uma só norma, nem cada norma é fruto de uma única disposição. Podem existir disposições das quais derivem mais de uma norma. Disposições que, isoladamente, sejam insuficientes para a criação de uma norma. Pode ocorrer, ainda, que disposições variadas resultem na mesma norma ou normas. São as disposições sinônimas.

Mas é comum na doutrina em geral se falar de inconstitucionalidade, assim como revogação, de normas. Norma no sentido de todo material normativo incluído nos quatro sistemas em que se apresenta o direito positivo. É preciso, no entanto, distinguir, ou deixar evidente, que os vícios mostrados em momento anterior não afetam unicamente as normas. A distinção já promovida entre instrumento introdutor, documento normativo, enunciados prescritivos e normas tem, outra vez, importância especial. A produção de enunciados prescritivos desemboca na enunciação enunciada e no enunciado enunciado. Conforme a forma de controle, formal ou material, o objeto dele será um ou outro.

Um aspecto precisa ser evidenciado. O controle do fazer jurídico da lei só é possível após a produção do documento normativo. Antes, não. Concluído o processo, criado o produto, temos acesso à enunciação enunciada, que possibilita o controle formal, e ao enunciado enunciado, que torna factível o controle material. A partir do documento normativo posto, publicado de forma oficial, é que poderemos proceder a qualquer análise sobre ele. Antes tínhamos apenas a enunciação, que poderia ser concluída sem que dela resultasse algum documento normativo. Só com a publicação é que um documento normativo adquire existência jurídica, entra em relações de intersubjetividade. Sem ser publicado, um documento tem apenas existência material, por ter sido formulado em linguagem por alguém; mas o Direito exige formalidades para que algo se torne jurídico, porquanto não se contenta com o fato puro, mas veste-o de aparatos que o distinguem dos demais fatos. Por isso, toda análise acerca do documento exige o documento. O documento só é documento normativo quando publicado.

Para o controle da constitucionalidade, a enunciação é puramente factual. O acesso a ela somente é possível por meio da enunciação enunciada. A letra da Constituição Federal exige o produto para que se tenha passagem ao processo.[67] Sem a porta do produto (= enunciado), não alcançamos o processo (= enunciação).[68] O Direito positivo, por meio da Constituição

---

67. "Art. 102. Compete ao Supremo Tribunal Federal, precipuamente, a guarda da Constituição, cabendo-lhe:
I – processar e julgar, originariamente:
a) a ação direta de inconstitucionalidade de *lei* ou *ato normativo* federal ou estadual e a ação declaratória de constitucionalidade de *lei* ou *ato normativo* federal."

68. "EMENTA: AÇÃO DIRETA DE INCONSTITUCIONALIDADE – PROPOSTA DE EMENDA À CONSTITUIÇÃO FEDERAL – INSTITUIÇÃO DA PENA DE MORTE MEDIANTE PRÉVIA CONSULTA PLEBISCITÁRIA – LIMITAÇÃO MATERIAL EXPLÍCITA DO PODER REFORMADOR DO CONGRESSO NACIONAL (ART. 60, § 4º, IV) – INEXISTÊNCIA DE CONTROLE PREVENTIVO ABSTRATO (EM TESE) NO DIREITO BRASILEIRO – AUSÊNCIA DE ATO NORMATIVO – NÃO CONHECIMENTO DA AÇÃO DIRETA.
– O direito constitucional positivo brasileiro, ao longo de sua evolução histórica, jamais autorizou – como a nova Constituição promulgada em 1988 também não o admite – o sistema de controle jurisdicional preventivo de constitucionalidade, em abstrato. Inexiste, desse modo, em nosso sistema jurídico, a possibilidade de fiscalização abstrata preventiva da legitimidade constitucional de meras proposições normativas pelo Supremo Tribunal Federal. – Atos normativos 'in fieri', ainda em fase de formação, com tramitação procedimental não concluída, não ensejam e nem dão

Federal, corrobora a afirmação. O Supremo Tribunal Federal permite o controle judicial do processo legislativo, mas tem como base o direito do parlamentar.[69] Vale aqui a lição de INGO

---

margem ao controle concentrado ou em tese de constitucionalidade, que supõe – ressalvadas as situações configuradoras de omissão juridicamente relevante – a existência de espécies normativas definitivas, perfeitas e acabadas. Ao contrário do ato normativo – que existe e que pode dispor de eficácia jurídica imediata, constituindo, por isso mesmo, uma realidade inovadora da ordem positiva –, a mera proposição legislativa nada mais encerra do que simples proposta de direito novo, a ser submetida à apreciação do órgão competente, para que, de sua eventual aprovação, possa derivar, então, a sua introdução formal no universo jurídico. – A jurisprudência do Supremo Tribunal Federal tem refletido claramente essa posição em tema de controle normativo abstrato, exigindo, nos termos do que prescreve o próprio texto constitucional – e ressalvada a hipótese de inconstitucionalidade de omissão – que a ação direta tenha, e só possa ter, como objeto juridicamente idôneo, apenas leis e atos normativos, federais ou estaduais, já promulgados, editados e publicados. – A impossibilidade jurídica de controle abstrato preventivo de meras propostas de emenda não obsta a sua fiscalização em tese quando transformadas em emendas à Constituição. Estas – que não são normas constitucionais originárias – não estão excluídas, por isso mesmo, do âmbito do controle *sucessivo* ou *repressivo* de constitucionalidade. – O Congresso Nacional, no exercício de sua atividade constituinte derivada e no desempenho de sua função reformadora, está juridicamente subordinado à decisão do poder constituinte originário que, a par de restrições de ordem circunstancial, inibitórias do poder reformador (CF, art. 60, § 1º), identificou, em nosso sistema constitucional, um núcleo temático intangível e imune à ação revisora da instituição parlamentar. As limitações materiais explícitas, definidas no § 4º do art. 60 da Constituição da República, incidem diretamente sobre o poder de reforma conferido ao Poder Legislativo da União, inibindo-lhe o exercício nos pontos ali discriminados. A irreformalidade desse núcleo temático, acaso desrespeitada, pode legitimar o controle normativo abstrato, e mesmo a fiscalização jurisdicional concreta, de constitucionalidade". Ação Direta de Inconstitucionalidade 466-2/DF, rel. Ministro Celso de Mello, *DJ* 10.05.91.

69. "EMENTA: CONSTITUCIONAL. MANDADO DE SEGURANÇA. CONTROLE PREVENTIVO DE CONSTITUCIONALIDADE MATERIAL DE PROJETO DE LEI. INVIABILIDADE.
1. Não se admite, no sistema brasileiro, o controle jurisdicional de constitucionalidade material de projetos de lei (controle preventivo de normas em curso de formação). O que a jurisprudência do STF tem admitido, como exceção, é 'a legitimidade do parlamentar – e somente do parlamentar - para impetrar mandado de segurança com a finalidade de coibir atos praticados no processo de aprovação de lei ou emenda constitucional incompatíveis com disposições constitucionais que disciplinam o processo legislativo' (MS 24.667, Pleno, Min. Carlos Velloso, *DJ* de 23.04.04). Nessas excepcionais situações, em que o vício de inconstitucionalidade está diretamente relacionado a aspectos formais e procedimentais da atuação legislativa, a impetração de segurança é admissível, segundo a jurisprudência do STF, porque visa a corrigir vício já efetivamente concretizado no próprio curso do processo de formação da norma, antes mesmo e independentemente de sua final aprovação ou não. [...]".

WOLFGANG SARLET, LUIZ GUILHERME MARINONI e DANIEL MITIDIERO: "contudo, é importante perceber que, neste caso, não há controle preventivo de constitucionalidade. O que existe é controle judicial repressivo, mediante mandado de segurança".[70] Não se discute, aqui, conteúdo. Até porque ele não foi fixado, o que apenas ocorrerá com o fim da enunciação. Um procedimento pode não gerar documento jurídico algum. O procedimento (enunciação) que gera documento normativo é aquele configurado na enunciação enunciada. Por isso o caminho para o controle da produção normativa tem de se iniciar pelo veículo introdutor devidamente publicado.

A escolha do produto como ponto de partida para a análise da sua produção decorre de que ele, o produto, é o único dado objetivo. Objetivamente publicado, por meio de canal onde a distância entre o emissor e o receptor é dissolvida, para todos. O produto, o documento normativo, é o objeto imediato. Fora dele, do documento, há outro objeto que determina a sua produção; essa produção que está fora do objeto, e que já se esgotou, só se torna acessível por meio das marcas contidas no próprio objeto (produto). Mas essas marcas não dizem tudo, apenas mostram os indícios do processo. Só teremos acesso ao processo por meio de outros elementos linguísticos que são tecidos por intermédio das provas[71] previstas em outras normas jurídicas.[72]

Mandado de Segurança 32.033/DF, rel. Ministro Gilmar Mendes. redator do acórdão Ministro Teori Zavascki.

70. SARLET, Ingo Wolfgang; MARINONI, Luiz Guilherme e Mitidiero, Daniel. *Curso de direito constitucional*. 7. ed. editora Saraiva, São Paulo, 2018. p. 1000.

71. Ao tratar do giro linguístico e seu reflexo no direito, tomando como marco a fundamentação da sentença, assim se pronuncia BECLAUTE OLIVEIRA SILVA: "através desta corrente, que dá ênfase à teoria da prova, surge a ideia de que a verdade não tem por objetos fatos, mas outra proposição. Esta discussão não deixa de refletir na teoria da prova, assunto tão caro à aplicação judicial do direito e à exigência de que esta seja fundamentada". SILVA, Beclaute Oliveira. *Fundamentação da sentença como cláusula pétrea e seu reflexo na sentença civil*. Salvador: Editora JusPodivm, 2007. p. 31-32.

72. Qualquer vício no processo de elaboração das leis deve ser provado pelos meios permitidos pelo Direito. No chamado vício material, a questão envolve apenas textos normativos. No vício formal interpõe-se o fato. Daí a prova. Segundo C. A.

As normas de produção jurídica podem ser identificadas como de competência, de procedimento e de limites materiais. Separadas para fins cognoscitivos, atuam juntas de forma inseparável. A competência pressupõe um conteúdo que será desenvolvido por meio de um procedimento. Competência, conteúdo e procedimento.

No enunciado produzido encontramos a positivação dessas normas. As de competência e procedimento estão na enunciação enunciada. Ela retrata a positivação do órgão competente e procedimento seguido. No enunciado enunciado encontramos a positivação das normas de conteúdo (materiais). Como a enunciação consumiu-se, o retorno a ela ocorre por meio da enunciação enunciada, que é o que fica registrado. Aqui se verifica se a autoridade tinha competência para produzir o documento normativo. Depois, cumpre saber se a competência foi exercitada de forma correta por meio do procedimento. Constatado algum vício, é de ordem formal.

No enunciado enunciado comprova-se se a matéria foi regulada conforme a norma de produção prevista na Constituição. Dois aspectos podem ser verificados: (i) a matéria não poderia estar naquele documento. Primeiro, em face do aspecto espacial na distribuição de competências.[73] O documento normativo pertence a determinado ente federativo que não poderia legislar sobre aquele assunto. Segundo, em face do instrumento introdutor, independentemente do aspecto federativo. Embora a matéria fosse de competência da pessoa que editou o documento normativo, o tipo do documento não é o previsto na

---

LÚCIO BITTENCOURT, "A questão do que pode ser objeto de exame pelo Judiciário é uma. A que concerne à prova da violação é outra, inteiramente distinta". BITTENCOURT, C. A. Lúcio. *O controle jurisdicional da constitucionalidade das leis*. 2. ed. Rio de Janeiro: Editora Forense, 1968. p. 76.

73. "Para que possa existir a convivência harmônica das diversas normas dentro do Estado Federal, ou seja, um relacionamento adequado no plano sintático, é preciso que a esfera material das normas – a competência legislativa do Estado – seja repartida entre o órgão central e os órgãos locais." IVO, Gabriel. *Competência para a elaboração do estado-membro*. São Paulo: Editora Max Limonad, 1997. p. 80.

Constituição para regular o assunto.[74] Em ambos os casos não houve, rigorosamente, falha na enunciação. O procedimento é adequado. Mas a autoridade não poderia veicular aquela matéria. Mesmo relacionado com critério formal, o vício é material, porquanto só apanha o dispositivo que veicula a matéria, não todo o documento, a não ser que ele tenha apenas um dispositivo. Ficaria o documento sem texto. No caso de haver mais de um dispositivo, um com vício e outro não, apenas seria fulminado o que contém o vício. É uma prova que o vício não é formal, mas material. O que sai do sistema normativo é o enunciado enunciado (artigo, parágrafo, alínea etc.);[75] (ii) a matéria é regulada de forma a não se ajustar às normas constitucionais que limitam o conteúdo. Aqui o vício pode atingir o dispositivo, ou parte dele, como apenas as normas jurídicas, no caso das decisões que pronunciam a inconstitucionalidade sem redução do texto ou conforme a Constituição.[76]

Assim, são objetos do controle da constitucionalidade todos aqueles apontados. Conforme o vício, pode ser todo o documento – independentemente do conteúdo, que consiste no enunciado enunciado. O objeto do controle pode ser o enunciado enunciado, ou seja, as disposições ou parte delas. O objeto do controle pode recair, ainda, sobre as normas jurídicas

---

74. "Assim, a lei ordinária que invadir campo temático da lei complementar é inconstitucional." IVO, Gabriel. A relação entre a lei complementar e a lei ordinária. *Sistema Tributário Brasileiro e as Relações Internacionais – X Congresso Nacional de Estudos Tributários*. São Paulo: Editora Noeses, 2013. p. 364.

75. Lei Complementar 95, de 26 de fevereiro de 1998:"Art. 10. Os textos legais serão articulados com observância dos seguintes princípios:
I – a unidade básica de articulação será o artigo, indicado pela abreviatura 'Art.', seguida de numeração ordinal até o nono e cardinal a partir deste;
II – os artigos desdobrar-se-ão em parágrafos ou em incisos; os parágrafos em incisos, os incisos em alíneas e as alíneas em itens".

76. Lei 9.868, de 10 de novembro de 1999:
"Art. 28. [...]
Parágrafo único. A declaração de constitucionalidade ou de inconstitucionalidade, inclusive a *interpretação conforme a Constituição e a declaração parcial de inconstitucionalidade sem redução de texto*, têm eficácia contra todos e efeito vinculante em relação aos órgãos do Poder Judiciário e à Administração Pública federal, estadual e municipal" (destacamos).

que se constroem a partir dos enunciados prescritivos. Quando o controle tem como objeto apenas as normas, o texto prescritivo não apresenta incompatibilidade com a Constituição. De um enunciado prescritivo **EP1** derivam as normas **N1**, **N2** e **N3**; somente **N1** é inconstitucional. Ou então, em face do **EP1**, apenas **N2** se acha de acordo com a Constituição. Num caso, a decisão diz que só uma norma é constitucional. No outro, prescreve que apenas uma norma é inconstitucional.

5. A Enunciação Enunciada e o Enunciado Enunciado como Índices de Controle

O documento normativo alberga a enunciação enunciada e o enunciado enunciado. Assim, o índice do controle da constitucionalidade é o documento normativo; por isso, imprescindível a publicação. A partir do documento normativo publicado é que as normas de produção normativa são aplicadas e o seu produto ingressa no sistema jurídico. São situações que precisam ser claramente apartadas. No documento normativo, de determinado tipo de instrumento introdutor, existe sempre a possibilidade de por meio dos seus enunciados construirmos, pelo menos, duas normas jurídicas. O veículo introdutor, que consiste numa norma concreta e geral, construída a partir da enunciação enunciada; e a outra norma, que é construída a partir do enunciado enunciado, o conteúdo.

No antecedente do veículo introdutor, chamado de enunciação enunciada, verificamos a realização do procedimento prescrito na norma de produção normativa. É fato jurídico de criação normativa, que entra no mundo jurídico por meio do antecedente da norma concreta. No consequente da norma em que se consubstancia o veículo introdutor está localizada a obrigação de todos respeitarem o documento normativo como um instrumento previsto no sistema para veicular normas jurídicas.

A outra norma é construída por meio dos enunciados enunciados. É a matéria que o documento normativo se dispõe a regular. Quando o veículo introdutor é uma lei, por exemplo, as normas que ele lança são abstratas. Nada impede, no entanto, que sejam normas jurídicas gerais, individuais, concretas e abstratas. Cada elemento exposto pelo documento normativo é índice para um determinado tipo de controle: formal ou material. O controle está relacionado com a característica do conflito: formal ou material. No conflito que chamamos de formal, não é o conteúdo do documento normativo que entra em testilhas com a norma constitucional. Mas na enunciação foi desatendida a norma constitucional que regulava a elaboração do veículo introdutor. No conflito material, a questão é diversa. Há uma contradição entre o conteúdo do documento normativo e a Constituição.

5.1 Indicial pela Via da Enunciação Enunciada

Pela via da enunciação enunciada produz-se o controle formal. Uma decisão proferida no controle de constitucionalidade em face de incorreção no procedimento apenas apanha a enunciação enunciada. Nada diz, a decisão, sobre os enunciados enunciados, que podem estar conforme, materialmente, à Constituição Federal.

Com efeito, se o controle formal visa conferir o processo de formação do documento normativo, o seu objeto imediato é a enunciação (fato jurídico), cujas marcas no documento consistem na enunciação enunciada, antecedente da norma concreta e geral. A abstração, no controle formal, do sentido dos enunciados enunciados permite que em processo posterior, caso seja decidido que não houve vício na enunciação, o Supremo Tribunal Federal possa julgar inconstitucionais disposições constantes no documento normativo, ou mesmo alguma norma jurídica construída com base nelas. A decisão em face do controle formal apenas diz que o fato jurídico para a produção do documento normativo foi eficiente. Só. Convalida a enunciação.

A indicial do enunciado prescritivo denominado de enunciação enunciada apenas afeta o documento. Todavia, se no documento houver outras disposições não maculadas pela forma de produção, apenas são alcançadas as disposições afetadas. As disposições não são alcançadas pela decisão em face do seu significado, senão em função da maneira como foram produzidas. No conflito formal não é o enunciado enunciado, nem as normas que com fundamento nele são construídas, que viola a norma que estabelece o procedimento previsto na Constituição. O órgão elaborador do documento normativo é que desatende à Constituição. Se o documento normativo é julgado inconstitucional pelo Supremo Tribunal Federal, isto se deve ao fato de que na sua elaboração o procedimento não foi cumprido; por isso, é inconstitucional. Como o procedimento, a enunciação, consome-se no tempo e no espaço, o veículo introdutor, norma concreta e geral construída a partir das marcas da enunciação, a enunciação enunciada, é que é eliminado do sistema normativo; ou então, se outras disposições houver, a disposição que teve o processo de criação viciado. É como se houvesse, dentro do processo de produção total de um documento, uma repartição dele para alcançar, individualmente, as disposições.[77]

Chamamos o documento normativo inconstitucional, em face do desaparecimento da enunciação. O veículo introdutor é invalidado como efeito da inconstitucionalidade do processo de sua elaboração. O vício se encontra no procedimento de

---

77. "A violação das normas constitucionais que disciplinam o oferecimento de emendas ao projeto original também dá ensejo à inconstitucionalidade formal parcial, pois atinge apenas os dispositivos que houverem sido introduzidos no ato legislativo por força da aprovação da emenda formalmente viciada." RAMOS, Elival da Silva. *A inconstitucionalidade das lei* – vício e sanção. São Paulo: Editora Saraiva,1994. p. 165. Segundo JOSÉ LUIZ DE ANHAIA MELLO, "[...] fica estabelecido que o vício formal ou material pode atingir o ato apenas parcialmente. Em tal hipótese por força do princípio *utile per inutile non vitiatur* não deve ser o ato todo considerado inconstitucional". ANHAIA MELLO, José Luiz de. *Da separação de Poderes à guarda da Constituição*. São Paulo: Editora Revista dos Tribunais, 1968. p. 102. No mesmo sentido, MARCELO NEVES: "caso a parte regularmente elaborada de uma lei não seja lógica ou teleologicamente dependente da parte emendada de forma inconstitucional, caracteriza-se então a inconstitucionalidade formal parcial". NEVES, Marcelo. *Teoria da inconstitucionalidade das leis*. São Paulo: Editora Saraiva, 1988. p. 124. O mesmo também pode ocorrer no caso de iniciativa, cujo vício atinge apenas os dispositivos que veiculam matéria alheia à competência da autoridade.

formação de documento. Por isso nada impede que seja produzido outro documento normativo com matéria semelhante. Neste tipo de controle é fundamental a prova, que consiste na forma jurídica de se re(construir) a enunciação. Sem prova é impossível averiguar se o procedimento de elaboração de determinado documento foi conforme, ou não, à Constituição. É por meio da prova que o Direito retorna ao passado.

5.2 Indicial pela Via do Enunciado Enunciado

Por meio da indicial do enunciado enunciado, o conteúdo da lei, o assunto que pretende regular, é procedido o chamado controle material. A decisão, aqui, tem como objeto não mais a forma de produção do documento normativo, que é expresso na norma concreta e geral que decorre da enunciação enunciada, mas as disposições, ou seja, os enunciados enunciados, mesmo que a produção tenha sido adequada às normas de estrutura. O controle pode recair sobre a disposição completa (artigo, parágrafo, alínea etc.) ou sobre palavras, apenas. No primeiro caso, o Supremo Tribunal Federal entende, mesmo que de forma implícita, que todas as normas jurídicas que puderem ser construídas com base naquele dispositivo são inconstitucionais. Expungindo todo o texto, afasta todas as interpretações que podem dele decorrer. No segundo caso, quando a decisão invalida palavras contidas nas unidades em que se estrutura o documento normativo, a validade das demais expressões é assegurada, convalidada. A decisão tem como objetivo alguns sentidos que podem ser construídos a partir do enunciado. Não todos, como no caso anterior. Por isso, apenas afasta as palavras que podem propiciar o sentido indesejado pela Corte Maior.[78]

---

78. "EMENTA: AÇÃO DIRETA DE INCONSTITUCIONALIDADE. ATAQUE ÀS EXPRESSÕES 'E DOS MUNICÍPIOS' E 'OU NÃO' CONTIDAS NO ART. 6º DO ATO DAS DISPOSIÇÕES CONSTITUCIONAIS TRANSITÓRIAS DA CONSTITUIÇÃO DO ESTADO DE SANTA CATARINA.
– A expressão 'e dos Municípios' não é inconstitucional, porquanto ela está abrangida pelos beneficiários do art. 19 do Ato das Disposições Constitucionais

Quando a indicial são os enunciados enunciados surgem várias questões que precisam ser identificadas e destacadas. Uma primeira questão que se coloca consiste na ambivalência da decisão do Supremo Tribunal Federal. Segundo o art. 23 da Lei 9.868/99, efetuado o julgamento, proclamar-se-á a constitucionalidade ou a inconstitucionalidade da disposição ou norma impugnada, se num ou noutro sentido houverem se manifestado pelo menos seis ministros, quer se trate de ação direta de inconstitucionalidade ou de ação direta de constitucionalidade. A improcedência da ação direta de inconstitucionalidade proclama a constitucionalidade. Assim, proclamada a constitucionalidade, por meio de qualquer técnica, em princípio são consideradas válidas todas as normas que podem ser construídas com fulcro no dispositivo questionado. Diante de uma decisão que atesta a constitucionalidade do dispositivo, que permanece no sistema, é de se saber se pode o mesmo dispositivo ser submetido a uma nova apreciação do Supremo Tribunal Federal. A convalidação promovida pelo Supremo Tribunal Federal se refere ao dispositivo ou às normas? Pode posteriormente a Corte Maior julgar inconstitucional alguma norma que decorra daquela disposição convalidada, cujo sentido não foi discutido no processo anterior?

Transitórias da Constituição Federal que outorga a estabilidade no serviço público, nas condições ali estabelecidas, também aos servidores públicos civis dos Municípios. – É inconstitucional, porém, a expressão *'ou não'*, uma vez que ela amplia a concessão feita pelo referido art. 19 do Ato das Disposições Constitucionais Transitórias da Constituição Federal – que exige que os cinco anos sejam continuados –, ofendendo, assim, o princípio geral constitucional da necessidade do concurso público de provas ou de provas e de títulos para a investidura em cargo ou emprego públicos. – Ação direta de inconstitucionalidade que se julga parcialmente procedente, para declarar a inconstitucionalidade da expressão 'ou não' contida no art. 6º do Ato das Disposições Constitucionais Transitórias da Constituição do Estado de Santa Catarina". Ação Direta de Inconstitucionalidade 208-2/SC, rel. Ministro Moreira Alves, *DJ* 19.12.2002.

Ao invalidar a expressão "*ou não*", o Supremo Tribunal Federal afastou a norma que poderia ser construída a partir dela. A expressão em si, isolada do contexto, nada tem de problemática. Mas, ao conectar sentido com outros textos, possibilita a construção de uma norma jurídica incompatível com a norma constitucional.

É preciso que fique evidente que todo juízo de constitucionalidade tem como forma de expressão a norma jurídica.[79] A lição de FRANCISCO JAVIER EZQUIAGA GANUZAS esclarece: "[...] cualquier juicio de constitucionalidad tiene por objeto normas: las atribuidas a una disposición constitucional y las atribuidas a la disposición de rango legal enjuiciada". O julgamento é sempre acerca de normas (S3), no entanto, o pronunciamento é sobre o enunciado (disposição). É que para chegarmos a um entendimento sobre a constitucionalidade ou não de um dispositivo, temos de interpretá-lo e interpretar também a disposição constitucional que serve de parâmetro para avaliar se existe uma incompatibilidade ou não. Entretanto, o resultado do controle, após a interpretação dos dispositivos envolvidos, o objeto da decisão, não o objeto do raciocínio, é que pode ser a *disposição* como também a *norma* jurídica. No caso que estamos analisando agora, o objeto da decisão é o enunciado enunciado. Não aquele julgado inconstitucional, que sai do sistema normativo e não gera problemas no futuro. Na ausência de texto, não há norma jurídica a ser produzida a partir da interpretação.[80] As questões surgem quando o dispositivo é mantido no ordenamento jurídico, porquanto sua manutenção permite que continue gerando sentido.

O dispositivo convalidado pode, no futuro, dar ensejo à construção de outros sentidos (normas) que não aquele discutido na ação direta de inconstitucionalidade ou constitucionalidade. No entanto, os novos sentidos (normas) têm um limite, conforme mostrado anteriormente. Assim, havendo mudanças

---

79. GANUZAS, Francisco Javier Ezquiaga. *La Producción Jurídica y su Control por el Tribunal Constitucional.* Valencia: Editorial Tirant lo Blanch, 1999. p. 240.

80. "Hermeneuticamente, uma decisão que declara a inconstitucionalidade é uma decisão que 'nadifica'. Se uma lei é invalidada pelo Tribunal encarregado de dizer por último se uma lei é constitucional ou não, como admitir que alguém, juiz ou tribunal, pudesse dizer o contrário? E sobre o que o juiz estaria julgando? Sobre algo que deixou de ser válido? Sobre uma lei írrita? Nenhuma? Portanto, nada mais lógico que o efeito vinculante em ação que declara a inconstitucionalidade de um ato normativo." STRECK, Lenio Luiz. *Jurisdição constitucional e decisão jurídica.* 4. ed. São Paulo: Editora Revista dos Tribunais, 2014. p. 723.

nas normas construídas com base na Constituição ou na legislação, nada impede a reapreciação. Nesse sentido se pronuncia FRANCISCO JAVIER EZQUIAGA GANUZAS: "desde un punto de vista puramente teórico, por tanto, hay razones suficientes para afirmar que el juicio de constitucionalidad puede volver a ser efectuado en relación con la misma disposición, cuando las normas constitucionales o legales han cambiado".[81]

Rigorosamente, não é o dispositivo, na sua materialidade, que será o objeto de controle da nova apreciação, mas uma norma jurídica, construída com fundamento nele, até então não questionada. A decisão, no novo processo, não vai agora dizer que o dispositivo antes julgado constitucional é agora inconstitucional e retirá-lo do sistema normativo. Não. O dispositivo, convalidado, permanece. A norma suscitada é que poderá ser excluída, por inconstitucional, do ordenamento normativo. O controle, em face da nova questão, vai ocorrer no plano das normas jurídicas, e não no plano da expressão, onde estão os enunciados prescritivos. No plano da expressão, o dispositivo julgado anteriormente constitucional só poderá ser excluído por meio de revogação.[82]

A disposição é a mesma (plano da expressão), mas a norma jurídica não, porquanto expressa sentido diverso do discutido

---

81. GANUZAS, Francisco Javier Ezquiaga. *La Producción Jurídica y su Control por el Tribunal Constitucional.* Valencia: Editorial Tirant lo Blanch, 1999. p. 241. Segundo LENIO LUIZ STRECK, "a vinculação da decisão em sede de interpretação conforme para todos os casos provoca o velamento do sentido possível das demais hipóteses advindas da aplicação do texto jurídico no processo aplicativo, que ocorre sempre em um determinado tempo. Além disso, a se aceitar o efeito vinculante em sede de decisão declaratória de constitucionalidade, em sede de interpretação conforme, de nulidade parcial sem redução do texto e nas decisões que rejeitem a ação direta de inconstitucionalidade, estar-se-ia ignorando os efeitos daquilo que se denomina de mutação constitucional". STRECK, Lenio Luiz. *Jurisdição constitucional e decisão jurídica.* 4. ed. São Paulo: Editora Revista dos Tribunais, 2014. p. 798.

82. Não estamos falando de dispositivos sinônimos contidos em documentos normativos diversos. Nesses casos, pode o Supremo Tribunal Federal mudar de entendimento; no entanto, o dispositivo, embora tenha o mesmo sentido do anterior, está contido em outro documento normativo. Também não é o caso da chamada "inconstitucionalidade superveniente", pois conforme posição no presente trabalho, é revogação, não inconstitucionalidade.

anteriormente. O objeto do controle da constitucionalidade tanto podem ser as disposições (enunciados prescritivos) quanto as normas jurídicas. No primeiro caso, o objeto foi a disposição, é bem verdade que em face de sentido (argumento), que foi entendida como constitucional. No segundo caso, a disposição continua sendo constitucional, mas uma ou algumas das normas que podem ser construídas com suporte nela, não. Por isso o objeto do controle não pode ser apenas os enunciados prescritivos, devendo alcançar as normas jurídicas. É o que veremos.

5.3 Indicial pelo Cotejo de Normas

O controle da constitucionalidade tem, também, como objeto apenas normas jurídicas. São as chamadas decisões interpretativas.[83] Não se quer dizer com isso que as outras decisões prescindem da interpretação. Seria um indesculpável retorno ao tempo do "*in claris non fit interpretatio*". Mas apenas para chamar a atenção que essas decisões não afetam, na sua materialidade, o enunciado prescritivo. Essa modalidade de decisão apenas apanha a norma ou as normas jurídicas que podem ser construídas com fulcro na disposição normativa.[84] O controle, por se tratar de normas jurídicas, ocorre no plano das significações, embora o plano da expressão sirva de índice. Afinal de contas, não há norma jurídica desprovida de enunciado prescritivo que lhe sirva de expressão, conforme

83. "Toda sentencia interpretativa supone la afirmación, explícita o implícita, de la inconstitucionalidad parcial de un precepto, que sin embargo no afecta a su texto. Estas decisiones se enfrenan a una disposición de la que derivan conjunta o alternativamente varias normas, alguna de la cuales es inconstitucional". REVORIO, Francisco Javier Diaz. Las Sentencias Interpretativas del Tribunal Constitucional, editorial Lex Nova, Valladolid, 2001. p. 158.

84. "[...] é preciso salientar que, embora tenham diferenças, ambas as 'técnicas' – a interpretação conforme a Constituição e a nulidade parcial sem redução de texto – são espécies do gênero 'decisões interpretativas'. Entretanto, ainda antes disso é preciso salientar que o conceito de 'decisões interpretativas' perde importância, se entendido a partir dos pressupostos da fenomenologia hermenêutica, questão, aliás, que já ficou esclarecida em ocasiões anteriores desta obra". STRECK, Lenio Luiz. *Jurisdição constitucional e decisão jurídica*. 4. ed. São Paulo: Editora Revista dos Tribunais, 2014. p. 775.

enfatizado no início do trabalho. Nas decisões que têm como objeto normas jurídicas, a disposição (enunciado prescritivo) fica preservada. Apenas se avalia o sentido ou sentidos que tais enunciados podem produzir. A decisão não mexe numa letra sequer. Apenas alcança o sentido.

Assim, os quatro planos em que o direito se apresenta, conforme lição do Professor PAULO DE BARROS CARVALHO, permitem que a distinção entre enunciado prescritivo e norma jurídica reste evidente. Tal distinção é o pressuposto básico que lança luzes sobre o entendimento das decisões chamadas interpretativas; estas têm como traço característico a manutenção íntegra (= sem redução) do enunciado prescritivo. Refere-se, apenas, a parte de seu conteúdo. As decisões interpretativas se pronunciam sobre uma norma que, do enunciado prescritivo, se pode construir por meio da interpretação. Não se pronuncia sobre o enunciado. Não o toca; diminui o seu sentido. É por isso que se diz que a interpretação em sede de decisões interpretativas desempenha papel singular. Em toda e qualquer aplicação do Direito há interpretação. Nas decisões interpretativas é como se ela constituísse a própria decisão.

A decisão, quando tem por objeto normas jurídicas, indica (i) a única norma que pode ser obtida por meio daquela disposição, compatível com as normas constitucionais, restando incompatíveis todas as demais normas jurídicas. Ou então, (ii) prescreve a norma jurídica que é incompatível com as normas contidas na Constituição, entendendo, em princípio, constitucionais as demais.

Assim, quando estamos diante de sentenças interpretativas, o objeto de controle são normas jurídicas. O enunciado prescritivo, base da construção das normas jurídicas, não é invalidado pela decisão do Supremo Tribunal Federal. A disposição permanece pertencendo ao sistema, porquanto é julgada conforme a Constituição.

A decisão fruto do controle pode estabelecer que a disposição (enunciado prescritivo), sempre que for interpretada de determinado modo, é inconstitucional. A decisão, aqui, fixa a inconstitucionalidade de uma norma jurídica, que pode ser construída a partir da disposição.[85] Não se condicionou a interpretação que pode suportar o dispositivo para o futuro. Isso não inibe que outras normas sejam construídas com fundamento no dispositivo; apenas o Tribunal afastou do sistema jurídico uma norma jurídica específica, por incompatível com a Constituição.

A decisão pode estabelecer que a disposição é inconstitucional, a não ser que seja interpretada de determinada maneira. O enunciado prescritivo só pode ser tido como constitucional se dele só for construída uma única norma. A decisão determina que todas as demais normas que podem ser construídas com apoio naquele dispositivo são incompatíveis com a Constituição. Exceto a norma que o Tribunal construiu, as demais são inconstitucionais.[86] A disposição só pode dar ensejo, validamente,

---

85. "EMENTA: [...] declarando, sem redução do texto, a inconstitucionalidade parcial do parágrafo único do art. 1º da Lei 9.696, de 24.07.1992, do Estado do Rio Grande de Sul, para *excluir interpretação* do dispositivo que considere abrangidos, na regra de reajustes e de equiparação, nele prevista, os Oficiais da Polícia Militar. [...]". Ação Direta de Inconstitucionalidade 761-1/RS, rel. Ministro Néri da Silveira, *DJ* 01.07.94.

86. "EMENTA - LISTA DE MERECIMENTO - TRIBUNAL REONAL DO TRABALHO DA VIGÉSIMA PRIMEIRA REGIÃO - RIO GRANDE DO NORTE - LEI 8.215/91 - CONSTITUCIONALIDADE.
- A Lei 8.215/91 mostra-se constitucional no que se lhe empreste interpretação harmônica com as seguintes premissas: a) a consideração do exercício por mais de dois anos e da quinta parte da lista de antiguidade ocorre vaga-a-vaga, descabendo fixá-la, de início e de forma global, para preenchimento das diversas existentes; b) confeccionada a lista de merecimento para a primeira vaga, apuram-se, para a vaga subsequente, os nomes dos juízes que, afastados os já selecionados, componham a referida quinta parte de antiguidade e tenham, no cargo de Presidente de Junta de Conciliação e Julgamento, dois anos de exercício; c) a regra constante da parte final da alínea 'b' do inciso II do art. 93 da Carta Federal diz respeito à lista de merecimento a ser elaborada e não à vaga aberta, podendo o Tribunal, de qualquer forma, recusar o nome remanescente, observada a maioria qualificada de dois terços; d) inexistentes juízes que atendam às condições cumulativas previstas na alínea 'b' do inciso II do art. 93 da Lei Básica Federal em número suficiente à feitura da lista tríplice, apura-se a primeira quinta parte dos mais antigos, considerados todos os magistrados, isto para os lugares remanescentes na lista de merecimento". Ação Direta de Inconstitucionalidade 581-2/DF, rel. Ministro Marco Aurélio, *DJ* 06.11.92.
No texto do acórdão, a interpretação conforme fica bem evidente, "[...] declarando a constitucionalidade da 2ª parte do § 1º do art. 3º da Lei 8.215, de 25.07.91, considerada a interpretação dada no voto do Relator, afastar por inconstitucionalidade qualquer outra exegese que a contrarie". A decisão fixa uma interpretação e considera

a uma única norma que o Tribunal indica. Só assim o enunciado prescritivo é constitucional. A decisão condiciona completamente, para o futuro, a produção de novas normas.

6. Perda da Validade por meio da Inconstitucionalidade e da Revogação

Por fim, cumpre realizar uma distinção entre inconstitucionalidade e revogação.[87] A atividade de enunciação consiste em criar enunciados prescritivos. Mas a criação de enunciados prescritivos pode ter como finalidade a revogação de outros enunciados. A revogação, embora cancele inicialmente a vigência, ao final apanha a validade. Assim, ao lado da inconstitucionalidade, a revogação consiste numa forma de cancelamento da validade.[88] As duas formas de positivação do Direito têm aspectos distintos que merecem ser destacados.

A revogação, exceto no caso de alteração da Constituição que pode estabelecer a revogação quando não há recepção,[89]

---

inconstitucional qualquer outra. A única forma de o enunciado adequar-se à Constituição é por meio da norma jurídica construída na decisão.

87. Sobre revogação, ver IVO, Gabriel. Considerações acerca da revogação (é possível falar de revogação tácita?). *Segurança Jurídica na Tributação e Estado de Direito – II Congresso Nacional de Estudos Tributários*. São Paulo: Editora Noeses, 2005. p. 191-233.

88. Segundo PAULO DE BARROS CARVALHO, "[...] o ordenamento jurídico brasileiro estabelece meios diferentes para declarar inválida u'a norma do sistema: um deles é a revogação expressa; outro a revogação tácita, pelo aparecimento de preceito em sentido diverso; outro ainda é a subtração de seu fundamento de validade, com a ruptura do vínculo de subordinação que a suportava. Essas são fórmulas legislativas; mas o Executivo e o Judiciário poderão fazê-lo, nos casos que o direito positivo prescreve". CARVALHO, Paulo de Barros. COFINS – A Lei 9.718/98 e a Emenda Constitucional 20/98. *Revista de Direito Tributário*, São Paulo, Malheiros Editores, n. 75, p. 183.

89. "EMENTA: CONSTITUIÇÃO. LEI ANTERIOR QUE A CONTRARIE. REVOGAÇÃO. INCONSTITUCIONALIDADE SUPERVENIENTE. IMPOSSIBILIDADE. 1. A lei ou é constitucional ou não é lei. Lei inconstitucional é uma contradição em si. A lei é constitucional quando fiel à Constituição; inconstitucional na medida em que a desrespeita, dispondo sobre o que lhe era vedado. O vício da inconstitucionalidade é congênito à lei e há de ser apurado em face da Constituição vigente ao tempo de sua elaboração. Lei anterior não pode ser inconstitucional em relação à Constituição superveniente; nem o legislador poderia infringir Constituição futura.

é sempre promovida por um ato do mesmo órgão que criou a norma, e segue o mesmo processo de criação, cujo conteúdo é a fixação da data final do âmbito temporal da norma. No caso da legislação concorrente, onde existe uma articulação de matérias, e não propriamente uma separação, a revogação não se dá. É que, mesmo nessas situações, a matéria a ser legislada não é idêntica. Por isso, impossível a revogação. Na hipótese do § 3º do art. 24 da CF/88, onde inexistindo lei federal sobre normas gerais podem os Estados-membros exercer a competência legislativa plena para atender às suas peculiaridades, a solução do § 4º do mesmo artigo não resulta em revogação. Mas em mera suspensão de vigência, para o futuro, enquanto perdurar a lei federal. Sendo esta revogada, o instrumento normativo estadual tem a sua vigência – que estava impedida por força da lei federal sobre normas gerais – restaurada.

Tomando como exemplo as leis, a atividade de enunciação que resulta na criação da norma revogadora é exercida pelo Poder Legislativo e decorre de uma apreciação de política legislativa, no sentido de atender a situações de conveniência e oportunidade. A revogação busca a inovação do sistema jurídico, adequando-o às novas exigências da sociedade. A revogação consiste na aplicação do princípio da cronologia. A causa da revogação se encontra no futuro, ou seja, é sempre posterior ao momento da promulgação e publicação da norma revogada. Outro ponto que merece atenção é que a revogação pode estar no mesmo documento normativo, quando ele, por meio de suas disposições, estabelece a data final do seu âmbito temporal. Dos próprios enunciados prescritivos contidos no documento normativo se constrói a norma concreta e geral

---

A Constituição sobrevinda não torna inconstitucionais leis anteriores com ela conflitantes: revoga-as. Pelo fato de ser superior, a Constituição não deixa de produzir efeitos revogatórios. Seria ilógico que a lei fundamental, por ser suprema, não revogasse, ao ser promulgada, leis ordinárias. A lei maior valeria menos que a lei ordinária. 2. Reafirmação da antiga jurisprudência do STF, mais que cinquentenária. 3. Ação direta de que se não conhece por impossibilidade jurídica do pedido". Ação Direta de Inconstitucionalidade 2/DF, rel. Min. Paulo Brossard, julgamento 06.02.1992.

que, embora no mesmo suporte físico, exerce função metalinguística. Já a decisão de inconstitucionalidade é um ato jurisdicional, fruto da afirmação do direito e da supremacia da Constituição; por isso, consiste na aplicação do princípio da hierarquia. A inconstitucionalidade supõe um vício da norma em questão e busca a conservação do sistema jurídico.

A revogação expressa, por estar consubstanciada numa norma concreta e geral revocatória, assemelha-se à decisão do Supremo Tribunal Federal proferida no controle direto da constitucionalidade. Ambas são normas concretas e gerais, e retiram o enunciado prescritivo do sistema normativo. No caso da decisão no controle abstrato da constitucionalidade, há uma diferença, no entanto. Enquanto a revogação expressa retira do sistema, diretamente, apenas enunciados prescritivos, situados no plano da expressão, a decisão do Supremo Tribunal Federal expulsa do ordenamento não só enunciados prescritivos, como também pode ter como objeto apenas normas jurídicas, deixando intactos os enunciados prescritivos, conforme mostrado anteriormente.

Já a revogação tácita, ante a ausência de norma revocatória, assemelha-se ao controle difuso da constitucionalidade, pois só opera no plano dos casos concretos e nada retira do sistema.[90] Apenas, na solução dos casos, o aplicador não constrói norma com base nos enunciados que entende revogados ou inválidos. É critério para a solução de conflitos normativos. Por isso, é de questionar a existência, ou não, da denominada revogação tácita. A Lei 9.882/99, veicula importante dispositivo relacionado com a chamada "inconstitucionalidade superveniente". Conforme estabelece o inciso

90. "A revogação tácita é um dos assuntos mais árduos que o operador do direito tem de enfrentar, e o juiz, diante de um caso concreto, deve aplicar toda a sua experiência e conhecimento para decidir com prudência e exatidão. Nem sempre a inconciliabilidade entre os textos é flagrante e evidente. Tratando-se de incompatibilidade com a Constituição, a matéria fica ainda mais eriçada de dúvidas, pois a solução do problema passa a ter um conteúdo político, histórico e ideológico mais acentuado." ZENO VELOSO, *Controle jurisdicional de constitucionalidade.* 2. ed. Belo Horizonte: Editora DelRey, 2000. p. 235.

I do parágrafo único do seu art. 1º, caberá arguição de descumprimento de preceito fundamental quando for relevante o fundamento da controvérsia constitucional sobre lei ou ato normativo federal, estadual ou municipal, incluídos os anteriores à Constituição. A regra possibilita a expulsão, de forma abstrata, do sistema jurídico dos enunciados prescritivos não recepcionados por norma constitucional. Trata-se de controle em tese de norma revogada tacitamente, ou seja, não recepcionada, com efeito *erga omnes*. A norma veiculada pela decisão do Supremo Tribunal Federal é concreta e geral. Concreta, porque indica o exercício de uma dada competência, por meio de um procedimento, para apreciar a incompatibilidade entre as normas realizadas no plano do acontecimento. Geral, porque determina a todos a obrigatoriedade de reconhecer que a norma **N** não é mais componente do sistema jurídico, uma vez que não foi recepcionada por superveniente norma constitucional.[91] Revogada, portanto.

7. Síntese das Categorias Apresentadas e Palavras Finais

O Construtivismo Lógico-Semântico consiste num método importante e funcional para a compreensão e a explicação do Direito, especialmente a sua forma de produção que consiste no aspecto dinâmico. A linguagem cerca o Direito por todos os lados; ao mesmo tempo, permite o ingresso nas suas estruturas. As categorias denominadas enunciação, enunciado, enunciação enunciada e enunciado enunciado

91. "10. NÃO RECEPÇÃO EM BLOCO DA LEI 5.250 PELA NOVA ORDEM CONSTITUCIONAL. [...] 10.2. Incompatibilidade material insuperável entre a Lei 5.250/67 e a Constituição de 1988. [...] 10.3 São de todo imprestáveis as tentativas de conciliação hermenêutica da Lei 5.250/67 com a Constituição, seja mediante expurgo puro e simples de destacados dispositivos da lei, seja mediante o emprego dessa refinada técnica de controle de constitucionalidade que atende pelo nome de 'interpretação conforme a Constituição'. [...] 12. PROCEDÊNCIA DA AÇÃO. Total procedência da ADPF, para o efeito de declarar como não recepcionado pela Constituição de 1988 todo o conjunto de dispositivos da Lei federal 5.250, de 9 de fevereiro de 1967." Arguição de Descumprimento de Preceito Fundamental 130/DF, rel. Ministro Carlos Britto, julgamento 30.04.2009.

facilitam o estudo não somente da produção dos enunciados, como também o seu controle, permitindo a indicação do vício correspondente.

Conforme visto, tais categorias podem ser sintetizadas da seguinte forma. A (i) *enunciação* é o ato que produz o enunciado. Constitui o enunciado. Sem enunciação não há enunciado; por isso, antecede-o, sempre. O (ii) *enunciado* é o produto, o resultante da enunciação. O enunciado, no entanto, além de comportar o enunciado propriamente dito, suporta as marcas da enunciação. É a (iii) *enunciação enunciada*. O simulacro da enunciação, que não se confunde com a própria enunciação. Esta é inacessível ao conhecimento, a não ser quando se promove o procedimento de catálise, ou seja, investiga-se a causa a partir da sua consequência. Da consequência (enunciação enunciada), investiga-se a causa (enunciação). O enunciado também contém o (iv) *enunciado enunciado*, que é a sequência enunciada sem as marcas da enunciação. O enunciado enunciado é o conteúdo do texto, abstraído o seu processo. O enunciado sem a enunciação enunciada. A partir deles, é possível isolar qual elemento é o objeto de controle. Pela via da enunciação enunciada, pela via do enunciado enunciado e pela via das normas jurídicas.

Desse modo, estudamos o controle formal e o controle material da produção normativa. A distinção entre texto (S1) e norma (S3) desembaraça a compreensão de temas relevantes no controle da validade, inclusive a possibilidade de reapreciação de texto já julgado válido, mas em face de outro sentido (norma) antes não enfrentado pela decisão. Outro ponto ressaltado no trabalho refere-se à distinção entre a inconstitucionalidade e a revogação, formas de perda da validade, mas com aspectos diferentes. As categorias utilizadas ajudam a análise dos temas, inclusive sobre o complexo tema da revogação tácita, sempre envolto em dificuldades para a sua aplicação. É comum a análise da revogação expressa e da revogação tácita sem a demonstração da relevante distinção que há entre elas.

Sempre que escrevemos sobre o Direito, gostamos de ressaltar que o Direito tem apenas uma finalidade, que é regular a complexa conduta humana. Por isso, o Direito não só garante a democracia, mas por ela deve ser controlado. E o controle está, justamente, nos modos de produção normativa.

Referências

ABBAGNANO, Nicola. Dicionário de filosofia. 2. ed. Tradução Alfredo Bosi, São Paulo: Editora Mestre Jou, 1982.

AFTALION, Enrique R.; OLANO, Fernando Garcia; VILANOVA, José. *Introducción al Derecho*, 12. ed. Buenos Aires, Abeledo-Perrot, 1983.

ALCHOURRON, Carlos E.; BULYGIN, Eugenio. *Introducción a la Metodologia de las Ciencias Jurídicas y Sociales*. 2. reimp. Buenos Aires: Editorial Astrea, 1993.

ANDRADE, Carlos Drummond de. Procura da poesia, do livro A Rosa do Povo. *Poesia e prosa*. Rio de Janeiro: Editora Nova Aguilar, 1988.

ANHAIA MELLO, José Luiz de. *Da separação de Poderes à guarda da Constituição*. São Paulo: Editora Revista dos Tribunais, 1968.

BITTENCOURT, C. A. Lúcio. *O controle jurisdicional da constitucionalidade das leis*. 2. ed. Rio de Janeiro: Editora Forense, 1968.

BOBBIO, Norberto. *O futuro da democracia* – uma defesa das regras do jogo. 5. ed. Tradução Marco Aurélio Nogueira. São Paulo: Editora Paz e Terra, 1992.

______. *Teoria Generale del Diritto*. Torino: G. Giappichelli Editore, 1993.

BORGES, José Souto Maior. *Ciência feliz* – sobre o mundo jurídico e outros mundos. Recife: Fundação Cultura Cidade do Recife,1994.

BULYGIN, Eugenio. *Tempo y Validez, Análisis Lógico y Derecho*. Madrid: Centro de Estúdios Constitucionales, 1991.

CARVALHO, Aurora Tomazini de. O constructivismo lógico-semântico como método de trabalho na elaboração jurídica. In: CARVALHO, Paulo de Barros (coord.); CARVALHO, Aurora Tomazini de (org.). *Construtivismo lógico-semântico*. São Paulo: Editora Noeses, 2018. v. 2.

_____. *Curso de teoria geral do direito* – o construtivismo lógico-semântico. 5. ed. São Paulo: Editora Noeses, 2016.

CARVALHO, Paulo de Barros. COFINS – A Lei 9.718/98 e a Emenda Constitucional 20/98, *Revista de Direito Tributário*, São Paulo, Malheiros Editores, n. 75.

_____. Constructivismo lógico-semântico. In: CARVALHO, Paulo de Barros (coord.); CARVALHO, Aurora Tomazini de (org.). *Construtivismo lógico-semântico*. São Paulo: Editora Noeses, 2018. v. 2.

_____. *Curso de direito tributário*. 28. ed. São Paulo: Editora Saraiva, 2017.

_____. *Direito tributário* – fundamentos jurídicos da incidência. 4. ed. São Paulo: Editora Saraiva, 2006.

ECO, Umberto. *Interpretação e superinterpretação*. São Paulo: Editora Martins Fontes, 1993.

FARREL, Martín Diego. *Hacia un criterio empírico de validez*. Buenos Aires: Editorial Astrea, 1972.

FERRAZ JUNIOR, Tércio Sampaio. *Introdução ao estudo do direito*. 9. ed. São Paulo: Editora Atlas, 2016.

GANUZAS, Francisco Javier Ezquiaga. *La Producción Jurídica y su Control por el Tribunal Constitucional*. Valencia: Editorial Tirant lo Blanch, 1999.

GOMES CANOTILHO, J. J. *Direito constitucional e teoria da Constituição*. 7. ed. 20. reimp. Coimbra: Livraria Almedina,2018.

GÓMEZ, Astrid; BRUERA, Olga María. *Analisis del Lenguaje Juridico*. Buenos Aires: Editorial Belgrano, 1998.

GUASTINI, Riccardo. *Dalle Fonti Alle Norme*. Torino: G. Giappichelli Editore, 1992.

______. *Distinguiendo* – estudios de teoría y metateoría del derecho. Barcelona: editorial Gedisa, 1999.

______. *La Sintaxis del Derecho*. Traducción Álvaro Núñez Vaquero, Madrid: Marcial Pons, 2016.

IANNI, Octávio. *Língua e sociedade, aulas de português*. organizado por André Valente, Petrópolis: Editora Vozes, 1999.

IVO, Gabriel. *Competência para a elaboração do estado-membro*. São Paulo: Editora Max Limonad, 1997.

______. Considerações acerca da revogação (é possível falar de revogação tácita?). *Segurança Jurídica na Tributação e Estado de Direito – II Congresso Nacional de Estudos Tributários*. São Paulo: Editora Noeses, 2005.

______. O direito e a inevitabilidade do cerco da linguagem. In: CARVALHO, Paulo de Barros (coord.); CARVALHO, Aurora Tomazini de (org.). *Construtivismo lógico-semântico*. São Paulo: Editora Noeses, 2014. v. 1.

______. A relação entre a lei complementar e a lei ordinária. *Sistema Tributário Brasileiro e as Relações Internacionais – X Congresso Nacional de Estudos Tributários*. São Paulo: Editora Noeses, 2013.

_____. Teorias sobre a incidência: a incidência como operação linguística. In: CARVALHO, Paulo de Barros (coord.); CARVALHO, Aurora Tomazini de (org.). *Construtivismo lógico-semântico*. São Paulo: Editora Noeses, 2018. v. 2.

KELSEN, Hans. *Teoría General del Derecho y del Estado*. Tradução Eduardo Garcia Máynez. México: Universidad Nacional Autónoma del México, 1988.

_____. *Teoria geral das normas*. Tradução José Florentino Duarte. Porto Alegre: Sergio Antonio Fabris Editor, 1986.

_____. *Teoría Pura del Derecho*. 8. ed. Tradução Roberto J. Vernengo. México: Editorial Porrúa, 1995.

MELLO, Marcos Bernardes de. *Teoria do fato jurídico* – plano da existência. 12. ed. São Paulo: Editora Saraiva, 2003.

MELO NETO, João Cabral de. *Rios sem discurso*. Antologia poética. Rio de Janeiro: José Olympio Editora, 1991.

MENDONCA, Daniel. *Interpretación y aplicación del derecho*. Almería: Universidad de Almería, 1997.

MIRANDA, Pontes de. *Comentários à Constituição de 1967, com a emenda 1 de 1969*. 3. ed. Rio de Janeiro: Editora Forense, 1987. t. III.

_____. *Tratado de direito privado*. 4. ed. São Paulo: Editora Revista dos Tribunais, 1983. t. 4.

NEVES, Marcelo. *Entre Hidra e Hércules* – princípios e regras constitucionais. São Paulo, Editora Martins Fontes, 2013.

_____. *Teoria da inconstitucionalidade das leis*. São Paulo: Editora Saraiva, 1988.

OTTO, Ignacio de. *Derecho Constitucional* – sistema de fuentes. Barcelona: Editorial Ariel, 1991.

RAMOS, Elival da Silva. *A inconstitucionalidade das lei* – vício e sanção. São Paulo: Editora Saraiva,1994.

REVORIO, Francisco Javier Diaz. Las Sentencias Interpretativas del Tribunal Constitucional, editorial Lex Nova, Valladolid, 2001.

ROBLES, Gregorio. *El Derecho como Texto (cuatro estúdios de teoria cumunicacional del derecho)*. Madrid: Editorial Civitas, 1998.

______. *Teoria Del Derecho (fundamentos de teoria comunicacional del derecho)*. 3. ed. Espanha: Editorial Civitas/Thomson Reuters, 2010. v. I.

SANTI, Eurico Marcos Diniz de. *Decadência e prescrição no direito tributário*. 4. ed. São Paulo: Editora Saraiva, 2011.

SARLET, Ingo Wolfgang; MARINONI, Luiz Guilherme e Mitidiero, Daniel. *Curso de direito constitucional*. 7. ed. editora Saraiva, São Paulo, 2018.

SILVA, Beclaute Oliveira. *Fundamentação da sentença como cláusula pétrea e seu reflexo na sentença civil*. Salvador: Editora JusPodivm, 2007.

STRECK, Lenio Luiz. *Jurisdição constitucional e decisão jurídica*. 4. ed. São Paulo: Editora Revista dos Tribunais, 2014.

VELOSO, Zeno. *Controle jurisdicional de constitucionalidade*. 2. ed. Belo Horizonte: Editora DelRey, 2000.

VILANOVA, Lourival. *As estruturas lógicas e o sistema do direito positivo*. 3. ed. São Paulo: Editora Noeses, 2005.

______. *Lógica jurídica*. São Paulo: José Bushatsk Editor, 1976.

______. Teoria da norma fundamental – comentários à margem de Kelsen. *Estudos em homenagem a Miguel Reale*. São Paulo: Editora Revista dos Tribunais, 1977.

_____. Teoria jurídica da revolução (anotações à margem de Kelsen). *Escritos jurídicos e filosóficos*. São Paulo: Axis Mvndi/IBET, 2003. v. 1.

ZENO VELOSO, *Controle jurisdicional de constitucionalidade*. 2. ed. Belo Horizonte: Editora DelRey, 2000.

AS IMPLICAÇÕES DA FALTA DE TRANSPARÊNCIA NOS ATOS DE APLICAÇÃO DA NORMA: UMA ANÁLISE A PARTIR DO CONSTRUTIVISMO LÓGICO-SEMÂNTICO

Galderise Fernandes Teles[1]

Jade Thomaz Veloso[2]

Sumário: 1. Introdução – Exposição da problemática. 2. Mecanismos aptos a fazer esse controle. 2.1 Fonte jurídica do direito – elemento identificador de dêiticos de vontade – processo de enunciação. 2.2 Adequada construção do fato jurídico. 2.3 Necessário enquadramento do fato à norma: subsunção e aplicação. 2.4 O elemento axiológico inerente ao ato de decidir – valor. 3. Conclusão: A transparência da aplicação do enunciado como ato concretizador da segurança jurídica. Referências.

1. Introdução – Exposição da problemática

A busca por um modelo que reflita padrões de estabilidade e previsibilidade é ato inerente à própria condição humana. No estabelecimento de nossas relações, em regra, optamos

---

1. Advogado. Juiz do Tribunal de Impostos e Taxas do Estado de São Paulo. Especialista em Direito Tributário – PUC/COGEAE. Mestre e Doutorando em Direito – PUC/SP.

2. Advogada em São Paulo – SP. Mestranda em Direito Tributário- Efetividade do Direito pela PUC - SP. Especialista em Direito Tributário pelo IBET e em Gestão Pública pela UNIFESP.

por molduras onde o previsível e estável se façam presentes em maior medida do que o incerto e inseguro.

A insegurança é desvalor que inevitavelmente lidamos, contudo, rechaçamos a cada oportunidade possível. Nesse contexto, tão importante quanto a estabilidade nas relações humanas, são relações jurídicas construídas visando o alcance da segurança e previsibilidade.

Ocorre que esses valores passam por processo de mitigação – resultado de práticas não transparentes, muitas vezes dissociadas dos princípios formadores de nosso arquétipo constitucional.

Vivemos em um sistema social globalizado, onde o intercâmbio de informações acontece de forma veloz e constante, tal velocidade não é acompanhada pelos sistemas jurídicos, e a diversidade histórica, cultural, política e econômica contribui para que não encontremos harmonia nas práticas jurídicas dos inúmeros sistemas jurídicos estruturais.

Essa constante incerteza, aliada à multiplicidade de normas estrangeiras, reiteradas tentativas de incorporação de conceitos alienígenas ao direito pátrio, e a falta de transparência na elaboração e na aplicação das normas jurídicas fazem com que a insegurança ganhe contornos acentuados no âmbito jurídico, não possibilitando a instauração de uma relação de confiança entre o Fisco e o contribuinte.

Um sistema jurídico onde não existe segurança jurídica, não exprime o valor de liberdade, não possibilita que sua população aja livremente, ao passo que pode criar limitações não consentidas pela sociedade, isso é verificado nas assertivas utilizadas pelo Fisco ao tentar implementar, por exemplo, normas antielisivas baseadas na transparência fiscal unilateral (contribuinte), ou até mesmo transferir suas atribuições aos contribuintes, conferindo-lhes o papel de informar ao próprio Fisco sobre suas operações "não usuais".

Quando um sistema não lhe dá a certeza da norma que deverá ser utilizada em determinado negócio jurídico, ou não resta conclusivo de que forma se deve agir, não podemos considerá-lo como protetor da liberdade individual ou a livre iniciativa privada, pelo contrário, é instaurado um medo constante da dúvida de ser autuado a qualquer momento, de não ter uma mínima separação do código binário lícito – ilícito.

A interpretação das inúmeras normas jurídicas suscita relações instáveis entre os contribuintes e os servidores públicos responsáveis pela aplicação da legislação, paira as constantes duvidas: qual a norma deverá ser veiculada? Qual é a forma correta de aplicação?[3] Qual a orientação a ser seguida? O quanto essa informação deverá ser pública e transparente para o acesso livre e conhecimento de todos?

As normas abstratas passam por um processo individual de interpretação e construção de sentido até serem aplicadas, este processo de interpretação, a aplicação destas normas pelo Fisco, seu entendimento firmado, precisam ser de conhecimento público, por vezes, e não são raras, os contribuintes não têm um entendimento claro da interpretação das normas tributárias por parte do Fisco. A segurança jurídica é constantemente ameaçada pela incerteza da aplicação da legalidade tributária por parte da Administração Pública.

Precisamos de um sistema que integre a segurança jurídica com a tributação consentida, observando os valores do Princípio Republicano. Não existindo transparência no momento da elaboração, bem como na aplicação do direito, como existirá a fiscalização adequada no que tange as normas jurídicas? Ou ainda como exigir a devida contrapartida de observação a essas normas dos seus destinatários – uma vez que padece do mínimo de clareza semântica?

---

3. SANTI, Eurico Marcos Diniz de; COELHO, Isaias et al. *Percepção da transparência da legalidade concreta fiscal dos municípios da copa*. 2012. Disponível em: <http://www.fiscosoft.com.br/a/5www/percepcao-da-transparencia-da-legalidade-concreta-fiscal-dos-municipios-da-copa-eurico-marcos-diniz-de-santi-isaias-coelho-mariana-pimentel-basile-georges-campos-christopoulos-daniel-le>. Acesso em: 02 nov. 2017.

Não se trata de indevido intervencionismo no ato de construção semântica pela autoridade competente, nem de utópica pretensão de determinismo de seu núcleo de significação, uma vez que não há como se dissocia a interpretação do intérprete. Trata-se de externação apta dos elementos que levaram a determinada compreensão, das razões do estabelecimento do consequente normativo, da criação de novo enunciado e a respectiva forma de sua aplicação que embora possa não estar adstrita à única forma de aplicação, necessariamente estará circunscrita à moldura impeditiva de qualquer aplicação.

Quando lidamos com um sistema jurídico coerente, a segurança jurídica é consequência, se as estruturas institucionais promovem um canal aberto de negociação – comunicação, abarcando não só os contribuintes, mas também os servidores públicos que participam do processo de interpretação e aplicação da norma jurídica, diminuem o número de litígios no âmbito administrativo e judicial.

A transparência fiscal permite não só que tenhamos uma segurança jurídica no sistema tributário nacional, mas também permite o controle dos gastos e direcionamento das verbas públicas por parte dos entes federados. Podemos permitir que a inovação e o controle social façam parte da transparência fiscal.

Assim, assertivamente traz Paulo Ayres Barreto:

> [...] quanto mais aberto for o conteúdo normativo, mais difícil será o seu controle e, consequentemente, menos eficaz a dicção constitucional, o legislador constituinte de 1988 cunhou Texto Constitucional que estabelece os princípios estruturantes do nosso sistema jurídico, e que fixa uma série de regras delimitadoras do sentido e alcance desses princípios, a fim de permitir um maior controle dos fins almejados.[4]

Resta-nos saber que os princípios constitucionais são e dão luz à norma – em sua faceta de significação, eles têm o condão

4. BARRETO, Paulo Ayres. *Planejamento tributário limites normativos.* São Paulo: Noeses, 2016. p. 78.

de levar o intérprete da norma à diretriz firmada no Texto Constitucional, mas em nenhum dos casos a ideia é aumentar a insegurança jurídica, e sim firmar diretrizes constitucionais coerentes dentro do processo de construção de sentido da norma.

A transparência Fiscal promove a adequação normativa conjuntamente aos princípios norteadores da nossa Carta Magna, Eurico de Santi assevera que:

> É esse o objetivo maior: resgatar a conexão entre segurança jurídica, liberdade e cidadania. Rawls chama a atenção para formas de autoritarismo que encontram guarida em leis abstratas altamente complexas e em obscuros processos de concretização normativa: governantes, nestas circunstâncias, podem interpretar normas como bem entendem. Em desacordo com o princípio fundante de um Estado Democrático de Direito, que diz que tanto governantes ("pai") como governados devem se submeter à Lei, a falta de transparência da aplicação da lei gera uma situação em que não há limites suficientes à ação daqueles que estão no topo da cadeia de comando e em que apenas governados sujeitam-se às interpretações contingentes e muitas vezes arbitrárias das normas.[5]

A busca por mecanismos que confiram maior transparência às operações realizadas no âmbito privado é ponto merecedor de maior robustez e fiscalização. Com efeito, a instituição e a arrecadação tributária possuem numa concepção de Estado Social Democrático de Direito, a fundamentação da manutenção da máquina estatal, bem como, as garantias de direitos fundamentais (cabe ressaltar, nesse ponto, que a nossa Carta Magna atribui ao Estado a incumbência de garantir direitos como: educação, moradia, saúde, lazer, entre outros inseridos no dispositivo constitucional).

Por outro lado, é preciso ponderar que o valor de transparência deve ser perquirido e construído numa dupla acepção, trata-se

---

5. SANTI, Eurico Marcos Diniz de; COELHO, Isaias et al. *Percepção da transparência da legalidade concreta fiscal dos municípios da copa.* 2012. Disponível em: <http://www.fiscosoft.com.br/a/5www/percepcao-da-transparencia-da-legalidade-concreta-fiscal-dos-municipios-da-copa-eurico-marcos-diniz-de-santi-isaias-coelho-mariana-pimentel-basile-georges-campos-christopoulos-daniel-le>. Acesso em: 02 nov. 2017.

de uma via de mão dupla, devendo ser exigido e externado em maior medida pela própria administração pela inerente função e vinculação que possui com a instituição e arrecadação tributária.

2. Mecanismos aptos a fazer esse controle

2.1 Fonte jurídica do direito – elemento identificador de dêiticos de vontade – processo de enunciação

Falar em mecanismos de controle pode soar desarrazoado quando estamos tratando de atos de enunciação e aplicação normativa. São atos com necessário grau de subjetividade, sendo nessa medida pretensão de difícil realização, contudo o controle aqui referido não estar atrelado a um determinismo da produção – aplicação normativa, mas sim da devida externação das razões e fundamentações de cada novo elemento pertencente ao sistema jurídico.

Nesse contexto, as fontes jurídicas do direito – enquanto atividade de enunciação – desempenham relevante função para conferir transparência à produção e aplicação normativa.

Com efeito, toda definição, envolve valoração etimológica, abrindo uma gama imensa de argumentos e entendimentos.

É comum se verificar no trato desse tema – fontes do direito – entendimentos no sentido de considerar costumes, doutrina e a própria jurisprudência como fontes do direito. Com efeito, trata-se de considerações estranhas à classe de fontes jurídicas do direito, podendo, por vezes, remeterem à ideia de fontes culturais, sociais ou até mesmo psicológicas da criação do enunciado.

Os costumes, tradicionalmente considerados como fonte do direito, nada mais são, do que a reiterada prática de atos praticados por determinada sociedade num dado espaço de tempo e lugar, não introduzem norma jurídica sem que antes passe por um processo de enunciação, ganhe linguagem específica. Portanto de maneira imediata o costume não pode ser considerado como fonte de direito. Existem casos isolados na legislação, dotados de devida produção de linguagem, que o costume pode sim ser considerado como fonte de direito, explica Tárek Moysés Moussalem:

> Assim é que o art. 100, III, do Código Tributário Nacional funciona como regra estrutural de costume, que confere as práticas reiteradas da administração (enunciação), a qualidade de criar o veículo introdutor de costume (enunciação-enunciada) responsável por inserir as denominadas "normas complementares" (enunciado-enunciado).[6]

A doutrina é Ciência do direito, descreve o direito posto, analisa, não cria o direito, portanto não pode ser considerada fonte jurídica. Por sua vez, a jurisprudência consiste nas decisões uniformes emanadas de um tribunal, de maneira reiterada, por si só não é elemento de criação, mas sim o próprio resultado da atividade jurisdicional conferida ao tribunal.

Portanto, com base na lição de Tárek Moysés Moussalem[7], definimos a enunciação como única fonte jurídica do direito, essa premissa é devidamente elucidada pelo Professor Paulo de Barros Carvalho ao tratar as fontes como "os focos ejetores de regras jurídicas, isto é, os órgãos habilitados pelo sistema para produzirem normas numa organização escalonada, bem como, a própria atividade desenvolvida por essas entidades, tendo em vista a criação de normas."[8]

Observa-se ainda na lição de Aurora Tomazini de Carvalho detida análise do tema:

> Com base nessas premissas, a atividade de enunciação, considerada no tempo e no espaço de sua realização (processo), é um

---

6. MOUSSALLEM, Tárek Moysés. *Revogação em matéria tributária.* 2. ed. São Paulo: Noeses, 2011. p.43.

7. Sobre o assunto importante contribuição foi dada na obra: MOUSSALLEM, Tárek Moysés. *Fontes do direito tributário.* 2. ed. São Paulo: Noeses, 2006.

8. CARVALHO, Paulo de Barros. *Direito tributário, linguagem e método.* 6. ed. São Paulo: Noeses, 2015.

> acontecimento de ordem social e ainda não jurídico. Com o seu fim, que culmina na publicação dos enunciados produzidos em canal credenciado pelo sistema (i.e. diário oficial, edital), surge a linguagem jurídica (produto). No corpo do documento produzido encontramos a enunciação-enunciada, um conjunto de enunciados que nos remete á instância da enunciação e que a constituem como fato jurídico. Apenas quando relatada em linguagem jurídica, na enunciação-enunciada do produto por ela produzido é que a enunciação se constitui como fato jurídico ejetor de normas no sistema.[9]

Merece registrar que tratamos das fontes do direito em sua acepção jurídica. A principal utilidade do estudo das fontes do direito é entender como o ordenamento é criado, como esse sistema se movimenta, se é ou não legitimado. Um mecanismo importantíssimo quando pretendemos dar mais transparência aos atos que criam as normas, possibilitando que tenhamos acesso aos dêiticos de vontade no momento de criação da norma jurídica, a verificação da compatibilidade hierárquica da norma introdutora com a introduzida, assim como, sua pertinência temática.

Tárek Moysés Moussalem ressalta a relevância desse estudo:

> Nunca é demais lembrar que o estudo a respeito das "fontes do direito" a ser realizado é de capital importância para qualquer investida dogmática sobre o direito positivo, uma vez que, a partir se sua acurada esquadrinhadura, o jurista estará munido de ingente arsenal para o deslinde de grande maioria de temas [...].[10]

Confere ainda relevante função ao possibilitar o pleno conhecimento da exposição de motivos a qual desempenha importante papel na construção de sentido da norma, afinal por meio dela é possível identificar marcas da vontade do legislador, desempenhando, portanto, verdadeira função prescritiva como bem esclarece o professor Paulo de Barros Carvalho:

---

9. CARVALHO, Aurora Tomazini de. *Curso de teoria geral do direito (o constructivismo lógico-semântico)*. 4. ed. São Paulo: Noeses, 2014. p. 499.

10. MOUSSALLEM, Tárek Moysés. *Revogação em matéria tributária*. 2. ed. São Paulo: Noeses, 2011. p. 6.

> Preâmbulo, ementa e exposição de motivos cumprem, de certo modo, o mesmo objetivo: fixam dêiticos de conteúdo que identificam aspectos relevantes da substância discursiva, Assumem papel de enunciação-enunciada e permitem o ingresso do receptor da mensagem no teor do que nela foi transmitido. As figuras são muitas próximas, consubstanciando algo relevante a respeito da matéria objeto do ato de vontade do legislador, seja ele Poder Legislativo (lei), Poder Judiciário (sentença ou acórdão), Poder executivo (decreto) ou Setor Privado (contrato). A diferença fica por conta do critério mais acentuadamente axiológico do preâmbulo, em face do caráter sumular; compendial da ementa e da inclinação preponderantemente histórica e explicativa da exposição de motivos. O tom prescritivo, todavia, está igualmente presente nas três figuras, porquanto quem legisla não está credenciado a manifestar-se de outra maneira que não seja ordenadora de condutas[11].

A externação com o consequente acesso – conhecimento dos elementos de produção normativa possibilita ao aplicador e ao destinatário da norma o verificabilidade com maior grau de objetividade de adequação do estabelecimento do consequente normativo. Conhecer o processo e as razões intrajurídicas que proporcionaram a criação normativa oferta ao aplicador da norma elementos para sua adequada subsunção, reflete uma legítima forma de controle condizente com valores republicanos e o consentimento dos destinatários do enunciado.

2.2 Adequada construção do fato jurídico

O conhecimento das fontes jurídicas do direito permite a análise de compatibilidade da elevação dos fatos à categoria de fatos jurídicos, bem como, do devido enquadramento do fato à norma – ato de subsunção.

No direito positivo não se estipula uma relação entre verdade e falsidade, com base no nosso sistema de referência e nossos valores, as assertivas no direito positivo podem ser válidas ou não válidas. No sistema jurídico, onde lidamos com

11. CARVALHO, Paulo de Barros. *Derivação e positivação no direito tributário*. São Paulo: Noeses, 2011. v. I, p. 20.

normas jurídicas (amplas ou estritas), a referência será sempre válida ou não válida, pois estamos tratando de enunciados prescritivos e não descritivos, onde é imperiosa a relação de verdade e falsidade.

A conferência de validade normativa apenas é possível quando ofertada a devida transparência aos procedimentos que legitimaram como válido a criação ou aplicação do enunciado jurídico.

Retomando a premissa, que a enunciação é a única fonte jurídica do direito (processo de produção de linguagem jurídica), e que o fato jurídico é relato do evento em linguagem jurídica, temos o ato de criação da norma e sua aplicabilidade, a subsunção do evento – uma vez relatado – fato social à norma jurídica em sentido amplo já dotada de linguagem jurídica.

Essa linguagem jurídica está inserida num processo dialético – dialogismo com relações sistêmicas inter e intrajurídicas sendo invariavelmente construída em nome de uma verdade. Em certa medida, toda linguagem é produzida em virtude de uma verdade, a identificação dessa num enunciado torna-se possível à medida que possuímos os elementos formadores de sua construção e por conseguinte podemos estabelecer a relação de consonância entre as linguagens.

Os fatos são objetos de prova no direito. A verdade é uma relação entre linguagens, e não entre o vocábulo e a coisa, e nesse ponto afastamos a ideia de que a verdade é descoberta, ela sempre é criada pelo homem através de linguagem. Concordamos com as premissas adotadas pela Fabiana Del Padre Tomé:

> Um enunciado é verdadeiro, em princípio, quando está em consonância com uma interpretação estabelecida, aceita, instituída dentro de uma comunidade de pertinência. O enunciado verdadeiro não diz o que a coisa é, mas o que pressupomos que seja dentro de uma cultura particular.[12]

---

12. TOMÉ, Fabiana Del Padre. *A prova no direito tributário.* 4. ed. São Paulo: Noeses, 2008. p. 15.

A verdade perseguida pelo sujeito no sistema jurídico é a lógica, e o fato jurídico que se pretende por verdadeiro tem que percorrer os caminhos das provas admitidas pelo direito positivo para que ao final seja considerado verdadeiro – harmônico com o direito positivo.

Sem a linguagem da prova, não podemos constituir o fato jurídico verdadeiro, é viciado o fundamento normativo sem esse elemento. Temos uma relação direta com a busca da verdade lógica, o fato provado, pautado em provas e procedimentos admitidos em lei, alcança ao final do processo a verdade lógica, isto é o fato é juridicamente verdadeiro.

Isso é de extrema importância quando precisamos tratar de sistema de transparência, se não conhecemos desde o processo de criação das normas, a sua aplicação e a diferença de fatos jurídicos verdadeiramente lógicos e coerentes, não alcançamos a segurança jurídica, muito menos constituímos um sistema passível de fiscalização pública, isto é, por qualquer camada da sociedade.

Cabe lembrar que o direito positivo é um sistema autopoiético, fechado em sua faceta sintática e aberta em sua tecitura semântica. Só ingressam fatos jurídicos que percorrem os instrumentos elencados pelo próprio sistema jurídico. O fato ao entrar no sistema já ingressa num processo (procedimento próprio) para ostentar a característica de jurídico, a verdade desse só pode ser apurada por meio dos vestígios deixados pelo evento ocorrido, por isso a tamanha importância da Teoria das Provas na constituição do fato jurídico e a respectiva transparência – devida externação dos atos – na construção dessas linguagens.

A prova tem o condão de infirmar os fatos incompatíveis e afirmar os fatos compatíveis, sempre trabalhando por meio de correspondência-consonância de linguagem.

A construção do fato jurídico será responsável pela instauração da relação jurídica em seu sentido estrito. Quando pensamos em uma relação jurídica temos o quesito humano envolvido, e por ser uma relação jurídica consideramos a norma jurídica, estudamos os vínculos estabelecidos entre os símbolos. Paulo de Barros Carvalho define as relações:

> Nessa proporção, igualdade entre razões, os dois antecedentes são enunciados gerais e abstratos, enquanto os dois consequentes são enunciados individuais e concretos, tomando-se os signos "antecedente" e consequente [...] por força do comando normativo (geral e abstrato), o fato concreto, devidamente determinado no espaço e tempo, fez surgir o fato-efeito, representado pelo nascimento da relação jurídico.[13]

O estudo das relações se faz necessário para o entendimento da relação interproposicional e intraproposicional que são inerentes às normas jurídicas. As relações jurídicas pertencem ao domínio do concreto, ou seja, precisamos de sujeitos determinados, fatos determinados para que a mesma seja instaurada, essa determinação não se dar de forma acriteriosa, pelo contrário, é preciso observar a rigidez do sistema jurídico para o adequado estabelecimento de uma relação jurídica.

Com efeito, existem relações jurídicas: entre norma e sistema; normas e normas; hipótese e consequente; norma e fato jurídico; sujeitos de direito entre outras. Na sua acepção mais estrita são os efeitos jurídicos da incidência normativa. A relação interproposicional estabelece o vínculo entre o antecedente e consequente normativo, seu functor deôntico é neutro, já a relação intraproposicional estabelece o vínculo entre os sujeitos, podendo ser objeto dessa relação os modais permitidos, obrigatórios e proibidos.

Assim como todo o sistema jurídico as relações constituem fatos jurídicos, enunciados jurídicos, prescritos em linguagem jurídica, e todos esses elementos precisam ser dotados de estrita transparência e acesso, dessa forma, assegura-se uma aplicação normativa mais condizente com a finalidade do enunciado e uma produção de normas harmônicas com o arquétipo jurídico.

---

13. CARVALHO, Paulo de Barros. *Direito tributário* – fundamentos jurídicos da incidência. 10. ed. São Paulo: Saraiva, 2009. p. 178.

2.3 Necessário enquadramento do fato à norma: subsunção e aplicação

Até o presente momento discorremos sobre a possibilidade e dever de transparência no ato de produção normativa e construção do fato jurídico. Nesse contexto, foi ressaltada a relevância das fontes jurídicas do direito e da linguagem das provas como formas de conferir a devida transparência e controle desses atos.

Além da produção do enunciado e da construção do fato jurídico o ciclo de positivação requer a aplicação da norma. Esse momento requisita o mesmo grau de transparência dos anteriores, devendo a incidência – aplicação normativa perquirir por estabelecimento de consequentes compatíveis e coerentes com o arquétipo constitucional.

Merece pontuar que a teoria clássica sobre a incidência da norma jurídica tem seus preceitos firmados a partir dos ensinamentos dos ilustres professores Pontes de Miranda e Miguel Reale, para ambos a incidência se dá de maneira automática e infalível, ou seja, basta que o fato ocorra no mundo social para o direito agir instantaneamente, não há diferença entre a linguagem jurídica e a linguagem social.[14]

Com base nessa teoria, incidência e aplicação ocorrem em momentos diversos. A incidência juridicializa o fato, isto é, faz nascer os direitos e deveres, torna aquele fato social em fato jurídico, e como a norma já existe, a incidência ocorre automaticamente com o acontecimento do fato. Depois da incidência, cabe ao homem aplicar ou não o fato judicializado, mediante um ato de vontade, uma ação humana. A norma jurídica só é aplicada mediante uma ação humana, se o sujeito competente para aquela ação na agir, segundo essa teoria, podemos ter um fato jurídico que não produz efeitos, porque faltou a aplicação da norma jurídica ao fato.

14. CARVALHO, Aurora Tomazini de. *Curso de teoria geral do direito (o constructivismo lógico-semântico)*. 5. ed. São Paulo: Noeses, 2015. p. 318.

Diferentemente do posicionamento da teoria clássica, o construtivismo lógico-semântico contra-argumenta a incidência automática e infalível da norma. O primeiro ponto que destacamos é que a teoria clássica ao falar de incidência, não especifica o que essa seria, já que a aplicabilidade da norma vem em momento posterior, que depende de um ato de vontade humano. Outro ponto faz referência à linguagem, para a teoria construtivista, se não há linguagem jurídica, não existe para o mundo jurídico.

O pensamento construtivista insere o sistema jurídico na heterogeneidade social, porém faz cortes metodológicos a fim de estudo, separa os fatos sociais, políticos etc. (realidade social), dos fatos jurídicos (pressupõe linguagem própria prescritiva). Mesmo que um fato social seja verificado, ele precisa passar pelo filtro da linguagem jurídica para fazer parte do sistema positivo e gerar seus efeitos e consequências. Segundo esta teoria, sob a qual nos filiamos, não se pode falar em incidência automática e infalível, pois não há nada no sistema jurídico sem linguagem jurídica. Paulo de Barros Carvalho nos ensina que, "é importante dizer que não se dará a incidência se não houver um ser humano fazendo a subsunção e promovendo a implicação que o preceito normativo determina."[15]

Dentro dessa conjectura, o processo de incidência tem como seu último átimo a aplicação da norma pelo sujeito competente, de forma que a linguagem jurídica se dá no momento da aplicação.

Para ocorrência da incidência é necessária a identificação dos critérios da hipótese da norma geral e abstrata construída pelo intérprete através dos enunciados prescritivos relacionando-os com o evento relatado – fato – identificado no mundo do ser. Aurora Tomazini[16] descreve de forma precisa e conclui que o sujeito ao interpretar:

15. CARVALHO, Paulo de Barros. *Direito tributário* – fundamentos jurídicos da incidência. 10. ed. São Paulo: Saraiva, 2009. p. 11.

16. *Curso de teoria geral do direito (o constructivismo lógico-semântico)*. 5. ed. São

> A linguagem da realidade social (a qual tem acesso mediante a linguagem das provas), identifica um fato denotativo da classe da hipótese, realiza a subsunção e produz uma nova linguagem jurídica, relatando tal fato no antecedente da norma individual e concreta e a ele imputando a relação jurídica correspondente (como proposição consequente desta norma).

A aplicação pode ser entendida como último ato – processo da realização da incidência. Linguagem jurídica constrói realidade jurídica, essa realidade pode ser mais bem analisada num prisma semiótico como forma de cindir metodologicamente um ato normativo de produção e/ou aplicação. Importante salientar que esse estudo pressupõe recortes metodológicos, que identificarão o objeto analisado no plano sintático, semântico e pragmático.

No campo sintático existem duas operações lógicas: a inclusão dos fatos e das relações nas classes através da subsunção, e a implicação, que se refere a imputação dos efeitos jurídicos ao fato que está na hipótese. Paulo de Barros Carvalho define o estudo da sintática no fenômeno da incidência:

> a chamada incidência jurídica se reduz, pelo prisma lógico, a duas operações formais: a primeira, de subsunção ou de inclusão de classes, em que se reconhece que uma ocorrência concreta, localizada num determinado ponto do espaço social e numa específica unidade de tempo inclui-se na classe dos fatos previstos no suposto da norma geral e abstrata; outra, a segunda, de implicação, porquanto a fórmula normativa prescreve que o antecedente implica a tese, vale dizer, o fato concreto, ocorrido *hic et nunc*, faz surgir uma relação jurídica também determinada, entre dois sujeitos de direito.[17]

Com relação à semântica, a incidência pode ser estudada na conotação, na atribuição do conteúdo à forma, à estrutura na norma. Para ocorrer a incidência precisamos reduzir todos

---

Paulo: Noeses, 2015. p. 326.

17. CARVALHO, Paulo de Barros. *Direito tributário* – fundamentos jurídicos da incidência. 10. ed. São Paulo: Saraiva, 2009. p. 9.

os elementos da regra matriz à unidade, nenhum critério pode ficar em aberto, caso isso ocorra, esse processo não se realiza.

A pragmática no campo da incidência pode ser analisada por dois pontos, primeiro levando em consideração a interpretação e num segundo momento a linguagem jurídica. No processo de interpretação, o sujeito atribui valores, aos critérios, analisando as provas que nos reportam ao evento, a construção da norma jurídica, e o vínculo estabelecido pela linguagem jurídica. Todos esses aspectos são essenciais para que a incidência ocorra e todos são passíveis de configuração de transparência.

Nesses termos o processo de incidência jurídica é passível de ato de controle, o qual tem o condão de ser exercido por meio de uma análise semiótica: no campo sintático por meio do apontamento dos fatos e conseguinte enunciado jurídico, no semântico na construção de sentidos relacionada ao fato e consequente normativo estabelecido e por fim no pragmático na devida aplicação da norma.

A incidência da norma jurídica pressupõe linguagem jurídica, incidência como ato é um ato de fala, inserido no sistema jurídico, todos os atos de fala existem através de tomadas de decisões.

São inúmeras decisões permeando o sistema jurídico, decisões que inseriram as normas no sistema, decisões para subsumir o fato à norma, decisões para realizar a incidência e etc. Podemos falar em teoria da decisão em qualquer momento do sistema jurídico, não existe norma, regra sem atos de decisão. E esses atos de decisão precisam estar clarificados, especificados, proporcionando a redução de zonas de penumbra – dúvidas em relação a sua incidência/aplicação.

2.4 O elemento axiológico inerente ao ato de decidir – valor

Encontra-se nesse ponto o elemento de maior dificuldade para conferência de objetividade e transparência para os atos de produção e aplicação normativa. O valor presente em qualquer ato de construção semântica possui fortes traços de subjetividade estando relacionado, entre outros elementos, com os horizontes culturais de cada indivíduo.

É certo que ao decorrer do tempo os movimentos hermenêuticos tiveram posicionamentos diversos acerca do processo de construção semântica. A hermenêutica jurídica costumava considerar a interpretação como processo de extração do significado do objeto, a relação do conhecimento era ontológica, isto é, o objeto possuía características preexistentes, e o intérprete revelava o seu verdadeiro sentido. Após o giro linguístico, onde tivemos uma mudança de paradigma filosófico, a linguagem passou a ser responsável pela construção de sentido das coisas, isto é, o intérprete e seus referenciais estão diretamente atrelados ao conteúdo semântico do objeto.

O texto em sentido estrito, como suporte físico não pressupõe sentido para ser retirado, é o intérprete que através do suporte físico com base nos seus referenciais atribui sentido, a linguagem cria o objeto. Interpretar é atribuir sentido, conteúdo semântico àquele objeto, e como o direito positivo aqui é tomado como texto, interpretar é atribuir sentido aos textos jurídicos.

A significação (aqui usada como atribuição de sentido) é construída a partir de um intérprete que se utiliza de um suporte físico, que precisa ser significativo para ele, mas que não contém a inteireza da significação, esta será construída na mente do sujeito interpretante. Direito – como conjunto de enunciados jurídicos válidos em determinado sistema – é texto, esse texto é objeto cultural, histórico, e para conhecer um objeto cultural não lidamos com métodos exclusivamente empíricos, e nem deduções, utilizamos da compreensão para conhecer. O primeiro contato para conhecer é empírico, o ato de leitura, depois interpretamos, e por fim compreendemos o que interpretamos. Como o ato de interpretar depende do ser humano, e este é dotado de valores, contextos, podemos dizer que interpretar é atribuir valores aos símbolos, mais estritamente aos signos.

A valoração e a escolha de predicados são individuais, confirmamos isso quando vamos analisar a subsunção da norma geral e abstrata ao fato jurídico. Para que aconteça esse enquadramento selecionamos predicados, valorando a sua importância para preencher os critérios da norma jurídica, isso atrelado a ambiguidade e vaguidade da semântica fazem com que existam diversas interpretações.

O percurso gerador de sentido é o caminho que o intérprete deve percorrer para atribuir sentidos aos textos jurídicos, esse percurso é dividido em quatro planos. Paulo de Barros Carvalho (2015), nos explica a diferença entre os planos, "S1 (planos dos enunciados), S2 (plano das proposições), S3 (plano das normas jurídicas) e S4 (plano da sistematização)".

O plano S1 é o primeiro contato do intérprete com o suporte físico (texto), onde se encontram os enunciados prescritos, é o campo da literalidade, os enunciados prescritos fazem parte do sistema comunicacional jurídico e é através destes que o intérprete começa a atribuir sentido aos textos. Neste plano o ato cognoscente do intérprete é empírico, ou seja, verifica-se através da experiência, do contato entre o mesmo e o suporte físico.

Primeiro precisamos tomar a decisão, o ato de decisão, no plano S1, que é o plano da expressão, temos que a função hermenêutica é a leitura, o primeiro contato com o texto, os enunciados prescritivos do texto, no S2 que engloba o conteúdo de significado dos enunciados prescritivos precisamos que o texto esteja numa simbologia que nós dominamos, no mesmo código, a função hermenêutica é a interpretação.

No plano S3 que é o plano de sistemas das significações normativas há por objetivo analisar a estrutura da norma, suas prescrições regulando as condutas intersubjetivas, já no S4 temos a relação dessas normas no sistema jurídico como um todo, seu lugar nesse sistema, só assim conseguimos que uma norma faça sentido.

É patente a existência do dado axiológico em todo ciclo de positivação. Dentro de todos os sistemas inerentes aos atos de decisão, estamos impregnados na cultura sob a qual vivemos, e todos nossos atos estão veementemente condicionados a partirem do ambiente em qual vivemos, o professor Márcio Pugliesi assevera que:

> Com isso pretende-se afastar a possibilidade de se supor que a modalidade opere sobre o texto, em verdade a modalidade opera sobre o receptor e suas circunstâncias, sendo mera indicação de que determinadas regras ou condições, em geral oriundas da natureza ou do ordenamento jurídico ou de convenções cívico-culturais, atuam sobre o enunciado. Em resumo, o uso e a interpretação da modalidade dependem da comunidade interpretativa e do estado da ciência e da cultura dessa comunidade.[18]

Desde que começamos a estudar o tema de fontes do direito optamos por seguir a linha da enunciação como fonte jurídica do direito, e fomos construindo um raciocínio no qual os textos jurídicos devem ser interpretados, e que não possuem conteúdos prontos pra serem extraídos. A literalidade faz parte do processo de construção de sentido (apenas do plano S1), e não de todo o percurso gerador de sentido.

O processo interpretativo, deve ser transparente e coerente, conferindo segurança jurídica ao sistema.

A compreensão pressupõe o processo gerador de sentido, e isso se dá mediante a interpretação dos textos. Martin Heidegger diz que: "A interpretação se funda existencialmente na compreensão e não vice-versa. Interpretar não é tomar conhecimento do que se compreendeu, mas elaborar as possibilidades projetadas na compreensão".

Não há interpretação, nem compreensão dissociado dos horizontes culturais do intérprete, não compreendemos nada sem um todo, isto é, sem está participando desse todo. Isso dificulta a homogeneidade do sistema, trazendo a necessidade de adequação a cada fato jurídico na sua unicidade. Os nossos horizontes culturais irão possibilitar ou não interpretar

18. PUGLIESI, Márcio. *Teoria do direito*. 3. ed. São Paulo, Saraiva, 2010. p. 37.

determinado objeto, somos história, cultura, valores, e não há como nos despirmos disto antes de interpretar dado objeto.

O sentido é influenciado por vários aspectos, além dos horizontes culturais, o contexto que o enunciado está inserido, a função da linguagem aplicada (se é emotiva, imperativa etc.), se o intérprete usa ou não da ironia, tudo que implica na linguagem, no símbolo, nos signos determina o sentido do objeto.

Merece registro importante observação realizada por Priscila de Souza ao tratar sobre o sentido das normas:

> A intertextualidade deixa patente que o sentido das normas transcende o próprio texto, nas relações que se formam entre os textos elaborados pelo legislador e os textos dos intérpretes/aplicadores, numa atividade contínua do direito, na busca por imprimir certos valores na sociedade, mediante a regulação das condutas interpessoais. Essa atividade, no entanto, opera-se em constante transformação, de ordem pragmática, exigida pelo processo evolutivo a que todo e qualquer organismo está submetido.[19]

Realizadas essas considerações podemos ser levados à compreensão que estamos condenados ao cerco inapelável da linguagem, do subjetivismo, dos limites culturais de cada indivíduo e seus valores a impossibilidade de mecanismos de controle no ato de construção e aplicação normativa.

Em certa medida o cerco linguístico é inapelável – o dado valorativo e a condição linguística está presente em qualquer construção de sentido. Mas mesmo os valores e as construções de sentido no âmbito linguístico são dotados de características que permitem conferir o grau de objetividade e transparência normativo aqui defendido.

Abordando as características dos valores o Professor Paulo de Barros Carvalho, acompanhando a lição de Miguel Reale, elenca as seguintes: a) bipolaridade – todo valor se

19. SOUZA, Priscila de. *Intertextualidade na linguagem jurídica:* conceito, definição e aplicação. In: CARVALHO, Paulo de Barros (coord.); CARVALHO, Aurora Tomazini de (org.). *Construtivismo lógico-semântico*. São Paulo: Editora Noeses, 2014. v. I, p. 103.

contrapõe a um desvalor; b) implicação – os valores positivos e negativos se implicam mutuamente; c) referibilidade – o valor implica numa tomada de posição do sujeito perante algo que está referido; d) preferibilidade – essa tomada de posição do sujeito se dá conforme a preferência por determinados núcleos de significação; e) incomensurabilidade – não podem ser mensurados; f) tendência à graduação hierárquica – a inserção desses num escalonamento hierárquico; g) objetividade – referem-se aos objetos da experiência; h) historicidade – são construídos ao decorrer do processo histórico e social; i) atributividade – pressupõe necessariamente a presença humana; j) inexaurabilidade – sempre excedem os bens aos quais se reportam, k) vocação para se expressar em termos normativos – implica em reconhecer que o valor se manifesta valendo; l) associatividade – decorre da indefinibilidade, uma vez que não é possível definir se realiza associações; m) acesso pela intuição emocional – decorre da historicidade, é uma carga emotiva, o juízo de preferibilidade não é racional.

De todas as características suprarreferidas a historicidade é a que representa elemento de maior objetividade ao passo que reflete construção resultante de determinado processo histórico, está dessa forma atrelada a dados concretos possíveis de informação e afirmação, confere, portanto, acessibilidade à transparência perquirida, seja no processo de produção ou aplicação normativa.

De outro lado tem-se a assertiva que interpretar o direito é conhecê-lo atribuindo valores aos símbolos, sendo que o trabalho interpretativo está associado a dois axiomas: intertextualidade e inesgotabilidade.

Um importante ponto a ser observado em relação a esses axiomas da interpretação é salientar que a existência dos predicados da inesgotabilidade e da intertextualidade não implica em ausência de limites e transparência para a tarefa interpretativa, de acordo com o professor Paulo de Barros[20]: "a interpretação

20. CARVALHO, Paulo de Barros. *Direito tributário* – fundamentos jurídicos da in-

toma por base o texto nele tem início, por ele se conduz e, até o intercâmbio com outros discursos, instaura-se a partir dele".

Ora, o texto de que falamos é o jurídico-positivo e a construção de seu conteúdo se inicia no plano dos enunciados. Com efeito, a atividade interpretativa não está fadada a homogeneidade semântica, contudo, isso não implica salientar que toda construção de sentido é compatível com o ordenamento jurídico.

As próprias construções baseadas nas relações de intertextualidade (intra ou intersistêmica), devem ser devidamente expostas, seja em elementos como exposição de motivos no ato de produção normativo ou ainda na fundamentação quando na aplicação da norma.

3. Conclusão: A transparência da aplicação do enunciado como ato concretizador da segurança jurídica

Compreendemos que o sistema constitucional tributário é um conjunto de enunciados prescritivos de âmbito constitucional que formam o quadro orgânico de normas fundamentais e gerais do direito tributário. Gregorio Robles[21] define ordenamento jurídico como o conjunto ou a totalidade das disposições jurídicas, que integram um domínio heterogêneo, pois produzidas por pessoas diferentes, em tempos diversos e por procedimentos distintos, o que permite a tomada de diversas acepções ao longo do tempo.

A adequada compreensão dos dispositivos normativos, bem como, a correta noção do alcance da produção de seus efeitos são requisitos essenciais para uma aplicação normativa coerente e condizente com os ditames constitucionais e infraconstitucionais. Nesse aspecto, a produção e a aplicação das normas tributárias devem primar por uma compreensão sistemática e

cidência. 10. ed. São Paulo: Saraiva, 2009. p. 194

21. ROBLES, Gregorio. As regras do direito e as regras dos jogos. *Ensaio sobre a teoria analítica do direito*. São Paulo: Noeses, 2011.

atualizada do sistema normativo, tendo sempre em vista a limitação da intervenção estatal determinada pelo texto maior.

A linguagem jurídica cria realidade, o direito é oriundo de um objeto cultural, cada sistema jurídico é único e a busca por um direito contemporâneo globalizado é mundial. No que tange ao ordenamento jurídico brasileiro, nosso arquétipo constitucional discrimina competências, atribui materialidades e descreve comandos normativos para que conceitos autônomos sejam incorporados ao nosso ordenamento.

Valores importantes permeiam nosso sistema jurídico, sua observância deverá ser constante para que o ordenamento permaneça coerente. A Constituição é por excelência o maior depósito de valores de uma sociedade, e no nosso sistema normativo a segurança jurídica é um dos valores de maior busca, pois pressupõe a estabilidade das relações jurídicas e previsibilidade da ação estatal.[22]

O princípio da segurança jurídica é considerado por muitos um sobreprincípio, justamente por ser garantido por outros princípios, tais como o da legalidade e da tipicidade, nesse sentido, Alberto Xavier afirma que:

> A liberdade fiscal ou liberdade de opção fiscal é precisamente a garantia de que as opções alternativas no terreno do Direito Privado têm como únicas consequências tributárias aquelas que resultam taxativamente da lei (princípio da tipicidade) com exclusão de quaisquer outras, pelo que os particulares se podem mover livremente, com segurança, para além das zonas rigidamente demarcadas pelos tipos legais de tributos. [...] O princípio da legalidade de tributação tem, assim, uma função proibitiva enquanto garantia e uma função permissiva enquanto fonte de liberdade.[23]

O plano da literalidade é condição necessária para a existência dos outros três planos já explicados anteriormente,

---

22. BARRETO, Paulo Ayres. *Planejamento tributário limites normativos*. São Paulo: Noeses, 2016. p. 82-83.

23. XAVIER, Alberto. *Tipicidade da tributação, simulação e norma antielisiva*. São Paulo: Dialética, 2001. p. 32-34.

porquanto é o único dotado de objetividade. E mais: é a partir dele que se pode avaliar a "correção" dos demais. Ele marca a validade e a vigência dos textos. Toda construção significativa só poderá ser validamente edificada em face de um plano de expressão vigente. As normas jurídicas são construídas a partir de textos vigentes, não somente válidos. Há textos válidos sem vigência; a partir deles não se constroem normas[24].

Nota-se que o dado valorativo está presente em toda configuração do jurídico, desde seus aspectos formais (lógicos), como nos planos semântico e pragmático. Em suma, onde houver direito, certamente haverá o elemento axiológico.

Dessa forma, a construção de sentido não deve ser entendida como um processo sem critério, ou melhor, sem limites.

Mesmo inserido numa concepção constructivista a atribuição de valores aos signos e sua respectiva definição estão atreladas a alguns fatores que delineiam a construção de sentido e aplicação normativa:

- o primeiro fator de delineamento é o próprio texto (em sentido estrito), toda construção de sentido se iniciae e se dirige ao texto. Não obstante, mesmo o texto não tendo o condão de conferir *de per se* seu alcance semântico, a construção de sentido nele se inicia, das marcas de tinta inseridas no papel, nesse sentido, o intérprete já parte de um suporte físico determinado, cabendo a ele construir seu alcance semântico com parâmetro no próprio texto, o qual é ponto de partida para essa construção;
- um segundo fator de delineamento é o contexto – a situação histórica-social em que está inserida o texto (em sentido estrito), esse elemento certamente é de significativa relevância para o estabelecimento das

24. IVO, Gabriel. O direito e a inevitabilidade do cerco da linguagem. In: CARVALHO, Paulo de Barros (coord.); CARVALHO, Aurora Tomazini de (org.). *Construtivismo lógico-semântico*. São Paulo: Editora Noeses, 2014. v. I.

definições, com efeito, toda construção de sentido e aplicação normativa é realizada em meio a um determinado contexto o qual deve ser considerado no estabelecimento de consequentes normativos.

- deve-se reiterar ainda a existência de um sentido mínimo das palavras estabelecido por convenção o que possibilita o processo comunicacional.

Valores como transparência fiscal, em todos seus âmbitos de aplicação, e de segurança jurídica estão atrelados de forma a assegurar um sistema coeso, coerente e que seja capaz de garantir os direitos e deveres constitucionais com primazia. A construção do sentido, balizada nesses valores é condição necessária para a observância de nosso arquétipo constitucional.

Adotar uma postura constructivista não implica ao desapego de limites para construção de sentido, há *um quantum* ontológico no próprio constructivismo, o qual não está atrelado à essência do signo, mas à convenção adotada no próprio sistema em torno desse signo, o qual não possui um sentido unívoco – mas também não pode ter qualquer sentido.

Com base nessas considerações acreditamos na viabilidade de um sistema normativo concretizador da segurança jurídica. Na transparência fiscal (seja no ato de construção de sentido ou aplicação da norma) como elemento necessário à realização dos valores inseridos em nosso texto maior.

Referências

ADEODATO, João Maurício. *Uma teoria retórica da norma jurídica e do direito subjetivo.* São Paulo: Noeses, 2011.

BARRETO, Paulo Ayres. *Planejamento tributário limites normativos.* São Paulo: Noeses, 2016.

CARVALHO, Aurora Tomazini de. *Curso de teoria geral do direito (o constructivismo lógico-semântico).* 4. ed. São Paulo: Noeses, 2014.

______. *Curso de teoria geral do direito (o constructivismo lógico-semântico)*. 5. ed. São Paulo: Noeses, 2015.

CARVALHO, Paulo de Barros. *Derivação e positivação no direito tributário*. São Paulo: Noeses, 2011. v. I.

______. *Direito tributário* – fundamentos jurídicos da incidência. 10. ed. São Paulo: Saraiva, 2009.

______. *Direito tributário, linguagem e método*. 6. ed. São Paulo: Noeses, 2015.

IVO, Gabriel. O direito e a inevitabilidade do cerco da linguagem. In: CARVALHO, Paulo de Barros (coord.); CARVALHO, Aurora Tomazini de (org.). *Construtivismo lógico-semântico*. São Paulo: Editora Noeses, 2014. v. I.

MOUSSALLEM, Tárek Moysés. *Fontes do direito tributário*. 2. ed. São Paulo: Noeses, 2006.

______. *Revogação em matéria tributária*. 2. ed. São Paulo: Noeses, 2011.

PUGLIESI, Márcio. *Teoria do direito*.3. ed. São Paulo, Saraiva, 2010.

ROBLES, Gregorio. As regras do direito e as regras dos jogos. *Ensaio sobre a teoria analítica do direito*. São Paulo: Noeses, 2011.

SANTI, Eurico Marcos Diniz de; COELHO, Isaias et al. *Percepção da transparência da legalidade concreta fiscal dos municípios da copa*. 2012. Disponível em: <http://www.fiscosoft.com.br/a/5www/percepcao-da-transparencia-da-legalidade-concreta-fiscal-dos-municipios-da-copa-eurico-marcos-diniz-de-santi-isaias-coelho-mariana-pimentel-basile-georges-campos-christopoulos-daniel-le>. Acesso em: 02 nov. 2017.

SCAVINO, Dardo. *A filosofia atual: pensar sem certezas*. São Paulo: Noeses, 2013.

SOUZA, Priscila de. *Intertextualidade na linguagem jurídica:* conceito, definição e aplicação. In: CARVALHO, Paulo de Barros (coord.); CARVALHO, Aurora Tomazini de (org.). *Construtivismo lógico-semântico.* São Paulo: Editora Noeses, 2014. v. I.

TOMÉ, Fabiana Del Padre. *A prova no direito tributário.* 4. ed. São Paulo: Noeses, 2008.

XAVIER, Alberto. *Tipicidade da tributação, simulação e norma antielisiva.* São Paulo: Dialética, 2001.

APORTES REALISTAS AO ESTUDO DAS FONTES DO DIREITO PELO CONSTRUCTIVISMO LÓGICO-SEMÂNTICO

Henrique Mello[1]

Sumário: 1. Introdução. 2. Fontes do Direito para o Constructivismo Lógico-Semântico. 3. A questão dos conteúdos normativos implícitos. 4. Aportes realistas à temática das fontes do Direito. 5. Conclusão. 6. Referências.

1. Introdução

Com as linhas que seguem, pretendo problematizar uma questão bastante específica: Como a teoria das fontes do direito contida nas lições do Constructivismo Lógico-Semântico (CLS) poderia explicar conteúdos normativos não expressados?

Em outras palavras, uma vez que o Constructivismo Lógico-Semântico (CLS) defende ser fonte do direito a atividade de *enunciação* de novos conteúdos normativos, como a sua

---

1. Professor de Direito Tributário; Doutorando em Direito Econômico, Financeiro e Tributário pela Universidade de São Paulo (USP); Mestre pela *Università degli Studi di Genova*; Coordenador do Instituto Brasileiro de Estudos Tributários (IBET) em São José do Rio Preto.

forma de ver a criação do direito pode ser compatibilizada com aquelas situações em que, apesar de nada ter sido enunciado pelo emissor, os destinatários da mensagem prescritiva reconhecem, ali, a presença de uma norma jurídica vigente?

Para tanto, utilizar-me-ei de alguns ensinamentos retirados do realismo jurídico de Riccardo Guastini, mais especificamente das teses realistas metodológica, ontológica e epistemológica, a fim de oferecer alguns "aportes realistas" à teoria das fontes do direito do CLS com o objetivo de contribuição aos estudos empreendidos pelos representantes de referida escola de pensamento.

Ao final, pretendo concluir pela possibilidade de reconsideração da tipologia da "atividade de enunciação" passível de ser considerada fonte do direito pelo CLS, além de indicar um possível reflexo prático da conclusão.

2. Fontes do Direito para o Constructivismo Lógico-Semântico

O Constructivismo Lógico-Semântico – escola de pensamento capitaneada por Paulo de Barros Carvalho – enxerga o direito positivo – seu objeto de estudos – como um fenômeno linguístico. O direito é linguagem e uma linguagem entendida como um objeto cultural voltado a regular condutas intersubjetivas.[2]

Há uma função pragmática, portanto, intrínseca aos textos jurídicos, o que faz com que seu conteúdo necessite ser informado aos destinatários daquela regulamentação[3] – e por eles devidamente compreendido – para que haja a eficácia garantidora da utilidade desse corpo de linguagem.

---

2. Para Paulo de Barros Carvalho, "o direito positivo está vertido numa linguagem, que é seu modo de expressão. E essa camada de linguagem, como construção do homem, se volta para a disciplina do comportamento humano, no quadro de suas relações de intersubjetividade" (CARVALHO, Paulo de Barros. *Curso de direito tributário*. 23 ed. São Paulo: Saraiva, 2011. p. 34).

3. Por destinatário, aqui, considero o titular da conduta regulada e também o intérprete a quem se atribui a função de aplicação do direito.

Essa é uma das possíveis explicações para a aproximação entre CLS e a Teoria Comunicacional do Direito (TCD), especificamente aquela de Gregorio Robles Morchón. Textos jurídicos com função de prescrição de comportamentos atuam como mensagens dirigidas aos destinatários cujas condutas se pretende regrar ou aos aplicadores das consequências juridicamente previstas.

Um sistema composto por atos de comunicação[4].

Nos dizeres de Aurora Tomazini de Carvalho, *não há outra maneira a ser utilizada pela sociedade, para direcionar relações inter-humanas, que não seja por atos de comunicação. Impor formas normativas ao comportamento social só é possível, nesse sentido, mediante um processo comunicacional, com a produção de uma linguagem própria, que é a linguagem das normas.*[5]

Trabalhando a partir de categorias advindas da filosofia da linguagem e da semiótica, o CLS reconhece que as mensagens jurídicas – compostas minimamente por emissor, código, canal, conteúdo, conexão psicológica e destinatário – não vêm prontas. Os textos jurídicos que compõem o ordenamento precisam ser interpretados e o conteúdo das mensagens prescritivas necessita ser construído pela atividade de interpretação jurídica.

Para o CLS, os signos pressupõem uma relação entre um suporte físico, um significado e uma significação. Suporte físico é o dado material com o qual o intérprete toma contato fisicamente, como, por exemplo, no caso do direito, as marcas de tinta no papel dos escritos legais. Esse suporte físico faz referência a um objeto do mundo das coisas, que é o seu significado, ou seja, o significado é uma representação individualizada do suporte físico[6]. Este elemento acaba por provocar na

---

4. ROBLES, Gregorio. *Teoría del derecho (fundamentos de teoría comunicacional del derecho).* Parte geral. São Paulo: RT, 1983. t. I, p. 69.

5. CARVALHO, Aurora Tomazini de. *Curso de teoria geral do direito*: o constructivismo lógico-semântico. 5. ed. São Paulo: Noeses, 2016. p. 182.

6. Ibidem, p. 176-177.

mente do intérprete uma ideia acerca do ser referido, que é a sua significação.

A atividade interpretativa é tida pelo CLS – digamos, pelo *CLS metodológico* – como um percurso gerador de sentido, que se inicia com o contato do intérprete com o suporte físico (documento normativo), dado objetivo a partir do qual se constrói conteúdo normativo.[7]

Por esse caminho, baseado na ciência que estuda os signos linguísticos, é importante frisar que para construir a norma jurídica o intérprete toma contato com o suporte físico (primeiro subsistema – S1), o dado material que contém o texto legal. Interpretando aquelas marcas de tinta no papel, ele constrói enunciados linguísticos e lhes outorga sentido, formando proposições (segundo subsistema – S2). O sujeito cognoscente conjuga, entre si, as proposições formadas, montando estruturas prescritivas de condutas num conjunto de significações proposicionais (terceiro subsistema – S3). As unidades prescritivas construídas passam por um filtro formado por proposições com finalidade axiológica clara (proposições-princípios), a fim de verificar se estão de acordo com os valores prestigiados pelo direito. O percurso de geração de sentido se completa quando o intérprete incursiona pelo sistema a procura de elementos de coordenação e subordinação das proposições construídas (quarto subsistema – S4).

O CLS carrega em si, portanto, além da tese metodológica (voltada a dizer como se dá a interpretação), uma tese ontológica (voltada a dizer o que é o direito) que reconhece seu objeto de estudos, primeiramente, como (um conjunto de) textos legais reconhecidos como interpretáveis por uma determinada comunidade e, segundamente, como (um conjunto de) normas jurídicas vigentes em um determinado ordenamento. Como se verá mais adiante, nesse ponto o, digamos, *CLS ontológico* apresenta grande proximidade com a tese ontológica

7. CARVALHO, Paulo de Barros. *Fundamentos jurídicos da incidência tributária*. 8 ed. São Paulo: Saraiva, 2010. p. 104.

do realismo jurídico, o que influenciará suas considerações acerca da temática das fontes do direito. Afinal de contas, a fonte é distinta a depender do que é o objeto que ela produz.

Assim, o direito não estaria nem na natureza, nem contido nas coisas. Não precederia à sua própria manifestação como texto legal, sua primeira forma de existir, nem precederia à atividade de interpretação (geração de sentido) a ser realizada sobre o texto legal, se já pensada a sua segunda característica ontológica. O direito, assim, é uma entidade linguística e nasce de atos linguísticos.

Textos legais – manifestações de linguagem – são enunciados normativos, disposições legais, formulações legais, dispositivos, entre outras denominações correntes. São, em geral, fragmentos de ordenamento jurídico[8] utilizados pelos intérpretes para a criação das normas jurídicas.

E são, os enunciados normativos, resultado do processo de enunciação. Como esclarece Aurora Tomazini de Carvalho, a partir da premissa de que o direito positivo é um corpo de linguagem materializado por um conjunto de enunciados prescritivos, então, *a resposta da pergunta: "de onde provém o direito?"; só pode ser uma: "da atividade produtora de enunciados"*, denominada enunciação, entendida como o processo de funcionamento da língua por um ato de utilização.[9]

Essa enunciação – ou ato de fala – é, assim, a atividade criadora dos textos a partir dos quais as normas jurídicas (mensagens prescritivas) serão criadas.

Vê-se, portanto, que a noção de fontes do direito para o CLS é bastante distinta daquela dos estudos doutrinários tradicionais, que costumam apontar a lei, a jurisprudência, o costume e a doutrina como fontes do direito.

---

8. ROBLES, Gregorio. *O direito como texto*: quatro estudos de teoria comunicacional do direito. Trad. de Roberto Barbosa Alves. Barueri: Manole, 2005. p. 6-9.

9. CARVALHO, Aurora Tomazini de. *Curso de teoria geral do direito*: o constructivismo lógico-semântico. 5. ed. São Paulo: Noeses, 2016. p. 667.

Desse ponto de vista de fonte-enunciação, lei, jurisprudência e costume já seriam direito, por assim dizer, pois, seriam assim caracterizados após a atividade enunciativa reconhecida pelo ordenamento como suficiente a introduzir novos conteúdos legais interpretáveis e aplicáveis.[10]

E por faltar a função pragmática de regulação de condutas à doutrina, não poderia ser-lhe atribuída a característica de fonte do direito positivo.

Nesse ponto, o Constructivismo Lógico-Semântico se posiciona no sentido de ser a doutrina uma metalinguagem cuja função seria a de mera descrição, com foros de sistematização, da linguagem do direito positivo, seu objeto, caracterizando uma tese epistemológica bastante clara que podemos designar *CLS epistemológico*.[11] A linguagem doutrinária não tocaria a linguagem de seu objeto de estudos, o direito positivo.[12]

3. A questão dos conteúdos normativos implícitos

Ao modo como o CLS estuda a temática das fontes do direito, identificando a gênese de seu objeto de análise – ao

---

10. Ibidem, p. 663.

11. "A verdade é que o material bruto dos comandos legislados, mesmo antes de receber o tratamento hermenêutico do cientista dogmático, já se afirma como expressão linguística de um ato de fala, inserido no contexto comunicacional que se instaura entre enunciador e enunciatário. E o asserto se confirma quando pensamos que o trabalho sistematizado da doutrina elabora, em nível de sobrelinguagem, pode, perfeitamente, ser objeto de sucessivas construções hermenêuticas porque a compreensão é inesgotável" (CARVALHO, Paulo de Barros. *Direito tributário:* linguagem e método. 6. ed. São Paulo: Noeses, 2015. p. 226).

12. É sensível a diferença, neste ponto, entre as teses epistemológicas do CLS e da Teoria Comunicacional do Direito, para a qual só se pode falar em sistema jurídico após o trabalho dos juristas, bem como do Realismo Jurídico guastiniano, para o qual a linguagem doutrinária pode modificar a linguagem do objeto, pela identificação ontológica entre elas. Nesse sentido, ver ROBLES, Gregorio. *O direito como texto*: quatro estudos de teoria comunicacional do direito. Trad. de Roberto Barbosa Alves. Barueri: Manole, 2005. p. 6-9; e GUASTINI, Riccardo. El realismo jurídico redefinido. In: NÚÑEZ VAQUERO, Álvaro (ed.). *Modelos de ciência jurídica*. Lima: Palestra, 2014. p. 87-114.

menos em sua primeira feição – à atividade de enunciação de novos conteúdos normativos, pode ser levantada uma indagação a respeito dos conteúdos normativos implícitos, ou não expressados, ou ainda das "normas" implícitas, isso com o único objetivo de auxiliar no aprofundamento do tratamento do tema e no desenvolvimento da teoria das fontes por parte de tão respeitável escola de pensamento.

Costuma-se identificar três tipos distintos de "normas" implícitas: 1) aquelas decorrentes de raciocínios dedutivos (logicamente válidos) resultantes da conjugação de premissas advindas de conteúdos normativos expressos; 2) aquelas decorrentes de raciocínios não dedutivos (logicamente inválidos), mas, convincentes, também decorrentes de premissas retiradas de conteúdos normativos expressos; 3) aquelas decorrentes de raciocínios derivativos retirados de premissas advindas de conteúdos normativos expressos em conjugação com assunções doutrinárias ou diretamente de premissas doutrinárias.[13]

Exemplo do primeiro tipo de "normas" implícitas é o caso da dedução lógica decorrente da conjugação de duas normas expressas (premissas), uma dizendo que a maioridade se dá para pessoas com dezoito anos completos e outra dizendo que pessoas maiores de idade podem votar, resultando em uma conclusão válida de que pessoas com dezoito anos completos ou mais têm direito ao voto.

Exemplo do segundo tipo é o caso da dedução logicamente inválida, mas comumente aplicada[14], decorrente da

---

13. GUASTINI, Riccardo. *Interpretar y argumentar*. Trad. de Silvina Álvarez Medina. Madrid: Centro de Estudios Políticos y Constitucionales, 2014. p. 165-174.

14. "NEOPLASIA MALIGNA. ISENÇÃO. RENDIMENTOS DA ATIVIDADE. 1. O acórdão embargado decidiu: A isenção do imposto de renda, prevista na Lei 7.713/1988, art. 6º/XIV, aplica-se também à remuneração de servidor em atividade. 2. Não obstante o disposto no art. 111 do CTN e o REsp 1.116.620-BA, representativo de controvérsia, r. Ministro Luz Fux, 1ª Seção, a orientação da 4ª Seção deste Tribunal contém adequada e específica fundamentação estendendo o benefício fiscal também para o servidor em atividade, levando em conta o fim social a que se destina o art. 6º/XIV da Lei 7.713/1988 (CPC, art. 8º): 3. Segundo a melhor doutrina, 'não há lei que não contenha uma finalidade social imediata [...] O intérprete-aplicador poderá: [...]

conjugação de conteúdos normativos expressos que digam ser isentos do imposto sobre a renda os rendimentos de aposentadoria recebidos por portadores de doenças graves e a previsão do princípio da isonomia, resultando na afirmação

---

b) aplicar a norma a hipóteses fáticas não contempladas pela letra da lei, mas nela incluídas, por atender a seus fins. Consequentemente, fácil será perceber que comando legal não deverá ser interpretado fora do meio social presente; imprescindível será adaptá-lo às necessidades sociais existentes no momento de sua aplicação. Essa diversa apreciação e projeção no meio social, em razão da ação do tempo, não está a adulterar a lei, que continua a mesma' (Maria Helena Diniz, *Lei de Introdução às Normas do Direito Brasileiro Interpretado*). 4. Embargos declaratórios da União/ré provido sem efeito infringente. (EDAC 0035940-64.2014.4.01.3300/BA, Rel. DESEMBARGADOR FEDERAL NOVÉLY VILANOVA, OITAVA TURMA, e-DJF1 de 07/04/2017); Ou ainda: TRIBUTÁRIO - AÇÃO ORDINÁRIA - IRPF - MOLÉSTIA GRAVE (ART. 6º, XIV, DA LEI 7.713/88) - ISENÇÃO: 'RENDIMENTOS' DA ATIVIDADE, NÃO APENAS 'RENDIMENTOS' DA INATIVIDADE (PROVENTOS DE APOSENTADORIA/REFORMA) - EMBARGOS INFRINGENTES NÃO PROVIDOS. 1 - A isenção, vicejando só em prol dos 'inativos portadores de moléstias graves', está descompromissada com a realidade sócio-fático-jurídica; a finalidade (sistemática) da isenção, na evolução temporal desde sua edição em 1988; os princípios da isonomia e da dignidade humana e, ainda, com o vetor da manutenção do mínimo vital. 2 - A contextualização fático-jurídica, em olhar conectado com o hoje, da isenção (salvo-conduto tributário), que propende a ser vitalícia, é do tipo 'geral' e '*ex vi legis*', a toda situação em que caracterizadas as patologias. Eventual e continuada ampliação do rol das doenças não considera eventuais cura, agravamento, recidivas ou remissão de sintomas. 3 - Da institucionalização da isenção (1988) até hoje transcorreram 25 anos. Àquele tempo, a transposição para a inatividade, imperativa e com afastamento obrigatório das atividades, era a consequência para os males. Mantida a densidade de significado ('*ratio legis*') para justificar a isenção, que sempre foi o 'fato objetivo da moléstia grave em si' e a ideia genérica do incremento de custos para continuidade da vida (perda/redução da capacidade contributiva), abrem-se novas situações: contribuintes conseguem manter-se, em certos casos, em pleno potencial profissional, auferindo proventos de aposentados (rendimentos da inatividade) e, até, valores decorrentes de vínculos ulteriores (rendimentos da atividade). 4 - Inimaginável um contribuinte 'sadio para fins de rendimentos ativos' e, simultaneamente, 'doente quanto a proventos'. Inconcebível tal dicotomia, que atenta contra a própria gênese do conceito holístico (saúde integral). Normas jurídicas não nascem para causar estupor. 5 - O só conviver com a patologia, à constante sombra da morte ou da má qualidade de vida, alça novos vínculos empregatícios ao grau de terapêutica afeto-social (de higiene mental) e reforço do sentido de existir: tributação seria desestímulo sem justa razão. 6 - Cabe ao interprete da norma legal extrair da sua objetividade normativa o seu alcance social, não significando, tal, ampliação dos seus destinatários e/ou os casos de sua incidência. 7 - Embargos infringentes não providos. 8 - Peças liberadas pelo Relator, em Brasília, 30 de janeiro de 2013., para publicação do acórdão" (EIAC 0009540-86.2009.4.01.3300/BA, Rel. DESEMBARGADOR FEDERAL LUCIANO TOLENTINO AMARAL, QUARTA SEÇÃO, e-DJF1 p. 1023 de 08.02.2013); ou, por fim: APELAÇÃO CÍVEL 2009.38.00.027273-0/MG.

de que rendimentos do trabalho assalariado de portadores das mesmas moléstias graves devem ter o mesmo tratamento e, por isso, também não se sujeitar ao imposto sobre a renda (argumento analógico ou *a simili*).

Exemplo do terceiro tipo é o caso do raciocínio derivativo que, interpretando conteúdo normativo expresso no sentido de determinar a majoração de alíquotas de tributo anteriormente isento, em conjugação com premissa teórico-doutrinária que defenda ser a isenção um favor legal, resulta em "norma" implícita que permita a referida majoração não se sujeitar ao princípio da anterioridade.

A preocupação, neste trabalho, não está naquele primeiro tipo de conteúdo normativo implícito ("norma" implícita em sentido estrito). A respeito dele pode-se razoavelmente argumentar, sem maiores preocupações demonstrativas, que o conteúdo implícito mencionado é passível de atribuição ao emissor da mensagem, constante da atividade de enunciação.[15]

O ponto de inquietação se relaciona aos outros dois tipos de "normas" implícitas, afigurados como resultados de atividade nomopoiética, não de legisladores, mas de intérpretes (legislação apócrifa, nos dizeres de Riccardo Guastini).[16]

Como se verá em seguida, em casos como esses, não há enunciação anterior de autoridade que tenha criado o texto a respeito do qual se argumenta como ponto de partida para a interpretação. Seria, a enunciação, a fonte do direito nessas hipóteses? Se sim, qual enunciação?

4. Aportes realistas à temática das fontes do Direito

Não há um só realismo jurídico, como se sabe. As escolas realistas americana, escandinava e europeia apresentam

---

15. GUASTINI, Riccardo. *Interpretar y argumentar*. Trad. de Silvina Álvarez Medina. Madrid: Centro de Estudios Políticos y Constitucionales, 2014. p. 171.

16. Idem.

diferenças em seus modos de encarar o direito ao mesmo tempo em que compartilham visões fundamentais.

Para este trabalho, me apoiarei nos ensinamentos do realismo jurídico de Riccardo Guastini, representante da Escola de Genova e que tem um posicionamento considerado heterodoxo – ou razoável – entre os realistas das mais variadas escolas.[17]

Riccardo Guastini ensina que o realismo jurídico contém pelo menos três teses: 1) uma tese ontológica, que vê o direito como fato social da espécie "atos linguísticos", dividido em três feições, a saber, textos legais (conjunto de formulações normativas), normas jurídicas (resultado da atribuição de sentido aos textos legais) e normas vigentes (conjunto de normas aplicadas no passado e provavelmente aplicáveis no futuro).[18]

Essas três feições do direito decorreriam da atividade interpretativa em sentido amplo, cujas características compõem (2) a tese metodológica do realismo jurídico e pressupõem uma (3) tese epistemológica própria, uma vez que o direito vigente dependeria também do resultado do trabalho dos doutrinadores[19].

Interpretar seria atribuir sentido às formulações normativas, aos textos legais. Pode-se fazer uma interpretação "cognitiva", reconhecendo os possíveis significados razoavelmente

---

17. Em que pese ser possível que o Professor Guastini não concorde com a minha caracterização de seus pensamentos neste trabalho.

18. GUASTINI, Riccardo. El realismo jurídico redefinido. In: NÚÑEZ VAQUERO, Álvaro (ed.). *Modelos de ciência jurídica*. Lima: Palestra, 2014.

19. Ibidem, p. 105: "Podemos decirlo así: no hay ninguna posible confusión entre una patología cardiaca y la ciencia médica que la describe ya que las patologías del corazón – al contrario que la ciencia médica – no son entidades lingüísticas. Cuando, al contrario, se trata de las relaciones entre el derecho y la doctrina jurídica, una confusión de este tipo es posible y de hecho se produce. Ello porque tanto las 'leyes' (en sentido material) como la dogmática no son nada más que lenguajes (discursos). Dicho con otras palabras: es imposible – o sencillamente poco realista – trazar una distinción neta entre el lenguaje del 'legislador' y el lenguaje de los juristas. Antes bien, ambos son objeto de un continuo proceso osmótico. El discurso de los juristas, si es observado con atención, no 'tiene por objeto' el discurso de las autoridades normativas al nivel de un metalenguaje, o al menos no siempre. Por el contrario, los juristas más bien modelan y enriquecen continuamente su objeto de estudio, como un violinista que intercala anotaciones apócrifas en la partitura que está ejecutando."

atribuíveis aos textos normativos. Pode-se, também, fazer uma interpretação decisória, decidindo – como o nome revela – qual o sentido das disposições legais e, portanto, qual a norma jurídica ali expressada. Outras vezes, o que se faz é, mais do que decidir entre sentidos possíveis, construir novos significados inicialmente não atribuíveis a nenhuma manifestação prévia por parte de um legislador ou emissor da mensagem jurídica.

Realiza-se uma construção jurídica, por exemplo, para colmatar uma lacuna criada pelo processo de interpretação ou para concretizar um princípio[20].

E nos casos de conteúdos normativos não expressados o que se faz é, também, lançar mão de uma construção jurídica a fim de preencher a ausência de uma regulamentação que o intérprete considera que deveria existir.

A título de exemplo: o inciso IV, do art. 150, da CF/88 dispõe ser vedado *utilizar tributo com efeito de confisco*. Em que pese o conteúdo normativo constitucional expresso se referir apenas a *tributo* e haver conteúdo normativo infraconstitucional expresso (art. 3º do CTN) que determina que tributo não é sanção por ato ilícito, o Supremo Tribunal Federal brasileiro não hesita em decidir que também é vedado *utilizar multa com efeito de confisco*, atribuindo, convincentemente, através de um raciocínio não dedutivo e de um argumento *a simili*, conteúdo a texto não enunciado.[21]

---

20. GUASTINI, Riccardo. El realismo jurídico redefinido. In: NÚÑEZ VAQUERO, Álvaro (ed.). *Modelos de ciência jurídica*. Lima: Palestra, 2014. p. 88-89: "La elaboración de normas implícitas sirve obviamente para colmar lagunas normativas (verdaderas o aparentes). La creación de una laguna axiológica es el preludio de la construcción de una norma implícita idónea a colmar dicha laguna. La concreción de principios consiste en una peculiar forma de elaboración de normas implícitas. Los conflictos entre principios son antinomias de un tipo especial que no pueden ser resueltas si no a través de la construcción jurídica. Las jerarquías axiológicas, además de para orientar las elecciones interpretativas, son instrumentos útiles para resolver precisamente los conflictos entre principios. Y estos son solo algunos ejemplos."

21. "PROCESSUAL CIVIL. AGRAVO REGIMENTAL. CONSTITUCIONAL. TRIBUTÁRIO. MULTA. VEDAÇÃO DO EFEITO DE CONFISCO. APLICABILIDADE. RAZÕES RECURSAIS PELA MANUTENÇÃO DA MULTA. AUSÊNCIA DE INDICAÇÃO PRECISA DE PECULIARIDADE DA INFRAÇÃO A JUSTIFICAR A

Em resumo, o intérprete/destinatário da mensagem jurídica realiza um ato de fala para expressar sua decisão interpretativa, que no caso é uma construção jurídica, argumentando pela existência de um conteúdo normativo sem base no dado objetivo do texto legal e utilizando-se de um raciocínio derivativo.

Enuncia uma insuficiência de regramento jurídico para, logo depois, preencher o vazio legal que criou com um argumento baseado em uma conclusão retirada, convincentemente, de uma conjunção entre conteúdos normativos expressados e assunções doutrinárias ou, diretamente, de uma premissa doutrinária.

A enunciação, nesse caso, não é a do legislador, em que pese geralmente o ato de fala do destinatário da mensagem atribuir o conteúdo construído a uma *pseudo-enunciação* do emissor.

Estamos de acordo, é verdade, de que é uma atividade enunciativa (ato de fala/decisão/interpretação-produto) que inclui novo conteúdo jurídico ao ordenamento preexistente ou, em outras palavras, que cria novos dados linguísticos sobre os quais os intérpretes/destinatários deverão realizar suas atividades de adscrição de sentidos.

Mas, aparentemente, nem sempre a enunciação-fonte-do-direito será aquela que resulte em formulações legais componentes do sistema S1 daquele percurso gerador de sentidos mencionado por Paulo de Barros Carvalho. Muitas vezes, a enunciação-fonte-do-direito será a atividade geradora do chamado "enunciado interpretativo", ou seja, o ato de fala

---

GRAVIDADE DA PUNIÇÃO. DECISÃO MANTIDA. 1. Conforme orientação fixada pelo Supremo Tribunal Federal, o princípio da vedação ao efeito de confisco aplica-se às multas. 2. Esta Corte já teve a oportunidade de considerar multas de 20% a 30% do valor do débito como adequadas à luz do princípio da vedação do confisco. Caso em que o Tribunal de origem reduziu a multa de 60% para 30%. 3. A mera alusão à mora, pontual e isoladamente considerada, é insuficiente para estabelecer a relação de calibração e ponderação necessárias entre a gravidade da conduta e o peso da punição. É ônus da parte interessada apontar peculiaridades e idiossincrasias do quadro que permitiriam sustentar a proporcionalidade da pena almejada. Agravo regimental ao qual se nega provimento" (RE 523.471-AgR, Rel. Min. Joaquim Barbosa).

do intérprete realizado sobre os dados brutos do ordenamento jurídico ou, inclusive, sobre a ausência deles.[22]

Em outros termos, a enunciação, não de um texto legislado ou outro documento normativo, mas do resultado de um processo interpretativo, ainda que realizado sem suporte em dispositivo normativo prévio, apresenta função de fonte do direito.

Uma segunda possível solução ao problema aqui levantado seria reconhecer que a enunciação da premissa doutrinária poderia ser considerada a fonte do direito, o que significaria uma reaproximação da doutrina tradicional sobre o tema[23] e uma necessidade de revisitação crítica dos fundamentos do *CLS epistemológico*.[24]

Exemplos da atuação de premissas doutrinárias como possíveis fontes do direito seriam: (1) Considerando que serviços de telecomunicação são, hoje em dia, tidos como essenciais[25] e, além disso, que os Estados-Membros escolheram aplicar a técnica de diminuição de regressividade do ICMS prevista no art.

---

22. Um exemplo de enunciado interpretativo é o expressar do intérprete, diante de um texto normativo T que comporte significar as normas N1 ou N2, que "T significa N2". Outro exemplo de enunciado interpretativo é o expressar do intérprete de que, mesmo diante da inexistência de T, há uma norma vigente N3. O Constructivismo Lógico-Semântico parece, inclusive, já ter "intuído" esse raciocínio, uma vez que considera a jurisprudência, não como fonte do direito, mas direito propriamente dito, o que pode nos levar à conclusão de que a enunciação dos enunciados interpretativos jurisprudenciais seria a respectiva fonte.

23. Afinal, para a doutrina tradicional, como se sabe, são fontes do direito a lei, o costume, a jurisprudência, a doutrina e os princípios gerais do direito, tratando, também, por vezes, da equidade, da analogia e das negociações (MAXIMILIANO, Carlos. *Hermenêutica e aplicação do direito*. Rio de Janeiro: Freitas Bastos, 1965).

24. Chamo, neste texto, de CLS epistemológico as teses ligadas ao conhecer o direito, o que envolve, por óbvio, o papel da doutrina e da ciência jurídica que, no caso do CLS, é meramente descritivo do objeto. Por sua vez, CLS ontológico estaria preocupado em dizer o que é o direito, enquanto CLS metodológico estaria preocupado em estudar como se dá a interpretação jurídica.

25. "Em nosso mundo globalizado, os meios de comunicação estão cada vez mais céleres, e a internet se tornou parte da vida do ser humano. No enfoque jurídico, já é vasto o entendimento de que a internet se tornou bem essencial.". Trecho de sentença proferida no Processo 0002194-80.2016.8.08.0044, da Vara Única de Santa Tereza, do Tribunal de Justiça do Espírito Santo.

155, § 2º, III, da CF/88 (seletividade em razão da essencialidade do produto ou serviço), diante da obrigação de congruência e sistematicidade das normas tributárias, prevista, entre outras, nas obras de Adam Smith, Fritz Neumark e Klaus Tipke[26], o Supremo Tribunal Federal, ao analisar o Recurso Extraodinário 714.139/SC deverá considerar inconstitucional qualquer previsão legal de alíquotas de ICMS superiores àquelas estabelecidas para outros produtos e serviços essenciais.[27]

(2) Hipótese em que um contribuinte obtivesse êxito em afastar a necessidade de cumprimento de inúmeros deveres instrumentais (geradores de relevantes custos de conformidade) diante da afronta ao denominado "princípio da capacidade colaborativa", previsto na obra de Leandro Paulsen.[28]

É possível perceber que, nesses casos, o resultado da enunciação da premissa doutrinária teria sido utilizado como parte do dado bruto sobre o qual o percurso de geração de sentido e, portanto, de construção da norma jurídica, foi realizado, assim como os textos legislados (resultados da enunciação legislativa) costumam ser utilizados pelo intérprete/aplicador.

O que foi demonstrado até aqui, em outras palavras, apresenta um potencial de alteração da tipologia de enunciações-fontes.[29] Estas poderiam ser tanto a enunciação do legislador,

---

26. SMITH, Adam. *A riqueza das nações*. Tradução portuguesa Lisboa: Ed. Fundação Calouste Gulbenkian, 1983. v. II, p. 485-489; NEUMARK, Fritz. *Principios de la Imposición*. 2. ed. Tradução Luis Gutiérrez Andrés. Madrid: Instituto de Estudos Fiscales, 1994. p. 355-405; TIPKE, Klaus; LANG, Joachim. *Direito tributário*. Tradução Luiz Doria Furquim. Porto Alegre: Sergio Antonio Fabris Editor, 2008. p. 393-397.

27. Recurso Extraodinário 714.139/SC é o *leading case* do Tema de Repercussão Geral 745, em que se discute, à luz dos arts. 150, II, e 155, § 2º, III, da Constituição federal, a constitucionalidade do art. 19, I, a, da Lei 10.297/1996 do Estado de Santa Catarina, que estabeleceu alíquota diferenciada de 25% para o Imposto sobre Circulação de Mercadorias e Serviços – ICMS incidente sobre o fornecimento de energia elétrica e os serviços de telecomunicação, ao passo que para as "operações em geral" é aplicada a alíquota de 17%.

28. PAULSEN, Leandro. *Capacidade colaborativa* – princípios de direito tributário para obrigações acessórias e de terceiros. Porto Alegre: Ed. Livraria do Advogado, 2014.

29. Hoje, consideram-se tipos de enunciações aptas a criar direito aqueles praticados pelo legislador em sentido material, ou seja, pelas Casas do Congresso

quanto a enunciação dos enunciatários ou destinatários da mensagem jurídica. Ou ainda, alterada a tese epistemológica mencionada, a enunciação-fonte poderia ser aquela do legislador e também aquela do doutrinador ou dogmático do direito.[30]

5. Conclusão

Do que se explorou até aqui, é possível afirmar que, visto o tema das fontes do direito como ele é compreendido pelo Constructivismo Lógico-Semântico (atividade de enunciação ou ato de fala) e utilizando-nos dos óculos de um, digamos, realismo jurídico guastiniano, é possível afirmar que, sim, é a atividade de enunciação de novos conteúdos legais a fonte do direito, mas, de outro lado, que não há um só tipo de atividade enunciativa (inevitavelmente prévia ao início da interpretação) apta a ser caracterizada como fonte do direito.

Nem toda atividade de enunciação gera dado bruto (marcas de tinta no papel, palavras, frases, proposições etc.) sobre o qual o intérprete iniciará seu percurso gerador de sentido normativo (criação de normas jurídicas via interpretação).[31] Não raras vezes, ele se verá diante daquilo que se designa por *conteúdo normativo não expressado*, decorrente da identificação, por demais frequente, de uma lacuna (geralmente axiológica) e da necessidade de preenchimento desse vazio

---

Nacional, pelo Presidente da República, pelos particulares (quando elaboram contratos, por exemplo), pela Administração Pública em geral etc. Enunciações que resultam em textos legais "em sentido amplo" sobre os quais se realizará a interpretação jurídica, o que excluiria as enunciações doutrinárias e as enunciações interpretativas, mencionadas neste trabalho.

30. Uma terceira forma de conclusão seria a confirmação da tese realista mais radical no sentido de que a enunciação criadora do direito é aquela do juiz e nenhuma outra, o que não me parece condizente com os fundamentos do CLS.

31. Ressalva seja feita de que o CLS não trata o percurso de geração de sentido como um processo estanque e inflexível, nem impõe que a ordem didaticamente exposta para os subsistemas de 1 a 4 invariavelmente seja seguida, o que reforça a conveniência dos aportes realistas propostos neste texto.

normativo, que se dá através da atividade de construção jurídica, resultando em criação de "normas" jurídicas implícitas.

Nesse caso, não havendo conteúdo previamente enunciado, não restaria tão evidente a possibilidade de defender, sem revisitação crítica da tese epistemológica do CLS e consequente reconhecimento de um papel, à doutrina, distinto da mera descrição de seu objeto de estudos, que a "enunciação-fonte-do-direito" seja sempre anterior ao resultado do trabalho de reconstrução do destinatário da mensagem jurídica.[32]

O diálogo com o realismo jurídico, aqui proposto, convida o Constructivismo Lógico-Semântico a refletir sobre o conteúdo da temática da teoria das fontes nos moldes como por ele defendida, resultando em ganhos de aprofundamento e desenvolvimento para ambas as escolas de pensamento.

Um resultado prático direto decorrente do quanto aqui defendido seria, por exemplo, a construção de novas considerações a respeito dos reflexos da teoria das fontes do direito sobre o tema da invalidade de formas e conteúdos normativos[33]. Em outros termos, sendo, de fato, bastante útil para a verificação da validade ou invalidade das leis o acesso às marcas da enunciação-fonte, a ausência de tais dêiticos enunciativos sem prejuízo da construção da mensagem jurídica por parte dos destinatários permite novas análises acerca das questões de validade formal e material[34], tema que, neste momento, refoge aos limites traçados neste trabalho.

---

32. Por óbvio, o inverso também seria verdadeiro: aprofundado o estudo e verificado que não há necessidade de adequação da tese epistemológica do CLS, caberia ao realismo jurídico repensar os fundamentos de sua tese sobre o conhecimento do direito.

33. Note-se que essa é uma das utilidades apontadas pelo CLS acerca da teoria das fontes: "A partir da linguagem da enunciação-enunciada, reconstruímos o procedimento produtor de enunciados (enunciação) e realizamos o confronto entre esta e a linguagem da norma de estrutura (seu fundamento jurídico), para aferirmos se a produção normativa deu-se em conformidade com o prescrito no ordenamento jurídico e, assim, constatarmos os vícios formais (de produção) dos enunciados jurídicos" (CARVALHO, Aurora Tomazini de. *Curso de teoria geral do direito*: o constructivismo lógico-semântico. 5. ed. São Paulo: Noeses, 2016. p. 682).

34. Afinal, poderiam surgir questões como: Se foi possível extrair de um "vazio

6. Referências

CARVALHO, Aurora Tomazini de. *Curso de teoria geral do direito*: o constructivismo lógico-semântico. 5. ed. São Paulo: Noeses, 2016.

CARVALHO, Paulo de Barros. *Curso de direito tributário*. 23. ed. São Paulo: Saraiva, 2011.

______. *Direito tributário:* linguagem e método. 6. ed. São Paulo: Noeses, 2015.

______. *Fundamentos jurídicos da incidência tributária*. 8 ed. São Paulo: Saraiva, 2010.

GUASTINI, Riccardo. *Interpretar y argumentar*. Trad. de Silvina Álvarez Medina. Madrid: Centro de Estudios Políticos y Constitucionales, 2014.

______. El realismo jurídico redefinido. In: NÚÑEZ VAQUERO, Álvaro (ed.). *Modelos de ciência jurídica*. Lima: Palestra, 2014.

MAXIMILIANO, Carlos. *Hermenêutica e aplicação do direito*. Rio de Janeiro: Freitas Bastos, 1965.

NEUMARK, Fritz. *Princípios de la Imposición*. 2. ed. Tradução Luis Gutiérrez Andrés. Madrid: Instituto de Estudos Fiscales, 1994.

PAULSEN, Leandro. *Capacidade colaborativa* – princípios de direito tributário para obrigações acessórias e de terceiros. Porto Alegre: Ed. Livraria do Advogado, 2014.

ROBLES, Gregorio. *O direito como texto*: quatro estudos de teoria comunicacional do direito. Trad. de Roberto Barbosa Alves. Barueri: Manole, 2005.

---

normativo" uma norma jurídica cujo conteúdo não foi expressado anteriormente por um legislador, como defender a validade da mesma quando seu fundamento de validade exige, por exemplo, que a matéria tratada seja trazida por lei complementar e por quórum qualificado?

______. *Teoría del derecho (fundamentos de teoría comunicacional del derecho).* Parte geral. São Paulo: RT, 1983. t. I.

SMITH, Adam. *A riqueza das nações.* Tradução portuguesa Lisboa: Ed. Fundação Calouste Gulbenkian, 1983. v. II.

TIPKE, Klaus; LANG, Joachim. *Direito tributário.* Tradução Luiz Doria Furquim. Porto Alegre: Sergio Antonio Fabris Editor, 2008.

O SISTEMA POSITIVO COMO UNIVERSO LINGUÍSTICO: ESTUDOS À LUZ DO CONSTRUCTIVISMO LÓGICO-SEMÂNTICO

João Alves de Melo Jr.[1]

"A linguagem reproduz o mundo, mas submetendo-o a sua própria organização. Ela é logos, discurso e razão juntos como o viram os gregos. E isso pelo próprio fato de ser linguagem articulada, consistindo de um arranjo orgânico de partes de uma classificação formal de objetos e dos processos."[2]

(Émile Benveniste)

---

1. Advogado tributarista em Recife (PE). Sócio-fundador da Alves de Melo Advogados Associados. Mestre em Direito pela Universidade Católica de Pernambuco - UNICAP. Especialista em Justiça Constitucional e Tutela Jurisdicional dos Direitos Fundamentais pela *Università di Pisa* (Itália). Professor da Pós-graduação em Planejamento Tributário da Universidade Federal de Pernambuco - UFPE. Professor do Curso de Especialização em Direito Tributário da Universidade Católica de Pernambuco. Professor Seminarista do Instituto Brasileiro de Estudos Tributários em Recife - IBET/REC. Instrutor de Direito Tributário e Financeiro da Escola da Administração Fazendária - ESAF. Membro da Associação Brasileira de Direito Financeiro - ABDF. Membro da *International Fiscal Association* - IFA. Membro da Associação Brasileira de Direito Processual - ABDPro. Procurador do Município de Arapiraca (AL). Pesquisador do Grupo Política e Tributação da UNICAP. E-mail:joao@alvesdemelo.com.

2. BENVENISTE, Émile. *Problemas de linguística geral.* Tradução Maria da Glória Novak e Luiza Neri; revisão Prof. Isaac Nicolau Salum. São Paulo: Ed. Nacional/Ed. da Universidade de São Paulo, 1976. p. 27.

Sumário: 1. Introdução. 2. O direito como universo linguístico. 3. O Direito como fenômeno comunicacional e os elementos estruturais da comunicação jurídica. 4. O Universo linguístico e a formação do fato jurídico: as coordenadas de pessoa, tempo e espaço. 5. Conclusões. Referências.

1. Introdução

"Por natureza, todos os homens desejam conhecer"[3], eis a frase de abertura da célebre *Metafísica,* de Aristóteles. A notação de que o animal humano é naturalmente um produtor individual e coletivo de conhecimento estruturado é ponto fundamental deste trabalho. Primeiramente, pela característica de se maravilhar com o mundo que lhe envolve, mas, especialmente, pela capacidade de questionar-se acerca da sua posição no espaço, no tempo e na funcionalidade do Universo em que está inserido.

E, não por acaso, praticamente em toda história (espaço no tempo) das civilizações até hoje conhecidas, identifica-se a tentativa humana de responder às perguntas situacionais da existência: o que sou (matéria)? Onde estou (espaço)? De onde venho (origem/tempo passado)? Para onde vou (tempo-futuro)? Por que estou aqui (finalidade)?

Em premiado trabalho mundialmente[4], o físico brasileiro Marcelo Gleiser traz primorosa pesquisa sobre os responsoriais da humanidade às indagações relatadas no parágrafo anterior, com romanceadas incursões sobre o simbolismo dos mitos (a exemplo de Brahma, Deus indiano da Criação) sobre as invenções da modernidade e, é claro, sobre a atualidade da teoria do Big Bang. Embora fascinante a temática das origens, para os objetivos deste trabalho, o que releva destacar é advertência científica realizada pelo aludido professor acerca do problema da perspectiva do observador, que é poeticamente apresentada pela metáfora do peixe inteligente:

3. ARISTÓTELES. *Metafísica*. Tradução Rusconi Libri. São Paulo: Edições Loyola, 2002. p. 4.

4. GLEISER, Marcelo. *A dança do universo*. São Paulo: Companhia das Letras, 1997. p. 27.

> Quando tentamos entender o Universo como um todo, somos limitados pela nossa perspectiva "interna", como um peixe inteligente que tenta descrever o oceano como um todo. Isso é verdade tanto em religião como em ciência. Em ciência, o problema é particularmente agudo em cosmologia quântica, onde a mecânica quântica é aplicada na descrição da origem do Universo.

A felicidade está na constatação de que o problema agudo do olhar perspectivista, tantas vezes lembrado por Gregorio Robles[5], é um problema geral do conhecimento e não exclusivamente dos cientistas de objetos culturais, notadamente, dos juristas. Vê-se, então, que todo conhecimento é perspectivista e sua construção se dá por meio de planos distintos[6] que são unificados pela intencionalidade do sujeito cognoscente (observador), pois, ele assujeita o objeto cognoscível, demarca o ponto de partida da investigação e se propõe a realizar o ato de conhecer diante do objeto do conhecimento.

---

5. Sobre o Conhecimento e a Perspectiva, invoque-se o magistério do Professor Gregorio Robles: "Esa verdad es que el conocimiento nunca proporciona uma percepición sensorial o intelectual de la realidad toda, sino que por sua naturaliza es perspectivista. Siempre accedemos a la realidad desde una perspectiva. Así sucede paradigmáticamente em las ciências, las cuales se construyen desde acendradas perspectivas llamadas métodos, cada uno de los cuales no es sino un instrumento afinado para aproximarse al conocimiento de una materia". MORCHON, Gregorio Robles. Perspectivismo textual y principio de relatividad sistémica em la teoría comunicacional del derecho. In: CARVALHO, Paulo de Barros; MORCHON, Gregorio Robles. *Teoria comunicacional do direito*: diálogo entre Brasil e Espanha. São Paulo: Noeses, 2011. p. 06.

6. A decomposição em planos diferentes para que a experiência sensorial se transforme em conhecimento foi objeto de análise memorável de Lourival Vilanova: "A lógica é um ponto de vista sobre o conhecimento. Tomando-se o conhecimento da realidade (exterior ou interior) como ponto de partida da investigação, temos que distinguir os seguintes planos: I. o sujeito cognoscente, foco de diversos atos (querer, sentir e pensar); II. o ato mesmo de conhecer, como ocorrência subjetiva ou psíquica; III. o dado-de-fato, objeto do conhecimento; IV. a linguagem, natural ou técnica (científica) em que se fixa e se comunica o conhecimento; V. a proposição como uma estrutura que declara que o conceito-predicado vale para o conceito-sujeito (para dizê-lo simplificadamente). Há conhecimento na percepção, mas o conhecimento adquire plenitude no plano proposicional. Entre simplesmente ver que um livro é verdade e formular a proposição 'este livro é verde' há uma distância considerável. O fato íntegro, total do conhecimento, abrange todos esses planos. Recolhendo o que se oferece na experiência, o conhecimento é um fato complexo, cujos componentes se inter-relacionam intimamente". VILANOVA, Lourival. *Escritos jurídicos e filosóficos*. São Paulo: IBET, 2003. v. 2, p. 158.

Se, por um lado, já é possível afirmar que o ato de conhecer é perspectivista, por outro lado, é fundamental destacar que o conhecimento é revestido por uma estrutura de linguagem. Sobre o assunto, por demasiadamente oportuna, registre-se que a estruturação lógica como condição de possibilidade para apreensão de qualquer conhecimento também foi sentida por Lourival Vilanova[7], em que para ele, *"na relação do homem com o mundo que o contorna"*:

> O conhecimento é um fato complexo. Simplificativamente, diz-se que é relação do sujeito com o objeto. E se tivermos em conta o conhecimento do mundo físico exterior, sua origem é a experiência sensorial. Percebo a árvore verde e enuncio: esta árvore é verde. O ser-verde-da-árvore, que se me dá num ato de apreensão sensorial, é a base para outro ato, o de revestir esse dado numa estrutura de linguagem, na qual se exprime a relação conceptual denominada proposição (juízo, na terminologia clássica).[8]

Por outro ângulo, os problemas fundamentais do conhecimento em geral, por óbvio, refletem diretamente no conhecimento do direito (objeto da ciência), notadamente, na constatação da investigação perspectiva e da enunciação linguística do conhecimento, pois, assim como na metáfora do peixe inteligente que intenta explicar todo o oceano, o jurista recebe como missão compreender todo o universo jurídico a partir de seu ponto de vista, isto é, seus valores, suas ideologias, para não falar de suas crenças e experiências[9].

---

7. Curiosamente, parece que o "enquadrar-de-mundo" pela linguagem também foi percebido por Émile Benveniste ao sustentar que o conhecimento do mundo se submete à classificação formal de objetos: "A linguagem reproduz o mundo, mas submetendo-o a sua própria organização. Ela é logos, discurso e razão juntos como o viram os gregos. E isso pelo próprio fato de ser linguagem articulada, consistindo de um arranjo orgânico de partes de uma classificação formal de objetos e dos processos. O conteúdo deve ser transmitido (ou se se quiser, o 'pensamento') é decomposto, assim, segundo um esquema linguístico." BENVENISTE, Émile. *Problemas de linguística geral.* Tradução Maria da Glória Novak e Luiza Neri; revisão Prof. Isaac Nicolau Salum. São Paulo: Ed. Nacional/Ed. da Universidade de São Paulo, 1976. p. 26.

8. VILANOVA, Lourival. *As estruturas lógicas e o sistema do direito positivo.* São Paulo: Noeses, 2005. p. 39.

9. Sobre os referenciais de crenças e de experiências na perspectiva do jurista, rememore-se poético ensinamento de Carnelutti: "Precisamente aqui está a diferença

A desventura se dá porque o direito é uma obra coletiva e o que é entregue ao intérprete (jurista) são apenas palavras estruturadas logicamente em enunciados normativos para que ele (o intérprete) a reconstrua – por descrição, decisão, criação.

E o efeito de renascimento a partir do texto (enunciado) permite a ideia de reconstrução da norma por meio da interpretação dos significados do texto normativo, aliás, foi primorosamente percebida por Giorgio Pino: "o mesmo esquema condicional aqui seguido para a reconstrução da forma fundamental da norma jurídica não é senão um modelo mínimo que serve para trazer à luz a variedade de regras legais, ao invés de um mostrar sua uniformidade intrínseca"[10].

E o esquema condicional para o refazimento da norma jurídica é inexoravelmente mediado por definições (obtidas através do conhecimento) que são insertas em determinado contexto normativo, tais objetos ideais são cercos semânticos para a estruturação do solo de palavras sobre o qual caminha o intérprete. E, uma vez em apelo à separação tal relação entre o termo e a coisa, preciosa é a observação de Paulo de Barros de Carvalho:

> O Conhecimento nos dá acesso às definições. Não conhecemos as coisas em si, mas o significado das palavras dentro do

---

entre minha juventude e minha velhice de jurista. O jovem tinha fé na ciência; o velho a perdeu. O jovem acreditava no saber; o velho sabe que nada sabe. E quando o saber juntar-se com o saber que não sabe então a ciência converte-se em poesia. O jovem contentava-se com o conceito científico de direito; o velho sente que neste conceito perdeu seu impulso e seu drama, e, portanto, sua verdade. O jovem queria os contornos cortantes da definição; o velho prefere os matizes da comparação. O jovem não crê senão no que via; o velho não crê mais no que não pode ver. O jovem estava à esquerda; o velho passou à direita da ponte. E para representar esta terra, onde os homens se amam e amando-se conseguem a liberdade, tampouco serve à poesia; o jurista quis ser músico para fazer com que os homens sintam este encanto." CARNELUTTI, Francesco. *A arte do direito*. 2. ed. Campinas: Bookseller, 2005. p. 22.

10. Para aqueles que desejarem ler o original, ei-lo: "Dall'analisi svolta nel paragrafo precedente emerge che non vi è un unico tipo di norma giuridica: ne esistono vari tipi, che svolgono funzioni diverse, e che hanno struttura diversa; di fatto, lo stesso schema condizionale qui seguito per la ricostruzione della forma fondamentale della norma giuridica non è altro che un modelo minimale che serve a portare alla luce la varietà delle norme giuridiche, più che a mostrarne l'intrinseca uniformità." PINO, Giorgio. Norma giuridica. In: PINO, Giorgio et alii (org.). *Filosofia del diritto*. Torino: Giappichelli, 2013. p. 165.

> contexto de uma língua e o significado já não depende da relação com a coisa, mas do vínculo com outras palavras. Exemplo disso pode ser observado quando buscamos o sentido de um termo no dicionário, não encontramos a coisas em si (referente), mas outras palavras. Deste modo, podemos afirmar que a correspondência não se dá entre um termo e a coisa, mas entre um termo e outros, ou seja, entre linguagem[11].

No Constructivismo Lógico-Semântico, a análise está voltada à linguagem, a qual se pretende reduzir a uma estruturação formal e cuja lógica dos procedimentos enunciativos sejam controláveis[12]. E é nesse particular que reside a magnitude do método constructivista, posto que sua premissa primeira é justamente amarrar lógica e semanticamente suas proposições para a construção de seu objeto, o qual se constrói a enunciação a partir da ordenação lógico-semântica dos conceitos utilizados[13].

2. O Direito como Universo Linguístico[14]

Parece comum a ideia de que o direito serve para estabelecimento da ordem e da pacificação social e, se assim o é, em uma comunidade de falantes, a jusposição de regras de convivência submete-se inexoravelmente a intermediação da linguagem, então, afixe-se ainda mais a ideia: o direito

---

11. CARVALHO, Aurora Tomazini de. *Curso de teoria geral do direito*: o constructivismo lógico-semântico. São Paulo: Noeses, 2010. p. 15.

12. Ideias em Cf. TOMÉ, Fabiana del Padre. Vilém Flusser e o constructivismo lógico-semântico. In: CARNEIRO, Jerson; HARET, Florence (org.). *Vilém Flusser e juristas:* comemoração dos 25 anos do grupo de estudos Paulo de Barros Carvalho. São Paulo: Noeses, 2009. p. 325.

13. Cf. CARVALHO, Aurora Tomazini de. Constructivismo lógico-semântico como método de trabalho na elaboração jurídica. In: CARVALHO, Paulo de Barros (coord.); CARVALHO, Aurora Tomazini de (org.). *Constructivismo lógico-semântico*. São Paulo: Noeses, 2014. v. I, p. 15.

14. O presente trabalho é a continuidade das ideias desenvolvidas em outro texto versando sobre o tema fascinante da existência e da não existência (o nada) e, para melhor compreensão deste empreendimento, recomenda-se a leitura: ALVES DE MELO JR., João. A enunciação como intervalo entre o ser e o existir. In: CARVALHO, Paulo de Barros (coord.); CARVALHO, Aurora Tomazini de (org.). *Constructivismo lógico-semântico*. São Paulo: Noeses, 2018. v. II, p. 303.

é linguagem. Nesse contexto, é possível ampliar a premissa para afirmar que o Direito (Ciência do direito) também é linguagem, daí, tem-se a sobreposição de linguagens[15].

E transmissão da mensagem é por meio da linguagem tecnicamente estruturada, pois, ela é simultaneamente condição de possibilidade de intersubjetividade humana (simploriamente aqui apresentada como conexão entre mentes), como também resultado da prática discursiva sobre do processo democrático de deliberação das políticas públicas, assim como é por meio dela que se questiona a legitimidade, validade, facticidade do decidido em relação ao idealizado e, sobretudo, ao realizado.

Nessa perspectiva, é possível ilustrar o ideário por meio da referência aos debates havidos nas casas parlamentares por ocasião dos processos legislativos, a proposta inicial, os debates nas câmaras temáticas, os pareceres das comissões, a oferta de emendas parlamentares, o tramitar, sobrestar, revisar, substituir, integrar de proposições parlamentares ao texto normativo a ser introduzido, os pronunciamentos em plenário, a expressão do voto, em tudo, aponte-se um elemento comum: a linguagem.

Veja-se então que na Ciência do Direito o fenômeno comunicacional é inexorável ante à intersubjetividade necessária, pois, afinal, embora ideologicamente possível, o estabelecimento das regras de convivência não se dá por sentimentos amorfos, mas, sim, e sempre, por intermédio da linguagem prescritiva que para o jurista tanto é instrumento como ambiente, pois, para ordenar deve haver a emissão de uma mensagem ao destinatário e, este, para cumpri-la, deverá decodificar seu conteúdo.

---

15. A produção dos textos pressupõe a intertextualidade, sendo inegável a influência dos textos já enunciados sobre aqueles vindouros. "A construção de um texto sempre será a consequência da soma de vários outros textos, de modo que o dialogismo se apresenta entre os discursos, mesmo que o locutor seja o mesmo nos dois textos. Importante ressaltar que no direito essa sobreposição de textos é limitada pelo próprio sistema, como é estabelecida, por exemplo, na regra do art. 110 do CTN". Cf. SOUZA, Priscila de. Intertextualidade na linguagem jurídica: conceito, definição e aplicação. In: CARVALHO, Paulo de Barros (coord.); CARVALHO, Aurora Tomazini de (org.). *Constructivismo lógico-semântico*. São Paulo: Noeses, 2014. v. I p. 93-120.

Credita-se aos estudiosos de linguística[16] a percepção de que o ato de fala (exprimir palavras) tem como pressuposto a internalização de um conjunto de conceitos compartilhado entre os falantes, por exemplo, para que afirmar que "Lei é dura" o falante (i) concebe o conceito do que é uma Lei e, no mínimo, (ii) cônscio está do efeito linguístico da estruturação frásica de pôr um substantivo frente a um verbo e segui-lo de um adjetivo. Entrementes, de fato, a comunicação não se aperfeiçoa se o interlocutor não compartilhar da significação mínima das palavras utilizadas, o que poderia ocorrer na hipótese de a frase acima ser ouvida por um nativo italiano que atribuiria à palavra "Lei" a significação de "Ela = pronome pessoal", desse modo, receberia o conteúdo da mensagem em direção completamente oposta à intenção do falante (enunciador).

No Brasil, é tributável à Escola do Constructivismo Lógico-Semântico a difusão dos expedientes da filosofia da linguagem à prática do Direito, notadamente, ao Direito Tributário, pois, lamentavelmente, até então, escassos eram os estudos em Linguística Aplicada ao Direito[17]. O problema está na constatação de que o Direito é um fenômeno linguístico.

A Lei é composta por enunciados, as condutas são modalizadas em verbos, os contratos são registrados em parágrafos, as provas são vertidas em linguagem competente, as sentenças são compostas por palavras, os recursos são linguagem sobre outra linguagem (texto da decisão), ou seja, "a linguagem estabelece relações entre pessoas e grupos sociais, faz emergir e desaparecer entidades, concede e usurpa a liberdade, absolve e condena réus"[18]. *Tais manifestações revelam*

---

16. "A linguagem tem um lado individual e um lado social, sendo impossível conceber um sem o outro." SAUSURRE, Ferdinand de. *Curso de linguística geral*. 27. ed. Organizado por Charles Bally, Albert Sechehaye com a colaboração de Albert Riedlinger. Prefácio à edição brasileira Isaac Nicolau Salum. Tradução Antônio Chelini, José Paulo Paes, Izidoro Blikstein. São Paulo: Cultrix, 2006. p. 16.

17. COLARES, Virgínia. *Tomada de depoimento na justiça brasileira:* a dêixis e os pontos de referência pessoal, espacial e temporal na narrativa. Disponível em: <http://ojs.letras.up.pt/index.php/LLLD/article/view/2403>. Acesso em: 17 fev. 2018.

18. COLARES, Virgínia. *Linguagem e direito*. Recife: Ed. Universitária da UFPE, 2010. p. 10.

que o horizonte do jurista é sempre linguístico e ingênua é a afirmação de que a Teoria do Direito não se engrandece a partir da contribuição da linguística.

É preciso ir além para dizer que o Direito é uma obra coletiva – em última análise – representa a construção social de compromissos intersubjetivos fixados por construção linguística, ou seja, é por meio da linguagem que o Sistema Jurídico é constituído (e congenitamente limitado) por convenções sociais que são materializadas em palavras.

Nessa perspectiva, convém afirmar que a linguagem constitui a realidade do jurista e sobre ela são construídas, reconstruídas e descontruídas, mas o que ora se reporta ao Direito, efetivamente, é a marca da construção lógico-semântica dos enunciados ou, notadamente, a apropriação de passagem da língua à fala, que é primorosamente analisada por Benveniste:

> A linguagem reproduz a realidade. Isso deve entender-se da maneira mais literal: a realidade é produzida novamente por intermédio da linguagem. Aquele que fala faz renascer pelo seu discurso o acontecimento e a sua experiência do acontecimento. Aquele que o ouve apreende primeiro o discurso e através desse discurso, o acontecimento reproduzido. Assim, a situação inerente ao exercício da linguagem, que é a da troca e do diálogo, confere ao ato de discurso dupla função: para o locutor, representa a realidade; para o ouvinte, recria a realidade. Isso faz da linguagem o próprio instrumento da comunicação intersubjetiva[19].

As lições do professor francês (mas nascido no Egito) são extremamente importantes nas coordenadas de pessoa, tempo e espaço na formação do Fato Jurídico (especialmente nas dimensões do fato jurídico tributário).

A primeira ideia é a relação entre a realidade e a linguagem. Embora no campo do uso comum de uma língua o relato fático apenas se tenha em conta a mera reprodução de eventos

---

19. BENVENISTE, Émile. *Problemas de linguística geral.* Tradução Maria da Glória Novak e Luiza Neri; revisão Prof. Isaac Nicolau Salum. São Paulo: Ed. Nacional/Ed. da Universidade de São Paulo, 1976. p. 26.

passados, em âmbito jurídico, a enunciação de fatos sempre se traduz em registros linguísticos relevantes para outro fato, para incidência da norma ou, ainda, para a eleição de valores da norma ou do fato, afinal, são essas dimensões que marcam a experiência jurídica[20], para valer-se da tríade de Miguel Reale.

Isto é, o timbre da linguagem jurídica – em todos os seus aspectos – é a eleição. Toda palavra utilizada em enunciado jurídico – seja ele uma Lei, um contrato, um depoimento, uma declaração, uma sentença, um recurso – é uma escolha do enunciador e tem como presumida sua relevância, tanto que a máxima da experiência do Direito Romano proclama: *verba cum effectu, sunt accipienda* – não se presumem na Lei palavras inúteis.

É claro que tal aforismo romano não é uma verdade absoluta[21], todavia, o raciocínio que lhe dá origem é realmente interessante, insiste-se: Afinal, por que não se presumem palavras inúteis na linguagem jurídica? A resposta já foi apresentada acima. Porque o enunciado jurídico é sempre uma escolha do enunciador.

O raciocínio, em um primeiro momento, parece traduzir uma ideia insipiente, mas, tal como uma paisagem Toscana, o seu brilho não se revela aos apressados. E, para ajustar o ângulo de observação, tal como afirmado alhures, destaque-se que todo enunciado jurídico é também perspectivista, pois, revela o ponto de vista de determinado assunto ou tema à luz do agente ou órgão enunciador.

A lei é produto de uma enunciação, haja vista que todo o processo legislativo é desenvolvido para que seu produto seja – nada mais, nada menos – do que a introdução de enunciados normativos no Sistema Jurídico de Direito Positivo.

E, nesse debate legislativo, sem dúvida, a escolha das palavras que irão formar o corpo do texto normativo não é realizada de qualquer modo, ao contrário, bastam alguns dias

20. REALE, Miguel. *Teoria tridimensional do direito*. 5. ed. São Paulo: Saraiva, 1994. p. 510.

21. MAXIMILIANO, Carlos. *Hermenêutica e aplicação do direito*. 21. ed. Rio de Janeiro: Forense, 2017. p. 251.

assistindo ao conteúdo do Canal Oficial de Televisão da Câmara dos Deputados ou do Senado Federal para o espectador concluir que, em geral, é bem demorado o processo de elaboração das Leis, pois, os temas são levados às várias comissões, audiências públicas, consultas públicas, discussões públicas, para, depois, serem levadas aos plenários das casas legislativas a fim de que o produto desse longo processo (texto da lei) seja revisto e validado pelos "representantes do povo", daí também ser possível afirmar que, assim como os parlamentares, as palavras dos textos das leis são igualmente eleitas[22].

Efetivamente, o produto do processo legislativo – A Lei em sentido amplo – é a expressão máxima da vontade popular e, no âmbito jurídico, é possível defender que o processo legislativo é a enunciação da expressão popular e, tal ideário, serve de fundamento para várias teorias atuais do pensamento jurídico, por exemplo, os limites do ativismo judicial por meio da

22. A técnica de tratamento e valoração do "não dito" recebeu valiosa análise de Karl Larenz ao diferenciar a lacuna da Lei e o Silêncio da Lei, confira-se: "Mas, quando existe uma lacuna da lei, tal carece de uma explicação mais concreta. Poderia pensar-se que existe uma lacuna só quando e sempre que a lei – entendida esta, doravante, como uma expressão abreviada da totalidade das regras jurídicas susceptíveis de aplicação dadas nas leis ou no Direito consuetudinário – não contenha regra alguma para uma determinada configuração no caso, quando, portanto, «se mantém em silêncio». Mas existe também um «silêncio eloquente» da lei. A modo de exemplo, o facto de não conter qualquer disposição sobre a propriedade da casa de morada (no sentido actual), não foi uma lacuna do Código Civil na sua formulação originária. É que o legislador do BGB não quis admitir um tal direito real especial sobre uma casa ou uma parte do edifício, que em princípio lhe não era desconhecido, por razões da disposição das relações jurídicas sobre bens imóveis e, por isso, intencionalmente não incluiu na lei disposições a esse respeito. Foi necessário por esse motivo uma lei própria, pela qual foram modificadas algumas das regras do Código Civil, para introduzir a propriedade da casa de morada como instituto jurídico na ordem jurídica vigente. A nova criação ou reintrodução deste instituto na nossa ordem jurídica pela via do desenvolvimento judicial do Direito não teria sido admissível porque a lei, precisamente neste aspecto, não continha lacunas. Por outro lado, existem casos para os quais a lei contém, por certo, uma regra aplicável segundo cada possível sentido literal e aos quais, contudo, esta regra não se ajusta segundo o seu sentido e escopo. A regra legal carece aqui de uma restrição não contida na lei e não compatível com o sentido literal possível, cuja ausência pode igualmente considerar-se uma lacuna. Lacuna e silêncio da lei não são, portanto, pura e simplesmente o mesmo". LARENZ, Karl. *Metodologia da ciência do direito*. 3. ed. Lisboa: Fundação Calouste Gulbenkian, 1997. p. 525.

interpretação criativa do Direito em claro descompasso com o texto normativo, entretanto, embora apaixonante tal temário, não há espaço neste trabalho para tal investigação.

Assim, por hora, concentra-se o esforço na ideia da linguagem jurídica como eleição/seleção de componentes do mundo para jurisdicizar. De fato, a percepção de tal característica seletiva na Lei é mais clara, contudo, o desejo deste trabalho é justamente demonstrar que em toda linguagem jurídica há o papel de captação de alguns aspectos da realidade a fim de permitir sua reconstrução no plano abstrato jurídico.

Fundamentalmente, o movimentar do Direito se dá por intermédio da previsão de um acontecimento e a atribuição de uma consequência. O encadeamento do antecedente ao consequente se dá por intermédio da linguagem (texto normativo), assim como também a verificação da ocorrência do acontecimento com possível aplicação coercitiva da consequência prevista também é implementada pela linguagem. Até nos mais simples atos de Direito há a sua presença marcante, o nascimento, por exemplo, tem sua deflagração jurídica a partir da Certidão/Declaração de Nascimento, Emancipação, Voto, Maioridade, Permissão Para Dirigir, Casamento, Divórcio, Morte, todos fatos jurídicos em sentido amplo que estão materializados no Direito por meio de palavras.

Diante de tudo isso, é possível que o Sistema Jurídico seja composto e compreensível através de um ambiente linguístico, sendo imensamente importante para o jurista a consciência de que seu horizonte é e sempre será limitado à expressão comunicacional por palavras. Contudo, em verdade, não é qualquer palavra.

3. O Direito como Fenômeno Comunicacional e os Elementos Estruturais da Comunicação Jurídica

No subcapítulo anterior se defendeu a linguagem como instrumento do Direito, mas também como meio do Direito, pois, no âmbito jurídico, a realidade é linguística. A dificuldade se dá em explicar essa desenvoltura mental na ação do jurista que, de tão óbvia, parece não existir (e por muitos refutada), mas, aqui, há a lição de Clarice Lispector ao afirmar que "o óbvio é a verdade mais difícil de se enxergar"[23].

Para os fins delimitados deste trabalho, o fenômeno linguístico pode ser analisado à luz de dois grupos de enunciados, o primeiro é revelado no conjunto dos enunciados normativos, isto é, a estipulação de normas para os seus destinatários (receptores da mensagem/ordem/norma) e o segundo grupo é o conjunto de suportes textuais que evidenciam o cumprimento ou o descumprimento das condutas exigidas naquele primeiro grupo.

De fato, cada grupo acima assinalado tem características linguísticas próprias e a percepção das diferenças entre os enunciados é ferramenta demasiadamente útil para o jurista. Todavia, também é igualmente relevante que se destaque os elementos comuns entre tais linguagem haja vista que é nesse ponto comum o interesse maior deste trabalho.

E, para uma melhor compreensão desse ponto, permita-se uma digressão.

Efetivamente, a causalidade jurídica se dá pela formula kelseniana de previsão comportamental e a atribuição de consequências jurídicas. É sempre assim. O Direito é um ordenador social e, mais uma vez por óbvio, toda ordem pressupõe um ordenador, um ordenado e uma ordem.

Mas é preciso salientar que Ciência Jurídica se debruça sobre textos que preveem a ordenação de condutas, contudo, para toda ordem há um pressuposto: a comunicação. Isto é, para que o destinatário ou destinatários das normas possam efetivamente ser cumpridas, é fundamental que a comunicação lhe seja instalada.

---

23. LISPECTOR, Clarice. *Uma aprendizagem ou o livro dos prazeres*. Rio de Janeiro: Rocco, 1998. p. 49.

Em auxílio do raciocínio que aqui se busca exprimir, invoque-se as lições do Linguista Russo Roman Jakobson acerca dos seguintes elementos do ato de comunicação[24]:

1º) o emissor, sendo caracterizado como aquele que formula e envia a mensagem, destaque-se que o *Emissor* não é necessariamente uma única pessoa, isto é, várias pessoas podem ser o foco ejetor da mensagem;

2º) o segundo elemento do *ato de comunicação* é a Mensagem, que representa o conteúdo, o tema, o assunto do "dito" pelo agente emissor;

3º) em terceiro ponto, há, por óbvio, o *Receptor*, que é o sujeito a quem se destina a mensagem, não por acaso, também é denominado de destinatário da mensagem;

4º) A quarta parte identificada por Jakobson é o *Canal de Comunicação* que representa o meio pelo qual a mensagem é transmitida;

5º) o penúltimo elemento dos atos de comunicação se revela no *Código da comunicação*, aqui entendido como o conjunto de signos e de regras de combinação desses signos que são partilhados entre o emissor e o receptor, a fim de que possam elaborar e decodificar a mensagem;

6º) e, por fim, o *Contexto da Comunicação*, que é a circunstância a que a mensagem se refere.

A questão está em que medida tal Teoria Comunicacional é relevante para a Ciência Jurídica, notadamente, na compreensão da formação da Teoria Geral do Direito. Nesse caminho, é preciso rememorar que Hans Kelsen, na célebre obra intitulada a Teoria Pura do Direito, já em seu capítulo inicial

---

24. JAKOBSON, Roman. *Linguística e comunicação*. São Paulo: Editora Cultrix, 1993. p. 19.

há uma longa explanação sobre a Ordem Jurídica e a formação dos órgãos competentes para emitir validamente regras jurídicas para regular as condutas humanas[25].

E é justamente na conjugação da Teoria da Comunicação de Jakobson e a formação escalonada do processo de positivação do Direito que se revela o lugar comum entre os estudos da validade, a Teoria Comunicacional e a Análise Crítica do Discurso Jurídico.

Uma análise detalhada de toda formação e distribuição das competências legislativas constitucionais, a legitimação de determinados agentes, a fixação das capacidades jurídicas e os institutos relativos à representação, induz ao raciocínio de que, ao final, o que se está a elencar quais são os *emissores* legitimados para enunciar comandos normativos a fim de inovar primariamente a ordem jurídica.

Igual raciocínio se vê na Teoria Geral dos Contratos em que se apresenta como requisito de validade do Negócio Jurídico a capacidade dos agentes contratantes, isto é, os emissores das normas contratuais devem ser reconhecidos no Sistema Jurídico como capazes de emitir validamente tais comandos sob pena de inexistir a comunicação jurídica.

Ainda em forma de paralelo do pensamento jurídico com a teoria da comunicação de Jakobson, retorne-se aos requisitos negociais do Direito Civil previstos no art. 104, em que se prevê que para a validade do negócio jurídico são necessários "agente capaz", "objeto lícito, possível, determinado ou determinável" e "forma prescrita ou não defesa em lei"[26].

Tal como dito, a análise do agente se refere ao emissor da mensagem (manifestação da vontade contratual), já o objeto se refere ao conteúdo da mensagem/ato de comunicação – o dito

25. KELSEN, Hans. *Teoria pura do direito.* 6. ed. São Paulo: Martins Fontes, 1998. p. 21.

26. BRASIL. Lei 10.406, de 10 de janeiro de 2002 –. Código Civil. "Art. 104. A validade do negócio jurídico requer: I – agente capaz; II – objeto lícito, possível, determinado ou determinável; III – forma prescrita ou não defesa em lei."

– deve ser enunciado em *código* compreensível para o receptor/ receptores da mensagem jurídica, sob pena de invalidade.

E qual é o código do direito?

O código da mensagem jurídica é obtido por meio do sistema conceitual do direito que é escalonadamente estruturado, desse modo, por exemplo, se em determinada cláusula é utilizada expressão ou termo que é estranho aos conceituais usuais do Direito, em geral, tais palavras devem receber conceituação própria.

Tal fenômeno acontece especialmente em manifestação de vontades com confluência de vários tipos linguagens e níveis de linguagem. A repercussão jurídica de um contrato sobre ramos diferentes do direito – Direito Civil e do Consumidor – deverá ter disciplina própria. Também ocorre semelhante fenômeno quando no Discurso Jurídico se apropriam conceitos de outras ciências como a econômica, sociologia, psicologia, contabilidade.

Por exemplo, é extremamente comum que nos contratos internacionais – em que há a confluência de normas de ordenamentos diferentes – alguns conceitos sejam delineados para fins de determinação do conteúdo da declaração de vontade contratual (mensagem jurídica).

Daí o porquê do "ato de comunicação – o dito" está invariavelmente associado ao tipo de código e ao contexto em que é utilizado para o envio da mensagem, por exemplo, a palavra "dispensa" tem significações completamente diferentes no Direito do Trabalho e no Direito Administrativo, neste é hipótese de dispensa de todo um processo de seleção da proposta mais vantajosa para a administração enquanto para aquele é o marco do desenlace entre o empregador e o empregado.

Por fim, resta a percepção de que a exigência das formalidades prescritas (ou não) na lei para a estruturação da mensagem jurídica (ato de vontade), na realidade, é a faceta da análise do "Canal de Comunicação" entre os emissores e os receptores.

Ora, ao se exigir que determinado ato de vontade seja necessariamente manifestado por meio de ato notarial – por tabelião – e assim ser revestido da oficialidade pública nada mais é do que o reconhecimento de que a Lei elege um único "Canal de Comunicação" válido para aquela mensagem, inclusive, para atribuir ficcionalmente a presunção jurídica de que todos receberam validamente a mensagem jurídica.

Sabe-se que a escrituração pública é essencial à validade dos negócios jurídicos que visem à constituição, transferência, modificação ou renúncia de direitos reais sobre imóveis de valor superior a trinta vezes o maior salário mínimo vigente no País, em última análise, o que se vê é a fixação de canal comunicacional específico para que os particulares possam validade alienar seus direitos referentes a tais imóveis.

Firmada a premissa da estruturação dos enunciados normativos gerais e dispositivos como percurso gerador da mensagem jurídica, que tem como ponto de partida um emissor legitimado pela Ordem Jurídica a enunciar normas (conteúdo da comunicação) para receptores determinados ou determináveis por meio de um canal de comunicação e mediante código e contexto previamente estabelecidos, é possível incursionar agora nas fórmulas linguísticas da enunciação dos fatos jurídicos.

4. O Universo Linguístico e a Formação do Fato Jurídico: as Coordenadas de Pessoa, Tempo e Espaço

Tal como já mencionado em linhas anteriores, classifica-se para fins delimitados deste trabalho, o fenômeno linguístico em dois grupos de enunciados, o primeiro revelado no conjunto dos enunciados normativos foi tratado no capítulo anterior, desta vez, a análise se concentrará no conjunto de suportes textuais que evidenciam o cumprimento ou o descumprimento das condutas exigidas naquele primeiro grupo, isto é, os fatos jurídicos.

O capítulo anterior demonstra a clara e inequívoca participação do contexto na fixação da mensagem jurídica, assim como também na preservação de sua validade, daí porque é fundamental para este trabalho a elaboração de notas principais acerca da formação do fato jurídico a partir da construção linguística do evento. Em seu artigo intitulado Análise Sociológica e Linguística de Narrativas, o Fritz Shcüzer traz indicativos da formulação básica da análise:

> Pode-se considerar como estrutura básica da narrativa a exposição oral retrospectiva de experiências próprias realizadas no universo cotidiano (no contexto de ações vivenciadas e que, em parte, continuaram de forma ativa), de experiências que o falante comunica diretamente a um ouvinte que está presente no momento da fala[27].

A notação proposta pelo professor emérito Instituto de Sociologia da Ottovon-Guericke-Universität Magdeburg traz o direcionamento da narrativa para o passado em plena retrospectiva de experiências próprias vivenciadas pelo falante em direção a um ouvinte.

No Discurso Jurídico, os fatos jurídicos são marcados por igual característica, cumprindo aqui destacar que dificilmente será possível através da formação do Discurso Jurídico ter consciência plena e absoluta dos fatos que são objeto da narrativa.

Isso porque todo enunciador toma o fato para si e se transforma no senhor da narrativa, ou seja, os fatos serão narrados e dispostos segundo sua visão e, desse modo, é indispensável ter-se em consciência que todo falante fala em perspectiva.

Por sua vez, William Labov apresenta a análise da narrativa como "um método de recapitulação de experiência passada

---

27. SHCÜZER, FRITZ. Análise sociológica e linguística de narrativas. *Revista Eletrônica da Pontifícia Universidade Católica do Rio Grande do Sul.* Disponível em: <http://revistaseletronicas.pucrs.br/ojs/index.php/civitas/article/viewFile/17117/11469>. Acesso em: 11.03.2018.

combinando uma sequência verbal de orações à sequência de eventos que (segundo se infere) ocorreram efetivamente"[28].

Fundamental tal compreensão posto que – na senda jurídica – a visão perspectivista deve ser tomada em relação à necessária múltipla confirmação dos eventos e, inclusive, é com base nela que está erigida toda a Teoria das Provas.

Sendo assim, considerando que os fatos são contextualizados em uma narrativa e que esta está invariavelmente relacionada à reconstrução de experiência passada na conjugação de palavras para a construção linguística dos fatos, é possível inferir que, do mesmo modo que o enunciado normativo (enunciado-enunciado) é introduzido no Sistema Jurídico por intermédio da Lei (veículo introdutor), os eventos são introduzidos em linguagem competente a fim de que sejam considerados fatos jurídicos.

E é por ela (a linguagem) que é possível conhecer e conceber a realidade perspectivista de tais fatos jurídicos, pois, em verdade, é impossível retroceder no tempo para estar no exato local e momento de seu acontecimento.

A última frase do parágrafo anterior traz, em verdade, o objetivo deste trabalho, isto é, como o fato jurídico é coordenado no tempo, no espaço e na vida intersubjetiva das pessoas e como tais diretrizes são fundamentalmente construídas a partir de esquemas lógicos-semânticos.

Recuperando ideias de linhas atrás, o Direito tem como marca a determinação de previsões comportamentais e a estas se atribui uma consequência jurídica, por exemplo, aquele que causar dano a alguém (previsão/hipótese) terá a obrigação jurídica (consequência) de reparar dano atualizado monetariamente.

---

28. COLARES, Virgínia. *Tomada de depoimento na justiça brasileira:* a dêixis e os pontos de referência pessoal, espacial e temporal na narrativa. Disponível em: <http://ojs.letras.up.pt/index.php/LLLD/article/view/2403>. Acesso em: 17 fev. 2018.

O enunciado acima parecer ser de uma simplicidade infantil, mas os milhares de processos que se avolumam no judiciário em relação às ações indenizatórias induzem justamente ao raciocínio contrário.

A explicação talvez esteja não no plano normativo, mas sim nas marcas de tempo, espaço, pessoa e conteúdo do caso concreto ao encaixe normativo na hipótese, primeiramente, porque são usos linguísticos completamente diferentes.

Primeiro porque a linguagem normativa não é em relação verdade ou falsidade, tal dicotomia se direciona aos fatos, na realidade, as normas são válidas ou inválidas cujo critério diferenciador é a pertinência ao sistema, para usar um aforismo kelseniano[29].

Já os relatos linguísticos de um acontecimento com relevância para o direito (fatos jurídicos) são analisados à luz da correspondência com a máxima de realidade possível que é extraída a partir da múltipla confirmação de fatos.

A segunda diferença está na percepção de que a linguagem normativa é prescritiva, ou seja, é linguagem da qual emana uma ordem a ser cumprida sob pena de sanção, por seu turno, os fatos são estruturados dentro de uma narrativa sempre estão voltados ao passado. Então, tem-se o paralelo de uma ordem e o relato do cumprimento (ou não).

Outra distinção importante está na linguagem da Ciência do Direito que é estruturada em proposições acerca dos movimentos, função e estrutura do Sistema Positivo. Então, a linguagem do texto do Direito transforma-se em linguagem--objeto da proposição jurídica (que também será manifestada em linguagem) formulada pelos Cientistas do Direito.

O problema se dá na pragmática quando essas três linguagens são inseridas no Discurso Jurídico e os participantes do discurso não conseguem captar o fenômeno dos limites e possibilidades de sua interação.

29. KELSEN, Hans. *Teoria pura do direito*. 6. ed. São Paulo: Martins Fontes, 1998. p. 139.

Para que seja regulado pela consequência jurídica, o fato jurídico dever ser idêntico ao fato jurídico descrito na hipótese da norma jurídica, porém, como já visto, a interação linguística de tais enunciados é – em alguns casos – tormentosa.

Primeiramente, porque as palavras são plurissignificativas, isto é, podem ter vários significados e assim a construção da norma e do fato jurídico são determinadas pelo contexto, desse modo, por exemplo, o processo de encontro entre o texto normativo e sua concretização – um contrato, por exemplo – dá-se entre o abstrato e o concreto.

Sendo assim, o processo de derivação normativa é tido por níveis de linguagem em direção à concretude e, já que se vem utilizando art. 104 do Código Civil para exemplo, permita-se aqui nova invocação. Em sua abstração, o supramencionado artigo exige que para um contrato válido (mensagem jurídica) tenha-se um agente capaz e, para materialização de tal capacidade, em um contrato, exige-se qualificação dos contratantes, assim como também provas de tal qualidade. Efetivamente, quando um contratante apresenta seu documento de identificação e lá consta a data de seu nascimento, em verdade, o que se está é a enunciar em linguagem competente o fato jurídico que indica o cumprimento do requisito da norma jurídica acerca da capacidade jurídica.

Desse modo, os institutos jurídicos acerca da capacidade, legitimidade, competência, representação, embora tenham seus contornos delineados por normas jurídicas, sua efetivação necessariamente será através de fatos jurídicos a eles associados, tal como as circunstâncias fáticas para a legitimidade e o ato de investidura no que se refere à competência e representação.

Assim, é a estrutura linguística dos fatos jurídicos que determinam as incidências das categorias jurídicas e, portanto, nessa perspectiva, o fato subordina a norma. E é nessa senda é que recebe relevo as categorias de pessoa, tempo e espaço na construção do fato jurídico ou, para usar o jargão da linguística, com a dêixis influencia na circunscrição dos fatos jurídicos.

Sob um olhar da linguística, é possível afirmar que a dêixis ou referência deíctica é a associação conceitual entre uma ocorrência de uma palavra cujo significado depende do contexto, e a entidade que essa ocorrência representa, para Benveniste a enunciação assim reúne as categorias deícticas do *Ego-Hic-Nunc* (eu-aqui-agora), inclusive, merece o destaque das palavras por ele defendidas em sua clássica obra:

> O essencial é, portanto, a relação entre o indicador (de pessoa, de tempo, de lugar, de objeto mostrado, etc.) e a presente instância de discurso. De fato, desde que não se visa mais, pela própria expressão, essa relação do indicador à instância única que o manifesta, a língua recorre a uma série de termos distintos que correspondem um a um aos primeiros, e que se referem não mais à instância de discurso mas aos objetos "reais", aos tempos e lugares "históricos[30].

Por sua vez, em bela interpretação do pensamento de Benveniste, ilustre-se aqui as coordenadas enunciativas a partir da reflexão apresentada por Luiz Fiorin sobre as categorias enunciativas.

> A posição de Benveniste de que a enunciação é a instância do *ego-hic-nunc* e é o mecanismo com que se opera a passagem da língua ao discurso levou-o a demonstrar que as categorias da enunciação pertencem não à língua mas à linguagem, o que significa que todas as línguas devem, de uma forma ou de outra manifestar temporalidade, espacialidade e actorialidade. O que pode diferir de uma língua para outra é a forma de organizar cada uma dessas categorias. Pensamos que se pode ir um pouco além, formulando o que parecer ser um corolário dessa tese: todas as categorias enunciativas são regidas pelos mesmos princípios[31].

Exposta a noção dos dêiticos, é fundamental agora associá-los à formação do fato jurídico posto que é impensável se

30. BENVENISTE, Émile. *Problemas de linguística geral.* Tradução Maria da Glória Novak e Luiza Neri; revisão Prof. Isaac Nicolau Salum. São Paulo: Ed. Nacional/Ed. da Universidade de São Paulo, 1976. p. 22.

31. FIORIN, José Luiz. *As astúcias da enunciação:* as categorias de pessoa, espaço e tempo. São Paulo: Ática, 1996. p. 22.

ter um fato jurídico sem o enquadrar minimamente no âmbito da temporalidade, espacialidade e actorialidade para usar os termos de Luiz Fiorin. Os documentos elaborados pelos juristas são estruturados à luz da técnica forense (que, por sua vez, está fundamentada nas categorias da enunciação) e, perceba-se que, não por acaso, em geral, tais atos (procurações, testamentos, contratos, sentenças, certidões, depoimentos) se iniciam pela qualificação dos atores, isto é, já na primeira hora, passam a identificar a "coordenada de pessoa" dentro do processo enunciativo (apropriação das categorias ao discurso) para a construção jurídica daquilo que é metodologicamente enunciado no ato jurídico a ser instrumentalizado.

Igualmente presente nos negócios jurídicos, a coordenada de tempo traz indicadores fundamentais para os atores contratuais (posto que a partir dele é possível aferir a capacidade civil pela idade), é possível intuir a situação e posição do objeto em determinado momento, por exemplo, se o contrato versa sobre camisas de um bloco de carnaval, tal indicativo temporal induz aos primeiros meses do ano.

Por sua vez, a menção ao local é imensamente importante posto que o critério topográfico representa a eleição normativa para a definição de vários institutos jurídicos, tais como jurisdição e competência para conhecer, processar e julgar algumas causas.

Desse modo, por exemplo, cite-se o caso em que se está a discutir em um processo a ação reparatória de dano causado entre veículos. Em abstrato, à luz da disposição do Código Civil que antes já fora mencionada, ninguém duvida e ninguém será contra que aquele que causou o dano deverá reparar o dano causado a outrem.

Mas a dificuldade está justamente na implementação concreta de tal conteúdo normativo, afinal, em plano abstrato, não se pode prever *quem* deverá reparar, *quando* deverá reparar, *onde* deverá reparar, *como* deverá reparar e *quanto* deverá reparar.

É fundamental também destacar que a construção equivocada ou incompleta desses indicadores poderá acarretar em mudança completa da relação jurídica que fora supostamente instalada na segmentação equivocada do evento, por exemplo, se no curso da instrução processual se percebe que um ator da relação jurídica é uma Pessoa Jurídica de Direito Público, a forma de solução da lide é completamente diferente se fosse um litígio entre particulares. Ou, ainda, se é descoberto que um dos agentes está em processo de recuperação judicial é possível que a obrigação de reparar seja protraída no tempo. A fixação do local da reparação está intimamente ligada ao fórum de processamento do feito, a definição do modo de reparar também e decidido no caso concreto e, também, a definição material da extensão do dano somente pode ser apropriada no caso concreto.

Nestas condições, a linguagem é reconhecida como eixo comum entre as teorias do conhecimento, as teorias da linguagem e as teorias do direito e, sendo assim, a percepção do direito como objeto ideal estruturado linguisticamente revela a fundamental importância da definição de métodos para conhecer, erigir e operacionalizar o Sistema de Direito Positivo, sob pena de descaracterizá-lo como um sistema.

5. Conclusões

It is better to be roughly right than precisely wrong.

(John Maynard Keynes)

I – Todo conhecer é formatado em linguagem, pois, enquanto não ultrapassadas as barreiras da enunciação, o que há são pensamentos amorfos, desconexos e assistemáticos. Senso assim, é possível reconhecer, também na Ciência Jurídica, que todo conhecer é textual, vertido e estruturado em linguagem compreensível.

II – O Sistema Jurídico é um ambiente linguístico, com intersubjetividade necessária, e se movimenta a partir do fenômeno comunicacional a partir de comandos estruturados através de expectativas comportamentais através da representação lógica de juízo hipotético-condicional e cuja identificação da ocorrência da hipótese e cuja efetivação do consequente normativo dar-se-ão por intermédio da linguagem competente.

III – A linguagem tem um lado individual (fala) e um social (língua) sendo impossível conceber um sem o outro, é possível transportar tal raciocínio para a seara jurídica para defender que os conceitos jurídicos também são objetados em um aspecto "conjuntacional" e outro circunstancial, isto é, ora foram um repertório conceitual do Sistema Jurídico ora são alocados na estruturação de enunciados normativos a serem introduzidos.

IV – O Direito é fenômeno comunicacional e, sendo assim, a retenção de compromissos intersubjetivos é estruturada por linguagem tecnicamente estruturada, sendo esta *condição de possibilidade* de intersubjetividade humana (simploriamente aqui apresentada como conexão entre mentes) como também *resultado* da prática discursiva sobre do processo democrático de deliberação das políticas públicas;

V – O Constructivismo Lógico-Semântico, em verdade, é a percepção de que o direito é um Sistema onde a linguagem é autorreferente e suas fronteiras representam o marco do que existe dentro de um ordenamento jurídico e, assim, a linguagem para o direito tanto é veículo de introdução como também ambiente. E, não como oposição, mas, sim, em contraponto teórico[32], o modelo do Constructivismo Lógico-Semântico se apresenta como contranota de regresso ao texto e à filosofia e, como método, busca demarcar, estruturar logicamente e

32. Expressão aqui utilizada no sentido de contraponto musical, onde as vozes melódicas (aqui teóricas) se sobrepõem para gerar incomparável qualidade intervalar e harmônica, registre-se, todavia, que, em tal construção, sempre se respeita o perfil melódico de cada uma delas e se ouve, na dissonância, uma fascinante complementação musical.

expor o campo de irradiação semântica dos conceitos utilizados em suas formulações[33].

Referências

ARISTÓTELES. *Metafísica*. Tradução Rusconi Libri. São Paulo: Edições Loyola, 2002.

ALVES DE MELO JR., João. A enunciação como intervalo entre o ser e o existir. In: CARVALHO, Paulo de Barros (coord.); CARVALHO, Aurora Tomazini de (org.). *Constructivismo lógico-semântico*. São Paulo: Noeses, 2018. v. II.

BENVENISTE, Émile. *Problemas de linguística geral*. Tradução Maria da Glória Novak e Luiza Neri; revisão Prof. Isaac Nicolau Salum. São Paulo: Ed. Nacional/Ed. da Universidade de São Paulo, 1976.

CARNELUTTI, Francesco. *A arte do direito*. 2. ed. Campinas: Bookseller, 2005.

CARVALHO, Aurora Tomazini de. Constructivismo lógico-semântico como método de trabalho na elaboração jurídica. In: CARVALHO, Paulo de Barros (coord.); CARVALHO, Aurora Tomazini de (org.). *Constructivismo lógico-semântico*. São Paulo: Noeses, 2014. v. I.

______. *Curso de teoria geral do direito*: o constructivismo lógico-semântico. São Paulo: Noeses, 2010.

CARVALHO, Paulo de Barros (coord.) *Curso de direito tributário*. 23. ed. São Paulo: Saraiva, 2011.

33. "O modelo constructivista se propõe amarrar os termos da linguagem, segundo esquemas lógicos que deem firmeza à mensagem, pelo cuidado especial com o arranjo sintático da frase, sem deixar de preocupar-se com o plano do conteúdo, escolhendo as significações mais adequadas à fidelidade da enunciação." CARVALHO, Paulo de Barros (coord.); CARVALHO, Aurora Tomazini de (org.). *Constructivismo lógico-semântico*. São Paulo: Noeses, 2014. v. I, p. 04.

_____. *Direito tributário*: linguagem e método. São Paulo: Noeses, 2011.

_____. *Fundamentos jurídicos da incidência*. São Paulo: Saraiva, 2007.

_____ (coord.); CARVALHO, Aurora Tomazini de (org.). *Constructivismo lógico-semântico*. São Paulo: Noeses, 2014. v. I.

COLARES, Virgínia. *Linguagem e direito*. Recife: Ed. Universitária da UFPE, 2010.

_____. *Tomada de depoimento na justiça brasileira:* a dêixis e os pontos de referência pessoal, espacial e temporal na narrativa. Disponível em: <http://ojs.letras.up.pt/index.php/LLLD/article/view/2403>. Acesso em: 17 fev. 2018.

FIORIN, José Luiz. *As astúcias da enunciação:* as categorias de pessoa, espaço e tempo. São Paulo: Ática, 1996.

GLEISER, Marcelo. *A dança do universo*. São Paulo: Companhia das Letras, 1997.

JAKOBSON, Roman. *Linguística e comunicação*. São Paulo: Editora Cultrix, 1993.

KELSEN, Hans. *Teoria pura do direito*. 6. ed. São Paulo: Martins Fontes, 1998.

LARENZ, Karl. *Metodologia da ciência do direito*. 3. ed. Lisboa: Fundação Calouste Gulbenkian, 1997.

LISPECTOR, Clarice. *Uma aprendizagem ou o livro dos prazeres*. Rio de Janeiro: Rocco, 1998.

MAXIMILIANO, Carlos. *Hermenêutica e aplicação do direito*. 21. ed. Rio de Janeiro: Forense, 2017.

MORCHON, Gregorio Robles. Perspectivismo textual y principio de relatividade sistémica em la teoria comunicacional del derecho. In: CARVALHO, Paulo de Barros; MORCHON,

Gregorio Robles. *Teoria comunicacional do direito*: diálogo entre Brasil e Espanha. São Paulo: Noeses, 2011.

PINO, Giorgio. Norma giuridica. In: PINO, Giorgio et alii (org.). *Filosofia del diritto*. Torino: Giappichelli, 2013.

REALE, Miguel. *Teoria tridimensional do direito*. 5. ed. São Paulo: Saraiva, 1994.

SAUSURRE, Ferdinand de. *Curso de linguística geral*. 27. ed. Organizado por Charles Bally, Albert Sechehaye com a colaboração de Albert Riedlinger. Prefácio à edição brasileira Isaac Nicolau Salum. Tradução Antônio Chelini, José Paulo Paes, Izidoro Blikstein. São Paulo: Cultrix, 2006.

SHCÜZER, FRITZ. Análise sociológica e linguística de narrativas. *Revista Eletrônica da Pontifícia Universidade Católica do Rio Grande do Sul*. Disponível em: <http://revistaseletronicas.pucrs.br/ojs/index.php/civitas/article/viewFile/17117/11469>. Acesso em: 11.03.2018.

SOUZA, Priscila de. Intertextualidade na linguagem jurídica: conceito, definição e aplicação. In: CARVALHO, Paulo de Barros (coord.); CARVALHO, Aurora Tomazini de (org.). *Constructivismo lógico-semântico*. São Paulo: Noeses, 2014. v. I.

TOMÉ, Fabiana del Padre. Vilém Flusser e o constructivismo lógico-semântico. In: CARNEIRO, Jerson; HARET, Florence (org.). *Vilém Flusser e juristas:* comemoração dos 25 anos do grupo de estudos Paulo de Barros Carvalho. São Paulo: Noeses, 2009.

VILANOVA, Lourival *Escritos jurídicos e filosóficos*. São Paulo: IBET, 2003. v. 2.

______. *As estruturas lógicas e o sistema do direito positivo*. São Paulo: Noeses, 2005.

INAPLICABILIDADE DA SOLIDARIEDADE PASSIVA POR INTERESSE COMUM AOS SÓCIOS DIRETORES - UMA VISÃO AMPARADA NO CONSTRUCTIVISMO LÓGICO-SEMÂNTICO

Júlio M. de Oliveira[1]

Sergio Villanova Vasconcelos[2]

1. Introdução

A responsabilidade tributária do sócio diretor é um tema que há muito tempo é objeto de acalorada discussão, não apenas no meio acadêmico, mas também na jurisprudência administrativa e judicial.

---

1. Advogado em São Paulo. Mestre e Doutor pela PUC/SP. Professor do IBET, COGEAE (PUC-SP) e da FGV (GVLAW).

2. Advogado em São Paulo. Especialista em Contabilidade, Controladoria e Finanças pela FIPECAFI. Especialista em Direito Tributário pela USP. Bacharel em Direito pela PUC/RS.

Como sabemos, a personalidade jurídica da empresa é uma ficção criada para fomentar o desenvolvimento econômico, permitindo que os indivíduos agreguem seu capital a uma entidade diferente de si[3]. Sem essa separação entre o patrimônio da pessoa jurídica e o dos seus sócios, restaria comprometido um dos fundamentos do Direito da Empresa, consubstanciado na garantia constitucional da livre iniciativa (art. 1º, IV, da Constituição Federal), de maneira que submeter o patrimônio pessoal de sócio à satisfação de débitos tributários, sem obediência às regras estabelecidas no sistema jurídico, afronta os arts. 5º, XIII, e 170, parágrafo único, da CF/88[4].

Diante desse contexto, este estudo tem o objetivo de somar ao debate acerca da responsabilidade tributária dos sócios diretores, examinando a (im)possibilidade de utilização do art. 124 do CTN, que trata da solidariedade passiva tributária, como base legal para justificar a imputação dessa responsabilidade, independentemente da observância dos requisitos dispostos no art. 135, III, do CTN.

2. Norma Jurídica

O diálogo feito entre Ciência do Direito e direito positivo impulsionado pelos trabalhos de Lourival Vilanova e Paulo de Barros Carvalho possibilitou o desenvolvimento e a consolidação do Constructivismo Lógico-Semântico, que toma o direito como um corpo de linguagem e o analisa em sua integralidade, isto é, em seus aspectos sintático ou lógico, semântico e pragmático[5].

---

3. OLIVEIRA, Júlio M.; COELHO, Rogério Gaspari. Dissolução irregular da sociedade – aspectos presuntivos na atribuição de responsabilidade tributária dos sócios. In: CARVALHO, Paulo de Barros (coord.). *Racionalização do sistema tributário*. São Paulo: Noeses, 2017. p. 693.

4. Supremo Tribunal Federal, Recurso Extraordinário 562.276/PR, Plenário, Rel. Min. Ellen Gracie, j. 03.11.2010, *DJe* 09.02.2011.

5. OLEINIK, Rosana. Teoria da norma jurídica e a regra-matriz de incidência como técnica de interpretação do direito. In: CARVALHO, Paulo de Barros (coord.). *Constructivismo lógico-semântico*. São Paulo: Noeses, 2014. v. 1, p. 301.

Como destaca Aurora Tomazini de Carvalho, um dos pontos diferenciais da Escola do Constructivismo Lógico-Semântico é tratar o direito como texto. Dessa forma, no trato com o direito, tudo a que temos acesso são textos[6].

Nos textos, encontramos os enunciados, que são frases formadas por conjunto de fonemas e grafemas devidamente estruturados, com a finalidade de transmitir um conteúdo completo, no contexto comunicacional[7].

Para Tácio Lacerda Gama, os enunciados são porções de texto a partir das quais se constrói um sentido. Nessa linha, os enunciados prescritivos são fragmentos do direito positivo, a partir dos quais se constrói o sentido das mensagens normativas. Interessante observar que quando deixamos a objetividade dos textos e passamos à subjetividade do intérprete, transitamos do plano dos enunciados ao das proposições, de maneira que, se os enunciados eram jurídicos, as proposições construídas a partir deles serão prescritivas de conduta[8].

Cumpre notar que nem sempre se mostra possível comparar o conceito de "proposição prescritiva" com o conceito de "norma jurídica", pois esta possui um conceito polissêmico, que pode ser aplicado em diversas circunstâncias e com diferentes acepções. Dentre esses diferentes sentidos, podem ser destacados os seguintes: norma em sentido amplo, norma em sentido estrito e norma em sentido completo[9].

Norma jurídica em sentido amplo é sinônima de proposição, correspondendo ao significado que se constrói a partir

---

6. CARVALHO, Aurora Tomazini de. O constructivismo lógico-semântico como método de trabalho na elaboração jurídica. In: CARVALHO, Paulo de Barros (coord.). *Constructivismo lógico-semântico*. São Paulo: Noeses, 2014. v. 1, p. 23-24.

7. CARVALHO, Aurora Tomazini de. *Curso de teoria geral do direito*. São Paulo: Noeses, 2009. p. 173.

8. GAMA, Tácio Lacerda. Variações sobre a estrutura da norma de competência tributária. In: CARVALHO, Paulo de Barros (coord.). *Constructivismo lógico-semântico*. São Paulo: Noeses, 2018. v. 2, p. 423.

9. Ibidem, p. 423-424.

de qualquer enunciado prescritivo. Porém, em decorrência da sua vagueza, a correspondente regulação da conduta fica na dependência da conjugação de outras proposições, de sorte a viabilizar a identificação de todos os contornos da situação a que se pretende imputar consequências jurídicas[10].

Nesse contexto, surge a necessidade de um conceito mais preciso que agregue as diversas proposições prescritivas em uma estrutura com sentido jurídico. Esse é o objetivo da norma jurídica em sentido estrito, que, como ensina Tácio Lacerda Gama, se propõe a aglutinar os elementos necessários à expressão do mínimo irredutível de manifestação do deôntico. Dessa forma, arremata o mencionado autor, as proposições prescritivas devem ser reunidas em um juízo condicional, que vincula um acontecimento a uma consequência jurídica, sendo o acontecimento um fato, e a consequência uma relação[11].

O antecedente da norma jurídica em sentido estrito pode mencionar um fato passado (norma concreta) ou pode conotar atributos para um fato de futura ocorrência (norma abstrata). Importa mencionar que no antecedente abstrato, ou hipótese, são descritas as características, notas, que possibilitam a identificação do acontecimento juridicamente relevante[12].

Os fatos sociais isoladamente considerados não geram efeitos jurídicos, mas se assim o fazem é porque uma norma jurídica os toma como proposição antecedente, implicando-lhes consequência. Dessa forma, sem a norma jurídica não há direitos e deveres, não há "jurídico".[13] Portanto, esse aspecto seletor de propriedades da hipótese normativa demar-

---

10. DARZÉ, Andréa M. *Responsabilidade tributária:* solidariedade e subsidiariedade. São Paulo: Noeses, 2010. p. 15-16.

11. GAMA, Tácio Lacerda. Variações sobre a estrutura da norma de competência tributária. In: CARVALHO, Paulo de Barros (coord.). *Constructivismo lógico-semântico*. São Paulo: Noeses, 2018. v. 2, p. 424.

12. Ibidem, p. 425.

13. CARVALHO, Aurora Tomazini de. *Curso de teoria geral do direito*. São Paulo: Noeses, 2009. p. 265.

ca os contornos que separam o fato jurídico dos demais fatos sociais[14].

Porém, importante destacar que norma jurídica completa é aquela composta pela associação da norma em sentido estrito a uma sanção para o caso de seu descumprimento. Para a sua configuração, exige-se a presença de duas estruturas condicionais e dependentes, denominadas norma primária e norma secundária. Enquanto a norma primária prevê um fato qualquer ao qual se vincula uma relação jurídica, a segunda descreve justamente o fato do descumprimento daquela, a ele imputando sanção passível de aplicação coativa[15].

Em outras palavras, a norma primária vincula deonticamente a ocorrência de um fato à prescrição de uma conduta, enquanto que a norma secundária, logicamente conectada à primeira, prescreve uma providência sancionatória (de cunho coercitivo), aplicada pelo Estado-Juiz, caso seja verificado o fato descrito na primeira e não realizada a conduta por ela prescrita[16].

Aurora Tomazini de Carvalho expõe que a bimembridade constitutiva da norma jurídica decorre do pressuposto de que, no direito, inexiste regra sem a correspondente sanção, ou seja, as condutas prescritas pelas normas do direito são asseguradas pela intervenção estatal. Dessa forma, a norma secundária atribui juridicidade à primária, caracterizando-a como jurídica[17].

Em relação às normas primárias, elas admitem duas espécies, quais sejam, as normas primárias dispositivas, nas quais são prescritos deveres ou obrigações decorrentes da verificação de fatos lícitos, e as normas primárias sancionadoras, nas quais

---

14. GAMA, Tácio Lacerda. Variações sobre a estrutura da norma de competência tributária. In: CARVALHO, Paulo de Barros (coord.). *Constructivismo lógico-semântico*. São Paulo: Noeses, 2018. v. 2, p. 426.

15. DARZÉ, Andréa M. *Responsabilidade tributária:* solidariedade e subsidiariedade. São Paulo: Noeses, 2010. p. 16.

16. CARVALHO, Aurora Tomazini de. *Curso de teoria geral do direito*. São Paulo: Noeses, 2009. p. 293.

17. Ibidem, p. 295-296.

se estabelecem penalidades decorrentes da inobservância (fato ilícito) de deveres ou obrigações estabelecidas nas normas primárias dispositivas. Importante ter em mente que, em qualquer das suas modalidades, as normas primárias prescrevem sempre relações de direito material ou substantivo, enquanto que a norma secundária implica sempre uma relação de natureza processual, por meio da qual se dá a intervenção do Estado-Juiz[18].

Nesse cenário, as normas primárias e as normas secundárias juntas formam a norma completa, expressando a mensagem deôntica-jurídica em sua integralidade, pois significa a orientação de uma conduta, juntamente com a providência coercitiva que o ordenamento prevê para o seu descumprimento[19].

Como destaca Andréa Darzé, essa questão relativa às normas primárias e normas secundárias, em especial as normas primárias dispositivas e as normas primárias sancionadoras, é de suma importância para definir o regime jurídico aplicável às normas de responsabilidade tributária[20], como analisaremos em momento oportuno.

3. Responsabilidade Tributária

Para Maria Rita Ferragut, o estudo da reponsabilidade tributária requer que a investigação tenha como ponto de partida a regra-matriz de incidência (norma jurídica em sentido estrito), em especial no que se refere à relação jurídica constante de seu consequente[21].

---

18. LEAL, Hugo Barreto Sodré. *Responsabilidade tributária na aquisição de estabelecimento empresarial.* São Paulo: Quartier Latin, 2007. p. 33.

19. CARVALHO, Paulo de Barros. *Direito tributário, linguagem e método.* 2. ed. São Paulo: Noeses, 2008. p. 139.

20. DARZÉ, Andréa M. *Responsabilidade tributária:* solidariedade e subsidiariedade. São Paulo: Noeses, 2010. p. 21.

21. FERRAGUT, Maria Rita. *Responsabilidade tributária e o Código Civil de 2002.* 3. ed. São Paulo: Noeses, 2013. p. 29.

Aurora Tomazini de Carvalho expõe que é chamada como "regra-matriz de incidência" as normas padrões de incidência, ou seja, aquelas produzidas para serem aplicadas em casos concretos, que se inscrevem entre as regras gerais e abstratas, podendo ser de ordem tributária, previdenciária etc.[22] No Direito Tributário, temos a regra-matriz de incidência tributária, que, como menciona Maria Rita Ferragut[23], difere das demais normas existentes no direito positivo apenas em virtude de seu conteúdo, e que descreve um fato típico tributário e prescreve uma relação obrigacional (relação jurídico-tributária) que se estabelece entre sujeitos ativo e passivo, tendo por objeto o pagamento de uma prestação pecuniária compulsória, não decorrente de ato ilícito.

Em razão do tema examinado neste estudo, vamos focar nossa análise no sujeito passivo da relação jurídico-tributária.

3.1 Sujeito Passivo

É importante termos em mente que a regra-matriz de incidência tributária é, por excelência, uma regra de comportamento, pois está pré-ordenada a disciplinar a conduta de um determinado sujeito (devedor da pretensão fiscal), perante outro sujeito (titular do direito de crédito)[24].

Como destaca Maria Rita Ferragut, o sujeito passivo é aquele que figura no polo passivo da relação jurídica tributária, e não aquele que tem aptidão de suportar o ônus fiscal.[25]

---

22. CARVALHO, Aurora Tomazini de. *Curso de teoria geral do direito*. São Paulo: Noeses, 2009. p. 361.

23. FERRAGUT, Maria Rita. *Responsabilidade tributária e o Código Civil de 2002*. 3. ed. São Paulo: Noeses, 2013. p. 29.

24. CARVALHO, Paulo de Barros. *Curso de direito tributário*. 17. ed. São Paulo: Saraiva, 2005. p. 251.

25. FERRAGUT, Maria Rita. Responsabilidade tributária: conceitos fundamentais. In: FERRAGUT, Maria Rita; NEDER, Marcos Vinicius (coord.). *Responsabilidade tributária*. São Paulo: Dialética, 2007. p. 9.

Em outras palavras, é a pessoa, física ou jurídica, de quem se exige o cumprimento da prestação[26].

O parágrafo único do art. 121 do CTN, diferencia duas figuras de sujeição passiva, quais sejam, a do contribuinte (inciso I) e a do responsável (inciso II), de maneira que o sujeito passivo é visto como gênero, enquanto que o contribuinte e o responsável são espécies.[27]

3.1.1 Contribuinte

De acordo com o art. 121, parágrafo único, inciso I, do CTN, o sujeito passivo da obrigação tributária será considerado como contribuinte quando tiver relação pessoal e direta com a situação que constitui a materialidade da regra-matriz de incidência tributária[28].

Como se pode perceber, na ideia de "relação pessoal e direta", deve existir uma pertinência lógica entre a situação (que constitui o fato gerador do tributo) e a pessoa, identificada pela associação do fato com o seu autor, ou seja, pela ligação entre a ação e o agente[29].

Luciano Amaro, a partir de lição de Amílcar de Araújo Falcão, destaca que a relação "pessoal" referida pelo CTN corresponde à ideia de "autoria" do fato gerador. Dessa forma, a partir da identificação do fato jurídico-tributário, infere-se quem seria "naturalmente" o contribuinte[30].

Nesse sentido, podemos considerar como "autor" aquele sujeito que pratica, no mundo fenomênico, o evento

---

26. CARVALHO, Paulo de Barros. *Curso de direito tributário*. 17. ed. São Paulo: Saraiva, 2005. p. 304.

27. ARAÚJO, Juliana Furtado Costa; CONRADO, Paulo Cesar; VERGUEIRO, Camila Campos. *Responsabilidade tributária*. São Paulo: Revista dos Tribunais, 2017. p. 27.

28. Idem.

29. AMARO, Luciano. *Direito tributário brasileiro*. 14. ed. São Paulo: Saraiva, 2008. p. 299.

30. Ibidem, p. 299-300.

"juridicizado" previsto na regra instituidora do tributo[31], ou seja, quem praticou pessoalmente (sob o ponto de vista jurídico) o acontecimento fático que realiza o fato gerador[32].

Cumpre esclarecer, com base na doutrina de Andréa Darzé, que deve ser levado em conta o vínculo jurídico existente entre o sujeito passivo da obrigação e o fato que caracteriza a materialidade do tributo, e não o vínculo meramente econômico[33].

Em relação aos fatos praticados por pessoa jurídica, em especial no caso de sociedade comercial, gostaríamos de destacar a autonomia da sua personalidade jurídica frente aos sócios. Como ensina Rubens Requião, quando da formação da sociedade comercial, a consequência mais importante é o desabrochar de sua personalidade jurídica, ou seja, a sociedade se transforma em um novo ser, estranho à individualidade das pessoas que participam de sua constituição, dominando um patrimônio próprio, possuidor de órgãos de deliberação e execução que ditam e fazem cumprir a sua vontade[34].

Assim, no caso de uma relação jurídica privada, em decorrência da qual uma pessoa jurídica pratica um fato jurídico-tributário, quem possui relação pessoal com esse fato é a própria pessoa jurídica, e não seus sócios, pois é ela quem possui um vínculo jurídico com aquele fato.

No que diz respeito à relação "direta", Luciano Amaro expõe que possui essa característica aquela pessoa em torno do qual gira o fato gerador do tributo. A título de exemplo, o autor cita o imposto de renda, de maneira que como o seu fato gerador é a aquisição de renda, terá relação "direta"

---

31. ARAÚJO, Juliana Furtado Costa; CONRADO, Paulo Cesar; VERGUEIRO, Camila Campos. *Responsabilidade tributária*. São Paulo: Revista dos Tribunais, 2017. p. 27.

32. AMARO, Luciano. *Direito tributário brasileiro*. 14. ed. São Paulo: Saraiva, 2008. p. 302.

33. DARZÉ, Andréa M. *Responsabilidade tributária:* solidariedade e subsidiariedade. São Paulo: Noeses, 2010. p. 71.

34. REQUIÃO, Rubens. *Curso de direito comercial*. 31. ed. São Paulo: Saraiva, 2012. v. 1, p. 452-453.

com esse fato a pessoa que auferir renda. Em razão disso, não se pode falar que o sujeito que paga determinado valor a outra pessoa possui relação direta com o fato gerador do imposto de renda, pois sua ação não é de auferir renda, mas sim de pagar renda. Quem pode auferir renda nesse caso e, por isso, possui relação direta com o fato gerador desse tributo, é a pessoa que recebe esse valor[35].

Resta claro, portanto, que o CTN optou por classificar a sujeição passiva tributária em direta (contribuinte) e indireta[36], uma vez que chamou de responsável a pessoa que, sem possuir relação pessoal e direta com o fato gerador, é sujeito passivo da obrigação tributária. Dessa forma, a identificação do contribuinte facilita a análise do responsável, uma vez que seu conceito é definido por exclusão[37].

Como podemos ver, o ato de possuir relação pessoal e direta com o fato jurídico-tributário é condição necessária para a qualificação de contribuinte, mas não o suficiente para definir o sujeito passivo da relação jurídico-tributária[38], conforme analisaremos a seguir.

3.1.2 Responsável

Como já destacado, o responsável tributário é a pessoa eleita como sujeito passivo da relação jurídico-tributária sem manter relação pessoal e direta com o suporte factual da incidência[39].

35. AMARO, Luciano. *Direito tributário brasileiro*. 14. ed. São Paulo: Saraiva, 2008. p. 302.

36. BECHO, Renato Lopes. *Responsabilidade tributária de terceiros*. São Paulo: Saraiva, 2014. p. 31.

37. AMARO, Luciano. *Direito tributário brasileiro*. 14. ed. São Paulo: Saraiva, 2008. p. 303.

38. FERRAGUT, Maria Rita. Responsabilidade tributária: conceitos fundamentais. In: FERRAGUT, Maria Rita; NEDER, Marcos Vinicius (coord.). *Responsabilidade tributária*. São Paulo: Dialética, 2007. p. 10.

39. DARZÉ, Andréa M. *Responsabilidade tributária:* solidariedade e subsidiariedade. São Paulo: Noeses, 2010. p. 86.

Marcus Vinicius Neder indica que apenas com a intepretação conjunta dos arts. 121 e 128 do CTN, é possível definir quem pode ser responsável tributário. A partir dessa base legal, verificamos que (a) a responsabilidade tributária decorre de disposição expressa de lei; e (b) é preciso que o terceiro a ser responsabilizado pelo adimplemento da obrigação tributária esteja vinculado ao fato gerador da obrigação[40].

O art.128, ao estabelecer o necessário vínculo entre o responsável e o fato jurídico tributário, expressamente ressalva as disposições existentes no Capítulo V do CTN, que trata da responsabilidade tributária. Portanto, esse requisito de vínculo com o fato gerador somente se aplica às hipóteses de responsabilidade criadas pelo legislador complementar em outro diploma legal[41].

Renato Lopes Becho segue a mesma linha de raciocínio, no sentido de que, para as outras hipóteses de responsabilização tributária, que não aquelas previamente dispostas no CTN, deverá ser respeitado o comando do art. 128 no sentido de que a responsabilização apenas pode recair sobre alguém vinculado ao fato gerador[42].

Segundo Paulo de Barros Carvalho, a responsabilidade tributária é matéria reservada à lei complementar, nos termos do art. 146, III, da Constituição[43]. Assim, quando o art. 128 do CTN faz menção ao termo "lei", devemos ter mente que ele se refere à lei complementar.

---

40. NEDER, Marcos Vinicius. Solidariedade de direito e de fato – reflexões acerca de seu conceito. In: FERRAGUT, Maria Rita; NEDER, Marcos Vinicius (coord.). *Responsabilidade tributária*. São Paulo: Dialética, 2007. p. 30.

41. Ibidem, p. 31.

42. BECHO, Renato Lopes. *Responsabilidade tributária de terceiros*. São Paulo: Saraiva, 2014. p. 37.

43. CARVALHO, Paulo de Barros. *Direito tributário, linguagem e método*. 2. ed. São Paulo: Noeses, 2008. p. 568.

Na mesma linha, o Supremo Tribunal Federal[44] destacou que a definição dos traços essenciais da responsabilidade tributária deve ser definida por lei complementar pois se enquadra no rol das normas gerais de Direito Tributário. Dessa forma, a Suprema Corte afirma ser adequado que se confira o caráter de normas gerais com nível de lei complementar aos dispositivos do CTN que cuidam da responsabilidade, sem prejuízo da permissão constante do art. 128, de que o legislador complementar estabeleça outros casos específicos de responsabilidade.

Nesse cenário, a título de exemplo, a norma geral para a responsabilidade tributária dos sócios diretores está disposta no art. 135, III, do CTN. Por isso, qualquer imputação desse tipo de responsabilidade deve obedecer aos ditames desse dispositivo legal.

Como ensina Andréa Darzé, a instituição de norma de responsabilidade tributária visa, invariavelmente, a um de três objetivos fundamentais, quais sejam (i) punir o responsável (sanção); (ii) viabilizar a arrecadação (necessidade); e (iii) simplificar a arrecadação (interesse)[45].

Na responsabilidade tributária sancionatória, a responsabilidade é instituída como instrumento para sancionar um terceiro, de maneira que o legislador apenas poderá eleger a prática de ato ilícito como hipótese de sua incidência, já que a imputação dessa consequência jurídica tem como condição necessária a realização de condutas indesejadas pelo sistema de direito positivo, como ocorre, por exemplo, no caso de responsabilidade de terceiros (art. 135)[46].

Por outro lado, a norma de responsabilidade pode ser instituída como instrumento de política fiscal, para viabilizar

44. Supremo Tribunal Federal, Recurso Extraordinário 562.276-PR, Plenário, Rel. Min. Ellen Gracie, j. 03.11.2010, *DJe* 09.02.2011.

45. DARZÉ, Andréa M. *Responsabilidade tributária:* solidariedade e subsidiariedade. São Paulo: Noeses, 2010. p. 91-92.

46. Ibidem. p. 92-103.

o recolhimento dos valores devidos a título de tributos. Isso pode ocorrer quando há o desaparecimento do realizador do fato tributado em decorrência de sucessão de empresa[47].

Além disso, a responsabilidade pode servir de fundamento para garantir ao Estado a possibilidade de melhor arrecadar e fiscalizar os tributos, com menor dispêndio de recursos monetários e humanos. Isso acontece, por exemplo, na hipótese de substituição tributária[48].

A partir dessas premissas, passamos a analisar a natureza jurídica da norma de responsabilidade tributária.

3.1.2.1 Natureza Jurídica da Norma de Responsabilidade Tributária

Como comentamos anteriormente, a norma jurídica completa exige a presença de duas estruturas condicionais e dependentes, denominadas norma primária e norma secundária. Enquanto a norma primária prevê um fato qualquer ao qual se vincula uma relação jurídica, a secundária descreve como fato justamente o descumprimento daquela, imputando ao agente uma sanção passível de aplicação coativa[49].

A partir do julgamento do Supremo Tribunal Federal no Recurso Extraordinário 562.276[50], que tratou da reponsabilidade tributária de terceiros disposta no art. 135, III, do CTN, podemos verificar que a responsabilidade tributária pressupõe a existência de duas normas primárias autônomas, quais sejam, a regra-matriz de incidência tributária e a regra-matriz de responsabilidade tributária, cada uma com seu pressuposto de fato e sujeitos próprios. Isso pode ser evidenciado ao se verificar que o responsável não possui relação pessoal e direta

---

47. Ibidem, p. 103-104.

48. Ibidem, p. 104

49. Ibidem, p. 16.

50. Supremo Tribunal Federal, Recurso Extraordinário 562.276/PR, Plenário, Rel. Min. Ellen Gracie, j. 03.11.2010, *DJe* 09.02.2011.

com fato jurídico-tributável, mas se torna o sujeito passivo da relação jurídico-tributária em decorrência de uma norma específica de responsabilidade.

Nesse caso, a Suprema Corte, por estar analisando um caso de responsabilidade de terceiros que, como já destacamos, possui a natureza de responsabilidade sancionatória, menciona que o terceiro só pode ser responsabilizado na hipótese de descumprimento de deveres próprios de colaboração para com a administração tributária, estabelecidos na regra-matriz de responsabilidade tributária. Assim, o descumprimento desse dever aparece como pressuposto de fato específico para que seja imputada a responsabilidade tributária ao sujeito que o praticou.

Note-se que, segundo nosso entendimento, o mesmo raciocínio se aplica nos casos em que a responsabilidade decorre da verificação de um fato lícito, como ocorre na incorporação de pessoa jurídica (art. 132 do CTN). Por isso, quando da ocorrência desse fato lícito no mundo fenomênico, será imputada a responsabilidade tributária para um determinado sujeito, nos termos da norma de responsabilidade.

Dessa forma, podemos perceber que a norma de responsabilidade tributária possui um antecedente lícito ou ilícito (não tipificado como fato jurídico-tributário) que autoriza a constituição de uma relação jurídica entre o Estado-credor e o responsável, relação essa que deve pressupor a existência do fato jurídico-tributário[51].

Nesse cenário, concordamos com a doutrina de Maria Rita Ferragut no sentido de que a natureza jurídica da norma de responsabilidade é sempre tributária, e pode ser dividida nas modalidades de norma primária dispositiva ou norma primária sancionadora.[52] Vejamos suas palavras:

---

51. FERRAGUT, Maria Rita. *Responsabilidade tributária e o Código Civil de 2002*. 3. ed. São Paulo: Noeses, 2013. p. 38.

52. Ibidem, p. 58-59.

> Será primária dispositiva quando (i) submeter-se ao regime jurídico tributário, como por exemplo, os prazos de prescrição e decadência, o princípio da legalidade, a não-cumulatividade etc.; (ii) possuir um antecedente lícito; (iii) a relação jurídica tiver por objeto a obrigação de pagar tributo; e (iv) o pagamento realizado tiver o condão de extinguir um débito tributário
>
> Será primária sancionadora quando o antecedente normativo descrever o descumprimento (-c) de uma conduta que competia ao sujeito (futuro responsável), implicando a consequência de passar a ser obrigado a entregar ao Estado – subsidiária ou pessoalmente – uma quantia equivalente àquela que a princípio seria devida pelo contribuinte, a título de tributo.

Enquanto na norma primária dispositiva são prescritos deveres ou obrigações decorrentes de atos lícitos, na norma primária sancionadora se estabelecem penalidades decorrentes da inobservância (fato ilícito) de deveres ou obrigações estabelecidas em normas primárias dispositivas[53].

Como se pode perceber, a norma primária dispositiva se aplica aos casos de responsabilidade tributária por necessidade ou por interesse. Por outro lado, a norma primária sancionadora se aplica aos casos de reponsabilidade tributária sancionatória.

Porém, importante destacar que, mesmo se tratando de uma sanção, a responsabilidade sancionatória não perde a característica de uma norma primária, pois ela ainda possui a natureza de uma norma tributária, ou seja, de norma de direito material[54].

Por outro lado, em caso de inobservância da regra disposta na norma primária (dispositiva ou sancionadora) em decorrência do não pagamento do tributo por parte do responsável tributário, aplica-se como sanção a norma secundária, que implica sempre uma relação de natureza processual, por meio do qual se dá a intervenção do Estado-Juiz para a cobrança do débito tributário perante o sujeito passivo.

---

53. LEAL, Hugo Barreto Sodré. *Responsabilidade tributária na aquisição de estabelecimento empresarial*. São Paulo: Quartier Latin, 2007. p. 33.

54. FERRAGUT, Maria Rita. *Responsabilidade tributária e o Código Civil de 2002*. 3. ed. São Paulo: Noeses, 2013. p. 59.

Depois da análise da natureza jurídica da responsabilidade tributária, e considerando o escopo escolhido para este estudo, passamos ao estudo de um dos tipos de responsabilidade sancionatória, qual seja, a responsabilidade dos sócios diretores.

3.1.2.2 Responsabilidade Tributária dos Sócios Diretores

A norma geral sobre a responsabilidade dos sócios diretores é o art. 135, III, do CTN. Vejamos a sua redação:

> Art. 135. São pessoalmente responsáveis pelos créditos correspondentes a obrigações tributárias resultantes de atos praticados com excesso de poderes ou infração de lei, contrato social ou estatutos:
>
> [...]
>
> III – os diretores, gerentes ou representantes de pessoas jurídicas de direito privado.

Como se pode perceber, o art. 135 trata de uma hipótese de responsabilidade tributária de terceiros, na medida em que o rol de pessoas ali listadas será pessoalmente responsável pelo crédito tributário decorrente da realização por outrem do fato-jurídico tributário. Em relação à responsabilidade destacada no inciso III, é possível notar que para a sua imputação, não basta que o sujeito seja sócio da pessoa jurídica devedora (e realizadora do fato jurídico-tributário), mas é necessário que ele seja seu diretor, gerente ou representante, isto é, o sócio precisa possuir poderes de gestão/representação da pessoa jurídica[55].

Além disso, não é suficiente o mero inadimplemento da obrigação tributária por parte da pessoa jurídica para que seja atribuída a responsabilidade tributária aos sócios diretores, pois o crédito tributário deve decorrer de atos praticados por esses agentes com excesso de poderes ou infração de lei,

---

55. OLIVEIRA, Júlio M.; REZENDE, Gabriel Caldiron. Responsabilidade do sócio diretor: lançamento, execução fiscal e desconsideração da personalidade jurídica. In: CARVALHO, Paulo de Barros (coord.). *50 anos no Código Tributário Nacional.* São Paulo: Noeses. 2016. p. 745.

contrato social ou estatutos[56]. Nesse sentido, cumpre destacar o disposto na Súmula 430 do Superior Tribunal de Justiça[57], assim como o Recurso Especial 1.101.728[58], sujeito à sistemática dos Recursos Repetitivos.

Dessa forma, como já destacado em outra oportunidade por um dos coautores deste estudo[59], a responsabilidade tributária dos sócios diretores, nos termos do art. 135, III, do CTN, pressupõe os seguintes elementos indispensáveis:

> (a) que o sócio possua poder de gestão; (b) que pratique ato doloso com excesso de poderes ou infração de lei, contrato social ou estatutos; (c) que o ato doloso acarrete a prática do fato jurídico-tributário pela pessoa jurídica gerida (nexo causal); e (d) a conduta dolosa deve ser anterior ou concomitante à realização do fato jurídico-tributário.

Diante desse contexto, se tais elementos forem observados, estaremos diante de uma responsabilidade tributária proveniente de uma norma primária sancionadora, pois a imputação dessa responsabilidade aos sócios diretores decorre de uma sanção pela sua atuação com excesso de poderes ou infração de lei, contrato social ou estatuto.

Como destacou o Supremo Tribunal Federal no Recurso Extraordinário 562.276[60], o art. 135 regula a responsabilidade pessoal dos sócios gerentes, diretores e representantes em caráter geral, estabelecendo um pressuposto de fato pró-

---

56. Ibidem, p. 746.

57. "O inadimplemento da obrigação tributária pela sociedade não gera, por si só, a responsabilidade solidária do sócio-gerente."

58. Superior Tribunal de Justiça, Recurso Especial 1.101.728, Rel. Min. Teori Albino Zavascki, Primeira Seção, j. 11.03.2009, *DJe* 23.03.2009.

59. OLIVEIRA, Júlio M.; REZENDE, Gabriel Caldiron. Responsabilidade do sócio diretor: lançamento, execução fiscal e desconsideração da personalidade jurídica. In: CARVALHO, Paulo de Barros (coord.). *50 anos no Código Tributário Nacional.* São Paulo: Noeses. 2016. p. 749.

60. Supremo Tribunal Federal, Recurso Extraordinário 562.276/PR, Plenário, Rel. Min. Ellen Gracie, j. 03.11.2010, *DJe* 09.02.2011.

prio para a imputação da responsabilidade tributária a tais agentes.

Seguindo essa linha de raciocínio da Suprema Corte, com a qual concordamos, não pode o legislador ordinário, ou a autoridade fiscal, estabelecer exceção desautorizada ao art. 135, III, que é a norma geral de Direito Tributário que trata da responsabilidade tributária dos sócios diretores.

Pode-se discutir se ao legislador complementar, com fundamento no art. 128, é permitida a criação de uma nova hipótese de responsabilidade tributária aos sócios de uma pessoa jurídica, a partir de um antecedente diferente das responsabilidades sancionatórias dispostas no CTN. Porém, e sobre isso não restam dúvidas, não pode o legislador ordinário ou a autoridade fiscal imputar responsabilidade tributária a pessoas que não praticaram o fato ilícito descrito na norma geral disposta no art. 135, III. Cumpre mencionar que o Supremo Tribunal Federal, no Recurso Extraordinário 562.276, seguiu essa linha de interpretação, ao declarar a inconstitucionalidade de lei ordinária que estabeleceu a solidariedade passiva de sócios em desacordo com o art. 135, III.

Por fim, note-se que também é defeso ao legislador ordinário ou à autoridade fiscal imputar a terceiros a responsabilidade com fundamento em normas de solidariedade, uma vez que, como iremos analisar abaixo, a solidariedade não é forma de inclusão de um terceiro no polo passivo[61].

4. Solidariedade Tributária

Segundo o art. 264 do Código Civil, haverá solidariedade quando, na mesma obrigação, concorrer mais de um credor, ou mais de um devedor, cada um com direito, ou obrigado, à dívida toda.

61. BALEEIRO, Aliomar. *Direito tributário brasileiro*. 12. ed. atualizada por Misabel Abreu Machado Derzi. Rio de Janeiro: Forense, 2010. p. 1119.

Para fins deste estudo, analisaremos a solidariedade passiva tributária, cujas hipóteses constam no art. 124 do CTN:

> Art. 124. São solidariamente obrigadas:
>
> I – as pessoas que tenham interesse comum na situação que constitua o fato gerador da obrigação principal;
>
> II – as pessoas expressamente designadas por lei.
>
> Parágrafo único. A solidariedade referida neste artigo não comporta benefício de ordem.

Importante destacar que as hipóteses de solidariedade mencionadas acima são distintas, e seu alcance é delimitado pelo próprio CTN[62]. Enquanto a solidariedade disposta no inciso I tem como pressuposto uma situação fática (o interesse comum), a hipótese do inciso II decorre da designação em lei de outro fato jurídico[63].

No Direito Tributário, a solidariedade passiva pode ser verificada na hipótese em que o credor público passa a ter o direito subjetivo de acionar um dos devedores solidários, escolhendo, se o quiser, o de maior idoneidade financeira ou o que tiver patrimônio suficiente para responder pelo débito[64]. Assim, quando existir mais do que um devedor em uma mesma relação jurídico-tributária, e cada um for obrigado pelo pagamento da dívida integral, estaremos diante de solidariedade passiva[65].

Nesse cenário, importante ter em mente a lição de Paulo de Barros Carvalho, no sentido de que, apesar de as obrigações tributárias possuírem como objeto uma prestação pecuniária (e, por isso mesmo, essencialmente divisível), elas não seguem

---

62. FUNARO, Hugo. *Sujeição passiva indireta no direito tributário brasileiro*. São Paulo: Quartier Latin, 2013. p. 70.

63. NEDER, Marcos Vinicius. Solidariedade de direito e de fato – reflexões acerca de seu conceito. In: FERRAGUT, Maria Rita; NEDER, Marcos Vinicius (coord.). *Responsabilidade tributária*. São Paulo: Dialética, 2007. p. 32.

64. Ibidem, p. 32.

65. CARVALHO, Paulo de Barros. *Curso de direito tributário*. 17. ed. São Paulo: Saraiva, 2005. p. 317.

a sorte das relações obrigacionais disciplinadas pelo direito civil. Isso porque, para efeitos jurídico-tributários, as obrigações tributárias são indivisíveis, de maneira que, havendo solidariedade passiva, cada um dos devedores solidários, em princípio, é obrigado pelo total da dívida e o pagamento feito por qualquer deles aproveita aos demais, na forma do art. 125, I[66].

Para Misabel Derzi, em nota de atualização da obra *Direito Tributário Brasileiro*, de Aliomar Baleeiro, a solidariedade não é espécie de sujeição passiva indireta, por responsabilidade tributária, como mencionam alguns autores. Isso porque a solidariedade é simples forma de garantia, de maneira que, quando houver mais do que um obrigado no polo passivo da obrigação tributária (mais de um contribuinte, ou contribuinte e responsável, ou apenas uma pluralidade de responsáveis), o legislador poderá definir qual a relação entre os coobrigados, podendo optar pela solidariedade entre eles[67].

Ainda a respeito dessa questão, arremata Misabel Derzi, em posição com a qual concordamos, a "solidariedade não é, assim, forma de inclusão de um terceiro no polo passivo da obrigação tributária, apenas maneira de graduar a responsabilidade daqueles sujeitos que já compõem o polo passivo"[68].

No mesmo sentido, podemos mencionar a doutrina de Renato Lopes Becho, que afirma que a solidariedade é um efeito da tributação na hipótese em que exista mais de um sujeito passivo direto (contribuinte) ou indireto (em uma de suas modalidades)[69].

Becho ainda destaca que, na verdade, a solidariedade é uma das possibilidades de efeitos diante da multiplicidade de sujeitos passivos, que são aplicáveis tanto frente à sujeição passiva

66. Ibidem, p. 318-319.

67. BALEEIRO, Aliomar. *Direito tributário brasileiro*. 12. ed. atualizada por Misabel Abreu Machado Derzi. Rio de Janeiro: Forense, 2010. p. 1119.

68. Idem.

69. BECHO, Renato Lopes. *Responsabilidade tributária de terceiros*. São Paulo: Saraiva, 2014. p. 35.

direta quanto à sujeição passiva indireta, assim como em caso de sujeitos passivos da mesma natureza (diversos contribuintes) ou naturezas distintas (contribuintes e não contribuintes) [70].

Portanto, como podemos perceber, a multiplicidade de devedores a ocupar o polo passivo da relação jurídico-tributária leva ao tema da relação a ser estabelecida entre eles, se de subsidiariedade ou solidariedade[71].

Tanto é assim que o Supremo Tribunal Federal[72] já se manifestou no sentido de que a previsão legal de solidariedade entre devedores, disposta no art. 124, II, do CTN, pressupõe que a própria condição de devedor já tenha sido estabelecida validamente entre os solidários.

Assim, primeiro é necessário que se impute a condição de sujeição passiva da relação jurídica tributária para uma pluralidade de sujeitos passivos, para que, depois, se verifique qual o efeito decorrente dessa multiplicidade (solidariedade ou subsidiariedade).

4.1 Solidariedade Tributária por Interesse Comum (art. 124, I, CTN)

A partir da análise da redação do inciso I do art. 124 do CTN, é possível verificar que o "interesse comum" dos participantes na realização do fato jurídico-tributário é o que define o aparecimento da solidariedade entre os devedores[73].

Como se pode perceber, o legislador deixou claro que não é qualquer interesse comum que pode ser considerado como

---

70. Idem.

71. SCHOUERI, Luís Eduardo. *Direito tributário*. 7. ed. São Paulo: Saraiva, 2017. p. 581.

72. Supremo Tribunal Federal, Recurso Extraordinário 562.276/PR, Plenário, Rel. Min. Ellen Gracie, j. 03.11.2010, *DJe* 09.02.2011.

73. CARVALHO, Paulo de Barros. *Curso de direito tributário*. 17. ed. São Paulo: Saraiva, 2005. p. 317.

suficiente para a aplicação da regra de solidariedade, mas somente aquele vinculado à situação que constitua o fato gerador da obrigação principal. Mas qual seria essa "situação"?

A partir da leitura do art. 116 do CTN, verificamos que o legislador dispõe que as situações que constituem o fato gerador da obrigação principal podem ser consideradas como "situação de fato" (inciso I) ou "situação jurídica" (inciso II).

Segundo Luís Eduardo Schoueri, ao utilizar a expressão "situação jurídica", o legislador quis contemplar os casos em que a hipótese tributária prevê a celebração de um negócio jurídico, ou um ato jurídico (de direito privado). São casos em que o Direito Tributário atua como "direito de sobreposição", já que faz incidir a tributação sobre situação já regulada pelo direito.[74] Dessa forma, considerar-se-ia como ocorrido o fato gerador desde o momento em que a situação jurídica estivesse definitivamente constituída nos termos do direito privado[75].

Por outro lado, como destaca Luciano Amaro, a expressão "situação de fato" faz referência a fatos (ou circunstâncias fáticas) que podem não ter relevância jurídica para efeito de uma dada relação material privada, mas foram eleitos para determinar no tempo o fato gerador do tributo.[76]

Marcos Vinicius Neder cita o exemplo do IPI como tributo em que a hipótese de incidência está vinculada a uma situação de fato. Naturalmente, a "situação de fato" decorre de alguma relação privada, como, por exemplo, um contrato de compra e venda, todavia, o que se tributa é o fato decorrente desse negócio jurídico, qual seja, a saída do produto do estabelecimento industrial[77].

---

74. SCHOUERI, Luís Eduardo. *Direito tributário*. 7. ed. São Paulo: Saraiva, 2017. p. 538-539.

75. AMARO, Luciano. *Direito tributário brasileiro*. 14. ed. São Paulo: Saraiva, 2008. p. 273.

76. Ibidem, p. 272.

77. NEDER, Marcos Vinicius. Solidariedade de direito e de fato – reflexões acerca de seu conceito. In: FERRAGUT, Maria Rita; NEDER, Marcos Vinicius (coord.).

Assim, apesar de o CTN se referir a situação de fato ou situação jurídica para fins de caracterização do momento da ocorrência do fato gerador, Marcus Vinicius Neder[78] entende que essa classificação é irrelevante para interpretação do disposto no art. 124. Isso porque tanto numa quanto noutra, há uma relação jurídica privada da qual o legislador extrai o fato que interessa ao Direito Tributário. Portanto, para fins daquele artigo, precisamos verificar quem são as pessoas que possuem vínculo jurídico com a relação privada que caracterizou o fato jurídico-tributário.

Diante desse contexto, surge a seguinte questão: quem possui interesse comum na situação (de fato ou jurídica) que constitui o fato gerador da obrigação tributária?

Segundo Andréa Darzé, no inciso I do art. 124, o legislador deixou claro que não é qualquer interesse comum que pode ser considerado como suficiente para a aplicação da regra de solidariedade, pois é "necessário que se trate de interesse no fato ou na relação jurídica que constitui o antecedente da regra-matriz de incidência tributária"[79].

Dessa forma, o mero interesse social, moral ou econômico no pressuposto fáctico do tributo não autoriza a aplicação do art. 124, I, pois deve haver interesse jurídico comum, que surge a partir da existência de direitos e deveres idênticos, o que ocorre quando existem pessoas situadas no mesmo polo da relação jurídica de direito privado tomada pelo legislador como suporte factual de incidência do tributo (situação de fato), ou mais de uma pessoa realizando o verbo eleito como critério material do tributo (situação jurídica)[80].

Responsabilidade tributária. São Paulo: Dialética, 2007. p. 38.

78. Ibidem, p. 39.

79. DARZÉ, Andréa M. *Responsabilidade tributária:* solidariedade e subsidiariedade. São Paulo: Noeses, 2010. p. 230-231.

80. Ibidem. p. 231.

Assim, quando a hipótese de incidência tratar de situação jurídica, como é o caso do IPTU, teremos interesse jurídico e, portanto, comum entre as pessoas que são proprietárias do mesmo imóvel[81]. Isso porque, como esse imposto possui como hipótese de incidência uma situação jurídica, qual seja, a propriedade de bem imóvel, quem possui interesse comum nessa situação são as pessoas que possuem a propriedade daquele bem.

O mesmo raciocínio pode ser aplicado nos casos em que a hipótese de incidência trata de situação de fato, pois neste caso, como já destacamos, há uma relação jurídica privada da qual o legislador extrai o fato que interessa ao Direito Tributário. Assim, nesse caso, quem possuirá interesse comum são as pessoas que, no âmbito daquela relação jurídica privada, realizam o fato jurídico-tributário.

Isso pode ser observado, por exemplo, em um contrato de prestação de serviços no qual temos dois ou mais sujeitos prestando um serviço em favor de um mesmo tomador.[82] Nesse caso, existirá interesse comum, para fins do ISS, entre os prestadores de serviço, pois são os agentes que, nessa relação jurídica privada, vão praticar o fato jurídico-tributário.

Nesse cenário, uma característica que se apresenta marcante para considerar que a pessoa possui interesse comum reside no fato de que ela, na verdade, possui relação pessoal e direta com a situação que deflagra a obrigação de pagar o tributo[83], de maneira que a regra de solidariedade disposta no art. 124, I, do CTN, se aplica nas hipóteses em que temos duas ou mais pessoas que possuam relação pessoal e direta com o fato gerador. Por isso, entendemos que o referido dispositivo legal deve ser analisado em conjunto com o art. 121, parágrafo único, inciso I.

---

81. CARVALHO, Paulo de Barros. *Curso de direito tributário.* 17. ed. São Paulo: Saraiva, 2005. P. 318.

82. Idem.

83. FUNARO, Hugo. *Sujeição passiva indireta no direito tributário brasileiro.* São Paulo: Quartier Latin, 2013. p. 70-71.

Portanto, voltando ao exemplo da prestação de serviços, não se pode dizer que o tomador do serviço possua interesse comum na situação que constitua o fato gerador da obrigação principal do ISS, pois quem possui relação pessoal e direta com a situação de fato descrita na sua hipótese de incidência é somente o prestador do serviço.

Em resumo, o que o art. 124, I, determina é que, em existindo uma pluralidade de pessoas que possuem a qualidade de contribuinte em uma determinada relação jurídica tributária, o efeito decorrente dessa multiplicidade de sujeitos passivos é a solidariedade entre eles, observando-se os efeitos descritos no art. 125.

Por outro lado, quando o legislador quer imputar o vínculo de solidariedade na hipótese de relação jurídica tributária com mais de um sujeito passivo, mas um deles (ou todos eles) não possui a característica de contribuinte, mas de responsável, é necessária previsão expressa nesse sentido, conforme exige o inciso II, do art. 124, do CTN[84], que passaremos a analisar.

4.2 Solidariedade Tributária de Pessoas Designadas por Lei (art. 124, II, CTN)

O inciso II do art. 124, dispõe que são solidariamente obrigadas as pessoas expressamente designadas por lei. Como já mencionamos, esse inciso se aplica às hipóteses em que o legislador imputa a solidariedade passiva à relação jurídico-tributária com pluralidade de sujeitos passivos e, um deles (ou todos eles), não possui a qualidade de contribuinte.

Mais uma vez, gostaríamos de destacar que entendemos que a solidariedade não se trata de uma espécie de responsabilidade tributária, mas sim de um efeito possível de ser aplicado em decorrência da multiplicidade de sujeitos passivos em uma determinada relação jurídico-tributária.

84. DARZÉ, Andréa M. *Responsabilidade tributária:* solidariedade e subsidiariedade. São Paulo: Noeses, 2010. p. 233.

Portanto, para que possamos verificar se estamos diante de uma hipótese de solidariedade tributária, é necessário que já tenham sido definidos os sujeitos passivos da relação jurídico-tributária. Somente depois disso é que podemos passar ao exame de qual o efeito que existirá entre eles, se de solidariedade ou subsidiariedade.

Dessa forma, quando a redação do art. 124, II, menciona que são solidariamente obrigadas as pessoas expressamente designadas por lei, isso não significa que esse dispositivo legal está autorizando o legislador a criar novos casos de responsabilidade tributária sem a observância dos requisitos exigidos pelo art. 128 do CTN, tampouco das normas gerais de responsabilidade tributária de terceiros, estabelecidas em caráter geral pelos arts. 134 e 135[85].

Na verdade, ele dispõe que, na hipótese em que exista uma pluralidade de sujeitos passivos em uma relação jurídico-tributária, se um deles (ou todos) for considerado como responsável tributário, a lei (complementar) pode estabelecer que eles respondam solidariamente pelo débito tributário.

5. Conclusão

A norma jurídica possui diferentes acepções, dentre as quais podemos destacar (a) a norma em sentido amplo; (b) a norma em sentido estrito; e (c) a norma em sentido completo. A norma em sentido amplo, por se tratar de significado que se constrói a partir de qualquer enunciado prescritivo, possui uma considerável vagueza, de forma que a regulação de condutas fica na dependência de outras proposições, para que se possa viabilizar a identificação de todos os contornos da situação a que se pretende imputar consequências jurídicas.

A partir desse contexto, surge a importância da norma jurídica em sentido estrito, que agrega as diversas proposições

85. Supremo Tribunal Federal, Recurso Extraordinário 562.276/PR, Plenário, Rel. Min. Ellen Gracie, j. 03.11.2010, *DJe* 09.02.2011.

prescritivas em uma estrutura única, reunidas em juízo condicional, que vincula um acontecimento a uma consequência jurídica.

A norma jurídica será considerada como completa quando existir a associação de uma norma em sentido estrito com uma sanção para o caso de seu descumprimento. Diante desse contexto, a norma jurídica em sentido estrito é considerada como uma norma primária, enquanto que a sanção correspondente ao seu descumprimento é vista como uma norma secundária.

A norma primária (como norma em sentido estrito) vincula deonticamente a ocorrência de um fato a uma consequência jurídica, enquanto que a norma secundária prescreve uma providência sancionatória a ser aplicada pelo Estado-juiz em caso de descumprimento dessa consequência jurídica.

A regra-matriz de incidência tributária é vista como uma norma jurídica em sentido estrito, que descreve um fato típico tributário e prescreve uma relação obrigacional, conhecida como relação jurídico-tributária, que se estabelece entre sujeitos ativo e passivo, e tem por objeto o pagamento de uma prestação pecuniária compulsória.

O sujeito passivo figura na relação jurídico-tributária e pode ser classificado como sujeito passivo direto ou sujeito passivo indireto. O sujeito passivo direto é conhecido como contribuinte, que, nos termos do art. 121, parágrafo único, I, do CTN, é o sujeito que possui relação pessoal e direta com o fato jurídico-tributário.

Por outro lado, será considerado como sujeito passivo indireto aquele que não possui as características de contribuinte, mas é colocado como sujeito passivo da relação jurídico-tributária. O art. 121, parágrafo único, II, do CTN, chama esse sujeito de responsável.

Enquanto o contribuinte é o sujeito passivo "natural" de uma relação jurídico-tributária, pois é a pessoa que efetivamente pratica o fato jurídico-tributário, a responsabilidade tributária pode ser imputada a terceiros por meio de outra norma jurídica em sentido estrito, qual seja, a norma de responsabilidade.

Importante destacar que a instituição da norma de responsabilidade pelo legislador visa, em regra, os seguintes objetivos fundamentais: (a) uma sanção para punir o responsável; (b) uma necessidade, viabilizar uma arrecadação; e (c) um interesse, para fins de simplificação da arrecadação.

A norma de responsabilidade possui natureza de direito material, de maneira que é considerada como norma jurídica primária. Ela admite duas espécies, quais sejam, (a) a norma primária dispositiva; e a (b) norma primária sancionadora. Na primeira, a sua consequência jurídica vai decorrer da realização de um fato lícito, enquanto que, na norma primária sancionadora, essa consequência será um efeito da ocorrência de um fato ilícito.

Como se pode perceber, a norma primária dispositiva se verifica nos casos de responsabilidade como uma necessidade ou como um interesse, enquanto que a norma primária sancionadora pode ser vista nos casos de responsabilidade por sanção.

Diante desse contexto, podemos observar que a norma que imputa a responsabilidade de terceiros, dentre as quais destacamos a responsabilidade de sócios diretores disposta no art. 135, III, do CTN, caracteriza-se como norma primária sancionadora, como penalidade decorrente da inobservância de deveres ou obrigações estabelecidas em uma norma primária dispositiva.

A definição dos traços essenciais de figura do responsável tributário deve ser regulada por meio de lei complementar, pois se enquadra no rol das normas gerais de Direito Tributário. No caso da responsabilidade tributária de sócio diretor, a norma geral que a regula é o art. 135, III, do CTN, que é a norma primária sancionadora que define como hipótese de seu antecedente o não cumprimento, por parte do sócio-diretor, de seu dever de não agir com excesso de poderes ou infração de lei, contrato social ou estatutos.

Portanto, não é possível ao legislador ordinário ou à autoridade fiscal imputar responsabilidade tributária ao sócio-diretor se ele não tiver praticado a hipótese da norma de responsabilidade disposta no art. 135, III.

Note-se que também é defeso ao legislador ordinário ou a autoridade fiscal imputar a terceiros a responsabilidade com fundamento em normas de solidariedade (art. 124, do CTN), pois a solidariedade não é forma de inclusão de um terceiro no polo passivo. Na verdade, ela é apenas um dos efeitos possíveis de tributação quando a relação jurídico-tributária possui mais do que um sujeito passivo.

Assim, primeiro é necessário que se impute a condição de sujeito passivo para uma multiplicidade de pessoas, para que, depois, se verifique qual o efeito decorrente dessa pluralidade (solidariedade ou subsidiariedade).

No caso do art. 124, I, estamos diante uma norma de solidariedade passiva que se aplica somente nos casos em que todos os sujeitos passivos são considerados como contribuintes, nos termos do inciso I, do parágrafo único, do art. 121.

Por outro lado, o art. 124, II, se aplica nos casos em que os sujeitos passivos da relação jurídico-tributária possuem natureza distinta (contribuinte e responsável) ou quando todos são responsáveis.

Portanto, é possível concluir que não é possível ao legislador ordinário ou à autoridade fiscal imputar a responsabilidade tributária a um terceiro utilizando como base legal unicamente o art. 124, uma vez que a solidariedade não se mostra como modalidade de reponsabilidade tributária.

Em relação ao sócio-diretor, para que haja solidariedade tributária passiva, é preciso, em primeiro lugar, que seja possível a imputação de sua responsabilidade nos termos do art. 135, III, do CTN. Se essa imputação não for possível, a consequência lógica é que o sócio-diretor não poderá ser considerado como devedor solidário do débito tributário da pessoa jurídica.

Por fim, gostaríamos de destacar que também não se mostra possível afirmar que a responsabilidade do sócio-diretor decorre do disposto no art. 124, I, do CTN, uma vez que, quando a pessoa jurídica é o contribuinte de determinado tributo, não se pode dizer que os seus sócios possuem interesse comum na situação que constitui o fato gerador.

Como mencionamos no decorrer deste estudo, o interesse comum somente se aplica nas situações em que a relação jurídico-tributária possui uma pluralidade de sujeitos passivos que possuem a natureza de contribuintes. Em outras palavras, somente tem interesse comum quem possui relação pessoal e direta com o fato jurídico-tributário.

Na hipótese em que o fato jurídico-tributário é praticado por uma pessoa jurídica, é ela quem possui relação pessoal e direta com aquele fato, em decorrência da autonomia da sua personalidade jurídica frente aos sócios.

Afirmar que os sócios possuem interesse comum nas relações jurídico-tributárias praticadas pela pessoa jurídica significa desconsiderar a sua personalidade jurídica e considerar que, na verdade, quem possui relação pessoal e direta com o fato jurídico-tributário é o sócio, o que nos parece um absurdo dentro do nosso sistema jurídico. Tal possibilidade acaba por infirmar a possibilidade de existência de pessoas jurídicas, sempre se atingindo as pessoas físicas que a compõem.

A imputação de reponsabilidade tributária a sócio-diretor se trata, sem maiores questionamentos, de uma hipótese de responsabilidade de terceiros que deve observar a norma geral disposta no art. 135, III, do CTN.

6. Referências

AMARO, Luciano. *Direito tributário brasileiro*. 14. ed. São Paulo: Saraiva, 2008.

ARAÚJO, Juliana Furtado Costa; CONRADO, Paulo Cesar; VERGUEIRO, Camila Campos. *Responsabilidade tributária*. São Paulo: Revista dos Tribunais, 2017.

BALEEIRO, Aliomar. *Direito tributário brasileiro*. 12. ed. atualizada por Misabel Abreu Machado Derzi. Rio de Janeiro: Forense, 2010.

BECHO, Renato Lopes. *Responsabilidade tributária de terceiros*. São Paulo: Saraiva, 2014.

CARVALHO, Aurora Tomazini de. O constructivismo lógico-semântico como método de trabalho na elaboração jurídica. In: CARVALHO, Paulo de Barros (coord.). *Constructivismo lógico-semântico*. São Paulo: Noeses, 2014. v. 1.

______. *Curso de teoria geral do direito*. São Paulo: Noeses, 2009.

CARVALHO, Paulo de Barros. *Curso de direito tributário*. 17. ed. São Paulo: Saraiva, 2005.

______. *Direito tributário, linguagem e método*. 2. ed. São Paulo: Noeses, 2008.

DARZÉ, Andréa M. *Responsabilidade tributária:* solidariedade e subsidiariedade. São Paulo: Noeses, 2010.

FERRAGUT, Maria Rita. Responsabilidade tributária: conceitos fundamentais. In: FERRAGUT, Maria Rita; NEDER, Marcos Vinicius (coord.). *Responsabilidade tributária*. São Paulo: Dialética, 2007.

______. *Responsabilidade tributária e o Código Civil de 2002*. 3. ed. São Paulo: Noeses, 2013.

FUNARO, Hugo. *Sujeição passiva indireta no direito tributário brasileiro*. São Paulo: Quartier Latin, 2013.

GAMA, Tácio Lacerda. Variações sobre a estrutura da norma de competência tributária. In: CARVALHO, Paulo de Barros (coord.). *Constructivismo lógico-semântico*. São Paulo: Noeses, 2018. v. 2.

LEAL, Hugo Barreto Sodré. *Responsabilidade tributária na aquisição de estabelecimento empresarial*. São Paulo: Quartier Latin, 2007.

NEDER, Marcos Vinicius. Solidariedade de direito e de fato – reflexões acerca de seu conceito. In: FERRAGUT, Maria Rita; NEDER, Marcos Vinicius (coord.). *Responsabilidade tributária*. São Paulo: Dialética, 2007.

OLEINIK, Rosana. Teoria da norma jurídica e a regra-matriz de incidência como técnica de interpretação do direito. In: CARVALHO, Paulo de Barros (coord.). *Constructivismo lógico-semântico*. São Paulo: Noeses, 2014. v. 1.

OLIVEIRA, Júlio M.; COELHO, Rogério Gaspari. Dissolução irregular da sociedade – aspectos presuntivos na atribuição de responsabilidade tributária dos sócios. In: CARVALHO, Paulo de Barros (coord.). *Racionalização do sistema tributário*. São Paulo: Noeses, 2017.

OLIVEIRA, Júlio M.; REZENDE, Gabriel Caldiron. Responsabilidade do sócio-diretor: lançamento, execução fiscal e desconsideração da personalidade jurídica. In: CARVALHO, Paulo de Barros (coord.). *50 anos no Código Tributário Nacional*. São Paulo: Noeses. 2016.

REQUIÃO, Rubens. *Curso de direito comercial*. 31. ed. São Paulo: Saraiva, 2012. v. 1.

SCHOUERI, Luís Eduardo. *Direito tributário*. 7. ed. São Paulo: Saraiva, 2017.

O MÉTODO DO CONSTRUCTIVISMO LÓGICO-SEMÂNTICO E A LINGUAGEM EM FERNANDO PESSOA: UM ENCONTRO POSSÍVEL

Mantovanni Colares Cavalcante[1]

> *"Não conhecemos senão as nossas sensações. O universo é pois um simples conceito nosso."*
>
> *Fernando Pessoa* (Textos Filosóficos. *Lisboa: Ática, 1968. v. II, p. 181*)

Sumário: 1. Direito, Literatura e uma promessa de significado. 2. O constructivismo lógico-semântico. 3. A Literatura e o Direito. 4. Lições de Fernando Pessoa que ajudam a compreender o fenômeno do constructivismo lógico-semântico.

1. Direito, Literatura e uma promessa de significado

Inaugura-se este texto com um destaque literário de Fernando Pessoa. O objetivo inicial é evidente, qual seja, o de

1. Doutor pela Pontifícia Universidade Católica de São Paulo (PUC/SP). Mestre pela Universidade Federal do Ceará (UFC). Membro do Instituto Brasileiro de Direito Processual (IBDP), Professor de Direito Processual da UFC, Professor Conferencista do Instituto Brasileiro de Estudos Tributários (IBET), Juiz de Direito de Vara da Fazenda Pública.

chamar a atenção do leitor por meio de uma frase de efeito. Respinga-se na aridez de determinado tema técnico-jurídico a bendita água do lirismo.

Entretanto, por detrás desse adorno, há um aspecto simbólico latente. Inserir narrativas literárias num texto jurídico viabiliza a fixação do Direito e da Literatura no solo do conhecimento, como se fossem dois eixos em derredor dos quais as ideias podem gravitar, ideias essas aparentemente isoladas, por pertencer a mundos diferentes, mas que acabam por girar conjuntamente ao redor de ambos os eixos, facilitando a compreensão de determinado assunto.

Afora essa simbologia, quando se elege uma frase-síntese literária na apresentação de um texto jurídico, firma-se uma *promessa de significado*, característica comum às narrativas literárias e às jurídicas.

A expressão *promessa de significado* foi utilizada por José Calvo González, em obra extremamente relevante nesse campo de estudo da intersecção entre o Direito e a Literatura[2], ao se referir à evolução da Justiça no correr da história.

Em certo momento da sociedade o que prevalecia era a utilização da Justiça como instrumento de *vingança,* daí que a preocupação com a forma e a narrativa de um processo judicial era algo irrelevante[3]. Quanto mais rápido se chegasse ao

---

2. GONZÁLEZ, José Calvo. *El escudo de Perseo:* la cultura literaria del derecho. Granada: Comares, 2012.

3. John Gilissen lembra que os mais antigos documentos de natureza jurídica aparecem por volta de três mil antes de nossa era, no Egito e na Mesopotâmia, sendo que o Código de Hammurabi (cerca de 1694 antes de Cristo) previa a pena de morte para quem acusasse injustamente alguém de homicídio, e também se estipulava ali pena de mutilação para o filho que agredisse o pai, além de autênticas vinganças como forma de punição (se alguém vazou um olho de um homem livre, ser-lhe-á vazado o olho; se ele partiu um osso de um homem livre, ser-lhe-á partido um osso), de modo que fica evidente o sentido de *vingança* no Direito, embora o Código de Ur-Nammu (cerca de 2040 antes de Cristo), o mais antigo código conhecido, estipulava pena de ressarcimento em “dinheiro” (siclos de prata) no caso de lesão praticada contra outrem (GILISSEN, John. *Introdução histórica ao direito.* 3. ed. Tradução A. M. Hespanha e L. M. Macaísta Malheiros. Lisboa: Fundação Calouste Gulbenkian, 2001. p. 64-66).

término do litígio, para materializar a vingança, maior era a sensação de aplicação da justiça.

A partir da implantação das garantias do processo judicial, notadamente o de natureza penal, destinadas a preservar os direitos do acusado[4], a trajetória procedimental se mostrou mais compatível com um gasto de tempo para aquela narrativa judicial. Assim, além do aprimoramento da forma, passou-se a ter o elemento da cadência de sucessão de atos, para investigar os fatos e comprová-los, na denominada instrução processual.

É justamente nessa virada de perspectiva, isto é, a da superação da informalidade apressada para a implantação da formalidade com tempo cadenciado, que se tem a aproximação da narrativa jurídica com a narrativa literária.

A narrativa tem a vantagem de se fazer compreender, é um elemento de nítida segurança, em se tratando de um processo judicial. Em outras palavras, a narrativa elucida, enquanto a ausência dela esconde. Daí a expressão *promessa de significado*, própria da ficção literária, como ressaltou José Calvo González[5]. Tal promessa é a de percorrer uma trajetória para se chegar a um fecho, o que também se faz presente na narrativa judicial.

Desse modo, quando o doutrinador do Direito lança como preâmbulo determinado fragmento pertencente ao universo literário, cria-se no leitor a expectativa da promessa ali

---

4. De acordo com John Gilissen, um dos marcos dessa nova época na qual a narrativa passa a ter enorme importância, eis que o processo, com sua estrutura, é a primeira coisa a considerar no direito (*remedies precede rights*) é a Magna Carta de 1215 e o Segundo Estatuto de Westminster, do no de 1285, responsáveis em grande parte pelas transformações dos sistemas jurídicos no Século XIII, com a evolução da prova e a redução dos atos processuais por escrito, embora ainda no Século XII, mais precisamente em 1166, o rei Henrique II instituiu o *Writ* chamado *novel disseisin*, eliminando o duelo judiciário até então praticado (resquício da vingança no Direito), a fim de que a própria comunidade julgasse os crimes, por meio de um júri composto por 12 jurados recrutados entre os vizinhos (GILISSEN, John. *Introdução histórica ao direito.* 3. ed. Tradução A. M. Hespanha e L. M. Macaísta Malheiros. Lisboa: Fundação Calouste Gulbenkian, 2001. p. 205-219).

5. "[T]oda ficción [...] contiene siempre una promesa de sentido" (GILISSEN, John. *Introdução histórica ao direito.* 3. ed. Tradução A. M. Hespanha e L. M. Macaísta Malheiros. Lisboa: Fundação Calouste Gulbenkian, 2001. p. 23).

apontada, enquanto no escritor um elo que o mantém vinculado à frase-síntese no decorrer da narrativa a ser desenvolvida ao longo do texto jurídico.

Ao firmar suas conclusões, o desate das ideias do escritor representará, em certa medida, a direção apontada pelo trecho vindo de um contexto literário. Eis a *promessa de significado* a indicar a aproximação entre a Literatura e o Direito. Isso se faz nítido no caminho que algum texto literário desbrava rumo à trilha da narrativa jurídica. Convém então vislumbrar quão forte pode ser o atrelamento entre a Literatura e o Direito ao se valer de várias frações literárias ao longo do desenvolvimento de um texto jurídico.

A frase-síntese de Fernando Pessoa, ressaltada no limiar deste texto, há de servir como guia para a demonstração de que é possível realizar um encontro entre essas duas manifestações do pensamento humano – o Direito e a Literatura –, unindo-as numa narrativa apta a auxiliar a compreensão do *constructivismo lógico-semântico*.

Convém esclarecer que não se faz aqui a defesa da indispensabilidade da literatura para compreender o *constructivismo lógico-semântico*, até porque esse método pode ser explicado mediante o suporte da narrativa jurídica pura. Essa, aliás, tem sido a maneira pela qual, diversos textos entrelaçam essa malha que dá amparo aos fundamentos teóricos desse instrumento jurídico, desde os elaborados pelo seu criador, o filósofo Lourival Vilanova[6], passando pelo grande timoneiro que o

---

6. Lourival Vilanova, pernambucano nascido em 1915, além de ter lecionado inglês, psicologia e sociologia, foi Livre-Docente em Introdução à Ciência do Direito na Faculdade de Direito do Recife, e é autor de muitas obras, dentre as quais se destacam *O problema do objeto da Teoria do Estado*, *Causalidade e relação no Direito* e *As estruturas lógicas e o sistema do Direito Positivo*. O Instituto Brasileiro de Estudos Tributário – IBET, em parceria com a Empresa Brasileira de correios e Telégrafos, reuniu em dois volumes seus escritos jurídicos e filosóficos que representam significativa parte da obra do Professor, e é no conjunto desses textos, como ressalta Paulo de Barros Carvalho em prefácio desses livros, que "sai uma primorosa teoria das normas, bem acabada em termos lógicos, discutida e esquematizada no nível semântico e com boas indicações para um desdobramento pragmático" (VILANOVA, Lourival. *Escritos jurídicos e filosóficos*. São Paulo: Axis Mundi/IBET, 2003. v. 1, p. xx).

sustém e o ampliou academicamente em termos nacionais, o jurista Paulo de Barros Carvalho[7], até chegar à geração atual de doutrinadores em seus elucidativos livros, monografias, capítulos de livros e artigos jurídicos[8].

Entretanto, como o *constructivismo lógico-semântico* é vinculado à Teoria do Direito e intimamente ligado à Filosofia do Direito, percebe-se com tal dualidade que seu estudo impõe elevada atenção, exatamente por conta desse trânsito entre dois planos de manifestação do fenômeno jurídico, o da Teoria e o da Filosofia. Cabe salientar que os planos aqui referidos são aqueles representados por três camadas de linguagem que por vezes se interpenetram e estruturam o Direito, quais sejam, a da Filosofia do Direito, a da Teoria do Direito e a da técnica jurídica. Aurora Tomazini de Carvalho, com a didática que lhe é peculiar, explica que a linguagem filosófica "é o instrumento das reflexões e meditações humanas. Nela o sujeito questiona sua trajetória existencial, seu papel no mundo, seus anseios, e apelos. É saturada de valores e pode voltar-se tanto à linguagem natural (conhecimento ordinário – *doxa*), quanto à linguagem científica (conhecimento científico – *episteme*)"; já a linguagem técnica "assenta-se no discurso

---

7. O início da amplitude desse movimento se deu com a ida do Professor Vilanova a São Paulo, em 1973, para ministrar curso de Teoria Geral do Direito a docentes da PUC/SP, e a partir dali foi ganhando corpo a formação de um núcleo de intelectuais interessados em conferir as afirmações de Lourival Vilanova com os fundamentos da Teoria Geral do Direito. A partir de 1986 instalou-se em São Paulo, sob a coordenação de Paulo de Barros Carvalho, um *grupo de estudos* exatamente para esquadrinhar o que passou a ser denominado de *constructivismo lógico-semântico*. É o que consta no prefácio da obra destacada na nota de rodapé anterior.

8. Dentre tantos trabalhos de fôlego sobre o tema, merecem destaque *Curso de teoria geral do direito: o constructivismo lógico-semântico*, de Aurora Tomazini de Carvalho; *Constructivismo lógico-semântico*, volumes I e II, coletâneas com vários autores; e o recém-publicado *Constructivismo lógico-semântico, entre o passado e o futuro: movimentos da hermenêutica jurídico-tributária brasileira*, de Fernanda Pacobahyba; todos publicados pela Editora Noeses, de São Paulo, que mantém em sua página na internet um selo direcionado às obras publicadas sobre essa matriz do pensamento jurídico-filosófico. Obviamente, o livro-referência é *Direito tributário: linguagem e método*, de Paulo de Barros Carvalho, com sua proposta metodológica inovadora para o Direito Tributário, na concepção epistemológica demarcada a partir da Filosofia da Linguagem e se valendo dos pressupostos do *constructivismo lógico-semântico*.

natural, mas utiliza-se de recursos e expressões específicas, próprias da comunicação científica"[9]. Em relação à Teoria do Direito, Ricardo Guastini, após destacar um conceito de teoria geral feita por Tarello, segundo o qual ela designa o estudo conceitual do Direito, voltado para a individualização dos conceitos puros com os quais descrevem qualquer experiência jurídica, o próprio Guastini prefere falar em três níveis de linguagem envolvendo o Direito, quais sejam, "(a) a linguagem do legislador, (b) a metalinguagem da jurisprudência, (c) a metametalinguagem da teoria do direito", uma vez que "[o] trabalho dos juristas dogmáticos é, tipicamente, uma atividade de interpretação, manipulação e sistematização do discurso legislativo. O trabalho dos teóricos, por sua vez, é uma reflexão crítica acerca do discurso dos juristas: exatamente uma metajurisprudência ou filosofia da ciência jurídica"[10].

A Literatura pode abrandar toda essa densidade perceptiva, na medida em que narrativas literárias tendem a catalisar a compreensão de determinado fenômeno jurídico.

É essa *promessa de significado* que se almeja, utilizando a literatura como linguagem de visibilidade confirmadora da importância do método do *constructivismo lógico-semântico*, a partir de narrativas literárias de Fernando Pessoa, o Poeta que parece ter lançado acertadas metáforas e ideias aptas a elevar a compreensão dessa metodologia de trabalho do fenômeno jurídico.

2. O constructivismo lógico-semântico

A exata percepção do que seria o *constructivismo lógico-semântico* impõe uma premissa fundamental, qual seja, a da anuência de que o Direito se forma a partir da linguagem, ou, em outras palavras, a de que o fenômeno jurídico nunca estará fora da linguagem. Essa perspectiva mereceu enorme

9. *Curso de teoria geral do Direito: o constructivismo lógico-semântico*. 5. ed. São Paulo: Noeses, 2016. p. 121-122.

10. *Das fontes às normas*. Tradução Edson Bini. São Paulo: Quartier Latin, 2005. p. 382.

reforço com o movimento denominado *giro linguístico*[11], tendo por base a concepção filosófica estabelecida por Wittgenstein, ao ultrapassar a *filosofia da consciência* e chegar à *filosofia da linguagem*. Tudo estaria na dependência da linguagem, uma vez que esta não seria aqui mero instrumento de comunicação a fim de transmitir o conhecimento, mas a possibilidade para a *construção* do próprio conhecimento. Essas são as premissas da virada linguística no âmbito da filosofia.

Desse modo, o Direito não escaparia desse encontro inseparável entre *língua* e *realidade*, a indicar que os objetos não são da forma como eles se mostram ao mundo, eles seriam interpretados a partir do significado que o homem atribui aos mesmos, e que somente assim passam a "existir"[12], com a linguagem que os constituam, a denominada *linguagem competente*.

Tome-se como exemplo a Constituição Federal. Disponível em papel, em edição formatada por qualquer editora, ou mesmo em plataforma virtual facilmente localizada nos

---

11. Friedrich Stadler ensina que o *Círculo de Viena*, também conhecido por *Círculo de Schlick* (*Wiener Kreis* ou *WK*), é dividido historicamente em quatro fases, a saber: "*1.* El círculo de discusión que existe desde 1907 hasta la primera Guerra Mundial y del que forman parte Frank, Hanh, Neurath y Von Mises. *2.* El periodo que va del fin de la primera Guerra Mundial al inicio de las reuniones de los jueves, bajo la dirección de Schlick (desde 1924). Esta sería la fase constitutiva en la que resalta la figura de Hanh. Por esta razón es que Frank no llama 'el verdadero fundador' del Círculo de Viena. *3.* La fase no pública, de 1924 a 1928, en la que tienem lugar los contactos con Ludwig Wittgenstein. *4.* La fase pública, desde 1929, con la edición del escrito programático, la fundación de la Asociación Ernst Mach y la primera aparición internacional como colectivo, en las primeras 'Jornadas de Epistemologia de las Ciencias Exactas', que tienem lugar en Praga en 1929. En esta etapa se inscriben los contactos regulares con K. Popper y se concluye también, el paso a lo público en la filosofía con la aparición, em 1930, de la revista *Erkenntnis* [Conocimiento], editada por Carnap y Reichenbach" (STADLER, Friedrich. *El Círculo de Viena – empirismo lógico, ciencia, cultura y política*. Tradução Luis Felipe Segura Martínez. FCE; UAM-Iztapalapa, 2010. p. 61).

12. O termo *existir* é utilizado aqui como reforço didático para compreensão da ideia exposta, uma vez que a *existência*, na linha de pensamento do *constructivismo lógico-semântico*, é algo irrelevante para o fenômeno do Direito enquanto norma, pois o existir é um elemento de *essência*, próprio do *ser* (ôntico), ao passo que o Direito trabalha com o *dever-ser* (deôntico), exatamente por se tratar de um artifício criado a partir da linguagem.

endereços da rede mundial de computadores (internet), esse suporte, o *texto* denominado Constituição da República Federativa do Brasil de 1988, ainda não é, por si só, a *norma jurídica*, pois sua "existência" como elemento integrante de um sistema jurídico dependerá da *linguagem competente* que lhe atribua sentido, qual seja, a interpretação a ser dada pelo Supremo Tribunal Federal, transformando em realidade aquele objeto cujo significado aguardava ser construído.

Gregorio Robles, a propósito, faz a distinção entre *texto*, que seria o material jurídico originário resultante da vontade de criação de regras, e *norma*, material jurídico elaborado e submetido a uma função hermenêutica, a interpretação. Defendendo ainda que

> O texto jurídico é um texto *aberto*. Não é, portanto, uma *obra* (ainda que seja possível a análise literária ou histórica de uma fração do texto jurídico, como, por exemplo, o código civil). A abertura indica que o texto não surge de uma só vez (como acontece com a novela), mas vai sendo gerado e regenerado progressivamente, como mecanismo autopoiético que é. O ser textual do direito é um ser *in fieri*, nunca terminado, mas em permanente transformação. Regenera-se mediante decisões diárias, que se incorporam em novas leis, em novas normas de vários tipos, em novas sentenças judiciais etc.[13]

Pois bem. Esse método de trabalho, denominado por Lourival Vilanova de *constructivismo lógico-semântico*, conduz o observador do fenômeno jurídico a contemplar o texto denominado comumente de "norma jurídica", e a partir daí construir sentidos, dentro de uma estrutura de linguagem e orientado pela lógica jurídica. A proposta dessa teoria é justamente a de estruturar um discurso conectado com premissas, consolidando a coerência em busca de um modelo "para ajustar a precisão da forma à pureza e à nitidez do pensamento"[14],

---

13. ROBLES, Gregorio. *O direito como texto:* quatro estudos de teoria comunicacional do direito. Tradução Roberto Barbosa Alves. Barueri: Manole, 2005. p. 29.

14. Algo sobre o constructivismo lógico-semântico. In: CARVALHO, Paulo de Barros (coord.); CARVALHO, Aurora Tomazini de (org.). *Constructivismo lógico-semân-*

como ressalta Paulo de Barros Carvalho. Ele nos revela um diálogo travado com o filósofo Lourival Vilanova a respeito da terminologia dessa teoria que basicamente visa estruturar a norma com a lógica e a linguagem:

> Certo dia, perguntando-lhe como conviria definir sua atitude jurídico-filosófica e o tipo de trabalho que vinha desenvolvendo, respondeu-me que poderíamos perfeitamente chamá-lo de "constructivismo". Não segundo o modelo do "constructivismo ético", todavia, agregando ao nome o adjetivo composto "lógico-semântico", pois, afinal de contas, todo o empenho estaria voltado a cercar os termos do discurso, para outorgar-lhes a firmeza necessária (e possível, naturalmente), tendo em vista a coerência e o rigor da mensagem comunicativa. Isso não significa, porém, relegar o quadro das investigações pragmáticas a nível secundário. Expressa tão somente uma opção metodológica. Melhor seria dizer que a proposta lógico-semântica aparece como contribuição para um estudo semiótico do discurso[15].

A construção desse significado, dentro da proposta do *constructivismo lógico-semântico*, além de ser materializada por meio da linguagem, também tem o seu suporte numa *narrativa*, daí a possibilidade de se fazer uma intersecção entre o Direito e a Literatura, pois ambos são anunciadores de uma promessa de significado. É nesse ponto que se percebe um possível encontro entre as ideias de Fernando Pessoa e os fundamentos da teoria de Lourival Vilanova.

3. A Literatura e o Direito

Antes de se fazer o apontamento de algumas lições de Fernando Pessoa que ajudam a compreender o fenômeno do *constructivismo lógico-semântico*, convém destacar o interessante olhar por sobre o Direito tendo como perspectiva a Literatura.

---

tico. São Paulo: Noeses, 2014. v. 1, p. 4 e 5.

15. VILANOVA, Lourival. *Escritos jurídicos e filosóficos*. São Paulo: Axis Mundi/ IBET, 2003. v. 1, p. xx.

O tema vasto e instigante ocupa relevantes espaços desde o início do século XX, tanto que Benjamin Cardozo, integrante da Suprema Corte dos Estados Unidos e responsável em grande parte pelo aprimoramento do *common law* americano, publicou alguns ensaios entre os anos 1920 e 1930 – e reunidos posteriormente em livro[16] –, nos quais defendia o uso da Literatura como estrutura a servir de estilo na narrativa das opiniões[17] dos juízes daquele Tribunal. Pouco tempo depois, surge também nos Estados Unidos o livro de Lyman Windolph, reunindo três ensaios, um deles abordando a questão do Direito em Shakespeare[18].

A partir daí, diversas obras passaram a abordar o enlace entre o Direito e a Literatura[19]. Uma das mais prestigiadas é a de Richard Posner, de 1998, que no ano de 2009 já estava em sua trigésima edição, em cujo prefácio se tem a demonstração do significativo crescimento nesse campo. Entre 1985 e 1988, a média era de 8 textos sobre Direito e Literatura por ano; de 1989 a 1998 esse número subiu para 36; e entre 1999 e 2005, a média era de 48 textos, acrescentando que nos anos de 2007 e 2008, o AALS Directory of Law Teachers listava 124 professores de Direito ensinando "Direito e Literatura"[20].

---

16. CARDOZO, Benjamin. Law and literature: and other essays and addresses. *Selected writings of Benjamin Nathan Cardozo*. New York: Fallon Publications, 1947.

17. No Brasil, denomina-se *voto* a manifestação de um dos integrantes de um tribunal sobre determinado caso, a fim de ser submetido à apreciação dos demais julgadores que fazem parte do colegiado (órgão plural de julgamento), enquanto que nos Estados Unidos esse pronunciamento tem o nome de *opinion*.

18. WINDOLPH, Lyman. *Reflections of the law in literature*. Philadelphia: University of Pennsylvania Press, 1956.

19. Dois livros merecem destaque: *Raconter la loi – aux sources de l'imaginaire juridique*, de François Ost, com excelente tradução para o português (*Contar a lei:* as fontes do imaginário jurídico. Tradução de Paulo Neves. São Leopoldo: Editora Unisinos, 2007); e *A thousand times more fair: what Shakespeare's plays teach us about justice*, de Kenji Yoshino (*Mil vezes mais justo:* o que as peças de Shakespeare nos ensinam sobre justiça. Tradução Fernando Santos. São Paulo: Martins Fontes, 2014).

20. POSNER, Richard. *Law & Literature. Third edition*. Cambrigde: Havard University Press, 2009. p. XII.

No Brasil, dentre tantos livros, recomenda-se *Direito & Literatura: discurso, imaginário e normatividade,* organizado por André Karam Trindade, Roberta Magalhães Gubert e Alfredo Copetti Netto (Porto Alegre: Núria Fabris, 2010); *Direito e Literatura: da realidade da ficção à ficção da realidade*, organizado por Lenio Luiz Streck e André Karam Trindade (São Paulo: Atlas, 2013); e *Medida por medida: o direito em Shakespeare,* de José Roberto de Castro Neves (5. ed. Rio de Janeiro: Edições Janeiro, 2016).

José Calvo González, catedrático de Filosofia do Direito da Universidade de Málaga, Espanha, é uma das maiores referências da atualidade no estudo da Literatura em sintonia com o Direito, e seu *El escudo de perseo* se mostra indispensável para compreender o fenômeno jurídico sob novas perspectivas. O título do livro é uma referência à passagem mitológica da Medusa e seu olhar que transformava em pedra todos os que a mirassem diretamente. Perseu só conseguiu vencê-la por ter sido presenteado com um escudo polido e brilhante, de modo a avistá-la pelo reflexo do artefato, calculando a distância correta e desferindo com sua espada o golpe mortal, a decepar a cabeça da Medusa. Para José Calvo González, quando se olha diretamente para o Direito com a visão da dogmática jurídica, é como olhar para Medusa, o jurista se transforma em pedra, perdendo seu senso de humanidade. É preciso então olhar o Direito indiretamente, por outras perspectivas, como a da Literatura, verdadeiro escudo de Perseu[21].

---

21. "Como jamás antes, la mirada dogmática se ha transformado hoy en una mirada fósil, y también más que nunca en un sentido a cada dia más y más puramente paleontológico. [...] Ante la aciaga Gorgona Medusa, de grisáceo rostro en el hexámetro homérico y guardiana de terrible mirada petrificante – castradora al decir de Freud – *Derecho y Literatura* levanta el antiguo pero aún fulgente escudo que otrora favoreció la suerte del joven Perseo quien, no se olvide, lo había recebido de Atenea, invicta diosa de la Sabiduría, la Cultura y el Arte, y siempre de la Justicia. *Derecho y Literatura* como pulido escudo de Perseo, como estratagema para observar sin sucumbir a la visión" (GONZÁLEZ, José Calvo. *El escudo de Perseo: la cultura literaria del derecho.* Granada: Comares, 2012. p. 2).

Nessa obra, ele desenvolve uma *Teoria Literária do Direito*, partindo do pressuposto de que há uma relação entre o *jurídico* e o *literário*, daí a necessidade de se encontrar uma maneira de compreender os vínculos nessa relação. A proposta doutrinária de Calvo González é no sentido de que as intersecções entre tais esferas percorram diferentes itinerários, cujos caminhos podem ser percebidos a partir da articulação de determinadas frases gramaticais que atuam como pontes entre os dois temas e que possibilitam diferenciar o tipo de relação. Assim, é possível vislumbrar não somente o Direito *como* Literatura, mas também o Direito *na* Literatura, e ainda o Direito *com* Literatura.

Ao falar em Direito *como* Literatura, o que se almeja transmitir é a ideia de que os "produtos jurídicos" (doutrina, jurisprudência, lei etc.) são criações literárias, ou seja, a partir da *narrativa* contida na estrutura de determinada *literatura* – no caso a literatura técnica –, amolda-se o próprio Direito. A linguagem narrativa é o suporte do Direito, daí a atribuição, nesse caso, de uma *intersecção estrutural*[22].

É possível ainda encontrar o Direito *na* Literatura, ou seja, o Direito enquanto *recurso literário*, no momento em que se percebe a presença de um elemento jurídico no contexto da ficção literária. Isso contribui para a formação dos juristas a partir de concepções de temas jurídicos em obras literárias, como por exemplo o sentido de *punição e vingança* (*Os Miseráveis*, de Victor Hugo), a *irracionalidade do sistema judicial* (*O Processo*, de Franz Kafka), *os limites das relações contratuais* (*O Mercador de Veneza*, de Shakespeare) etc. A Literatura, nessa relação com o Direito, se transforma num instrumento para o aprendizado jurídico – daí se falar em *intersecção instrumental*[23] –, verdadeiro método didático para instruir com deleite, a gerar um poder de empatia ética (*power of empathy*), conforme lições

22. GONZÁLEZ, José Calvo. *El escudo de Perseo: la cultura literaria del derecho.* Granada: Comares, 2012. p. 308-313.

23. Ibidem, p. 303-307.

de Radbruch, ocasionando o que Eduardo Larrañaga chama de *educação sentimental do jurista*[24].

Pode-se ainda apontar uma *intersecção institucional* no Direito *com* Literatura, na medida em que o Direito e a Literatura compartilham a mesma prática poética, qual seja, a da efetiva capacidade de instituir o social, passar da natureza à cultura, tipificar os atos e processos de sentido compartilhado, isto é, institucionalizar os imaginários sociais[25].

Essa *Teoria Literária do Direito* e seus desdobramentos, especialmente na perspectiva da relação do Direito *com* Literatura, parece ser muito adequada para lançar olhares por sobre o *constructivismo lógico-semântico*, valendo-se das preciosas lições de Fernando Pessoa em seu universo de ficção espantosamente próximo da realidade. Como lembra José Calvo González,

> A ficção é o estatuto transversal do jurídico. O Direito é prova superlativa do recurso à poética ficcional. Sua utilização deriva de sua eficiência; a ficção sempre alberga amplas possibilidades de se impor sobre a "realidade", e, de fato, se assim ocorre em se tratando do "mundo jurídico", certamente todo o Direito é *trans-realismo* graças à poética da ficcionalidade[26].

O próprio González lança observações muito interessantes e dignas de aporte para o que se pretende desenvolver adiante, a respeito da possibilidade de se realizar o encontro entre um poeta e uma teoria do Direito, afinal,

> O texto é um projeto que redundará em uma norma, como diz Friedrich Müller, dando o *start* do pós-positivismo. A linguagem é um constante

24. Ibidem, p. 301 e seguintes.

25. "El Derecho y la Literatura comparten una misma práctica poética. Ella no es otra que la efectiva capacidad de instituir lo social, de hacer pasar de la naturaleza a la cultura, de tipificar actos e procesos de sentido compartido, esto es, institucionalizar *imaginarios sociales*" (GONZÁLEZ, José Calvo. *El escudo de Perseo: la cultura literaria del derecho*. Granada: Comares, 2012. p. 313).

26. GONZÁLEZ, José Calvo. *Direito curvo*. Tradução André Karam Trindade, Luis Rosenfield e Dino del Pino. Porto Alegre: Livraria do Advogado Editora, 2013. p. 54.

> projetar. Quem concretiza o mapa, a lei e a linguagem somos nós. [...] Como dizia Fernando Pessoa, *o universo não é uma ideia minha; a minha ideia do universo é que é uma ideia minha* [...][27].

É justamente nesse pressuposto da construção de determinada realidade a partir da linguagem – tal como se tem a *ideia do universo* construída pela própria *ideia* –, que serão debulhadas algumas passagens de textos de Fernando Pessoa, nas quais é possível refletir sobre o *constructivismo lógico-semântico*.

Sigamos.

4. Lições de Fernando Pessoa que ajudam a compreender o fenômeno do constructivismo lógico-semântico

Fernando Pessoa é um assombro. Sua obra é tão rica quanto a história por detrás dela. Nascido em Lisboa no final do século XIX, mudou-se com oito anos incompletos para Durban, na África do Sul, em razão do casamento de sua mãe viúva com o cônsul português daquele país. Ali viveu e estudou pelos nove anos seguintes, daí sua formação básica moldada na língua inglesa, idioma de seus primeiros poemas[28]. Retornando a Portugal aos 17 anos, começou a produzir textos em prosa e poesia, mas apesar de sua intensa criação literária, publicou somente um livro em vida[29], deixando um acervo de aproximadamente

---

27. Ibidem, p. 69. Aparentemente há uma contradição entre esse pensamento de Pessoa grifado por González e a frase destacada como epígrafe deste texto, mas não é bem assim, como se verá logo mais.

28. Uma pequena, porém interessante, cronologia da vida e produções literárias do Poeta consta na edição *Obra poética* da Nova Aguilar, do Rio de Janeiro, de 1986. Ali, inclusive, é destacada a obra pioneira e básica de João Gaspar Simões, *Vida e obra de Fernando Pessoa* (p. XIX-LIII).

29. *Mensagem* é considerada a única obra publicada em vida por Fernando Pessoa, em 1934, um ano antes de sua morte, e é “um poema épico-lírico, que retrata a história de Portugal através de seus grandes vultos, desde um mitológico Ulisses até seu 16º rei, D. Sebastião, transformado, por seu povo, num mito”, como consta na bem cuidada edição brasileira organizada, apresentada e com ensaios de Cleonice Berardinelli (Rio de Janeiro: Edições de Janeiro, 2014). Entretanto, é bom assinalar que alguns artigos e poemas de Pessoa foram publicados em vida, de forma esparsa, em

30 mil papéis, cujo conteúdo foi revelado paulatinamente após sua prematura morte aos 47 anos de idade.

O certo é que, em algum momento da vida, todos que têm interesse e acesso à cultura, já leram ou ouviram algo de Pessoa, ainda que destacado do poema de origem, como frases aparentemente soltas:

> Tudo vale a pena se a alma não é pequena. O Tejo não é mais belo que o rio que corre pela minha aldeia, porque o Tejo não é o rio que corre pela minha aldeia. Ó mar salgado, quanto do teu sal são lágrimas de Portugal. O poeta é um fingidor, finge tão completamente, que chega a fingir que é dor, a dor que deveras sente. Todas as cartas de amor são ridículas...

E por aí vai.

Pode-se dizer que Pessoa é inexaurível, e aqui não se trata de um exagero ou mesmo reforço de linguagem. Sua inesgotabilidade decorre da amplitude de seus escritos nas abordagens de múltiplos setores do conhecimento. Além dos poemas que praticamente conduziram e hão de levar adiante seu nome ao longo da história, o Poeta da Alma escreveu em prosa sobre Filosofia, História, Política, Ciência, Religião, Economia, Arte e Direito[30].

Fernando Pessoa foi aquele que tinha dentro de si uma multidão, e a externou em mais de uma centena de *autores fictícios*[31], que jamais padeceram prematura ou tardiamente.

---

revistas e coletâneas, a partir de 1912. Os *Sonetos Ingleses* mereceram inclusive uma edição em 1918, e todos os poemas ingleses foram editados pelo próprio Pessoa em 1921, compostos de quatros conjuntos, *Antinous*, *Inscriptions*, *Epithalamium* e *35 Sonnets* (conforme edição brasileira com tradução de Philadelpho Menezes. São Paulo: Experimento, 1993). E consta também que o único texto teatral de Pessoa, *O Marinheiro*, por ele denominado de *drama estático,* foi publicado em vida, no ano de 1915.

30. O texto “As Algemas”, de 1926, trata da absurda legislação da Inglaterra conhecida por “Dora” (iniciais da *Defence of the Realm Act*), e ali Fernando Pessoa defende que “[n]enhuma lei é benéfica se ataca qualquer classe social, ou restringe a sua liberdade” (*Obra essencial de Fernando Pessoa:* prosa publicada em vida. Edição Richard Zenith. Lisboa: Assírio & Alvim, 2006. p. 439).

31. Jerónimo Pizarro e Patricio Ferrari, após exaustiva investigação, percorrendo

Três destacam-se na multidão, por ele identificados como seus heterônimos[32]. No dizer de Jerónimo Pizarro e Patricio Ferrari, esse "é um termo tardio, de 1928, para designar apenas três grandes ficções: Alberto Caeiro, Álvaro de Campos e Ricardo Reis"[33].

Em diversos textos pessoanos é possível colher lições que ajudam a compreender o fenômeno do *constructivismo lógico-semântico*, notadamente porque se percebe uma nítida influência de Kant no modo pelo qual Fernando Pessoa olhava o mundo sob uma perspectiva filosófica – já que o Poeta lançava múltiplos olhares por sobre as coisas, como se viu. É o próprio Pessoa quem registra essa influência kantiana ao dizer que

> "Conhecemos as coisas, não como são, mas apenas como se nos apresentam." (Kant) Tant d'hommes – *tant de sensations*. A sociedade vulgarizou a sensação. A vulgaridade de nomenclatura e do sentido de sensação adquirida são as causas dos nossos pensamentos e sentimentos serem todos parecidos. [...] Afirmo agora, e afirmarei sempre, que ao homem escapou o mistério do universal somente por falta de vontade de pensar profundamente[34].

"as 30 mil folhas do espólio pessoano, à procura do que poderíamos denominar *vestígios ficcionais*, isto é, nomes inventados ou nomes reais ficcionados", chegaram a "136 figuras que surgem no espólio de Fernando Pessoa como autoras de textos ou com funções atribuídas" (*Eu sou uma antologia*: 136 autores fictícios. Lisboa: Tinta da China, 2013. p. 14 e 15).

32. O próprio Fernando Pessoa esclarece que os heterônimos são "desdobramentos de personalidades ou, antes, invenções de personalidades diferentes", acrescentando que "[p]or qualquer motivo temperamental que me não proponho analisar, nem importa que analise, construí dentro de mim várias personagens distintas entre si e de mim, personagens essas a que atribuí poemas vários que não são como eu, nos meus sentimentos e ideias, os escreveria", arrematando que "[...] pus no Caeiro todo o meu poder de despersonalização dramática, pus em Ricardo Reis toda a minha disciplina mental, vestida da música que lhe e própria, pus em Álvaro de Campos toda a emoção que não dou nem a mim nem à vida" (PESSOA, Fernando. Os heterônimos e os graus de lirismo. *Os outros eus*. Fernando Pessoa – obras em prosa. Volume único. Rio de Janeiro: Editora Nova Aguilar, 1986. p. 85, 87 e 94).

33. *Eu sou uma antologia*: 136 autores fictícios. Lisboa: Tinta da China, 2013. p. 17.

34. Essas reflexões filosóficas ou sobre estéticas, com data provável de 1906, estão em *Textos Filosóficos, I – 121/122*, conforme realça Nelly Novaes Coelho, na introdu-

Sabe-se que Kant, dentre outras ideias, lançou uma espécie de teoria transcendental do conhecimento, no sentido de que o homem deva assumir que é o responsável pela verdade do mundo que o cerca[35]. O *constructivismo lógico-semântico* resgata justamente essa responsabilidade do sujeito e seu pensamento. Isso é encontrado em passagens das reflexões filosóficas de Fernando Pessoa, ao dizer que "[n]ada existe, não existe a realidade, mas apenas sensações. [...] Quanto mais decompomos e analisamos as nossas sensações em seus elementos psíquicos, tanto mais aumentamos a nossa autoconsciência"[36].

Dentre tantos feixes de ideias pessoanas sobre essa questão da realidade construída a partir do sujeito, uma passagem poética em sua obra merece destaque, pois nesse trecho lírico, o que percebemos na cadência dos versos, é a construção da realidade a partir da linguagem.

Tal poema fala de um homem que chega à noite perto de uma casa e fica a olhar a família por detrás da janela. Ele começa a divagar que a realidade dentro daquela casa jamais chegará a ele, e sim a realidade que ele construir a partir da sua observação. Um sujeito fora do cenário, numa impactante costura entre a provável realidade existente e a realidade que se cria.

Eis o poema.

> É noite. A noite é muito escura. Numa casa a uma grande distância
>
> Brilha a luz duma janela.
>
> Vejo-a, e sinto-me humano dos pés à cabeça.

ção à *Obra poética* (Rio de Janeiro: Editora Nova Aguilar, 1986. p. XIII).

35. Em sua *Crítica da Razão Pura* (*Kritik der reinen Vernunft*), de 1781, Kant afirma que espaço e tempo são instituições inerentes às nossas sensações, e o termo *transcendental*, por ele utilizado, significa *condições de possibilidades da experiência*, ao defender que um objeto não é captado tal como ele é, e sim *construído* por nós mesmos, conforme explana o tradutor Pedro Ribas, em sua introdução da edição espanhola (KANT, Immanuel. *Crítica de la razón pura*. Madrid: Taurus Pensamiento, 2013).

36. Ideias estéticas. *Fernando Pessoa:* obras em prosa em um volume. Rio de Janeiro: Editora Nova Aguilar, 1986. p. 441.

É curioso que toda a vida do indivíduo que ali mora, e que não sei quem é,
Atrai-me só por essa luz vista de longe.
Sem dúvida que a vida dele é real e ele tem cara, gestos, família e profissão.
Mas agora só me importa a luz da janela dele.
Apesar de a luz estar ali por ele a ter acendido,
A luz é a realidade que está defronte de mim.
Eu nunca passo para além da realidade imediata.
Para além da realidade imediata não há nada.
Se eu, de onde estou, só vejo aquela luz,
Em relação à distância onde estou há só aquela luz.
O homem e a família dele são reais do lado de lá da janela.
Eu estou do lado de cá, a uma grande distância.
A luz apagou-se.
Que me importa que o homem continue a existir?
É só ele que continua a existir[37].

A composição em versos ensaia ser descortinada devido a um registro feito pelo próprio Fernando Pessoa, que elaborou – mais de 15 anos após ter escrito essa poesia – um suposto diálogo entre dois de seus heterônimos, Alberto Caeiro, o autor do poema, e Álvaro de Campos[38].

---

37. Os versos foram transcritos da publicação de *Obra completa de Alberto Caeiro* (Edição de Jerónimo Pizarro e Patricio Ferrari. Lisboa: Tinta-da-China, 2016. p. 94). Ali a grafia está conforme a língua portuguesa da época, sendo que a poesia é de 1915 (coincidentemente, o ano de nascimento de Lourival Vilanova). No original se tem, por exemplo, *Attrahe-me* ao invés de *Atrai-me*, e também outras palavras que não mais se escrevem naquelas formas, como *alli*, *immediata* e *janella*. Optamos por transcrever o poema de acordo com o português atual. Na edição brasileira, ao invés do verso *A luz é a realidade que está defronte de mim*, consta *A luz é a realidade imediata para mim* (*Fernando Pessoa:* obra poética. Rio de Janeiro: Nova Aguilar, 1986. p. 171); preferimos manter a redação desse verso de acordo com a primorosa edição da Tinta-da-China.

38. Jerónimo Pizarro ressalta que esse heterônimo de Pessoa foi "o centro de longas batalhas campais", e por conta dessas "guerras inúteis", como ele assim as

Nessa "conversa"[39], Álvaro de Campos interpela Alberto Caeiro, querendo saber se ele confirma a assertiva segundo a qual, no momento em que não mais viu aquele homem na casa iluminada, tal homem deixou de ser real, no que é rebatido por Caeiro.

> "Eu não digo que ele deixou de ser real: digo que ele deixou de ser real para mim. Não quero dizer que ele deixasse de ser visível para quem esteja onde o veja. Deixou de ser visível para mim. Pode até ter morrido."
>
> "V[ocê]. admite, então, duas formas de realidade?"
>
> "Muito mais do que duas", respondeu inesperadamente o meu mestre Caeiro. "V[ocê]. bem vê... Aquela cadeira é cadeira e aquela cadeira é madeira, e aquela cadeira é a substância de que a madeira é feita, e que não sei o que é na química, e aquela cadeira é talvez – é com certeza – muitas outras coisas mais. Mas é as todas. Se a vejo é principalmente cadeira; se a toco é principalmente madeira, se a mordesse e tomasse o sabor da madeira, ela seria principalmente a composição da madeira. São como o lado direito e o esquerdo, e a frente e as costas de qualquer coisa. Todos os lados são reais, cada um do seu lado. O homem que eu deixei de ver seria real, mas era de outro lado; como eu não estava desse lado, deixou de ser real para mim"[40].

O "colóquio" é esclarecedor, na medida em que Fernando Pessoa, como Alberto Caeiro, enfoca o tema *realidade* tendo como referência o sujeito que formula suas ideias a partir de suas próprias perspectivas. Assim, o homem dentro da casa, quando apaga a luz, deixou de ser real para o observador, por lhe faltar a capacidade de enxergar e fazer suas interpretações, ou seja, não há mais a linguagem apta a criar aquela realidade.

---

denominou, "relegaram para segundo plano os seus poemas, sem os quais a moderna poesia portuguesa seria impensável, e atrasaram a publicação da sua prosa, que saiu pela primeira vez apenas em 2012, quase 70 anos após o aparecimento dos 102 poemas reunidos em *Poesias* (1944)" (*Obra completa de Álvaro de Campos*. Edição de Jerónimo Pizarro. Rio de Janeiro: Tinta-da-China Brasil, 2015. p. 11).

39. Esse "diálogo" entre Álvaro de Campos e Alberto Caeiro teria "ocorrido" em 1931.

40. *Obra completa de Álvaro de Campos*. Edição de Jerónimo Pizarro. Rio de Janeiro: Tinta-da-China Brasil, 2015. p. 472-473.

Além dessa constatação de que a realidade é o que está defronte ao eu lírico do poema, muito interessante também é a consciência dele a respeito desse *limite* de realidade, ao afirmar que jamais passaria além daquela constatação imediata de perceber o homem dentro da casa pela luz da janela, e isso é o que importa. Aquele homem tem a vida real dele, com gestos, família, profissão, mas essa é a realidade do observado; a do observador é proporcionada pela luminosidade no quadrado que permite visualizar o outro, tanto que, apagada a luz, vem a indagação-chave: *Que me importa que o homem continue a existir? É só ele que continua a existir.*

Aqueles que porventura queiram atribuir algum exagero a essas percepções definidoras da realidade, convém lembrar que qualquer um de nós pode ler trechos da Constituição Federal e interpretar certas prescrições normativas ali assinaladas em bom e claro português, como por exemplo, a que estabelece que o Estado brasileiro deve proteger a família, inclusive reconhecendo a união estável entre o *homem* e a *mulher* como entidade familiar[41], não se exigindo muito esforço para concluir a quem o *texto* se refere: a casais formados por um ser do gênero masculino e outro do feminino.

Todavia, a *realidade* a ser gerada pela transformação do *texto constitucional* em *norma jurídica* será aquela firmada pela óptica do Supremo Tribunal Federal, mirando uma luz na janela a proporcionar a visão do homem dentro da casa. A maneira como o objeto será visto definirá em essência a realidade, exatamente porque a Suprema Corte construirá com sua linguagem (atuação na jurisdição constitucional) a realidade (norma jurídica).

Nesse exemplo, embora o *texto constitucional* utilize expressamente as palavras *homem* e *mulher*, a *norma jurídica*

---

41. Constituição Federal: "Art. 226. A família, base da sociedade, tem especial proteção do Estado. [...] § 3º Para efeito da proteção do Estado, é reconhecida a união estável entre o homem e a mulher como entidade familiar, devendo a lei facilitar sua conversão em casamento".

(*realidade*) construída pelo Supremo Tribunal Federal é a de que o Estado brasileiro não pode impedir o reconhecimento da união contínua, pública e duradoura entre pessoas do mesmo sexo como família. E assim o fez a partir de uma *linguagem* competente (julgamento da Ação Direta de Inconstitucionalidade 4.277), valendo-se do uso *semântico* do termo *família* numa acepção mais larga, qual seja, a de um núcleo doméstico, pouco importando se formal ou informalmente constituída, ou se integrada por casais heteroafetivos ou por pares homoafetivos, dentro da *lógica* estruturada na Constituição de 1988, ao inserir a família – principal núcleo de concreção dos direitos fundamentais – dentro daquela categoria que a própria Constituição designa por "intimidade e vida privada" (inciso X do art. 5º), devendo por isso se estabelecer a isonomia entre casais heteroafetivos e pares homoafetivos.

Firmou-se em tal *linguagem* o que o próprio Supremo Tribunal Federal denominou de *interpretação não reducionista* do conceito de família, atento à necessidade de avanço da Constituição Federal no plano dos costumes, em direção ao pluralismo como categoria sócio-político-cultural, transformando tal *conceito* em *realidade*. Surge então a norma jurídica nesse julgamento, inclusive com efeito vinculante em relação a todos os órgãos do Poder Judiciário e à administração pública em geral. Eis o *constructivismo lógico-semântico*, na prática.

Voltemos à frase-destaque do início deste texto. Nela, Fernando Pessoa diz que o universo é um conceito nosso, pois não conhecemos nada além de nossas sensações. E é o mesmo Poeta quem adverte que o universo não é ideia dele, mas a ideia que ele tem do universo é uma ideia dele[42]. Aparentemente contraditórias, as afirmações se complementam. De fato, não foi o ser humano quem construiu o universo, assim como o caminhante do poema da casa na noite não construiu a edificação, e muito menos ele é o responsável pela vida dos moradores que ali habitam. Todavia, a visão da janela é o que interessa, essa é a

42. Conforme citação referida na nota de rodapé 26.

realidade para ele, assim como a nossa ideia do universo é o que importa, essa é nossa realidade; não construímos o universo, mas a nossa ideia do universo é nossa ideia, e é justamente essa sensação que define o que seja universo.

Portanto, é plenamente possível pinçar essa manifestação *literária* pessoana segundo a qual o conceito das coisas depende de nossas *sensações* que *constroem a realidade*, e com ela tornar possível um encontro com a expressão *jurídica* no plano teórico-filosófico que afirma ser indispensável atribuir *sentido* a um texto para *criar a realidade* da *norma jurídica*. Fernando Pessoa e o *constructivismo lógico-semântico* de mãos dadas, a nos mostrar que linguagem é pressuposto do real.

Em certa medida, algumas raízes do *constructivismo lógico-semântico* parecem estar fincadas na Literatura, e isso se pode perceber no depoimento de Paulo de Barros Carvalho ao dizer que Lourival Vilanova,

> Depois de semanas de estudos, às vezes de horas de leitura de lógica ou de teoria do conhecimento, lidando com termos de perfil conotativo exato e com frases curtas, curtíssimas até, com formas e fórmulas abstratas, sentia a imperiosa urgência de retomar a leitura de trechos de Stendhal ou de Goethe, de Simmel ou de Nietzche, de Eça, de Machado ou de Euclides da Cunha. E o jus filósofo lia esses autores em voz alta, com a mão recurva, fazendo as vezes de caixa acústica, para recuperar, através da audição, a sonoridade da linguagem, intercalando, em seus escritos, uma profusão de imagens, esteticamente sugestivas, na sequência dos conceitos mais abstratos. Pôs em prática, desse modo, um estilo forte e expressivo, plataforma daquilo que veio a ser reconhecido como o método do *constructivismo lógico-semântico*[43].

Direito com Literatura. É preciso estar atento a essa relação em suas diversas promessas de significados, olharmos atentamente na noite escura a casa com a luz na janela, e sentirmo-nos humanos, dos pés à cabeça.

---

43. Apresentação à 5ª edição do livro *Causalidade e relação no direito*. São Paulo: Noeses, 2015. p. VII.

SOBRE OS FUNDAMENTOS JURÍDICO-FILOSÓFICOS DO CONSTRUCTIVISMO LÓGICO-SEMÂNTICO: O POSITIVISMO CONSTRUCTIVISTA

Rodrigo Dalla Pria[1]

Sumário: 1. Introdução. 2. Sobre o constructivismo lógico-semântico e seus fundamentos filosóficos e teóricos gerais. 3. Cultura, linguagem, interpretação e direito: o positivismo na concepção constructivista lógico-semântica. 3.1. O conceito de direito acolhido pelo constructivismo lógico-semântico. 3.2. A tese das fontes sociais do direito e os atos de enunciação prescritivos. 3.3. A tese da separação entre direito e moral: entre normas e valores. 3.4. A tese da discricionariedade judicial: a atividade jurisdicional como fonte de criação de normas jurídicas. 4. A interpretação como elemento essencial ao conhecimento (científico) do fenômeno jurídico: a evolução constructivista lógico-semântica.

1. Introdução

Como toda escola de pensamento, o constructivismo lógico-semântico é produto de uma dada circunstância histórica, razão pela qual está diretamente influenciado por matrizes jurídico-filosóficas e teórico-gerais desenvolvidas naquele período, sendo inevitável, neste aspecto, o diálogo com outras escolas de pensamento.

---

1. Doutor em Direito Processual Civil – PUC/SP. Mestre em Direito Tributário – PUC/SP. Professor do IBET. da PUC/COGEAE. Coordenador dos Cursos de Especialização em Direito Tributário do IBET em Sorocaba e da Toledo Prudente em parceria com o IBET. Ex-Juiz do Tribunal de Impostos e Taxas – TIT/SP. Advogado.

É nesse contexto que pretendemos, a partir das categorias e fundamentos que dão respaldo ao método constructivista, situar a referida escola de pensamento no âmbito do debate, tão antigo quanto atual, que se estabelece entre as duas visões do fenômeno jurídico que se antagonizam há séculos, quais sejam: o positivismo jurídico (normativo) e o jusnaturalismo.

A tese que se pretende demonstrar, neste trabalho, é a de que o método construtivista está respaldado, em grande parte, nas premissas teórico-filosóficas que são próprias ao positivismo normativo, em especial aquele proposto na obra de HANS KELSEN. A despeito disso, verifica-se algumas diferenças entre alguns postulados constructivistas e o pensamento kelseniano, em especial naquilo que pode ser tido como o principal objetivo da Teoria Pura do Direito, que é justamente o de responder à pergunta de como seria possível uma "Ciência do Direito".

Nesse específico aspecto, há uma evidente dissociação entre o método da Ciência do Direito de ordem eminentemente descritiva, tal como proposto por KELSEN, e o modelo hermenêutico-interpretativo que é próprio ao método constructivista.

Devemos advertir, por fim, que as considerações feitas adiante – não só aquelas atinentes aos fundamentos do método constructivista, mas também aquelas que dizem com nossa tomada de posição acerca de questões fundamentais da filosofia do direito – refletem a visão pessoal deste autor sobre o referido sistema em referência, estando sujeitas, portanto, a divergências e objeções diversas.

2. Sobre o constructivismo lógico-semântico e seus fundamentos filosóficos e teóricos gerais

O método de aproximação proposto pelo constructivismo lógico-semântico se sustenta em postulados teóricos construídos a partir de categorias e "gramáticas"[2] pertencentes a

2. O vocábulo "gramática" é usado nesta expressão – e também em todo o trabalho – no sentido a ele atribuído por Ludwig Wittgenstein em sua obra "Investigações Filosóficas", ou seja, como conjunto de regras que regulam e controlam o uso da

diferentes tradições filosóficas, as quais, não obstante suas especificidades, fazem do fenômeno da linguagem o objeto principal de suas investigações. Daí serem as chamadas "Filosofias da Linguagem" as mais importantes fontes de inspiração teórica da zetética constructivista.

Chamamos de "Filosofias da Linguagem"[3] as investigações oriundas da virada linguística que abarcou as mais variadas escolas filosóficas desenvolvidas na Europa Continental, na Inglaterra (eixo Oxford/Cambridge) e na América.

Nesse contexto, podemos incluir: (i) a Filosofia Analítica da Linguagem (formal e ordinária), que abarca, a um só tempo, a Filosofia do Positivismo Lógico da Escola de Viena (desenvolvida a partir das obras de Bertrand Russel e do "primeiro" Wittgenstein), a Teoria dos Jogos de Linguagem (oriunda do pensamento do "segundo" Wittgenstein), a Teoria dos Atos de Fala (John Austin e John Searle), bem como as investigações sobre Lógica Deôntica (Georg von Wrigth); (ii) a Hermenêutica Filosófica (desenvolvida em uma linha evolutiva iniciada pela fenomenologia de Edmund Husserl, passando pelo existencialismo de Martin Heidegger e consolidada na obra de Georg Gadamer); (iii) a Semiologia (Ferdinand de Saussure), a Semiótica (Charles Pierce) e a Linguística em geral (como as desenvolvidas, por exemplo, por Mikhail Bakhtin e José Luiz Fiorin).

No método *hermêneutico-analítico*, próprio ao *constructivismo lógico-semântico*[4], as categorias de teoria analítica do

---

linguagem. As gramáticas das várias Teorias Gerais do Direito, portanto, têm a função precípua de orientar o modo de aproximação do objeto jurídico pelo dogmático.

3. "Parto da perspectiva de que se deve considerar como 'filosofia da linguagem' tudo aquilo que os filósofos pensaram e desenvolveram em termos de reflexão sobre a linguagem, seja qual for sua perspectiva e sua metodologia de acesso (analítica, hermenêutica, fenomenologia, filosofia transcendental, crítica das ideologias, psicanálise). [...] Poder-se-ia dizer, para início de reflexão, que a linguagem interessa á filosofia na medida em que a primeira é entendida não apenas como 'veículo' de conceitos, mas com um âmbito no qual os conceitos são *constituídos*, conceitos que permitem articular o mundo com o intuito de torná-lo *significativo* para nós. Denomino essa concepção, em contraposição à teoria *veicular*, concepção *constitucional* da linguagem." CABRERA, Julio. *Margens das filosofias da linguagem*. Brasília: UNB, 2003. p. 14 e 17.

4. Cabe advertir que, a despeito do que o adjetivo "lógico-semântico" possa, em sua

direito (teoria da norma, teoria dos sistemas, lógica deôntica, teoria dos atos de fala etc.) são manejadas em conjunto com categorias filosófico-culturalistas (teoria dos valores) e hermenêutico-filsóficas (contexto, pré-compreensão etc.), de modo a permitir a apreensão do fenômeno jurídico em sua inteireza ôntica, lógica e ontológica.

O constructivismo lógico-semântico, nessa medida, se apresenta como uma escola de pensamento jurídico que busca seus fundamentos em diversas gramáticas filosóficas que se desenvolveram, em diferentes partes do mundo, a partir de um mesmo movimento histórico-global – o giro linguístico –, de maneira que os vários juristas que se formaram a partir do modelo constructivista utilizam em suas investigações dogmáticas, especialmente no âmbito do Direito Tributário, instrumentos, concepções e categorias diferentes, as quais, não raro, são divergentes.

O que se pretende investigar nesse trabalho, no entanto, diz fundamentalmente com os fundamentos jurídico-filósoficos que sustentam o método constructivista, em especial no que tange (i) ao conceito de direito; (ii) às fontes do direito; e (iii) às possibilidades de conhecimento do direito; analisados à luz das concepções normativo-positivista e jusnaturalista do direito.

3. Cultura, linguagem, interpretação e direito: o positivismo na concepção constructivista lógico-semântica

---

literalidade, indicar, não há por parte do método constructivista uma exclusiva preocupação com aspectos sintáticos e semânticos da linguagem jurídica. Talvez essa conclusão possa, quem sabe, ser aplicada com justeza ao trabalho de Lourival Vilanova, que se restringe às cogitações filosófico-jurídicas e teórico-gerais. A partir do momento em que o constructivismo lógico-semântico passa a ser instrumento da Dogmática para o estudo do direito positivo, no entanto, o que ocorre fundamentalmente na obra de Paulo de Barros Carvalho, o método constructivista incorpora ao seu instrumental metodológico categorias que se voltam aos aspectos pragmáticos do fenômeno-jurídico comunicacional, tais como a Teoria dos Jogos de Linguagem, a Teoria dos Atos de Fala e, também, a própria Semiótica e a Pragmática de corte peirceano.

3.1 O conceito de direito acolhido pelo constructivismo lógico-semântico

Se existe algo inerente a todas as atividades relacionadas à prática jurídica é a tormentosa tarefa de identificar o direito aplicável a um determinado caso concreto. Não obstante todo jurista tenha, em razão do repertório que compõe sua experiência colateral, uma noção do que venha a ser o "direito", em determinadas situações-limite, chamadas de "casos difíceis ou complexos", a identificação do "direito" aplicável a uma dada situação concreta implica um esforço intelectual que nada tem de trivial. Por esse motivo, cabe-nos, neste particular, tomar posição, mesmo que parcial, sobre o problema da fixação dos critérios essenciais à definição do conceito de direito.

Na busca por uma definição do conceito de direito, a primeira dificuldade com a qual nos deparamos é de natureza semântico-pragmática, decorrente do caráter plurívoco do vocábulo "direito", que ora é usado para designar o conjunto de normas jurídicas válidas em um dado ordenamento ("direito" como sistema normativo), ora para mencionar um interesse ou faculdade atribuída a um determinado sujeito ("direito" como direito subjetivo), ora para referir o conjunto de proposições descritivas formuladas pela Dogmática do Direito sobre a existência e o conteúdo de um determinado plexo jurídico-normativo ("direito" como Ciência do Direito).

Não bastasse esse primeiro obstáculo, conforme previne LOURIVAL VILANOVA, havemos de admitir, também, que não é possível delimitar o conceito de direito sob todos os aspectos que o envolvem, visto que diante da *complexidade do objeto jurídico, os pressupostos filosóficos que servem de base às definições, os pontos de vista mediante os quais se considera o direito – ora forma, ora o conteúdo, ora o valor, a natureza sociológica etc.*[5] –, pode-se chegar a diversas definições

5. VILANOVA, Lourival. Sobre o conceito de direito *Escritos jurídicos e filosóficos*. São Paulo: Axis Mundi, 2003. v. 1, p. 1.

incompatíveis entre si, motivo pelo qual nossas considerações ficarão circunscritas a uma concepção de direito que, em nosso entender, seja útil ao dogmático no enfrentamento dos problemas inerentes à prática jurídica.

Assim, nossas investigações sobre o conceito de direito incidirão sobre os aspectos *ôntico, lógico, ontológico e epistemológico* do conceito de direito.

No contexto do sistema de referência constructivista, a definição do conceito de direito pressupõe a aceitação de quatro postulados fundamentais. São eles: (i) sob o ponto de vista *ôntico*[6], o direito é um objeto cultural; (ii) sob a perspectiva *lógica*, o direito se apresenta como um *sistema normativo*; (iii) que se manifesta, necessariamente, mediante um plexo de linguagem, o que equivale a dizer que, *ontologicamente*, direito é texto; e, por fim; (iv) sob o ângulo *epistemológico*, que a apreensão (conhecimento) e a operacionalização (aplicação) do fenômeno jurídico não prescindem de *interpretação*.

Não nos parece possível ignorar, nesse tocante, a circunstância de que o enfrentamento do problema do conceito de "direito" deva passar ao largo de uma necessária tomada de posição a respeito da polêmica estabelecida entre as duas principais escolas de pensamento –filosófico modernas sobre esta questão fundamental: o juspositivismo[7] e o jusnaturalismo.

Nosso desafio, portanto, consiste em situar – e, se for o caso, contrapor – o modelo constructivista às teses que

---

6. O vocábulo "ôntico" é usado, nessa passagem, naquele sentido dado por Husserl quando discorre sobre as quatro regiões ônticas (a dos objetos físico-naturais; a dos objetos ideais; a dos objetos metafísicos; e a dos objetos culturais) próprias aos objetos do conhecimento.

7. Referimo-nos ao positivismo normativo, desenvolvido por autores como Hans Kelsen, Herbert Hart e Alf Ross, dentre outros, e não ao seu predecessor, o positivismo exegético. A ressalva se faz pertinente em razão de grande parte das críticas dirigidas positivismo jurídico, principalmente as perpetradas por autores dogmáticos, apontarem para concepções próprias da Escola da Exegese, concepções estas que nem de longe são compartilhadas pelos autores do positivismo normativo. Um desses equívocos é atribuir ao positivista normativo a ingênua ideia de que o juiz é mero aplicador do direito legislado.

sustentam as escolas de pensamento acima referidas[8], com a finalidade precípua de verificar se o sistema de referência adotado se amolda a uma delas, ou, ao contrário, consubstancia um modelo que não guarda relação com as concepções propostas pelo positivismo jurídico e pelo jusnaturalismo, objetivo este que se torna um tanto quanto árduo a partir do instante em que consideramos o fato de existir, entremeando a indigitada polêmica, uma série de teorias que se propõem a delinear modelos alternativos aos tradicionais.

Conforme bem anota KAUFMANN[9], *a procura de uma terceira via entre ou para além do direito natural e positivismo é, hoje, em todo o mundo o tema da filosofia do direito*, circunstância esta que nos exige algumas ponderações a título de esclarecimento.

Assim, quando usamos o vocábulo "jusnaturalismo" pretendemos referir toda e qualquer teoria cuja concepção de direito esteja sustentada pela tese da vinculação necessária entre direito e moral, em contraposição à tese positivista da separação os referidos sistemas normativos.

Existem, atualmente, inúmeros movimentos teóricos antipositivistas, um tanto quanto amorfos no que tange à sistematização de seus postulados, mas que se autoproclamam como as alternativas à suposta indiferença do modelo positivista a questões relacionadas à Justiça. Dentre estes, podemos referir o Neoconstitucionalismo e o Pós-positivismo[10].

O positivismo jurídico não escapa à referida fragmentação, pois também no contexto do pensamento positivista é possível identificar pelo menos uma subdivisão: de um lado,

---

8. Parece-nos evidente que o modelo constructivista se apropria de inúmeras categorias que, originariamente, são próprias do juspositivismo e do jusnaturalismo, tais como a Teoria da Norma Jurídica e a Teoria dos Valores.

9. KAUFMANN, A.; HASSEMER, W. *Introdução à filosofia do direito e à teoria geral do direito contemporâneas*. Lisboa: Fundação Calouste Gulbenkian, 2002. p. 135.

10. Sobre o assunto, vide POZZOLO, Suzanna; DUARTE, Écio Oto Ramos. *Neoconstitucionalismo e positivismo jurídico*. São Paulo: Landy Editora, 2006. passim.

o chamado positivismo excludente, que repele qualquer espécie de vínculo *necessário* entre direito e moral; de outro, o positivismo dito includente, que admite, em circunstâncias consensuais específicas, a possibilidade da existência de um vínculo necessário entre o direito e a moral[11].

O que nos parece certo, no entanto, é que tanto o positivismo jurídico quanto o jusnaturalismo perfazem modelos teórico-filosóficos que possuem concepções alternativas, que variam conforme os pressupostos filosóficos dos quais parte cada um de seus autores.

Há, no entanto, tal qual no constructivismo jurídico, um núcleo duro que sustenta cada uma das escolas de pensamento acima referidas, e que diz respeito, essencialmente, ao conceito de direito e às possibilidades de conhecimento do fenômeno jurídico, de sorte que o cotejo entre constructivismo lógico-semântico, positivismo e jusnaturalismo a ser realizado, ficará circunscrito a tais aspectos.

Dois esclarecimentos, neste momento, parecem pertinentes: (i) a vertente positivista que servirá de parâmetro para nossas considerações é a do positivismo excludente[12]; (ii) incluímos no conceito de positivismo jurídico as doutrinas desenvolvidas pelos autores que integram o chamado realismo jurídico, como é o caso de ALF ROSS.

Feitas essas considerações, podemos afirmar que são comuns às concepções positivistas do direito os seguintes postulados: (i) todo direito nasce de uma fonte social (tese das fontes sociais do direito); (ii) não existe vinculação *necessária* entre direito e moral (tese da separação entre direito e moral); e (iii) em todo o sistema jurídico, o juiz, em maior ou menor

---

11. Ibidem, p. 41.

12. Ibidem, p. 46. Até porque, em nosso sentir, a corrente dita includente nem sequer pode ser qualificada como positivista. Nesse sentido, vide DIMOULIS, Dimitri. *Positivismo jurídico, introdução a uma teoria do direito e defesa do pragmatismo jurídico-político*. São Paulo: Método, 2006. p. 141-147.

grau, tem a capacidade de criar direito novo (tese da discricionariedade judicial)[13].

As concepções jusnaturalistas, a seu turno, conforme o autor, não compartilham de um, dois ou de nenhum dos postulados positivistas, sendo certo que as principais divergências dizem respeito a teses da separação e das fontes sociais.

Será nossa missão, a partir de agora, contrapor cada uma das teses acima enumeradas e analisar a compatibilidade delas com os postulados constructivistas. Conforme denuncia o título deste item, estamos convencidos de que, se é possível incluir o constructivismo lógico-semântico no contexto da polêmica posta em questão, esta adesão deve ser feita ao modelo positivista.

Os postulados constructivistas, a nosso juízo, se ajustam perfeitamente às três teses positivistas (das fontes sociais, da separação e da discricionariedade judicial), o que nos autoriza a dizer que, feitas as devidas adaptações concernentes a aspectos eminentemente epistemológicos defendidos por alguns autores positivistas, o constructivismo lógico-semântico pode ser qualificado como um *positivismo constructivista*, uma espécie de evolução do positivismo metodológico.

A Teoria do Direito, tal qual a história, não anda aos saltos, de sorte que o pensamento constructivista, parece-nos, não compartilha de um equívoco comum aos demais modelos ditos alternativos ao positivismo jurídico, equívoco este que vem denunciado em uma prudente reflexão de SOUTO MAIOR BORGES sobre a *ingenuidade de se afirmar que o novo sempre é melhor que o velho*, desconsiderando-se a circunstância de que *todo conhecimento é aproveitável* (HEIDEGGER)[14].

Nesse sentido, cremos que, diferentemente de outras escolas criadas com o propósito específico de "superação do

13. POZZOLO, Suzanna; DUARTE, Écio Oto Ramos. *Neoconstitucionalismo e positivismo jurídico*. São Paulo: Landy Editora, 2006. p. 31.

14. Conferência realizada por ocasião do II Congresso Nacional de Estudos Tributários – IBET.

modelo positivista" – o qual seria incapaz, segundo propugnam, de enfrentar os problemas jurídicos próprios à chamada "pós-modernidade"–, o constructivismo lógico-semântico foi desenvolvido como proposta de evolução (e não de revolução) do pensamento positivista, motivo pelo qual não abre mão das conquistas perpetradas por este movimento tão importante para a racionalização do conhecimento jurídico.

3.2 A tese das fontes sociais do direito e os atos de enunciação prescritivos

A questão de se determinar as fontes do direito está intimamente relacionada à identificação de normas jurídicas aplicáveis. Nesse sentido, o positivismo jurídico defende que toda norma jurídica nasce de uma fonte social. Esta, na expressão cunhada por KELSEN[15], traduz-se em um ato de vontade praticado por uma autoridade juridicamente competente, assim considerada aquela que, segundo as normas de um sistema jurídico globalmente eficaz, tem capacidade para praticar tais atos de ponência normativa.

Conquanto haja algum desacordo entre os positivistas acerca de quais seriam as tais fontes sociais do direito, parece existir uma convergência quanto à identificação deste conceito com as atividades legislativa (ato de vontade do legislador) e aplicadora (ato de vontade do aplicador) do direito, perpetradas por órgãos ou indivíduos a quem o sistema jurídico atribui competência (poder jurídico) para tal desiderato.

O pensamento jusnaturalista, a seu turno, defende a existência de outras fontes que não aquelas consubstanciadas pelos atos de vontade emanados das autoridades a quem o sistema jurídico atribui competência para o exercício de atividade jurídico-nomothética[16]. Para tanto, afirma a existência de um

15. KELSEN, Hans. *Teoria pura do direito*. Tradução João Baptista Machado. Lisboa: Armênio Amado, 1984. p. 21.

16. Que pode ser definida como atividade de produção normativa. Nesse sentido,

direito racionalmente dedutível, cuja existência independe de positivação e, também, da atividade legislativa ou aplicadora.

No âmbito do constructivismo lógico-semântico, o problema das fontes do direito é investigado, fundamentalmente, nas obras de PAULO DE BARROS CARVALHO[17] e TÁREK MOYSÉS MOUSSALLEN[18], que, respaldados no postulado constructivista de que o direito é um objeto cultural[19], materializado em um plexo de textos produzidos mediante o uso da linguagem em sua função prescritiva, afirmam que as fontes do direito são os focos ejetores de normas no sistema jurídico, isto é, os atos de enunciação prescritiva emanados das autoridades juridicamente autorizadas, por normas de produção normativa (normas de competência), para realização de tal atividade.

A definição do conceito constructivista de fonte do direito está registrado em diversas passagens da obra de PAULO DE BARROS CARVALHO. Vejamos uma delas:

> Pois bem, nos limites desta proposta, as fontes do direito serão os acontecimentos do mundo social, jurisdicizados por regras do sistema e credenciados para produzir normas jurídicas que introduzam no ordenamento outras normas, gerais e abstratas, gerais e concretas, individuais e concretas ou individuais e abstratas. Agora, tais ocorrências serão colhidas enquanto atos de enunciação, já que os enunciados consubstanciam as próprias normas.
>
> [...]
>
> É preciso dizer que na ideia que reduz a ordem jurídica ao complexo de normas existentes, está contida, por certo, uma concepção normativista de direito, que identifica o órgão juridicamente

---

vide WRIGHT. Georg Henrik von. *Normas, verdad y lógica*. México, D.F.: Distribuiciones Fontamara, 2001. p. 15.

17. CARVALHO, Paulo de Barros. *Direito tributário, fundamentos jurídicos da incidência*. 7. ed. São Paulo: Saraiva, 2009, passim; *Curso de direito tributário*. 26. ed. São Paulo: Saraiva, 2015. passim; e *Direito tributário, linguagem e método*. São Paulo: Noeses, 2008. passim.

18. MOUSSALLEM, Tárek Moysés. *Fontes do direito tributário*. São Paulo: Max Limonad, 2001. passim.

19. Concernente, portanto, à projeção do espírito humano sobre a realidade.

> legitimado ou o fato credenciado para a construção das unidades normativas, na medida estrita em que houver regras que incidam nos órgãos, qualificando-os como tais e outorgando-lhes a específica competência, assim como tipificando fatos, aos quais se atribuem a força de produzirem outras normas.
>
> [...]
>
> Fortes nesses pressupostos, não hesitaríamos em proclamar que *o estudo das fontes do direito está voltado primordialmente para o exame dos fatos enquanto enunciação que fazem nascer regras jurídicas introdutoras, advertindo desde logo que tais eventos só assumem essa condição por estarem previstos em outras normas jurídicas*, tudo no âmbito daquela composição dialética que já mencionamos. Posição, admitimos, é decorrência de uma atitude cognoscente de quem toma o direito positivo qual sistema de normas, respondendo às perguntas: de onde provêm as regras do ordenamento? Como nascem? De que modo ingressam no sistema?[20]

É de se notar que PAULO DE BARROS CARVALHO parte dos mesmos pressupostos defendidos pela tese positivista das fontes sociais, isto é, de que todo direito advém de fato praticado por órgãos credenciados pelo sistema jurídico (via normas de competência) no exercício de suas respectivas competências normativas. A novidade[21] fica por conta da observação de que tais fontes se materializam por meio de *atos de enunciação*, emprestando à tese das fontes sociais uma sofisticação teórica proposta na obra de JOSÉ LUIZ FIORIN[22], cuja utilização só é possível a partir da aceitação da premissa de que o direito se manifesta, essencialmente, por meio de um plexo de linguagem (postulado ontológico constructivista).

Assim, segundo advertência expressa do mestre paulista, o fato-enunciação não integra o direito, o qual é composto pelos enunciados que dele decorrem, o que significa dizer, em outros termos, que se trata de um fenômeno social.

---

20. CARVALHO, Paulo de Barros. *Curso de direito tributário*. 26. ed. São Paulo: Saraiva, 2015. p. 47-49 (grifo nosso).

21. E aí está a contribuição do constructivismo para a tese das fontes sociais, própria do positivismo normativo.

22. FIORIN, José Luiz. *As astúcias da enunciação*. 2. ed. São Paulo: Ática, 2002. passim.

Realmente, o fato-enunciação perfaz o aspecto pragmático da linguagem normativa, é nele que se verifica a prescritividade dos textos jurídico-normativos, ínsito à força ilocucionária dos atos de fala emanados das autoridades credenciadas pelo sistema. Esta prescritividade, inerente aos atos de fala normativos, só é possível mediante a pressuposição de uma relação de poder jurídico – relação mando/obediência, nos termos usados por LOURIVAL VILANOVA[23] – posta pelas normas de competência institucionalizadoras do poder jurídico.

Não se trata, portanto, de um poder de fato, mas de um poder de direito, que decorre de uma condição fática prévia à atribuição do qualificativo "jurídico" a um determinado sistema normativo, qual seja: a eficácia global do sistema. Daí o "poder jurídico" ser um poder de direito e não um poder de fato[24].

Noutra passagem de seu *Curso de Direito Tributário*, PAULO DE BARROS CARVALHO anota que:

> Pois bem: se agregarmos a tudo isso o caráter de bem cultural, que o direito positivo inequivocamente exibe, enquanto objeto elaborado pelo ser humano para a realização de certa finalidade – a disciplina da conduta nas relações inter-humanas –, encontraremos então os valores de que todo bem cultural é portador. Daí concluir-se que é precisamente na textura da unidade normativa que vamos saber dos fatos e das condutas juridicamente relevantes, bem como é nela – norma jurídica – que o legislador deposita seus valores[25].

Note-se que aqui o eminente Professor paulista deixa às claras a influência do culturalismo jurídico sobre o constructivismo, circunstância que, segundo pensamos, também consubstancia uma evolução à perspectiva positivista. Cabe

23. VILANOVA, Lourival. *As estruturas lógicas e o sistema do direito positivo*. São Paulo: Max Limonad, 1997. p. 255.

24. Esse é o fundamento da diferenciação feita por Kelsen entre um ato emanado de autoridade jurídica competente, daquele provindo de um bando de salteadores. A prescritividade do primeiro decorre de um poder jurídico; a do segundo, de um poder de fato.

25. CARVALHO, Paulo de Barros. *Curso de direito tributário*. 26. ed. São Paulo: Saraiva, 2015. p. 49

advertir, no entanto, que da admissão de que o direito, enquanto objeto cultural, proveniente de uma necessária atividade humana, é produzido mediante atos de volição por meio dos quais se objetiva valores, não decorre a conclusão de que haveria uma "moral objetiva", imutável, da qual a autoridade credenciada pelo sistema retiraria os parâmetros axiológicos que por ela são positivados.

Os valores inerentes ao fenômeno jurídico, a que se refere o postulado constructivista ôntico do direito como objeto cultural, decorrem da ideologia da autoridade competente, que é controlada, por óbvio, pelos padrões axiológicos delimitados por outros enunciados prescritivos (contexto intrassistêmico), mas também pela própria cultura predominante em um dado momento histórico (contexto extrassistêmico), que restringem (mas não absolutamente) a influência da consciência moral da fonte nas decisões jurídicas.

Significa dizer, portanto, que o constructivismo lógico-semântico, por meio de sua inovadora concepção de fonte do direito, é partidário da tese das fontes sociais positivistas, pois afasta qualquer possibilidade de inserção de enunciados normativos no sistema jurídico que não por intermédio de atos de fala emanados das autoridades juridicamente credenciadas.

3.3 A tese da separação entre direito e moral: entre normas e valores

O positivismo jurídico, em suas mais variadas vertentes, defende a inexistência de uma relação necessária (conceptual ou normativa) que vincule o direito à moral. Entenda-se por *relação necessária* a pressuposição da existência de uma "moral objetiva" à qual os sistemas jurídicos estariam necessariamente vinculados, ou, na proposta teórica de ROBERT ALEXY, de uma necessária relação normativa entre o direito e uma moral qualquer (subjetiva e não objetiva) perpetrada por uma suposta "pretensão de correção" formulada pela autoridade no momento em que é emanada a decisão normativa, de maneira que a adequação à suposta moral objetiva (ou a uma moral qualquer, na teoria de ALEXY) seria a condição última de validade do ato normativo.

O que a tese jusnaturalista da vinculação pretende provar, portanto, não é a questão da influência da consciência moral de uma autoridade competente, individualmente considerada, sobre as decisões normativas por ela emanadas, algo que nunca foi negado pelo juspositivismo[26], mas uma relação necessária entre todos os sistemas jurídicos e uma moral ideal, cuja verificação empírica ainda está por ser comprovada.

Em sua versão normativa, a tese da vinculação pretende que a propalada relação necessária entre direito e moral seja justificada por meio de uma suposta "pretensão de correção" que seria formulada pela autoridade jurídica por ocasião da emissão do ato de enunciação normativo. Em outras palavras, que no ato de enunciação normativo estaria implícita, como força ilocucionária, uma pretensão de correção (adequação) com um determinado sistema moral qualquer, de maneira que os sistemas normativos promulgados sem a formulação da indigitada pretensão de correção não teriam existência jurídica, e os atos normativos, individualmente considerados, formulados na mesma condição por autoridades competentes, seriam juridicamente deficientes.

Conforme adiantamos por ocasião da análise da tese da separação, a relação entre direito e valor defendida pelo constructivismo decorre, exclusivamente, do postulado ôntico do direito como objeto cultural[27]. Na proposta constructivista, o fenômeno

---

26. A admissão positivista desta relação contingente entre direito e moral pode ser aferida por uma leitura meramente superficial do anexo inserido por Kelsen à 2ª Edição de sua *Teoria pura do direito* (1960), bem como de tudo o que consta *do conceito de direito* de Herbert Hart. Sobre o assunto, vide também DIMOULIS, Dimitri. *Positivismo jurídico, introdução a uma teoria do direito e defesa do pragmatismo jurídico-político*. São Paulo, Método: 2006. p. 167-195.

27. "Sendo assim, o direito posto, enquanto conjunto de prescrições jurídicas, num determinado espaço territorial e num preciso intervalo de tempo, será tomado como objeto da cultura, criado pelo homem para organizar os comportamentos intersubjetivos, canalizando-os em direção aos valores que a sociedade quer ver

jurídico nasce da manifestação do espírito humano, perpetrada pelos atos de vontade (enunciação) prescritivos emanados de autoridades juridicamente competentes. Essa afirmação, repise-se, está longe de endossar a tese jusnaturalista da vinculação necessária, pois os valores a que se refere o constructivismo são exatamente aqueles que integram a ideologia de cada um dos inúmeros sujeitos competentes. Trata-se, portanto, de uma relação contingente entre direito e moral, mas não necessária. No máximo, uma relação necessária entre o direito e os valores em geral, e não a um valor objetivo específico.

Há, no entanto, outro dado que corrobora nossa convicção de que o constructivismo não chancela a tese da vinculação, e que diz respeito à ideia de fundamentos últimos de validade dos sistemas jurídicos, adotada pelo constructivismo *clássico*.

Com efeito, em várias passagens das obras de LOURIVAL VILANOVA[28] e PAULO DE BARROS CARVALHO[29] é possível identificar uma total adesão desses autores à Teoria da norma hipotética fundamental de KELSEN, nos mesmos moldes em que foi proposta na obra do jurista vienense, isto é, como fundamento (epistemológico) último dos sistemas jurídicos (pressuposto lógico-transcendental), a qual restaria desprovida de qualquer conteúdo semântico ou axiológico. Referida adesão, por si e em si, indica que o constructivismo não compartilha da tese jusnaturalista da vinculação, pois o ponto de partida axiomático do qual partem os constructivistas para delimitar o conceito de direito é axiologicamente neutro.

---

realizados. E recebo a locução 'objeto cultural' como designativa daqueles bens derivados e complexos, que ostentam uma forma de integração de ser e do dever ser. Nessa concepção, o bem da cultura será visto sempre na sua dualidade existencial: suporte e significado (valor), de tal modo que este último penetre o primeiro, sem que um se reduza ao outro, mantendo-se aquela relação de implicação e polaridade a que se refere Miguel Reale." CARVALHO, Paulo de Barros. *Direito tributário, fundamentos jurídicos da incidência*. 7. ed. São Paulo: Saraiva, 2009. p. 4.

28. VILANOVA, Lourival. *As estruturas lógicas e o sistema do direito positivo*. São Paulo: Max Limonad, 1997. p. 163.

29. CARVALHO, Paulo de Barros. *Direito tributário, fundamentos jurídicos da incidência*. 7. ed. São Paulo: Saraiva, 2009. p. 76.

Também não nos parece possível adequar os postulados constructivistas à tese da "pretensão de correção" proposta por ALEXY. É que a única força ilocucionária reconhecida pelo constructivismo nos atos de fala normativos é aquela que diz respeito ao caráter prescritivo do uso da linguagem por parte da autoridade jurídica, prescritividade esta que decorre de norma de competência que constitui a autoridade como ente dotado do poder jurídico que possibilita o uso da linguagem em sua função prescritiva.

É de se concluir, portanto, que a premissa ôntica constructivista que estabelece a conexão entre direito e valor, tal qual a tese positivista da separação, somente admite a relação entre direito e moral no plano da contingência, especialmente se considerarmos a pluralidade de sistemas morais verificada nas sociedades complexas, circunstância esta que afasta a possibilidade de o constructivismo admitir a existência de uma moral objetiva da qual se poderia extrair qualquer enunciado jurídico normativo. Neste ponto, também, quer nos parecer que o constructivismo lógico-semântico se amolda ao conceito de direito proposto pelo pensamento positivista.

3.4 A tese da discricionariedade judicial: a atividade jurisdicional como fonte de criação de normas jurídicas

O pensamento positivista, em maior ou menor grau, admite a interferência da vontade do aplicador do direito no processo de aplicação/concretização do direito. KELSEN[30] menciona uma moldura dentro da qual estariam inseridas as significações possíveis de uma norma e dentre as quais o aplicador teria a liberdade de escolher (atividade volitiva), segundo suas convicções, a mais adequada para o caso posto à sua apreciação, sem deixar de reconhecer a possibilidade de

30. KELSEN, Hans. *Teoria pura do direito*. Tradução João Baptista Machado. Lisboa: Armênio Amado, 1984. p. 465.

o juiz ir além dos parâmetros significativos possíveis (emoldurados). HART[31], por sua vez, faz menção à textura aberta dos enunciados normativos, circunstância que daria ensejo a situações concretas em que o aplicador se depararia com zonas de penumbra, tendo, nessas circunstâncias, "discricionariedade" para escolher a solução normativa que lhe parecer mais adequada. ROSS[32], a seu turno, leva a questão da liberdade decisória às últimas consequências, defendendo a tese de que, em verdade, o que vale é a vontade do aplicador, adotando uma postura altamente cética com relação à normatividade do direito legislado e à possibilidade de controle da atividade do aplicador por meio das chamadas fontes primárias.

O jusnaturalismo, com fundamento na tese da vinculação, afirma que a discricionariedade judicial é controlada pelos parâmetros normativos que integram uma moral objetiva. Algumas vertentes, como as propostas por ALEXY[33] e pelo pensamento neoconstitucionalista, admitem certa liberdade decisória, que não obstante possa ir além do direito legislado, será juridicamente válida caso esteja dentro dos referidos parâmetros morais. Outras vertentes jusnaturalistas, como a desenvolvida na obra de DWORKIN[34], afirmam ser possível identificar, para todo e qualquer caso, a decisão moralmente correta.

Tanto o positivismo quanto o jusnaturalismo reconhecem, portanto, a existência da atividade volitiva do juiz. A diferença, basicamente, está na circunstância de que, para o positivismo, a validade jurídica da norma criada pelo juiz estaria fundada, exclusivamente, na autoridade a ele atribuída

---

31. HART, Herbet. *O conceito de direito*. 3. ed. Lisboa: Fundação Calouste Gulbenkian, 1994. p. 140.

32. ROSS, Alf. *Direito e justiça*. São Paulo: Edipro, 2003. p. 136.

33. ALEXY, Robert. *Conceito e validade do direito*. São Paulo: Martins Fontes, 2009. p. 43. Sobre o assunto, vide também ALEXY, Robert; BULYGIN, Eugênio. *La pretensión de corrección del derecho* – la polémica sobre la relación entre derecho y moral. Bogotá: Universidad Externado de Colombia, 2001. passim.

34. DWORKING, Ronald. *Levando os direitos a sério*. São Paulo: Martins Fontes, 2002. passim.

pelo sistema jurídico, enquanto que, para o jusnaturalismo, decorreria da adequação moral da decisão. Daí que, para o jusnaturalismo, dada a necessária sobreposição da moral sobre os sistemas jurídicos, mesmo que haja atividade criativa do ponto de vista jurídico-normativo, não haveria que se falar, verdadeiramente, em criação de direito novo.

Dentro do panorama teórico superficialmente descrito nos parágrafos acima, cabe-nos investigar qual a posição assumida pelo constructivismo lógico-semântico a respeito da tese da discricionariedade do juiz. Não se trata de verificar se o pensamento constructivista reconhece ou não que a atividade jurisdicional, tanto quanto a administrativa, tem o condão de produzir normas, pois isso é facilmente verificável na vasta literatura dogmático-constructivista, que a todo o momento se refere às normas concretas e individuais emanadas das referidas autoridades, mas do quão libertos estão os aplicadores, especialmente o juiz, para determinar os conteúdos de seus atos decisórios e em que medida a validade destes atos pode ser comprometida por eventuais excessos.

A pergunta só pode ser respondida, parece-nos, por meio das investigações perpetradas pelos autores constructivistas na complexa seara das Teorias da Interpretação, pois uma possível liberdade criativa do juiz está diretamente ligada à sua condição de intérprete autêntico do direito legislado, lembrando que, conforme propugnamos desde o início deste trabalho, um dos postulados (epistemológico) que sustentam o pensamento constructivista é exatamente o da inevitabilidade da interpretação.

Nesta seara, a obra de PAULO DE BARROS CARVALHO[35] é muito rica em informações a respeito das formas, critérios, possibilidades e limites da atividade interpretativa, bem como dos modelos interpretativos desenvolvidos pelas "Filosofias da Linguagem" que servem de parâmetro teórico à proposta interpretativa do modelo constructivista.

35. CARVALHO, Paulo de Barros. *Direito tributário, linguagem e método*. São Paulo: Noeses, 2008. p. 181-198.

A influência da hermenêutica filosófica sobre a teoria da interpretação do constructivismo pressupõe um considerável grau de liberdade por parte do intérprete para construir as significações normativas. Aliás, a simples afirmação, corriqueira nos escritos constructivistas, de que interpretar é atribuir sentido aos textos jurídicos, com vistas à construção da norma a ser aplicada, denota a aceitação pelo constructivismo de que a atividade judicial é, ao menos em alguma medida, volitiva, e não meramente cognitiva (descritiva), o que não significa dizer que o juiz possa fazer o que bem lhe aprouver.

Nesse específico ponto, isto é, no que diz com os limites à atividade interpretativa, há que se fazer um parêntese. Isso porque, afirmar que a interpretação se define como atividade de atribuição de sentido aos enunciados jurídico-positivos não é o mesmo que afirmar que o intérprete/aplicador está absolutamente livre para atribuir o sentido que melhor lhe aprouver aos textos do direito positivo.

Dito de outro modo, "construir/atribuir sentido" não é o mesmo que "inventar/criar sentido". A atividade de construção/atribuição de sentido é eminentemente racional, valendo-se de operações intelectivas (dedução, indução, abdução) para construir o comando normativo a partir dos consensos (limites da cultura) e peculiaridades de cada caso concreto. Mas sempre respeitando os limites pragmaticamente fixados por uma determinada comunidade linguística.

A atividade interpretativa, portanto, está limitada pelos consensos firmados, pragmaticamente, acerca dos significados de textos, enunciados e palavras. Afirmar que o intérprete/aplicador está livre para atribuir o sentido que melhor lhe aprouver a determinado enunciado normativo, sem observar os parâmetros culturais e semântico-pragmáticos de utilização dos textos que são objetivo da atividade interpretativa, significaria admitir que o Estado de Direito, típico instrumento de limitação de Poder, não se prestaria a atingir seus escopos, visto que não limitaria nada.

É bem verdade que os limites culturais/pragmáticos a que está adstrito o intérprete autêntico, em especial o juiz (intérprete último), por vezes só podem ser adequadamente identificados à luz de determinado caso concreto. É nesse momento que os limites semânticos dos textos jurídicos positivos são explorados à exaustão, para adequar os comandos normativos à situação fática objeto do litígio.

Vale advertir, nessa oportunidade, que reconhecer a existência de limites à atividade interpretativa não implica negar, de forma alguma, a ideia de inesgotabilidade da interpretação que, aliás, é muito cara ao sistema de referência constructivista.

A noção de inesgotabilidade da interpretação, vale esclarecer, está intimamente relacionada à incapacidade de se determinar, *ex ante*, todo potencial significativo de determinado termo ou enunciado. Nesse sentido, um mesmo texto jurídico-positivo poderá ser interpretado de forma distinta à luz de situações fáticas diferentes. Não se trata, portanto, de ausência de limites à atividade interpretativa, mas de adequação do texto à realidade concreta.

A despeito dos limites a que estão submetidos os sujeitos de direito responsáveis pela interpretação/aplicação dos enunciados jurídico-positivos, para o constructivismo lógico-semântico o controle de eventuais excessos interpretativos só poderá ocorrer internamente, de maneira que a validade (existência) jurídica de decisões juridicamente arbitrárias restaria intacta até que outra decisão advenha para extirpar seus efeitos, indicando que a tese positivista da discricionariedade é compatível com a referida escola de pensamento.

É de se registrar, ainda no tocante à questão da discricionariedade judicial, que a tese em comento costuma ser acolhida por autores que defendem a *incompletude* dos sistemas jurídicos, o que, definitivamente, não é o caso do constructivismo lógico-semântico. Nesse sentido, e segundo os teóricos que partem da premissa da incompletude jurídico-sistêmica, a discricionariedade judicial decorreria da necessidade de o juiz, ante a proibição do *non liquet*, desencadear a atividade criativa nas circunstâncias em que o caso posto à sua apreciação não tivesse solução normativa prevista no sistema jurídico. Daí que, se o constructivismo lógico-semântico acolhe o paradigma da completude, a tese da discricionariedade soaria um tanto quanto incompatível à sua proposta, pois se os sistemas jurídicos são completos, os juízes sempre teriam à sua disposição uma norma que seria aplicável ao caso levado a julgamento.

Essa aporia, no entanto, é meramente aparente, pois o problema da (in)completude, como condição para aceitação da tese da discricionariedade, deve ser considerado dentro da proposta teórica dos autores que se propuseram a enfrentar a questão. Assim, quando autores como CARLOS ALCHORRÓN e EUGÊNIO BULYGIN[36] afirmam que os sistemas jurídicos são incompletos, e que a atividade criativa do juiz incide justamente no âmbito desta incompletude, o fazem em razão de terem se proposto a investigar os sistemas jurídicos sob a óptica exclusivamente lógica, ou seja, como sistemas dedutivos.

Assim, parece evidente que, de uma perspectiva estritamente formal (lógica), será difícil identificar, empiricamente, um sistema jurídico que seja completo, pois não é possível presumir que a atividade legislativa, perpetrada mediante atos de vontade, obedeça totalmente a padrões de racionalidade lógica.

Ocorre que a premissa teórica que sustenta a afirmação, pelo constructivismo lógico-semântico, de que os sistemas jurídicos são completos, diferentemente daquela apregoada pela analítica lógico-formal de ALCHORRÓN e BULYGIN, supõe que os ordenamentos jurídicos sejam sistemas nomoempíricos[37], de maneira que a atribuição do *status* de "sistema" ao direito é realizada a partir do reconhecimento de

---

36. ALCHOURRÓN, Carlos; BULYGIN, Eugenio. *Introducción a la metodología de las ciencias jurídicas y sociales*. 3. ed. Buenos Aires: Editorial Astrea, 2002. passim.

37. CARVALHO, Paulo de Barros. *Direito tributário, fundamentos jurídicos da incidência*. 7. ed. São Paulo: Saraiva, 2009. p. 55.

um mínimo de racionalidade que a ele seria inerente. Esse mínimo de racionalidade, por sua vez, está relacionado ao fato de o direito se apresentar sob a forma de um plexo de linguagem, e se assim é, há que se exigir, pelo menos, que os signos veiculados nos documentos jurídicos obedeçam a padrões sintático-normativos mínimos. O *status* de sistema, portanto, está relacionado ao fato de que os elementos que compõem os ordenamentos jurídico-positivos – as normas jurídicas – mantêm entre si relações de coordenação e subordinação decorrentes da circunstância de terem um mesmo fundamento último de validade (a Constituição positiva).

Trata-se, portanto, de algo muito diverso de se exigir total adequação dos textos jurídicos a uma racionalidade lógico-dedutiva. Isso não significa afirmar que a lógica não seja útil ao raciocínio jurídico, mas que a racionalidade lógico-formal não é suficiente às investigações jurídicas, especialmente as desenvolvidas pela Dogmática e pelo aplicador autêntico.

Mediante a premissa de que o conjunto dos textos jurídicos positivos perfaz um sistema nomoempírico cujas unidades são proposições normativas construídas via processo de atribuição de sentido perpetrado pelo sujeito cognoscente, a completude do sistema decorre da possibilidade de o juiz, por meio de atividade interpretativa, construir unidades de sentido (normas jurídicas em sentido estrito) que se amoldem a qualquer caso que venha a ser posto à sua apreciação. Trata-se, portanto, não de uma completude lógica, mas de uma *completude hermenêutica*[38].

38. "Do ponto de vista extralógico, da dogmática ou Ciência-do-direito em sentido estrito, um sistema jurídico positivo é completável, por recursos normativos do próprio sistema. Mas essa completabilidade, que tem ângulos sociológicos, políticos, filosóficos, tem também o ângulo dogmático. Juridicamente não se preenche lacuna normativa mediante *fonte material*, quer dizer, extrapolando do sistema para ir aos dados sociais, à livre investigação científica do Direito (Geny), ao Direito da sociedade (Erlich), ou ao Direito natural. Cabe distinguir, com Alf Ross, o conceito jurídico e o conceito político de lacuna (Alf Ross, *Theorie der Rechsquellen*, p. 347-348). Juridicamente a *Urteilsfaellung als Konretisation innerhalb dês Rahmens dês Gesetzes* é da substância mesma do ato jurisdicional ante a indeterminação (Ubestimmengheit) das normas gerais (ob. cit., p. 344)." VILANOVA, Lourival. *As estruturas lógicas e o sistema do direito positivo*. São Paulo: Max Limonad, 1997. p. 230.

Essa adequação hermenêutica dos textos legislados aos casos concretos é realizada sob forte influência de fatores extrassistêmicos (contextuais) e pressupõe, em maior ou menor grau, atividade volitiva do intérprete, sendo esta a condição para que afirmemos que a tese da discricionariedade é ínsita ao modelo constructivista, visto que, em certa medida, *interpretar o direito significa criar o direito.*

A discussão a respeito da tese da discricionariedade exposta nos parágrafos anteriores, engendrada à margem de considerações relativas a questões hermenêuticas, permite que tomemos consciência da importância do postulado da inevitabilidade da interpretação para o constructivismo lógico-semântico. Também para as pretensões deste trabalho, o modelo interpretativo constructivista tem importância central, razão pela qual nos dedicaremos à sua análise nos tópicos que se seguem.

4. A interpretação como elemento essencial ao conhecimento (científico) do fenômeno jurídico: a evolução constructivista lógico-semântica

O constructivismo lógico-semântico assume, como pressuposto epistemológico do fenômeno jurídico, válido tanto para atividade intrassistêmica de aplicação do direito quanto para as investigações extrassistêmicas formuladas pela Dogmática do Direito, o postulado da *inevitabilidade da interpretação*, pressuposto este que decorre diretamente de seus postulados ôntico (do direito como objeto cultural) e ontológico (do direito como um plexo de linguagem). O acesso aos conteúdos jurídico-normativos, portanto, não dispensa, para a concepção constructivista do direito, a atividade interpretativa.

O conceito de "interpretação", contudo, não está imune a controvérsias. Segundo DASCAL, podem-se distinguir pelo menos três significados do termo "interpretação", quais sejam:

(a) 'Interpretação' latíssimo *sensu* (interpretação-LS) refere-se a qualquer compreensão de qualquer objeto como um objeto de cultura, por meio da atribuição ao substrato material desse objeto de um significado; um sentido ou um valor. Esse conceito é, filosoficamente, uma das bases para a alegação de que as ciências humanas, que lidam com tais objetos 'significativos', deveriam ser metodologicamente *distintas* das ciências naturais (ver Rickert, 1911) A hermenêutica textual e filosófica costuma chamar a atenção para esse tipo de compreensão ou interpretação (ver Gadamer, 1976; capítulo 29).

(b) 'Interpretação' *lato sensu* (intepretação-L) refere-se a uma atribuição de significado a um signo tratado como se pertencesse a uma determinada língua e sendo usado de acordo com as suas regras e as práticas comunicativas aceitas. Compreender um signo linguístico significa, então, L-interpretá-lo. A semântica e, como veremos adiante, a pragmática ocupam-se desse tipo de interpretação.

(c) 'Interpretação' *stricto sensu* (Interpretação-S) refere-se a uma atribuição de significado a um signo linguístico no caso do seu significado ser duvidoso em uma situação comunicativa, isto é, no caso de sua 'compreensão direta' não ser suficiente para o propósito comunicativo em vista. Ao contrário da interpretação-L, a interpretação-S se refere, portanto, apenas à compreensão 'problemática', devido a fenômenos como obscuridade, ambiguidade, metáfora, implicitude, indiretividade, alteração de significado etc. A prática legal enfrenta esses problemas com frequência e há, consequentemente, uma tendência a ver esse tipo de 'interpretação' como a única relevante para o direito. A pragmática, em seu sentido estrito, também tende a enfocar exclusivamente a compreensão 'problemática', isto é, os casos em que somente a semântica não é o bastante para determinar o significado de um signo linguístico *e nos* quais,

> por isso, a informação contextual deve ser tomada em consideração[39].

Dos conceitos de interpretação acima enumerados, amoldam-se ao modelo constructivista aqueles descritos como Interpretação-LS e Interpretação-L. O primeiro em razão do postulado ôntico constructivista do direito como objeto cultural, do qual decorre, aliás, a afirmação de que a Ciência do Direito em sentido estrito (Dogmática do Direito) é, por excelência, uma Ciência da Cultura.

Também a chamada Interpretação-L deve ser considerada, pois interpretar o direito, para o modelo constructivista, é atribuir sentido aos textos jurídicos[40], de sorte que, mesmo nas situações interpretativas mais elementares (os chamados casos fáceis), há de se reconhecer uma necessária atividade volitiva (decisória) do intérprete.

A proposta interpretativa constructivista é desenvolvida a partir de uma combinação de categorias oriundas das várias "Filosofias da Linguagem", especialmente da Analítica da Linguagem (formal e ordinária), da Hermenêutica Filosófica e da Semiótica. Com efeito, o modelo analítico *clássico* de Lógica Dêontica proposto por Georg von Wright, juntamente com a teoria da proposição normativa kelseniana (1960)[41], fornecem ao constructivismo a estrutura lógico-sintática mínima da norma jurídica a ser construída no final do percurso interpretativo. Da semiótica, o constructivismo se apropria da teoria dos signos, que sustenta a necessidade de interpretação dos textos jurídicos em seus aspectos sintático, semântico e pragmático. A pragmática da linguagem, especialmente a Teoria

---

39. DASCAL, Marcelo. *Interpretação e compreensão*. São Leopoldo: Unisinos, 2006. p. 343.

40. CARVALHO, Paulo de Barros. *Direito tributário, fundamentos jurídicos da incidência*. 7. ed. São Paulo: Saraiva, 2009. p. 83.

41. Teorias estas que também fundamentam o postulado da homogeneidade sintática das normas jurídicas em sentido estrito – o mínimo irredutível do deôntico a que se refere Lourival Vilanova –, adotado pelo constructivismo jurídico. Sobre o assunto, vide VILANOVA, Lourival. *As estruturas lógicas e o sistema do direito positivo*. São Paulo: Max Limonad, 1997. p. 189.

dos Jogos de Linguagem e a Teoria dos Atos de Fala, dão ao modelo interpretativo constructivista os instrumentos para, por meio da investigação dos usos das palavras e expressões constantes da linguagem jurídica, delimitar, empiricamente, os parâmetros contextuais que circundam as situações comunicacionais presentes no momento em que os atos de fala prescritivos são exarados. A Hermenêutica Filosófica de corte gadameriano, a seu turno, informa o modelo constructivista a respeito da inafastável influência decisiva de aspectos contextuais próprios ao destinatário dos enunciados prescritivos (intérprete)[42] no processo de atribuição de sentido, categorias estas que bem se amoldam às condições impostas pelo postulado ôntico adotado pelo constructivismo que toma o direito como objeto cultural.

Certo é, no entanto, que a teoria da interpretação adotada pelo constructivismo lógico-semântico acolhe, conforme advertimos no item anterior, a tese da inesgotabilidade da interpretação[43], admitindo que o contexto no qual a atividade interpretativa é realizada consiste em fator determinante para a construção das significações normativas. Tais circunstâncias aproximam muito a interpretação constructivista daquela proposta pela Hermenêutica Filosófica, que sem dúvida alguma é a mais "liberal" das teorias da interpretação a informar o constructivismo[44]. Trata-se, no entanto, de uma liber-

42. "[...] a hermenêutica gadameriana enfatiza três aspectos diferentes (embora inter-relacionados) da determinação contextual da compreensão: (a) o fato de que por trás de cada enunciado (ou qualquer outra elocução) existe sempre um 'questão' que a motiva; (b) o papel dos 'preconceitos' ou pré-juízos do intérprete como fatores constitutivos de toda interpretação; (c) a mediação de toda experiência pela linguagem, que funciona, assim, com um contexto abrangente de nossa vida." DASCAL, Marcelo. *Interpretação e compreensão*. São Leopoldo: Unisinos, 2006. p. 646.

43. "Dada a dependência contextual ou 'historicidade' tanto do texto como do intérprete e dado o caráter ilimitado do contexto, ou seja, o fato de que potencialmente qualquer fator contextual pode acabar sendo relevante para a interpretação, seja qual for a compreensão alcançada, ela é sempre provisória e passível de ser revisada ou inteiramente substituída à luz de fatores contextuais previamente desconsiderados." DASCAL, Marcelo. *Interpretação e compreensão*. São Leopoldo: Unisinos, 2006. p. 632.

44. "Mas, para Gadamer, o caráter falível e circular de toda compreensão é mais

dade interpretativa controlada pelas categorias retiradas dos modelos analíticos, que são reconhecidamente mais restritivos quanto à criatividade interpretativa, de maneira a permitir que o processo hermenêutico seja racionalmente controlável[45]. Parece-nos que é justamente esta combinação de modelos interpretativos que dá azo à afirmação de que o método próprio ao constructivismo é o hermenêutico-analítico.

Ocorre, entretanto, que o postulado da inevitabilidade da interpretação[46], *quando aplicado às investigações de natureza jurídico-científica realizadas pela Dogmática do Direito*, indica certo afastamento do constructivismo lógico-semântico de algumas concepções metodológicas positivistas, especialmente a de matriz kelseniana[47], que defende a tese de que uma Ciência

---

radical e insuperável do que se pode pensar. Não é apenas uma questão de ter de compreender totalidades em termos da compreensão das partes que são apenas compreensíveis em termos de suas posições nas totalidades às quais pertencem, como nos dizem as descrições-padrão do 'círculo hermenêutico'. Dado o papel constitutivo dos pré-juízos do intérprete, que implica que não há algo como 'o significado' de um texto a ser 'descoberto', conjugado com o fato de que tais pré-juízos são por si só não fixos e, sim, passíveis de alteração (entre outras coisas, devido à 'resistência' da 'coisa em si' expressa no texto) no curso do processo de compreensão, o círculo hermenêutico deve ser compreendido como um nível ontologicamente básico, anterior à distinção entre sujeito e objeto." DASCAL, Marcelo. *Interpretação e compreensão*. São Leopoldo: Unisinos, 2006. p. 652.

45. Por esse motivo, não há de se cogitar que a proposta hermenêutica constructivista adote, por premissa, certo "ceticismo semântico" que o leve a ser qualificado como um modelo decisionista. "O fato de não podermos jamais nos afastar demais das convenções linguísticas é claramente básico para a vida da linguagem: aquele que fala uma língua privada que ninguém entende, não fala de jeito nenhum." H. G. Gadamer. Apud DASCAL, Marcelo. *Interpretação e compreensão*. São Leopoldo: Unisinos, 2006. p. 645.

46. Em muitos outros aspectos, no entanto, o constructivismo jurídico estar perfeitamente alinhado com o positivismo de corte kelseniano. A teoria das fontes, a adoção da teoria da norma hipotética fundamental, a caracterização dos sistemas jurídicos como ordens coativas, a dualidade ser/dever ser, são só alguns exemplos.

47. O ápice do descritivismo objetivo de Kelsen é atingido em sua obra póstuma, Teoria Geral das Normas, onde o mestre de Viena afirma que a proposição da Ciência do Direito se resume à mera identificação do enunciado jurídico (NxESy). O enunciado da Ciência do Direito é, para Kelsen, um enunciado sobre a validade (existência jurídica) do enunciado jurídico, que não exprime nada a respeito de seu conteúdo. Para tanto, basta a verificação da emanação do ato de vontade pela autoridade competente. Sobre esta questão, vide KELSEN, Hans. *Teoria geral das nor-*

do Direito deve ser descritiva em sentido objetivo, tal qual ocorre nas Ciências da Natureza[48], o que exige a completa neutralidade por parte do sujeito cognoscente. Tratar-se-ia não de atividade volitiva, mas de um problema estritamente cognitivo.

Com efeito, os estudos sobre interpretação desenvolvidos por KELSEN no texto anexo à 2ª Edição de sua *Teoria Pura* (1960)[49] mostram que, para o Mestre de Viena, a função da Ciência do Direito seria a de identificar as significações possíveis de um determinado enunciado normativo – é nesse sentido, aliás, que KELSEN usa, metaforicamente, a palavra "moldura" –, de maneira que a preferência do dogmático por uma delas, mediante atividade volitiva, consubstanciaria uma tomada de posição política do intérprete, desprovida de qualquer cientificidade.

Mesmo a proposta metodológica do positivismo hartiano, que do ponto vista epistemológico está, em nosso sentir, mais próxima ao método hermenêutico-analítico constructivista, só admite o exercício de atividade volitiva naquelas situações em que se verifique a chamada "zona de penumbra", uma espécie de limbo semântico que admitiria ao sujeito cognoscente (aplicador ou dogmático) construir a mensagem normativa, adotando uma postura interpretativa compatível à concepção de Interpretação-S a que se refere DASCAL.

No contexto da literatura jurídica constructivista, por sua vez, é possível identificar, em diversas passagens das obras de LOURIVAL VILANOVA[50] e PAULO DE BARROS CAR-

---

mas. Porto Alegre: Sergio Antonio Fabris Editor, 1986. p. 194-196.

48. É o reflexo da influência do positivismo weberiano no pensamento kelseniano.

49. DASCAL, Marcelo. *Interpretação e compreensão*. São Leopoldo: Unisinos, 2006. p. 466.

50. "O jurista não pretende, mesmo o mais decididamente objetivo e neutro ante o fato do direito, conhecer por conhecer. Mesclam-se no seu ofício o saber teórico e o saber de manipulação. Pode, numa espécie de ascese intelectual, recurvar-se sobre o seu conhecimento puro: essa a sua atitude intencional. Mas, como que se desprendendo dessa linha direcional, lá adiante retoma o processo sua integridade de aspectos: é a direção preterintencional, que vai além da intenção original, e vemos como estas suas teorias inserem-se nos fatos, passando a compô-los." VILANOVA,

VALHO[51], restrições expressas às delimitações conceptuais do fenômeno jurídico que não levam em conta seu caráter eminentemente cultural e, via de consequência, às propostas jurídico-metodológicas que pretendem que o conhecimento jurídico seja absolutamente objetivo.

De fato, as possibilidades epistêmicas dessa pretensa objetividade, até no âmbito das chamadas Ciências *hard*, são altamente questionáveis. Os modelos teóricos devem ser entendidos na condição de "gramáticas fictícias", consensualmente fixadas, que se propõem a explicar os fenômenos naturais, reduzindo suas complexidades. É perfeitamente possível que duas ou mais teorias possam explicar de maneira diferente um mesmo fenômeno. A esse respeito, o pensamento de THOMAS KUHN[52] se mostra revelador, ao demonstrar que os modelos teóricos, e as descrições científicas a partir deles produzidas, estão sujeitos a prévio consenso a respeito de determinados paradigmas a partir dos quais as categorias teóricas são desenvolvidas.

As teorias perfazem sistemas linguísticos artificialmente construídos, via consenso, com a finalidade precípua de reduzir as complexidades inerentes aos fenômenos empíricos, com vistas a explicá-los racionalmente (racionalidade que é definida pela própria teoria). Assim, não há como se escapar da contingência de que o conhecimento científico nunca será

Lourival. Fundamentos do estado de direito. *Escritos jurídicos e filosóficos*. São Paulo: Axis Mundi, 2003. v. I.

51. "Falar em tom descritivo acerca do ordenamento jurídico é o grande tema da Ciência do Direito em sentido estrito, se bem que o trabalho do intérprete para montar o sistema seja tarefa construtiva, estimulada pela sua subjetividade, por suas inclinações ideológicas, por suas vivências psicológicas, por sua vontade, pois o chamado 'direito positivo' não aparece como algo já constituído, pronto para ser contado, reportado, descrito. A tessitura em linguagem, todavia, não será ainda o bastante para atribuir-lhe qualificações comunicativas plenas, requerendo que o destinatário o leia e o compreenda. É precisamente nessa função hermenêutica de atribuição de sentido, nesse adjudicar significação, que reside o trabalho do cientista, disfarçado numa descritividade acentuadamente subjetiva, como acontece, de resto, com as ciências sobre objetos da cultura." CARVALHO, Paulo de Barros. *Direito tributário, linguagem e método*. São Paulo: Noeses, 2008, p. 675.

52. KUHN, Thomas S. *A estrutura das revoluções científicas*. São Paulo: Perspectiva, 2003. passim.

algo absolutamente objetivo. Mesmo a matemática deve ser considerada na condição de um sistema de signos artificialmente desenvolvido para a solução de necessidades humanas.

Se é assim com as Ciências da Natureza, o que dirá das Ciências Culturais, muito mais sensíveis às contingências axiológicas e ideológicas que compõem o espírito humano em momentos históricos diversos.

Nessa medida, se para o constructivismo lógico-semântico (i) todo direito nasce de um ato psicofísico de enunciação prescritiva emanado de autoridade juridicamente competente (tese das fontes sociais); se (ii) desta atividade resulta um enunciado normativo cujo conteúdo não está, necessariamente, vinculado a uma moral objetiva, conquanto possa, contingentemente, ter sido produzido sob a influencia da consciência moral (valores) da autoridade enunciadora (tese da separação conceptual entre direito e moral); e, por fim, se (iii) a atividade judicial, produtora de normas concretas e individuais, pode, em maior ou menor grau, resultar na produção de direito novo; certo é, também, que (iv) este processo normativo-comunicacional é intermediado por uma necessária atividade intelectual de atribuição de sentido: a interpretação.

É de se destacar, nesse tocante, que a interpretação, no contexto do método constructivista, é essencial tanto para o intérprete autêntico, quanto para o não autêntico. Isso quer dizer que é a interpretação que define tanto a atividade dos aplicadores do direito, quanto a atividade do Cientista do Direito.

É nesse ponto, precisamente, que o modelo constructivista vai além (ou se afasta) do positivismo normativista, especialmente o de corte kelseniano, pois, diferentemente deste, propõe e desenvolve um modelo interpretativo extremamente sofisticado. Para o constructivismo lógico-semântico, a função da Ciência do Direito é, tal qual para o positivismo kelseniano, descrever o direito posto. Tal descritividade, no entanto, é eminentemente hermenêutica, de maneira que sua implementação impõe, necessariamente, atividade interpretativa.

OS FUNDAMENTOS TEÓRICO-GERAIS E O SIGNIFICADO PRAGMÁTICO DA CHAMADA "NORMA INTRODUTORA"

Rodrigo Dalla Pria[1]

Sumário: 1. Considerações preambulares. 2. A institucionalização jurídica da relação mando-obediência (poder/competência) e as condições mínimas para o uso prescritivo da linguagem. 3. Formalizando a pragmática: o dever-ser "neutro" como representação formal do uso da linguagem em função prescritiva. 4. Desformalizando o "dever-ser neutro": a norma introdutora como dêitico de prescritividade. 5. O constructivismo lógico-semântico e o princípio da homogeneidade sintática das normas jurídicas: uma tomada de posição em Kelsen. 6. A estrutura sintática do veículo introdutor: a norma introdutora como espécie de norma concreta e individual. 7. Considerações finais.

1. Considerações preambulares

O diálogo que se estabelece na obra de PAULO DE BARROS CARVALHO entre categorias jurídico-filosóficas, dogmáticas e jurídico-positivas é tão intenso que, por vezes, fica impossível separar, precisamente, as figuras do Dogmático do

---

1. Doutor em Direito Processual Civil - PUC/SP. Mestre em Direito Tributário - PUC/SP. Professor do IBET; da PUC/COGEAE. Coordenador dos Cursos de Especialização em Direito Tributário do IBET em Sorocaba e da Toledo Prudente em parceria com o IBET. Ex-Juiz do Tribunal de Impostos e Taxas - TIT/SP. Advogado.

Direito Tributário e a do Jusfilósofo. Essa característica perpassa toda a vasta e consistente doutrina produzida a partir da pena do grande Mestre paulista, construída, toda ela, sob o pretexto de estudar/analisar/descrever o sistema normativo tributário brasileiro.

E não se trata, como se poderia cogitar, de mera utilização instrumental de categorias teórico-gerais consagradas, sacadas das obras de outros jusfilósofos com exclusivo propósito de viabilizar a aproximação do jurista de seu objeto (o direito positivo), mas sim de verdadeira atividade construtiva de novas categorias e propositiva de outras formas de abordagem do fenômeno jurídico, as quais, mais que replicar gramáticas pertencentes a sistemas de referência previamente conhecidos, inovam a própria Teoria Geral do Direito.

É esse, justamente, o caso dos conceitos de "enunciação" e "enunciação-enunciada", tomados de empréstimo da Linguística[2] para explicar o fenômeno de produção jurídico-normativa e, em especial, para identificar um tipo específico de norma que é muito peculiar ao sistema de referência próprio ao constructivismo lógico-semântico, qual seja: a chamada norma introdutora.

A despeito da inquestionável originalidade que caracteriza o manejo do indigitado ferramental oferecido pela Linguística no estudo das fontes do direito, estamos convencidos de que tais categorias se prestam a explicar, de forma sensivelmente mais sofisticada e satisfatória, algo que já estava presente na intuição que subjaz à teoria das fontes sociais do direito que serve de viga mestra ao positivismo normativista de corte kelseniano.

Nosso propósito, neste trabalho, é identificar e explicar a íntima relação existente entre algumas categorias muito características à gramática kelseniana, tais como: competência jurídico-normativa; prescritividade; existência jurídica, vinculação;

2. Em especial da obra "As astúcias da enunciação" de José Luiz Fiorin.

e "dever-ser"; com categorias peculiares ao chamado constructivismo lógico-semântico, em especial aquelas utilizadas na conformação da teoria das fontes desenvolvida nas obras de PAULO DE BARROS CARVALHO e TÁREK MOUSSALEM.

O que se pretende demonstrar, ao final, é que as ideias de "enunciação", "enunciação-enunciada" e "norma introdutora" nada mais são que a representação empírica e jurídico-positiva daquilo que, no plano teorético, KELSEN chama de "dever-ser" neutro ou interproposicional, representado pela letra "D" na fórmula "D (A→B)".

Essa específica partícula é a responsável por indicar, formalmente, que determinado enunciado fora produzido mediante o uso da linguagem em sua função prescritiva, o que, a um só tempo, permite que se conclua pela (i) existência jurídica do enunciado normativo (validade em sentido descritivo); e (ii) que os destinatários das normas introduzidas devem observá-las, é dizer, estão a elas vinculados (validade em sentido prescritivo).

Trataremos, também, da influência da teoria da norma, tal como proposta por KELSEN, sobre os postulados constructivistas que dizem com a estrutura lógica das normas jurídicas em geral, em especial acerca do chamado "princípio da homogeneidade sintática" das normas jurídicas. Essa investigação, por sua vez, nos dará o pretexto ideal para, em seguida, analisarmos a estrutura sintática que é característica aos veículos introdutores de normas no sistema (normas introdutoras).

2. A institucionalização jurídica da relação mando-obediência (poder-competência) e as condições mínimas para o uso prescritivo da linguagem

A questão do "uso" da linguagem em suas diversas "funções" (descritiva, prescritiva etc.) é um problema eminentemente relacionado à pragmática da linguagem, visto estar vinculada, necessariamente, à força ilocucionária dos diversos tipos de atos de fala. Trata-se, justamente, daquilo que o enunciador "faz/altera" no mundo social quando emite um ato de fala, e que não se confunde com aquilo que ele efetivamente diz (força locucionária), muito menos com o efeito gerado no destinatário (força perlocucionária).

A atividade de produção normativa, fenômeno linguístico que é, pressupõe a utilização da linguagem em sua função prescritiva, o que ocorre naquelas específicas circunstâncias em que intencionalidade do sujeito emissor da mensagem se volta à regulação da conduta do sujeito receptor, vinculando-a a sua vontade (do emissor).

Nesse contexto, uma dada proposição (significação) nunca poderá ser considerada expressiva de uma "norma" pelo fato de simplesmente enunciar, sintaticamente e semanticamente, uma estrutura hipotético-condicional ou categórica que permita, obrigue ou proíba alguém de agir de determinada forma, mas sim por ter sido oriunda de um ato de fala pragmaticamente (uso) emanado em função prescritiva, independentemente da forma gramatical por meio da qual se expressar.

É por isso que a diferença que se estabelece, em KELSEN, entre norma e proposição normativa não está relacionada à estrutura sintática ou ao conteúdo semântico de cada qual, mas sim a sua origem (fonte), isto é, ao fato de o(s) enunciado(s) a partir do qual os referidos conteúdos de significação foram construídos terem sido formulados mediante o uso da linguagem em função prescritiva (norma) ou descritiva (proposição normativa).

A norma, portanto, mais que a significação construída a partir da interpretação de um conjunto de enunciados prescritivos, é, em verdade, a relação que se estabelece entre um (enunciados prescritivos) e outro (significação). Da mesma forma, o enunciado prescritivo não o é (prescritivo) em razão de sua estrutura sintática ou de seu conteúdo semântico, mas sim em razão de haver sido originado de um ato de enunciação prescritivo.

A "prescritividade" – aspecto pragmático do fenômeno comunicacional –, portanto, perfaz condição necessária da "normatividade", conquanto com ela não se confunda. O ato de enunciação prescritiva (fonte do direito) consubstancia fenômeno social (ser), externo ao direito (dever-ser). É nesse sentido, aliás, que KELSEN afirma:

> Norma é o sentido de um acto através do qual uma conduta é prescrita, permitida ou, especialmente, facultada, no sentido de adjudicada à competência de alguém. Neste ponto importa salientar que a norma, como sentido específico de um acto intencional dirigido à conduta de outrem, é qualquer coisa de diferente do acto de vontade cujo sentido ela constitui. Na verdade, *a norma é um dever-ser e o acto de vontade que ela constitui o sentido é um ser.*[3]

Daí a ideia de "fontes sociais do direito", premissa a partir da qual é possível afirmar que toda normatividade ("dever-ser") decorre de um ato de fala, cujo sentido (força ilocucionária) pressupõe a utilização da linguagem em sua função prescritiva. Eis, portanto, a expressão completa da "tese das fontes sociais do direito", tão cara à Filosofia do Direito kelseniana, traduzida a partir das categorias linguísticas utilizadas pelo constructivismo lógico-semântico.

O uso da linguagem em função prescritiva, por sua vez, apesar de estar intimamente relacionado à intenção do sujeito emissor (sentido subjetivo do ato de vontade) da mensagem, pressupõe anterior estabelecimento da necessária "relação de subordinação" (poder) entre o emissor e o receptor da mensagem normativa, sem a qual o primeiro não terá condições empíricas adequadas à utilização da linguagem em sua função prescritiva.[4]

---

3. *Teoria pura do direito.* 6. ed. Tradução João Baptista Machado; Armênio Amado. Coimbra: Editora Coimbra, 1984. p. 22 (destacamos).

4. Para ilustrar o que pretendemos expressar, basta imaginar a situação comunicativa que se estabelece quando a faxineira de uma grande corporação, ao se deparar com o presidente da empresa trabalhando em sua mesa em horário que, costumeiramente, é reservado à realização da limpeza, volta-se para o mandatário e enuncia: "saia da sala imediatamente, pois preciso limpá-la". Nesse caso, a ausência de relação de poder da faxineira para com o mandatário torna inviável que a linguagem seja usada em função prescritiva, independentemente da intencionalidade do

Conforme bem anota CARLOS SANTIAGO NINO, as prescrições ou ordens caracterizam-se pela superioridade do sujeito emissor em relação ao destinatário.[5] Essa superioridade, além de física (por ter a possibilidade de infligir dano ao destinatário) e moral, também pode ser jurídico-institucional. A superioridade que é própria aos emissores de atos jurídico-normativos, por exemplo, remete-nos às chamadas "normas de competências", que nada mais são que a institucionalização da relação de "poder" que se presta a atribuir aos órgãos e sujeitos (autoridades) emissores dos atos de fala jurídico-normativos as condições necessárias ao uso da linguagem em sua função prescritiva.

É o poder juridicamente institucionalizado, cuja expressão se materializa pelas normas atributivas de competência normativa, o responsável pelo preestabelecimento do vínculo de subordinação entre os órgãos ejetores de normas jurídicas e os destinatários das mensagens normativas. Trata-se, em verdade, daquela relação de mando/obediência (subordinação) a que se refere LOURIVAL VILANOVA[6], sem a qual não haveria condições para o exercício da atividade nomothética, e cuja institucionalização, característica aos sistemas jurídicos modernos, verte o poder – originalmente um dado de fato – em "competência".

É por essa razão que podemos afirmar que os enunciados jurídicos que estabelecem as competências normativas dos Entes Estatais são expressivas da relação mando/obediência que se estabelece entre "autoridades/órgãos competentes" e cidadãos, perfazendo, assim, a condição fático-jurídica necessária para o uso da linguagem em sua função prescritiva.

---

sujeito emissor. Se pensarmos, no entanto, a situação inversa, isto é, no mandatário determinando que a faxineira saia da sala, ante a posição hierárquica superior do emissor da ordem para com a receptadora, podemos vislumbrar efetivo uso da linguagem em sua função prescritiva.

5. NINO, Carlos Santiago. *Introdução à análise do direito*. São Paulo: Martins Fontes, 2010. p. 76.

6. "Inexiste poder sem relação sob a espécie de ação recíproca (Simmel, Max Weber), sem a relação mando/obediência". Política e direito: relação normativa. *Escritos jurídicos e filosóficos*. São Paulo: Axis Mundi/Ibet, 2003. v. I, p. 369.

3. Formalizando a pragmática: o dever-ser "neutro" como representação formal do uso da linguagem na função prescritiva

Se a relação de poder (mando/obediência), expressa juridicamente pelas normas de competência, perfaz condição necessária ao uso da linguagem em sua função prescritiva e, ainda, se tal prescritividade é condição necessária à normatividade jurídica, então será ela também (a prescritividade) o "dado-de-fato" responsável pela diferenciação entre proposições normativas (pertencentes ao mundo do dever-ser) e proposições descritivas (pertencentes ao mundo do ser).

A enunciação prescritiva, a despeito de perfazer fenômeno próprio ao mundo do ser (fonte do direito), ingressa no mundo do dever-ser a partir da enunciação-enunciada, assim entendida como o enunciado que se presta a documentar e registrar os dados-de-fato, objetivos e subjetivos, atinentes à emissão do ato de fala (enunciação) responsável pela emanação da mensagem jurídico-normativa.

É da enunciação-enunciada que constam os dêiticos (marcas) indicadores do uso da linguagem sua função prescritiva, em especial por apontar o sujeito competente e o procedimento por meio dos quais foram emanados os atos de fala jurídico-normativos. Significa dizer, por outros termos, que é na enunciação-enunciada que se encontram os dados necessários à identificação da relação de subordinação que se estabelece, *ex ante*, entre o emissor do ato normativo (autoridade competente) e seu destinatário, e sobre a qual tratamos no tópico precedente.

A enunciação prescritiva (força ilocucionária do ato de fala normativo) documentada e registrada na enunciação-enunciada, materializa, justamente, o ato de autoridade ao qual KELSEN atribui a responsabilidade pela ponência de normas nos sistemas jurídicos, sendo a enunciação-enunciada, consequentemente, a objetivação em linguagem do referido dado-de-fato, isto é, o "sentido objetivo" do ato de vontade emanado pela autoridade competente. É possível concluir, assim, que a enunciação-enunciada nada mais é que o enunciado que documenta o evento enunciador do ato de autoridade realizado mediante o "uso da linguagem em sua função prescritiva", constitutivo, portanto, do "fato jurídico da prescritividade".

Eis, aí, a dicotomia que se estabelece entre "realidade social" e "realidade jurídica", representadas, respectivamente, pelas ideias de "prescritividade-enunciação" (fenômeno pertencente ao mundo do ser – fonte do direito) e "prescritividade-enunciação-enunciada" (fenômeno pertencente ao mundo do dever-ser).

Nesse contexto, a enunciação-enunciada consubstancia o fato jurídico constitutivo da obrigação de os destinatários das mensagens normativas introduzidas observarem os comandos por elas emanados, obrigação esta que decorre, fundamentalmente, do ato de fala prescritivo da linguagem viabilizado pelo vínculo de subordinação (relação mando/obediência) estabelecido, previamente, entre os órgãos ejetores de normas e os destinatários das mensagens prescritivas.

Interessante notar, nesse tocante, que na clássica proposição "D (A→B)", representativa da norma jurídica em sentido estrito, a partícula interproposicional "D", indicativa daquilo que se costuma chamar de "dever-ser neutro", nada mais é que a indicação de que a proposição "A→B" fora emanada por autoridade competente, mediante o uso da linguagem em sua função prescritiva.

É o próprio KELSEN, aliás, que aponta para a relação intrínseca que se estabelece entre as noções de "dever-ser", prescritividade e competência. Confira-se:

> Quando a proposição jurídica é aqui formulada com o sentido de que, sob determinados pressupostos, *deve* realizar-se uma determinada consequência, isto é, quando a ligação, produzida por uma norma jurídica, dos factos estabelecidos como pressuposto e consequência é expressa na proposição jurídica pela cópula "deve (ser)" (sollen), esta palavra não é empregada no seu sentido usual – já anotamos acima e deve uma vez mais ser bem acentuado. Com "dever-ser" exprime-se usualmente a ideia do ser-prescrito, não a do ser-competente (ser-autorizado) ou a do

ser-permitido. O dever-ser jurídico, isto é, a cópula que na proposição jurídica liga pressuposto e consequência, abrange as três significações; a de um ser-prescrito; a de um ser-competente (ser-autorizado) e a de um ser-(positivamente) – permitido das consequências. Quer isto dizer: com o "dever-ser" (Sollen) que a proposição jurídica afirma são designadas as três funções normativas. Este "dever-ser" apenas exprime o específico sentido com que entre si são ligados ambos os factos através de uma norma jurídica, ou seja, numa norma jurídica.[7]

Essa circunstância nos permite inferir que a partícula "D", que ocupa a função de sincategorema na estrutura lógica da norma jurídica expressa pela fórmula "D (A→B)", nada mais é que a representação formal do uso da linguagem em sua função prescritiva, responsável por atribuir à proposição "(A→B)" a condição de verdadeira norma jurídica, diferençando-a, sob o ponto de vista lógico-formal, das proposições de idêntica estrutura e sintática e mesmo conteúdo semântico exaradas mediante o uso da linguagem em sua função descritiva.

Essa relação entre dever-ser neutro e aspecto pragmático (uso) da linguagem não passou despercebido à fina análise de LOURIVAL VILANOVA:

> Sem dúvida, o propósito de Kelsen, com sua fórmula "If A is, B ought to be" (*General theory of law and State, p. 46*), é contrapor a estrutura da lei normativa à lei natural ("if A is, B is"). Mas a proposição jurídica (a *rule of law,* ou a *Rechtssatz*), em sua teoria, passa do nível da *norma* para o nível da proposição *sobre* norma com somente mudar o sentido (cognoscitivamente fica no *descriptive sense*). Cremos acertado dizer: a mudança é tão-somente pragmática, não sintática, nem semântica, como veremos. Reside no *uso* que se faz do enunciado normativo, o que indica sua relação com os *usuários* e com o *contexto*.[8]
>
> Observa Kelsen que a partícula operatória "dever-ser" é ambígua. Comporta um *uso descritivo* e outro *uso prescritivo*. Na

---

7. KELSEN, Hans. *Teoria pura do direito*. 6. ed. Tradução João Baptista Machado; Armênio Amado. Coimbra: Editora Coimbra, 1984.

8. Analítica do dever-ser. *Escritos jurídicos e filosóficos*, São Paulo: Axis Mundi/Ibet, 2003. v. II, p. 60.

> norma jurídica, é um prescritor. Diremos, em outra linguagem, é um functor genérico, cujos *valores modais* são o proibido, o obrigatório e o permitido. Esse uso, vê-se, é relação pragmática, i.é, relação entre o usuário ou emitente da norma e o receptor ou destinatário da norma. A pragmática da norma, em seu uso normal, reside em influenciar o comportamento, motivar condutas (ação/omissão). [...]
>
> O dever-ser, pois, em seu uso normal é um índex deôntico para a conduta.[9]

Mais que isso. Se a partícula "D" perfaz, a um só tempo, (i) a manifestação daquilo que KELSEN nomina "dever-ser" interproposicional (neutro) e, ainda, (ii) a representação formal do uso da linguagem em sua função prescritiva, podemos concluir que "dever-ser" e "prescritividade" são fenômenos que correspondem às duas faces de uma mesma moeda: a face lógico-formal, de um lado, e a face linguístico-pragmática, de outro lado. É dizer, por outros termos, que a partícula "D", representativa da ideia de "dever-ser", corresponde à formalização do fenômeno, pragmático por definição, da prescritividade.

Ocorre, no entanto, que todo processo de formalização (abstração lógica) induz uma operação de extirpação de conteúdos de significação que toma como ponto de partida um enunciado efetivamente objetivado, de sorte que a ideia de "dever-ser" neutro, como categoria lógico-formal representativa do fenômeno da prescritividade, há de buscar referência empírica não no ato de enunciação prescritiva em si (fonte do direito), mas sim no enunciado por meio do qual suas marcas são objetivadas, isto é, na enunciação-enunciada.

Conforme anotamos acima, os enunciados constitutivos dos dados-de-fato que apontam para o uso da linguagem em sua função prescritiva são expressos na enunciação-enunciada, onde restam objetivados os "dêiticos de prescritividade". Não por outro motivo, a ideia de "dever-ser", como categoria

9. Níveis de linguagem em Kelsen (*norma jurídica / proposição jurídica*). *Escritos jurídicos e filosóficos*. São Paulo: Axis Mundi/Ibet, 2003. v. II, p. 219.

formal representativa do ato de enunciação prescritiva, representa a formalização daquilo que, no âmbito concreto, chamamos enunciação-enunciada, sentença a partir da qual é construída a chamada norma introdutora.

Daí que, na fórmula "D (A→B)" o sincategorema "D" corresponde à representação lógico-formal da norma introdutora, indicativa do uso da linguagem em sua função prescritiva e, portanto, vinculante da conduta dos destinatários das mensagens normativas inseridas no sistema, isto é, das normas introduzidas, formalmente representadas pela proposição "(A→B)".

Essa constatação, além de evidenciar a plena viabilidade teórica da asserção, tão própria ao constructivismo lógico-semântico, segundo a qual "as normas andam aos pares[10]", mostra-se altamente interessante para demonstrar o diálogo que se estabelece entre as categorias linguístico-semióticas utilizadas pelo método constructivista e aquelas que são características ao positivismo de corte kelseniano.

4. Desformalizando o "dever-ser neutro": a norma introdutora como dêitico de prescritividade

A enunciação-enunciada expressa, fundamentalmente, as condições (dêiticos) de tempo, espaço, autoridade e procedimento em função das quais a atividade de enunciação normativa – fonte do direito em sentido estrito – fora concretizada. É na enunciação-enunciada que constam os dados acerca do emissor do ato normativo (autoridade competente) que permite ao destinatário das normas introduzidas identificar a própria prescritividade do ato de enunciação, a qual pressupõe a preexistência daquele vínculo de subordinação a que LOURIVAL VILANOVA chama de relação mando/obediência

10. "[...] regra jurídica alguma ingressa no sistema do direito positivo sem que seja introduzida por outra norma, que chamamos, aqui avante, de veículo introdutor de normas. Isso já nos autoriza a falar em normas introduzidas e normas introdutoras, ou, em outras palavras, afirmar que as normas vêm sempre aos pares." Paulo de Barros Carvalho. *Direito tributário, linguagem e método*. São Paulo: Noeses, 2008. p. 393.

constituído pelos enunciados instauradores das competências normativas estatais.

As normas introdutoras, desse modo, têm a precípua função de fixar os critérios de identificação da relação de vinculação dos destinatários das normas introduzidas aos seus respectivos conteúdos normativos. Em outros termos, são as normas introdutoras as responsáveis por responder, concreta e pragmaticamente, à seguinte pergunta: por que devo obedecer às normas introduzidas neste documento? A resposta, que é intuitiva, é a seguinte: porque, nos termos do que consta no conteúdo da norma introdutora, tais enunciados foram produzidos por autoridade competente, isto é, por "autoridade" a quem o destinatário deve, institucionalmente, obediência (relação mando/obediência).

Daí a estrutura sintática fundamenta das normas introdutoras: dado a fato de autoridade "X", no dia "Y", no local "Z", ter emitido os enunciados normativos veiculados na Lei "A", deve ser a obrigação de observância das normas introduzidas por seus destinatários.

Nessa medida, é a norma introdutora que estabelece as condições para que o destinatário das normas introduzidas saiba que estas últimas foram efetivamente produzidas no exercício legítimo da linguagem em sua função (juridicamente) prescritiva, tal qual determinado pelo sistema, o que implica a vinculação ao conteúdo normativo a ele dirigido pelos preceitos normativos introduzidos.

Por vinculação, portanto, queremos referir à força obrigatória de uma norma, isto é, aquilo que condiciona o receptor da mensagem normativa a se comportar do modo que lhe é prescrito.

Em KELSEN, a ideia de vinculação, tanto quanto a noção de existência jurídica (*pertenencia*), são fenômenos eminentemente relacionados ao conceito de validade, a ponto de muitos autores apontarem que cada um dos fenômenos em questão – vinculação de um lado, e existência jurídica de outro – corresponderiam a duas concepções distintas de validade utilizadas por KELSEN, a saber: validade em sentido interno ou prescritivo (vinculação); e validade em sentido externo ou descritivo (existência jurídica/*pertenência*).[11]

A juridicidade de uma norma, havemos de admitir, é função de sua força vinculante, de sorte que existência jurídica e vinculação, conquanto perfaçam conceitos distintos, são fenômenos indissociáveis, pois decorrem de uma mesma circunstância fática: a enunciação juridicamente prescritiva. Nessa medida, se uma norma existe juridicamente, será ela necessariamente vinculante da conduta de seus destinatários, e vice-versa.

À falta de um ato de "enunciação juridicamente prescritivo", que é justamente aquele que se encontra documentado nas enunciações-enunciadas, e de cuja interpretação se constroem as chamadas normas introdutoras, não há que se falar em existência de norma jurídica e, consequentemente, em vinculação (jurídica) dos destinatários do ato.

Vem daí, aliás, a ideia, tão bem definida por AURORA TOMAZINI DE CARVALHO, segundo a qual *nenhuma norma jurídica ingressa no direito positivo sem ser através de outra norma jurídica (veículo introdutor), pois a fórmula que o sistema estipula para nele introduzir regras é a produção de uma norma introdutora.*[12]

---

11. "Não é fácil responder à questão do que Kelsen entende por 'validade', tendo em vista as mais diversas formulações. Mas é possível localizar pelo menos dois conceitos diferentes que aparecem sob o rótulo de 'validade' nos escritos de Kelsen. Validade como pertencimento de uma norma à ordem jurídica e validade como força obrigatória da norma.
Força obrigatória é claramente um conceito normativo. Por outro lado, pertencer é um conceito descritivo; a afirmação de que uma norma pertence a uma ordem jurídica é uma proposição descritiva, capaz de ser verdadeira ou falsa".
"No es fácil contestar a la pregunta de qué entiende Kelsen por 'validez', en vista de las formulaciones más diversas. Pero cabe ubicar por lo menos dos conceptos diferentes que aparecen bajo el rótulo de 'validez' en los escritos de Kelsen. Validez como pertinência de una norma al orden jurídico y validez como fuerza obligatoria de la norma.
Fuerza obligatoria es claramente un concepto normativo. Em cambio, la pertenencia es un concepto descriptivo; la afirmación de que una norma pertenece a un orden jurídico es una proposición descriptiva, susceptible de ser verdadera o falsa." BULYGI,N Eugenio. El problema de la validez en Kelsen. In: KELSEN, Hans; BULYGIN, Eugênio; WALTER, Robert. *Validez e eficacia del derecho*. Buenos Aires: Editora Astrea, 2005. p. 102, tradução nossa.

12. CARVALHO, Aurora Tomazini de. *Curso de teoria geral do direito, o constructivismo lógico-semântico*. São Paulo: Noeses, 2009. 649.

5. O constructivismo lógico-semântico e o princípio da homogeneidade sintática das normas jurídicas: uma tomada de posição em Kelsen

Outra grande contribuição de KELSEN ao sistema de referência constructivista diz com a estrutura sintática das proposições normativas, as quais haverão de ser compostas, necessariamente, por um juízo hipotético condicional cujos termos antecedente e consequente apontam, respectivamente, para uma situação de fato cuja efetiva verificação dará ensejo ao nascimento da relação jurídica que vinculará dois ou mais sujeitos de direito, obrigando, permitindo ou proibindo determinada conduta.

Eis, aí, aquilo que, no âmbito do sistema de referência próprio ao constructivismo lógico-semântico, é chamado de "princípio da homogeneidade sintática" das normas jurídicas.

Importante destacar o fato de o chamado "princípio da homogeneidade sintática", que postula a necessária estruturação das proposições jurídico-normativas sob a forma de juízos hipotético-condicionais, estar necessariamente relacionado a uma técnica de regulação de condutas que se impõe ante a impossibilidade de contato direto do sujeito emissor da mensagem normativa com o destinatário da norma.

Explicamos. Se o sujeito prescritor puder emitir a mensagem normativa diretamente ao destinatário, no momento em que a conduta deve ser realizada, não haverá a necessidade de se delimitar, previamente, as circunstâncias fáticas que justificarão a emissão da ordem dirigida à conduta que se pretende ver realizada pelo destinatário, bastando que o emissor emane a prescrição diretamente ao destinatário.

O exemplo que comumente é dado pela literatura especializada – no mais das vezes, por jusfilósofos de formação analítico-filosófica – é o da mãe que, ao verificar que o filho está a brincar diante de uma janela aberta, percebe que o vento frio que começa a soprar pode deixá-lo enfermo. Diante disso, a mãe se dirige diretamente ao filho e ordena (prescreve): "feche a janela"; sem que, para tanto, enuncie a razão pela qual emitiu a ordem, isto é, o fato de estar ventando.

No dia seguinte, a mesma mãe, ao se preparar para sair para o trabalho, se dá conta de que o filho está a brincar no mesmo lugar do dia anterior e, ainda, que a janela se encontra novamente aberta. Nessa ocasião, no entanto, o vento frio não está a soprar, o que torna injustificável a emissão de ordem idêntica àquela dada na primeira ocasião. Apesar disso, a mãe tem consciência de que, no decorrer o dia, o vento frio que justificou a ordem de fechamento da janela emitida no dia anterior poderá voltar à tona. Diante disso, antes de sair de casa, a mãe se dirige novamente ao filho e prescreve: "se ventar, feche a janela".

O que o exemplo acima quer demonstrar é que nas situações em que emissor e destinatário da prescrição se encontram em contato por ocasião da ocorrência do fato necessário e suficiente à emissão mensagem normativa, esta se dará por meio dos chamados imperativos categóricos, que prescindem da previsão hipotética das circunstâncias fáticas que servem de pressuposto à realização da conduta que se pretende atingir.

E isso porque os chamados imperativos hipotético-condicionais se prestam à regulação da conduta do destinatário da mensagem normativa nas circunstâncias em que não é possível que o emissor da prescrição esteja em contato direto com o destinatário por ocasião da verificação da situação fática que dá ensejo a emissão da prescrição (vedação, obrigação ou permissão) destinada a atingir a conduta do destinatário.

A normatização jurídica, em regra, ocorre por meio dessa técnica, isto é, por intermédio de imperativos hipotético-condicionais. E isso porque, em direito, o emissor ordinário da norma jurídica geral e abstrata – o legislador, em regra – não está em contato direto com o destinatário da mensagem prescritiva, motivo pelo qual não pode verificar, por exemplo, quando o contribuinte adquire renda ou realiza operações de circulação de mercadorias para que possa então emitir, diretamente, a ordem para recolher o imposto sobre a renda ou o imposto sobre circulação de mercadorias.

Diante disso, o legislador lança mão de mensagens normativas estruturadas sob a forma de juízos hipotético-condicionais por meio das quais fixa, conotativamente, as circunstâncias fáticas em que o destinatário da norma deverá realizar tal conduta. É o aplicador do direito, no entanto, que ao tomar contato com a facticidade prevista no antecedente das normas abstratas e gerais que procede ao ato de individualização da conduta e identificação dos sujeitos destinatários da norma individual, ocasião em que a conduta é efetiva e diretamente regulada.

Não obstante, na atividade normativa jurisdicional, por exemplo, diferentemente do que ocorre com a função legislativa, verifica-se uma relação direta do juiz com as partes, havendo, portanto, plenas condições para a emissão de uma norma categórica. Assim, se o ato de realização do direito subjetivo material constituído na norma individual e concreta constante do fundamento de uma determinada tutela jurisdicional pressupõe a necessária emissão de uma ordem (norma categórica) diretamente dirigida à parte, isso será feito como condição de efetivação do direito material e de cumprimento do dever jurisdicional.

A emissão da ordem (norma categórica) que caracteriza os *writs* (mandados de segurança, habeas corpus, mandado de injunção, habeas data etc.), por exemplo, não se apresenta como o resultado da aplicação de norma abstrata e geral, mas na condição de enunciado prescritivo que, a um só tempo, formaliza o ato de cumprimento da norma de julgamento (concreta e individual) e se volta à realização do direito subjetivo constituído no consequente da norma concreta e individual de direito material posta no fundamento da decisão (norma de decisão). Trata-se de norma categórica que materializa a técnica de realização do direito material disciplinada pela legislação processual.

É muito importante que se tenha muito bem esclarecido que o fato de admitirmos a existência de normas jurídicas categóricas veiculadas nas partes dispositivas das sentenças ordenatórias não significa exceptuar, pelo menos não necessariamente, o postulado da homogeneidade sintática das normas jurídicas, tão caro ao sistema de referência próprio ao constructivismo lógico-semântico, e que dispõe sobre a necessária estruturação hipotético-condicional das proposições jurídico-normativas.[13]

Lembremos, nesse tocante, que a redução dos componentes mínimos dos sistemas jurídicos – as normas jurídicas – a juízos hipotético-condicionais, fora proposta, originalmente, por KELSEN, tendo sido o próprio jurista austro-húngaro aquele que primeiro admitiu, na mesma obra (Teoria Pura do Direito) em que postula a homogeneidade sintático-estrutural das normas jurídicas, a possibilidade de emissão, por parte dos juízes, de enunciados categóricos isolados.[14] Confira-se:

> Também isto mostra que todas as normas gerais de uma ordem social empírica, incluindo as normas gerais de omissão, apenas podem prescrever uma conduta sob condições ou pressupostos bem determinados, e que, por isso, toda a norma geral produz uma conexão entre dois factos, conexão essa que pode ser descrita pelo enunciado segundo o qual, sob um determinado pressuposto, deve realizar a uma determinada conseqüência. [...]
>
> Apenas as normas individuais podem ser categóricas, no sentido de que prescrevem, autorizam ou positivamente permitem uma dada conduta de determinado indivíduo sem a vincular a determinado pressuposto. É o que se passa quando, por exemplo, um tribunal decide que um certo órgão tem de proceder a certa execução num determinado patrimônio, ou que certo órgão deve colocar numa prisão, por um determinado período de tempo, um certo réu.[15]

---

13. "O que confere homogeneidade a todas as regras de Direito positivo é a sua normatividade. O ponto de partida é normativo: a norma fundamental, para tomarmos o *modelo kelseniano de explicação*. Consiste essa homogeneidade estrutural no modo constante de relacionar os dados ou elementos (fatos e condutas) da experiência. Se o relacionamento segue o esquema da causa/efeito, temos *natureza*; se o nexo é de dever-ser (dado A, deve-ser B), termos a imputação." VILANOVA, Lourival. *As estruturas lógicas e o sistema de direito positivo*. São Paulo: Max Limonad. 1997. p. 166.

14. Essa circunstância leva-nos a especular e cogitar se o chamado "princípio da homogeneidade sintática" das normas jurídicas não seria aplicável exclusivamente ao âmbito das normas abstratas e gerais.

15. *Teoria pura do direito*. 6. ed. Tradução João Baptista Machado; Armênio Amado. Coimbra: Editora Coimbra, 1984. p. 154 (grifo nosso).

Tudo isso leva-nos a concluir que o postulado da "homogeneidade sintática" das normas jurídicas é aplicável, com foros de exclusividade, somente às normas abstratas e gerais, tendo em vista ser possível verificar, no âmbito das normas individuais, típicas normas categóricas.

6. A estrutura sintática do veículo introdutor: a norma introdutora como espécie de norma concreta e individual

Cabe-nos, por derradeiro, analisar a estrutura sintática própria à chamada norma introdutora. Nesse tocante, quer nos parecer, *data maxima venia*, que as normas introdutoras não sejam, propriamente, normas concretas e gerais, como é comum se afirmar na Dogmática constructivista tradicional.[16]

Estamos a falar, em verdade, de típicas normas concretas e individuais, que regulam a obrigação de observância das normas introduzidas por seus destinatários, os quais, a despeito de não se encontrarem nominalmente identificados no documento, são plenamente identificáveis.

---

16. "Rememoremos que a norma sobre a produção jurídica descreve, em seu antecedente, um agente competente e o procedimento prescrito pelo ordenamento para a produção normativa e, em seu consequente, prescreve a *obrigação* de todos respeitarem as disposições inseridas, pelo próprio veículo introdutor, no sistema do direito positivo.
Assim, a norma denominada veículo introdutor é da espécie concreta e geral.
Concreta, porque contém, no seu antecedente, um fato jurídico molecular (agente competente + procedimento, englobada a publicação) acontecido em determinado espaço e local, furto da aplicação da norma sobre produção jurídica. Geral, porque, no seu consequente, estabelece uma relação jurídica que torna obrigatória a observação de seus dispositivos". MOUSSALLEM, Tárek Moisés. *Fontes do direito tributário.* Max Limonad, São Paulo: 2001. p. 139.
"A norma introdutora é da espécie geral e concreta: concreta porque seu antecedente relata um fato passado, mais precisamente o exercício da competência normativa realizada no plano dos acontecimentos sociais (enunciação); e geral porque no seu consequente se estabelece um vínculo em que um dos polos é composto por sujeitos indeterminados (todos os membros da sociedade)". CARVALHO, Aurora Tomazini de. *Curso de teoria geral do direito, o constructivismo lógico-semântico.* São Paulo: Noeses, 2009. p. 650.

Isso porque a generalidade das regras perfaz característica que se vincula diretamente à natureza do consequente normativo, pressupondo, tanto quanto a hipótese abstrata, uma proposição conotativa, ou seja, uma conduta "tipo" atribuída a uma "classe de sujeitos". A norma construída a partir das enunciações enunciadas (normas introdutoras), no entanto, são compostas por proposições denotativas, seja no antecedente, seja no consequente, de sorte que este último, em se tratando de normas introdutoras, não é composto por uma "classe de sujeitos", mas por sujeitos de direito que, conquanto não estejam expressamente identificados, são plenamente identificáveis.

Nessa medida, a questão da individualidade da norma não diz, propriamente, com a quantidade de sujeitos passivos a que ela é destinada ou, ainda, com a expressa identificação de cada um deles no documento normativo, mas à regulação concreta da conduta de seus destinatários, materializada por meio de proposição denotativa do fato jurídico relacional que vincula, concretamente, os destinatários da norma.

Um consequente normativo denotativo, que disponha acerca da concreta regulação da conduta de vários indivíduos que, a despeito não estarem nominalmente individualizados, sejam perfeitamente "individualizáveis", é muito diferente do consequente normativo conotativo que tipifica a regulação de uma conduta a ser observada por uma "classe de sujeitos" caso se verifique a situação fática conotada no antecedente da norma.

A tomada de posição de EUGENIO BULYGIN e DANIEL MENDONCA acerca do problema parece corroborar nossa intuição. Confira-se:

> Uma distinção muito importante para o direito é a distinção entre normas gerais e normas individuais. Como mostra von Wright, essa classificação não é unívoca (von Wright 1963: 95-99). *Uma norma pode ser individual ou geral em relação ao sujeito normativo, conforme o destinatário da norma seja um ou vários sujeitos individualizados ou uma classe de sujeitos*, ou individual ou geral em relação à ocasião, conforme a norma se refira a uma ou várias ocasiões concretas ou uma classe de ocasiões. Os dois

> critérios são independentes e, consequentemente, uma norma pode ser geral em um sentido e individual em outro. Se a norma é geral, tanto em relação ao sujeito quanto em relação à ocasião, é uma norma eminentemente geral.[17]

É possível concluir, portanto, que a diferença que se estabelece entre normas abstratas/gerais e concretas/individuais diz, fundamentalmente, com a natureza das proposições que compõem o antecedente e o consequente normativos de cada qual.

Teremos norma abstrata e geral quando as proposições que representam os dois termos que compõem a norma jurídica (hipótese e consequência) consubstanciarem, respectivamente, uma classe de fatos e uma classe de sujeitos (enunciados conotativos). De outro lado, verificar-se-á norma concreta e individual nas ocasiões em que os termos antecedente e consequente da proposição normativa expressarem fatos e relações jurídicas (enunciados denotativos), ambos denotativos de eventos sociais efetivamente concretizados.

As normas abstratas e gerais, portanto, perfazem típicas regras de incidência, pois apontam para fatos e relações jurídicas futuras, cuja verificação dará ensejo à dupla operação lógica que caracteriza o fenômeno da incidência, quais sejam: a subsunção e a implicação. Normas concretas e individuais, por outro lado, consubstanciam o resultado do fenômeno de incidência, de sorte que a jurisdicização de um evento por meio de ato de aplicação que o verta em fato jurídico (subsunção), pressupõe o nascimento automático e infalível da correspondente relação jurídica (implicação).

---

17. "Una distinción muy importante para el derecho es la distinción entre normas generales y normas individuales. Como ha mostrado von Wright, esta clasificación no es unívoca (von Wright 1963: 95-99). Una norma puede ser individual o general respecto del sujeto normativo, según que el destinatario de la norma sea uno o sean varios sujetos individualizados o una clase de sujetos, o individual o general respecto de la ocasión, según que la norma se refiera a una o varias ocasiones concretas o una clase de ocasiones. Los dos criterios son independientes y, por consiguiente, una norma puede ser general en un sentido e individual en otro. Si la norma es general, tanto respecto del sujeto como respecto de la ocasión, es una norma eminentemente general". *Normas y sistemas normativos*, p. 17, tradução nossa.

É por isso que, em nosso sentir, não é (teórica e pragmaticamente) possível falarmos em normas introdutoras como típicas normas concretas e gerais, pois o fato jurídico constituído no antecedente de uma norma concreta induz, necessariamente, uma relação jurídica que vinculará sujeitos de direito individualizados ou individualizáveis.

Temos que convir, nesse tocante, que o conjunto de "todos os membros da sociedade" (consequente da norma introdutora) é, efetivamente, um enunciado denotativo que expressa um conjunto finito de sujeitos que, conquanto não estejam expressamente nominados, são plenamente determináveis, e não um enunciado delimitador dos critérios de aferição de uma "classe de sujeitos".

Da mesma forma, e tomando como referência os mesmos critérios acima, não há que se falar em normas abstratas e individuais, pois todo antecedente normativo abstrato (conotativo de situações fáticas de possível ocorrência) pressupõe, necessariamente, um consequente geral, composto por enunciado definidor de uma classe de sujeitos, e não de sujeitos de direito concretamente considerados. Isso ocorre, inclusive, com as normas veiculadas em contratos bilaterais firmados entre sujeitos de direito concretamente identificados.

Com efeito, é muito comum que tais documentos veiculem verdadeiras normas abstratas, compostas por enunciados conotativos de fatos de possível ocorrência durante a vigência do acordo de vontades. Tais normas, a despeito de indicarem, em regra, os próprios signatários do contrato como os sujeitos de direito a ocuparem os polos ativo e passivo da futura relação jurídica a ser instaurada em caso de efetiva ocorrência do fato descrito na hipótese normativa abstrata, não podem ser chamadas de típicas regras individuais, pois também veiculam enunciados descritivos de "uma classe de sujeitos", mas cujo critério de inclusão é muito mais restrito que na maioria das normas gerais.

Assim é que, a classe dos "Joãos da Silva", que possuem RG 2.222.222-2 e CPF 333.333.333-03, não pode ser confundida com o sujeito de direito João da Silva, portador do RG 2.222.222-2 e do CPF 333.333.333-03, o qual, apesar de preencher todos os critérios de inclusão (*pertencimento*) na sobredita classe de sujeitos, com ela não se confunde.

São por essas específicas razões que entendemos, particularmente, que toda norma com antecedente abstrato será composta, necessariamente, por um consequente geral. Do mesmo modo, qualquer norma que resulte de um ato de incidência/aplicação, dando ensejo a jurisdicização de situação fática conotada na hipótese de norma abstrata e geral, será, necessariamente, uma norma concreta e individual, visto que não é possível verificar um fato jurídico molecular, sem que dele resulte um fato jurídico relacional que vincule, concretamente, sujeitos de direito expressamente determinados ou, ainda, plenamente determináveis.

Por essa proposta de classificação das normas, que toma como critério de diferenciação a natureza das proposições (conotativas ou denotativas) que integram os termos antecedente e consequente das estruturas normativas, tem-se, queremos crer, uma maior redução de complexidades, pois se reduzem os tipos normativos a duas únicas espécies de normas jurídicas: as abstratas e gerais de um lado; e as concretas e individuais de outro.

Nesse contexto, em sendo a norma introdutora a responsável pela documentação do fato do exercício da competência normativa, cujos termos (antecedente e consequente) materializam proposições eminentemente denotativas, não há como afastar sua natureza concreta e individual.

7. Considerações finais

A influência que o pensamento e a obra de HANS KELSEN exercem sobre os juristas que adotam o sistema de referência que é próprio ao chamado constructivismo lógico-semântico quer nos parecer inquestionável, a começar por aquele que é considerado o fundador da mencionada escola de pensamento: LOURIVAL VILANOVA.[18]

Trata-se de uma característica que, no mais das vez, não costuma ser identificada internamente por aqueles que estão imersos no ambiente e no contexto de produção intelectual constructivista, mas que salta aos olhos de observadores mais qualificados, como é o caso de ANDREA AMATUCCI, autor do prefácio à edição italiana de "Direito tributário: fundamentos jurídicos da incidência", de PAULO DE BARROS CARVALHO, onde o referido professor italiano aponta expressamente para a influência exercida por KELSEN no pensamento do mestre paulista:

> Na América Latina, a doutrina jurídico-tributária manifesta uma crescente e admirável sensibilidade em relação ao papel indispensável que desempenha a teoria geral do direito para garantir fundamentos sólidos à pesquisa científica.
>
> [...]
>
> É nesse contexto que está inserida a obra do prof. De Barros Carvalho, cuja abordagem é tipicamente kelseniana e inspirada na teoria do ordenamento, segundo a qual prevalece o aspecto formal, exceto para a sentença do juiz, que é de natureza substancial.[19]

Mais importante, talvez, que a influência e a utilização das categorias propostas pelo Teoria do Direito de corte kelseniano, são as novas tecnologias utilizadas pelos autores

18. As categorias propostas por KELSEN são objeto de análise crítica em praticamente toda a obra do mestre pernambucano, a começar pelos seus dois livros mais famosos: "As estruturas lógicas e o sistema do direito positivo" e "Causalidade e relação no direito". Alguns textos esparsos do referido jusfilósofo, no entanto, são expressamente dedicados a análise de categorias teórico-gerais kelsenianas, tais como: "Analítica do dever-ser"; "Níveis de linguagem em Kelsen (norma e proposição jurídica)"; "Teoria da norma fundamental (comentários à margem de Kelsen)"; e "Teoria jurídica da revolução (anotações à margem de Kelsen).

19. "In America Latina la dottrina giuridica tributaria manifesta una crescente ed apprezzabile sensibilità nei confronti dell'indispensabile ruolo, che svolge la teoria generale del diritto, di garantire solide fondamenta alla ricerca scientifica. [...] In tale contesto si inserisce l'opera del prof. De Barros Carvalho, la cui impostazione è tipicamente Kelseniana ed inspirata alla teoria ordinamentale, secondo la quale prevale l'aspetto formale, tranne per la sentenza del giudice, che riveste natura sostanziale". *Diritto Tributario*. Milão: CEDAM, 2004. p. XI, tradução nossa.

constructivistas, inexistentes ou inacessíveis no tempo histórico em que vivera o jurista austro-húngaro, para confirmar algumas "intuições" que são caras à concepção de "direito" proposta por KELSEN.

Parece ser este, exatamente, o caso das categorias linguísticas (enunciação, enunciação-enunciada; enunciado-enunciado) utilizadas pelo constructivismo lógico semântico para desenvolver sua particular teoria das "fontes do direito", que parte das mesmíssimas premissas utilizadas por KELSEN, em especial da assertiva segundo a qual todo direito tem uma origem externa ou social (evento enunciação), mas que, a despeito disso, possuem uma capacidade explicativa muito mais satisfatória – em especial sob a perspectiva pragmática – que aquela decorrente da utilização das categorias "kantiano-transcendentais" manipuladas por KELSEN.

CONTRIBUIÇÕES DO CONSTRUCTIVISMO LÓGICO-SEMÂNTICO À TEORIA DO FATO JURÍDICO TRIBUTÁRIO

Rodrigo Griz[1]

Sumário: 1. O limite é traçado unicamente no interior da língua; além dele, apenas o absurdo. 2. Teorias unitária e dualista do tributo. 3. Normas jurídicas gerais, abstratas, individuais e concretas: uma classificação das proposições jurídicas. 4. Incidência de normas e aplicação do direito. 5. Evento, fatos e fato jurídico. 6. Norma de tributação e regra-matriz de incidência tributária.

1. O limite é traçado unicamente no interior da língua; além dele, apenas o absurdo

Ludwig Wittgenstein, no prefácio do *Tractatus Logico-Philosophicus*, expunha que o pensar não pode sofrer um limite, porquanto isso exigiria que pudéssemos avistar ambo os lados desse limite: o que pode e o que não pode ser pensado. Isso seria um absurdo. O limite, então, não pode ser estabelecido no pensar, mas na expressão do pensamento. "O limite

---

1. Mestre e Doutor em Direito Tributário pela PUC/SP. Professor nos cursos de Especialização da COGEAE (PUC/SP) e do IBET. Ex-conselheiro do Conselho Municipal de Tributos do Município de São Paulo. Advogado.

será, pois, traçado unicamente no interior da língua; tudo o que fica além dele será simplesmente absurdo"[2].

O fato jurídico também estabelece um limite. É a expressão do pensamento, vertido em linguagem, portanto, que distingue precisamente o direito do não direito.

Para se entender o tributo, deve-se investigar e entender o fato jurídico tributário e suas consequências jurídicas, como linguagem denotativa em suas proposições; individual e concreta. Faz-se necessário também entender, nesse sentido, sua expressão proposicional conotativa, a norma geral e abstrata denominada regra-matriz de incidência tributária.

É apenas na relação de subsunção propositiva que se encontra o tributo. A análise desse processo de positivação, da norma geral e abstrata para a individual e concreta que documenta a incidência e busca juridicizar os acontecimentos mundanos, que se faz o direito tributário.

2. Teorias unitária e dualista do tributo

A teoria dualista do tributo é caracterizada pela separação firme entre a previsão do "fato gerador" e a tributabilidade, na qual apenas se reconhece o tributo com a constatação destes dois fatores ao mesmo tempo, como fato gerador. Nesse sentido, o fato típico seria a proposição conotativa que prescreve os atributos que devem ser observados em determinados evento para se ter o fato jurídico tributário, uma espécie de "gigante conceitual que abraça *todos os aspectos* (chamados elementos) do tributo, inclusive a própria base de cálculo"[3].

Havia uma autonomia do fato tributário frente à obrigação tributária, isto é, a relação obrigacional que deve ser instaurada

---

2. WITTGENSTIEN, Ludwig. *Tractatus Logico-Philosophicus*. Tradução José Arthur Giannotti. São Paulo: Nacional, 1968. p. 53.

3. DERZI, Misabel Abreu Machado. *Direito tributário, direito penal e tipo*. São Paulo: Revista dos Tribunais, 1988. p. 196.

entre contribuinte e ente tributante. É imposição e exigibilidade dessa exigência que determina a coercitividade da prescrição da conduta de pagar um valor ao Estado, que se chama de *tributabilidade*. Entendia-se a hipótese tributária (previsão abstrata do "fato gerador") como sinônimo de fato típico, existindo a tributabilidade tão somente com fins a implementar a obrigação tributária, isto é, a exigência do tributo.

A fase de transição tem por característica relevante – além de uma distinção mais clara entre o plano abstrato e o plano concreto (respectivamente proposições conotativas e denotativas que constituem as normas jurídicas) e o realce do normativismo pondo o direito como um conjunto de comandos – o deslocamento de aspectos do tributo, antes constante em sua totalidade na hipótese tributária ("fato gerador" como previsão abstrata do fato jurídico), para o seu consequente, dando consistência e maior relevância ao dever abstratamente previsto e, consequentemente, à tributabilidade que impõe o vínculo entre estas duas proposições conotativas.

Nessa fase, pode-se dizer que o conceito de tributo é descolado do antecedente para o consequente das normas jurídicas de tributação. Na definição proposta por Geraldo Ataliba, "Como conceito básico, definimos tributo, instituto nuclear do direito tributário (entendido como sub-ramo do direito administrativo), como *obrigação* (relação jurídica)"[4].

Alfredo Augusto Becker também entendia tributo como o objeto (pecúnia) da prestação que decorre da relação jurídica tributária[5], que estaria na regra (consequente da norma) e não na hipótese de incidência[6]. Tributo seria o elemento do consequente da norma jurídica em sentido estrito, representado

---

4. ATALIBA, Geraldo. *Hipótese de Incidência Tributária*. 6. ed. São Paulo: Malheiros, 2009. p. 34.

5. BECKER, Alfredo Augusto. *Teoria geral do direito tributário*. 4. ed. São Paulo: Marcial Pons/Noeses, 2007. p. 278.

6. Ibidem, p. 313.

pelo objeto da prestação a que está obrigado a cumprir o sujeito passivo e que deve exigir o sujeito ativo.

Assim, tributo seria o mandamento, distinguindo-se da hipótese da norma jurídica de tributação. Deixou de ser o “fato jurídico” para ser o “consequente jurídico”.

Na fase seguinte, como é comum nas teorias jurídicas, a definição do tributo passou a ser uma teoria que, de certa forma, absorve as duas teorias precedentes. Tributo não seria apenas a hipótese tributária, mas a hipótese apta a produzir os específicos efeitos tributários, ou seja, o vínculo legislativo imposto à consequência tributária pela hipótese normativa.

A fase unitária do tributo põe em evidência a necessidade do consequente imputado à hipótese, fundamentando-se em uma teoria mais recente da norma jurídica (em acepção estrita). Inexiste autonomia entre a previsão do fato jurídico e sua consequência: esta é condição necessária daquele, e o tributo apenas nasce se houver essas duas figuras.

A teoria unitária, contudo, ainda precisou de uma distinção relevante: a previsão conotativa e denotativa. É assim que, para Paulo de Barros Carvalho, tributo implica “toda a fenomenologia da incidência, compreendendo desde a norma instituidora, passando pelo evento concreto, nela descrito, até o liame obrigacional que surde à luz com a ocorrência daquele fato”[7].

Tributo não é apenas a norma geral e abstrata de tributação, mas também sua incidência documentada pelo agente competente ao colher aspectos do evento do mundo social ao aplicar e constituir a norma individual e concreta que relata o evento jurídico tributário e imputa a relação obrigacional jurídica tributária.

Tentemos entender, com mais detalhes, essa fase unitária, sob a perspectiva do Constructivismo Lógico-Semântico.

---

7. CARVALHO, Paulo de Barros. *Curso de direito tributário*. 21. ed. São Paulo: Saraiva, 2009. p. 24.

3. Normas jurídicas gerais, abstratas, individuais e concretas: uma classificação das proposições jurídicas

As normas jurídicas em sentido estrito terão sempre um antecedente e um consequente. A partir desta conclusão, Norberto Bobbio reconheceu quatro características da norma jurídica que autorizariam uma classificação normativa importante.

Segundo o autor italiano, pode-se encontrar no antecedente da norma jurídica uma ocorrência, abstrata (hipotética) ou concreta, do mundo social[8]. A norma jurídica pode conter a previsão de algo possível de ocorrer no mundo ou a verificação de que esta previsão concretamente se deu no tempo e no espaço. O antecedente da norma jurídica em sentido estrito pode ser classificado em abstrato ou concreto. Será abstrato quando contiver uma proposição conotativa de uma ocorrência e será concreto quando, ao contrário, a proposição for denotativa.

Já o consequente da norma jurídica, ainda de acordo com o professor de Turim, pode ser geral ou individual. Isso porque nele há o estabelecimento de uma conduta e de quem deve cumpri-la (uma relação). O consequente também é uma proposição e, portanto, pode apresentar teor conotativo e denotativo. No primeiro caso, ao determinar as propriedades para reconhecer qual a conduta que deve ser realizada e as pessoas a ela subordinadas, a norma será geral; no segundo, ao se constituir especificamente as pessoas que devem cumprir e exigir a conduta já especificada, tem-se a norma individual.

Observa-se, pois, que esta não é exatamente uma classificação da norma jurídica em sentido estrito, mas das proposições, antecedente e consequente, que a compõem. As proposições-antecedente e as proposições-consequente podem ser classificadas em conotativas ou denotativas. O resultado desta classificação é a combinação de dois critérios distintos que permite a construção de quatro tipos de normas jurídicas

8. BOBBIO, Noberto. *Teoria geral do direito*. 3. ed. Tradução Denise Agostinetti. Revisão da tradução Silvana Cobucci Leite. São Paulo: Martins Fontes, 2010. p. 171 et seq.

em sentido estrito: i) geral e abstrata; ii) individual e abstrata; iii) geral e concreta; e iv) individual e concreta.

O enunciado prescritivo produzido pelo poder legislativo em sua função típica é provavelmente o caso mais significativo de norma jurídica geral e abstrata ao estabelecer que, para determinada ocorrência hipoteticamente prevista, alguém ou algumas pessoas não identificadas, mas identificáveis depois de verificada a ocorrência, devem cumprir certa conduta.

Já as normas individuais e concretas relatam um evento que efetivamente se reconhece como ocorrido no tempo e no espaço decorrente do qual se imputa uma relação entre sujeitos determinados e vinculados por uma conduta em que um tem direito subjetivo e o outro possui dever jurídico, com uma relação especificada, características que o lançamento tributário invariavelmente apresenta.

4. Incidência de normas e aplicação do direito

Um dos pontos mais relevantes para o estudo de um objeto é declarar o sistema de referência adotado e nele manter-se rigidamente. Muitas divergências ocorrem quando dois sujeitos tratam do mesmo objeto de posições diferentes e conflitantes, sem, contudo, darem-se conta disso. "Sem sistema de referência, conhecimento é desconhecimento"[9].

Interpretar o direito positivo pode ser feito do ponto de vista do observador ou de seu participante. O primeiro é realizado pelos cientistas do direito ao analisar os enunciados prescritivos e relacioná-los a significados com fins a determinar de que forma está regulada uma conduta: descreve-se o objeto. O segundo é adotado pelos sujeitos internos do sistema, isto é, pelos agentes competentes que analisam enunciados prescritivos para atuar conforme seus mandamentos ou resolver conflitos concretamente.

---

9. TELLES JÚNIOR, Gofredo. *Direito quântico*. São Paulo: Max Limonad, 1985. p. 289.

Realizar o ato de interpretar é buscar conhecimento e reduzir complexidades, mas há uma relevante distinção nos sistemas de referência que se consubstancia na função dos enunciados produzidos pelos seus agentes.

Quando objetivada pelo observador, ter-se-á enunciados descritivos que buscam racionalizar o sistema, ou seja, resulta em doutrina e não obrigam; se for realizada pelo participante, no entanto, a consequência será a produção de novos enunciados prescritivos que efetivamente regem condutas e obrigam: é novo direito positivo. No primeiro caso, interpretar não é aplicar; no segundo, interpretar implica aplicar. E a interpretação, adiante-se, é o processo racional de realizar a incidência.

Ao manter-se no sistema de referência do *participante* do direito positivo, pode-se falar da equivalência entre interpretação e aplicação. Segundo Eros Roberto Grau, "A separação em duas etapas – de *interpretação* e *aplicação* – decorre da equivocada concepção da primeira como mera operação de subsunção"[10].

Interpreta-se o direito positivo e constroem-se normas jurídicas em sentido estrito que estão em relação de coordenação e subordinação ao que se atinge o sistema jurídico posto. Uma vez verificado no mundo, pelo agente competente, uma ocorrência à qual se pode atribuir os predicados previstos conotativamente no sistema jurídico por ele construído, produz-se o relato desse evento – o fato jurídico – e atribui-se-lhe a consequência prevista – a relação jurídica.

O ato de voltar-se para o mundo fenomênico para reconhecer e colher as características predeterminadas pelo direito positivo e, em consequência, relatá-las para constituir a relação jurídica é aplicar o direito. Note-se que apenas a linguagem prescritiva constitui a relação. Todavia, essa aplicação apenas se dá pelo reconhecimento de que os predicados estão previstos no direito, e esta verificação apenas dá-se mediante um processo chamado de incidência.

---

10. GRAU, Eros Roberto. *Ensaio e Discurso sobre a interpretação/aplicação do direito*. 5. ed. rev. e ampl. São Paulo: Malheiros, 2009. p. 92.

A incidência é um processo lógico e apresenta três operações, duas de subsunção e uma de implicação. Trata-se de um processo de inclusão de classes que são conectadas pela imputação jurídica, o que permite, ao fim e ao cabo, certa tradução do mundo social para o mundo jurídico. É a expressão do pensamento, vertido em linguagem distinguindo precisamente o direito do não direito.

Lembre-se que o antecedente e o consequente das normas jurídicas em sentido estrito podem ser tomados como duas classes. Essas classes podem ser definidas conotativa ou denotativamente.

A inclusão de classes, então, se dá pelo reconhecimento de que um elemento preencheu todas as características de uma classe: esse elemento é um elemento da classe.

Pode, portanto, haver a subsunção de um antecedente abstrato ou concreto a outro antecedente abstrato e de um consequente individual ou geral a outro consequente geral. É logicamente possível que de normas gerais e abstratas sejam subsumidas normas gerais e abstratas, individuais e abstratas, gerais e concretas e individuais e concretas; de normas individuais e abstratas sejam subsumidas normas individuais e abstratas e normas individuais e concretas; e de normas gerais e concretas sejam subsumidas normas gerais e concretas e normas individuais e concretas.

A subsunção das classes do antecedente e do consequente é relacionada pelo dever-ser neutro que realiza a imputação jurídica e determina a vontade do aplicador do direito em impor o consequente em razão do antecedente. Sempre que há a subsunção das proposições jurídicas, o dever-ser também é subsumido para estabelecer a relação do antecedente com o consequente, o que impõe a estrutura do condicional. A imputação ou causalidade jurídica é o vínculo lógico que se estabelece entre estas proposições.

Esse processo de inclusão de classes é tão importante ao direito porque estabelece o fundamento de validade das normas, pois só encontra fundamento de validade aquela norma subsumível a outra norma jurídica, em processo encadeado de derivação até a norma hipotética fundamental. Se houver uma característica exigida e que nela esteja ausente ou proibida e que nela esteja presente, então não há subsunção e, portanto, incidência. Se o relato for feito indevidamente, há um vício que demanda sua revisão posterior por uma segunda norma.

É mediante a escolha de determinadas classes, pertencentes a uma proposição conotativa de normas de superior hierarquia, que o agente, ao exercer sua competência, põe nova norma no sistema, de inferior hierarquia e gradativamente menos abstrata. Esse processo se repete até a produção da norma individual e concreta.

Tem-se, então, a incidência como um processo lógico de inclusão de duas classes (classe-antecedente e classe-consequente) interligadas pela imputação jurídica. Por se tratar de processo mental, a incidência apenas se torna jurídica na aplicação, isto é, com seu relato vertido em linguagem. Sem aplicação não há incidência jurídica prescritiva.

Há dois sistemas de referência bem definidos e que dão à incidência duas acepções distintas. Uma como (i) a inclusão de classes decorrente do processo mental enunciado descritivamente, que apenas existe no sistema de referência do observador, e outra como (ii) a inclusão de classes decorrente do processo mental enunciado de forma prescritiva, no qual uma norma encontra validade na subsunção em outra. Na primeira acepção, há incidência, mas não há aplicação; no segundo, incidência e aplicação ocorrem em momento lógico diverso e cronológico simultâneos.

Em ambos os casos, contudo, a incidência é um processo mental lógico e apenas é verificável quando enunciada, quando intersubjetivada, seja descritiva ou prescritivamente. Neste sentido, a incidência não é aplicação, mas implica aplicação, se enunciada pelo participante do direito.

Segundo outra corrente doutrinária, preconizada no Brasil por Pontes de Miranda, a incidência tributária seria automática e infalível, pois se daria no momento exato da realização do suporte fáctico (evento) no mundo fenomênico, colorindo-o, fazendo-o jurídico[11].

A incidência passaria no plano do pensamento, porém independente do homem ou de sua vontade, dando-se no exato momento em que o evento ocorresse, mesmo sem se tornar conhecido. Posteriormente, quando o homem reconhecesse sua ocorrência, deveria aplicar o direito apenas para que a incidência (e a consequência jurídica) fosse cumprida pelo homem. Nesse sentido, haveria incidência sem aplicação, aplicação sem incidência e erro na aplicação: regra jurídica pode incidir e não se realizar ou realizar-se equivocadamente.

A incidência sem aplicação dar-se-ia quando ocorresse o evento previsto no direito, mas o homem não produzisse sua aplicação ou não cumprisse a conduta prevista, burlando o sistema. Ao contrário, se houvesse uma aplicação que determinasse uma relação jurídica sem que, no entanto, o evento tivesse ocorrido, ter-se-ia a aplicação sem incidência. Ainda, seria possível que a incidência determinasse uma conduta, enquanto o agente exigisse uma conduta diversa, havendo erro na aplicação.

Percebe-se que esta corrente adota um posicionamento determinista mecanicista de visão do mundo. A incidência é automática e infalível porque independe do homem e dá-se absolutamente; é uma ocorrência transcendente, como uma lei física nos moldes adotados por René Descartes e Newton, em que se deve rejeitar todo o conhecimento provável e acreditar apenas naquelas coisas que são perfeitamente conhecidas e sobre as quais não pode haver dúvidas: o verdadeiro deve ter uma clareza de demonstração matemática[12]. Se há uma verdade e

---

11. PONTES DE MIRANDA, Francisco Cavalcanti. *Tratado de direito privado*: parte geral. Rio de Janeiro: Borsoi, 1954. t. 1, p. 06.

12. CAPRA, Fritjof. *O ponto de mutação*: a ciência, a sociedade e a cultura. Tradução

ela deve ser encontrada, desvendada, pelo homem[13], o mesmo se daria com a incidência: existe fora do homem e sua aplicação deve cingir-se a encontrar e dizer essa verdade.

Alfredo Augusto Becker, nesta toada, leciona quatro tarefas fundamentais para a operação intelectual do jurista que interpreta a lei: 1) distinguir todos os elementos que compõem a hipótese de incidência; 2) conhecer as consequências predeterminadas; 3) investigar o mundo total para encontrar os eventos que aconteceram e configuram a hipótese de incidência que se realizou; e 4) observar se foram respeitadas as consequências da incidência.[14]

Já na física moderna, deixou-se de entender o mundo como algo externo ao homem e, desde Heisenberg, não se fala mais do objeto sem se falar do observador, porque um é dependente do outro. Esse novo paradigma decorre da chamada "mudança da ciência objetiva para a ciência *epistêmica*"[15], quando o mundo deixa de ser visto como máquina e passa a ser tratado como um sistema orgânico interdependente e imprevisível, cujo conhecimento é relativizado tanto pelo objeto estudado quanto pelo sujeito cognoscente. É aqui que se apresenta o Constructivismo Lógico-Semântico como um método adequado de aproximação do direito em que, repise-se, o sujeito só existe pelo objeto e o objeto pelo sujeito numa relação plenamente dialética e dinâmica. Um modifica o outro.

Ao alterar o paradigma filosófico da visão determinista mecanicista do mundo para o indeterminismo ou falibilismo, fundamentado nas descobertas físicas que influenciaram a

---

Álvaro Cabral. São Paulo: Cultrix, 1996. p. 53.

13. "Interpretar leis é lê-las, entender-lhes e criticar-lhes o texto e revelar-lhes o conteúdo" (PONTES DE MIRANDA, Francisco Cavalcanti. *Tratado de direito privado*: parte geral. Rio de Janeiro: Borsoi, 1954. t. 1, p. XII).

14. BECKER, Alfredo Augusto. *Teoria geral do direito tributário*. 4. ed. São Paulo: Marcial Pons/Noeses, 2007. p. 319-320.

15. CAPRA, Fritjof. *O tao da física*: um paralelo entre a física moderna e o misticismo oriental. Trad. José Fernandes Dias. São Paulo: Cultrix, 2011. p. 245.

teoria relativista e quântica, torna-se possível alterar o conceito de incidência e aplicação.

Na teoria em que a aplicação e a incidência implicam-se mutuamente, tem-se o entendimento de que i) não há uma única interpretação passível do texto de lei e, portanto, várias normas podem ser construídas a partir do mesmo ordenamento; ii) a incidência não se dá fora do homem e a construção das normas às quais outras normas se subsomem dependem do intérprete; iii) a incidência não é uma verdade absoluta, mas uma construção passível de equívocos, assim como a aplicação.

Enfim, a incidência das normas e a aplicação do direito são a forma com que o sistema jurídico positivo abre suas portas para a entrada das informações do mundo para, efetivamente, influenciá-lo de volta. O agente competente vê fora do mundo jurídico algo deve ser por ele absorvido e, com a tradução desse evento (ou de suas marcas enunciativas) em linguagem jurídica, constitui o fato jurídico e imputa-lhe as consequências jurídicas.

5. Evento, fatos e fato jurídico

A incidência da norma e a aplicação do direito, contudo, exigem a adoção de mais uma premissa, qual seja a diferenciação entre evento, fato e fato jurídico. Trata-se de um corte metodológico de teoria geral do direito de grande fertilidade no direito tributário e explica algumas das definições da classificação da norma jurídica e da exposição da norma de tributação.

A possibilidade de expressar linguisticamente que houve uma ocorrência no tempo e no espaço é enunciar um *fato*. Aquilo que o fato relata é um *evento*.

Tércio Sampaio Ferraz Junior leciona que "'Fato' não é, pois, *algo* concreto, sensível, mas um elemento linguístico capaz de organizar uma situação existencial como realidade"[16]. E na

16. FERRAZ JUNIOR, Tércio Sampaio. *Introdução ao estudo do direito*: técnica,

organização desta realidade, deve-se voltar, sempre, para o passado: é um relato daquilo que aconteceu e exclui, pois, o futuro.

Entre a regra-matriz de incidência tributária e a norma jurídica individual e concreta que documenta sua incidência está o evento. Um acontecimento que não pode ser vertido em linguagem em sua completude. É algo necessariamente passado. Ou presente, apenas para aquele que o surpreende na intimidade de seu nascimento.

Relatado e revestido de linguagem, o evento se torna fato. E o fato é sempre um fato qualificado. Fato jurídico se enunciado por um agente competente, cujo procedimento adequado e previsto em normas jurídicas tenha sido seguido. Fato econômico se enunciado na forma exigida pela Ciência da Economia. Fato psicológico. Fato social etc. O recorte da realidade não é aleatório, apesar de ser arbitrário em vários casos.

A cada ato de positivação, a arbitrariedade é reduzida paulatinamente. Em alguns campos do direito, a arbitrariedade é tolhida até o limite do ato se tornar compulsório e vinculado. Ramos do direito, como o administrativo, penal e tributário, possuem esses atos revestidos com um mínimo de arbitrariedade.

Ocorrido e verificado o evento, conforme notas previstas na regra-matriz de incidência tributária, cabe ao agente competente – da administração ou o próprio particular – relatá-lo em linguagem para documentar a incidência tributária. Não há arbitrariedade. É um ato vinculado e obrigatório.

O evento, por si só, já é um pressuposto de recorte da realidade realizado pelo ser humano, como requisito necessário e essencial para o conhecimento e a comunicação. O mundo fenomênico, transcendente e pressuposto, fora do ser humano, fora da linguagem, tal qual percebido sensorialmente pelos seres humanos e convertidos em uma primeira forma de linguagem. Ele não tem começo, meio e fim. Não há nada que indique

decisão, dominação. 6. ed. rev. e ampl. São Paulo: Atlas, 2008. p. 244.

"um evento" nesse mundo. O evento é uma distinção de algo dentro do todo. Algo que se torna relevante para quem o assiste e, portanto, já está – ou se tornou – revestido por linguagem.

É assim que de um evento se pode construir fatos jurídicos, fatos sociais, fatos econômicos, fatos políticos. O resultado dependerá dos detalhes da ocorrência escolhidos pelo observador para o relato e sua competência para tanto. Pode-se dizer que se predica o fato mediante o foco (e a competência) dado ao relato linguístico de um evento. O direito constrói sua própria realidade.[17]

Fato jurídico deixa de ser a parte colorida do suporte fáctico que nasce automaticamente com a incidência, antes da aplicação. No Constructivismo Lógico-Semântico, o fato jurídico passa a ser um *relato* linguístico de uma ocorrência social prevista pelo e conforme o direito e apenas encontra sua gênese na aplicação, logicamente simultânea à incidência, realizada pelo agente competente. Não antes. Não depois. Enquanto o fato jurídico é o relato linguístico, o evento jurídico é o relatado.

Relevante para a constituição do fato jurídico é a teoria das provas exatamente por permitir estabelecer a relação entre a verificação dos eventos, fora do mundo do direito, com as prescrições abstratas jurídicas. Fato jurídico sem prova ou não suficientemente provado é fato viciado, anulável, pois requer, *sempre*, linguagem competente e verificável, ou seja, linguagem das provas. Apenas pelas provas em direto admitidas se terá por ocorrido o evento jurídico e se encontrará fundamento de validade para seu relato a constituir licitamente o fato jurídico tributário.[18]

Ao diferençar evento de fato, sendo aquele impossível de apreensão em suas infinitas e irrepetíveis nuances e este obtido mediante (re)corte metodológico, tem-se que a incidência

---

17. CARVALHO, Paulo de Barros. O absurdo da interpretação econômica do "fato gerador" – direito e sua autonomia – o paradoxo da interdisciplinaridade. *Revista de Direito Tributário*, n. 97, 2007. p. 16.

18. TOMÉ, Fabiana Del Padre. *A prova no direito tributário*. 2. ed. São Paulo: Noeses, 2008. p. 35.

depende, exclusivamente, da ação do homem e implica, necessariamente, a aplicação para ser prescritiva.[19]

É no acontecimento do mundo social que o abstrato se torna concreto, que a classe é reduzida à sua menor unidade. É no elemento – ou na subclasse de elementos determináveis – que o direito positivo encontra sua razão de ser, de determinar o dever ser, de estimular a vontade para que outro acontecimento ocorra.

O fato jurídico – antecedente concreto de uma norma jurídica em sentido estrito – é a tradução desse evento em linguagem jurídica fundamentado nas provas em direito admitidas e que se subsome ao antecedente abstrato de outra norma jurídica em sentido estrito.

6. Norma de tributação e regra-matriz de incidência tributária

O direito é um conjunto de enunciados prescritivos que tem por escopo regular condutas intersubjetivas. Essa regulação é realizada mediante a estipulação de ações e omissões obrigatórias, proibitórias ou permissivas. Seu descumprimento, e aqui se diferencia o direito dos demais sistemas normativos, necessariamente implica uma sanção imposta por um terceiro predeterminado – jurisdição – que estabelece formas de efetivar a conduta anterior prevista ou de impor uma nova conduta que assegure resultado equivalente, inclusive contra a vontade do infrator.[20]

Indo um pouco mais adiante, vê-se que o direito, de um lado, é um conjunto de normas de competência, significação de enunciados prescritivos conotativos que preveem a criação de outros enunciados ao estipular critérios sobre sujeitos (de

---

19. ARAÚJO, Clarice von Oertzen. *Incidência jurídica*: teoria e crítica. São Paulo: Noeses, 2011. p. 116.

20. KELSEN, Hans. *Teoria geral do direito e do estado.* 4. ed. Tradução Luís Carlos Borges. São Paulo: Martins Fontes, 2005. p. 29.

quem para quem), tempo (quando), espaço (onde), procedimento (como) e matéria (sobre o que), enquanto, do outro, é a própria produção destes enunciados, ou seja, é a denotação dos critérios previstos: o exercício da competência.

Pode-se definir a *competência tributária* como a norma jurídica em sentido estrito, modalizada como permitida ou obrigatória, que atribui aptidão a um sujeito para, em face de outro sujeito, alterar o direito positivo mediante a introdução de novas normas jurídicas que disponham sobre a instituição, arrecadação e fiscalização de tributos.

As normas de competência tributária, portanto, permitem ou obrigam os entes políticos a produzir normas jurídicas sobre a instituição, arrecadação ou fiscalização de tributos. A produção normativa da qual se institua ou determine a arrecadação ou a fiscalização de tributos é o exercício da competência tributária. Isto é, as normas jurídicas que encontram fundamento de validade diretamente nas normas de competência tributária, a elas subsumindo-se perfeitamente, constituem o *exercício da competência tributária*.

Os enunciados prescritivos decorrentes do processo de produção normativa exclusivamente versados sobre a instituição de tributo, por sua vez, é o exercício da *competência tributária impositiva*. Trata-se da autorização que cada ente político – União, Estados, Distrito Federal e Municípios – possui para instituir tributos. E a norma jurídica de tributação é construída a partir desses enunciados, sempre em diálogo com a Constituição Federal para estabelecer seu sentido. *Norma jurídica de tributação*, pois, é a norma jurídica em sentido estrito que institui um tributo. É produto do exercício da competência tributária impositiva.

Tributo, como já vimos, é a fenomenologia da incidência tributária, ou seja, é a relação obrigacional abstrata atrelada a uma previsão conotativa de um fato jurídico lícito que, quando concretizado, deve ser descrito em linguagem competente para implicar uma prestação pecuniária obrigatória, instituída mediante lei e que independe da vontade de quem realiza ou sofre a ação para ser caracterizado.

A norma que prevê esses quatro requisitos, ao estabelecer uma prestação pecuniária compulsória que não decorra de ato ilícito, prevista em lei e cobrada mediante atividade administrativa plenamente vinculada (art. 3º do CTN), é a norma jurídica de tributação, núcleo do direito tributário.

Trata-se de uma norma jurídica em sentido estrito, geral e abstrata. Tem em seu antecedente a previsão de um evento lícito de possível ocorrência no mundo fenomênico, regulando certas situações, estados ou ações, ao qual imputa um consequente que prevê uma relação jurídica obrigacional, qual seja a conduta do contribuinte de entregar determinada quantia ao Estado ou quem lhe faça as vezes.

Para a construção dessa norma, pode-se contar com um método rigoroso e de indiscutível importância constituído pela regra-matriz de incidência tributária, no qual se pode encontrar o mínimo de manifestação do deôntico.

A locução "regra-matriz de incidência tributária", no entanto, padece de ambiguidade semântica[21]. Pode significar um método científico rígido e preciso que auxilia sobremaneira o intérprete a construir uma norma jurídica tributária em sentido estrito que institui o tributo, garantindo a irredutibilidade do deôntico. Mas também pode ser entendida como sinônimo da própria norma jurídica de tributação que institui o tributo enquanto produto do exercício da competência tributária impositiva.

A regra-matriz de incidência tributária, como método, trata-se de uma abstração lógica formalizada. Mediante a abstração isoladora, põe-se entre parênteses todo o sistema jurídico como conjunto de normas para focar apenas na norma de tributação, à parte das outras normas jurídicas. Em seguida, cinde-se novamente o objeto para estudar não a norma já

21. CARVALHO, Aurora Tomazini de. *Curso de teoria geral do direito* (o constructivismo lógico-semântico). São Paulo: Noeses, 2009. p. 364.

construída, como produto do processo de construção de sentido, cheia de conteúdos e significações, mas a norma de tributação enquanto tal, *norma como norma,* objeto ideal repetível em todos os tributos instituídos.

Tolhem-se, pois, as significações acidentais da norma de tributação e se recortará analiticamente, num processo indutivo, em tantos critérios quantos são verificados e repetidos nas normas de tributação. Posteriormente, põe-se em evidência esses critérios pela formalização de suas constantes e variáveis em símbolos convencionalmente estipulados.

Pode-se apresentar a regra-matriz de incidência tributária consoante a fórmula lógica H[Cs.Cm(v.c).Ct.Ce]→C[Cp(Sa.Sp).Cq(bc.al)]. Explicando-a: a hipótese (H) da norma é constituída pelo critério subjetivo (Cs), pelo critério material (Cm), composto por um verbo pessoal (v) e um complemento (c), pelo critério temporal (Ct) e pelo critério espacial (Ce), que implica (→) o consequente (C), que por sua vez é constituído pelo critério pessoal (Cp), composto por duas classes de sujeitos, o sujeito ativo (Sa) e o sujeito passivo (Sp), e pelo critério quantitativo (Cq), composto pela base de cálculo (bc) e pela alíquota (al).

Assim como se faz necessário o antecedente e o consequente para existir a norma de tributação, não é possível tomar um dos critérios da regra-matriz de incidência tributária individualmente, sem considerar os demais. O método se faz ao prescindir de infusão semântica do direito positivo; existe como instrumento para a construção das mais diversas normas de tributação. Porém, sua estrutura lógica e sua cisão em critérios não passam de um corte analítico facilitador da aproximação do direito positivo.

A regra-matriz de incidência tributária permite, com mais simplicidade e objetividade, a construção da norma jurídica de tributação, entretanto ela é una, indivisível como núcleo deôntico. Assim como não se pode reduzir o sistema jurídico de direito positivo a uma de suas normas, mera parte do todo, a norma também não pode ser reduzida a algum de seus critérios.

Dessarte, tem-se a regra-matriz de incidência tributária como método para a construção das normas de tributação ao aplicar o procedimento inverso, agora dedutível, de desformalização: o intérprete, ao se deparar com o plano da expressão do direito positivo, busca preencher com significados aquela fórmula simbólica logicamente estruturada. O resultado deste processo gerador de sentido é, exatamente, a norma de tributação ou regra-matriz de incidência tributária como norma jurídica.

Ao tratá-la como uma norma jurídica em sentido estrito, abstrata e geral, na regra-matriz de incidência tributária devem estar presentes, na hipótese, proposições conotativas que indiquem a classe de notas que um fato jurídico tributário deve possuir para ser reconhecido no mundo fenomênico e, no consequente, outras proposições conotativas que prescrevam a classe de notas de como deve ser constituída a relação jurídica, cujo objeto da prestação é inevitavelmente um valor em pecúnia devido ao Estado, ou quem lhe faça as vezes, pelo sujeito passivo.

Já não se está mais no âmbito das fórmulas lógicas simbolizadas, com constantes e variáveis, mas já no produto da construção de sentido, resultado da desformalização.

Nesse ponto, ainda não há que se falar em fatos jurídicos tributários ou obrigações tributárias, proposições essas que seriam denotativas, documentadas na hipótese e do consequente da norma individual e concreta. Esses nascem do relato competente que faz incidir a norma jurídica de tributação sobre a norma individual e concreta.

Estabelece-se aqui, portanto, mais quatro noções básicas. Na norma jurídica de tributação, o antecedente é chamado de hipótese tributária, enquanto o consequente, de consequente tributário. Na norma individual e concreta que sofre a incidência da norma de tributação, seja produzida pela Administração ou pelo particular, tem-se o antecedente como fato jurídico tributário e o consequente como obrigação tributária.

A norma jurídica de tributação é composta pela implicação do consequente tributário pela hipótese tributária, duas proposições prescritivas conotativas e, portanto, geral e abstrata. A incidência desta norma, realizada pela aplicação do agente competente mediante procedimento adequado que colhe ocorrências do mundo fenomênico (evento tributário) e as relata em linguagem jurídica, constitui a norma individual e concreta (Nic) que põe a obrigação tributária como implicação do fato jurídico tributário.

É, assim, de importância ímpar a regra-matriz de incidência tributária, cujo método leva à clareza com que a norma jurídica de tributação deve ser construída pelo intérprete. A Ciência Jurídica deve buscar cortes metodológicos para possibilitar e facilitar uma aproximação cognoscitiva de seu objeto, ou seja, da norma jurídica.

Dessa forma, a regra-matriz de incidência tributária, ao ser preenchida de conteúdo mediante o percurso gerador de sentido, facilita destrinchar de forma lógica e simples os enunciados prescritivos construídos a partir da Constituição Federal, do CTN, de leis etc. para a construção do que se denomina norma de tributação.

A análise lógica vem, cronologicamente, depois do contato empírico, todavia, "uma vez encontradas as estruturas lógicas, vê-se que elas valem *antes* de todo conhecimento, como condição formal *a priori* da possibilidade de qualquer conhecimento de objetos".[22]

A regra-matriz de incidência tributária é construída após o contato sucessivo e longa análise das normas de tributação. Contudo, uma vez estruturada logicamente, vê-se que essa estrutura se aplica a todas as normas jurídicas de tributação, o que dá gênese a um poderoso instrumento para o jurista

22. VILANOVA, Lourival. *Estruturas lógicas e o sistema de direito positivo*. 3. ed. São Paulo: Noeses, 2005. p. 43.

conhecer o direito positivo tributário em sua norma nuclear, a instituidora do tributo.

Para evitar a anfibologia, toma-se normalmente a expressão regra-matriz de incidência tributária em seu âmbito mais angusto, como método de auxílio para construir a norma jurídica de tributação – norma que institui determinado tributo. É um método a regra-matriz de incidência tributária para a construção das normas jurídicas de tributação, mas também pode ser adotada como a norma de tributação em si, normalmente acrescida de um predicado que indica o tributo analisado: regra-matriz de incidência do imposto sobre a renda, regra-matriz de incidência do imposto sobre operação de circulação de mercadoria etc.

CRIAÇÃO E VALIDADE NO DIREITO: ANÁLISE SEMIÓTICA COM AS BASES DO CONSTRUCTIVISMO LÓGICO-SEMÂNTICO

Silvia Zomer[1]

Priscila de Souza[2]

Sumário: 1. O Ponto de Partida. 2. O Tempo do Nascimento da Norma Jurídica. 2.1 Os tempos da enunciação e da enunciação-enunciada. 2.2 Os tempos do enunciado e do enunciado-enunciado. 3. A validade da Norma Jurídica no Sistema. Uma Análise Sintática. 4. Considerações Finais.

1. O Ponto de Partida

O direito é formado por decisões. Decisões dos legisladores que selecionam as condutas da realidade social (intersubjetivas, portanto) que querem ver reguladas e de como as querem regular. São as decisões responsáveis pela criação, manutenção e modificação do ordenamento jurídico.

---

1. Doutora e Mestre pela PUC/SP.

2. Mestre e Doutoranda pela PUC/SP.

Sistematicamente, podemos atribuir ao direito um ponto de partida, chamado de norma hipotética fundamental. Trata-se de norma pressuposta, e não posta no sistema como todas as demais. "É a proposição-limite. Antes, está o meramente factual (físico ou social), que ainda não se juridicizou".[3]

O estudo das fontes do direito nos permite isolar tudo aquilo que faz parte do direito propriamente dito (na concepção da teoria pura de Kelsen), do pré-jurídico. Ademais, é instrumento de grande utilidade no processo de interpretação das leis. Segundo as lições do saudoso Professor Lourival Vilanova, "a hipótese da proposição normativa do Direito tem um valer específico: vale, tem validade jurídica, foi posta consoante processo previsto no interior do sistema jurídico."[4]

Fontes do direito são os acontecimentos promovidos pelo legislador com a finalidade de produzir normas jurídicas, são eventos credenciados pelo sistema jurídico para a introdução de novas regras. Assim, podemos afirmar serem válidas as proposições jurídicas inseridas no sistema mediante procedimento previsto e pessoa (ou órgão) devidamente autorizada – pela análise da enunciação-enunciada.

Outro aspecto relevante ao estudo das fontes do direito está relacionado ao fato de o direito, por tratar-se de objeto cultural, ser carregado de valor. A enunciação-enunciada apresenta a pessoa responsável pela introdução da norma no ordenamento jurídico, bem como o procedimento seguido na produção da norma. Assim, a hierarquia em que estão colocados os órgãos legiferantes e a rigidez do procedimento adotado indicam as relações estabelecidas entre as normas jurídicas presentes num dado sistema de direito positivo.

Paulo de Barros Carvalho, ao falar do assunto, afirma que fontes do direito são: "focos ejetores de regras jurídicas, isto é, os órgãos habilitados pelo sistema para produzirem normas, numa

3. *Estruturas lógicas e o sistema de direito positivo*. 3. ed. São Paulo: Noeses, 2005. p. 153.

4. Ibidem, p. 58.

organização escalonada, bem como a própria atividade desenvolvida por esses entes, tendo em vista a criação de normas".[5]

Nessa mesma linha, Tárek Moysés Moussallem entende que "o fato produtor de normas é o fato-enunciação, ou seja, a atividade exercida pelo agente competente."[6]

Alguns autores fazem a distinção das fontes entre formais e materiais. Essas são consideradas como os atos de fala do legislador – a enunciação pura e simples –, enquanto as primeiras seriam a enunciação já eternizada, vertida em linguagem competente: a enunciação-enunciada, o veículo introdutor de normas.

Para nós, os acontecimentos efetivamente responsáveis pela criação de normas jurídicas são aqueles que compõem o processo legislativo, são ainda fatos sociais. Após a tradução desses acontecimentos em linguagem jurídica, deixam esses fatos de ser meramente sociais ou políticos para se transformar também em fatos jurídicos[7]. Daí admitir esses fatos jurídicos como fontes de normas jurídicas é inaceitável. Estaríamos, conforme leciona Paulo de Barros Carvalho, afirmando que[8] normas criam normas, direito cria direito, numa proposição evidentemente circular, que deixa o primeiro termo como resíduo inexplicado.

Uma proposição normativa retira seu fundamento de validade sempre e invariavelmente de outra proposição normativa. Uma norma vale, somente pode ser considerada pertencente ao sistema, se obedecer a essa regra.

Nesse percurso regressivo, a norma inserida segue os padrões estabelecidos pela proposição que lhe dá fundamento, numa escala hierárquica superior, até o atingimento da

---

5. *Curso de direito tributário*. 25. ed. São Paulo: Saraiva, 2013. p. 67.

6. *Fontes do direito tributário*. 2. ed. São Paulo: Noeses, 2006. p. 139.

7. Nesse sentido pondera: "Um conceito jurídico pode se desprender da realidade? A resposta, por óbvio, é: não há conceitos da realidade que se sobrepõem ao jurídico. Em outras palavras, um conceito jurídico pode se desprender da realidade" (*Definição do conceito de tributo*. São Paulo: Quartier Latin, 2011. p. 52).

8. Idem.

norma hipotética fundamental[9]. Por essa afirmação, podemos concluir que o sistema jurídico regula não somente as condutas recolhidas da realidade social, mas também sua formação.

A referida busca, entretanto, fica limitada à forma que essas normas derivadas deverão possuir para serem inseridas no ordenamento. Lembrando que as normas apresentam um dever-ser, é desse modo que as normas fundantes influenciam as normas fundadas: como limite sintático de construção.

As normas jurídicas, produto do trabalho de inovação jurídica, ou seja, das fontes do direito, são submetidas aos modais deônticos, que se referem à regulação de condutas, e serão realizadas pelos operadores "P" permitido, "V" proibido (ou vedado) e "O" obrigatório.

Forçoso afirmar que o direito pode operar apenas nas condutas factualmente possíveis, ou seja, no campo ontológico da possibilidade. Isso porque seria logicamente impossível caso o direito viesse a, p. ex., vedar conduta necessária ou obrigar conduta impossível. A hipótese normativa somente se ocupa de possível ocorrência no mundo, possível modificação no estado de coisas em que haja circunstância humana intersubjetiva.

Neste sentido são os ensinamentos de Fabiana Del Padre Tomé:

> Se a norma prescrever uma conduta impossível ou uma conduta necessária, carecerá de sentido deôntico, pois só haverá sentido em proibir, permitir ou obrigar a prática de determinada ação se existirem dois ou mais comportamentos possíveis.[10]

---

9. Elucidando essa afirmação: "[...] a posição que uma norma ocupa na escala do sistema é relativa. Pode ser, a um tempo, uma sobrenorma e uma norma-objeto. Essa relatividade está expressa nos conceitos de criação e de aplicação: criar uma norma N" é aplicar a norma N'; criar a norma N'é aplicar a norma N0. A norma N0, que funciona como a última no regresso ascendente, é a norma fundamental, que não provém de outra norma, que é norma de construção, sem ser de aplicação" (VILANOVA, Lourival. *Estruturas lógicas e o sistema de direito positivo.* 3. ed. São Paulo: Noeses, 2005. p. 154-155).

10. *Contribuições para a seguridade social da social à luz da Constituição Federal.* Curitiba: Juruá, 2002. p. 45.

A hipótese normativa não traça o que, com necessidade, ocorrerá. Para a hipótese, a ocorrência é tomada a título de possibilidade, como ponto de referência possível, condicionando a vinculação de consequências para a conduta humana. Daí a afirmação de que a hipótese é incidente na realidade e não coincidente com ela. A norma jurídica não é mera descrição de ocorrências sociais, mas prescritiva de condutas, de modo que não pode se voltar às condutas necessárias.

Da mesma forma, não pode incidir sobre uma realidade impossível, pois, para se tornar jurídico, o fato tem que ser fato social. A hipótese normativa funciona como descritor; descreve uma situação social, portanto de possível ocorrência.

Norma jurídica não tem força para regular o acontecimento desses fatos, seja para obrigá-los, para permiti-los ou para proibi-los, mas, apenas, de relacionar uma consequência, caso venham a ocorrer, estabelecer uma relação jurídica em virtude da ocorrência desse fato. A validade das normas é aferida pelo procedimento de criação da norma (processo legislativo correspondente e pessoa/órgão juridicamente autorizado), cuja previsão consta do ordenamento, e não pelo seu cumprimento.

2. O Tempo do Nascimento da Norma Jurídica

Tércio Sampaio Ferraz Jr. aponta três problemas centrais da teoria jurídica: (i) a *identificação* do direito, (ii) a sua *interpretação* e, (iii) *aplicação*.[11] Define-se a *identificação*[12] como uma operação metalinguística de construção do objeto semiótico, uma das fases do fazer interpretativo (da cognição), quando o sujeito identifica o universo do discurso. Tratando-se do universo jurídico, somente os elementos

11. FERRAZ JR., Tércio Sampaio. *O direito entre o futuro e o passado*. São Paulo: Noeses, 2014. p. XI.

12. GREIMAS, Algirdas Julien; COURTÈS, Joseph. *Dicionário de semiótica*. 2. ed., 3. reimp. Tradução de Alceu Dias Lima et al. São Paulo: Contexto, 2016. p. 251.

conformes ao código e programas do sistema jurídico estarão autorizados a integrá-lo.[13]

Já, o conceito *interpretação*[14] pode ser utilizado em dois sentidos semióticos: (a) pela concepção clássica (equivalente à concepção adotada pela escola lógica vienense) que opõe a forma ao conteúdo, entendendo-se que todo sistema de signos pode ser descrito de maneira formal (ou lógica), independente das possíveis interpretações destes signos, correspondendo, então, a "interpretação semântica" a uma segunda fase do processo gerativo de sentido e, (b) pela tradição epistemológica (que corresponde à linguística de Saussure, à fenomenologia de Husserl, bem como ao interpretante de Peirce) que propõe que todo signo seja definido, inicialmente, por sua significação, ou seja, pelo seu conteúdo equivalente. Assim, pela primeira concepção, tem-se a *semântica interpretativa* estabelecendo as regras de caráter sintático (ou gramatical) que permitem a interpretação, realizando-se esta num segundo momento do processo interpretativo; enquanto na segunda corrente, volta-se a interpretação à questão preliminar da significação dos conceitos no processo interpretativo.

Interpretar o direito, portanto, é tarefa daquele que se debruça sobre os textos positivados do ordenamento no intuito de conhecê-lo.[15] Neste sentido, o trabalho do intérprete inicia-se pela fase da estruturação formal da linguagem jurídica (gramatical, lógica etc.), seguida da atribuição de valores aos signos que a compõem, nos limites daquele universo previamente identificado (jurídico) sem, contudo, deixar de dialogar com outros textos, intra e extrassistêmicos (intertextualidade)

---

13. TOMÉ, Fabiana Del Padre. *A prova no direito tributário*. 2. ed. São Paulo: Noeses, 2008. p. 45-52.

14. Ibidem, p. 269-270.

15. CARVALHO, Paulo de Barros. *Direito tributário* – linguagem e método. 7. ed. São Paulo: Noeses, 2018. p. 204: "Interpretar o direito é conhecê-lo, atribuindo valores aos signos, isto é, adjudicando-lhes significações e, por meio dessas, fazer referências aos objetos do mundo".

gerando, a cada reinterpretação, uma nova significação (inesgotabilidade de sentido).

Quanto à *aplicação*, esta poderia ser definida como o ato de *selecionar* e *atribuir* um uso a uma forma semiótica enquanto objeto cognoscitivo. No direito, ao *selecionar* aquilo que se pretende juridicizar, positiva-se (cria-se) a norma jurídica no sistema[16], percorrendo uma trajetória que se perfaz da abstração à concretude – da norma hipotética fundamental (Kelsen) às normas que incidem diretamente sobre as condutas intersubjetivas –, *aplicando-se* o direito, atribuindo-lhe um sentido jurídico, de maneira a alterar a realidade social, num dado contexto histórico e cultural.[17]

Há de considerar-se, entretanto, que neste caminho nos deparamos com vários problemas relativos, em primeiro lugar, ao que é "jurídico", ou seja, o que compõe este universo, quais são os seus elementos (identificação); depois, à forma pela qual esse universo se estrutura, de que forma os seus elementos relacionam-se entre si, quais os princípios informam estas relações intrassistêmicas; e, finalmente, como se dá a operatividade desse sistema, revelando, verdadeiramente a sua função, interpretando-o.[18]

Para lidar com esses problemas a Ciência do Direito, ao tomar o direito positivo como seu objeto, desenvolve vários modelos dogmáticos com propostas metodológicas fundadas em pressupostos, conceitos e classificações doutrinárias diversas. Entendem-se os *pressupostos* como dogmas doutrinários e filosóficos, fios condutores capazes de sustentar a construção

---

16. IVO, Gabriel. *Norma jurídica*: produção e controle. São Paulo: Noeses, 2006. p. XXIV: "A aplicação do direito significa, ao mesmo tempo, a sua criação".

17. VILANOVA, Lourival. *As estruturas lógicas e o sistema do direito positivo*. 3. ed. São Paulo: Noeses, 2005. p. 35: "O direito positivo visa a controlar a conduta, impondo formas normativas a essa conduta e, através delas, a alcançar fins, uns permanentes, outros variáveis, de acordo com o ritmo histórico e a índole própria das culturas".

18. IVO, Gabriel. *Norma jurídica*: produção e controle. São Paulo: Noeses, 2006. p. XXVIII: "O direito é essencialmente conceptual. Esta faceta se constitui num ponto fundamental. A interpretação que se faz do direito consiste na maneira de inseri-lo na vida".

lógica e encadeada de uma teoria; os *conceitos*[19] como fundamentos elementares, noções básicas sobre os principais elementos que compõem o sistema e, as classificações[20] como categorização desses elementos. Tudo isso, de forma a estruturar a forma pela qual se pretende conhecer o objeto, o Direito.

Adotamos o Constructivismo Lógico-Semântico como método desta investigação, tendo o universo jurídico como um sistema linguístico, ou um sistema comunicacional[21], de modo que nos interessa a investigação do discurso jurídico revelado pelo ato de fala normativo, enquanto relação entre o emissor e receptor, na medida em que esta relação é mediada por signos linguísticos, com o intuito de regular condutas intersubjetivas.[22]

---

19. Ibidem, p. 84, grifo nosso: "Como termo de filosofia, conceito comporta numerosas e variadas definições, todas referindo-se mais ou menos a grandezas do significado (= ideias), suscetíveis de organizarem os dados da experiência. [...] Sausurre serviu-se desse termo para designar – numa primeira aproximação – significado, que tem como única determinação servir para a constituição do signo. [...] *para a teoria semiótica, o termo conceito pode ser mantido no sentido de denominação (cuja significação é explicitada pela definição)*. Percebe-se, com efeito, que as teorias linguísticas ou semióticas comportam bom número de conceitos não definidos. [...] *A construção de uma teoria deve, portanto, comportar uma fase inicial em que se exige que os conceitos sejam substituídos por definições e interdefinições, cujos elementos serão constitutivos de um inventário que servirá para estabelecer uma axiomática*. [...] É nesse sentido que se distinguirão, no interior de uma teoria, conceitos 'reais', isto é, integrados na metassemiótica científica dos conceitos operatórios (no sentido de instrumentais) que servem de fundamento a procedimentos ou modelos que parecem eficazes".

20. Ibidem, p. 60, grifo nosso: "Compreende-se geralmente por classificação a divisão de um dado conjunto de elementos em um certo número de subconjuntos coordenados ou subordinados. [...] Como ocorre frequentemente em semiótica, a questão teórica de saber se se deve dar prioridade aos elementos ou às relações surge do mesmo modo a propósito das classificações. [...] Nessa perspectiva, a *classificação se apresenta como atividade cognitiva taxionômica, como um procedimento que consiste em aplicar, a um objeto sob análise, uma sequência de categorias discriminatórias que têm em vista evidenciar os elementos de que se compõe o conjunto e construir desse modo a definição do objeto considerado*".

21. GRAU, Eros. *Ensaio sobre a interpretação/aplicação do direito*. São Paulo: Malheiros, 2002. p. 195: "Fato incontestável é o de que o direito é, fundamentalmente, comunicação, seja para ordenar situações de conflito, seja para instrumentalizar políticas. Daí a necessidade – inafastável –, de penetrarmos o nível linguístico na prática das atividades próprias do profissional do direito".

22. FERRAZ JUNIOR, Tércio Sampaio. *Teoria da norma jurídica*: ensaio de pragmática da comunicação normativa. 4. ed. Rio de Janeiro: Forense, 2009. p. 4.

Toma-se, então, como ponto de partida para a compreensão do direito, o processo de produção dos *textos normativos* – tidos como enunciados prescritivos emanados daquele que detém a competência para produzir o direito, segundo os padrões de produção estabelecidos pelo próprio sistema – que servirão de base material para a construção da norma jurídica (significação).

Ao falarmos desse processo de produção normativa, falamos das "fontes do direito", da forma como exsurgem as normas no universo jurídico, uma vez que somente poderão ingressar neste universo os elementos introduzidos pelo processo determinado pelo próprio ordenamento (autopoiese).[23]

Ressalte-se que o sistema jurídico é formado por normas introdutoras e normas introduzidas, de forma que as duas ingressam no ordenamento aos pares (aquelas veiculam, introduzem estas), consonantes aos ditames estabelecidos nas normas de competência que regulam a forma (processo), o sujeito competente (órgão) e a matéria a ser veiculada pela norma protocolar, delineando, de tal modo, todo o procedimento que envolve a criação de normas.

A análise da produção linguística normativa, pela semiótica do direito nos remete, entretanto, a diferentes tempos relativos a planos também distintos, ou tempos linguísticos, conforme Tárek Moysés Moussallem:[24] São eles: (a) o *tempo na enunciação,* (b) o *tempo na enunciação-enunciada e,* (c) *o tempo no enunciado-enunciado.* O primeiro diz respeito ao tempo da produção do ato de fala jurídico (tempo ontológico em que se dá o processo de produção ou, o tempo em que se fala, que há de ser conhecido somente no momento do "nascimento" do documento normativo; o segundo diz respeito ao momento da emissão do ato de fala, quando se enuncia a

23. IVO, Gabriel. *Norma jurídica*: produção e controle. São Paulo: Noeses, 2006. p. XXIV-XXV: "Já que o direito regula sua própria criação, é evidente que o próprio ordenamento jurídico tem que regular a forma como os mencionados elementos devem ser produzidos e retirados do sistema".

24. MOUSSALLEM, Tárek Moysés. *Revogação em matéria tributária.* São Paulo: Noeses, 2005. p. 30-34 e 86.

norma produzida, por meio do documento normativo (*tempo enunciativo*); o terceiro, refere-se ao tempo do nascimento da(s) norma(s) veiculada(s) naquele documento – tempo relativo à(s) norma(s) introduzidas (*tempo enuncivo*) –, que podem se referir, por exemplo, a um tempo futuro (no caso das normas gerais e abstratas) ou, a um tempo pretérito (no caso das normas individuais e concretas).

Demonstra-se, assim, a existência de uma relação temporal anteroposterior, ou, um lapso temporal entre tais termos. Daí a afirmação de que todo enunciado normativo pressupõe uma atividade de enunciação – ato de linguagem (processo) –, que resulta em um documento normativo (produto) que veicula os enunciados, que se subdividem em: enunciação-enunciada e enunciado-enunciado.[25]

Para melhor compreensão do tema, veremos as definições dos conceitos "enunciação", "enunciação-enunciada", "enunciado" e "enunciado-enunciado" num contexto semiótico do fenômeno comunicacional, no intuito de se entender a forma pela qual se dá o processo de produção normativa e a sua manifestação (positivação).

2.1 Os tempos da enunciação e da enunciação-enunciada

Pelos ensinamentos de Greimas[26], infere-se que o conceito "enunciação" pode ser definido de duas maneiras: (i) como estrutura não linguística (referencial) que subtende à comunicação no sentido de aproximar-se, nesta concepção, do próprio "ato de linguagem"; ou, (ii) como um componente autônomo da teoria da linguagem, concebendo-se a *enunciação*, portanto, como "uma instância que possibilita a passagem entre a competência e a *performance* linguísticas".

25. IVO, Gabriel. *Norma jurídica*: produção e controle. São Paulo: Noeses, 2006. p. 39-40.

26. GREIMAS, Algirdas Julien; COURTÈS, Joseph. *Dicionário de semiótica*. 2. ed., 3. reimp. Tradução de Alceu Dias Lima et al. São Paulo: Contexto, 2016. p. 166.

Para o estudo das fontes do direito, consideraremos as definições pelos dois planos propostos. Voltamo-nos, inicialmente, à definição da enunciação como componente autônomo da linguagem por entendermos que se trata da forma pela qual a enunciação integra-se à concepção de sistema – conjunto integrado por elementos; no direito, essa integração se viabiliza na forma de elementos expressionais (enunciados prescritivos) que sustentam a idealização da norma como juízo hipotético-condicional (norma jurídica em sentido estrito).

Segundo o autor, a formulação de *enunciação* como instância do discurso ou componente autônomo possibilita concebê-la como uma "instância de mediação" que produz o discurso, considerando-se as camadas que constituem o percurso gerativo.

Cabe à enunciação, nessa concepção, a atualização operacional do sistema, pelo *mecanismo da enunciação* – um conjunto de procedimentos capazes de instituir o discurso como *um* espaço e *um* tempo, por meio do *enunciador* (sujeito competente).

Enquanto "ato de linguagem a enunciação é um enunciado cuja função-predicado é denominada intencionalidade, e cujo objeto é o enunciado-discurso".[27] Dito de outra forma, a *enunciação* tem por efeito produzir uma sequência de atos semióticos (semiose)[28], que se denomina *manifestação* (produto da enunciação ou, realização material do conteúdo produzido pela enunciação). Esse ato de linguagem manifesta-se objetivamente por signos que expressam a forma (procedimento) como foi produzido o ato e, a matéria do ato (conteúdo). Temos, portanto, que a enunciação manifeste-se de duas maneiras: como *enunciação-enunciada e como enunciado-enunciado.*

---

27. Ibidem, p. 168.

28. Ibidem, p. 447, grifos nossos: "*Semiose é a operação que*, ao instaurar uma relação de pressuposição recíproca entre a forma da expressão e a do conteúdo (na terminologia de Hjelmslev) – ou entre o significante e o significado (F. De Saussure) – *produz signos*. Nesse sentido, qualquer ato de linguagem, por exemplo, implica uma semiose. Esse termo é sinônimo de função semiótica".

Ressalve-se, entretanto, a substancial diferença havida entre *enunciação* (processo de produção) e *enunciação-enunciada ou narrada (produto enunciado).* Aquela tem como modo de existência, ser o pressuposto lógico do enunciado e, como modo existencial (ou ontológico) esvai-se no tempo sem deixar vestígios; esta, "é o simulacro que imita, dentro do discurso, o fazer enunciativo: o 'eu', o 'aqui' ou o 'agora' encontrados no discurso enunciado"[29], ou seja, são os signos (dêiticos ou marcas) caracterizadores do *espaço*, do *sujeito* e do *tempo* da enunciação, através dos quais o intérprete tem acesso à enunciação.

Nas palavras do autor "a enunciação é o lugar de exercício da competência semiótica".[30] Poderíamos, então, dizer que a *enunciação* é a instância da instauração – do *nascimento* – do direito, pelo exercício das competências procedimental e material de um sujeito. Assim, a análise da produção do direito, pela perspectiva da semiótica jurídica, volta-se ao fenômeno da *enunciação*, ao processo pelo qual nascem as normas jurídicas, tendo por pano de fundo a *positivação.*[31] Já a *enunciação enunciada* é a parte do enunciado que traz as marcas (dêiticos[32]) que atestam a atividade da enunciação,

---

29. GREIMAS, Algirdas Julien; COURTÈS, Joseph. *Dicionário de semiótica.* 2. ed., 3. reimp. Tradução de Alceu Dias Lima et al. São Paulo: Contexto, 2016. p. 168: "A enunciação enunciada deve ser considerada como constituindo uma subclasse de enunciados que se fazem passar como sendo metalinguagem descritiva da enunciação".

30. Ibidem, p. 167.

31. CARVALHO, Paulo de Barros. *Derivação e positivação no direito tributário.* São Paulo: Noeses, 2011. v. I: "Positivação é a sequência de atos ponentes de normas no quadro da dinâmica do sistema".

32. MOUSSALLEM, Tárek Moysés. *Revogação em matéria tributária.* São Paulo: Noeses, 2005. p. 24: "Dêiticos são, portanto, os elementos de linguagem que permitem ao intérprete a reconstrução da enunciação". A definição do termo encontra-se, também, em GREIMAS, Algirdas Julien; COURTÈS, Joseph. *Dicionário de semiótica.* 2. ed., 3. reimp. Tradução de Alceu Dias Lima et al. São Paulo: Contexto, 2016. p. 119: "os dêiticos (ou indicadores, para, Benveniste) são elementos linguísticos que se referem à instância de enunciação e às suas coordenadas espaço-temporais: eu, aqui, agora. Podem, então, servir de dêiticos os pronomes ('eu', 'tu'), mas também os advérbios (ou locuções adverbiais), os demonstrativos, etc. Trata-se, no caso, como se vê, da enunciação enunciada, tal como se lhe pode apanhar o

anunciadas com o intuito de fazer-se conhecer o processo de produção normativa; são a via de aceso à enunciação. Com aquela (enunciação), portanto, não se confunde. Manifesta-se esta (enunciação-enunciada), como resultado da investigação do processo de *derivação*[33], que tem como objeto a recuperação do ato de fala intercalar das normas jurídicas, ou seja, do exercício da competência para produzir normas jurídicas. Dizemos, então, que a *enunciação* está para o *processo*, assim como o *enunciado* (enunciação-enunciada e enunciado-enunciado) está para o *produto*.

Daí a proposição de uma relação temporal anteroposterior entre os conceitos, ocupando a "enunciação" – como instância que possibilita a passagem entre a competência e a *performance* linguísticas –, a condição logicamente pressuposta nesta estrutura temporal, em relação ao "enunciado", que dela contém apenas as marcas enunciadas (signos). Importante, também, destacar que a partir da enunciação-enunciada constrói-se a norma veículo-introdutor, uma norma concreta e geral resultado da aplicação das normas de competência (relativas ao procedimento, sujeito e matéria), estruturada da seguinte forma:

> Antecedente: dado o fato do exercício da competência por sujeito autorizado, conforme procedimento credenciado pelo sistema, realizado em determinadas coordenadas espaço-temporais;
>
> Consequente: deve-ser que se instaure a relação jurídica entre o sujeito competente (sujeito ativo) e a coletividade (sujeito passivo), que estabelece a todos o dever de obedecer o(s) enunciado(s)-enunciado(s) positivados pelo veículo-introdutor.

---

mecanismo através dos procedimentos de debreagem e de embreagem que simulam a interposição ou supressão de uma distância entre o discurso-enunciado e a sua distância de enunciação. [...] o emprego dos dêiticos permite referencializar o discurso, simular a existência linguística de um referente externo, enquanto, de fato, se trata de uma correlação entre a semiótica particular, que é a língua natural, e a semiótica do mundo natural, tendo uma e outra uma organização específica".

33. CARVALHO, Paulo de Barros. *Derivação e positivação no direito tributário*. São Paulo: Noeses, 2011. v. I, p. XIX: "Derivação é a operação lógico-semântica em que se articula uma unidade normativa a outras que lhe são sobrepostas ou sotopostas na hierarquia do conjunto. Cada impulso de positivação provoca um vínculo de derivação".

Dessa forma o direito se movimenta criando a realidade jurídica, uma tessitura estrutural formada por elementos normativos. Ou seja, criando normas, positiva-se o direito, ao passo que o estudo das fontes do direito possibilita ao intérprete a averiguação dos fundamentos de validade da norma produzida, pela análise do processo de derivação normativa, acessível pela enunciação-enunciada.[34]

2.2 Os tempos do enunciado e do enunciado-enunciado

Retomando as lições de Greimas, o *enunciado* pode ser definido, "como qualquer grandeza dotada de sentido, pertencente à cadeia falada ou ao texto escrito e, [...] por oposição à enunciação (entendida como ato de linguagem), como o estado dela resultante".[35] Contém elementos que remetem à instância da enunciação (signos caracterizadores do sujeito, do procedimento, do tempo e do espaço), como também os elementos que remetem ao conteúdo do discurso.

Dessa definição pode-se inferir que o enunciado é gênero, do qual a enunciação-enunciada e o enunciado-enunciado são espécies narrativas. Aquela remetendo à enunciação (processo); esta ao conteúdo (parte do enunciado desprovida das marcas da enunciação). Nos documentos normativos, o *enunciado* veicula, então, a *enunciação-enunciada*, marcas que denotam o processo de produção das normas, bem como o *enunciado-enunciado* que, trazido à lume pelos enunciados

34. MOUSSALLEM, Tárek Moysés. *Revogação em matéria tributária*. São Paulo: Noeses, 2005. p. 82: "A enunciação-enunciada localizada dentro do direito positivo, permite a reconstrução da enunciação (situada fora do direito positivo) por meio das categorias pessoa, espaço, tempo e procedimento estampados no documento normativo. Na enunciação-enunciada está o produto efetivo do exercício da competência e do procedimento, circunscritos a um tempo e a um espaço determinados. Esses quatro elementos são previstos em outras normas do próprio direito positivo e são denominados 'fundamentos de validade' (condições de validade). Ao cotejar o fundamento de validade com a enunciação-enunciada, o direito positivo controla a regularidade da norma produzida".

35. GREIMAS, Algirdas Julien; COURTÈS, 2. ed., 3. reimpressão. São Paulo: Contexto, 2016. p. 168.

prescritivos, indica o conteúdo do ato de fala[36] (aquilo que se pretende regular), resultantes da enunciação.

Distinguem-se as espécies discursivas, não só pelas diferenças inerentes às suas características linguísticas, mas também, pelos de tempos jurídicos distintos aventados no discurso: o tempo na enunciação-enunciada, remetendo ao tempo da produção da norma, tratando-se, portanto, de um tempo pretérito relativo à enunciação e, o tempo do enunciado-enunciado ou tempo enuncivo, remetendo ora a um tempo futuro (quando se tratar de enunciado de norma abstrata), ora a um tempo pretérito (quando se tratar de norma concreta), neste caso, tempo do fato jurídico.[37]

Pelo quanto dito até aqui, revela-se o estudo das fontes do direito, como um caminho seguro para que se analise outros temas relevantes para o direito como a hierarquia, a vigência e a validade das normas jurídicas. É o que veremos a seguir.

3. A validade da Norma Jurídica no Sistema. Uma Análise Sintática

O termo *validade* comporta, na doutrina jurídica, inúmeros significados, seja tomado como um conceito isolado e, mais ainda, quando relacionado a outros conceitos, como ele, fundantes do direito[38]; conceitos esses que, embora se revelem essenciais, assinalam igualmente a dificuldade de uma definição, a exemplo de vigência, eficácia, incidência, entre tantos

---

36. Tomamos a norma jurídica como a significação construída pelo intérprete a partir dos enunciados prescritivos (positivados), por isso, entendemos que o conteúdo não está no enunciado; ali estão somente os signos indicativos do conteúdo, que somente se revelará após a sua interpretação (no mesmo sentido: IVO, Gabriel. *Norma jurídica*: produção e controle. São Paulo: Noeses, 2006. p. XLVIII).

37. MOUSSALLEM, Tárek Moysés. *Revogação em matéria tributária*. São Paulo: Noeses, 2005. p. 87.

38. CARVALHO, Paulo de Barros. *Direito tributário*: fundamentos jurídicos da incidência. 7. ed. São Paulo: Saraiva, 2009. p. 75: "os conceitos fundantes são sempre de difícil delimitação e a validade experimenta forte instabilidade significativa entre os vários modelos conhecidos".

outros. A raiz do problema se encontra, *a priori*, na concepção do próprio direito. Discutir a validade requer, preliminarmente, que se aponte o direito sobre o qual se fala, porquanto haja tantas definições possíveis quantas sejam as formas de encarar o universo jurídico.[39]

Sônia Maria Broglia Mendes[40] enfrenta o tema da validade analisando o conceito segundo várias escolas (Jusnaturalismo, Positivismo, Realismo etc.) e conclui que um dos entraves para a univocidade do conceito diz respeito à variedade de critérios adotados para se estabelecer a validade jurídica, uma vez que cada uma delas encara o direito de forma diferente.[41]

Tendo em vista os contextos linguístico e normativista que permeiam este trabalho, fincados nas premissas da filosofia da linguagem, considera-se o direito positivo como o conjunto de normas jurídicas *válidas* em determinadas coordenadas de espaço e tempo, ou seja, considera-se o direito

---

39. Vários autores dedicaram-se ao estudo da validade, referindo-se à pluralidade de significados atribuídos ao termo. Entre eles, citamos Robson Maia Lins que lista oito possibilidades (*Controle de constitucionalidade da norma tributária*: decadência e prescrição. São Paulo: Quartier Latin, 2005. p. 73). "Mesmo nos quadrantes de cada nível linguístico enfocado, exsurgem as variáveis polissêmicas do termo. Validade é palavra plurívoca, que, dentre seus significados, os mais empregados são: (i) fonte formal do direito; (ii) fundamento de validade; (iii) processo de invalidação de normas; (iv) ato que põe no sistema norma invalidadora; (v) a justeza da norma; (vi) vigência; (vii) eficácia; e (viii) relação de pertinência da norma com o sistema".

40. MENDES, Sonia Maria Broglia. *A validade jurídica pré e pós-giro linguístico*. São Paulo: Noeses, 2007. p. 206.

41. Nesse mesmo sentido Tácio Lacerda Gama (*Competência tributária*: fundamentos para uma teoria da nulidade. São Paulo: Noeses, 2009. p. 301-302, grifo nosso): "Plurívico, o termo 'validade das normas jurídicas' pode assumir, entre outras, as seguintes acepções: especial forma de existência de uma norma; atributo da norma compatível com aquela que programou a sua criação; aptidão para vir a ser aplicada por um tribunal; circunstância de, efetivamente, disciplinar comportamentos; compatibilidade da norma positiva do direito com os padrões religiosos, racionais ou humanos, em acepção ampla. *Cada um desses sentidos corresponde a um ponto de vista possível sobre o tema da validade das normas jurídicas e se refere a modos diferentes de compreender o que seja o próprio direito. Temos, entre as concepções que acabamos de apontar, ideias relativas à concepção de direito natural, realista escandinava e positivista, percebida tanto sob a óptica de quem descreve, quanto sob a perspectiva de quem prescreve as normas*".

posto que regula as relações intersubjetivas de dada sociedade, em determinado período de tempo. Destaque-se, ainda, alguns pontos relevantes para que se defina *validade*: (i) trata-se esse "conjunto", de um sistema organizado de normas jurídicas, estruturadas mediante regras estabelecidas pelo próprio sistema, dispondo-as, internamente, em relações de coordenação e subordinação; (ii) a norma jurídica é elemento desse sistema; (iii) toma-se o sistema jurídico como sinônimo de ordenamento jurídico; (iv) adotamos o critério da pertinencialidade ao sistema para definir validade.

A relevância destes pontos se justifica quando buscamos conhecer um objeto. Como dito anteriormente, o conhecimento, tomado pela filosofia da linguagem, é uma *relação entre linguagens* (entre proposições) e, a verdade de uma proposição só pode ser aferida segundo um determinado sistema de referência. Daí a delimitação proposta, circunscrevendo o âmbito (sistema), os elementos que o compõem (normas) e os critérios de admissibilidade desse elemento no sistema (critérios de pertinencialidade), como condição de possibilidade para que se estabeleça uma definição sobre o tema. Importa-nos, então, definir a *validade* num contexto estritamente jurídico, o que nos leva ao confronto da norma (elemento) com o sistema no qual se insere para que se constate a sua pertinência a este conjunto normativo.

Como porta de entrada escolhemos a do critério da pertinencialidade, ou seja, a norma jurídica (tomada aqui no plano da expressão – enunciado prescritivo) será aquela que atender aos preceitos ditados pelo sistema para que possa vir a integrá-lo. É o que ensina Paulo de Barros Carvalho:

> Inseridos, portanto, dentro dessa autoconstitutividade da realidade deôntica, um mandamento qualquer só adquire status de jurídico se pertencer a determinado sistema de direito positivo e o critério de pertinência é exatamente o sinal decisivo de sua validade. Uma norma "N" é válida no sistema jurídico "S" se, e somente se, pertencer a este conjunto, o que significa admitir

> que foi produzida por órgão previsto no sistema, consoante procedimento especifico nele também estipulado.[42]

Nesse mesmo sentido, diz Lourival Vilanova:

> A validade é, assim, validade no interior do sistema positivo. Normas de outra procedência, ou de outro conteúdo, para ingressarem no sistema, requerem regra-de-regra que as juridicize, as convalide. A correspondência com tais regras "processuais" dá-lhes relação de pertinência face ao sistema positivo.[43]

A definição do conceito de validade da norma jurídica conforme o critério da pertinencialidade remete o intérprete, invariavelmente, às instâncias linguísticas do ato de linguagem, determinando a estreita relação da validade com o tema das fontes do direito. Isso porque a validade de uma norma somente poderá ser aferida no plano da expressão – plano S1 do percurso gerador de sentido –, razão pela qual, obrigatoriamente, toma-se a norma aqui, como enunciado prescritivo.[44] Mais especificamente como enunciado – produto da enunciação –, ou seja, aquele enunciado emitido por sujeito competente mediante previsão procedimental prevista pelo sistema, em razão da impossibilidade da aferição sistematizada da norma como um juízo proposicional, ou seja, nos planos S2, S3 e S4, sem a sua prévia manifestação no plano da expressão. É o que diz, também, Eurico Marcos Diniz de Santi: "A validade no plano da expressão é condição necessária da validade do conteúdo: atacando-se o texto, desqualifica-se a validade não só do documento, como de todo seu conteúdo".[45]

---

42. CARVALHO, Paulo de Barros. *Direito tributário*: fundamentos jurídicos da incidência. 7. ed. São Paulo: Saraiva, 2009. p. 220.

43. VILANOVA, Lourival. *As estruturas lógicas e o sistema do direito positivo*. 3. ed. São Paulo: Noeses, 2005. p. XXXI.

44. Embora tenhamos estabelecido desde o início a adoção do sentido de *norma* como a significação construída pelo intérprete a partir dos enunciados prescritivos do direito, ou seja, nos demais planos daquele percurso interpretativo, faz-se necessário, aqui, especificamente, que a tomemos como o próprio enunciado.

45. SANTI, Eurico Marcos Diniz de. *Decadência e prescrição no direito tributário*. 3.

Denota-se, assim, que embora seja possível se discutir a validade em todos os planos do percurso gerador de sentido, imprescindível que haja, como condição prévia, a manifestação linguística (textual) da norma, no plano S1.

De acordo com o posicionamento adotado anteriormente, ou seja, pela adoção do critério da pertinencialidade, uma norma será válida (existirá no ordenamento) se cumprir as exigências de produção estabelecidas (procedimento e sujeito competente) pelo sistema.[46] Isto nos leva a outro ponto: a validade não pode ser um atributo (predicado) da norma em si; se assim fosse, uma norma somente restaria apta a compor o sistema, se conforme a ele; a validade é, na verdade, uma *relação*.[47] Nas palavras de Aurora Tomazini de Carvalho, "validade é tomada como o vínculo relacional de pertinencialidade entre um elemento e o sistema".[48]

A partir dessas definições, conclui-se que ser norma é pertencer ao sistema, é existir juridicamente[49]; "antes da sua

---

ed. rev. e ampl. São Paulo: Max Limonad, 2004. p. 72.

46. Convém esclarecer que quando falamos da "exigência de produção normativa", não estamos nos referindo à conformidade da norma, mas, simplesmente aos mecanismos de entrada no sistema, ou seja, a norma somente poderá "entrar" nesse sistema se for produzida por UM sujeito competente, mediante UM procedimento previsto por esse sistema. A conformidade da produção não interfere, portanto, na sua validade enquanto relação de pertinência, ou seja, como existência.

47. A *validade* pode ser observada por duas perspectivas: (i) como *relação de pertinência* da norma ao sistema, ou, (ii) como *atributo da norma*; no primeiro caso, a validade, assumindo um caráter relacional, será sinônimo de existência da norma no sistema, já, no segundo, como qualidade intrínseca da norma, será tomada como conformidade da norma com o ordenamento. Sob este enfoque, primeiro a norma "existe" para que, em momento subsequente, seja aferida a sua conformidade ao sistema: estando conforme, restará apta continuar "existindo", sendo a ela adjudicada validade; em desconformidade será tida por inválida, devendo ser extirpada do sistema.

48. CARVALHO, Aurora Tomazini de. *Curso de teoria geral do direito*: o constructivismo lógico-semântico. 2. ed. São Paulo: Noeses, 2010. p. 667.

49. BORGES, José Souto Maior. *Obrigação Tributária* (uma introdução metodológica). 3. ed. rev. e ampl. São Paulo: Malheiros, 2015. p. 64: "a existência da norma se define pela sua validade. Existência e validade da norma jurídica são, assim, termos equivalentes. Demonstrar a existência da norma jurídica é demonstrar a sua validade. Existir é, juridicamente, ser válido. Dizer que uma norma jurídica existe

admissibilidade pelo ordenamento, falemos de outra entidade, porque norma jurídica ainda não será".[50] Ser válido, portanto, é um caráter relacional; não orgânico. Quer dizer, dá-se sempre em relação a um sistema, caracterizado este como uma classe ou conjunto sistematizado de elementos; não às propriedades intrínsecas de um elemento em si mesmo considerado.[51] Por isso as normas jurídicas (enunciados prescritivos) não são válidas por si mesmas, resultando, desta forma, na impossibilidade de saber se uma norma isolada é válida ou não. O que confere validade a uma norma é a sua relação com o sistema; "uma relação cujos termos são norma e sistema, tendo entre eles o functor poliádico 'pertence'".[52]

Analisada pela perspectiva da linguagem, a validade dar-se-á somente se a enunciação se sustentar frente às exigências do sistema, ou seja, dar-se-á pela relação entre o enunciado (norma) e os enunciados de competência do sistema que dispõem sobre o processo de produção normativa. É o que explica Gabriel Ivo:

> Por isso, um documento normativo que proclamar em seu texto sua autovalidade de nada adiantará. Apenas será válido se o fato jurídico de sua criação (enunciação) for suficiente. *Validade, portanto, consiste numa relação existente entre o enunciado prescritivo e o sistema jurídico a que pertence.* A correção ou não da relação

---

significa o mesmo que afirmar a sua validade. Por outro lado, o ser válida a norma é um atributo que decorre de seu relacionamento com outra norma que lhe é supraordenada e da qual extrai o seu fundamento bastante de validade".

50. CARVALHO, Paulo de Barros. *Direito tributário*: fundamentos jurídicos da incidência. 7. ed. São Paulo: Saraiva, 2009. p. 76.

51. CARVALHO, Aurora Tomazini de. *Curso de teoria geral do direito*: o constructivismo lógico-semântico. 2. ed. São Paulo: Noeses, 2010. p. 668: "O problema da validade, no entanto, não repousa propriamente no seu conceito, mas na determinação dos critérios que conotam a classe. O que faz um elemento pertencer a um conjunto e, portanto, ser válido é ele subsumir-se aos requisitos eleitos para delimitação deste conjunto. Tais requisitos, contudo, variam de acordo com os critérios de uso da classe, o que faz da 'validade' algo relativo. Os critérios de uso de uma classe formam o significado da palavra com a qual se nomeia o conjunto".

52. MOUSSALLEM, Tárek Moysés. *Revogação em matéria tributária*. São Paulo: Noeses, 2005. p. 138.

> é outorgada pelo fato jurídico (enunciação) quando confrontado com as normas de produção normativa; tal confronto é possível em face da denominada enunciação enunciada, que são as marcas da enunciação (processo) que permitem o retorno a ele e, assim, sindicar sobre a sua correção. É por isso que verificamos que as normas regulam a criação de normas. O direito autorregula-se.[53]

Ressalte-se, entretanto, que a compatibilização da norma em face do ordenamento, tanto em relação à forma (procedimento que a introduziu no sistema), quanto em relação ao conteúdo veiculado pela norma (materialidade), será aferido *a posteriori*, ou seja, primeiro a norma existe, é válida no sistema para que, depois, seja analisada sua compatibilização para com o sistema, instalando-se a *validade* como um axioma do direito[54]

> Uma consequência prática da aplicação desta teoria é o entendimento do conceito de "validade", instalado no interior do discurso jurídico. O veículo introdutor da lei outorga validade *juris tantum* aos atos de aplicação do direito, i. é., a norma é válida porque veiculada por fonte formal compatível com o ordenamento jurídico, que assim impõe a validade da regra como premissa de seu funcionamento. *O veículo introdutor é a enunciação enunciada, que legitima a lei perante o direito independentemente do real ato de aplicação que a criou.*[55]

Por estar intrinsecamente ligada à produção do ato de linguagem (enunciação)[56], a validade jurídica pode ser analisada,

---

53. IVO, Gabriel. *Norma jurídica*: produção e controle. São Paulo: Noeses, 2006. p. 116-117, grifo nosso.

54. CARVALHO, Aurora Tomazini de. *Curso de teoria geral do direito*: o constructivismo lógico-semântico. 2. ed. São Paulo: Noeses, 2010. p. 684.

55. SANTI, Eurico Marcos Diniz de. *Decadência e prescrição no direito tributário*. 3. ed. rev. e ampliada. São Paulo: Max Limonad, 2004. p. 68, grifo nosso.

56. Tércio Sampaio Ferraz Jr. se refere, também, à validade como aquela relativa ao discurso (*Teoria da norma jurídica*: ensaio de pragmática da comunicação normativa. 4. ed. Rio de Janeiro: Forense, 2009. p. 95-97): "Estamos interessados na norma como discurso normativo. Isto nos obriga, de princípio, a discutir a validade como uma qualidade linguística do discurso. [...] Isto significa que a própria linguagem, além de veículo de expressão, pode ser, ela própria objeto. Neste caso, está 'validade', como termo que se refere a propriedades ou entidades linguísticas. É claro que isto pressupõe que as normas jurídicas, que são válidas ou inválidas, sejam entidades

então, pelos planos semióticos: (a) *sintaticamente*, pela análise da subordinação formal entre a norma introduzida e as normas competenciais (relativas ao procedimento, e ao sujeito competente) estabelecidas pelo sistema para produção de normas; (b) *semanticamente*, pela análise da subordinação material (conteúdo) entre a norma introduzida e a norma de competência; e, (c) *pragmaticamente* por força das categorias dos atos de fala empregados no discurso normativo.[57]

Tércio Sampaio Ferraz Jr. enfatiza que a validade não é uma propriedade apenas sintática (relacional) dos discursos normativos (referindo-se ao aspecto-relato), mas que se revela também como propriedade pragmática (no aspecto-cometimento), referindo-se à *imunização* – fruto da conexão pragmática entre os discursos –, como argumento capaz de eximir o editor de críticas. Nesse sentido não vê a validade como uma relação simplesmente redutiva de conteúdos gerais para conteúdos individualizados, mas como uma relação entre competências decisórias.[58] Ressalte-se que o autor se refere, aqui, à função pragmática do discurso, não à função pragmática da norma, no sentido de eficácia jurídica. Esta diz respeito ao modo como a norma é empregada no sistema.

Quanto ao tempo jurídico que determina o momento a partir do qual a norma é válida no sistema (marco temporal da validade), entendemos que este seja determinado pelo momento

---

linguísticas. [...] Do ângulo do discurso normativo, atendo-se aos três ângulos da análise semiótica, podemos falar em validade na dimensão sintática, semântica e pragmática".

57. MOUSSALLEM, Tárek Moysés. *Revogação em matéria tributária*. São Paulo: Noeses, 2005. p. 138-139.

58. FERRAZ JR., Tércio Sampaio. *Teoria da norma jurídica*: ensaio de pragmática da comunicação normativa. 4. ed. Rio de Janeiro: Forense, 2009. p. 107: "A imunização do discurso normativo jurídico se caracteriza, pois, por ser conquistada a partir de outro discurso normativo, o que faz da validade uma relação pragmática entre normas, em que imuniza a outra contra as reações do endereçado, garantindo-lhe o aspecto-cometimento meta-complementar. [...] Consideramos válida a norma, cujo aspecto-cometimento não apenas está definido como meta-complementar, mas está imunizado contra críticas através de outra norma".

em que o destinatário da norma toma conhecimento da sua existência, ou seja, no momento em que a enunciação (série de atos de produção normativa) se concretiza com a publicação do enunciado produzido. É neste momento (tempo) específico que a norma passa a existir no ordenamento jurídico, ou seja, é neste momento que a norma se torna juridicamente válida. Não basta que o homem, por meio de atos de linguagem (processo de produção normativo), crie enunciados prescritivos com vistas a regular as condutas intersubjetivas de uma sociedade; é imprescindível que estes enunciados (normas) sejam dados à publicidade, passando a pertencer ao universo jurídico a partir de então. "A publicidade marca a positivação das normas jurídicas, isto é, seu ingresso no ordenamento".[59]

Fato é que o conceito "validade" dependerá, invariavelmente, do entendimento do conceito "direito", bem como do(s) critério(s) adotado(s) pelo intérprete para definir validade. Considerando as premissas normativista e semióticas que norteiam a construção deste trabalho, tomamos a *validade* como sinônimo de existência da norma (enquanto enunciado linguístico prescritivo) no ordenamento, buscando, então, entender o fenômeno jurídico pela análise semiótica do direito aplicada ao processo de produção da linguagem jurídica.

4. Considerações Finais

O direito é composto por normas jurídicas, e essas são signos representativos dos valores de uma sociedade. A escolha dos signos pressupõe consenso para representar e comunicar os valores, cujo atingimento é garantido pelo fato de os participantes desses processos comunicativos estarem inseridos num mesmo contexto social, atribuindo sentidos próximos aos conceitos.

---

59. CARVALHO, Aurora Tomazini de. *Curso de teoria geral do direito*: o constructivismo lógico-semântico. 2. ed. São Paulo: Noeses, 2010. p. 691-692: "O direito prescreve a forma de veiculação de sua linguagem e nela se materializa o ingresso de seus enunciados. Por ser o canal/contato um dado físico, é nele que percebemos e comprovamos a existencialidade do direito positivo".

É sistema cujo elemento característico é a norma, apresentada em forma regular D(H → C) e conteúdo variável, recolhido do universo social e incorporado ao universo normativo. Apresenta-se como conjunto fechado nos aspectos sintático e semântico, embora aberto na transmissão de sentido (campo pragmático), em que o legislador pode se utilizar dos sentidos socialmente postos.

O sistema jurídico faz parte do universo social, embora se mantenha em posição autônoma em virtude de poder criar e alterar o sentido de seus termos, em relação a essa realidade social. É, portanto, um sistema autopoiético, por produzir seu modo de criação. Busca na realidade social as condutas às quais pretende imprimir certa regularidade e as importa para seu interior.

Há, desse modo, comunicação necessária e contínua entre o conjunto social, do qual o sistema do direito positivo faz parte. Essa relação é uma modalidade de intertextualidade entre os sistemas. Ao direito cabe regular as relações sociais, fazendo com que essas atividades sejam delimitadas por suas próprias regras.

TRIBUTO E NORMA: IMPORTÂNCIA DA TEORIA DA REGRA-MATRIZ DE INCIDÊNCIA NO ESTUDO DO DIREITO TRIBUTÁRIO

Solon Sehn[1]

Sumário: 1. Considerações iniciais. 2. A teoria da regra-matriz e a superação da concepção glorificadora do antecedente normativo no direito tributário. 3. Proposição-consequente na teoria da regra-matriz. 4. Conclusões. 5. Referências.

1. Considerações iniciais

Todo tributo – como obrigação *ex lege* – tem os seus pressupostos de incidência disciplinados por uma norma jurídica. Isso, por um lado, cria um tangenciamento indissociável entre esses dois institutos. De outro, impõe a necessidade teórica de se precisar o conceito de norma adotado no estudo de uma determinada exação. Sem essa cautela metodológica, corre-se o risco de incorrer em ambiguidades discursivas incompatíveis com a linguagem científica.

1. Doutor e Mestre em Direito Tributário pela PUC/SP. Graduado pela UFPR. Professor Conferencista no Curso de Especialização em Direito Tributário do IBET (Instituto Brasileiro de Estudos Tributários). Advogado.

A Teoria do Direito, segundo destaca Gregorio Robles, é marcada por uma notável – e nada desejável – ausência de acordo no tocante aos seus institutos centrais. Não é diferente com o conceito de "norma jurídica". Para a visão tradicional – denominada concepção expressiva –, norma é sinônimo de texto de lei ou de enunciado de direito positivo. Já as teorias influenciadas pela Semiótica adotam um conceito semântico ou hilético, que a identifica com o sentido ou conteúdo de significação atribuído aos enunciados prescritivos pelo intérprete[2].

A *teoria da regra-matriz de incidência tributária* de Paulo de Barros Carvalho[3] pode ser agrupada dentre as concepções hiléticas, constituindo uma teoria semântica estrutural dual de norma jurídica. Nela as normas jurídicas são significações construídas a partir dos textos de direito positivo, estruturadas na forma lógica de um juízo hipotético-condicional[4]. Não constituem sinônimo de textos de lei nem de enunciado prescritivo. Resultam de um processo de construção de sentido

---

2. MORCHON, Gregorio Robles. *As regras do direito e as regras dos jogos*: ensaio sobre a teoria analítica do direito. Tradução Pollyana Mayer. São Paulo: Noeses, 2011. p. 88. Sobre o tema, cf.: CARVALHO, Paulo de Barros. *Direito tributário, linguagem e método*. 2. ed. São Paulo: Noeses, 2008. p. 127 e ss.; ALEXY, Robert. *Teoría de los derechos fundamentales*. Madrid: Centro de Estudios Constitucionales, 1997. p. 58; CANOTILHO, José Joaquim Gomes. *Direito constitucional*. 6. ed. Coimbra: Almedina, 1996. p. 205; MÜLLER, Friedrich. *Métodos de trabalho do direito constitucional*. 2. ed. São Paulo: Max Limonad, 2000. p. 53 e ss.; MÜLLER, Friedrich. *Direito, linguagem e violência*: elementos de uma teoria constitucional, I. Porto Alegre: Fabris, 1995. p. 41 e ss.; KELSEN, Hans. *Teoria pura do direito*. 6. ed. São Paulo: Martins Fontes, 1998. p. 80 e ss.; KELSEN, Hans. *Teoria geral do direito e do estado*. 3. ed. São Paulo: Martins Fontes, 1998. p. 63 e ss.; BOBBIO, Norberto. *Teoría general del derecho*. Tradução Eduardo Rozo Acuña. Madrid: Debate, 1999. p. 53 e ss.

3. CARVALHO, Paulo de Barros. *Teoria da norma tributária*. 4. ed. São Paulo: Max Limonad, 2002; CARVALHO, *Direito tributário, linguagem*... cit., p. 135.

4. A experiência, como destaca Paulo de Barros Carvalho, indica a presença de três espécies de normas jurídicas tributárias, classificadas segundo o grupo institucional a que pertencem em: (i) *normas tributárias em sentido amplo*, compreendendo (a) as normas que demarcam princípios e (b) as normas que fixam providências administrativas; e as (ii) *normas tributárias em sentido estrito*, que definem a norma-padrão ou regra-matriz de incidência dos tributos. Todas apresentam a mesma estrutura lógica (CARVALHO, Paulo de Barros. *Curso de direito tributário*. 13. ed. São Paulo: Saraiva, 2000. p. 235).

que se desenvolve em quatro planos, correspondentes aos subsistemas constitutivos do texto em sentido amplo: o plano das formulações literais ou plano dos enunciados (S1); o de suas significações ou plano das proposições (S2); o das normas jurídicas (S3); e o dos vínculos de coordenação e de subordinação estabelecidos entre as normas jurídicas, também denominado plano da sistematização (S4).

O texto em sentido estrito integra o plano de expressão do direito positivo, que constitui a base material do conhecimento (S1). É o suporte físico dos enunciados prescritivos, formado por um conjunto de morfemas, ordenados de acordo com as regras gramaticais de determinado idioma e que materializam a mensagem legislada no contexto comunicacional. A partir de sua leitura, ainda segundo lição de Paulo de Barros Carvalho, o intérprete ingressa no campo semântico, atribuindo sentido aos símbolos e construindo proposições, que são o conteúdo de significação dos enunciados prescritivos (S2). Em seguida, tais proposições são ordenadas de acordo com a estrutura sintática das normas jurídicas (S3), de modo a expressar uma unidade completa de significação deôntica. Por fim, no plano S4, são submetidas a um processo de ordenação sistêmica, no qual são estabelecidos os vínculos de subordinação e coordenação com as demais normas jurídicas[5].

Em seu núcleo lógico-estrutural, a norma jurídica – como *unidade mínima e irredutível de significação do deôntico* – apresenta uma proposição-antecedente ligada, por uma relação formal de implicação ou de causalidade jurídica, à realização condicional de uma proposição-consequente[6]. O antecedente

5. Ibidem, p. 181 e ss. Sobre as estruturas sígnicas do sistema jurídico e o percurso gerador de sentido, cf. ainda: CARVALHO, *Curso*... cit., p. 126 e ss.; CARVALHO, Paulo de Barros. *Direito tributário*: fundamentos jurídicos da incidência. 2. ed. São Paulo: Saraiva, 1999, p. 59 e ss.

6. A concepção kelseniana de norma como um juízo hipotético ("Se A é, B deve ser") é considerada insuficiente por parte da doutrina, na medida em que não compreenderia as normas categóricas ("atributivas" ou "qualificadoras"), que determinam uma "obrigação objetiva de algo que deve ser feito" (por exemplo: "Brasília é a Capital Federal"). Para Paulo de Barros Carvalho, na obra "Teoria da Norma Tributária",

(também denominado hipótese, descritor ou suporte fático) descreve um evento de possível ocorrência no campo da experiência social. Exerce uma função qualificadora normativa do fático, sem constituir – como assinala Lourival Vilanova – uma proposição cognoscente do real[7]. O consequente ou mandamento, por sua vez, prescreve uma relação jurídica ligando dois ou mais sujeitos em torno de uma conduta regulada como proibida (V), permitida (P) ou obrigatória (O)[8]. Aqui, portanto, o dever-ser aparece sempre modalizado, ao passo que, na ligação antecedente-consequente, o operador é neutro[9].

---

tais normas não seriam verdadeiramente regras jurídicas, "[...] por não revestirem a forma de juízos hipotéticos, já por não estabelecerem comportamentos-tipo. Tais proposições têm, realmente, a estrutura lógica dos juízos categóricos, sendo impossível transgredi-las e inexistindo, portanto, sanções que lhes correspondam" (CARVALHO, *Teoria*... cit., p. 54). O autor rejeita o entendimento de Recaséns Siches, para quem tais proposições seriam "fragmentos de normas" (SICHES, Recaséns. *Introducción al estudio del Derecho*. México: Porrua, 1970. p. 126; CARVALHO, *Teoria*... cit., p. 55). Todavia, partindo-se da distinção entre *enunciado*, *proposição* e *norma*, nota-se que as "normas" categóricas não infirmam a concepção de norma como juízo hipotético. A rigor, não seriam normas propriamente ditas, mas apenas proposições prescritivas simples não ordenadas de acordo com a estrutura sintática de proposição-hipótese e proposição-consequente (proposição combinada implicacional). Outra importante objeção à concepção de norma como juízo hipotético foi apresentada pela teoria de Carlos Cossio, segundo o qual a norma seria um juízo disjuntivo: ("Dado A, deve-ser B, ou dado não-B, deve ser S"; "Dado o fato *A*, deve-ser prestação *B*, ou dada a não prestação *B*, dever ser sanção *S*"). Todavia, como ressalta Lourival Vilanova, "considerando-se bem a teoria egológica, ela não recusa a estrutura hipotética, pois na fórmula 'dado *A* dever-ser *B*, ou dado não-*B* dever-ser *S*' encontra-se a relação de antecedente para consequente, característica da conexão hipótese/tese (ou prótase e apódose)". Porém, ainda assim, como ressalta o jusfilósofo pernambucano, a objeção de Cossio tem a virtude de acentuar a presença, na estrutura formal da norma jurídica integral, *uma disjunção de duas implicações, ou duas estruturas hipotéticas relacionadas disjuntivamente* (VILANOVA, Lourival. *As estruturas lógicas e o sistema do direito positivo*. São Paulo: Max Limonad, 1997. p. 134).

7. VILANOVA, *As estruturas*... cit., p. 88-89.

8. Ibidem, p. 112.

9. O operador "dever-ser", como ensina Paulo de Barros Carvalho, encontra-se presente em duas oportunidades: no contexto da proposição consequente; e ligando esta com a proposição antecedente. Nesta, o "dever-ser" encontra-se neutro, ao passo que, naquela, modalizado, prevendo condutas obrigatórias, proibidas ou permitidas. Eventualmente, também poderá constar do antecedente da norma. Porém, aqui, estará sendo apenas *mencionado* (suposição material), mas não *usado* (suposição formal). Trata-se de uma realidade sintática que se verifica no âmbito das normas gerais

A norma jurídica completa compreende duas normas jurídicas distintas: as normas primárias e as normas secundárias[10]. As primeiras prescrevem as relações deônticas (os direitos e deveres), ao passo que as últimas, as providências sancionatórias[11]. Estas, contudo, não se confundem com as normas primárias sancionatórias. As "sanções extrajudiciais", como as administrativas e as contratuais, também são normas primárias. As normas secundárias caracterizam-se por expressar em seu consequente uma relação jurídica de natureza jurisdicional, na qual o poder público, como Estado-Juiz, impõe coativamente a pretensão insatisfeita[12].

Não se inclui a sanção como elemento da norma jurídica. Tal concepção, além de não permitir uma compreensão adequada das funções desempenhadas por cada norma no sistema jurídico, gera uma série de dificuldades analíticas, como destaca Paulo de Barros Carvalho:

> [...] caso a sanção passasse a integrar a estrutura lógica da norma jurídica, haveríamos de conceber regra que tivesse uma hipótese, uma consequência, outra hipótese para o descumprimento dessa consequência e, finalmente, outra consequência a que chamaríamos de sanção. Verdadeiramente, seria algo de estrutura tão complexa que seu estudo pormenorizado demandaria esforços incalculáveis[13].

As normas primária e secundária são simultaneamente válidas. A aplicação de uma, porém, afasta a aplicabilidade da

---

e abstratas e no das normas individuais e concretas (*Direito*... cit., p. 130 e ss.)

10. Trata-se, portanto, de uma teoria estrutura dual, a norma jurídica completa

11. Essa terminologia não é uniforme. Kelsen, que sempre denominou primárias as normas sancionatórias, em obra póstuma, passou considerá-las normas secundárias (KELSEN, Hans. *Teoria geral das normas*. Porto Alegre: Fabris, 1986. p. 181 e ss.). Outros autores, na linha de Carlos Cossio, as denominam *endonorma* (norma primária) e *perinorma* (norma secundária), cf. COSSIO, Carlos. *La teoría egológica del derecho*: su problema y sus problemas. Buenos Aires: Abeledo-Perrot, 1963.

12. VILANOVA, Lourival. *Causalidade e relação no direito*. 4. ed. São Paulo: RT, 2000. p. 192 e ss.; CARVALHO, *Direito tributário*: fundamentos... cit., p. 37 e ss.

13. CARVALHO, *Teoria*... cit., p. 51.

outra[14]. Há entre ambas uma *"relação-de-ordem" não simétrica*, uma vez que a norma sancionatória pressupõe a norma definidora da conduta exigida, como ensina Lourival Vilanova:

> [...] *há uma relação-de-ordem não simétrica*, a norma sancionadora pressupõe, primeiramente, a norma definidora da conduta exigida. Também, cremos, com isso não ser possível considerar a norma que não sanciona como supérflua. Sem ela, carece de sentido a norma sancionadora. O Direito-norma, em sua integridade constitutiva, compõe-se de duas partes[15].

A estrutura lógica da norma jurídica completa, assim, pode ser representada por meio da seguinte fórmula proposicional:

$$D \{ (p \rightarrow q) \vee [(p.-q) \rightarrow S]\}$$

Onde: *D* representa o functor deôntico; *p*, a ocorrência do fato jurídico; *q*, a conduta devida; *-q*, a conduta descumpridora do dever; ".", o conectivo conjuntor; "→", o operador implicacional; *S*, a sanção; "v" o disjuntor includente.

Não obstante essa bimembridade constitutiva, a norma jurídica pode ser dividida para fins analíticos. Desse modo, sem qualquer prejuízo científico, conforme o interesse do sujeito do conhecimento recaia sobre o estudo da conduta devida ou da sanção, as normas primária e secundária poderem ser estudadas separadamente[16]. É o que faz quem se propõe a

14. CARVALHO, *Direito tributário*: fundamentos... cit., p. 33: "Ambas são válidas no sistema, ainda que somente uma venha a ser aplicada ao caso concreto. Por isso mesmo, empregamos o disjuntor includente ('v'), que suscita o trilema: uma ou outra ou ambas."

15. VILANOVA, *Causalidade*... cit., p. 112.

16. Há, no entanto, um limite intransponível, representado pela estrutura lógica das normas, que será sempre a mesma, pouco importando o "ramo" do Direito envolvido. Quer se trate de regras de direito tributário, de direito comercial, civil e assim por diante, sempre se terá um juízo hipotético, no qual uma proposição-consequente, contendo critérios de identificação de uma relação jurídica, está ligada – por um nexo de imputação ou causalidade jurídica – à realização condicional de um evento de possível ocorrência no plano sociológico, cujos critérios de identificação vêm

construir – a partir do instrumental proporcionado pela *teoria da regra-matriz de incidência tributária* – a norma jurídica primária que institui um determinado tributo[17].

2. A teoria da regra-matriz e a superação da concepção glorificadora do antecedente normativo no direito tributário

No direito tributário, a proposição-antecedente constitui a hipótese de incidência do tributo ou hipótese tributária. Na legislação nacional, por influência de estudo de Gaston Jezè, é denominada "fato gerador"[18]. Essa designação, porém, tem sido abandonada pela doutrina. Trata-se, afinal, de expressão ambígua, que se refere, ao mesmo tempo, a duas realidades totalmente distintas: a descrição hipotético-normativa do fato e a realização concreta deste[19].

descritos em uma proposição-antecedente. CARVALHO, *Direito tributário*: fundamentos... cit., p. 18-19.

17. A experiência, como destaca Paulo de Barros Carvalho, indica a presença de três espécies de normas jurídicas tributárias, classificadas segundo o grupo institucional a que pertencem em: (i) *normas tributárias em sentido amplo*, compreendendo (a) as normas que demarcam princípios e (b) as normas que fixam providências administrativas; e as (ii) *normas tributárias em sentido estrito*, que definem a norma-padrão ou regra-matriz de incidência dos tributos. Todas apresentam a mesma estrutura lógica. Todavia, para evitar ambiguidades semânticas, neste estudo, na linha da classificação acima, será empregada a expressão "*regra-matriz de incidência tributária*" para se referir à norma jurídica primária que institui um determinado tributo (CARVALHO, *Curso*... cit., p. 235; *Direito*... cit., p. 79).

18. Publicado originariamente na *Revue du Droit Public et de la Science Politique*, tomo 54, ano 44, Paris, 1937, p. 618-634, traduzido por Paulo da Mata Machado, sob o título "O fato gerador do imposto (contribuição à teoria do crédito de imposto)", publicado na *Revista de Direito Administrativo*, n. 2, p. 50 e ss. e na *Revista Forense*, n. 104, p. 36 e ss.

19. Essa impropriedade é amplamente reconhecida pela doutrina nacional. Rubens Gomes de Sousa foi o primeiro a criticá-la, porque daria a ideia de que o fato seria necessário e suficiente para gerar a obrigação, quando, a rigor, é apenas necessário (SOUSA, Rubens Gomes de. *Estudos de direito tributário*. São Paulo: Saraiva, 1950, p. 167, nota 12-B). Amílcar de Araújo Falcão ressaltou que "[...] não é o fato gerador quem cria, quem, digamos assim, gera a obrigação tributária. A fonte de tal obrigação, a energia ou força que a cria ou gera é a própria lei" (FALCÃO, Amílcar de Araújo. *Fato gerador da obrigação tributária*. 6. ed. Rio de Janeiro: Forense, 1999. p.

A hipótese de incidência pode ser dividida para fins analíticos em três critérios: o material, o espacial e o territorial[20]. O critério material denota o comportamento humano descrito no antecedente, com abstração de qualquer referência espaço-temporal. Apresenta em seu núcleo compositivo um verbo – pessoal e de predicação incompleta – e um complemento, invariavelmente. Excluem-se os verbos impessoais, os sem sujeito e os de sentido completo, que inviabilizariam a regulação da conduta[21]. O critério espacial contém referência ao local em que o comportamento humano descrito no antecedente deverá ocorrer para que se instaurem os efeitos

---

04). Apesar disso, acompanhados por Aliomar Baleeiro, os autores mantiveram a sua utilização, porquanto já teria penetrado na terminologia jurídica nacional (BALEEIRO, Aliomar. *Limitações constitucionais ao poder de tributar*. 7. ed. Rio de Janeiro: Forense, 1999. p. 116, nota 39). A ambiguidade do termo "fato gerador" foi criticada com maior contundência por Alfredo Augusto Becker. O autor, que a considerava incapaz de gerar "coisa alguma além de confusão intelectual", propôs a sua substituição por "hipótese de incidência" – para designar a descrição abstrata do evento de possível ocorrência – e por "hipótese de incidência realizada", para o fato jurídico concreto (BECKER, Alfredo Augusto. *Teoria geral do direito tributário*. 3. ed. São Paulo: Lejus, 1998. p. 318). A proposta foi acolhida por Geraldo Ataliba. Este manteve a denominação "hipótese de incidência", adotando, contudo, "fato imponível" para o fato concreto. Isso porque, com razão, uma "hipótese realizada" não poderia mais ser considerada hipótese (ATALIBA, Geraldo. *Hipótese de incidência tributária*. 5. ed. São Paulo: Malheiros, 1997. p. 49 e ss.).

20. Esses também são denominados "aspectos" ou "elementos" por parte da doutrina. A palavra "elementos", utilizada por boa parte da doutrina estrangeira e, entre nós, por Fábio Fanucchi, não foi aceita sem questionamentos (FANUCCHI, Fábio. *Curso de direito tributário brasileiro*. 4. ed. São Paulo: Resenha Tributária, 1983. v. I, p. 232 e ss.). Geraldo Ataliba criticava-a por sugerir "[...] a ideia de que se está diante de algo que entra na composição doutra coisa e serve para formá-la". Por isso, entendendo que seriam "[...] simples qualidades, atributos ou relações de uma coisa una e indivisível", o autor prefere "falar em aspectos da hipótese de incidência, porque, na verdade, esta unidade conceitual pode ser encarada, examinada e estudada sob diferentes prismas, sem destituir-se de seu caráter unitário e sem que a compreensão, exame e estudo de uma possa permitir negligenciar ou ignorar os demais, partícipes da unidade e nela integrados" (ATALIBA, *Hipótese*... cit., p. 70). Opta-se, no presente estudo, pela proposta de Paulo de Barros Carvalho, que utiliza a palavra "critérios", por entender que as notas resultantes do seccionamento analítico da norma geral e abstrata seriam critérios de identificação do fato de possível ocorrência descrito na hipótese e das relações jurídicas que se instauram a partir destes (CARVALHO, *Curso*... cit., p. 251).

21. CARVALHO, *Teoria*... cit., p. 125.

jurídicos previstos no consequente. Já o critério temporal indica o preciso instante em que se considera ocorrido o evento imponível, o que lhe confere especial relevância no processo de positivação do direito, porquanto é a partir de então que se torna possível a constituição válida do fato jurídico e da relação jurídica tributária[22].

Paulo de Barros Carvalho propõe a utilização do termo "critérios", por entender que as notas resultantes do seccionamento analítico da norma geral e abstrata seriam critérios de identificação do fato de possível ocorrência descrito na hipótese e das relações jurídicas que se instauram a partir destes[23]. Em relação às normas individuais e concretas, o termo adequado seria "elementos", por se estar diante de um enunciado protocolar denotativo:

> No enunciado protocolar denotativo, que concertamos chamar de fato jurídico tributário, são apurados com extrema determinação os critérios da hipótese de incidência da regra-matriz, de tal modo que as classes previstas no antecedente transformam-se em conjuntos de um único indivíduo, devidamente caracterizados. Entendemos por bem denominar tais classes de 'elementos', havendo, então, um elemento material, outro espacial e outro temporal[24].

A estruturação da norma jurídica proposta por Paulo de Barros Carvalho difere da encontrada em estudos de direito comparado, notadamente entre os autores da chamada *Escola da Glorificação do Fato Gerador*[25]. Estes, na linha de Al-

22. CARVALHO, *Direito tributário*: fundamentos... cit., p. 258-259.

23. CARVALHO, *Curso*... cit., p. 251.

24. CARVALHO, *Direito tributário*: fundamentos... cit., p. 121.

25. A doutrina estrangeira e, entre nós, Fábio Fanucchi, no lugar de "critérios", utiliza o termo "elementos" também para as normas gerais e abstratas. Geraldo Ataliba criticava-a por sugerir "[...] a ideia de que se está diante de algo que entra na composição doutra coisa e serve para formá-la". Por isso, entendendo que seriam "[...] simples qualidades, atributos ou relações de uma coisa una e indivisível", o autor prefere "falar em aspectos da hipótese de incidência, porque, na verdade, esta unidade conceitual pode ser encarada, examinada e estudada sob diferentes

bert Hensel[26] e de Dino Jarach[27], incluem a base de cálculo, o devedor e o titular do crédito tributário dentre os elementos fundamentais da hipótese de incidência.

Nesse sentido, destaca-se a concepção adotada por Juan Martín Queralt, Carmelo Lozano Serrano, Gabriel Casado Ollero e José M. Tejerizo López. Estes, partindo da teoria de A. D. Giannini e de Fernando Sainz de Bujanda, distinguem quatro aspectos do elemento objetivo: (*a*) material: o próprio fato, ato, negócio, estado ou situação gravada; (*b*) espacial: indicação do lugar de produção do fato imponível; (*c*) temporal: determina o instante em que se considera realizado integralmente o fato imponível; e (*d*) quantitativo: expressa a medida com que se realiza o fato imponível, sua quantia, volume ou intensidade[28].

---

prismas, sem destituir-se de seu caráter unitário e sem que a compreensão, exame e estudo de uma possa permitir negligenciar ou ignorar os demais, partícipes da unidade e nela integrados" (ATALIBA, *Hipótese...* cit., p. 70).

26. Para Hensel, "todo hecho imponible regula relaciones jurídicas entre personas: el titular del crédito (acreedor tributario) y el obligado a la prestación (deudor tributario)" (HENSEL, Albert. *Derecho tributario*. Madrid-Barcelona: Marcial Pons, 2005. p. 155, Traduzido da 3ª edição da obra original, publicada no ano 1933, por Andrés Báez Moreno, María Luisa Gonzáles-Cuéllar Serrano y Enrique Ortiz Calle).

27. Para Dino Jarach, o pressuposto normativo seria composto de elementos objetivos, subjetivos, quantitativos, espaciais e temporais. Não sem razão, o próprio jurista italiano radicado na Argentina reconhece que sua teoria promove a glorificação do pressuposto normativo de forma ainda mais acentuada que Hensel e Geyler. Isso porque todos os "elementos" do consequente são estudados por essa doutrina como parte da hipótese de incidência. JARACH, Dino. Estrutura e elementos da relação jurídica tributária. *Revista de Direito Público*, n. 16, p. 337 e ss.; JARACH, Dino. *Finanzas públicas y derecho tributario*. 3. ed. Buenos Aires: Abeledo-Perrot, 1996. p. 381-392.

28. "SAINZ DE BUJANDA distingue en él cuatro aspectos: material o cualitativo, espacial, temporal y cuantitativo. [...] El aspecto material es el propio hecho, acto, negocio, estado o situación que se grava, siendo el que caracteriza o cualifica el tributo, y que en los sistemas tributarios desarrollados consiste generalmente en una manifestación de capacidad económica [...]". "El aspecto espacial indica el lugar de producción del hecho imponible, siendo decisivo para determinar el ente público al que se sujeta." "El aspecto temporal reviste una singular importancia en la ordenación jurídica del hecho imponible, determinando el instante en que éste se entiende realizado íntegramente, produciéndose entonces el devengo del tributo. Aunque la regla general es que éste tenga lugar cuando concurre el último de los elementos configuradores del hecho imponible, su determinación no es siempre sencilla,

Também deslocando os elementos do consequente para a hipótese, Ferreiro Lapatza sustenta que o fato imponível apresentaria duas "partes" ou "elementos": o elemento ou pressuposto objetivo (ou material) e o subjetivo (ou pessoal). O primeiro seria constituído por um fato considerado em si mesmo, objetivamente, isolado de qualquer vinculação pessoal, como a transmissão de um bem ou sua introdução no território nacional. O segundo seria o vínculo que une uma pessoa ao elemento objetivo e que determina a condição de sujeito passivo da obrigação tributária. Assim, por exemplo, ser titular de uma indústria ou patrimônio, realizar um trabalho ou beneficiar-se de uma atuação administrativa[29].

A teoria de Dino Jarach é acolhida por Ricardo Xavier Basaldúa. O autor, porém, substitui a expressão "fato imponível"

---

debiendo precisar la ley tributaria el momento exacto del devengo." "Finalmente, el aspecto cuantitativo del elemento objetivo expresa la medida con que el hecho imponible se realiza, su cuantía, volumen o intensidad. Habiendo tributos fijos y variables, sólo en estos últimos existirá dicho aspecto (volumen de renta, valor del patrimonio, o del bien transmitido, etc.), pues en los fijos su hecho imponible no es susceptible de producirse en distinto grado, siendo imposible su cuantificación (por ejemplo, el mero ejercicio de una actividad o profesión, que tienen lugar o no, pero sin poder apreciar que se ejerce en determinada medida)" (QUERALT, Juan Martín; SERRANO, Carmelo Lozano; OLLERO, Gabriel Casado; LÓPEZ, José M. Tejerizo. *Curso de derecho financiero y tributario*. 9. ed. Madrid: Tecnos, 1998. p. 331 e 333; SAINZ DE BUJANDA, Fernando. Análisis jurídico el hecho imponible. *Hacienda y Derecho*, v. IV, 1966).

29. "El elemento objetivo o material del hecho imponible está constituido por un hecho considerado en sí mismo, objetivamente, aislado de cualquier vinculación personal. Por ejemplo, la mera existencia de una finca rústica o urbana susceptibles de producir rentas; la producción de rentas derivadas de una finca, de un capital, de un trabajo, de una industria; la afluencia de rentas a un patrimonio, la transmisión de un bien, la producción de un bien, la introducción de un bien en territorio nacional, la realización de una actividad administrativa etc. [...] El elemento personal o subjetivo es el vínculo que une a una persona con el elemento objetivo, y que según lo dispuesto por el legislador en cada caso determina en esa persona la condición de sujeto pasivo de la obligación tributaria. La unión de una persona con el elemento objetivo puede venir determinada por diferentes circunstancias. Así, por ejemplo, ser propietario de una finca, ser titular de una explotación o industria, realizar un trabajo, ser el titular de un patrimonio, intervenir en la transmisión de un bien, solicitar una actuación administrativa o beneficiarse de ella etc." (LAPATZA, José Juan Ferreiro. *Curso de derecho financiero español*. 22. ed. Madrid-Barcelona: Marcial Pons, 2000. v. II, p. 36).

por "fato tributado", mantendo a mesma denominação adotada pelo Código Aduaneiro Argentino[30]. Jorge Witker, nessa mesma linha, identifica cinco "elementos do fato gerador": o material ou objetivo: a descrição legal do fato gerador ou sua hipótese de incidência; o subjetivo: a indicação do sujeito passivo; o temporal: "fator tempo" do fato gerador que determina o nascimento da obrigação tributária e a lei tributária à qual esta ficará submetida; o espacial: o lugar do nascimento da obrigação; e o quantitativo: elemento que permite, pela aplicação da alíquota, a quantificação do elemento objetivo ou material[31].

A *teoria da regra-matriz de incidência tributária* não opera com essa supervalorização do antecedente, o que a torna mais precisa cientificamente[32]. Hipótese e consequência apresentam a mesma relevância. O fato descrito no antecedente, aliás, perde sentido quando desacompanhado do efeito jurídico implicado, sendo a recíproca também verdadeira. Além disso, sob o aspecto da Lógica Deôntica, a modalização do "dever-ser" encontra-se invariavelmente prevista na proposição-consequente. É esta, como mandamento da norma, que exerce a função sintática de prescrever uma relação jurídica ligando dois ou mais sujeitos em torno de uma conduta regulada como proibida (V), permitida (P) ou obrigatória (O). Logo, ao se deslocar os elementos quantitativo e subjetivo para o antecedente, ignora-se essa realidade sintática. Cria-se, assim, uma norma jurídica com uma hipótese modalizada, suprimindo a função sintática do mandamento[33].

---

30. BASALDÚA, Ricardo Xavier. *Tributos al comercio exterior*. Buenos Aires: 2011. p. 91-92.

31. WITKER, Jorge. *Derecho tributario aduanero*. México: UNAM, 1999. p. 78-91.

32. CARVALHO, *Teoria*... cit., p. 111. Ao mesmo tempo, como observou José Roberto Vieira, "[...] se existisse motivo para conferir preeminência a um dos termos da norma jurídica, este seria o consequente, pela sua condição de hospedar o desenho da relação jurídica, único instrumento de que se serve o Direito para regular a conduta intersubjetiva" (VIEIRA, José Roberto. *A regra-matriz de incidência do IPI*: texto e contexto. Curitiba: Juruá, 1993. p. 62).

33. O operador "dever-ser", como ensina Paulo de Barros Carvalho, encontra-se presente em duas oportunidades: no contexto da proposição consequente; e

Por fim, cumpre ressaltar que, segundo parte da doutrina, a proposição-antecedente também deveria apresentar um critério pessoal, contendo as especificações das qualidades do sujeito que poderá realizar a hipótese de incidência. Trata-se de um critério que exerce função distinta da preconizada por Geraldo Ataliba, para quem o aspecto pessoal determina os sujeitos ativo e passivo da obrigação tributária[34]. Nessa linha, entendem Misabel Abreu Machado Derzi e Sacha Calmon Navarro Coêlho, sob o fundamento de que o fato jurídico tributário sempre estaria ligado a uma pessoa e, às vezes, os atributos ou qualidades dessa pessoa são importantes para a delimitação da hipótese de incidência, como no ICMS[35].

A identificação de um *aspecto pessoal*, segundo Sacha Calmon, também seria importante para explicar o instituto da *sujeição passiva substitutiva*:

> O aspecto pessoal que emerge do fato descrito na hipótese de incidência aparece com intensidade quando, por exemplo, se cogita do intrigante fenômeno da *sujeição passiva substitutiva*. Sem a menção do aspecto pessoal da hipótese seria realmente mais complicado explicar por que 'A' é o sujeito do dever previsto no mandamento da norma, embora não 'tenha realizado a hipótese de incidência'. [...] A resposta fica mais inteligível se se considera a pessoa envolvida com o fato jurígeno descrito na hipótese de incidência (*aspecto pessoal*) diversa da pessoa destinatária do dever, como *sujeito passivo* da relação jurídico-tributária instaurada com a realização da 'situação jurígena' (do suposto)[36].

---

ligando esta com a proposição antecedente. Nesta, o "dever-ser" encontra-se neutro, ao passo que, naquela, modalizado, prevendo condutas obrigatórias, proibidas ou permitidas. Eventualmente, também poderá constar do antecedente da norma. Porém, aqui, estará sendo apenas mencionado (suposição material), mas não usado (suposição formal). Trata-se de uma realidade sintática que se verifica no âmbito das normas gerais e abstratas e no das normas individuais e concretas (CARVALHO, *Direito tributário*: fundamentos... cit., p. 130 e ss.)

34. ATALIBA, *Hipótese*... cit., p. 70-97.

35. DERZI, Misabel de Abreu Machado; COÊLHO, Sacha Calmon Navarro. *Do imposto sobre a propriedade predial e territorial urbana*. São Paulo: Saraiva, 1982. p. 219 e ss.

36. COÊLHO, Sacha Calmon Navarro. *Teoria geral do tributo, da interpretação e da exoneração tributária*. 3. ed. São Paulo: Dialética, 2003. p. 94.

Marçal Justen Filho, por outro lado, ressalta que:

> [...] a conduta indicada no critério material não basta, por si só, para o reconhecimento do fato imponível, porquanto não é irrelevante quem a pratica. A hipótese compreende não apenas uma conduta objetivamente descrita e delimitada em um certo tempo e em um certo espaço (ou uma situação fática determinada temporal e espacialmente) como também a especificação de condições ou qualidades do sujeito – cuja ausência acarretará o efeito de não se caracterizar o fato jurídico[37].

Contudo, nada justifica a delimitação de um critério pessoal da hipótese. Esse seria concebível, talvez, apenas em relação ao ICMS. Sua excepcionalidade, por outro lado, mostra que sua categorização é totalmente dispensável para a identificação do fato jurídico tributário. A exigência de um verbo *pessoal* na formação do critério material dispensa a delimitação das qualidades do sujeito apto a realizar a hipótese de incidência. Além disso, não há qualquer prejuízo em estudar a responsabilidade tributária sem um *aspecto pessoal* da hipótese. A necessidade de vinculação indireta entre o responsável e o fato jurídico tributário não depende dessa identificação, constituindo exigência dos princípios da capacidade contributiva, da retributividade e da isonomia[38].

3. Proposição-consequente na teoria da regra-matriz

Ao contrário da *Escola da Glorificação do Fato Gerador*, na *teoria da regra-matriz* a alíquota, a base de cálculo e os sujeitos da obrigação tributária não são incluídos na estrutura

37. JUSTEN FILHO, Marçal. *O imposto sobre serviços na Constituição*. São Paulo: RT, 1985. p. 50.

38. CARVALHO, Paulo de Barros. *A regra-matriz do ICM*. Tese de Livre Docência em Direito Tributário. São Paulo: PUC/SP, inédita, 1981. p. 141 e ss. De fato, segundo destaca José Roberto Vieira, "[...] curioso que o único exemplar a afiançar a tese, conforme as citações dos estudiosos, era o ICM (Constituição de 1967/1969, art. 23, II), e continua a ser o ICMS para SACHA CALMON, em que só se verifica o fato típico se a operação de circulação jurídica for realizada por determinados sujeitos" (VIERIA, *A regra-matriz...* cit., p. 64).

da hipótese de incidência, e sim na proposição-consequente da norma jurídica. Não há como ser diferente já que, como se viu, o consequente, como mandamento da norma, prescreve a relação jurídica ligando os sujeitos de direito em torno da conduta regulada.

O consequente normativo, por isso, apresenta dois critérios: o quantitativo e o subjetivo. Pelo critério subjetivo, identificam-se os sujeitos ativo (credor) e passivo (devedor) da relação jurídica tributária, ao passo que, no quantitativo, determina-se a exata quantia em dinheiro que deve ser entregue pelo sujeito passivo ao credor (sujeito ativo)[39].

O critério quantitativo é formado pela base de cálculo e pela alíquota. Aquela desempenha uma tríplice função: mede as proporções reais do fato (*função mensuradora*); compõe a específica determinação da dívida (*função objetiva*); e, quando em comparação com o critério material da hipótese, é capaz de confirmá-lo, infirmá-lo ou afirmar aquilo que consta de modo obscuro no texto da lei (*função comparativa*)[40]. A alí-

---

39. O sujeito ativo coincide com a pessoa política competente para instituir o tributo. Nada impede, porém, a delegação da capacidade para ser sujeito da relação jurídica tributária – por meio de lei em sentido formal – a uma entidade paraestatal (parafiscalidade) ou, segundo Paulo de Barros Carvalho, a uma pessoa física que desempenhe atividade de interesse público: "[...] há possibilidade jurídica de uma pessoa física vir a ser sujeito ativo de obrigação tributária. A hipótese traz como pressuposto que tal pessoa desempenhe, em determinado momento, atividade exclusiva e de real interesse público. Concorrendo os requisitos, nada conspira contra a indicação de sujeito de direitos, pessoa física, para arrecadar taxas, por exemplo" (CARVALHO, *Curso*... cit., p., 294). O sujeito passivo, por outro lado, quando apresentar relação direta com o fato tributário, será contribuinte; se a relação for apenas indireta, ter-se-á o fenômeno da responsabilidade tributária. O responsável tributário sempre deverá manter alguma proximidade com o fato tributado. Quando o legislador extrapola os limites do fato, entende-se que a relação jurídica adquire natureza de sanção administrativa. É assim com todos os artigos do Código Tributário Nacional que tratam da responsabilidade dos sucessores, da responsabilidade de terceiros e da responsabilidade por infrações, que apresentam nítida natureza sancionatória. O fato de a obrigação tributária extinguir-se com o pagamento da dívida pelo responsável não afasta tal conclusão. Afinal, o legislador pode perfeitamente declarar que a obrigação tributária se extingue pelo pagamento da multa sancionatória (Ibidem, p. 277-349).

40. Ibidem, p. 329.

quota, por sua vez, exerce uma função objetiva, oferecendo, quando conjugada à base de cálculo, a compostura numérica exata à dívida tributária[41].

Parte da doutrina entende que, ao lado da base de cálculo, alíquota, sujeitos ativo e passivo, devem estar presentes critérios "[...] pertinentes à relação jurídica que se forma com a realização da hipótese de incidência: como, onde, de que modo, quando, em que montante satisfazer ao débito em favor do sujeito ativo"[42]. Outros, por sua vez, sustentam a necessidade de um critério indicador do prazo de recolhimento do tributo[43]. Todavia, a objeção não parece adequada, porque, a rigor, os critérios do consequente devem refletir apenas as notas de identificação de uma relação jurídica tributária. Portanto, tudo o que for estranho a este vínculo irreflexivo e assimétrico – como é o caso das circunstâncias relativas a *como*, *onde*, *de que modo* e *quando* pagar – não pode ser elencado como "critério" do consequente[44].

---

41. Pode substanciar um valor monetário fixo variável segundo a base de cálculo (p. ex.: R$ 1,20 por metro de tecido) ou uma fração da base de cálculo; aparecendo em forma de fração, também poderá ser proporcional invariável (1/25 da base de cálculo, independente de seu valor monetário), proporcional regressiva (diminui conforme aumenta a base de cálculo) ou proporcional progressiva (aumenta conforme o aumento da base de cálculo). Trata-se, ademais, de um instrumento de realização do princípio da igualdade tributária, podendo, quando reduzida a zero, configurar modalidade de isenção. E, como demonstrou Paulo de Barros Carvalho, constitui um dado de presença obrigatória em todo e qualquer tributo, por força dos arts. 145, § 2.º, e 154, I, da Constituição Federal, razão pela qual seriam inconstitucionais os tributos fixos (ibidem, p. 321).

42. COÊLHO, *Teoria*... cit., p. 98.

43. ATALIBA, Geraldo; GONÇALVES, José Artur Lima. Carga tributária e prazo de recolhimento de tributos. *Revista de Direito Tributário*, São Paulo: RT, n. 45, jul.-set. 1988, p. 25 e ss.

44. Por outro lado, como ressaltou José Roberto Vieira: "[...] adições e subtrações posteriores à base de cálculo são irrelevantes, pois também posteriores à norma-padrão e aos seus efeitos; e as adições e subtrações anteriores já se presumem embutidas na base de cálculo. No que toca ao como, quando e onde pagar, cremos que, embora revestidas de significação econômica, constituem questões de menor relevância jurídica, às quais falta sintonia com a ideia da regra-matriz dos tributos como *arcabouço essencial, mínimo irredutível, unidade monádica*" (VIERIA, *A regra-matriz*... cit., p. 68).

4. Conclusões

A *teoria da regra-matriz de incidência tributária* pode ser agrupada dentre as concepções hiléticas, constituindo uma teoria semântica estrutural dual de norma jurídica. Nela as normas jurídicas são significações construídas a partir dos textos de direito positivo, estruturadas na forma lógica de um juízo hipotético-condicional. Trata-se do melhor instrumento teórico para o estudo dos tributos em espécie, representando, por um lado, a superação da visão tradicional de norma jurídica, que a identifica com o texto de lei. De outro, a estruturação da norma jurídica proposta pelo Professor Paulo de Barros Carvalho representa um avanço em relação à *Escola da Glorificação do Fato Gerador*, que – esvaziando o consequente – incluem a base de cálculo, o devedor e o titular do crédito tributário dentre os "elementos" da hipótese de incidência. Trata-se de uma concepção inadequada, porque implica a construção de uma hipótese de incidência modalizada e de um mandamento sem função sintática definida. A teoria da regra-matriz é mais precisa cientificamente, porque – ao delimitar – na hipótese – os critérios material, espacial e territorial e – no consequente – o quantitativo e o pessoal, a teoria do Professor Paulo de Barros Carvalho preserva a função sintática dessas proposições preconizada pela Lógica Deôntica.

5. Referências

ALEXY, Robert. *Teoría de los derechos fundamentales*. Madrid: Centro de Estudios Constitucionales, 1997.

ATALIBA, Geraldo. *Hipótese de incidência tributária*. 5. ed. São Paulo: Malheiros, 1997.

_____; GONÇALVES, José Artur Lima. Carga tributária e prazo de recolhimento de tributos. *Revista de Direito Tributário*, São Paulo: RT, n. 45, p. 24-31, jul.-set. 1988.

BALEEIRO, Aliomar. *Limitações constitucionais ao poder de tributar*. 7. ed. Rio de Janeiro: Forense, 1999.

BASALDÚA, Ricardo Xavier. *Tributos al comercio exterior*. Buenos Aires: 2011.

BECKER, Alfredo Augusto. *Teoria geral do direito tributário*. 3. ed. São Paulo: Lejus, 1998.

BOBBIO, Norberto. *Teoría general del derecho*. Tradução Eduardo Rozo Acuña. Madrid: Debate, 1999.

CANOTILHO, José Joaquim Gomes. *Direito constitucional*. 6. ed. Coimbra: Almedina, 1996.

CARVALHO, Paulo de Barros. *Curso de direito tributário*. 13. ed. São Paulo: Saraiva, 2000.

______. *Direito tributário*: fundamentos jurídicos da incidência. 2. ed. São Paulo: Saraiva, 1999.

______. *Direito tributário, linguagem e método*. 2. ed. São Paulo: Noeses, 2008.

______. *A regra-matriz do ICM*. Tese de Livre Docência em Direito Tributário. São Paulo: PUC/SP, inédita, 1981.

______. *Teoria da norma tributária*. 4. ed. São Paulo: Max Limonad, 2002.

COÊLHO, Sacha Calmon Navarro. *Teoria geral do tributo, da interpretação e da exoneração tributária*. 3. ed. São Paulo: Dialética, 2003.

COSSIO, Carlos. *La teoría egológica del derecho*: su problema y sus problemas. Buenos Aires: Abeledo-Perrot, 1963.

DERZI, Misabel de Abreu Machado; COÊLHO, Sacha Calmon Navarro. *Do imposto sobre a propriedade predial e territorial urbana*. São Paulo: Saraiva, 1982.

FALCÃO, Amílcar de Araújo. *Fato gerador da obrigação tributária*. 6. ed. Rio de Janeiro: Forense, 1999.

FANUCCHI, Fábio. *Curso de direito tributário brasileiro*. 4. ed. São Paulo: Resenha Tributária, 1983. v. I.

HENSEL, Albert. *Derecho tributario*. 3. ed. Tradução Andrés Báez Moreno, María Luisa Gonzáles-Cuéllar Serrano y Enrique Ortiz Calle. Madrid-Barcelona: Marcial Pons, 2005.

JARACH, Dino. Estrutura e elementos da relação jurídica tributária. *Revista de Direito Público*, n. 16.

______. *Finanzas públicas y derecho tributario*. 3. ed. Buenos Aires: Abeledo-Perrot, 1996.

JUSTEN FILHO, Marçal. *O imposto sobre serviços na Constituição*. São Paulo: RT, 1985.

KELSEN, Hans. *Teoria geral das normas*. Porto Alegre: Fabris, 1986.

______. *Teoria geral do direito e do estado*. 3. ed. São Paulo: Martins Fontes, 1998.

______. *Teoria pura do direito*. 6. ed. São Paulo: Martins Fontes, 1998.

LAPATZA, José Juan Ferreiro. *Curso de derecho financiero español*. 22. ed. Madrid-Barcelona: Marcial Pons, 2000. v. II.

MORCHON, Gregorio Robles. *As regras do direito e as regras dos jogos*: ensaio sobre a teoria analítica do direito. Tradução Pollyana Mayer. São Paulo: Noeses, 2011.

MÜLLER, Friedrich. *Direito, linguagem e violência*: elementos de uma teoria constitucional, I. Porto Alegre: Fabris, 1995.

______. *Métodos de trabalho do direito constitucional*. 2. ed. São Paulo: Max Limonad, 2000.

QUERALT, Juan Martín; SERRANO, Carmelo Lozano; OLLERO, Gabriel Casado; LÓPEZ, José M. Tejerizo. *Curso de derecho financiero y tributario*. 9. ed. Madrid: Tecnos, 1998.

SAINZ DE BUJANDA, Fernando. Análisis jurídico el hecho imponible. *Hacienda y Derecho*, v. IV, 1966.

SEHN, Solon. *Imposto de importação*. São Paulo: Noeses, 2016.

SICHES, Recaséns. *Introducción al estudio del Derecho*. México: Porrua, 1970.

SOUSA, Rubens Gomes de. *Estudos de direito tributário*. São Paulo: Saraiva, 1950.

VIEIRA, José Roberto. *A regra-matriz de incidência do IPI*: texto e contexto. Curitiba: Juruá, 1993.

VILANOVA, Lourival. *As estruturas lógicas e o sistema do direito positivo*. São Paulo: Max Limonad, 1997.

______. *Causalidade e relação no direito*. 4. ed. São Paulo: RT, 2000.

WITKER, Jorge. *Derecho tributario aduanero*. México: UNAM, 1999.

NULIDADE COMO ILÍCITO E NULIDADE COMO SANÇÃO VARIAÇÕES SOB A ÓPTICA DO CONSTRUCTIVISMO LÓGICO-SEMÂNTICO

Tácio Lacerda Gama[1]

Sumário: 1. Ilícitos nomogenéticos e suas espécies. 2. Inconstitucionalidade. 3. Ilegalidade. 4. Nulidade e anulabilidade. 5. Erro de fato e erro de direito. 6. Improcedência da pretensão da Fazenda ou do contribuinte. 7. Conclusão: atributo comum do gênero nulidade – sanção pelo descumprimento da norma de competência. 8. Referências.

Em trabalhos anteriores, defini noções de existência, validade, invalidade, vigência e eficácia das normas jurídicas.[2] Nessas oportunidades, busquei destacar a relevância destes conceitos para a compreensão da dinâmica do Sistema Tributário Nacional, num esforço de sistematização típico da teoria geral do direito. Neste artigo, relacionaremos essas definições fundamentais com o direito positivo, a dogmática jurídico-tributária e a jurisprudência. É neste contexto que se poderá demonstrar o que há de comum entre a inconstitucionalidade, a

---

1. Mestre e Doutor em Direito do Estado pela PUC-SP. Professor de Direito Tributário da PUC-SP. Advogado.

2. *Competência tributária* – fundamentos para uma teoria da nulidade. São Paulo: Ed. Noeses, 2009. p. 301-139.

nulidade, o erro de fato, o erro de direito e as improcedências da pretensão do contribuinte ou do fisco.

1. Ilícitos nomogenéticos e suas espécies

São premissas para o desenvolvimento este trabalho: *i.* todas as normas jurídicas regulam condutas. Logo é insubsistente a distinção entre normas de estrutura e normas de comportamento; *ii.* "nomogênese" é a palavra que designa o surgimento de novas normas (nomo = norma + gênese = surgimento, criação); *iii.* conduta nomogenética é a que produz novas normas; *iv.* toda ação pode ser tipificada como lícita ou ilícita; *v.* a norma jurídica de competência prescreve conduta nomogenética lícita e, também, a enunciação ilícita de novos textos jurídicos; *vi.* norma criada licitamente é válida, vigente e apta a ser eficaz; *vii.* norma criada segundo a norma sancionatória de competência foi produzida ilicitamente e é, portanto, norma inválida[3]; *viii.* norma que reconhece a invalidade de outra pode prescrever restrições quanto à sua vigência ou quanto à sua eficácia; *ix.* é "ilícito nomogenético" a conduta de criar uma norma sem fundamento na norma de competência. Essas nove premissas são essenciais para que possamos analisar as características comuns a todos os ilícitos que se pode incorrer na criação de uma norma.

Pois bem, ter sido criada de forma ilícita – sem fundamento na norma de competência ou ajustada à norma sancionatória de competência – é o que há de comum entre os vícios[4] de

---

3. Em sentido contrário: "Una sanción supone que la conducta a la que se imputa es indeseable y merece ser desalentada. (...) Simplesmente, no reconoce sus efectos jurídicos." Santiago Nino cita outra diferença entre nulidade e sanção: "[...] si suprimimos la sanción de una norma penal, lo que queda (por ejemplo, 'no se debe matar'), si bien pude perder fuerza, todavía tiene sentido; en cambio, si se suprime la nulidad como consecuencia de una norma que establece cierto procedimiento, lo que resta (por ejemplo, 'el testamento debe hacerse con testigos') no tendría ningún sentido, ni podríamos decir que constituye regla alguna" (NINO, Carlos Santiago. *Introducción al análisis del derecho*. Barcelona: Editorial Ariel, 1983. p. 90-91).

4. "Se llama 'viciada' toda norma, disposición o fuente que no sea enteramente

inconstitucionalidade, ilegalidade, nulidade, anulabilidade, erro de fato, erro de direito e de simples improcedência da pretensão da Fazenda ou do contribuinte. Ocorre, em todos esses casos, um desajuste entre a norma jurídica criada e seu respectivo fundamento de validade. É esse desajuste que impõe, em alguns casos, a não aplicação da norma ao caso concreto. Em verdade, ainda como decorrência das premissas fixadas acima, poderíamos afirmar que todo conflito de interesse em matéria tributária leva em consideração a ocorrência ou não de um ilícito nomogenético, numa das modalidades a que acabamos de aludir.

Outro ponto a ser destacado: a prescrição da conduta de criar uma norma é feita pela vinculação entre forma e matéria. É a norma de competência que prescreve que tipo de enunciação é adequado para tratar de que tipo de matéria. Se cabe à emenda constitucional, lei complementar ou ordinária tratar de uma matéria tributária qualquer é tema que só a norma de competência pode prescrever. Ora, se forma e matéria estão vinculados pela competência, a forma viciada compromete a matéria e vice-versa. Noutras palavras, é impróprio pensar num vício exclusivamente formal ou material,[5] pois, no direito positivo, forma e matéria se coimplicam. O que existe é a preponderância formal ou material, nunca a exclusividade.

---

conforme a las normas que regulan su creación. Por una parte, un 'vicio' es el efecto de la violación de una norma sobre la producción jurídica. Por otra, un 'vicio' es la causa (o la razón) de la invalidez de la norma viciada." (GUASTINI, Riccardo. *Distinguiendo*: estudios de teoría y metateoría del derecho. Barcelona: Gedisa, 1999. p. 322).

5. "Es inválida por razones 'formales' una ley que no haya sido dictada por el órgano competente y según los procedimientos debidos. Es inválida por razones 'materiales' (o 'sustanciales') una ley que esté en conflicto con la constitución por su objeto (la materia regulada) o por su contenido (la forma cómo se regula esa materia).
Ahora bien, mientras que la invalidez material es una forma 'débil' de invalidez, que no comporta además la inexistencia de la ley, la invalidez formal, de modo general, es una invalidez de tipo 'fuerte' que, habitualmente, comporta nada menos que la inexistencia de la ley. [...]
Podría también decirse así: una ley materialmente inválida es anulable (por un tribunal constitucional), mientras que una ley formalmente inválida es decididamente nula (de forma que su nulidad puede ser reconocida por cualquier juez)" (GUASTINI, Riccardo. *Distinguiendo*: estudios de teoría y metateoría del derecho. Barcelona: Gedisa, 1999. p. 313)

Definido o que se pode entender por criação ilícita de normas e definidas as suas espécies, cabe pensar quais dispositivos da norma de competência podem ser violados na atividade nomogenética. Para isso, retomaremos à sua estrutura formal: **Njcom {[(s.p(p1.p2.p3...).(e. t)] → [s(s.sp) . m(c.s.e.t)]}**. Esta norma, assim formalizada, qualifica o sujeito ativo da competência, além de aglutinar os critérios que devem ser levados em conta na criação da norma jurídica válida. Em linguagem desformalizada, este sintagma pode ser lido assim: se o sujeito competente **(s)** realizar a enunciação **[p(p1.p2.p3...)]** em certas condições de espaço **(e)** e de tempo **(t)** então será permitido ou obrigatório, conforme o caso, editar norma jurídica que verse sobre uma certa matéria **[m(c.s.e.t)]** para uma determinada comunidade **(sp)**. Atendidas essas prescrições a norma criada será válida. Caso contrário, inválida.

Os critérios da norma de competência oferecem, ainda, a esquematização dos tipos de vício que podem ser cometidos, em conjunto ou isoladamente, na criação de normas jurídicas. No que diz respeito à enunciação, há vícios quanto ao sujeito competente,[6] enunciação/procedimento, espaço e tempo. No que se refere à matéria, especificamente, há vícios quanto a conduta prescrita e os âmbitos de vigência espacial e temporal aos quais a norma inferior deve se ajustar. Existem, pois, oito formas de violar a norma de competência, sendo quatro formais e quatro materiais.[7]

---

6. "A criação de um tributo por pessoa política incompetente viola normas constitucionais. Essa anomalia jurídica não pode ser sanada, nem mesmo com o beneplácito da pessoa política que sofreu a usurpação. Portanto, a falta de competência da pessoa política que, fazendo rosto à Constituição, 'cria' tributos alheios acarreta a nulidade do ato por ofensa a princípio básico da ordem jurídica. A lei assim produzida, maculada por vício essencial, não pode, mesmo, ter eficácia jurídica. Pelo contrário, pronunciada pelo Judiciário, mediante provocação, a nulidade, volvem as coisas ao estado anterior ao do avento do ato anulado (efeito *ex tunc*). Assim preceitua a teoria das nulidades" (CARRAZZA, Roque Antonio. *Curso de direito constitucional tributário*. 20. ed. São Paulo: Malheiros, 2004. p. 466-467)

7. "É ponto pacífico que o descompasso entre uma norma jurídica qualquer (emenda constitucional, lei, decreto, portaria, ato administrativo etc.) e a Constituição tem o nome técnico de *inconstitucionalidade*, que, como predica a melhor doutrina, pode ser *material* ou *formal*. *Material*, quando o conteúdo da norma jurídica é

Os ilícitos nomogenéticos, porém, não se presumem, tampouco são automáticos e infalíveis.[8] Sendo o direito positivo um sistema dinâmico de normas, apenas com decisões exaradas por autoridades competentes – via de regra, titulares de competência jurisdicionais – é possível constituir a invalidade de uma norma.[9] Noutro dizer, até que uma norma jurídica identifique o ilícito nomogenético (inconstitucionalidade, ilegalidade, nulidade...) e prescreva os efeitos desta ilicitude, a norma seguirá regulando condutas de modo coercitivo, por efeito da chamada presunção de validade.

A invalidade exige reconhecimento expresso por outra norma jurídica. E essa norma, quando positivada, prescreve até quando a norma criada de forma ilegítima poderá ser aplicada, em relação a que sujeitos, entre outros efeitos possíveis. Nesse contexto, falar em controle concentrado ou em controle difuso da constitucionalidade das normas jurídicas; em eficácia *erga omnes* ou *erga singulum*; em efeitos *ex tunc*, *ex nunc*

---

incompatível com regra ou princípio constitucional. E, *formal*, quando a norma jurídica é editada por autoridade, órgão ou pessoa incompetente *ou sem a observância dos procedimentos adequados* (nos termos da Constituição)" (CARRAZZA, Roque Antonio; BOTTALLO, Eduardo. As Inconstitucionalidades da "Nova" CPMF. In: ROCHA, Valdir de Oliveira. *Grandes questões atuais do direito tributário*. São Paulo: Dialética, 1999. v. 3, p. 298).

8. "Descabe buscar o princípio lógico da não-contradição para solucionar o conflito. Primeiro, a contraditoriedade é recíproca; segundo, a lógica mesma não dá um critério de decisão entre N e não-N; terceiro, o princípio lógico não é norma positiva (supraconstitucional, ou intraconstitucional, ou intrassistêmica) para desconstituir normas vigentes. A ele se vai, como auxiliar indispensável, no processo de hermenêutica, que prepara o ato-de-decisão. Normas (materialmente constitucionais) repartem competência a órgão, instituem a forma procedimental, ponente de normas e, até, o conteúdo mínimo inafastável, como requisito de validade" (VILANOVA, Lourival. *Causalidade e relação no direito*. 4. ed. São Paulo: RT, 2000. p. 308-309).

9. "Substancialmente, o mesmo ocorre com a norma inconstitucional que violar o processo de produção (o *Erzeugunsprozess*) de normas. A norma inconstitucional é válida enquanto não desconstituída pelo órgão com competência para tal. Mesmo, normas N e não-N, contraditórias entre si, são ambas válidas, *alternativamente aplicáveis* aos atos administrativos, aos atos judiciais e aos próprios atos de legislação ordinária. Dizemos alternativamente, pois seria insolúvel o caso concreto com incidência de N e não-N. A inaplicabilidade simultânea não prejudica a simultânea validade" (VILANOVA, Lourival. *Causalidade e relação no direito*. 4. ed. São Paulo: RT, 2000. p. 309).

e modulado; em declaração de inconstitucionalidade com ou sem redução de texto; nada mais significa que tratar dos efeitos prescritos pela norma que reconhece um ilícito na criação de outras normas.

Todos esses efeitos seguem um princípio: assegurar que a norma hierarquicamente superior prevaleça sobre a norma inferior. Coibir ilícitos nomogenéticos, noutro dizer, é a forma que o sistema jurídico encontra para preservar sua consistência, evitando que os comandos emanados de autoridades hierarquicamente inferiores regulem condutas em detrimento daqueles emanados por autoridades superiores. Dessa forma, pelo controle de constitucionalidade se assegura a prevalência das normas constitucionais sobre todas as demais; o controle de legalidade afirma a lei como superior aos atos infralegais e assim sucessivamente.

Entre as teses defendidas neste trabalho está a de que a norma que reconhece um ilícito na criação de outra norma – seja ele de natureza formal ou material – tem nítido caráter sancionatório. Esta sanção cumpre o papel de desestimular a criação de normas ilícitas e, na eventualidade delas serem criadas, corrigir os respectivos efeitos restringindo a eficácia e até a vigência dessas normas. Aceita esta natureza, não se pode ignorar que os contornos de toda e qualquer sanção devem ser estabelecidos pela lei, segundo critérios que variam de acordo com a gravidade do ilícito. Analisando o sistema de direito positivo, perceberemos que alguns ilícitos, como aqueles que violam a Constituição da República, são gravíssimos. Por isso a norma que o reconhece pode ter efeitos para toda a sociedade (*erga omnes*) ou, mesmo, pode ser alegada a qualquer tempo, sem prejuízo de caducidade.

Noutras circunstâncias, porém, os vícios são menos graves, a ponto de poderem ser convalidados sem prejuízo para a validade, vigência ou eficácia da norma. Em qualquer caso, cabe sempre ao direito positivo regular em quais circunstâncias a norma se sujeita a sanções graves ou leves. Não cabe ao intérprete autêntico julgar a gravidade do ilícito sem fundamento no que prescreve a lei, tampouco se admite juízos discricionários neste particular.

Ressaltamos que, por força do art. 27 da Lei 9.868/98, foi aberta a possibilidade de o Supremo Tribunal Federal, mediante deliberação qualificada de seus membros, decidir pela modulação de efeitos das normas que reconhecem a inconstitucionalidade de outra, no controle concentrado. Em mais de uma oportunidade, o plenário do STF fez uso desta prerrogativa, atribuindo efeitos *ex nunc* a normas que, ordinariamente, teriam efeitos *ex tunc*. Este preceito normativo se justifica pela circunstância de que, em alguns casos, preservar a consistência do sistema jurídico, em especial a sua hierarquia, pode trazer mais prejuízos à sociedade do que manter os efeitos de norma criada ilicitamente. Esta hipótese, contudo, não pode ser feita a favor do Estado, como bem demonstra Misabel Derzi[10], em vigoroso estudo sobre a matéria. Isso porque a modulação de efeitos pró-Estado, entre muitas outras razões, equivale a autorizar que o agente que realiza o ilícito nomogenético se beneficie da própria torpeza, em detrimento do Sistema Constitucional Tributário.

Em síntese, para que se possa configurar um ilícito desta natureza é imprescindível o concurso dos seguintes elementos: *i.* autoridade competente, titular de jurisdição administrativa ou judicial; *ii.* processo em que se discuta a validade da norma no curso da ação ou de forma incidental; *iii.* alegação de conflito real entre norma inferior e superior – de competência; *iv.* prejuízo para a parte, pois não há de se cogitar de nulidade sem dano real ou iminente; e *v.* a parte que alega o ilícito nomogenético (inconstitucionalidade, ilegalidade, nulidade...) não pode ter dado causa a ele, pois é vedado a qualquer pessoa se beneficiar da nulidade que tenha provocado ou, noutro dizer, tirar proveito da própria ilicitude.

10. *Modificações da jurisprudência no direito tributário.* São Paulo, Editora Noeses, 2009. *passim.*

Após resgatar essas ideias, que servem para explicar e qualificar todas as modalidades de ilícitos que podem ser praticados na enunciação de textos normativos, estamos de posse dos instrumentos conceituais aptos a investigar cada uma das espécies de ilícitos nomogenéticos.

É o que faremos a seguir.

2. Inconstitucionalidade

É inconstitucional a norma criada em confronto direto com o texto da Constituição.[11] Com a ressalva dos atos que promovem descumprimento de preceito fundamental, apenas as normas inseridas no sistema de direito positivo por lei, em sentido amplo, podem estabelecer essa espécie de antinomia.[12] Nos demais, o confronto é apenas oblíquo, subordinado ao diploma legislativo imediatamente superior. Assim, um decreto, uma instrução normativa ou uma portaria podem prescrever disposições contrárias à Lei Maior, mas serão consideradas ilegais, pois teriam na lei seu fundamento de validade imediato. Antes de serem inconstitucionais, seriam ilegais.

Na hierarquia dos vícios que se pode cometer ao editar uma norma, a inconstitucionalidade está no cimo.[13] Nada é mais

---

11. "A norma impositiva tributária é a regra geral e abstrata, veiculada por lei, que institui o tributo. É produto, portanto, da aplicação das normas constitucionais. Em caso de inadequação entre tal regra e o parâmetro constitucional ter-se-á hipótese de invalidade, que é qualificada como 'inconstitucionalidade'. Dependendo do tipo de norma de competência infringida, a inconstitucionalidade poderá atingir a norma impositiva, ou o seu veículo introdutor." (PIMENTA, Paulo Roberto Lyrio. Normas de competência e o controle de validade da norma impositiva tributária. In: BARRETO, Aires Fernandino et al. *Segurança Jurídica na Tributação e Estado de Direito*. São Paulo: Noeses, 2005, p. 851).

12. "Segue-se, iniludivelmente, que inconstitucional é a lei (ou o ato normativo de igual ou inferior tope) que contravém, direta ou indiretamente, prescrições, mandamentos, categorias ou princípios encartados na Constituição. Portanto, inconstitucional é, não só o ato que viola a letra expressa do Texto Supremo, senão, igualmente, o que atrita com seu espírito, vale dizer, com seu sentido e real significado" (CARRAZZA, Roque Antonio. *Conflitos de competência*: um caso concreto. São Paulo: RT, 1983. p. 28).

13. "La inconstitucionalidad es un caso particular de invalidez: es la invalidez que

grave do que a ofensa direta à Constituição. E não é por acaso que a própria Lei das leis prescreve os instrumentos necessário à preservação de sua integridade. O legislador constituinte cuidou pormenorizadamente do controle de constitucionalidade: estabeleceu as formas de controle, indicando se seria concentrada ou difusa; ao prescrever os efeitos que cada uma dessas formas de controle pode ensejar, se *erga omnes* ou *erga singulum* ou se *ex tunc* ou *ex nunc*; indicou que sujeitos poderiam agir em nome da coletividade, pleiteando o controle concentrado de constitucionalidade; e, além disso, prescreveu que cabe ao Supremo Tribunal Federal ser o órgão máximo competente para julgar a inconstitucionalidade das leis e atos normativos.

A natureza da norma inconstitucional é tema recorrente entre aqueles que litigam acerca do tema. A relevância prática da disputa estaria no efeito no tempo que se poderia imputar à decisão de inconstitucionalidade. A pergunta central seria: a norma inconstitucional é nula,[14] inexistente ou anulável. Se nula, seus efeitos retroagiriam à data de edição do ato viciado. Se inexistente, não seria possível considerar qualquer dos seus efeitos jurídicos.[15] Se anulável, é a decisão do STF que a

deriva de la no-conformidad de una norma con la constitución" (GUASTINI, Riccardo. *Distinguiendo*: estudios de teoría y metateoría del derecho. Barcelona: Gedisa, 1999. p. 323).

14. "A consequência da não conformidade com tais regras pode não ser sempre a mesma, mas haverá sempre algumas regras relativamente às quais a não conformidade transforma qualquer tentativa de exercício de poder legislativo num acto nulo ou, como na decisão de um tribunal inferior, sujeita-o à invalidação. Em certos casos, a partir da certificação de que os procedimentos não foram observados, a lei pode impor a conclusão da regularidade quanto a aspectos de procedimento interno e, noutros casos, as pessoas sem a qualificação exigida pelas regras, que participem nas actividades legislativas podem ficar sujeitas a uma pena nos termos de regras criminais especiais que considerem tal facto delito. Mas, ainda que parcialmente encoberta por estas complicações, há uma diferença radical entre as regras que conferem e definem o modo de exercício dos poderes legislativos e as regras do direito criminal, as quais, pelo menos, se assemelham a ordens baseadas em ameaças" (HART, Herbert L. A. *O conceito de direito*. 3. ed. Lisboa: Fundação Calouste Gulbenkian, 2001. p. 39).

15. "Una norma inválida puede, a pesar de su invalidez, pertenecer al ordenamiento (y seguir perteneciendo hasta que no sea expulsada por el órgano competente). Una norma 'inexistente', en cambio, es una norma que no pertenece en absoluto al ordenamiento. [...] Una norma, disposición o fuente es 'inexistente' si no responde ni siquiera

anula, logo seus efeitos se projetariam apenas para o futuro, num caso clássico de eficácia *ex nunc.*[16]

Em voto que busca equacionar essa discussão, o Min. Celso de Melo[17] demonstra a existência das três posições indicadas acima, todas elas defendidas por juristas de escol.[18] A despeito disso, defende que a sólida jurisprudência do Supremo Tribunal Federal aponta para a natureza nula da norma inconstitucional,[19] sendo-lhe, via de regra, cassados os efeitos desde a sua edição. Também ele, ao expor a posição

---

a los requisitos mínimos para ser reconocida como norma, disposición o fuente perteneciente al ordenamiento. De todas maneras, el concepto de inexistencia no resulta fácil de precisar. Se considera inexistente, sin duda, cualquier norma que haya sido creada en violación de todas las normas que rigen su creación. Pero, para que una norma sea inexistente (no alcance ni el umbral de la existencia jurídica), no es necesario que sean violadas todas las normas sobre la producción jurídica: es suficiente que sean violadas algunas normas cruciales" (GUASTINI, Riccardo. *Distinguiendo*: estudios de teoría y metateoría del derecho. Barcelona: Gedisa, 1999, p. 322-3).

16. "Se as determinações da Constituição não são respeitadas, então não se produzem quaisquer normas jurídicas válidas, as normas em tais condições produzidas são nulas ou anuláveis, isto é: o sentido subjetivo dos atos postos inconstitucionalmente e que, portanto, não são postos de acordo com a norma fundamental, não será interpretado como seu sentido objetivo ou, então, essa interpretação – provisória – vem a ser repudiada" (KELSEN, Hans. *Teoria pura do direito*. 6. ed. São Paulo: Martins Fontes, 1999. p. 57).

17. "Essa posição de eminência da Lei Fundamental – que tem o condão de desqualificar, no plano jurídico, o ato em situação de conflito hierárquico com o texto da Constituição – estimula reflexões teóricas em torno da natureza do ato constitucional, daí decorrendo a possibilidade de reconhecimento, ou da inexistência, ou da nulidade, ou da anulabilidade (com eficácia "ex nunc" ou com eficácia "ex tunc"), ou, ainda, da ineficácia do comportamento estatal incompatível com a Constituição" (STF, Trecho do voto do Min. Celso de Mello (relator) nos autos do RE-Agr 353.508/RJ, 2ª Turma, *DJ* 29.06.2007).

18. Recomendamos a leitura do já citado voto do Min. Celso de Melo, proferido no AGRE 395.902-6.

19. Não existem normas nulas para Kelsen, ou são inválidas ou anuláveis: "[...] uma norma jurídica é sempre válida, não pode ser nula, mas pode ser anulada. Existem, contudo, diferentes graus de anulabilidade. [...] O que geralmente se chama nulidade é apenas o grau mais elevado de anulabilidade, o fato de que todo sujeito, e não apenas um órgão especial, está autorizado a anular a norma. No Direito nacional moderno, a nulidade, como o grau mais elevado da anulabilidade, está praticamente excluída. Um estado em que todos estão autorizados a declarar toda norma, ou seja, tudo o que se apresenta como norma, como sendo nula, é quase que um estado de anarquia" (KELSEN, Hans. *Teoria geral do direito e do Estado.* São Paulo: Martins Fontes, 1998. p. 161).

prevalecente, acaba por se filiar a esta tese, ressalvando a posição do Min. Gilmar Mendes,[20] que sustenta a possibilidade de modular amplamente os efeitos da decisão.

Depois das ideias que expusemos acima, não é difícil inferir a nossa posição. A norma inconstitucional é fruto de um ilícito que precisa ser corrigido. A decisão do STF que reconhece esse ilícito aplica uma sanção, limitando a eficácia[21] e até a vigência da norma inválida. Ora, se a norma que reconhece a criação de uma lei inconstitucional tem natureza sancionatória, os limites desta sanção devem ser aqueles estabelecidos pela Constituição ou, quando for o caso, pela lei. O nome atribuído à ilicitude tem menor relevância do que os efeitos previstos pelo próprio sistema.

Para finalizar, cabe sempre insistir na ideia de que o controle de constitucionalidade das leis e atos jurídicos é a técnica

---

20. "Não se nega, pois, o caráter de princípio constitucional ao princípio da nulidade da lei inconstitucional. Entende-se, porém, que tal princípio não poderá ser aplicado nos casos em que se revelar absolutamente inidôneo para a finalidade perseguida (casos de omissão; exclusão de benefício incompatível com o princípio da igualdade), bem como nas hipóteses em que a sua aplicação pudesse trazer danos para o próprio sistema jurídico constitucional (grave ameaça à segurança jurídica). Assim, configurado eventual conflito entre o princípio da nulidade e o princípio da segurança jurídica, que, entre nós, tem *status* constitucional, a solução da questão há de ser, igualmente, levada a efeito em um processo de complexa ponderação. [...] a adoção de uma decisão alternativa é inerente ao modelo de controle de constitucionalidade amplo, que exige, ao lado da tradicional decisão de perfil cassatório com eficácia retroativa, também decisões de conteúdo outro, que não importem, necessariamente, a eliminação direta e imediata da lei do ordenamento jurídico" (Trecho do voto do Min. Gilmar Mendes nos autos do RE 197.917/SP, Tribunal Pleno, rel. Min. Maurício Corrêa, *DJ* 07.05.2004).

21. Para Paulo de Barros Carvalho, a declaração de inconstitucionalidade no controle difuso resulta na suspensão de eficácia da regra por resolução do Senado, enquanto não seja revogada adequadamente pelo órgão competente: "No caso de declaração de inconstitucionalidade de norma pela Suprema Corte, tratando-se de controle difuso, suspende-se a eficácia da regra mediante resolução do Senado, até que seja ela revogada pelo órgão competente. Dito de outro modo, significará que certa norma até então vigente na ordem jurídica nacional teve sua inconstitucionalidade declarada pelo Supremo, que comunica tal decisão ao Senado da República. Este, pela figura legislativa da 'resolução', manda suspender a eficácia técnica daquela regra, que permanece vigente sem poder atuar, continuando também válida até que o órgão que a promulgou venha a expulsá-la do sistema" (CARVALHO, Paulo de Barros. *Curso de direito tributário*. 17. ed. São Paulo: Saraiva, 2005. p. 82).

que o sistema dispõe para manter a consistência e hierarquia de suas normas.[22] Esta é a forma que existe para evitar que autoridades inferiores – sujeito competente para a criação de leis e atos complementares – disponham sobre o que prescreveu o legislador constitucional.[23]

3. Ilegalidade

Quando a competência é outorgada por lei, o ilícito cometido ao se criar norma incompatível com ela é o da "ilegalidade". São ilegais, por exemplo, o decreto, o regulamento, a instrução normativa, a portaria e o ato normativo interpretativo que tenham sido criados em conflito com o que dispõe a lei. A exemplo do que se passa com os demais ilícitos nomogenéticos, a ilegalidade não se presume, pois requer: *i.* linguagem competente; *ii.* produzida no curso de um processo administrativo ou judicial; *iii.* onde se alegue a incompatibilidade entre norma inferior e a lei; *iv.* exista claro prejuízo de quem faça a alegação; e *v.* aquele que alega não tenha sido o mesmo sujeito que criou a norma. Pela existência desses requisitos, podemos dizer que a ilegalidade não é automática e infalível.

Vários critérios são igualmente hábeis para classificar as ilegalidades, pois vários são os tipos de lei, bem como são vários os tipos de ato que contradizem as suas prescrições. Há ilegalidade da lei ordinária que viola a lei complementar; do

22. "A decisão de inconstitucionalidade é um ato jurisdicional, fruto da afirmação do direito e da supremacia da Constituição, por isso consiste na aplicação do princípio da hierarquia. A inconstitucionalidade supõe um vício da norma em questão e busca a conservação do sistema jurídico" (IVO, Gabriel. Considerações acerca da revogação (É possível falar de revogação tácita?). In: BARRETO, Aires Fernandino et al. *Segurança jurídica na tributação e estado de direito*. São Paulo: Noeses, 2005. p. 219-220).

23. "[...] a rigidez constitucional e a existência do controle de constitucionalidade são requisitos de manutenção do Estado Federal. De fato. Se as competências das entidades políticas que compõem o Estado Federal não estiverem numa Constituição rígida e, de outro lado, se não existir um órgão constitucional incumbido do controle de constitucionalidade, não haverá federação" (VELLOSO, Carlos Mário. Estado federal e estados federados na Constituição brasileira de 1988: do equilíbrio federativo. *Revista de Direito Administrativo*, Rio de Janeiro: Forense, v. 187, jan.-mar. 1992, p. 32-33).

decreto que viola a lei; do lançamento de ofício constituído em ofensa à disposição legal. O que há de comum entre todas essas espécies é a circunstância de a norma de competência ser formada a partir de enunciados inseridos por lei, em sentido amplo. Também as sanções que se imputam ao ato ilegal são prescritas por ato legislativo.

Nada mais natural que assim seja, pois, muito embora a ilegalidade seja uma grave ofensa ao ordenamento, é ato mais brando que o praticado contra a Constituição. Daí porque sua forma de controle é sempre difusa, com efeitos que beneficiam apenas as partes envolvidas no processo (*erga singulum*), nem de longe se comparando à messe de preceitos relativos ao controle de constitucionalidade.

A despeito disso, o controle da legalidade é imprescindível para a ordem jurídica. É por seu intermédio que o sistema evita delegações indevidas de competência, como a que pretende o Chefe do Executivo ao editar um decreto que vai além do que permite a lei. Sempre que há o reconhecimento da ilegalidade de um ato, há, simultaneamente, a afirmação da competência de alguém que foi usurpada pela ilegalidade. Sem esse controle, não existiriam meios de imposição dessa competência e da própria hierarquia entre normas legais e infralegais.

4. Nulidade e anulabilidade

Há de se distinguir o gênero nulidade das suas espécies. O gênero é equivalente à invalidade e suas variações. A espécie, ou nulidade em sentido estrito, é um tipo específico de vício que incorre o sujeito competente ao criar normas incompatíveis com a norma de competência.

Ao gênero, não teríamos nada a acrescentar além do que já falamos acerca dos ilícitos nomogenéticos e sobre a validade das normas jurídicas. Sobre a espécie, cabe esclarecer que existem nulidades formais e materiais, assim como se pode falar em nulidade e anulabilidade ou, o que nos parece o mesmo, nos referir à nulidade absoluta e relativa.

As nulidades formais e materiais se referem, respectivamente, a vícios na forma de enunciação da norma e no seu conteúdo prescritivo. Desta forma, sempre que existir incompatibilidade entre o instrumento introdutor (decreto, regulamento, instrução normativa) e a norma de competência, o vício será de forma. Ainda que exista compatibilidade entre a enunciação-enunciada e seu fundamento de validade, se se constatar vícios em qualquer dos atos de seu iter procedimental, teremos um caso de nulidade formal. A nulidade material, como o próprio nome sugere, é fruto da incompatibilidade entre o conteúdo da norma de competência, previsto no seu consequente, e a norma introduzida. Não se trata, mais, do modo de produção do ato normativo, mas sim da sua mensagem prescritiva.

Seja quanto à forma ou quanto à matéria, as nulidades, como regra, são tipificadas nas leis ordinárias que tratam dos processos administrativos federal, estadual, distrital ou municipal. Esses diplomas normativos tipificam algumas espécies de ilícitos que podem ser praticados no curso de lides administrativas, imputando a cada um deles o caráter absoluto ou relativo, segundo a sua gravidade. É, também, um juízo acerca da maior ou menor gravidade do ilícito que nos autoriza falar em nulidade como sinônimo de nulidade absoluta e anulabilidade como nulidade relativa. Essa classificação refletiria, segundo o direito positivo, a maior ou menor gravidade da ofensa à norma de competência.

Nesse ponto, as palavras de Alfredo Augusto Becker não deixam espaço para dúvidas:

> No mundo jurídico há maior (nulidade) ou menor (anulabilidade) intolerância ou repugnância por atos jurídicos defeituosos (inválidos: nulos e anuláveis), de tal sorte que o legislador que criou a regra jurídica específica da nulidade ou da anulabilidade, também criou o instrumental técnico-jurídico para fazer desaparecer do mundo jurídico a existência jurídica e os efeitos jurídicos daqueles atos defeituosos (inválidos). *Este fazer desaparecer é o desconstituir.* (grifos no original)[24]

24. BECKER, Alfredo Augusto. *Teoria geral do direito tributário.* 4. ed. São Paulo:

Como se vê, os atos anuláveis são criados com vícios menos graves do que os nulos. Daí por que podem ser sanados e têm prazo certo para ser alegados em juízo, sob pena de preclusão. Já os atos nulos, por conflitarem com aspectos essenciais da competência (i.e. sujeito e procedimento devidos), podem ser desconstituídos ao longo de todo o processo e, em alguns casos, até depois dele. Algumas destas nulidades, ou vícios absolutos, são vistas como matéria de ordem pública que compromete a própria validade do processo em que esse ato é praticado.

5. Erro de fato e erro de direito

Erro, seja ele quanto à norma ou quanto ao fato, é expressão equívoca. Acerto e erro, em suas acepções de base, são expressões próprias da linguagem descritiva e se relacionam com a ideia de verdade.

O pensamento verdadeiro acerta ao passo que o equivocado erra. O uso dessas expressões, porém, está bem menos ligado à precisão de sentidos que ao uso que delas fazem a comunidade jurídica, incluídos aí aqueles que elaboram a jurisprudência e a própria Ciência do direito. Por força disto, são tão difundidas as expressões erro de fato e erro de direito para expressar, também elas, a criação ilícita de normas.

Visto se tratar de modalidades de ilícitos praticados na criação de normas, caberia a dúvida: que tipo de norma pode ser criada com estes vícios? E mais, em que consistem tais erros?

A resposta é dada por Paulo de Barros Carvalho, nos seguintes termos:

> [...] o erro de fato é um problema intranormativo, um desajuste interno na estrutura do enunciado, por insuficiência de dados linguísticos informativos ou pelo uso indevido de construções de linguagem que fazem às vezes de prova. Esse vício na composição semântica do enunciado pode macular tanto a oração do fato

---

Noeses, 2007. p. 488. Esse "desconstruir" a que se refere Becker é o efeito próprio, não só das normas que reconhecem a existência de uma nulidade, em sentido estrito, mas também de todas as demais nulidades, tomadas como gênero.

> jurídico tributário como aquela do consequente, em que se estabelece o vínculo relacional. Ambas residem no interior da norma e denunciam a presença do erro de fato. Já o erro de direito é também um problema de ordem semântica, mas envolvendo enunciados de normas jurídicas diferentes, caracterizando-se como um descompasso de feição externa, internormativa.[25]

Apenas as normas individuais e concretas costumam ser vistas como normas produzidas com erro, seja ele de fato ou de direito. Nada impede, porém, sejam estas expressões utilizadas noutros contextos, para expressar incompatibilidade entre normas. Desde que, em qualquer dos casos, atendam aos seguintes requisitos propostos por Paulo de Barros Carvalho:

> 1) A linha divisória entre erro de fato e erro de direito fica bem nítida: se o desajuste de linguagem verificar-se no interior de uma única norma, seja no antecedente ou no consequente, teremos erro de fato. 2) Para que se trate de erro de fato, essa norma tem de ser individual e concreta. 3) Quando os desacertos de linguagem envolverem duas ou mais normas, sendo uma delas, obrigatoriamente, regra individual e concreta, e outra, também necessariamente, geral e abstrata, teremos erro de direito. 4) Como particularidade das normas jurídicas tributárias, qualquer desalinho com relação à "alíquota" ou ao "sujeito ativo" será sempre erro de direito, porquanto esses os únicos fatores compositivos da estrutura normativa que não podem ser encontrados na contextura do fato jurídico tributário. Sua consideração supõe, necessariamente, o trajeto que vai da norma geral e abstrata à norma individual e concreta.[26]

Apenas com a ressalva de que, nesses casos, o emprego das expressões será diverso do que costuma ser feito tanto pela Ciência quanto pela jurisprudência. Vejamos algumas manifestações acerca do erro de fato:

> PROCESSUAL CIVIL. AÇÃO RESCISÓRIA. EMPRÉSTIMO COMPULSÓRIO. AQUISIÇÃO DE VEÍCULO. DL 2.288/86. ERRO DE FATO COMPROVADO (CPC, ART. 485, IX E § 1º).

---

25. CARVALHO, Paulo de Barros. *Direito tributário*: fundamentos jurídicos da incidência. 5. ed. São Paulo: Saraiva, 2006. p. 254.

26. CARVALHO, Paulo de Barros. *Curso de direito tributário*. 30. ed. São Paulo: Saraiva, 2019. p. 437.

> 1. Inequívoco que a decisão rescindenda incorreu em erros de fato quanto à natureza do empréstimo compulsório, considerando-o como relativo ao consumo de combustíveis quando, em verdade, concerne à aquisição de veículo, bem como referentemente à prescrição.
>
> 2. O acórdão do Excelso Pretório que declarou a inconstitucionalidade do empréstimo compulsório sobre a aquisição de veículos (RE 121.336-CE) foi publicado no *DJ* de 26.06.92. Ajuizada a ação de repetição de indébito em 17.10.96, evidencia-se que não se exaurira o quinquênio prescricional.
>
> 3. Ação rescisória julgada procedente para desconstituir a decisão atacada, afastando a prescrição e determinando o julgamento do recurso especial. Custas e honorários advocatícios, arbitrados em 10% sobre o valor da causa, a cargo da requerida.[27]

E mais:

> PROCESSUAL CIVIL E TRIBUTÁRIO. COMPENSAÇÃO FINSOCIAL COM COFINS. ACÓRDÃO FUNDADO EM ERRO DE FATO. AÇÃO RESCISÓRIA PROCEDENTE.
>
> – O acórdão proferido fundou-se em erro de fato, porquanto teria centrado as razões de decidir na inexistência de documento comprobatório da declaração de inconstitucionalidade do FINSOCIAL, quando, efetivamente, existia o documento em tela, concretizado pela cópia do Mandado de Segurança, com trânsito em julgado, declarando a inconstitucionalidade da contribuição social em comento. – Ação rescisória procedente.[28]

Assim, o erro de direito e o erro de fato[29] designam, respectivamente, incompatibilidade da norma individual e concreta

---

27. STJ, AR 1.381/DF, 1ª Seção, rel. Min. Francisco Peçanha Martins, *DJ* 09.12.2003.

28. STJ, AR 836/RS, 1ª Seção, rel. Min. Francisco Falcão, *DJ* 24.02.2003.

29. "A linha de demarcação entre questões de direito e questões de fato, contudo, é flutuante. À primeira vista, para formular a premissa menor do silogismo é preciso verificar os fatos. [...] Observa-se, contudo, que os 'fatos' que o juiz verifica diretamente são somente as provas (por exemplo, os testemunhos), não os fatos provados. Uma prova é precisamente um fato que induz a considerar ocorrido um outro fato. Este último não é verificado diretamente pelo juiz, mas inferido pelas provas. Uma prova autoriza o juiz a considerar verdadeira uma certa proposição acerca do passado. Esta inferência não tem caráter dedutivo: entre duas proposições não há um nexo de implicação lógica, mas antes de nexo mais débil de 'congruência narrativa'

com a norma que lhe serve de fundamento; e incompatibilidade da norma individual e concreta com a linguagem das provas.

No primeiro caso, a norma viola a competência. No segundo, a violação é indireta, pois a norma constitui fato diverso daquele que era para ser constituído. Num caso, o problema é internormativo e se comprova mediante o confronto entre normas. Já no outro, o problema é interno à norma individual e concreta e se comprova confrontando as provas, relativas ao fato, com a descrição feita no antecedente da norma.

Esta distinção, mesmo tendo como pano de fundo a violação da competência, é relevante, pois o direito positivo imputa efeitos distintos conforme se reconheça erro de fato ou erro de direito. Como regra, a posterior constatação de erro de direito, em normas criadas pela Administração Pública e que sejam favoráveis ao contribuinte, não enseja revisão. Porém, caso o erro seja de fato, a norma poderá ser revista com fundamento expresso no que dispõe o art. 149 do CTN.

6. Improcedência da pretensão da Fazenda ou do contribuinte

Não é raro identificar sentenças ou decisões administrativas que simplesmente afastam a pretensão impositiva da Fazenda ou que negam, por exemplo, o direito a restituições ou compensações proposto pelo contribuinte. Muitas dessas decisões não chegam a fundamentar a improcedência em qualquer dos vícios descritos acima. Quando isso acontece, trata-se de caso em que há conflito em matéria tributária e não há argumento pela violação da norma de competência? É evidente que não.

Decorre da própria definição do conceito de tributo, prescrita pelo art. 3º do CTN, que se trata de uma obrigação compulsória, o qual decorre diretamente da lei, e não de acordo de vontades. Trata-se, portanto, de uma obrigação *ex lege*. Neste

---

(como é chamada)" (GUASTINI, Riccardo. *Das fontes às normas*. Tradução Edson Bini. São Paulo: Quartier Lantin, 2005. p. 71-72).

tipo obrigação, não há concurso de vontade das partes, tampouco existe discricionariedade para se definir onde, quando e quanto de tributo deve ser pago. Todos os contornos da obrigação, a teor do que prescreve o art. 150, I, da CF/88 e o art. 97 do CTN, devem ser instituídos por lei. O efeito concreto destas disposições é o seguinte: a pretensão impositiva do Estado será legítima se estiver conforme as disposições legais. Da mesma forma a pretensão do contribuinte. Se assim é, qualquer juízo de ilegitimidade, mesmo que não haja expressa menção às nulidades citadas acima, envolve um ajuste entre a norma positivada e aquela que lhe serve de fundamento.

Por isso, mesmo quando não há referência expressa a qualquer das nulidades comentadas acima, está presente a ideia de violação da competência nos casos em que a pretensão fazendária ou do contribuinte não é aceita no curso de uma lide administrativa ou judicial.

7. Conclusão: atributo comum do gênero nulidade – sanção pelo descumprimento da norma de competência

Com as considerações desenvolvidas acima fica patente a existência de um núcleo comum entre todos os argumentos levantados pelas partes num litígio relativo a questões tributárias, qual seja: criação ilícita de normas.

Se criar norma pode ser entendido como uma ação juridicamente regulada, é possível, também, que essa ação seja considerada lícita ou ilícita, conforme tenha sido praticada segundo a norma que prescreve a licitude – norma de competência – ou segundo aquela que estabelece os efeitos da ilicitude – norma sancionatória da competência.

A sanção pelo exercício ilícito da competência é a nulidade da norma. A consequência da nulidade é, conforme o caso, a suspensão da vigência (nas decisões que prescrevem efeitos gerais) ou da eficácia (nas decisões individuais) da norma criada ilicitamente.

Tanto a norma produzida de forma regular como aquela produzida irregularmente estão no sistema de direito positivo. A diferença é que uma irradia os efeitos para os quais foi criada e a outra – criada ilicitamente – não.

A reação do sistema à prática desses ilícitos tem natureza sancionatória, voltada a coibir a criação de normas feitas em descompasso com a respectiva norma de competência.

Sempre que se postule a um órgão judicante – administrativo ou judicial – o não cumprimento de uma norma, o argumento a ser utilizado é o de que essa norma foi criada em descompasso com a respectiva norma de competência. Esse é o atributo comum entre: inconstitucionalidade, ilegalidade, nulidade, anulabilidade, erro de fato, erro de direito, entre outros. As normas que reconhecem essas espécies do gênero "nulidade" têm natureza de sanção pelo descumprimento da norma de competência.

8. Referências

ALEXY, Robert. *El concepto y la validez del derecho*. Barcelona: Gedisa, 2004.

BECKER, Alfredo Augusto. *Teoria geral do direito tributário*. São Paulo: Noeses, 2007.

CARRAZZA, Roque Antonio. *Conflitos de competência*: um caso concreto. São Paulo: RT, 1983.

______. *Curso de direito constitucional tributário*. 20. ed. São Paulo: Malheiros, 2004.

______; BOTTALLO, Eduardo. As inconstitucionalidades da "nova" CPMF. In: ROCHA, Valdir de Oliveira. *Grandes questões atuais do direito tributário*. São Paulo: Dialética, 1999. v. 3.

CARVALHO, Paulo de Barros. *Curso de direito tributário*. 30. ed. São Paulo: Saraiva, 2019.

______. *Direito tributário*: fundamentos jurídicos da incidência. 5. ed. São Paulo: Saraiva, 2006.

______. *Direito tributário, linguagem e método*. Noeses: São Paulo, 2008.

DERZI, Misabel Abreu Machado. *Modificações da jurisprudência no direito tributário*. São Paulo: Editora Noeses, 2009.

GAMA, Tácio Lacerda. *Competência tributária* – fundamentos para uma teoria da nulidade. São Paulo: Ed. Noeses, 2009.

GUASTINI, Riccardo. *Distinguiendo*: estudios de teoría y metateoría del derecho. Barcelona: Gedisa, 1999.

______. *Das fontes às normas*. Tradução Edson Bini. São Paulo: Quartier Lantin, 2005.

HART, Herbert L. A. *O conceito de direito*. 3. ed. Lisboa: Fundação Calouste Gulbenkian, 2001.

______. *Das fontes às normas*. Tradução Edson Bini. São Paulo: Quartier Latin, 2005.

KELSEN, Hans. *O problema da justiça*. 3. ed. São Paulo: Martins Fontes, 1998.

______. *Teoria geral das normas*. Porto Alegre: Fabris, 1986.

______. *Teoria pura do direito*. 6. ed. São Paulo: Martins Fontes, 1999.

______. *Teoria geral do direito e do Estado*. 3. ed. São Paulo: Martins Fontes, 2000.

______; BULYGIN, Eugenio; WALTER, Robert. *Validez y eficacia del derecho*. Buenos Aires: Astrea, 2005.

LINS, Robson Maia. *Controle de constitucionalidade da norma tributária*. Decadência e prescrição. São Paulo: Quartier Latin, 2005.

NINO, Carlos Santiago. *Introducción al análisis del derecho*. Barcelona: Editorial Ariel, 1983.

MIRANDA, Francisco Cavalcanti Pontes de. *Tratado de direito privado*. Parte geral. Rio de Janeiro: Borsoi, 1954. t. 1.

______. *Tratado de direito privado*. Parte geral. Rio de Janeiro: Borsoi, 1954. t. 2.

PIMENTA, Paulo Roberto Lyrio. Normas de competência e o controle de validade da norma impositiva tributária. In: SANTI, Eurico Marcos Diniz de (org.). *Segurança jurídica na tributação e estado de direito*. São Paulo: Noeses, 2005.

ROSS, Alf. *Direito e justiça*. Tradução Edson Bini. São Paulo: EDIPRO, 2000.

VILANOVA, Lourival. *Causalidade e relação no direito*. 4. ed. São Paulo: Revista dos Tribunais, 2000.

OS VALORES JURÍDICOS ABSTRATOS E AS NORMAS DE CONTEÚDO INDETERMINADO DA ATUAL LINDB À LUZ DO CONSTRUCTIVISMO LÓGICO-SEMÂNTICO, NO ÂMBITO DAS RELAÇÕES JURÍDICO-TRIBUTÁRIAS

Tatiana Aguiar[1]

Sumário: 1. Introdução. 2. A LINDB e suas recentes inovações. 3. Análise sobre a aplicabilidade da LINDB às relações tributárias. 4. A (in)existência dos valores abstratos sob a ótica do Constructivismo Lógico-Semântico. 5. Da inexistência das normas de conteúdo previamente determinado e meramente interpretativas, a partir do Constructivismo Lógico-Semântico. 6. Conclusão. Referências.

1. Introdução

A Lei de Introdução ao Código Civil (LICC), posteriormente renomeada para Lei de Introdução às Normas do Direito Brasileiro (LINDB), sempre foi considerada como um conjunto de regras imprescindível para dinamicidade do Direito brasileiro. No final de 2018, tal diploma legal sofreu novas alterações, as quais mobilizaram grande parte dos doutrinadores brasileiros a analisá-las e muitos as louvaram,

---

1. Mestre e Doutora em Direito Tributário pela PUC/SP. Professora e advogada.

considerando-as como promessas de profícuas inovações para o nosso ordenamento jurídico.

De fato, numa primeira análise, parecia estarmos diante de ótimas iniciativas legislativas que poderiam conferir maior segurança jurídica e estabilidade para os nossos jurisdicionados. Porém, ao pararmos para apreciar, com mais vagar, alguns dos dispositivos acrescidos ao texto original da LINDB e, principalmente, ao fazermos esta avaliação com os óculos do Constructivismo Lógico-semântico, vimos que, talvez, as intenções pretendidas não se concretizassem, em face dos sem sentidos deônticos em que alguns deles se fundavam.

Dos dez artigos adicionados à LINDB, escolhemos investigar os arts. 20 e 23, já que são os que, a nosso ver, mais se chocam com os ensinamentos Constructivistas que apreendemos com Lourival Vilanova e Paulo de Barros Carvalho. Para tanto, apresentaremos, em um primeiro momento as regras escolhidas; em seguida avaliaremos a possibilidade ou não destas serem aplicadas ao Direito Tributário; depois, apresentaremos as premissas básicas do Constructivismo Lógico-semântico e por fim, analisarmos aqueles dispositivos legais à luz da corrente jus-filosófica acima mencionada.

Faremos tal análise, a partir de uma pesquisa bibliográfica e legislativa, de modo a estabelecer um diálogo entre os dispositivos escolhidos e as teorias doutrinárias que darão embasamento às premissas que estabeleceremos para a construção das conclusões que serão apresentadas ao final, isto é, a partir da Teoria dos valores e do Constructivismo Lógico-Semântico, analisaremos os arts. 20 e 23 da LINDB, a fim de aferir os seus objetivos e a sua real aplicabilidade à nossa vida prática no âmbito tributário.

Isso porque, vislumbramos algumas problemáticas sobre as quais pretendemos nos debruçar, uma para cada dispositivo:

i) Quanto ao art. 20, pergunta-se: é possível tomar uma decisão administrativa ou judicial que não seja fundado em valores abstratos? Para respondermos esta pergunta, precisamos nos fazer outras duas: O que são valores? Existem diferentes tipos de valores? Se o primeiro questionamento seguir no sentido positivo, o art. 20 de fato trata de uma situação excepcional, à medida que estabelece que se a decisão se baseia nesta espécie de valor, terá que levar em conta as consequências práticas da decisão. Caso todas as decisões judiciais tenham por fundamento um valor abstrato, então o decisor estará sempre obrigado a motivar a sua decisão considerando seus efeitos pragmáticos. Porém, a confirmação desta segunda hipótese, nos levará a refletir sobre a real importância daquela prescrição e se de fato este dispositivo legal vem a inovar o nosso ordenamento jurídico, já que tal exigência já se fazia presente em textos legais anteriores.

ii) Quanto ao art. 23, o que nos levou à reflexão foi a seguinte dúvida: existem normas de conteúdo previamente determinado? Pensamos que tal questão traz outras implicitamente, quais sejam: o que é norma? Existe diferença entre texto legal e norma? Existem normas meramente interpretativa? Caso existam decisões meramente interpretativas sobre normas de conteúdo indeterminado, o artigo em comento mostrar-se-ia de grande relevância para o Direito brasileiro. Porém, se todas as respostas relacionadas às perguntas acima expostas forem negativas, só podemos concluir que estamos diante de um sem sentido deôntico.

Por tais considerações é que entendemos relevantes as análises que a partir de agora apresentaremos.

2. A LINDB e suas recentes inovações

A nomenclatura Lei de Introdução às normas do direito brasileiro – LINDB assumiu o lugar da antiga "Lei de Introdução ao Código Civil – LICC", tão logo se tomou consciência do real âmbito de alcance deste conjunto de regras, a qual ia muito além do espaço conferido aos civilistas. Não é exagero considera-la uma das mais relevantes leis infraconstitucionais do nosso Sistema Jurídico, pois pelo seu aspecto estrutural, visa a estabelecer as diretrizes necessárias à criação das demais normas que formam o nosso ordenamento.

A sua primeira redação surgiu no seio do Decreto-lei 4.657/42, voltado a estabelecer ordens dirigidas ao legislador infraconstitucional, no seu mister de construir novas regras, bem como instituir mecanismos de ingresso e expulsão dos textos legais no nosso Sistema Jurídico. Melhor dizendo, este diploma legal se volta para a difícil empreitada de fazer funcionar as engrenagens do Direito, por tal razão é que recebe a alcunha de lei das leis.

Ao analisarmos os dispositivos legais que a compõem, constatamos que ela estabelece regras sobre a vigência e eficácia dos textos legais; traz soluções para os conflitos da lei no tempo e no espaço; traça diretrizes para o processo interpretativo no âmbito jurídico; cria ferramentas de integração do Direito, do modo a confirmar o dogma da completude do direito; regula institutos jurídicos que são essenciais como: ato jurídico perfeito, coisa julgada e direito adquirido; e, ainda estabelece regras sobre o ingresso de regras internacionais no direito interno.

Recentemente, o seu texto sofreu significativas mudanças por meio da Lei 13.655/2018 que inseriu alguns dispositivos à redação original. Vimos acrescidos mais dez artigos e seus respectivos incisos e parágrafos àquele conjunto de regras iniciais. Destes, nos chama a atenção para os fins deste livro o seguinte:

> Art. 20. Nas esferas administrativa, controladora e judicial, *não se decidirá com base em valores jurídicos abstratos* sem que sejam consideradas as consequências práticas da decisão. (grifos nossos)
>
> Parágrafo único. A motivação demonstrará a necessidade e a adequação da medida imposta ou da invalidação de ato, contrato, ajuste, processo ou norma administrativa, inclusive em face das possíveis alternativas.

Em primeiro plano, salta-nos aos olhos, mormente se compararmos com outros dispositivos legais acrescidos em 2018, a grande preocupação do legislador com os efeitos práticos de decisões tomadas pelos poderes executivo e judiciário. Chama-nos atenção, ainda mais, por sabermos que, normalmente, toda mudança legislativa revela uma demanda social, um anseio de alterar o *status quo ante*, de modo que nos parece que tais enunciados normativos foram criados para evitar que decisões administrativas ou judiciais sejam tomadas em dissonância com a realidade econômica, social e política que as cercam.

Esta inovação legislativa parece, também, vir ao encontro da preservação do interesse público, haja vista que veda que as decisões estatais sejam motivadas por vontades individuais ou privadas, assim como exige a comprovação de que suas consequências visam a satisfazer interesses coletivos.

O dispositivo legal em comento parece cumprir o que dispõem os princípios constitucionais reguladores da administração pública, quais sejam os princípios da igualdade, eficiência[2] e proporcionalidade[3]. Isto porque, o art. 20, acima reproduzido, determina que o agente público tome em conta em sua decisão as demais alternativas possíveis para a medida tomada, a fim de que a motivação possa demonstrar a sua efetiva necessidade e ainda revelar que a medida imposta ou a invalidação de ato, contrato, ajuste, processo ou norma administrativa é a mais adequada, dentre as prováveis, ou seja, exige provas da eficiência do agente e de que a medida por ele escolhida foi proporcional ao fim almejado. Quanto ao princípio da igualdade, é interessante a colocação de Ávila (2012, p. 230) ao demonstra a sua relação com o tema em análise, no momento em que afirma que ao publicizar uma decisão administrativa ou judicial esta leva o cidadão comum a crer que receberá igual tratamento.[4]

Embora tenhamos levantado todos esses pontos positivos pertinentes ao art. 20, consideramos que a questão fulcral deste dispositivo, que nos impulsionou a fazer as presentes

---

2. Sobre o tema vide: MACHADO, 2006, p. 50.

3. Sobre o tema vide: BARROSO, 2009, p. 257 e ss. e GUIMARÃES, 2006.

4. ÁVILA, 2012, p. 230.

reflexões é aquele em que o legislador se refere aos "valores abstratos" e os coloca em situação excepcional. Em outras palavras, quer nos parecer que os autores da LINDB prescrevem o seguinte: em regra, é proibido decidir com base em valores abstratos, porém, se, excepcionalmente, o agente público assim o fizer, terá que considerar as consequências práticas da decisão. Parece, então, que existem valores concretos/objetivos e quando o decisor fizer uso deles não precisará prever os efeitos práticos de suas decisões. É sobre essa possível existência de classes diferentes de valores: abstratos e concretos, que pretendemos refletir mais adiante.

Outra diretriz que nos chama atenção é o art. 23 também acrescido, recentemente, pela lei de 2018, já citada.

> Art. 23. A decisão administrativa, controladora ou judicial que estabelecer interpretação ou orientação nova *sobre norma de conteúdo indeterminado*, impondo novo dever ou novo condicionamento de direito, deverá prever regime de transição quando indispensável para que o novo dever ou condicionamento de direito seja cumprido de modo proporcional, equânime e eficiente e sem prejuízo aos interesses gerais.

Este atual dispositivo parece ter surgido em respeito ao princípio da não surpresa[5], o qual é considerado pelo Prof. Humberto Ávila como um corolário do princípio da anterioridade tributária e da Segurança Jurídica (ÁVILA, 2012, p. 286), à medida que pretende evitar que o cidadão seja lesado por obedecer uma orientação inicialmente dada pelo poder público, a qual posteriormente dê lugar a outro posicionamento diametralmente oposto e que já não mais contempla os interesses do cidadão de boa-fé.

Acerca deste tema, Ávila, em sua respeitável obra sobre o princípio da segurança jurídica, dentre os muitos aspectos considerados, o observa sob o olhar da certeza e da calculabilidade: "Nessa significação (certeza), a segurança jurídica garante

5. Sobre a aplicação do princípio da não surpresa e a sua relação com a anterioridade, vide o ARE 713.196 AgR/RS

o direito do particular, com exatidão, conhecer, hoje, o Direito de amanhã, antecipando o conteúdo da decisão futura que irá qualificar juridicamente o ato hoje praticado" (ÁVILA, 2012, p. 131). E, acrescenta: "Calculabilidade significa pois, a capacidade de o cidadão prever, em grande medida, os limites da intervenção do Poder Público sobre os atos que pratica, conhecendo antecipadamente o âmbito de discricionariedade existente para os atos estatais" (ÁVILA, 2012, p. 132).

Porém, para os fins perseguidos nesse momento, o que mais nos chama atenção no art. 23 é a excepcionalidade dada: (i) ao fato de uma decisão ter natureza interpretativa; (ii) à hipótese de uma decisão "interpretativa" sobre "norma de conteúdo indeterminado", exigir providências específicas por parte do decisor; (iii) à situação de uma decisão trazer novo comando; isto porque, quer nos parecer que o legislador, em comento, só entende necessário o cuidado prescrito naquele dispositivo (instauração de um regime de transição) se a decisão administrativa, controladora ou judicial for interpretativa, referir-se àquela espécie de norma e inovar o ordenamento jurídico. Tal posição nos levou a pensar: existem normas de conteúdo determinado? Em que sentido a LINDB utiliza a expressão "norma"? É possível existir uma decisão que não tenha natureza interpretativa? Quando é que uma norma ingressa no ordenamento jurídico e não o inova? O Constructivismo Lógico-Semântico também dá conta de bem explorar esse tema, como veremos a seguir.

Após a análise dessas regras, precisamos avaliar se elas poderão ser aplicadas às relações jurídico-tributárias, para só então adentrarmos nas reflexões mais filosóficas que sinalizamos acima, sob a ótica do Constructivismo Lógico-Semântico.

3. Análise sobre a aplicabilidade da LINDB às relações tributárias

Para nós, não há dúvida de que os preceitos da nova LINDB são plenamente aplicáveis ao Direito Tributário.

Primeiro, porque em sendo a lei das leis, serve de instrumento para toda e qualquer regra jurídica, fato que restou ainda mais evidente após a mudança da sua nomenclatura, em que deixou de se restringir às regras civilistas; além disso, todos os dispositivos aqui citados regem atos/decisões praticados nas esferas administrativa, controladora ou judicial, ambientes que fazem parte do universo do ramo do Direito aqui pesquisado.

Tanto a aplicabilidade da LINDB ao Direito tributário é verdadeira que alguns doutrinadores afirmam que os dispositivos aqui citados repetem o conteúdo de regras já inseridas em nosso Sistema. Para alguns, esta lei faz as vezes de normas meramente interpretativas destes últimos e, para outros, tal fato demonstra que a inovação em comento seria despicienda. As regras anteriores a que nos referimos seriam os arts. 100 e 146, ambos do CTN, porém somente o primeiro se identifica com os dispositivos da LINDB aqui estudado, razão pela qual nos ateremos a comentar somente aquele.[6]

O art. 100, em seus incisos segundo e terceiro, reconhece normatividade às decisões de órgãos singulares ou coletivos de jurisdição administrativa, assim como às práticas reiteradamente observadas pelas autoridades administrativas. É claro, para nós, que os dispositivos recentemente inseridos ao texto original da LINDB vão ao encontro daquele dispositivo, no momento em que confere natureza de norma às decisões advindas da administração pública.

---

6. "Art. 100. São normas complementares das leis, dos tratados e das convenções internacionais e dos decretos:
I – os atos normativos expedidos pelas autoridades administrativas;
II – as decisões dos órgãos singulares ou coletivos de jurisdição administrativa, a que a lei atribua eficácia normativa;
III – as práticas reiteradamente observadas pelas autoridades administrativas;
IV – os convênios que entre si celebrem a União, os Estados, o Distrito Federal e os Municípios.
Parágrafo único. A observância das normas referidas neste artigo exclui a imposição de penalidades, a cobrança de juros de mora e a atualização do valor monetário da base de cálculo do tributo."

Nesse sentido, o professor Paulo Conrado, em recente evento promovido pelo Núcleo do Mestrado Profissional da FGV[7], afirmou que se esses atos administrativos são normas, podem e devem ser regulados pela LINDB, haja vista que a função desta ultima é justamente regular a forma como outras normas serão criadas. E, vai além, ao colocar luzes sobre o [8], o fato de que ainda que as decisões administrativas e judiciais sejam normas individuais e concretas, é incontestável o seu poder de gerar expectativas normativas, como nomeia Mizabel Derzi. Isto é, fazem com que os jurisdicionados alimentem uma expectativa de que gozará do mesmo tratamento dado aos casos que lhes guardam similitude, o que explicaria as atuais exigências da LINDB, por exemplo, a demonstração das previsões de suas consequências (DERZI, 2009, p. 251 e ss.).

Os holofotes voltados para os efeitos gerais de uma decisão *interpartes*, mesmo que indiretos, vai ao encontro de uma tendência jurídica contemporânea, que se revela em várias posições doutrinárias, seja de Teoria Geral do Direito (MÜLLER, 2012), seja em pesquisas voltadas para ramos específicos (DERZI, 2009). Todavia, faz-se necessário realçar a ousadia desses pensamentos inovadores, à medida que nos fazem questionar verdadeiros dogmas do Direito, como a pirâmide hierárquica do ordenamento jurídico e também a conhecida separação kelseniana entre os mundos do ser e do dever ser.

Assim, vencida a etapa desta análise que se refere à aplicabilidade da LINDB às normas tributárias, passemos, então, a nos debruçar sobre os valores abstratos e as normas de conteúdo indeterminado, sob a ótica do Constructivismo Lógico-Semântico.

---

7. In: A LINDB e seus reflexos na atuação dos tribunais administrativos e judiciais, realizado em 15.10.2018. Disponível em: <https://direitosp.fgv.br/evento/lindb-seus-reflexos-atuacao-tribunais-administrativos-judiciais-discussoes-envolvendo-aplicab>. Acesso em: 10.01.2019.

8. Para saber mais vide AGUIAR, 2016, p. 154 e seguintes.

4. A (in)existência dos valores abstratos sob a ótica do Constructivismo Lógico-Semântico

Em sua obra "Filosofia dos Valores", mais especificamente no capítulo em que trata sobre a Ontologia dos Valores, Johannes Hessen afirma que embora impossível de ser rigorosamente definido, o valor pode ser compreendido como: i) vivência de um valor; ii) qualidade de valor de uma coisa; iii) ou a própria ideia de valor em si mesma.[9] Destarte, se pensarmos no valor "beleza", podemos entendê-lo sob o primeiro aspecto, à medida que vemos a beleza de um quadro; no segundo sentido, podemos dizer que o quadro é belo; e, por fim, tentaremos compreender em que consiste o valor beleza/belo.

Porém, apesar de apontar essas três formas de se tentar compreender o valor, tal autor entende que a melhor maneira de apreciar o tema, é enxergar o valor como fenômeno, ou em outras palavras, se aprofundar na conduta de valorar as coisas, a qual é inerente a qualquer indivíduo, a ponto de ser impossível conceber a nossa existência sem considera-la como uma sucessão de juízos de valores e tal postura está diretamente relacionada à vontade humana, isto é, todo querer é movido por um valor. Com disse Hessen: "Nada podemos querer senão aquilo que de qualquer maneira nos pareça valioso e como tal digno de ser desejado"[10]. O mesmo podemos dizer do seu contrário, não desejamos o que valoramos negativamente.

Sendo assim, podemos dizer que valor é tudo aquilo capaz de satisfazer as necessidades humanas e quando aquele filósofo se refere à "necessidade" está falando não só das vontades do corpo, mas também da alma, podendo-se apontar como exemplos deste último, os valores morais, estéticos e religiosos.

Esse fato, faz-nos concluir que o valor é um fenômeno cultural, isto é, criado pelo homem e, em contrapartida, a cultura humana consiste em uma sucessiva realização de valores. Em sendo

---

9. HESSEN, 1974, p. 37.

10. Idem, p. 40.

uma obra humana, não há como se desvencilhar da sua subjetividade. Hessen bem explica essa relação entre o sujeito e o valor:

> Por outras palavras: no conceito de valor está incluído o da sua referência a um sujeito. Valor é sempre valor para alguém. Valor – pode dizer-se é a qualidade de uma coisa, que só pode pertencer-lhe em função de um sujeito dotado com uma certa consciência capaz de a registrar.

Com isso, queremos dizer que não se concebe o valor isoladamente ou um valor em si. A sua existência há de estar sempre vinculada a alguém. Porém, ele adverte que tal conclusão não nos leva ao subjetivismo. Isto por que:

> O sujeito não é a medida dos valores. Não se deve pensar que os valores e os juízos de valor só valham para este ou aquele sujeito ou indivíduo que tenham a percepção deles, e não para outros, isso sim, seria subjetivismo.[11]

Assim, consideramos que, ao vincular o valor ao sujeito, mas, ao mesmo tempo, negar ter incorrido em um subjetivismo, Hessen está se referindo a um consenso formado por uma comunidade acerca de um dado valor. E, não é preciso grande esforço para concordamos com ele, basta olharmos ao nosso redor. Veremos que o padrão de beleza ou a ideia do que é ético ou não, advém de uma aquiescência comum daqueles que compartilham o mesmo tempo e espaço. Determinadas condutas que são valoradas positivamente em um país ou em um dado lapso temporal, pode passar a sê-lo negativamente em outro lugar ou em outro momento.

Essa dependência que se estabelece entre o valor e o espírito/sujeito, revela a sua natureza, qual seja, aquela pertencente à categoria dos objetos não sensíveis. O que quer dizer que os valores não são, valem. Sendo assim, os valores se mostram irremediavelmente abstratos. Por tal razão é que a concreção dos valores, a sua inserção na "realidade" se dá por

---

11. Ibidem, p. 48.

meio do sujeito. Como diz Hessen: "Não consiste num ser em si mesmo, mas num ser que está noutro ser. Assim, por exemplo, um valor estético converte-se em existencial no quadro do pintor."[12] Ao dar esse exemplo, Hessen faz uma afirmação com a qual não concordamos plenamente, a de que os valores são imutáveis e permanentes, enquanto que os objetos são mutáveis e impermanentes. Isto porque se conseguíssemos alcançar o valor em si, o que acima já demonstramos ser impossível, até poderíamos concordar com a sua imutabilidade, mas como só os acessamos por meio da sua relação com o sujeito e da sua corporificação do objeto, não temos como deixar de reconhecer a sua constante intercambiaridade.

Afiliamo-nos, então, ao chamado relativismo axiológico, o qual fundado no ceticismo, nega-se a conferir objetividade a todo e qualquer juízo de valor. Com isso, não queremos dizer que não existam valores, cremos apenas que eles não são permanentes e absolutos. Nesse ponto é que discordamos de Hessen e vamos ao encontro das ideias de Nietzsche.

Não é coincidência que o Direito, tal qual os valores, seja um objeto cultural. Para aproximar a Filosofia dos valores do Direito, valemo-nos de uma afirmação de Hessen no sentido de que todo dever-ser se fundamenta em um valor, a qual complementa-se com a ideia do prof. Paulo de Barros para quem:

> Não é exagero referir que o dado valorativo está presente em toda a configuração do jurídico, desde seus aspectos formais (lógicos), como nos planos semântico e pragmático. Em outras palavras, ali onde houver direito, haverá, certamente, o elemento axiológico.[13]

Sabiamente, este último autor demonstra que o juízo de valor se faz presente no Direito desde o momento em que o legislador escolhe, dentre as muitas condutas humanas possíveis, aquelas que merecem ser jurisdicizadas, passando pela forma como a valora (positiva ou negativamente) até o

12. HESSEN, 1974, p. 57.

13. CARVALHO, 2008, p. 174.

momento da criação das normas individuais e concretas, em que o aplicador do Direito demonstra as suas preferências, ao escolher uma dentre as muitas interpretações legais possíveis.

Essa preferibilidade que bem explica os juízos de valores, já foi reconhecida por Tércio Sampaio Ferraz Junior, a medida em que afirma que os valores são preferências por núcleos de significações, ou melhor, são centros significativos que expressam preferibilidade por certos conteúdos de expectativas.[14]

O professor Miguel Reale, grande estudioso brasileiro dos valores, aponta dez características essenciais a estes, quais sejam: bipolaridade (1), já que todo valor contrapõe-se a um desvalor; os quais, por consequência, implicam-se reciprocamente (2); referibilidade (3), sobre a qual já falamos acima, ao afirmar que todo juízo de valor advém de uma tomada de consciência de um sujeito em relação a um objeto; tal postura revela, então, o traço de preferibilidade (4), inerente aos valores e que nos leva a outro que é a atributividade (5), isto é, o sujeito atribui qualidades positivas ou negativas aos objetos, demonstrando as suas preferências; são também incomensuráveis (6), à medida que, como o próprio nome diz, não há como tomá-los a partir de uma régua; porém, em contrapartida, revela forte tendência a uma graduação hierárquica (7); a sua referibilidade, leva-nos a uma ideia de objetividade (8), mas esta não no sentido de concretude ou do contrário da abstração, mas sim por serem predicados dos objetos; outro importante traço é a historicidade (9), haja vista que os valores vão sendo construídos ao longo do tempo, o que corrobora ainda mais com a ideia do seu relativismo, sobre o qual falamos acima e continuaremos adiante; eles são ainda inexauríveis (10), pois apesar de se referirem aos objetos, o seu uso para tanto não os esgotam com o tempo.

Dentre as características mencionadas acima, as que mais confirmam as ideias dos relativistas com as quais concordamos, são a preferibilidade e a historicidade, esta última

14. FERRAZ JUNIOR, Tércio Sampaio, 2004, p. 15.

foi posta em relevo não só por Nietzsche, que afirmou ser a missão da filosofia inverter os valores tradicionais, os quais ironicamente denominou de valores eternos[15], consoante falamos retro, como também por Dilthey, que assim se manifestou: "A própria história é a força produtora das determinações de valores, ideias, metas, com base nas quais se determina o significado de homens e acontecimentos." E, acrescenta: "Portanto, os valores e as normas nascem e morrem na história e não subsistem fora dela, nem acima do seu curso."[16]

No mesmo diapasão afirma Simmel: "O valor nunca é uma entidade objetiva, mas sua objetividade deriva apenas da correlação entre sujeito e objeto. Portanto, não existem valores absolutos e são valores só aqueles que, em determinadas condições, os homens reconhecem como tais."[17]

É, justamente, nesse momento que encontramos total convergência entre a teoria relativista dos valores e o Constructivismo Lógico-Semântico, as quais se apresentam como o solo mais fértil para analisarmos o art. 20 da atual LINDB.

Isto porque, como todos sabem, esta teoria criada pelo mestre Lourival Vilanova e desenvolvida pelo ilustre professor Paulo de Barros Carvalho, tem como linha mestra a ideia de que tudo é construído pela linguagem e de que não existe realidade fora do mundo comunicacional. Porém, esta bandeira não nasceu sozinha, nem brotou do nada. Há uma sólida construção de raciocínio, que gerou uma teoria coerente, consistente e coesa e que só se fortalece a cada dia.

O novo paradigma a respeito da linguagem que a deslocou do papel de coadjuvante situada entre sujeito e objeto e lhe deu o lugar de protagonista e criadora daqueles outros elementos, surgiu com o Círculo de Viena, denominando-se de Giro Linguístico e inspirou os autores constructivistas citados acima.

15. In Ecce homo, § 4° apud ABBAGNANO, Nicola, 2007, p. 1178.

16. In Gesammelte Schiriften, VII, p. 290 apud ABBAGNANO, Nicola, 2007. p. 1179.

17. Idem, p. 1179.

O Constructivismo Lógico-semântico pode ser considerado como um método e como tal se torna uma forma de enxergar o mundo. Forma esta que se funda no humanismo, ao reconhecer a posição central dada ao homem no processo de comunicação, mas, ao mesmo tempo reconhece a precariedade do sujeito, o que se denomina de antropocentrismo carente, razão pela qual o coloca como um elemento linguístico, isto é, construído pela linguagem.

Ademais, tal teoria entende que a humanidade tal como é, mostra-se incapaz de produzir um discurso permanentemente coerente e imutável. As instabilidades humanas fazem com que os antigos valores deem lugar aos novos, e depois sejam superpostos por outro, sucessivamente.[18]

Outro forte pilar do Constructivismo, que converge para a análise aqui estruturada é o historicismo, o qual parte do pressuposto de que a realidade é imponderável, ou, em outras palavras, de que a história não segue um caminho previsível e contínuo, dado os inúmeros fatores que a atravessam e mudam o seu curso, logo, não há como antever o seu próximo estágio. A única certeza que temos é de sua constante mutação, ocasionada justamente pela sua natureza linguística.

Do historicismo para o ceticismo temos um caminho quase natural, à medida que esta constante intercambiaridade não nos permite acreditar em um conhecimento definitivo. Tal certeza se fortalece pelas bases formadoras do ceticismo pirrônico: a isostenia, que ao reconhecer a igualdade da força dos argumentos, nega a definitividade para qualquer juízo; e a ataraxia, que nos dá tranquilidade para seguirmos adiante, ao reconhecer que o acaso e as perturbações são inexoráveis e incontroláveis.

Porém, para que tais mudanças ocorram, faz-se necessário a existência de vários sujeitos, já que a comunicação se torna incapaz de se perfectibilizar isoladamente. Sendo assim, não há Constructivismo onde a crença na intersubjetividade não se mantém.

18. Sobre esse tema, vide AGUIAR, 2016.

Por conseguinte, ao vislumbrarmos uma realidade construída pela linguagem, estamos, na verdade, enxergando uma comunidade compartilhando uma mesma língua. Logo, para que as muitas falas se organizem e construam um todo harmônico que consideramos o nosso entorno, faz-se necessário um conjunto de regras controladoras da linguagem, a partir das quais se criam conceitos, classes e ideias que se desvencilhem, na medida do possível, da subjetividade de cada um dos participantes dos atos de fala e formem um consenso.

Acrescente-se que, ao ter em mente a importância da linguagem e para alcançar a precisão discursiva desejada, o Constructivismo Lógico-semântico passou a fazer uso dos conceitos semióticos, fatiando a realidade jurídica em três planos: sintático (lógico), semântico e pragmático. Dentre os muitos momentos em que o professor Paulo de Barros se empoderou destes conceitos, podemos destacar a sua análise sobre o fenômeno da subsunção jurídica dos fatos à norma, em sua obra "Fundamentos Jurídicos da Incidência", subdividindo-o em quatro planos: partindo do plano sintático, onde o aplicador do direito avalia o texto legal, apenas do ponto de vista morfológico; passando para plano semântico, onde inicialmente, tenta compreender o sentido daquelas proposições isoladamente e, em sequência, visa a encontrar a normatividade existente naquele emaranhado de significações, para, se for o caso, construir a norma jurídica a partir daquela base escrita; e, finalmente, adentra o âmbito pragmático, quando estabelece um vínculo entre proposições analisadas e as demais que compõem o sistema, para aferir a sua validade a partir do ordenamento jurídico do qual faz parte.

A partir dessas premissas constructivistas, vemos que as suas bases andam lado a lado com relativismo axiológico. Portanto, com base em ambas as escolas, entendemos que todos os valores são abstratos. Por conseguinte, a excepcionalidade dada pelo art. 20 da LINDB, a esta espécie de valor, perde a sua razão de existir. Ou, ele estaria estabelecendo que a partir do início da vigência da lei que inovou a LINDB, TODAS as decisões, seja na esfera administrativa, seja judicial, terá que considerar as suas consequências práticas. Ocorre que o nosso ordenamento jurídico já exigia que todas as decisões fossem motivadas o que resultava da aplicação dos princípios da razoabilidade e da proporcionalidade.

Logo, desde sempre, o julgador teria que demonstrar que o caminho por ele seguido seria o mais adequado, dentre todos os outros possíveis. Seria então este dispositivo meramente reiterativo? Pensamos ser essa a alternativa mais provável, mormente se considerarmos o padrão normorrágico[19] há muito adotado no Brasil, de que lei nunca é demais e que um novo diploma legal, com intuito confirmatório, seria capaz de fazer funcionar uma prescrição anterior até então ineficaz socialmente.

5. Da inexistência das normas de conteúdo previamente determinado e meramente interpretativas, a partir do Constructivismo Lógico-Semântico

A partir da experiência semiótica acima falada, a distinção entre texto e norma se revela com hialina clareza. Conclui-se, então, que tais conceitos não são sinônimos, e ainda que a norma não é extraída do texto, mas construída a partir dele, considerando outros elementos que lhe são extrínsecos, mas igualmente linguísticos. Esta visão tornou-se o grande diferencial do Constructivismo Lógico-semântico, o qual se demonstra capaz de construir uma teoria consistente e, ao nosso ver, muito mais coerente com a realidade que se nos apresenta.

Tal visão pôs em evidência a natureza linguística do discurso jurídico ou, em outras palavras, apresenta-lhe mutável, contextual, histórico, por conseguinte, passível de incontáveis interpretações.

---

19. Utilizamo-nos dessa expressão para nos referirmos à tendência que a sociedade brasileira tem de achar que todas as leis que temos são insuficientes e exigir a criação de mais e mais textos legais, no afã de que a massificação da ordem, faça com que ela seja cumprida.

Ao constatarmos, por meio dos ensinamentos constructivistas, aqui expostos, que texto e norma não se confundem e principalmente que a norma é resultado do discurso produzido pela linguagem, limitado apenas pelas regras públicas de controle da linguagem, torna-se natural, para nós, entendermos que os diplomas legais até podem ser razoavelmente preciso, porém, o mesmo não se pode esperar das normas. Se estas são construídas no momento da aplicação do Direito, no ato da subsunção do fato à norma e aquele interferirá no conteúdo desta, portanto, são o produto do processo interpretativo, não há como se falar em normas de conteúdo previamente determinado. É da natureza das normas ser indeterminada, dada à interferência intersubjetiva que ela sofre. Por conseguinte, para nós, não faz sentido o art. 23 dispor que as decisões que estabelecem interpretação sobre norma de conteúdo indeterminado, impondo novo dever ou novo condicionamento de direito, devem prever regime de transição, como se tal situação fosse excepcional.

Aliás, pelas premissas que fundamentam o Constructivismo, não cremos sequer na existência de normas meramente interpretativas. Isto porque se a norma é resultado de processo de interpretação e se entendemos este como uma construção de sentido, não há como uma segunda norma, apenas explicar o conteúdo de um primeiro texto legal, sem inovar o ordenamento jurídico. Esse segundo discurso é apenas mais uma e inovadora visão sobre aquele texto inicialmente interpretado.

Portanto, se não existem normas meramente interpretativas; se todas as normas têm conteúdo indeterminado e se toda decisão tem natureza interpretativa, por conseguinte, sempre inovará o ordenamento jurídico, qual o papel deste art. 23 da LINDB? Bom, presumimos que a intenção do legislador era evitar a instabilidade existente entre dois posicionamentos administrativos ou judiciais, a fim de não prejudicar o jurisdicionado que já havia se beneficiado com a primeira leitura feita de um dado texto legal. Porém, a partir da escola que nos afiliamos resta difícil entender tal situação como excepcional, na medida em que os conceitos fulcrais para a compreensão do dispositivo em comento não fazem sentido para nós.

6. Conclusão

Se fizermos um retrospecto das reflexões que fizemos até aqui, concluiremos que os novos dispositivos acrescidos na LINDB vêm ao encontro da sua natureza estrutural que a torna conhecida como Lei das leis. Porém, os arts. 20 e 23 aqui analisados seriam de fato necessários? Trazem eles disposições que realmente contribuirão para uma melhor dinâmica do nosso ordenamento jurídico?

Para responder as essas perguntas e todas as outras dispostas ao longo deste trabalho, fomos buscar inspiração na Teoria dos Valores e no Constructivismo Lógico-Semântico. A partir destes ensinamentos e de outros filósofos acima falados que nos serviram de referencial teórico, entendemos que não existem valores concretos, todos os valores são abstratos dada à sua subjetividade. Assim sendo, o art. 20 não traria uma situação excepcional, como quer parecer, mas estaria dispondo que a partir de então toda e qualquer decisão, vez que toda tomada de decisão carrega um juízo de valor e este essencialmente seria abstrato, teriam que considerar as suas consequências práticas.

Porém, se considerarmos que o nosso ordenamento jurídico já exigia que todas as decisões fossem motivadas, qual seria então a inovação trazida por tal preceito? A exigência da pragmaticidade da previsão das suas consequências? Serviria então como suporte físico capaz de colaborar para construção do sentido da regra anterior que fazia referência à necessidade de motivação, ao especificar em que termos tais justificativas deveriam ser apresentadas.

Como se vê, diante das premissas que aqui estabelecemos, o conteúdo do art. 20 se apresentaria quase que totalmente esvaziado, já que não teria o alcance que uma primeira leitura poderia nos levar a crer.

Não é diferente a conclusão a que chegamos sobre o art. 23, já que pelo nosso referencial teórico, o Constructivismo Lógico-Semântico, a norma seria o resultado da atividade do intérprete, a qual consiste em um exercício de construção de sentido. Por tal razão, toda e qualquer norma teria conteúdo indeterminado. Também deixamos claro que ao nosso ver, não existem normas meramente interpretativa. E, por fim, pontuamos que as decisões são normas individuais e concretas de natureza interpretativa. Assim sendo, qual seria o efeito prático do dispositivo em comento? Já que toda decisão é resultado de uma interpretação, como tal trará uma orientação nova sobre a regra interpretada e assim sendo sempre se referirá a uma norma de conteúdo indeterminado, até porque não existem normas de conteúdo previamente determinado.

Ao negarmos a existência de normas meramente interpretativa, também não conseguimos sequer imaginar uma situação em que uma decisão não imponha um novo dever ou um novo condicionamento. Não há como um sentido construído pelo intérprete adentrar ao ordenamento jurídico sem inová-lo.

Ora, o confronto com toda essas expressões inexplicáveis à luz da corrente doutrinária adotada, levam-nos a um sem sentido deôntico. Isto porque se afastarmos o ar de excepcionalidade que o dispositivo legal nos leva a crer, concluiremos que o regime de transição citado se faria sempre necessário, o que inviabilizaria a atividade decisória.

Em outras palavras, até conseguimos alcançar qual seria a intenção do legislador, isto é, entendemos que ele se referia a situação em que o cidadão gozava de uma situação que o beneficiava e depois poderia ter esse *status* alterado por uma nova decisão que lhe retiraria tal benesse. Nessas situações, a nova LINDB exige que aquele intérprete criasse um regime de transição. Porém, os termos escolhidos para tanto, à luz do Constructivismo nos leva uma ausência de sentido lógico, o que ao nosso ver, inutilizaria, pragmaticamente, o conteúdo daquela prescrição.

Referências

ABBAGNANO, Nicola. *Dicionário de filosofia*. 4. ed. São Paulo: Martins Fontes, 2007.

AGUIAR, Tatiana C. L. *A superposição de discursos vencedores*: análise pragmática das transformações jurisprudenciais em matéria tributária sob uma visão retórica realista. São Paulo: Noeses, 2016.

ÁVILA, Humberto. *Segurança jurídica*: entre a permanência, mudança e realização do direito tributário. 2. ed. São Paulo: Malheiros editores, 2012.

BARROSO, Luís Roberto. *Curso de direito constitucional contemporâneo*: os conceitos fundamentais e a construção do novo modelo. São Paulo: Saraiva, 2009.

BREYNER, Frederico Menezes (org.). *Segurança jurídica e proteção da confiança no direito tributário*: homenagem à Professora Misabel Derzi. Belo Horizonte: Initia Via, 2014.

CARVALHO, Paulo de Barros (coord.). *Constructivismo lógico-semântico*. São Paulo: Noeses, 2014. v. I.

______ (coord.). *Constructivismo lógico-semântico*. São Paulo: Noeses, 2018. v. II.

______. *Direito tributário linguagem e método*. São Paulo: Noeses, 2008.

DERZI, Misabel Abreu Machado. *Modificações da jurisprudência no direito tributário*. São Paulo: Noeses, 2009.

FERRAZ JUNIOR, Tércio Sampaio. *Aulas de introdução ao direito*. São Paulo: Manole, 2004

GUIMARÃES, Justino da Silva. *A importância da proporcionalidade como princípio regente de políticas públicas*. São Luís: Associação do Ministério Público do Estado do Maranhão, 2006.

HESSEN, Johannes. *Filosofia dos valores*. 4. ed. Coimbra: Armenio Amado Editor, 1974.

A LINDB e seus reflexos na atuação dos tribunais administrativos e judiciais, realizado em 15.10.2018. Disponível em: <https://direitosp.fgv.br/evento/lindb-seus-reflexos-atuacao-tribunais-administrativos-judiciais-discussoes-envolvendo-aplicab>. Acesso em: 10.01.2019.

MACHADO, Hugo de Brito. Princípio da eficiência em matéria tributária. In: MARTINS, Ives Gandra da Silva (coord.). *Princípio da eficiência em matéria tributária*. São Paulo: Editora Revista dos Tribunais, 2006.

MOREIRA NETO, Diogo de Figueiredo. *Quatro paradigmas do direito administrativo pós-moderno*: legitimidade, finalidade, eficiência e resultados. Belo Horizonte: Fórum, 2008.

MÜLLER, Friedrich. *Teoria estruturante do direito*. 3. ed. rev., e atual. Tradução Peter Nauman e Eurides Avance de Souza. São Paulo: Ed. RT, 2012.